U0058094

單一個案研究法

設計與實施

Single-case Research:

Design & Implementation

作者 鈕文英、吳裕益

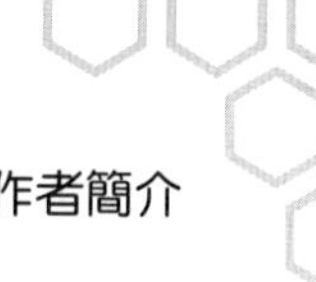

作者簡介

現職：國立高雄師範大學、屏東大學特殊教育學系兼任教授

學歷：國立臺灣師範大學教育心理系學士

美國堪薩斯大學特殊教育研究所碩士、博士

經歷：國中啟智班教師、特殊教育組長

國立高雄師範大學特殊教育學系專任教授（2013 年 8 月 1 日退休）

著作：啟智教育課程與教學設計（2003，心理出版社）

邁向優質、個別化的特殊教育服務（2013，心理出版社）

研究方法與論文寫作（2 版修訂版）（2015，雙葉書廊）

擁抱個別差異的新典範——融合教育（第 2 版）（2015，心理出版社）

身心障礙者的正向行為支持（第 2 版）（2016，心理出版社）

質性研究方法與論文寫作（第 2 版）（2018，雙葉書廊）

單一個案研究法——設計與實施（2019，心理出版社）

論文夢田耕耘實務（2019，雙葉書廊）

校閱：智能障礙定義、分類和支持系統——美國智能及發展障礙協會定義指南第 11 版（2011，財團法人心路社會福利基金會）

應用行為分析（2012，學富文化）

融合教育課程與教學實務（2017，華騰文化）

現職：國立高雄師範大學特殊教育學系教授

學歷：國立政治大學教育博士

經歷：大學教授、系主任、所長

著作：測驗與評量（1997，復文出版社）
　　　心理與教育統計學（2007，雙葉書廊）
　　　單一個案研究法——設計與實施（2019，心理出版社）

序

寫作最精采的不是完成作品的瞬間，而是堅持寫作的過程。

這本書原不在我的寫作清單中，會轉個彎與此書相遇的因緣在於，教授「特殊教育研究法」和「嚴重行為問題專題研究」兩門課程中，都會提到單一個案研究，用它來探究行為介入之成效，而我曾指導多位研究生做單一個案研究。雖然我這十多年來敘寫了許多講義，之後不斷增修，後來在《教育研究方法與論文寫作》（2007）一書中，加入一個篇幅的介紹；但是當我持續閱讀更多的文獻，做更多的思考後發現，自己過去對單一個案研究方法的認識尚不足，甚至看見過去書寫的內容不夠完整，於是決定有系統地撰寫這本書，希冀自己從不停地閱讀、思考和寫作的過程中，建構出對單一個案研究的新理解。

在量化研究方法中，單一個案研究長時間蒐集資料，細微地檢視行為的改變軌跡吸引了我。本書第 1 版[註]於 2011 年由洪葉出版社製作，闡述單一個案研究的意涵、類型、應用和論文寫作，共包括七章，首先探討單一個案研究之緣起與意涵，以及設計類型；接著討論自變項之發展與實施、依變項之設計與評量、單一個案研究品質之提升方法，以及資料之分析方法，資料分析中不僅探討量化分析，還加上如何蒐集質性資料，進行質的分析；最後敘述單一個案研究論文之寫作。

本書第 1 版的出版並不表示我寫作的旅程已經結束，而是開始修改本書的旅程，因為仍有許多遺珠，等待我去學習，於是啟動了我這一段「活到老、學到老、寫到老、修到老」的寫作旅程，而此旅程也未因我 2013 年 8 月 1 日的退休譜上「休止符」。我的好友以質疑的語氣問我：「書寫完了，應該可以休息了吧！不知道何時會再刷，你幹嘛這麼辛苦修訂這麼多，會不會做白工？」我內心強烈的聲音回應：「寫完一本書不是『句號』，而是『逗號』，我開始在為下一刷或下一版做準備，也許下一刷或下一版遙遙無期，抑或在我有生之年等不到，但我還是要做，書的修改已列在我『終活筆記本』的交代事項中。寫作是由於我對『學習』的熱情而存在，它不會因為書的出版而停止。」

在 2011 至 2013 年間，我更新書的內容（加入第柒章「單一個案研究後設分析之意涵與實施」，並增修了其他七章的內容），增加光碟的內容，但是遲遲等不到再刷，以當時每年賣的本數推算，可能要等 10 年才能再刷，許多想加入的新知，可能會變成舊識。於是我在 2013 年底做了一個決定：再刷不過來，我過去找它，我買下剩餘未賣完的書，讓此書於 2014 年可以出第 2 版。在第 2 版製作過程中，由於洪葉出版社無法配合我對於此書品質的要求，所以我中止與他們的合作，賠償初期製作花費的成本，轉而由心理出版社編排，於 2015 年出版《單一個案研究法——研究設計與後設分析》[註]。有人質疑我買回庫存書和解約賠償的作法，近五萬元的損失會不會太慘重？對我而言，無所謂損失，這個決定讓我體會寫作最原始的本質——不是為了名利雙收，只是讓所學所思躍然紙上，享受透過書寫來學習的喜悅；並且希望我的著作是一種傳承，讓後續研究者能站在我的肩膀上往前邁進。若以單一個案研究分析「書寫」帶給我的成長，它帶給我的是，永遠在現實中堅定自己的寫作信念，它讓我蓄積學習的能量，體現沉潛的生命韌力。

《單一個案研究法——研究設計與後設分析》出版後，我仍持續閱讀單一個案研究的新文獻，原本依據 Tawney 和 Gast（1984）撰寫的以「平均數」為基礎之目視分析；在 Gast 和 Ledford（2014）改成以「中數」為基礎之目視分析後，我補充了這個部分的內容和 SPSS 程式語言，並加入其他圖示方法和無母數統計、單一個案研究設計、單一個案研究在確立證據本位實務上的應用、單一個案研究專業守則的依循、量表和檢核表之意涵與設計等；以及更新部分 SPSS 程式語言，讓它們得以適用於任何階段數量的研究設計，以及不同穩定標準之水準和趨勢穩定度的計算。而在增補這些內容之後，考量本書的厚度，於是刪除〈單一個案研究後設分析之意涵與實施〉一章，以及「單一個案研究文獻探討之敘寫」等內容，準備撰寫另外的書籍含括這些內容，並將本書更名為《單一個案研究法——設計與實施》。

在編排設計上，每一章均從**導讀問題**開始；每一節皆以一段**雋語**起頭，它們部分是我閱讀所獲，部分是我省思所得；最後以**總結**結束。我配合每一章主題設計**作業單**，讓讀者透過實作，更理解單一個案研究的重要概念；並發展**思考問題**，讓讀者可運用它們來評鑑別人的單一個案研究論文，以及逐步完成個人的論文。在論述中，我以**教學影片**呈現單一個案研究的方法論，用**示例**說明做單一個案研究論文的內涵；透過**問題討論**引導讀者從負例中，更深刻地覺察做單一個案研究論文宜注意之原則。最後，我整理**索引**、**名詞釋義**；並且於**附錄**中，呈現做單一個案研究論文會用到的工具和資源，例如行為觀察紀錄工具空白表格等；於**程式語言**中，提供使用 EXCEL 繪製折線圖，以及分析單一個案資料的 SPSS 程式語言。另外，我在第一次出現的中譯專業術語後加上原文，並提示文獻的不同譯法；用不同字體呈現文本的重點，且做前後文的相互對照。我深深期許本書能緊密結合單一個案研究的理論與實務，協助讀者有效率地完成高品質的單一個案研究論文。限於篇幅，我將思考問題、參考文獻、名詞釋義、索引、作業單、附錄、教學影片和程式語言置於光碟中，隨書附送。我還製作**教學簡報和課程大綱**，教授「單一個案研究法」課程需要者，可以逕向出版社索取。

寫書彷彿播種，現在終於收成，雖然欣喜於豐碩的果實，但是寫作最精采的不是完成作品的瞬間，而是堅持寫作的過程。在這個過程中，我幾乎每天帶著手提電腦，利用零碎時間，不辭涓滴細流、規律地寫作。我深刻地體會寫作最重要的是「紀律」，而非「靈感」。多數人說：「我只在有靈感來敲門時寫作。」我說：「我寫作的時候都是靈感來敲門。」寫作過程的堅持之於我，不只存在於步步為營的筆耕，更顯現在與內心底層「在乎作品是否完美、受肯定」的交戰。在讀到幾米 2010 年出版的《我不是完美小孩》，其中的一段話——「不要害怕完美，因為你永遠達不到它」（12-13 頁）鼓舞了我。雖然我寫的書不是最完美的，但卻是用我最好的來寫。正因為作品永遠達不到完美，所以激勵自己永續學習和寫作。

本書得以順利出版，要感謝的人很多。首先，我要感謝合作夥伴——吳裕益教授，從我擔任國中特殊教育教師以來，就已向他學習編製測驗和統計分析等能力；承蒙他的帶領，我對測驗和統計的概念才有更深入的了解。在這本書中，他貢獻了單一個案研究統計分析的方法，以及分析單一個案資料的 SPSS 程式語言，並且給我撰寫本書的修改意見，非常欣喜有他作為撰寫本書的堅強後盾。其次，我要感謝前後期工讀生——魯翠儀、蔡旻芳及楊博文協助找資料、打字和製作光碟等瑣碎事務。再者，心理出版社林敬堯總編輯、林汝穎小姐的細心編輯，我也要在此一併致謝。除此，這些年來教授單一個案研究課程中學生提出的疑惑，以及出現的論文寫作問題，在在都讓我省思：「為什麼學生不了解，我要怎麼呈現才能增進他們的理解和減少錯誤？」於是我時時更新教材。我由衷地感謝學生提供我成長的養分，以及撰寫本書的動力和啟示。最後，更要感恩外子、父母和一對可愛兒女；即使他們不太理解我為什麼要這麼辛苦，但仍然支持我，他們都是這本書的幕後功臣。

知識讓我感受喜悅，也讓我學習謙卑。踏著眾多前輩的足跡前進，讓我時常感受到「前人種樹、後人乘涼」的恩情；也期待這本書能成為後進者的墊腳石，踏著它，擴展他們對單一個案研究的理解。我認為唯有充分理解單一個案研究方法的脈絡和精髓，使用時才可以「收放自如」；也唯有親自做一次，在經驗中反思，於反思中實踐，它也才會變得「和藹可親」，最後成為自己的實務知識。我雖已盡力撰寫和細心校對本書，但我知道它一定不完美；因為接受不完美，所以未來我還會繼續增修此書，學習之路不會終止，相信累積所有小小的進步，最後會慢慢……接近完美。

鈕文英

2019 年 7 月

註：

《單一個案研究方法與論文寫作》（2011，洪葉出版社）

《單一個案研究法——研究設計與後設分析》（2015，心理出版社）

目次

第壹章 單一個案研究之緣起與意涵 · 001

第一節　單一個案研究之緣起與發展 / 003

第二節　單一個案研究之名稱與基本概念 / 018

第三節　單一個案研究之方法論與基本要求 / 030

第四節　單一個案研究與其他研究方法之比較 / 042

第五節　單一個案研究之優弱勢與適用性 / 045

第貳章 單一個案研究之設計類型 · 055

第一節　撤回和倒返設計之意涵與應用 / 057

第二節　多基線和多探測設計之意涵與應用 / 076

第三節　逐變標準設計之意涵與應用 / 115

第四節　比較介入設計之意涵與應用 / 127

第五節　結合設計之意涵與應用 / 156

第參章 單一個案研究中介入方案之發展與實施 · 173

第一節　介入方案之意涵 / 175

第二節　介入方案之發展 / 183

第三節　介入方案之實施 / 197

第肆章 單一個案研究中依變項評量工具之類型與編製 · 209

第一節　依變項評量工具之類型 / 212

第二節　依變項評量工具之編製 / 271

第伍章 單一個案研究中研究品質之提升方法 · 311

第一節　單一個案研究品質指標之意涵 / 313
第二節　單一個案研究倫理的落實 / 319
第三節　具文化能力之研究的實施 / 343
第四節　研究專業守則的依循 / 348
第五節　單一個案研究內在效度之威脅來源和提升方法 / 350
第六節　單一個案研究外在效度之威脅來源和提升方法 / 370

第陸章 單一個案研究資料之分析 · 377

第一節　描述分析 / 379
第二節　統計分析 / 481
第三節　質性分析 / 524

第柒章 單一個案研究論文之寫作 · 539

第一節　單一個案研究論文題目之擬訂 / 541
第二節　單一個案研究緒論之敘寫 / 544
第三節　單一個案研究設計與實施之敘寫 / 557
第四節　單一個案研究結果與討論之敘寫 / 594
第五節　單一個案研究結論與建議之敘寫 / 619
第六節　單一個案研究摘要之敘寫 / 625

中英索引 · **629**

光碟資料目次

參考文獻

中文部分
英文部分

名詞釋義（依名詞的筆畫數由少至多排序）

索引

中英索引
英中索引

附錄

附錄 1 研究性向檢核表
附錄 2 交替介入設計的對抗平衡方式
附錄 3 單一個案研究實驗設計之選擇
附錄 4 介入方案目標社會效度驗證之示例
附錄 5 介入方案程序社會效度驗證之示例
附錄 6 介入方案結果社會效度驗證之示例
附錄 7 介入方案內容效度專家評鑑問卷之示例
附錄 8 介入方案之示例
附錄 9 介入完整性評鑑工具之示例
附錄 10 行為觀察紀錄工具之空白表格和示例
附錄 11 活動分析的成分和內涵
附錄 12 成就測驗雙向細目表之示例
附錄 13 塞斯通量表之意涵與編製
附錄 14 葛特曼量表之意涵與編製
附錄 15 強迫選擇量表之意涵與編製
附錄 16 語意區分法之意涵與編製
附錄 17 圖示量表之示例
附錄 18 量表題目分析之示例

附錄 19　評量工具內容效度專家評鑑問卷之示例
附錄 20　評量工具內容效度專家評鑑結果彙整表
附錄 21　量表項目分析與內部一致性信度之 SPSS 操作步驟及資料呈現
附錄 22　量表重測信度之 SPSS 操作步驟及資料呈現
附錄 23　成就測驗難度、鑑別度及選項分析之 SPSS 操作步驟和資料呈現
附錄 24　量表品質資料之敘寫示例
附錄 25　人體及人類研究的類型、意涵和可參考的倫理規範
附錄 26　研究倫理審查的委員會、規範與資源
附錄 27　研究倫理審查委員會的作業程序和文件
附錄 28　臺灣倫理審查的類型和符合條件
附錄 29　兒童參與研究說明書
附錄 30　把關者協助研究說明書
附錄 31　邀請函和同意書之示例
附錄 32　具有和不具性別歧視之語言的對照
附錄 33　有和無障礙之語言的對照
附錄 34　評價性和描述性之語言的對照
附錄 35　因應單一個案研究內在效度之威脅來源的作法
附錄 36　因應單一個案研究生態效度之威脅來源的作法
附錄 37　目視和統計分析之空白表格
附錄 38　單一個案研究 3 至 100 資料點數之間 C 統計的 z 值和 p 值對照表
附錄 39　以自我迴歸移動平均整合模式進行時間系列分析
附錄 40　採取單一個案研究和其中各實驗設計的理由
附錄 41　單一個案研究各實驗設計可能遭遇的問題和因應策略
附錄 42　研究工具同意書
附錄 43　單一個案研究資料分析之敘寫示例
附錄 44　單一個案研究結果的敘寫結構
附錄 45　單一個案研究之研究品質評鑑表

作業單

第壹章作業單

作業單 1-1　非科學和假科學方法之辨識
作業單 1-2　研究變項之辨識
作業單 1-3　單一個案研究基線邏輯之辨識

第貳章作業單

作業單 2-1　單一個案研究改變率之計算
作業單 2-2　單一個案研究設計之注意事項
作業單 2-3　逐變標準設計三項要素之設定
作業單 2-4　運用拉丁方格設計對抗平衡地安排交替介入設計
作業單 2-5　單一個案研究設計之辨識

第參章作業單

作業單 3-1　單一個案研究介入方案之設計與實施
作業單 3-2　介入完整性之評鑑

第肆章作業單

作業單 4-1　單一個案研究評量工具類型之辨識
作業單 4-2　觀察信度之計算

第伍章作業單

作業單 5-1　單一個案研究倫理之考量
作業單 5-2　單一個案研究品質指標的辨識
作業單 5-3　提升單一個案研究品質的方法

第陸章作業單

作業單 6-1　單一個案研究圖示資料之問題討論
作業單 6-2　單一個案研究資料之分析與整理

第柒章作業單

作業單 7-1　單一個案研究論文計畫之撰寫
作業單 7-2　單一個案研究資料分析結果之敘寫

撰寫單一個案研究論文寫作思考問題

思考問題 1　單一個案研究之緣起與意涵
思考問題 2　單一個案研究之設計類型
思考問題 3　單一個案研究介入方案之發展與實施
思考問題 4　單一個案研究中依變項評量工具之類型與編製
思考問題 5　單一個案研究中研究品質之提升方法
思考問題 6　單一個案研究資料之分析
思考問題 7　單一個案研究論文題目之擬訂
思考問題 8　單一個案研究緒論之敘寫
思考問題 9　單一個案研究設計與實施之敘寫（一）：研究方法
思考問題 10　單一個案研究設計與實施之敘寫（二）：研究品質
思考問題 11　單一個案研究設計與實施之敘寫（三）：研究參與者
思考問題 12　單一個案研究設計與實施之敘寫（四）：介入方案
思考問題 13　單一個案研究設計與實施之敘寫（五）：研究工具
思考問題 14　單一個案研究設計與實施之敘寫（六）：資料分析
思考問題 15　單一個案研究設計與實施之敘寫（七）：研究過程
思考問題 16　單一個案研究結果與討論之敘寫
思考問題 17　單一個案研究結論與建議之敘寫
思考問題 18　單一個案研究摘要之敘寫

教學影片

撤回和倒返設計之基線邏輯
多基線設計和結合類化探測之基線邏輯
結合跨參與者和跨行為多基線設計之基線邏輯
延遲多基線設計之基線邏輯
多探測設計之基線邏輯
建立系列相關新技能的多探測設計
逐變標準設計之基線邏輯
比較介入設計之基線邏輯

單一個案研究資料分析程式語言

請先讀我——單一個案研究法程式語言使用總說明

請先讀我——單一個案研究法程式語言使用總說明（PPT 檔）

壹、資料夾一　Kappa 一致性係數的 SPSS 程式語言

貳、資料夾二　單一個案研究法描述和統計分析程式語言使用總說明

參、資料夾三　使用 EXCEL 進行單一個案研究的圖示分析

肆、資料夾四　繪製折線圖及水準和趨向的 SPSS 程式語言

伍、資料夾五　單一個案研究以中數為基礎之目視分析（水準和趨勢）的 SPSS 程式語言

陸、資料夾六　單一個案研究以平均數為基礎之目視分析（水準和趨勢）的 SPSS 程式語言

柒、資料夾七　單一個案研究不重疊指標的 SPSS 程式語言

捌、資料夾八　單一個案研究簡化時間系列 *C* 統計的 SPSS 程式語言

玖、資料夾九　單一個案研究效果量分析的 SPSS 程式語言

拾、資料夾十　單一個案研究無母數統計的 SPSS 程式語言

表次

表 1-1　非科學方法的類型和示例 …… 010
表 1-2　邏輯謬誤的類型、意義和示例 …… 011
表 1-3　假科學的示例和評論 …… 015
表 1-4　中介變項、外在變項和調節變項三者間的比較 …… 028
表 1-5　單一個案研究設計的符號說明 …… 031
表 2-1　單一個案研究實驗設計適合回答的研究問題 …… 057
表 2-2　倒返設計之作法 …… 060
表 2-3　三種多基線設計的安排方式 …… 084
表 2-4　選擇彼此「近似」且「獨立」者進行介入的示例 …… 091
表 2-5　反應內行為塑造的向度和示例 …… 119
表 2-6　多重介入設計能比較和不能比較之狀況 …… 132
表 2-7　較佳和不佳之多重介入設計的比較 …… 135
表 2-8　以隨機安排的方式進行對抗平衡 …… 152
表 2-9　以固定規則的方式進行對抗平衡——以兩種介入的交替為例 …… 152
表 2-10　以固定規則的方式進行對抗平衡——以兩種介入和無介入的交替為例 …… 152
表 2-11　四種比較介入設計之對照 …… 153
表 3-1　教學和類化刺激或情境之比較 …… 178
表 3-2　六個階段學習目標的示例 …… 181
表 3-3　社會效度的指標、意義和驗證方法 …… 187
表 3-4　與社會效度相關之指標的提出者和其意義 …… 193
表 3-5　模擬和自然情境之比較示例 …… 199
表 3-6　內容效度、程序社會效度和介入完整性之比較 …… 205
表 4-1　現場和錄影觀察紀錄之比較 …… 214
表 4-2　單一機會和多重機會法之優點和限制 …… 231
表 4-3　定義具體和不具體之行為問題的比較 …… 240
表 4-4　目標行為功能本位和形態本位定義的示例 …… 242
表 4-5　選擇觀察紀錄類型宜考慮的因素 …… 244
表 4-6　記錄行為時間單位的類型、意義和示例 …… 247
表 4-7　成就測驗的類型 …… 248

表 4-8　四種單一個案研究評量工具之比較 …… 270
表 4-9　數概念成效測驗評量向度、範圍和題數之雙向細目表 …… 274
表 4-10　識字成效測驗評量向度、範圍和題數之雙向細目表 …… 274
表 4-11　造成觀察信度偏差的來源及避免方法 …… 292
表 4-12　四種評量工具宜確保的品質指標和其內涵 …… 302
表 4-13　評量工具品質指標宜呈現的資料 …… 304
表 5-1　讓研究參與者受惠的類型和方式 …… 324
表 5-2　危害知情同意中「自主」的情況、示例和因應方式 …… 328
表 6-1　目視分析中階段內資料之內涵 …… 405
表 6-2　目視分析中階段間資料的分析 …… 425
表 6-3　解釋 PND 之標準 …… 439
表 6-4　解釋 $PEM_{0\text{-}100\%}$ 之標準 …… 445
表 6-5　解釋 $PAND_{0\text{-}100\%}$ 之標準 …… 447
表 6-6　比較 ABAB 設計中相鄰階段改善率和未改善率 …… 452
表 6-7　ABAB 設計的改善率和 85% 信心區間 …… 452
表 6-8　比較跨參與者多基線設計中相鄰階段改善率和未改善率 …… 454
表 6-9　解釋 IRD 之標準 …… 454
表 6-10　解釋 $NAP_{0\text{-}100\%}$ 之標準 …… 456
表 6-11　解釋 Tau_{novlap} 之標準 …… 458
表 6-12　A-B 設計階段內及階段間 Tau 之計算 …… 464
表 6-13　解釋控制基線期趨勢和包含介入期趨勢 Tau-*U* 之標準 …… 464
表 6-14　不重疊指標的弱勢 …… 469
表 6-15　相鄰階段間再比較的順序與界定 …… 472
表 6-16　相鄰階段間再比較的示例 …… 472
表 6-17　不同趨向之 *C* 值比較 …… 485
表 6-18　零、正與負效果之 *C* 值的比較 …… 486
表 6-19　統計顯著性檢定之分析和解釋的迷思與正思 …… 487

圖次

圖 1-1　研究的歷程 …… 008
圖 1-2　研究的意義 …… 013
圖 1-3　研究的階段 …… 017
圖 1-4　證據本位實務模式 …… 018
圖 1-5　一個研究中自變項、依變項、外在變項和中介變項之間的關係圖 …… 021
圖 1-6　三種類型的因果關係 …… 022
圖 1-7　中介變項在自變項和依變項間產生的中介過程 …… 023
圖 1-8　中介變項 C 產生完全中介的過程 …… 023
圖 1-9　探討有效教學的研究設計 …… 024
圖 1-10　撤回設計的基線邏輯說明 …… 035
圖 1-11　多基線設計的基線邏輯說明 …… 037
圖 1-12　多基線設計類化探測的基線邏輯說明 …… 039
圖 1-13　四種穩定和不穩定的基線資料 …… 040
圖 1-14　三種趨向的基線資料 …… 041
圖 1-15　團體平均數無法解釋個別研究參與者表現的假設性資料 …… 043
圖 1-16　適應體育教學對 9 歲腦性麻痺兒童動作技能之成效 …… 046
圖 2-1　撤回和倒返設計之基本形式 …… 058
圖 2-2　跨行為多基線設計（六條基線） …… 098
圖 2-3　延遲多基線設計之基本圖例 …… 104
圖 2-4　多探測設計之形態 …… 114
圖 3-1　操弄介入方案的三種方法 …… 175
圖 3-2　學習的階段 …… 177
圖 3-3　介入完整性和依變項間的關係圖 …… 204
圖 3-4　介入方案之發展、實施與評鑑過程 …… 207
圖 4-1　單一個案研究中將依變項轉化成具體測量的過程和示例 …… 211
圖 4-2　反應時距之意義 …… 223
圖 4-3　單一或多重機會法選用之決策流程 …… 232
圖 4-4　在折線圖上顯示協同觀察者蒐集到的資料點 …… 290
圖 4-5　以「射箭中靶」為喻說明研究工具的效度和信度 …… 301
圖 5-1　研究內在和外在效度之意涵 …… 317

圖 5-2　影響是否需知情同意的因素 337
圖 5-3　單盲實驗 354
圖 5-4　比較 β 胡蘿蔔素和阿斯匹靈對人體健康的效果 355
圖 5-5　雙盲實驗 358
圖 5-6　統計迴歸的現象 366
圖 6-1　非累計紀錄和累計紀錄之準時到校行為折線圖 381
圖 6-2　以算術尺度和對數尺度呈現相同資料 382
圖 6-3　以算術尺度和對數尺度比較不同量數兩個依變項的變化速率 384
圖 6-4　不適當比例之尺度造成視覺蒙蔽的結果 386
圖 6-5　適當和不適當呈現折線圖縱軸刻度範圍之比較 388
圖 6-6　橫軸使用不同尺度（每天、2 天和 5 天一個區段）產生之視覺效果 392
圖 6-7　10 位學生介入後溝通技能表現的比較 396
圖 6-8　圖象化基本字帶字教材對減少智能障礙學生識字錯誤形態和數量的成效 396
圖 6-9　以結合折線圖和條形圖呈現三項資料 400
圖 6-10　以結合折線圖和條形圖同時呈現系列和分立的資料 401
圖 6-11　以散布圖呈現攻擊行為介入前後的改變情形 402
圖 6-12　車速和車距落在危險範圍的駕駛人 402
圖 6-13　選擇不同類型統計圖之結果 404
圖 6-14　穩定和不穩定的水準 415
圖 6-15　穩定和不穩定的上升、水平與下降趨向 417
圖 6-16　使用中分法畫趨向的步驟 418
圖 6-17　趨勢內的資料路徑 420
圖 6-18　階段間水準變化情形 427
圖 6-19　趨向變化與效果（無變化） 430
圖 6-20　趨向變化與效果（正向） 431
圖 6-21　趨向變化與效果（負向） 432
圖 6-22　隨著時間進展自變項對依變項產生的效果形態 433
圖 6-23　解釋重疊率的五個例子 441
圖 6-24　ECL 未考慮資料路徑變異狀況的弱勢 466
圖 6-25　PND 受極端值影響低估介入效果的弱勢 466
圖 6-26　基線期有趨勢時不重疊指標的弱勢 467

圖 6-27　不重疊指標低估直交斜率形態介入效果的限制 ………… 468
圖 6-28　不重疊指標無法有效區分「不同形態介入效果」的弱勢 ………… 469
圖 6-29　不適當使用平均水準解釋單一個案資料帶來的影響 ………… 471
圖 6-30　兩階段迴歸線斜率及截距均相同 ………… 501
圖 6-31　兩階段迴歸線斜率相同而截距不同 ………… 501
圖 6-32　兩階段迴歸線斜率及截距均不同 ………… 505
圖 6-33　蒐集資料方法混合的大量＋小質設計 ………… 526
圖 6-34　在分析資料方法層面混合的大量＋小質設計 ………… 528
圖 6-35　在蒐集資料方法層面混合的大量－小質設計 ………… 530
圖 6-36　小質—大量設計 ………… 532
圖 7-1　撰寫緒論的五個步驟 ………… 545
圖 7-2　研究範圍之意涵 ………… 556
圖 7-3　造成研究限制的四種狀況 ………… 613
圖 7-4　研究限制的意涵 ………… 614
圖 7-5　實施教育研究的限制 ………… 615

問題討論次

問題討論 1-1　真科學或假科學方法的辨識……016
問題討論 1-2　單一個案研究設計的符號使用……033
問題討論 1-3　單一個案研究的外在效度……052
問題討論 2-1　多基線設計之安排（一）……077
問題討論 2-2　多基線設計之安排（二）……092
問題討論 2-3　單一個案研究設計形態選擇之考量……121
問題討論 2-4　多重介入設計之安排……132
問題討論 2-5　單一個案研究實驗設計之選擇……169
問題討論 3-1　類化成效之釐清……180
問題討論 3-2　學習遷移和類化之區分……182
問題討論 3-3　介入方案之選擇……184
問題討論 3-4　社會效度資料的蒐集……192
問題討論 3-5　介入方案實施情境之釐清……200
問題討論 3-6　介入完整性的評鑑……203
問題討論 3-7　釐清介入完整性和內容效度、程序社會效度……205
問題討論 4-1　觀察紀錄方法的選擇……223
問題討論 4-2　觀察紀錄的方法和目標行為的資料類型……236
問題討論 4-3　觀察時間之安排……246
問題討論 4-4　成就測驗試題編製的原則（一）……252
問題討論 4-5　成就測驗試題編製的原則（二）……253
問題討論 4-6　成就測驗反應選項之設計……254
問題討論 4-7　成就測驗施測程序的安排……256
問題討論 4-8　基線期評量程序的公平性……256
問題討論 4-9　成就測驗施測時間的安排……258
問題討論 4-10　研究工具的類型……260
問題討論 4-11　量表名稱之擬訂……261
問題討論 4-12　李克特量表評量構念之釐清……263
問題討論 4-13　李克特量表題目的敘述（一）……264
問題討論 4-14　李克特量表題目的敘述（二）……267
問題討論 4-15　李克特量表之計分與解釋……268

問題討論 4-16　成就測驗之內容效度 272
問題討論 4-17　成就測驗複本之設計 275
問題討論 4-18　評量工具之內容效度評鑑 276
問題討論 4-19　量表內部一致性信度之意義 294
問題討論 4-20　依變項評量工具的安排 298
問題討論 4-21　觀察信度之撰寫 307
問題討論 5-1　避免使用強調文化差異者弱勢和問題的語言 347
問題討論 5-2　研究參與者接受評量的態度 360
問題討論 6-1　折線圖和條形圖之選擇 380
問題討論 6-2　折線圖繪製的問題討論 393
問題討論 6-3　條形圖繪製的問題討論 399
問題討論 6-4　重疊率之計算 435
問題討論 7-1　單一個案研究論文題目之擬訂 544
問題討論 7-2　研究背景與動機之敘寫 547
問題討論 7-3　研究目的之敘寫 548
問題討論 7-4　研究問題之敘寫 552
問題討論 7-5　名詞釋義界定的名詞和排列 555
問題討論 7-6　名詞釋義中概念性定義之敘寫 555
問題討論 7-7　名詞釋義中操作性定義之敘寫 557
問題討論 7-8　研究方法和實驗設計的採取理由 558
問題討論 7-9　單一個案差異性問題的研究架構 572
問題討論 7-10　研究倫理的敘寫 575
問題討論 7-11　提升內在效度之作法 576
問題討論 7-12　研究參與者之釐清 582
問題討論 7-13　研究參與者特徵之敘寫（一） 585
問題討論 7-14　研究參與者特徵之敘寫（二） 586
問題討論 7-15　研究工具之命名 591
問題討論 7-16　單一個案研究過程之敘寫 593
問題討論 7-17　單一個案研究結果之敘寫（一） 595
問題討論 7-18　單一個案研究結果之敘寫（二） 597
問題討論 7-19　單一個案研究結果之敘寫（三） 599
問題討論 7-20　單一個案研究結果之敘寫（四） 599

問題討論 7-21　單一個案研究結果之敘寫（五）……………………………… 600
問題討論 7-22　單一個案研究結果之敘寫（六）……………………………… 601
問題討論 7-23　研究討論之敘寫……………………………………………… 609
問題討論 7-24　研究限制之敘寫（一）………………………………………… 615
問題討論 7-25　研究限制之敘寫（二）………………………………………… 616
問題討論 7-26　實務建議之敘寫……………………………………………… 622
問題討論 7-27　未來研究建議之敘寫………………………………………… 624

示例次

示例 2-1　倒返設計（A-B-A′-B 設計）……059
示例 2-2　於不同條件引進自變項的倒返設計……062
示例 2-3　撤回設計（A-B-A-B 設計）……063
示例 2-4　撤回設計（A-B-A 設計）……065
示例 2-5　採用 A-B-A 設計的理由、可能的問題和因應策略……066
示例 2-6　加入追蹤期的 A-B-A-B 設計……067
示例 2-7　達到「80% 改變率」介入期的平均數……070
示例 2-8　系列撤回設計……072
示例 2-9　部分撤回設計……073
示例 2-10　結合系列和部分撤回設計……074
示例 2-11　B-A-B 設計……075
示例 2-12　跨參與者多基線設計……078
示例 2-13　跨小組多基線設計……080
示例 2-14　跨行為多基線設計……081
示例 2-15　跨條件（地點）多基線設計……083
示例 2-16　結合跨參與者和跨行為的多基線設計……085
示例 2-17　多基線設計出現基線行為共變和不一致介入效果現象……088
示例 2-18　採取撤回技術因應只有兩個基線的問題……090
示例 2-19　使用撤回技術因應不一致介入效果的問題……094
示例 2-20　使用撤回技術因應基線行為共變的問題……096
示例 2-21　撤回設計結合類化的探測……097
示例 2-22　平行的跨參與者多基線設計（一次同時介入兩位研究參與者跨兩層的多基線設計）……100
示例 2-23　平行的跨行為多基線設計……101
示例 2-24　平行的跨條件多基線設計……103
示例 2-25　延遲多基線設計……106
示例 2-26　結合跨小組多基線設計與多重介入設計……108
示例 2-27　建立系列相關新技能的多探測設計……110
示例 2-28　跨參與者多探測設計……111
示例 2-29　跨行為多探測設計……115

示例 2-30　逐變標準設計 …… 116
示例 2-31　將逐變標準設計視為多基線設計之變形的示例 …… 117
示例 2-32　設定範圍的逐變標準設計 …… 126
示例 2-33　多重介入設計（A-B-C-B-C-A-C-A-C 設計） …… 129
示例 2-34　多重介入設計（A-B-BC-A-BC-B-BC 設計） …… 130
示例 2-35　以多重介入設計分析目標行為的功能 …… 131
示例 2-36　同時介入設計 …… 140
示例 2-37　以多元素設計分析目標行為之功能 …… 141
示例 2-38　沒有「無介入」之單一階段交替介入設計 …… 142
示例 2-39　包含「無介入」的單一階段交替介入設計 …… 143
示例 2-40　包含「基線期」的兩階段交替介入設計 …… 144
示例 2-41　包含基線期與最佳介入期之三階段交替介入設計 …… 145
示例 2-42　結合交替和多重介入設計進行元素分析 …… 146
示例 2-43　加入維持期之調整的交替介入設計 …… 149
示例 2-44　加入「最佳介入期」之調整的交替介入設計 …… 150
示例 2-45　跨參與者多基線設計結合探測設計 …… 157
示例 2-46　探測設計結合交替介入設計 …… 158
示例 2-47　跨參與者多基線設計結合 A-B-A 設計 …… 159
示例 2-48　逐變標準設計結合部分系列撤回設計 …… 160
示例 2-49　A-B-A-B 設計結合組間設計 …… 162
示例 2-50　跨行為多基線設計結合組間設計 …… 163
示例 2-51　多重介入設計結合跨參與者與多基線設計 …… 165
示例 2-52　平行介入設計 …… 166
示例 2-53　逐變標準設計結合跨行為多探測設計 …… 168
示例 3-1　「以常模樣本做社會比較」建立結果社會效度 …… 189
示例 3-2　確保介入方案目標和程序社會效度的方法 …… 192
示例 3-3　教材反映之理論的敘寫 …… 196
示例 3-4　介入完整性的評鑑結果 …… 206
示例 4-1　行為頻率紀錄 …… 215
示例 4-2　行為累計紀錄 …… 216
示例 4-3　行為達到標準的嘗試數紀錄 …… 217
示例 4-4　行為持續時間紀錄 …… 218

示例 4-5　行為頻率和持續時間紀錄 219
示例 4-6　行為延宕時間紀錄 220
示例 4-7　行為比率紀錄 221
示例 4-8　行為反應時距紀錄 224
示例 4-9　行為次數衍生的百分比紀錄 225
示例 4-10　行為持續時間衍生的百分比紀錄 226
示例 4-11　行為延宕時間衍生的百分比紀錄 227
示例 4-12　工作分析紀錄 229
示例 4-13　行為等級量表 234
示例 4-14　行為時距紀錄 236
示例 4-15　行為時間取樣紀錄 237
示例 4-16　結果的測量 239
示例 4-17　量表題目分析 262
示例 4-18　李克特量表選項之設計 266
示例 4-19　檢核表 269
示例 4-20　使用「多特質－多方法分析」建立構念效度 278
示例 4-21　時距紀錄中點對點一致性比率的計算 287
示例 4-22　工作分析紀錄中點對點一致性比率的計算 288
示例 4-23　等級量表中點對點一致性比率的計算 289
示例 4-24　百分比紀錄中點對點一致性比率的計算 289
示例 4-25　成就測驗複本信度之撰寫 293
示例 4-26　李克特量表預試之敘寫 300
示例 4-27　觀察信度之撰寫 306
示例 6-1　折線圖之圖例 385
示例 6-2　尺度中斷的例子（一）——縱軸尺度未完全呈現時 389
示例 6-3　尺度中斷的例子（二）——橫軸和縱軸尺度未完全呈現及出現極端值時 390
示例 6-4　尺度中斷的例子（三）——橫軸尺度未完全呈現及評量的時間點未連續時 391
示例 6-5　條形圖之圖例 397
示例 6-6　階段長度之呈現 407
示例 6-7　水準全距之呈現 408

示例 6-8 階段內中數水準和平均水準之計算 ………… 408
示例 6-9 階段內水準變化之計算 ………… 410
示例 6-10 以中數水準和平均水準為基礎的水準穩定度之計算 ………… 412
示例 6-11 使用「最小平方迴歸法」畫出趨向 ………… 419
示例 6-12 趨向和趨勢內的資料路徑 ………… 420
示例 6-13 趨勢穩定度之計算 ………… 421
示例 6-14 階段間水準變化之計算 ………… 428
示例 6-15 中數和平均水準變化之計算 ………… 429
示例 6-16 趨向變化與效果 ………… 432
示例 6-17 趨勢穩定度的變化分析 ………… 434
示例 6-18 具有維持成效的折線圖和目視分析資料 ………… 437
示例 6-19 不具維持成效的折線圖和目視分析資料 ………… 438
示例 6-20 重疊率和不重疊率之計算 ………… 439
示例 6-21 ECL 之計算 ………… 443
示例 6-22 PEM 之計算 ………… 444
示例 6-23 PND 之計算 ………… 445
示例 6-24 PAND 之計算 ………… 446
示例 6-25 IRD 之計算（一） ………… 448
示例 6-26 IRD 之計算（二） ………… 449
示例 6-27 IRD 之計算（三） ………… 451
示例 6-28 IRD 之計算（四） ………… 453
示例 6-29 NAP 之計算 ………… 455
示例 6-30 $\text{Tau}_{\text{novlap}}$ 之計算（一） ………… 457
示例 6-31 $\text{Tau}_{\text{novlap}}$ 之計算（二） ………… 460
示例 6-32 進行六個基線期小階段與介入期的所有配對比較 ………… 461
示例 6-33 計算包含介入期趨勢的 A-B 比較 Tau-*U* ………… 463
示例 6-34 以中數水準為基礎的目視分析結果摘要和解釋 ………… 475
示例 6-35 以平均水準為基礎的目視分析結果摘要和解釋 ………… 478
示例 6-36 *C* 統計的結果 ………… 483
示例 6-37 階段內和階段間 *C* 值的解釋 ………… 490
示例 6-38 撤回期／介入期 *C* 值的解釋 ………… 492
示例 6-39 因應 *C* 統計會受資料點數的影響 ………… 493

示例 6-40 因應 *C* 統計會受資料路徑趨勢的影響 494
示例 6-41 變異數差異量的計算 499
示例 6-42 截距改變之迴歸效果量的計算 502
示例 6-43 斜率改變之迴歸效果量的計算 505
示例 6-44 迴歸效果量程式語言之選擇 508
示例 6-45 標準化平均數差異量和迴歸效果量之選擇與解釋 510
示例 6-46 統計分析的結果摘要和解釋 514
示例 6-47 Wilcoxon-Mann-Whitney *U* 檢定和 Kruskal-Wallis 單因子等級變異數分析 519
示例 6-48 符號檢定和 Wilcoxon 配對符號等級檢定 520
示例 6-49 Cochran *Q* 檢定和 Friedman 等級變異數雙向分析 521
示例 6-50 Pearson phi 相關 Φ 和 Cramér *V* 相關 522
示例 6-51 Spearman 等級一次序相關 ρ 523
示例 6-52 McNemar 改變顯著性和 Bowker 對稱性檢定 524
示例 6-53 大量＋小質設計（蒐集資料方法混合）之研究 527
示例 6-54 大量＋小質設計（分析資料方法混合）之研究 528
示例 6-55 大量一小質設計（蒐集資料方法混合）之研究 531
示例 6-56 小質一大量設計（蒐集資料方法混合）之研究 532
示例 6-57 質性觀察資料 534
示例 7-1 單一個案研究論文題目之結構和示例 542
示例 7-2 單一個案研究背景與動機的敘寫 546
示例 7-3 研究目的和問題之敘寫 550
示例 7-4 倒返設計圖 560
示例 7-5 撤回設計圖 560
示例 7-6 系列撤回設計圖（以三期撤回為例） 561
示例 7-7 跨參與者多基線設計圖 562
示例 7-8 跨參與者多探測設計圖 563
示例 7-9 逐變標準設計圖（以四個標準變化數目為例） 564
示例 7-10 調整的交替介入設計圖（包含基線期與最佳介入期的三階段交替介入設計） 565
示例 7-11 多重介入設計圖（以 A-B-C-A-C-B 設計為例） 566
示例 7-12 跨參與者多基線設計結合組間設計 567

示例 7-13　單一個案研究方法和實驗設計之敘寫 …… 569
示例 7-14　單一個案研究架構之敘寫 …… 571
示例 7-15　確保研究倫理之敘寫 …… 574
示例 7-16　單一個案研究論文中提升內在效度的敘寫 …… 577
示例 7-17　單一個案研究架構和提升內在效度作法之敘寫 …… 579
示例 7-18　單一個案研究論文中提升外在效度之敘寫 …… 580
示例 7-19　單一個案研究論文中研究參與者的撰寫 …… 584
示例 7-20　單一個案研究論文中介入方案的敘寫 …… 587
示例 7-21　討論不同資料發現的異同處 …… 602
示例 7-22　討論與研究結果相關的因素 …… 604
示例 7-23　討論研究成果可解釋或應用的範圍 …… 606
示例 7-24　討論研究成果的理論意涵或實務應用 …… 607
示例 7-25　將研究成果與文獻做相互比較 …… 608
示例 7-26　討論其他值得深入探究的議題 …… 610
示例 7-27　單一個案研究成果討論的敘寫架構 …… 611
示例 7-28　研究結果與討論之敘寫架構 …… 618
示例 7-29　研究結論之敘寫 …… 620
示例 7-30　研究摘要之敘寫 …… 626
示例 7-31　英文摘要之敘寫 …… 627

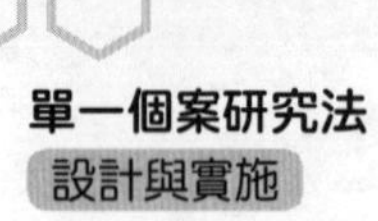

單一個案研究之緣起與意涵

導讀問題

1. 單一個案研究的緣起是什麼？
2. 單一個案研究的相關名稱有哪些？
3. 變項的意義是什麼？
4. 變項的分類有哪些？
5. 單一個案研究的方法論是什麼？
6. 單一個案研究有哪些基本要求？
7. 單一個案研究與實驗研究有什麼不同？
8. 單一個案研究有何優勢？
9. 單一個案研究有何弱勢？
10. 單一個案研究適合探討哪些研究問題？

本章探討單一個案研究（single-case research）的緣起與發展、名稱與基本概念、方法論與基本要求，以及優弱勢與適用性。

第一節 單一個案研究之緣起與發展

桃源在何許，西峰最深處。不用問漁人，沿溪踏花去。

（王陽明．〈山中示諸生〉）

單一個案研究緣起於 1860 年代對行為的**實驗室研究**（laboratory research），之後於 1960 年代，開始強調在**應用情境**（applied settings）中研究行為。接著單一個案研究的發展擴展至不同的專業領域，並且成為建立**證據本位實務**（evidence-based practices）的方法之一，詳細討論如下。

壹、行為的實驗室研究

一般認為，第一個單一個案研究開始於 1830 年代，Mueller 和 Bernard 的生理研究（Hersen, 2012, p. 168）。行為的實驗室研究緣起於德國的心理和生理學家 Wundt（1832-1920），他將自然科學中使用的實驗方法介紹至心理學領域，並且成立了一個心理學實驗室，開啟了所謂**實驗心理學**（Neuman, 2003, p. 239）。Wundt 運用**內省**（introspection）的方式，研究個體的感覺與知覺的過程，他所選取的研究參與者只有一、兩位，並於 1896 年出版《心理學大綱》（*An Outline of Psychology*）（Schacter, Gilbert, Wegner, & Hood, 2016, p. 15）。比 Wundt 稍早的另一位德國實驗心理師 Fechner（1801-1887），採取**心理物理學方法**（psychophysical methods），對一位參與者的不同感官部位給予不同強度的刺激，以分析**感官閾**（sensory thresholds）（Price, 2017, p. 174）。

較 Wundt 稍晚，另一位德國實驗心理師 Ebbinghaus（1850-1909），將自己當作研究參與者，從事無意義音節的學習，而後進行重複評量，以探討人類**記憶**與**遺忘**的現象（Schwartz, 2014, pp. 6-7）。另外，Bryan 和 Harter 於 1899 年以單一學生為對象，利用字母—單字—片語以探討**學習高原期**（learning plateau），是指學習者在學習進程中常會遭遇的一個階段，即學習成績到一定程度時，繼續提高的速度減慢，有的人甚至長時間停滯不前（Krishef, 1991, p. 3）。俄國生理學家 Pavlov（1849-1936）於 1927 年出版《制約性反射》（*Conditioned Reflexes*）一書，討論**反應制約**（respondent conditioning）理論，其理論以狗為實驗對象，讓牠學習聽到鈴聲分泌唾液的制約反應；之後，美國心理學家 Skinner（1904-1990）於 1938 年以老鼠為實驗對象，讓牠學習壓槓桿才有食物吃，進而提出**操作制約**（operant conditioning）理論（Martin & Pear, 2015, pp. 5-6）。Skinner（1966）表明他的研究哲學：與其用 1 小時研究 1,000 隻老鼠，或花 10 個小時研究 100 隻老鼠，不如用 1,000 小時研究 1 隻老鼠。Watson（1878-1958）和 Skinner 提出**行為學派**（behaviorism），強調測量可觀察的行為，並且蒐集實證資料驗證假設（Martin & Pear, 2015, p. 6）。從 1925 年至 1963 年間，總共有 246 篇單一個案研究在專業期刊上發表（Dukes, 1965；引自 Krishef, 1991, p. 3）。反應和操作制約的詳細介紹可參見鈕文英（2016）。

接著，運用操作制約理論在臨床人類行為的研究中，如 Fuller 於 1949 年應用在重度智能障礙者上；Lindsley 於 1956 年應用在思覺失調症者（schizophrenics）（Kennedy, 2005, p. 20）。臺灣衛生福利部已於 2014 年 5 月 21 日正式發文醫療機構將「精神分裂症」改為「思覺失調症」，筆者認為思覺失調症此譯名減少給人的貶抑感受，並且更能呈現此症之病理。Wolpe 於 1958 年提出**交互抑制**（reciprocal inhibition）原理，運用**系統減敏感法**（systematic desensitization）教導個體放鬆，以交互抑制其恐懼和焦慮的行為；《行為的實驗分析期刊》（*Journal of the Experimental Analysis of Behavior*）於 1958 年發行，其中介紹操作制約理論在人類行為上的應用（Martin & Pear, 2015, p. 303）。由此可知，行為的實驗室研究從動物的實驗轉移至人類行為。Horner 等人（2005）指出，操作制約和衍生出的**增強理論**（reinforcement theory）是從單一個案研究中獲益最多的領域，藉由概念分析建立增強理論的使用原則。系統減敏感法和增強理論詳述於鈕文英（2016）。

這段期間，團體實驗研究方法也有大幅發展，尤其是在 1930 年代，英國遺傳與統計學家 Fisher（1890-1962），自其倡導運用統計檢定的方法分析團體實驗研究的結果以來，實驗心理學領域反應熱烈；1930 至 1950 年代間，心理學的學術刊物發表之研究論文中的研究方法，已從未做統計分析之少數研究參與者，轉變為做統計分析，比較實驗組（experimental group）與控制組（control group）之大量研究參與者（Kazdin, 2011, pp. 10-12）。儘管如此，但仍有一些研究者（例如：Skinner、Allport）堅持採用單一個案研究（Kazdin, 2011, pp. 12-14），例如 Allport 於 1961 年指出，單一個案研究能提供個體的獨特訊息，補充團體實驗研究不足之處（引自 Kazdin, 2011, p. 12）。同時，Sidman（1960）撰寫《科學研究的技術》（*Tactics of Scientific Research*），批判實驗或準實驗研究（experiments/quasi-experiments）的問題，並且提出**基線邏輯**（baseline logic）（見本章第三節），分析動物行為，作為單一個案研究的理論基礎。

貳、行為的應用情境研究

在 1960 年代中期，單一個案研究開始應用在教育情境和其他環境中（Kazdin, 2011）。舉例來說，Ullmann 和 Krasner 於 1965 年合編《行為改變技術的個案研究》（*Case Studies in Behavior Modification*），採用行為改變技術，是一種客觀而有系統的介入行為問題的方法，此種方法主要應用得自於實驗室和應用情境中，對動物和人類行為介入的實驗研究結果，所發展出來的行為處理原理與技術，由行為專家於自然（例如：家庭、學校）或特殊化的訓練情境中，介入客觀界定而可測量的行為，並且注重行為改變效果的驗證程序，以解決個人與社會問題，增進人類的適應功能（Martin & Pear, 2015, p. 6）。接著，Baer、Wolf 和 Risley 於 1968 年，在《應用行為分析期刊》（*Journal of Applied Behavior Analysis*）中提出**應用行為分析**一詞；「應用」意味要改變的行為是社會相關或重要的；「行為」指陳要改變的行為是可觀察和測量的；「分析」是指分析行為問題的原因，和評量行為處理效果之過程（引自 Schloss & Smith, 1998, p. 2）。從此，強調運用單一個案研究，研究社會相關或重要之行為的改變。

再者，直到 Davidson 和 Costello（1969）主編《單一個案的 $N = 1$ 實驗研

究》（*N = 1 Experimental Studies of Single Cases*）；以及 Risley 和 Wolf（1973）撰寫〈分析行為隨時間改變的策略〉，Barlow 和 Hersen（1973）發表〈單一個案實驗設計的應用〉文章，延續 Sidman（1960）的基線邏輯，進一步討論單一個案研究的應用。之後，Hersen 和 Barlow（1976）撰寫《單一個案實驗設計——研究行為改變的策略》（*Single Case Experimental Designs: Strategies for Studying Behavior Change*），系統地介紹單一個案研究；Kratochwill（1978）主編《單一對象研究——評鑑改變的策略》（*Single-subject Research: Strategies for Evaluating Change*），這兩本書完整討論單一個案研究的設計、執行和分析。

自 1970 年至 2018 年，尚有學者著書或為文探討單一個案研究在**行為科學**（Gast & Tawney, 2014; Kazdin, 2011; Morgan & Morgan, 2009; Todman & Dugard, 2009）、**特殊教育**（McReynolds & Kearns, 1983; Tawney & Gast, 1984）、**社會工作**（Kazi, 1998; Noia & Tripodi, 2007; Thomas, 1978）、**教育**（Bailey & Burch, 2018; Gast & Ledford, 2014; Kennedy, 2005; O'Neill, McDonnell, Billingsley, & Jenson, 2011; Richards, Taylor, Ramasamy, & Richards, 2013; Riley-Tillman & Burns, 2009; Vannest, Davis, & Parker, 2013）、**諮商和心理治療**（Hayes, 1981; Jayaratne & Levy, 1979; Kratochwill & Levin, 1992; Leitenberg, 1973; Photos, Michel, & Nock, 2008; Robinson & Foster, 1979; Skinner, 2005; Thoresen, 1972）、**醫學和復健**（Barlow, Blanchard, Hayes, & Epstein, 1977; Janosky, Leininger, Hoerger, & Libkuman, 2009; Martin & Epstein, 1976）等領域的應用。而臺灣特殊教育領域以採取單一個案研究居多，並且有三本專書〔杜正治，2006；許天威，2003；蔡美華等人（譯），1999〕討論其理論與實務。

在教育領域上，Dunlap 和 Kern-Dunlap（1997）指出單一個案研究系統的實驗分析方法，有助於建立個別學生的教育實務，以及教育人員設計個別化教育和支持計畫。在諮商和心理治療領域上，單一個案研究已被運用在檢視新的治療，以及現有治療在不同群體的應用和問題（McCann & Landes, 2010）。美國心理學會證據本位實務統轄專案小組（American Psychological Association [APA] Presidential Task Force on Evidence-Based Practice, 2006）表示，系統的單一個案研究對有效的心理學實務是有貢獻的。

參、單一個案研究在確立證據本位實務之應用

自美國 2001 年《不放棄任何一個孩子法案》（*No Child Left Behind Act*，簡稱 NCLB）公布以來，強調教育計畫和實務須以**科學研究為基礎**（scientifically-based research, SBR）（United States Department of Education, 2002）。以「科學研究為基礎」的實務在教育領域稱為**證據本位實務**（Collins & Salzberg, 2005）或**研究驗證的實務**（research-validated practices）（Shavelson & Townc, 2002）；在諮商與心理治療稱為**有實證研究支持的治療**（empirically supported therapies, EST）（Chambless & Hollon, 1998）。以下探討證據本位實務的實施源由和意涵。

一、證據本位實務的實施源由

Brown-Chidsey 和 Steege（2005）指出，實施證據本位實務的理由有以下三點：第一，由於無法保證介入方案（intervention）對於不同學生和技能都有相同的效果，因此，需要介入方案適用於何種學生和技能的實證資料；選擇有堅固研究基礎的介入方案，嚴謹地實施之，蒐集學生進步表現的有意義資料，就能提高他們正向改變的機會。第二，只根據理論、專家意見和主觀評鑑，尚未經過研究驗證的介入方案，有可能是無效的方案。第三，持續實施無效的介入方案會延遲有效方案的實施，若一種介入方案無法對學生有正向結果，就應中止，轉而採用有效的介入方案；學生和其家庭有權要求學校嚴謹地實施有效的介入方案，並且客觀地描述學生的進步情形。Cook 和 Schirmer（2003）即主張，特殊教育的特殊性存在於徹底地實施有效、有研究為基礎的實務。

二、證據本位實務的意涵

證據本位實務是指，該實務或介入方案**有實證資料支持**，是指研究者運用**實證方法**（empirical method，或譯為「實徵方法」），蒐集資料驗證有效者。而實證方法就是**研究**（research），就字義來看，它的英文是由「re」和「search」組合而成，「re」是英文的字首語，含有「反覆、再一次」的意思，「search」則有「探索、搜尋」的意思；因此，研究有「反覆探索」或「再一次搜尋」等意義

（周文欽，2004）。綜合文獻（Anderson, 1998; Wiersma & Jurs, 2009），研究係指有系統地發現、探討和解決問題的過程，在這過程中，研究者會蒐集和分析資料，以提供有用的資訊解決問題。

研究的歷程大致包括：**選擇研究主題**、**界定研究目的和問題**、**設計研究**（包含設計研究的方法和步驟、資料分析的方法等）、**蒐集資料**、**分析資料**、**解釋資料與評鑑研究品質**，以及**報導研究發現**七個步驟（Neuman, 2006）。在報導研究發現之後，可能會促發新的思考，產生新的研究問題，於是新的研究循環再次開始，整個研究是持續的歷程；而這七個步驟又受到**理論**（theory，隱含或正式的理論）、**模式**（model），或**具觸覺的概念**（sensitizing concepts，觸覺或譯成「敏覺力」）之啟發（Neuman, 2006），如圖 1-1。具觸覺的概念是指，有些研究不見得都有理論和模式為依據，研究者有一些讓他們感到好奇、有敏銳感受的概念，根據此概念發展的某種教學策略，對學生某方面能力的成效，藉著蒐集資料探索可能解釋此結果的理論。然而，要注意的是，整個研究可能不是如此線性

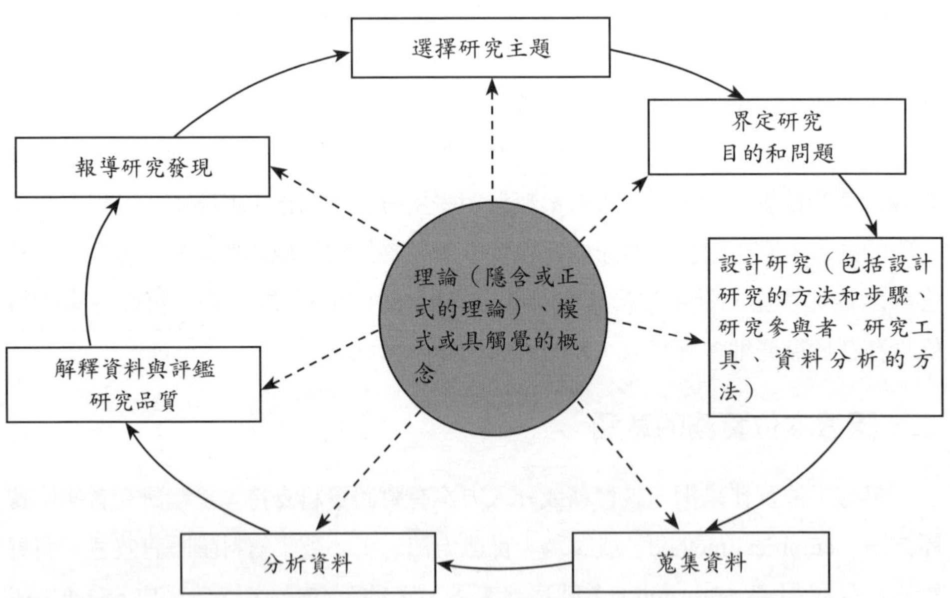

圖 1-1：研究的歷程。——➤表示步驟的進程，－ ➤表示啟發該步驟的進行；修改自 Neuman（2006, p. 15），修改處為加入模式或具觸覺的概念、理論和設計研究的括號說明，以及評鑑研究品質。

的歷程，而是**互動**的；也就是不見得是完成步驟 1 後，才進行步驟 2，而是在這些步驟之間來回更迭。

真正的實證方法（或研究）採取**真科學**（true science）的方法，了解事物的現象，它不同於**非實證方法**（nonempirical method，或譯為「非實徵方法」，又稱作「非科學方法」）蒐集資料，亦有別於**假科學**（pseudoscience，或譯成「偽科學」）。以下探討實證方法和非科學及假科學方法之差異。

（一）實證方法和非科學方法之差異

一般人每天會用許多種方法了解事物的現象，例如來自權威人士的說法、依據傳統和前例、個人直覺和經驗、一般常識（可能來自於傳統）、邏輯推理等（鈕文英，2015a），這些都屬於「非科學方法」，其示例見表 1-1。

雖然非科學的方法對於了解事物現象也有其價值，然而它可能會產生以下六項問題，筆者進一步舉例說明如下：

1. **訴諸錯誤的權威**：訴諸於某個領域權威人物或專家的說法以了解事物的現象，有可能造成訴諸錯誤的權威，因為這位人物專長的領域和研究主題可能不搭配，或是其說法並沒有實證資料為依據（Neuman, 2006; Rumrill, Cook, & Wiley, 2011）。
2. **月暈效應**（halo effect）：月暈效應是指當一個人表現良好時，大家對他的評價便遠高於他實際的表現，就像肉眼所見的月亮，並非就是月亮實際的大小，而是包含月亮的光暈；反之，一個人表現不好的時候，別人眼中認為的差勁程度也會遠大於他真正的表現（Neuman, 2006）。以權威人士的說法、個人直覺和經驗了解事物現象，可能造成月暈效應，例如只相信某位來自名校、頗負聲望之學者的所有說法，而不相信另一位來自普通學校、默默無聞之學者的說法。
3. **選擇性地觀察記錄**：在觀察（observation）時，僅選擇性地觀察記錄符合研究者既有想法的資料，而忽略掉反面事例（Neuman, 2006）。來自權威人士的說法、依據傳統和前例、一般常識，以及個人直覺和經驗都有可能造成選擇性觀察記錄的錯誤。例如農夫見到公牛從叢林中衝出來便預測會下雨，這

表 1-1
非科學方法的類型和示例

類型	示例
來自權威人士的說法	1. 女明星代言 A 產品的美白效果佳。 2. 感覺統合的權威學者指出，感覺統合訓練可以增進發展遲緩幼兒如廁能力。
依據傳統和前例	1. 坐月子不能洗頭。 2. 煎香腸要切對半。 3. 上排的乳齒掉，要站著筆直丟床底下。
個人直覺和經驗	1. 一位老師表示：「泛自閉症（autism spectrum disorders, ASD）學生家長的社經地位，比智能障礙（intellectual disability）學生家長者來得高。」 2. 一位特殊教育教師依據個人教學經驗表示：「促進式溝通能提升泛自閉症者的溝通能力。」 3. 農夫見到公牛從叢林中衝出來便預測會下雨。
一般常識	1. 體格壯碩的人一定比體格瘦弱的人力氣大。 2. 擔任特殊教育教師的人一定特別有愛心。
邏輯推理	1. 一篇研究寫道：「注意力不足／過動症（attention deficit/hyperactivity disorder, ADHD）學生在學校出現人際互動的問題，在家裡也一定會出現與父母、手足互動的問題。」 2. 一篇研究寫道：「本課程深受學生的喜愛，故能獲致良好的學習成效。」但未提供實證資料。

就是透過「個人直覺和經驗」獲得的知識；即使有時並不是每次公牛衝出來都會下雨，農夫卻忽略這些反面事例。

4. **過度推論**（overgeneralization）：是指將某些情境獲得的資料，過度推論應用至其他情境（Neuman, 2006）。例如看到部分智能障礙者流口水，就認為所有的智能障礙者都會流口水。來自權威人士的說法、一般常識、依據傳統和前例，以及個人直覺和經驗都有可能造成過度推論的謬誤。
5. **過早結束**：過早結束通常發生在當人們認為已經有了答案，而不再看、聽和蒐集資料時，過早結束會加深選擇性觀察記錄和過度推論兩項問題（Neuman, 2006）。來自權威人士的說法、依據傳統和前例、一般常識，以及個人直覺和經驗都有可能導致過早結束的情形。

6. **邏輯的謬誤**（logical fallacy）：運用邏輯推理了解事物現象時可能會出現邏輯謬誤（Ary, Jacobs, & Razavieh, 2010），有表 1-2 所列七種**邏輯謬誤**。依據傳統和前例、一般常識，以及個人直覺和經驗若是透過邏輯推理得知，亦有可能出現邏輯謬誤。

表 1-2

邏輯謬誤的類型、意義和示例

類型	意義	示例
事後謬誤	是指如果 A 事件先於 B 事件發生，A 事件則是 B 事件的原因（Tindale, 2007）。	某人在餐廳用完午餐後，傍晚時拉肚子，因此推論是午餐所致。此歸因可能不正確，或許有其他原因。
模糊推理的謬誤	意指將結果歸諸於模糊、無法驗證的因素（例如：上帝、命運）；或是錯置了時間順序，原因並非在結果造成之前出現的（Neuman, 2006）。	1. 一篇研究寫道：「人們採取宗教的儀式結婚，是因為社會要他們這麼做。」（Neuman, 2006）而「社會要求」是無法驗證的因素。 2. 一篇研究寫道：「因為美國有成為世界強權中心的宿命，所以很多移民在十九世紀初期遷入美國境內。」事實上，美國成為世界強權是發生在 1920 年至 1945 年，而移民是出現在 1850 年和 1890 年之間，此解釋錯置了時間順序，且「宿命」是無法觀察的（Neuman, 2006）。 3. 前述表 1-1 中邏輯推理的第二例——推理課程有效的原因是受喜愛，但未提供實證資料，亦是模糊推理的謬誤。

（續）

表 1-2（續）

類型	意義	示例
偽兩面的謬誤	是指為了支持自己的解釋是正確的，藉著刪除或否定對立解釋，也就是「非A即B」的方式來顯示；事實上，若未列出所有可能的對立解釋，此推理就有可能導致錯誤（Bennett, 2015）。	1. 排除兩個研究變項零相關，就表示二者有正相關。 2. 一篇研究寫道：「因為10位學生中只有1位抗拒來上此課程，而另外9位學生沒有拒絕，則表示他們喜歡此課程。」
簡化推論的謬誤	意指將一種狀況所得的資料，推論至所有的狀況（Bennett, 2015）。	前述表 1-1 中邏輯推理的第一例——推理注意力不足／過動症學生在家裡的人際互動問題，即簡化推論的謬誤。
從眾的謬誤	是指受到多數人一致性思想或行動的影響，而跟從大眾的思想或行為，又稱為**羊群效應**（Bennett, 2015）。	一篇研究寫道：「因為多數教育人員表示音樂治療對介入行為問題有效，所以採用音樂治療介入個案的干擾行為。」
循環推理的謬誤	是指從變項本身的定義做反覆說明，並未真正描述變項間的關係，又稱作**同語反覆**（tautology）（Neuman, 2006）。	1. 因為沒有錢，所以他貧窮。 2. 因為他罹患多種慢性疾病，所以他健康拉警報。
滑坡謬誤	意指使用連串的因果推論（如果發生A，接著就會發生B，……接著就會發生Z），卻誇大了每個環節的因果強度，而後推論「Z不應該發生，因此不應允許A發生」（Lode, 1999; Walton, 1992）。此推理不一定正確。	1. 孩子如果不就讀「好國中」，之後就考不上「好高中」，再來就考不進「好大學」，接著就會找不到「好工作」，然後會窮困潦倒，一生就毀了！ 2. 在世界盃棒球賽中，中華隊贏韓國隊、日本隊贏中華隊，所以推論日本隊會贏韓國隊。

Berger（2011）比較實證和非科學方法，在了解事物現象的差異後發現：實證方法以**理論**為依據，重視結構、科學的思考，採取有計畫而系統的行動，全面

而客觀地呈現資料，焦點放在開展研究者對事物現象的知識與了解；而非科學方法憑直覺，重視一般常識、想像的思考，採取偶然的行動，經常選擇性地呈現資料，焦點放在做個人的決定。

Kumar（2014）指出，研究不只是許多技能的組合，更是一種**思考方式**。綜合文獻（Anderson, 1998; Best & Kahn, 2005; Donovan & Hoover, 2014; Hart, 1998; Heiman, 2001; Mertler & Charles, 2010），研究具有下列 10 項特徵：（1）目的在解決問題；（2）經常藉著蒐集資料，或運用現存的資料，達到新的目的；（3）是以可觀察的經驗或實證的證據為依據，不能憑猜想和想當然耳的態度做研究；（4）要求精確的觀察與描述；（5）通常抱持存疑的心靈發現問題，採取系統而仔細的設計程序，以及嚴密的分析，雖然有時候會視狀況做例外的安排；（6）需要專業知識與技能，包括熟稔於專業領域的知識、研究方法論（research methodology，或譯為「研究方法學」），以及蒐集和分析資料的技能；（7）力求保持開放的心靈，發現最佳的問題解決方法，而且研究者持續反思研究的過程，盡力確保研究程序的倫理原則和有效性；（8）是一個需要深思熟慮、耐心、勇氣和創見的活動，而這活動是具有目標、方向，但也會隨著研究的進展而修正研究問題；（9）強調形成通則、原則、理論，以利於了解或預測現象，掌控或解決問題；（10）需要研究者細心地記錄資料，和誠實地報導結果。

總括來說，Neuman（2006）指出：「研究是使用科學的方法將問題或想法轉化為科學知識的過程。」（p. 12）而筆者認為科學的方法必須以**專業領域的知識**及**科學的態度和思考**為基礎，如圖 1-2。其中科學的態度和思考，Mertler 和

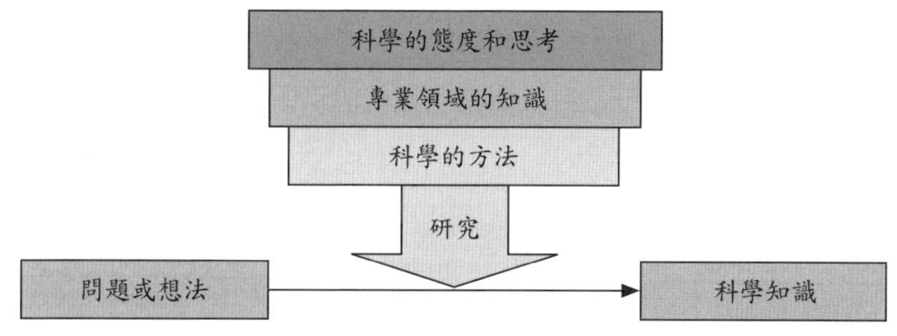

圖 1-2：研究的意義。

Charles（2010）指出**仔細**、**有系統**和**有耐心**三種。而 Heiman（2001）表示科學的態度和思考為，**了解事物本質的不確定性，保持開放**、**存疑和謹慎的態度**，並且**注重研究倫理**（research ethics）。

研究既然具備上述特徵，Leedy 和 Ormrod（2009）發展了**研究性向檢核表**，內容包含檢核自我：（1）會立即把握需要解決的問題情境，不延遲嗎？（2）有追根究柢的態度，對自己的思考保持好奇嗎？（3）在對某一種問題情境下決定之前，總會蒐集事實性的資料嗎？（4）在討論中總是以「問題」為思考的核心嗎？（5）會將問題分析得更細嗎？（6）對於某一種問題情境，會分析原因和形成假設嗎？（7）在開始做一件事情之前，會做計畫嗎？（8）在對某一種問題情境下決定之前，會聽取各方的觀點嗎？（9）容易接受某一種問題情境的事實性資料，即使它們和自我原先思考的完全不同？（10）要將思考訴諸文字容易嗎？筆者將之發展成附錄 1「研究性向檢核表」，讓欲從事研究的人了解自己所具備之研究性向的程度，它亦可以視作欲成為一位研究者努力的方向。

（二）實證方法和假科學方法之差異

實證方法有別於**假科學方法**，假科學的研究者假借科學之名，做出以下違反科學的事情：一是使用**科學術語**〔例如：接受某種治療的效果優於未接受者，且達到 .05 的**統計顯著水準**（significant level）〕，但卻是採取**錯誤的統計和推理方法**，企圖引導讀者獲致某種結論（Brown-Chidsey & Steege, 2005）。Disraeli 指出：「世界上有三種謊言：謊言、可惡的謊言和統計數字。」（引自 Beatty, 2018, p. xiv）至於統計數字為何是謊言，並不是數字本身會說謊，而是人們操縱數字讓它們說謊（Best, 2012; Huff, 1982），這是假科學。二是**提供不完整的資訊**，或是**選擇性地報導**符合自己觀點的資料或事例，而刪除不支持自己觀點者（Brown-Chidsey & Steege, 2005）。三是對結果**沒有抱持懷疑的態度，不做自我更正**，也**不公開研究結果的限制**（Brown-Chidsey & Steege, 2005），見表 1-3 假科學的示例和評論。假科學正如 Tennyson 所言：「真假摻半的謊言最是險惡。」〔引自曹嬿恆（譯），2017，第 129 頁〕。

黃俊儒（2014）指出科學的過程與結果同等重要，但是臺灣媒體在意的卻僅

表 1-3

假科學的示例和評論

示例	評論
1. 某家醫院打出廣告：本院今年重症的治癒率多增加一倍。 2. 一篇新聞報導寫道：回收的 1,000 份問卷中有 80% 的臺北市民家裡曾遭小偷，並且主張對小偷嚴刑峻罰。 3. 大學籃球錦標冠軍爭霸賽，兩隊在賽前互探虛實，A 隊提供的資料是平均身高 170.5 公分；B 隊提供的資料是平均身高 180 公分。	1. 在例 1、2 和 3 中，研究者提供不完整的資訊，或是選擇性地報導符合自己觀點的資料或事例，例 1 未提供該院今年就診的重症病患原始數量，有可能重症病患數減少，故治癒率相對提高。例 2 乍聽之下會覺得臺北市民的失竊率真高，但是研究者並未提供取樣人數、取樣比例、問卷回收份數，以及取樣方法，無法確認這樣的調查對象是否具有代表性，假使問卷回收率低，會寄回問卷的人都曾遭竊，此對象是否能代表全體臺北市民便值得商榷。例 3 僅提供身高的平均數（mean, *M*）並不完整，B 隊因為有 200 公分長人，此極端值（outlier，或譯成「離群值」、「異常值」）會影響平均數，呈現中數（median, *Mdn*）或裁剪平均數（truncated or trimmed mean，去掉最大和最小值後求得的平均數）便會發現 B 隊亦是 170 公分，再呈現身高最小值和最大值的全距（range）資料就更完整。
4. 前衛生署長引用研究說：「單身者較易罹患精神疾病。」 5. 研究者以 10 名學習障礙的學生為對象，宣稱中樞神經興奮劑可以增進學生的閱讀技能，且達到 .05 的顯著水準。	2. 在例 4 和例 5 中，研究者使用科學術語，但是採取錯誤統計和推理方法，企圖引導讀者獲致某種結論。例 4 應屬調查研究，如果不同婚姻狀況的成人罹患精神疾病的比例確實有差異，且達到統計的顯著水準，研究者也只能說罹患精神疾病者中以單身的比例較高，而不能說單身者較易罹患精神疾病。例 5 事實上是中樞神經興奮劑增進學生的注意力，而注意力增加後，間接提升學生的閱讀測驗分數，但測驗分數並不等同於閱讀技能。

是快門的一瞬間，未能判斷科學新聞的正確性，並歸納出媒體報導中最常犯的錯誤類型，例如**關係錯置**、**不懂保留**、**官商互惠**、**忽略過程**等。Levitin 於 2016 年指出，讀者可以培養**資訊素養**（infoliteracy）辨識假科學，辨識的方法有四種：

（1）**檢查數字的合理性**；（2）**了解數字是怎麼蒐集的**；（3）**探究數字是怎麼分析的**，例如它們如何以圖表的形式呈現；（4）**評析數字是如何被詮釋的**，批判性地檢視其是否有證據，以及詮釋的合理性〔曹嬿恆（譯），2017〕。真正的實證方法（或研究）採取「真科學」的方法了解事物的現象，見問題討論 1-1。

問題討論 1-1 真科學或假科學方法的辨識

一份研究深度訪談一所學校（共 100 位學生）中的 10 位學生，了解他們對學校實施新課程的觀感，10 位學生中只有 1 位不喜歡此新課程，研究者因此推論全校多數學生喜歡此課程，而且未呈現這一位不喜歡此新課程學生的觀感。這是真科學或假科學的方法呢？

☛ 這份研究所得結果不足以推論剩下的 90 位學生多數都喜歡此新課程，而且研究者選擇性地報導多數學生的觀感，未呈現一位不喜歡此新課程學生的觀感，因此這是「假科學」的研究。

Odom 等人（2005）指出，**做研究**可以協助建立「證據本位實務」，而此研究可包括四個階段（如圖 1-3）：階段 1 是**提出初步的想法和假設，進行觀察和前導研究**〔pilot study，或譯為「試探（驗）性研究」〕，此處的前導研究可以是相關、調查或質性研究等，讓研究者對於相關的變項和現象有初步的了解；階段 2 是**進行實驗研究**，包括**在控制情境中做實驗室實驗**（laboratory experiments），以及**在教室中做實地實驗**（field experiments），二者詳述於後文第參章第三節；階段 3 是**在教室中進行隨機化的實地實驗**，也就是在更多不同特性的教室中進行實驗研究；最後進入階段 4，**根據上述研究所得的實證資料進行教室實務**，而後仍要持續探究實施成效，進一步發現值得探討的議題，回饋給前面的研究階段，繼續做研究。此處的實驗研究包括採用實驗和準實驗研究，以及單一個案研究兩種研究方法所進行的研究。

上述 Odom 等人（2005）所提四階段中的階段 2 和 3，文獻（Cook, Landrum, Cook, & Tankersley, 2008; Odom & Wolery, 2005）指出，實驗及單一個案

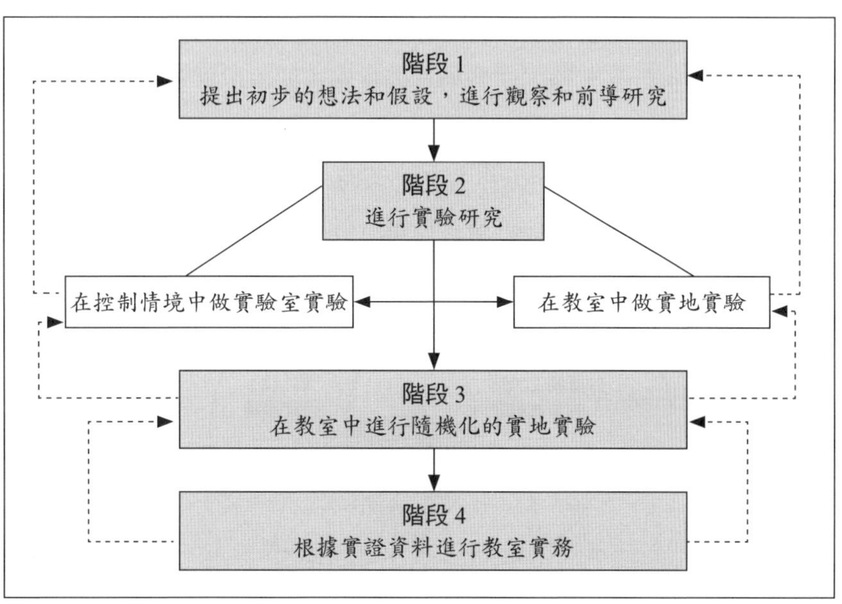

圖 1-3：研究的階段。—►表示研究階段的進程，◄►表示兩者間呈現互動的關係，---►表示回饋機制。修改自 Odom 等人（2005, p. 145）。修改處為使用虛線箭頭代表回饋的機制，採用無箭頭的線段表示階段 2 包含兩種實驗、補充說明階段 2 的內涵，以及加入網底和註解說明箭頭。

研究可以協助確認該實務是否為證據本位。美國促進和傳播心理程序的專案小組（Task Force on Promotion and Dissemination of Psychological Procedures）已明白指出，單一個案研究為可以公正地檢驗介入效率和效能的重要方法學（引自 Chambless & Ollendick, 2001, p. 686）；Shavelson 和 Townc（2002）亦表示因為單一個案研究宣稱實驗控制，所以能建立證據本位實務。相關文獻（Horner et al., 2005; Odom & Strain, 2002）顯示，單一個案研究在特殊教育領域發展證據本位實務上扮演非常重要的角色。一些文獻（Horner et al., 2005; Kratochwill & Stoiber, 2002; Shernoff, Kratochwill, & Stoibet, 2002; Weisz & Hawley, 2002; Wolery & Dunlap, 2001）探討如何使用單一個案研究，揭示實務是否為證據本位，有哪些標準宜注意，這些在未來的章節將會討論。

除了做研究可以協助建立證據本位實務，建立最佳的研究證據外，Shlonsky

和 Gibbs（2004）還提出**實務工作者的專業知能**，與**個案的價值觀和期待**兩項要素（見圖 1-4），也就是實務工作者須具備實施證據本位實務的專業知能，以及任何介入都須以個案的價值觀和期待為基礎。Gambrill（2001）表示，即使某項介入符合證據本位，但是實務工作者在決策時，都不能忽略個案的價值觀和期待。筆者認為，Gambrill 的主張亦是實施單一個案研究者宜注意之處。

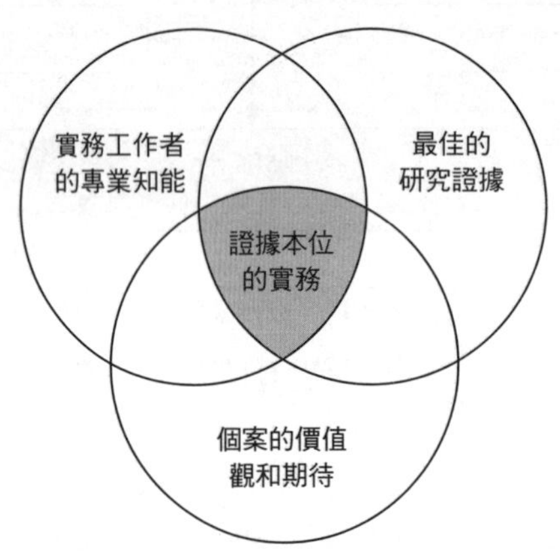

圖 1-4：證據本位實務模式。取自 Shlonsky 和 Gibbs（2004, p. 138），經過 *Brief Treatment and Crisis Intervention* 同意授權使用。

第二節 單一個案研究之名稱與基本概念

真理就是在經驗面前站得住腳的東西。（Einstein, n.d.）

本節探討單一個案研究之名稱與基本概念，作為後續章節的基礎。

壹、單一個案研究之名稱

單一個案研究又稱作**單一對象時間系列實驗設計**（single-subject time series experimental designs）（Tawney & Gast, 1984）、***N*** **= 1 的研究**（Kazdin, 2011）、**小** ***N*** **的實驗設計**（Todman & Dugard, 2009）、**個案本位時間系列設計**（case-based time series design）（Borckardt et al., 2008）、**單一參與者研究設計**（single participant research design）（Morgan & Morgan, 2001）、**中斷時間系列設計**（interrupted time series design）（McCann & Landes, 2010）。Fraenkel 和 Wallen（2006）將它歸類在準實驗研究中，稱之為**時間系列設計**（time series design），基本的設計形態為 $O_1 \rightarrow O_2 \rightarrow O_3 \rightarrow \cdots\cdots O_n \rightarrow XO_{n+1} \rightarrow XO_{n+2} \rightarrow XO_{n+3} \rightarrow \cdots\cdots$，研究參與者在**自變項**〔independent variable，以 X 表示，又稱作**實驗處理**（treatment）、**介入**或**介入方案**（intervention），例如自我管理方案〕引進前後，於固定時間重複接受評量（以 O 表示），旨在檢視**依變項**（dependent variable，例如體重）變化的**趨勢**（trend）。自變項和依變項於下文「貳、單一個案研究之基本概念」中再述。

然而，Kazdin（2011）進一步澄清以單一個案或 $N = 1$ 的研究命名，會讓人誤以為它只能用在一位研究參與者；事實上，單一個案研究能運用在多位個案上，或是做組間的比較，名為「單一個案」只是凸顯其特色——評鑑介入對個案之成效。由於單一個案研究「重複評量」的特質，因此 Kazdin（2011）又稱之為**研究對象內的複製設計**（intrasubject replication designs），或是**深入的設計**（intensive designs）。

貳、單一個案研究之基本概念

單一個案研究中最基本的概念為**變項**（variable），它是指可以依不同數值或類別出現／改變的一種屬性，凡是可以依數值或類別，分成各種不同屬性的概念，就可以稱為變項，例如性別可分成男與女二類（林清山，1992）。**常數**（constant）與變項相反，它只有一個值或一類，不能夠依不同數值或類別出現／改變的屬性（林清山，1992），例如圓周率、水的化學成分等。變項從其性質，以及變項間的關係而有不同的分類，詳細討論如下。

一、從變項的性質來分

從變項的性質來分，可以分成**連續變項**（continuous variable）和**不連續變項**

（discontinuous variable）兩種，連續變項係指它的一個值不只代表一個點，而是一段距離，因此會出現小數，例如身高、體重、測驗分數等均屬之；不連續變項又稱為**間斷變項**（discrete variable）或**類別變項**（categorical variable），它的一個值係代表一個點，而不是一段距離，因此只能用整數表示，例如每家的孩子數、比賽的名次等均屬之（周文欽，2004；Gay, Mills, & Airasian, 2009）。不連續變項又包括**二分變項**（dichotomous variable）和**多分變項**（polytomous variable）兩種，二分變項是指該變項可以分成兩個類別，此類別在統計分析中即**水準**（level），例如學生身分狀況（全職學生、在職學生）、與身心障礙者互動的經驗（有互動經驗、無互動經驗）。而如果該變項可以分成超過兩個類別時，例如態度（非常喜歡、喜歡、不喜歡、非常不喜歡）則稱為多分變項（Kumar, 2014）。

二、從變項間的關係來分

從變項間的關係來分，可以分成**自變項**、**依變項**、**中介變項**（intervening or mediator variable）（Gay, 1996; MacKinnon, 2003），以及**外在變項**（extraneous variable）（Gay et al., 2009）四種，詳述如下。

（一）自變項

自變項是指研究者能系統化操弄或安排的變項，它常是研究者懷疑造成某種事件或現象的「因」（Gay et al., 2009），將自變項放在統計分析中便稱為**因子**（factor）。Kazdin（2002b）指出有三種自變項，第一種是**環境或情境變項**，例如安排充滿回饋的教室環境；第二種是**教學變項**（instructional variable），例如建構教學；第三種是**個別差異變項**（individual difference variable），例如智力，Graziano 和 Raulin（2010）稱之為**分類變項**（classification variable）或**背景變項**（organismic variable，又譯為**個體**、**機體變項**）；Kerlinger 和 Lee（2000）稱之為**屬性變項**，它是**無法操弄的變項**，以下筆者統一稱為**背景變項**。而環境或情境和教學變項都屬**主動變項**（active variable），是**可操弄的變項**（Gay et al., 2009）；在研究中會稱之為**實驗處理**、**介入**或**介入方案**，這些名稱會在往後的討

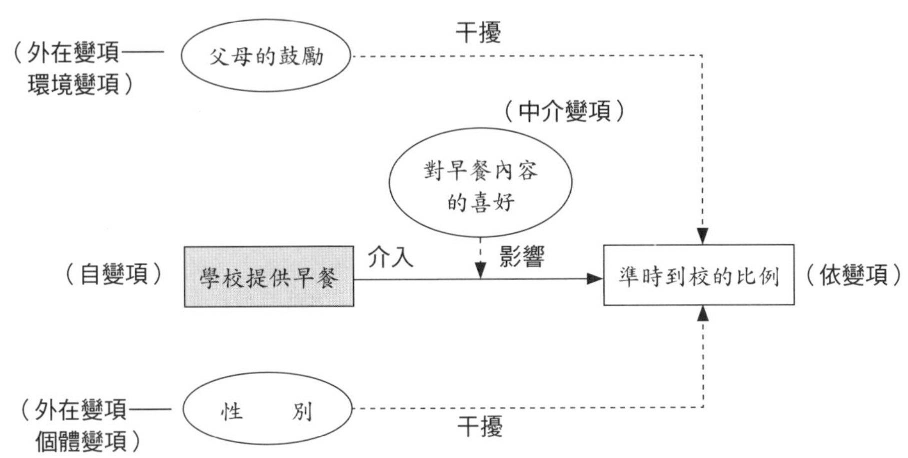

圖 1-5：一個研究中自變項、依變項、外在變項和中介變項之間的關係圖。

論中交替出現。茲舉一例說明如圖 1-5，其中學校提供早餐就是自變項，屬於環境或情境變項。

（二）依變項

依變項是指隨著自變項之改變而產生變化的變項，它是無法操弄的變項，也就是研究者欲蒐集之研究參與者的表現或行為數據；若從心理學的術語來看，則依變項是**反應**（response），它是受影響的變項；而自變項就是**刺激**（stimulus），乃具有影響作用的變項（Gay et al., 2009），例如圖 1-5 中「準時到校的比例」就是依變項。若不只一個依變項，研究者尚須釐清依變項是直接或（和）間接源於自變項的引進，自變項和依變項之間是**直接和間接的因果關係**（De Vaus, 2001）。例如直接依變項為智能障礙學生家長之教養態度和行為；間接依變項為智能障礙學生之自我照顧技能，因為家長教養態度和行為改變了，間接影響智能障礙學生之自我照顧技能。還有一種是**複雜的因果關係**，例如泛自閉症學生的社交對話能力一方面來自於社會技能訓練方案的直接影響，另一方面來自於方案介入於一般同儕起始對話能力產生的間接效果。圖 1-6 呈現直接、間接，以及複雜的因果關係三種。

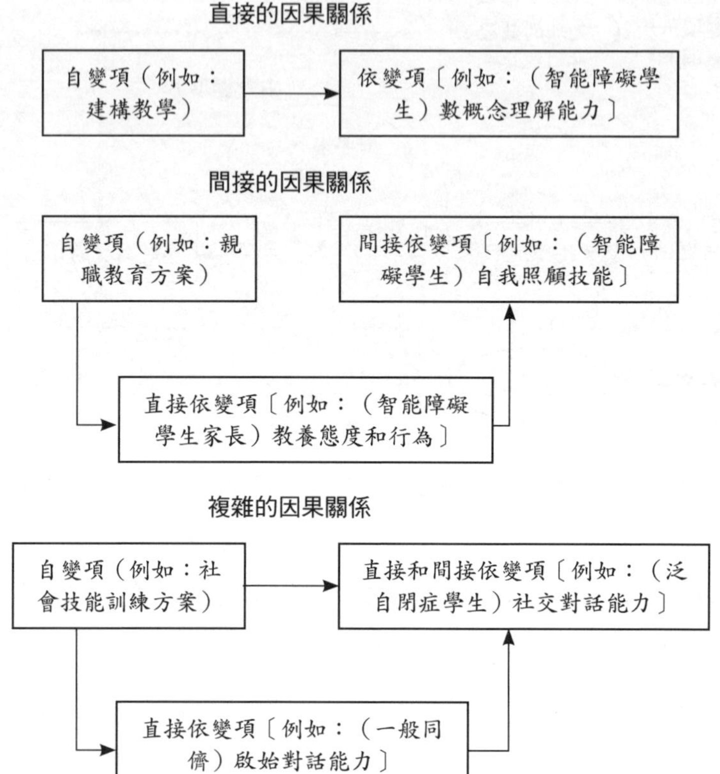

圖 1-6：三種類型的因果關係。參考 De Vaus（2001, p. 38）的概念，並且加上筆者舉的示例。

（三）中介變項

中介變項是指介於自變項和依變項之間，會對依變項產生作用的內在心理歷程，例如研究參與者的意願、知識、態度、情緒、動機與興趣等均屬之（Gay et al., 2009），又稱作**過程變項**（process variable）（MacKinnon, 2003）。前圖 1-5 中學生「對早餐內容的喜好」就是中介變項。如果學校提供的早餐內容未考慮學生的喜好，則可能不會增加學生「準時到校的比例」；而如果學校在提供早餐前，調查學生的喜好，結果增加了學生「準時到校的比例」，且學生反應早餐很好吃且有多種選擇，則學校提供早餐之所以會增加學生準時到校的比例，乃透過考慮學生「對早餐內容的喜好」來達到效果。由此可知，若自變項對依變項有效，而此效果是透過另一變項達到影響，則此變項為「中介變項」。中介變項說明自變項「為何」及「如何」對依變項產生效果，例如探討教師的不同教學方法或行為對學生學業成就之影響，其中變項間的關係為，教師的不同教學方法或行為（自變項）促使學生學習歷程（中介變項）的改變，進而造成學業成就（依變項）的提升，如圖 1-7。

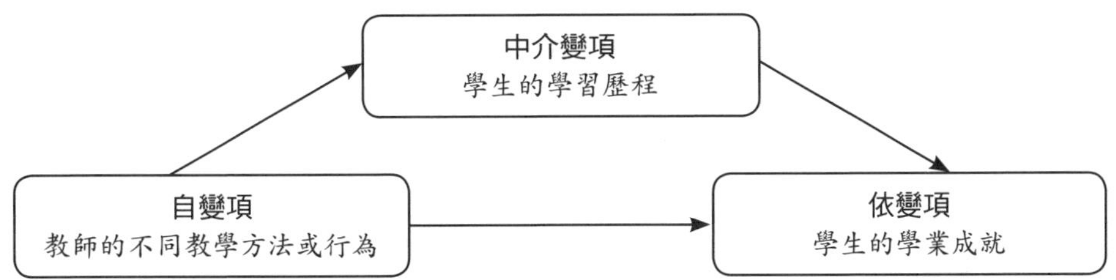

圖 1-7：中介變項在自變項和依變項間產生的中介過程。

欲了解中介變項的影響過程，通常藉由檢視自變項和中介變項、中介變項和依變項之間的關係達到；如果中介變項有影響，自變項和中介變項、中介變項和依變項均會達到顯著的相關（Baron & Kenny, 1986）。兩者的相關若均達到 1.00 的正或負相關，則稱為**中介變項產生完全中介**的過程（Baron & Kenny, 1986）。如圖 1-8，假設變項 A 和中介變項 C 呈 1.00 的正相關，中介變項 C 和變項 B 亦呈 1.00 的正相關，則變項 A 和 B 會呈 1.00 的正相關。此時若控制中介變項讓它

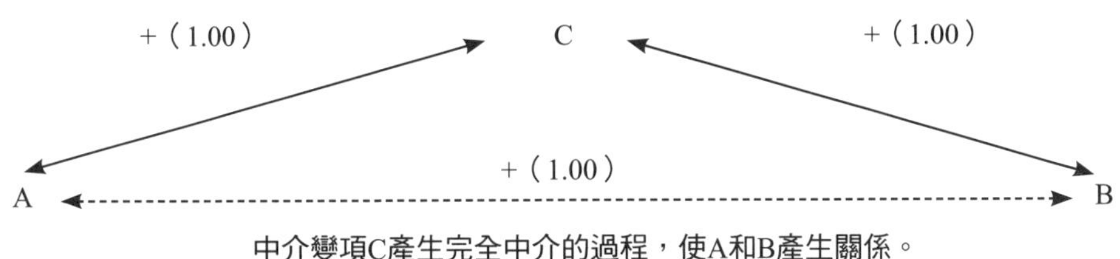

圖 1-8：中介變項 C 產生完全中介的過程。

不會發揮影響力，例如學校提供的早餐內容未考慮學生的喜好，則變項 A 和 B（「學校提供早餐」和「準時到校的比例」）的相關會減少至零。兩者的相關若未達 1.00 的正或負相關，則稱為**中介變項產生部分中介**的過程，假設變項 A 和 B 與中介變項 C 的相關均未達 1.00 的正相關，此時若控制中介變項讓它不會發揮影響力，則變項 A 和 B 的相關不會減少至零（Baron & Kenny, 1986）。此種狀況可能顯示有其他中介變項未被發現，例如學校提供學生用餐的情境。

過去的量化研究較少標示和探討中介變項，Kavale 和 Forness（1999）分析特殊教育和相關服務的效能後指出：探討有效教學的研究設計派典開始從**過程—結果派典**（process-product paradigm），轉變到**詳盡的過程—結果派典**（elaborated process-product paradigm），包含了**中介過程派典**（mediating-process paradigm）和**教室生態派典**（classroom-ecology paradigm），如圖 1-9。

過程—結果派典

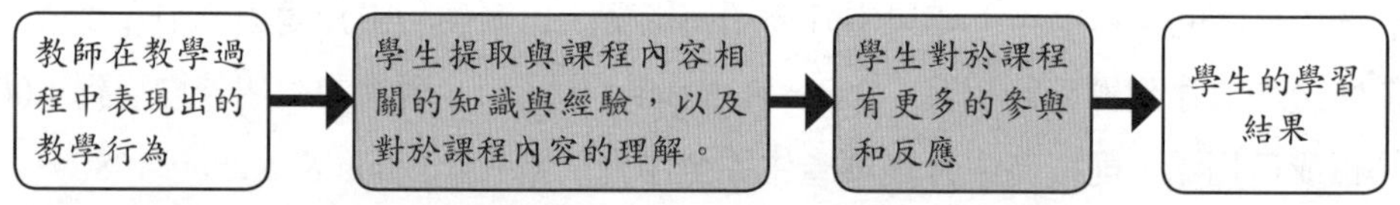

圖 1-9：探討有效教學的研究設計。修改自 Kavale 和 Forness（1999, p. 87），修改處為加入文字說明和網底。

筆者認為中介過程和教室生態即是，自變項和依變項之間詳盡的介入歷程，在過去的單一個案研究中，此歷程宛如一個黑盒子，現在由於質性研究的提醒：不只研究表面的因果關係，更要整體性和深入地探究歷程之變化，研究者開始打開黑盒子，讓黑盒子的內容昭然若揭。質性資料可以提供單一個案研究中介過程和教室生態的資料，讓因果推論的解釋更豐富；而此中介過程和教室生態的資料可以提供讀者在應用此研究結果時，注意介入方案的擬訂必須由觀察真實情境而獲得，以及在何種情境脈絡下自變項才能產生效果。Riding 和 Lepper（2005）也指出，目前心理治療的研究愈來愈強調諮商和治療歷程的分析，質性研究扮演了很重要的角色。例如在林怡君和鈕文英（2001）的研究中，藉由課堂的觀察資料，呈現輕度智能障礙學生在接受建構學之學習過程表現，如此可以了解中介的過程。

（四）外在變項

以下說明外在變項的意義和處理方式。

1. 外在變項的意義

外在變項是指會影響依變項，而不屬於自變項者，它會干擾或混淆自變項和依變項之間的因果推論，亦稱為**干擾變項**（又名**混淆變項**，confounding variable），其來源有**環境和個體變項**兩種（Gay, 1996; MacKinnon, 2003）。環境變項是指外在環境的人、事、時、地、物等會干擾自變項和依變項間因果推論的因素；個體變項是指個體本身的背景變項，例如智力、性別、年齡（Gay et al., 2009）。外在變項有時會被研究者操弄或控制，有時則不會；當外在變項被操弄或控制時，則又可稱為**控制變項**（controlled variables）（De Vaus, 2001）。前面圖 1-5 中性別和父母的鼓勵，是干擾自變項和依變項之間因果推論的外在變項；前者屬個體外在變項，後者屬環境外在變項，是指比較有供應早餐的學校和沒有供應者，其中的學生性別比例有差異，以及其中一所學校學生獲得父母較多準時上學的鼓勵，以致於比較的立足點上就不公平。

2. 外在變項的處理方式

在發現某些外在變項會干擾自變項和依變項之因果推論時，有**隨機化程序**（randomization）、**排除**（elimination）、**保持固定**（keep constant）、**配對**（matching）、**將外在變項納為調節變項**（moderator variable）、**將研究參與者作為自身的對照（控制）**，以及**統計控制**七種處理方式，詳述如下。

（1）隨機化程序

隨機化程序是實驗研究運用的方法，它是從**母群**（population，例如：一所學校中 400 位學生）**隨機取樣**（random selection）個別的研究參與者〔即樣本（sample），例如：40 位學生〕，而後**隨機分派**（random assignment）個別的樣本至**實驗組**（experimental group）和**比較組**（contrast group），實驗組接受研究者欲驗證之自變項（實驗處理）；比較組是指與實驗組比較的組別，以分析自變項和依變項間的因果關係（Maria, 2009）。比較組未接受該自變項，包括**控制組**（control group）和**對照組**（comparison group）；或是比較慢接受該自變項，稱為**等待組**（waiting-list control group）。控制組未接受任何實驗處理，或是接受平常的處理；對照組接受與實驗組不同的實驗處理（Fraenkel & Wallen, 2006）；等待組剛開始作為控制組，與實驗組比較，待實驗研究結束後，再對控制組的成員給予介入（Kazdin, 2002b）。

在隨機化程序中，母群內的每一位個體被選取為樣本，進一步被安排在實驗組和比較組的**概率**（probability）**是均等且獨立的**，如此可以確保比較的組別間是**等組**〔equivalent groups，意指組別研究參與者的特徵近似，沒有特意選取智力較高的參與者進入實驗組這種**取樣偏差**（selection bias）的問題〕（Fraenkel & Wallen, 2006）。

（2）排除

排除是指排除外在變項的干擾（Fraenkel & Wallen, 2006），舉例來說，研究者發現學生的智力、班級大小和增強制度是外在變項，會干擾教學方法對學習成效之因果推論；因應方式為包括篩除高和低智力學生，選擇中等智力的學生參與研究；去掉大班級，安排在小班級中進行研究，以及排除增強制度。

（3）保持固定

保持固定是指，將比較兩個組別間的外在變項做相同的安排（Fraenkel & Wallen, 2006），例如讓接受兩種教學方法的兩組學生皆包含高、中和低智力的學生，都各有一半的學生在大和小班級中接受教學，均接受相同的增強制度。又例如研究社會故事（social story）教學對注意力不足／過動症者人際互動技能的成效，選取的參與者目前有服藥控制過動行為，研究者無法讓他停止服藥，但又擔心藥物干擾成效的推論，於是讓它保持相同，從基線期、介入期至追蹤期皆讓他服藥。

（4）配對

配對是指，將比較兩個組別間的研究參與者，依他們的特徵做配對，配對的參與者間特徵近似，以處理外在變項的干擾（De Vaus, 2001; Fraenkel & Wallen, 2006）。舉例來說，研究者發現學生的智力是外在變項，會干擾教學方法對學習成效之因果推論。因應方式為，例如將實驗組和比較組的參與者，依智力做配對，實驗組與比較組的高、中和低智力者做配對比較，即**配對組設計**（matched-groups design）。

（5）將外在變項納為「調節變項」

將外在變項納為「調節變項」是指，不排除外在變項，而是將它納入研究設計中，這時它就不被稱作外在變項，而是調節變項（Gay et al., 2009）；例如除了讓接受兩種教學方法的兩組學生皆包含高、中和低智力的學生，都各有一半的學生在大和小班級中接受教學外，還進一步了解，兩種教學方法【自變項】對國中學生數學「分數計算」答題正確率【依變項】的影響，是否會因其智力、班級大小【調節變項】而有差異？

調節變項又稱為**次級自變項**（secondary independent variable），是指會影響主要自變項與依變項關係方向和強度的一種自變項，它的影響是來自於與主要自變項的交互作用，導致自變項與依變項關係方向和強度的改變（Baron & Kenny, 1986）。當發現自變項對依變項呈現微弱或不一致的效果時，就須注意是否有來自調節變項的影響。調節變項可以是**能被操弄的環境變項**（例如：班級大小），也可以是**無法被操弄的個體變項**（例如：智力）（Baron & Kenny, 1986）。

調節變項和中介變項間的差異在於，中介變項說明自變項**為何**和**如何**對依變項產生效果；調節變項顯示在**何種情況**下自變項對依變項產生效果（Baron & Kenny, 1986），例如對什麼人、在什麼條件下，或是在什麼時間下實施會產生效果。舉例來說，研究建構教學對智能障礙學生數概念成效時發現，學生的學習歷程是中介變項；而智能障礙程度是調節變項，智能障礙輕度的學生經建構教學後，在數概念的理解和應用成效上，高於智能障礙中度和重度的學生。筆者比較中介變項、外在變項和調節變項三者的異同如表 1-4。

表 1-4

中介變項、外在變項和調節變項三者間的比較

項目	中介變項	外在變項	調節變項
其他名稱	過程變項	干擾變項、混淆變項。	次級自變項
意義	是指介於自變項和依變項之間，由自變項引出，會對依變項產生作用之研究參與者的內在心理歷程。	是指會影響依變項，而不屬於自變項者，它會干擾或混淆自變項和依變項間的因果推論。	是一種外在變項，將它納入研究設計以了解其影響力，即成為調節變項，是指會影響主要自變項與依變項關係方向和強度的一種自變項，它的影響是來自於與主要自變項的交互作用，導致自變項與依變項關係方向和強度的改變。
類型	研究參與者的內在心理歷程，例如意願、知識、態度、情緒、動機和興趣等，中介變項產生作用力的兩種形態有「完全中介」和「部分中介」。	環境變項、個體變項。	能被操弄的環境變項、無法被操弄的個體變項。

表 1-4（續）

項目	中介變項	外在變項	調節變項
探究目的	說明自變項為何和如何對依變項產生效果。	控制外在變項對自變項和依變項間因果推論的干擾。	顯示在何種情況，例如對什麼人、在什麼條件，或是在什麼時間下實施，自變項對依變項會產生效果。當發現自變項對依變項呈現微弱或不一致的效果時，就宜注意是否來自調節變項的影響。
探究或處理方式	透過訪談、觀察和蒐集檔案資料等方式蒐集質性資料，例如在實驗研究中，訪談研究參與者對接受實驗處理的感受，觀察實驗處理實施過程中研究參與者的反應，以及蒐集研究參與者的作業單等檔案資料。	隨機化程序、排除、保持固定、配對、將外在變項納為「調節變項」、將研究參與者作為自身的對照（控制）、統計控制。	將調節變項分成一些類別，分析自變項對依變項的影響（或成效），是否會因調節變項而有差異。

（6）將研究參與者作為自身的對照（控制）

將研究參與者作為自身的對照（控制），**單一個案研究**藉由**自變項的引進和撤除的技術**；部分**準實驗研究比較參與者接受者自變項前後**，或是**接受不同實驗處理下的表現**，以確認自變項和依變項的因果關係，它可以排除實驗組和比較組，因取樣偏差所受外在變項的威脅（Fraenkel & Wallen, 2006）。

（7）統計控制

統計控制是指應用統計方法控制外在變項（Fraenkel & Wallen, 2006），例如採取**淨相關**（partial correlation，用在從 X 和 Y 變項中，去除 Z 變項的影響後，求得 X 和 Y 變項間的相關），以及**共變數分析**（analysis of covariance, ANCOVA，控制外在變項對實驗組和比較組在依變項比較之影響）。

第三節 單一個案研究之方法論與基本要求

並不是我很聰明，只是我和問題相處得比較久一點。（Einstein, n.d.）

本節討論單一個案研究之方法論和基本要求，以對單一個案研究有基本的了解。

壹、單一個案研究之方法論

實驗研究採隨機化程序，隨機取樣和分派個別研究參與者至實驗組和比較組做比較；而單一個案研究的方法論乃**將研究參與者作為自身的對照（控制）**，藉由自變項的引進和撤除技術，以展現良好的實驗控制，確認自變項和依變項的因果關係（Tawney & Gast, 1984）。單一個案研究根基於 Sidman（1960）的**基線邏輯**；簡單地說，基線邏輯是指在至少兩個情境下，即**基線期**（baseline，以 A 表示）和**介入期或處理期**（intervention or treatment，以 B 表示），對行為進行重複的評量。以下說明單一個案研究設計的符號，以及基線邏輯的意涵。

一、單一個案研究設計的符號

Kratochwill 和 Levin（2010）將單一個案設計分成三種，一為**時間系列內的單一個案設計**（within-series single-case designs），是指在研究參與者內操弄自變項的引進和撤除或預定標準（criterion），包括**撤回和倒返設計**（withdrawal and reversal designs）、**逐變標準設計**（changing criterion design）。撤回和倒返設計乃藉由自變項的引進和撤除，或是倒置或互換自變項於目標依變項或非目標依變項，以驗證自變項與依變項間的因果關係。逐變標準設計係指在介入期裡，將達成終點目標的標準，從易至難分成若干次階段，循序漸進。二為**時間系列**

間的單一個案設計（between-series single-case designs），是指在研究參與者內比較兩種以上自變項的差異，即**比較介入設計**（comparative intervention designs），包括**多重介入設計**（multitreatment designs, MTD）和**交替介入設計**（alternating treatments designs, ATD）兩種。多重介入設計是以系列方式進行比較；而交替介入設計乃以快速交替實施時間的方式進行比較。三為**結合時間系列內和系列間的單一個案設計**（combined-series single-case designs），是指結合上述兩種設計，有系統而依序地將自變項應用在兩位以上的研究參與者，兩種以上的行為（或依變項），抑或兩個以上的條件，包括**多基線設計**（multiple baseline design）和**多探測設計**（multiple probe design）。多基線設計乃有系統而依序地將自變項應用在兩個以上的研究參與者（或小組），兩種以上的行為（或依變項），抑或兩個以上的條件；多探測設計乃多基線設計之變形，這些設計將詳述於第貳章。單一個案研究設計中運用的符號，如表 1-5。符號的使用宜正確，見問題討論 1-2。

表 1-5

單一個案研究設計的符號說明

符號	意義
X	自變項（實驗處理或介入或介入方案）
O	評量
A	基線期，沒有引進自變項。在 A-B-A 設計中，第一個 A 是基線期，第二個 A 是撤回期（withdrawal）或追蹤期（follow-up）、維持期（maintenance）。
B	介入期，有自變項加入。介入期介入方案的實施若有分次階段，則說明之，例如隔離情境和自然情境的訓練；又例如團體故事繪圖法的教學包含三個次階段（示範、引導和測試），此時不能將之寫成 B_1、B_2 和 B_3，B_1、B_2 代表相同自變項被引進的次序，見本表最後一列。
M	維持期，旨在檢視自變項對依變項的維持成效。維持成效是指在撤除自變項後，研究參與者在依變項上繼續維持習得成效的情形，詳述於第參章第一節。

（續）

表 1-5（續）

符號	意義
G	類化期（generalization），旨在檢視自變項對依變項的類化成效。類化成效是指，研究者未直接引進自變項的情況下，研究參與者在「不是研究者安排之刺激或情境」中依變項的表現；抑或「不是研究者介入之依變項」上的表現，詳述於第參章第一節。
Follow-up	追蹤期，旨在檢視依變項的維持成效或（和）類化成效。
CR	CR 是預定標準（criterion）之縮寫，介入期的預定標準，將介入期分成數個逐步漸進的次階段（即預定標準），名為 CR_1、CR_2、CR_3……。
C、D……	不同於第一個自變項的介入期（B）；引進第二個自變項的階段（C），乃至於引進第三個自變項的階段（D），以此類推加進來。
BC	結合兩種自變項一起使用，即介入包裹（treatment package）；若結合三種自變項，則寫成 BCD，以此類推。
AT	交替介入期（alternating treatment），交替介入兩種以上的自變項，以分析哪一種自變項對依變項較有效。
BT	最佳介入期（best treatment），在找出哪一種自變項對依變項較有效後，選擇最有效的自變項介入依變項。
A'	放在字母右上角的撇表示，些微不同於原先基線期的安排方式，即倒返期（reversal），詳述於第貳章第一節的倒返設計。
B'-B"-B"'	放在字母右上角的撇表示，些微不同於原先階段的安排（B），例如 B 是連續增強策略，B′ 是間歇增強固定比率 5，B" 是間歇增強不固定比率 5，B‴ 是間歇增強不固定比率 6。[a]
A-B	用連字號連接兩個階段表示二者是鄰近的階段。
A_1-B_1-A_2-B_2	放在字母右下標的數字代表，此階段被引進的次序，即基線期$_1$—介入期$_1$—基線期$_2$—介入期$_2$。

註：綜合整理自 Cooper、Heron 和 Heward（2007）、Kazdin（2011），以及 Tawney 和 Gast（1984）的文獻。

[a] 這些增強策略的安排方式詳述於鈕文英（2016）第拾章。

問題討論 1-2 單一個案研究設計的符號使用

以下三篇研究設計的說明是否適切？

a. 一份研究運用 A-B_1-B_2-A 設計，其中 B_1 是後果處理策略，B_2 是結合採用前事控制、行為教導和後果處理策略。

☛ 如表 1-5 所述，放在字母右下標的數字代表此階段被加入的次序，B_1 和 B_2 為相同策略被加入的次序。然而，本研究的 B_1 和 B_2 為不同的策略，故寫成 B_1 和 B_2 是錯誤的，應寫成「A-B-BCD-A」，也就是 B 階段是採取後果處理策略，BCD 階段是除了後果處理策略（B）外，還加入前事控制和行為教導策略（C 和 D），這應為多重介入設計，主旨在比較單一介入（即 B——後果處理策略）和介入包裹（即 BCD——後果處理、行為教導和前事控制策略）對依變項效果之差異。

b. 一份研究採用單一個案研究交替介入設計，分為四個階段：A_1 為基線期；B 為交替介入期，包含比較兩種自變項，B_1 是傳統閱讀教學，B_2 是概念構圖策略教學，對閱讀理解之成效；C 為最佳介入期；A_2 為維持期，主要在了解撤除自變項後閱讀理解之維持效果。

☛ 如表 1-5 所述，放在字母右下標的數字代表此階段被加入的次序，B_1 和 B_2 為相同策略被加入的次序。然而，本研究的 B_1 和 B_2 為不同的策略，故寫成 B_1 和 B_2 是錯誤的。另外，C 應為另一種介入；然而，本研究的 C 為最佳介入期。A_2 既然是維持期，宜寫成 M。筆者建議寫成，本研究採用交替介入設計，包含基線期（A）、交替介入期（alternating treatment, AT，包含比較傳統閱讀教學和概念構圖教學）、最佳介入期（best treatment, BT，實施其中一項最有效的介入）與維持期（M）四個階段。

（續）

問題討論 1-2（續）

c. 一份研究運用逐變標準設計，介入期包含 B_1、B_2、B_3 和 B_4 四個階段，分成四個逐步漸進的標準，包含 $C_1 = 7$、$C_2 = 8$、$C_3 = 9$、$C_4 = 10$，即漸進答對 7 至 10 題。

☛ 如表 1-5 所述，放在字母右下標的數字代表此階段被加入的次序，B_1 至 B_4 為相同策略被引進的次序。然而，本研究的 B_1 至 B_4 為相同的介入，只是安排的預定標準不同，故寫成 B_1 至 B_4 是錯誤的，而且它們不是階段，而是次階段。除此，用 C_1 至 C_4 表示預定標準亦不正確，宜改為 CR_1 至 CR_4。筆者建議寫成，本研究採用逐變標準設計，包含四個次階段，即四個逐步漸進的標準，包含 $CR_1 = 7$、$CR_2 = 8$、$CR_3 = 9$、$CR_4 = 10$，也就是漸進答對 7 至 10 題。

二、基線邏輯的意涵

基線邏輯包括**預測**（prediction）、**驗證**（verification）和**複製**（replication）三個要素（Tawney & Gast, 1984）。以下說明撤回設計、多基線設計，以及類化探測的基線邏輯。

（一）撤回設計的基線邏輯

舉例來說，一份研究欲探討正向行為支持（positive behavior support）對提升注意力不足／過動症學生專注行為之成效，自變項是正向行為支持，依變項為專注行為表現百分比，使用撤回設計，其基線邏輯如圖 1-10。基線期$_1$ 尚未引進自變項（正向行為支持），注意力不足／過動症學生的依變項（專注行為表現）低於 20%。進入介入期$_1$，引進正向行為支持，預測是指若自變項（正向行為支持）無效，則預測依變項（專注行為表現）資料路徑將延續基線期，無任何改變（如圖 1-10 介入期$_1$ 中的虛線）；而如果正向行為支持有效，則預測專注行為表現資料路徑將產生變化（如圖 1-10 介入期$_1$ 中的實線）。

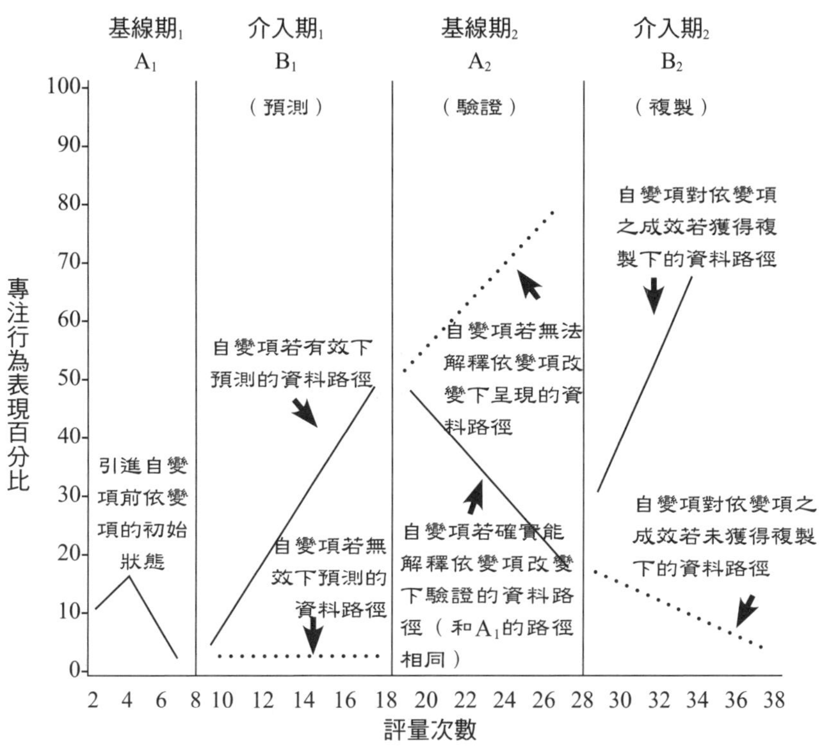

圖 1-10：撤回設計的基線邏輯說明。實線表示實際的資料路徑，虛線表示假設的資料路徑。修改自 Richards 等人（2013, p. 86），修改處為加入橫軸的名稱和刻度，以及依變項量數的舉例——專注行為表現百分比。

僅「基線期1—介入期1」仍無法說服讀者：正向行為支持能有效提升注意力不足／過動症學生的專注行為，讀者可能質疑：「即使引進正向行為支持之後，這位注意力不足／過動症學生的專注行為表現提高，但可能是外在變項造成的，例如他身心成熟了，或是其他人的教導和鼓勵，而不是正向行為支持導致的結果。」研究者為了因應讀者的質疑，安排基線期2並表示：「既然有人不相信，那麼我撤除正向行為支持好了，如果是外在變項造成這位注意力不足／過動症學生專注行為表現提高，撤除正向行為支持後，他的專注行為表現應該持續上升（如圖 1-10 基線期2中的虛線）；而如果他的專注行為表現下降（如圖 1-10 基線期2中的實線），則表示並非導因於外在變項。」驗證是指證實依變項（專注行為表現）會有變化，是因為自變項（正向行為支持）的引進，而不是**成熟**（maturation，研究參與者身心的自然變化）、**歷史**（history，研究期間發生的非預期事件，例如家教老師的獎勵）等威脅**內在效度**（internal validity）之外在變項的干擾。內在效度關注的是，**依變項的效果是否可歸因於自變項的引進**，將於第伍章詳述。

研究者接著表示：「圖 1-10 中基線期$_2$中的實線顯示這位注意力不足／過動症學生的專注行為表現下降，你們可以相信是此正向行為支持造成的結果吧？如果你們還不相信，那麼我安排介入期$_2$，再引進正向行為支持，結果他的專注行為表現又上升了（如圖 1-10 介入期$_2$中的實線）。」複製是指再次引進自變項（正向行為支持），檢視是否能複製介入期$_1$依變項（專注行為表現）的資料路徑；若能複製，則更能證實自變項確實能解釋依變項的改變，參見「撤回和倒返設計之基線邏輯」影片。

撤回設計的基線邏輯是假定**依變項「可逆」**的情況下，也就是撤除自變項，依變項會回復到基線期的狀態，例如撤除體重控制訓練方案後，體重會回升，回復到基線期的狀態。然而，某些依變項在自變項引進，研究參與者學成後，例如社會技能，儘管已撤除自變項，但可能不會退到基線期之狀態，也就是該**依變項具「不可逆」的特徵**；在此情況下，研究者就不易驗證自變項和依變項間的因果關係，此時便可採用**多基線設計**，意指將同一個自變項依序應用在兩個以上的研究參與者（或小組），兩種以上的行為（或依變項），或是兩個以上的條件（Cooper et al., 2007）。

（二）多基線設計的基線邏輯

舉例來說，一份研究欲探討自我管理策略對提升一位泛自閉症學生三項社會技能之成效，自變項是自我管理策略，依變項為社會技能表現百分比，使用**跨行為的多基線設計**（multiple baseline design across behaviors），研究者依序介入三項社會技能，其基線邏輯如圖 1-11。**預測**是指若自變項（自我管理策略）對依變項（社會技能表現）無效，則「預測」資料路徑將延續基線期，無任何攻變；反之，如果有效，則「預測」資料路徑將產生變化，如圖 1-11 中三條社會技能

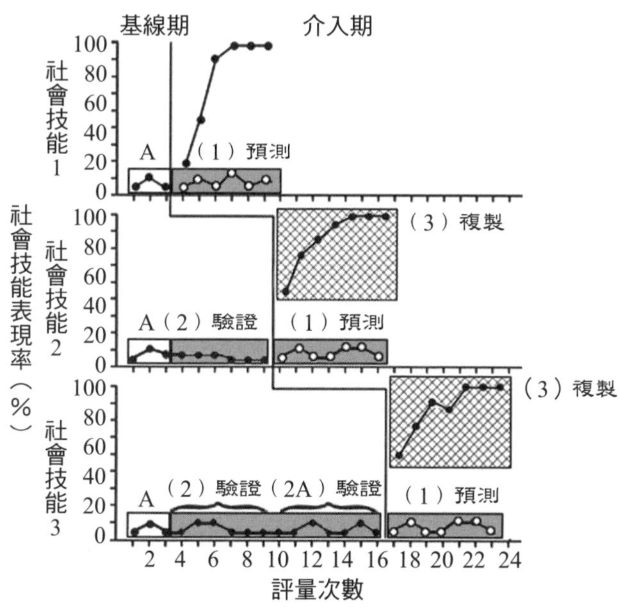

圖 1-11：多基線設計的基線邏輯說明。A：引進自變項（自我管理策略）於任一社會技能前的初始狀態。（1）預測：空心圓點代表如果自我管理策略無效下預測的資料路徑，實心圓點代表若自我管理策略有效下預測的資料路徑。（2）驗證：社會技能 2 和 3 基線期中的陰影區域表示對社會技能 1 基線期的「驗證」，也就是引進自我管理策略於社會技能 1 後有正向變化，未引進於社會技能 2 和 3 則無變化；（2A）驗證：社會技能 3 基線期中的陰影區域表示對社會技能 2 基線期的「驗證」，也就是引進自我管理策略於社會技能 2 後有正向變化，未引進於社會技能 3 則無變化。（3）複製：社會技能 2 和 3 介入期中的交叉網底區域代表「複製」，當社會技能 1 至少連續三點達到 80% 的表現率時，則引進自我管理策略於社會技能 2；而當社會技能 2 至少連續三點達到 80% 的表現率時，則引進自我管理策略於社會技能 3，由此看出複製了像引進自我管理策略於社會技能 1 的成效。參考 Cooper 等人（2007, p. 203）的概念舉例說明。

表現折線的「（1）預測」。**驗證**是指證實依變項（社會技能表現）會有變化，是因為自變項（自我管理策略）的引進，而不是成熟、歷史等威脅內在效度因素的影響；圖 1-11 中社會技能 2 和社會技能 3 折線的「（2）和（2A）驗證」，說明對前一社會技能基線期的「驗證」；換言之，未引進自變項（自我管理策略）則折線無變化，有引進自我管理策略至社會技能 1，則折線有正向變化，也就證實了自我管理策略確實能解釋社會技能表現的改變。**複製**是指再次引進自我管理策略，檢視是否能複製社會技能 1 介入期的資料路徑；若能複製介入成效，則更能證實自我管理策略確實能解釋社會技能表現的改變，如圖 1-11 中社會技能 2 和社會技能 3 折線的「（3）複製」，自我管理策略對社會技能表現的成效確實獲得了複製。

從實驗控制的角度來說，多基線設計相較於撤回設計則顯得較為薄弱，因為以跨行為多基線設計為例，它在基線邏輯「驗證」這個要素上，並不是直接檢視撤除自變項後該行為本身的變化，而是藉由其他行為維持不變推論得來（Cooper et al., 2007）。又例如研究者若告訴讀者：某個減肥藥對一位女性有減重效果，而另一位未服用此減肥藥的女性體重維持不變（採跨參與者多基線設計），其說服力不如，撤除減肥藥後該女性體重飆升，而再服藥後體重又直線下降（採撤回設計）。由此可知，多基線設計提供較多自變項應用在多個行為（或研究參與者、條件）的介入成效資料，但提供較少自變項與依變項因果關係的資料；換言之，多基線設計的內在效度較弱，**外在效度**（external validity，指自變項能有效地應用於更多依變項、研究參與者、條件三者，詳見第伍章）較強，而撤回設計則相反。其他設計的基線邏輯見第貳章。

（三）類化探測的基線邏輯

圖 1-11 說明多基線設計中，自變項對依變項習得成效的基線邏輯。如果研究者還想蒐集自變項（自我管理策略）對依變項（社會技能表現）的類化成效，可以採取**間斷探測**方式蒐集，如圖 1-12 說明如何探測類化成效以符合基線邏輯。其中實心圓點是訓練情境（資源班）中三項社會技能表現，為自變項對依變項的習得成效；而實心正方點是類化情境（普通班）中三項社會技能表現，為自變項對依變項的類化成效，參見「多基線設計和結合類化探測之基線邏輯」影片。研究者也可以在基線期蒐集連續的三個資料點，並在介入期之後安排**類化期**，如第貳章示例 2-25，基線期最後三個資料點及類化期。

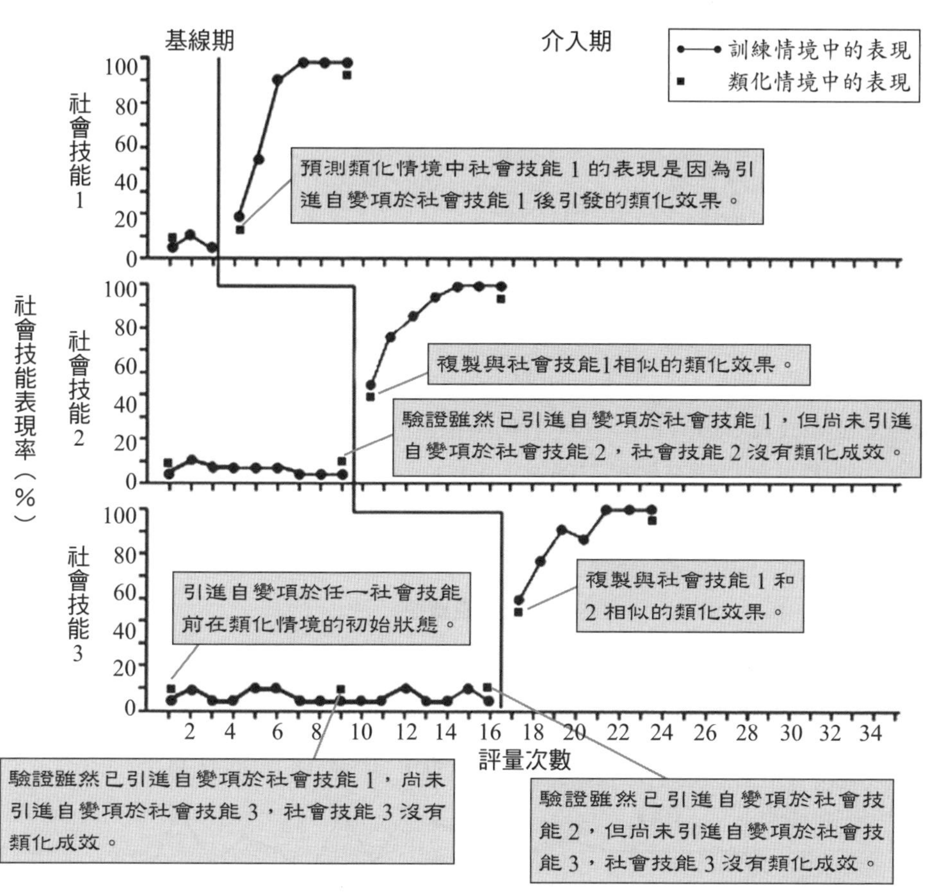

圖 1-12：多基線設計類化探測的基線邏輯說明。

貳、單一個案研究之基本要求

綜合文獻（Kazdin, 2011; Tawney & Gast, 1984），單一個案研究有下列四項基本要求：（1）**明確界定依變項**；（2）**使用客觀明確、具良好效度**（validity）**和信度**（reliability）**的評量工具蒐集依變項**；（3）**隨時間進展進行重複評量**；（4）**進行基線期評量**。以下介紹如何進行基線期評量和重複評量，至於依變項的界定，以及具良好效度和信度之評量工具的設計見第肆章。

一、如何進行基線期評量

單一個案研究大多會進行依變項的基線期評量，以比較有無介入之間的差異。關於基線期應有多少次的評量，如 Horner 等人（2005）主張五個點，雖然特定情況可以較少些；Tawney 和 Gast（1984）則表示，至少要蒐集依變項三個點評量資料。由此可知，蒐集**三個點**是底線。另外須考慮**基線資料是否呈現穩定的未改善趨勢，過去在自變項的探究是否夠多且有成效**；若基線資料不穩定且呈現有改善趨勢，過去在自變項的研究不夠多而且成效不佳，則宜多蒐集一些評量資料（Tawney & Gast, 1984）。至於何謂穩定的基線，例如圖 1-13 顯示四條基線資料，其中 A 是從頭至尾都不穩定；B 是剛開始穩定，後來就變異極大，這兩條基線資料都不符合基線的要求；C 是剛開始有變異，後來就很穩定，這條基線

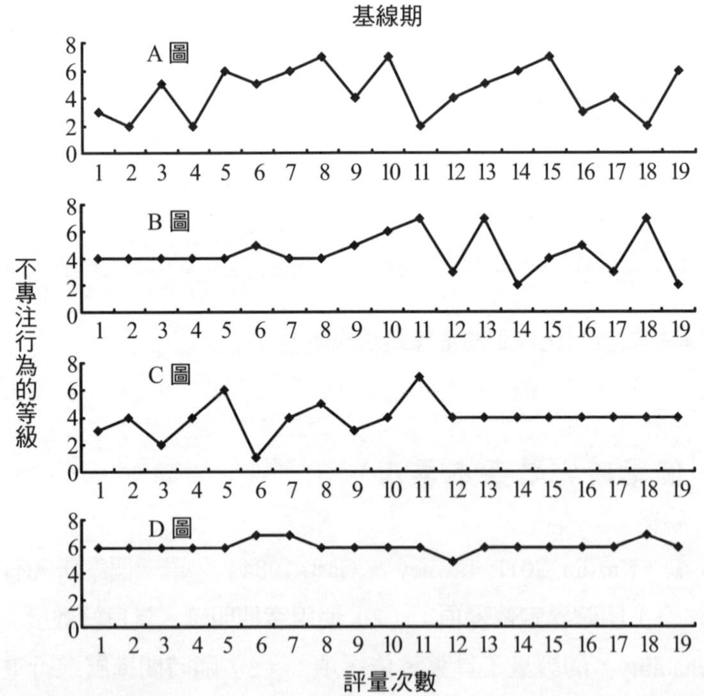

圖 1-13：四種穩定和不穩定的基線資料。A、B 和 C 圖修改自蔡美華等人（譯）（1999，第 62 頁），修改處為加入橫軸和縱軸的名稱。

可以採用，但要確認剛開始不穩定的原因；D 才是從頭至尾都穩定的最佳基線。Pfadt、Cohen、Sudhalter、Romanczyk 和 Wheeler（1992）指出如果基線不穩定，則須找出導致基線資料變異的因素。為什麼是至少連續三點，而不是三點，因為要連續三點才能畫出趨向線，進而得知其趨勢是否未改善；至少三個資料點是指，即使三點已呈現穩定的未改善趨勢，但是研究者考量過去在自變項的探究不夠多且成效不一，有可能再多蒐集一些點。

而基線資料呈現未改善趨勢是指，未引進自變項前依變項沒有改善，顯示退步或不佳的等速趨勢；例如圖 1-14 介入的是負向行為（干擾行為），其中（a）呈現上升的**趨勢走向**（trend direction，簡稱趨向），為穩定的退步趨勢，（b）呈現水平趨向，為穩定的不佳等速趨勢，這兩條都是可接受的基線資料；而（c）呈現下降的趨向，穩定的進步趨勢，依變項在尚未引進自變項前即已獲得改善，是不可接受的基線資料。同理，若介入正向行為（打招呼），則剛好與此例相反，下降的趨向是退步，而上升的趨向反而是進步。

Kazdin（2011）表示，研究者通常無法事先決定，如果前面幾個點都很穩定，而之後突然有一、兩個點異於前面的點（突然升高或降低），則最好多蒐集一些點，以確認依變項已有改善，或只是隨機的變異而已。上述是就研究的**科學**

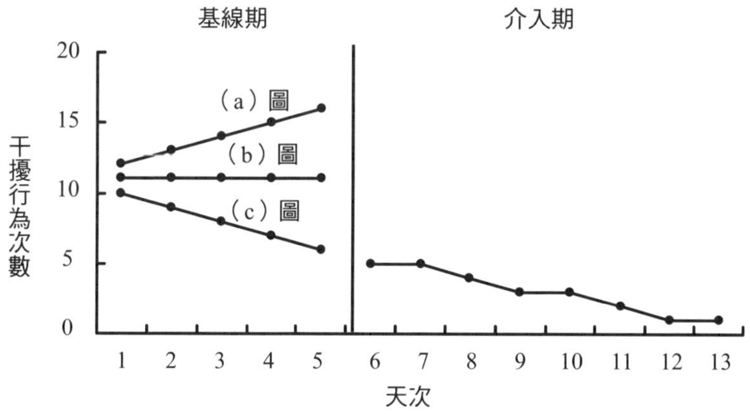

圖 1-14：三種趨向的基線資料。修改自蔡美華等人（譯）（1999，第 60 頁），修改處為加入橫軸和縱軸的說明。此圖原為 A-B-A-B 設計，本例僅擷取基線期和介入期兩階段做說明。

考慮，但做研究還有**現實和倫理的考量**，像是有多長的介入時間、依變項的嚴重性和介入的急迫性等，例如自傷行為亟需介入，或是只剩短時間可以介入，則不允許重複評量很多點，研究者必須考慮種種因素下取得最佳的平衡（Tawney & Gast, 1984）。另外，考量**研究參與者在依變項上的表現狀況**，當研究參與者沒有學習和表現的機會時，例如尚未習得乘法所需的技能，重複評量的意義就不大，而且不需要太多資料即可顯示研究參與者未具備該技能（Cooper et al., 2007）。

二、如何進行重複評量

單一個案研究每一個階段都須進行重複評量，至於重複評量的次數（即階段長度），需**至少三個點**。若有直接和間接依變項，由於間接依變項是因直接依變項產生間接、伴隨的改變，只須在每一個階段最後蒐集一個點即可，不需重複評量。

總括來說，於基線期，蒐集**至少連續三點呈現穩定的未改善**（是指退步或不佳的等速）**趨勢**後，才進入介入期。而每一個階段都需**重複評量至少三個點**，再視資料**穩定度**以決定是否要再多蒐集一些點，並考量現實狀況和倫理因素，以及研究參與者在依變項上的表現狀況。

第四節 單一個案研究與其他研究方法之比較

我做學問的方式為《中庸》（第 20 章）所揭示的，博學、審問、慎思、明辨和篤行的實踐。

以下說明單一個案研究與實驗研究、個案研究之比較。

壹、單一個案研究與實驗研究之比較

單一個案研究是對實驗研究的反撲，實驗研究主張**隨機化程序**，假設它可以讓造成變異的外在變項（例如：實驗組和比較組的特徵不同）隨機分布而抵銷其影響（Cooper et al., 2007）。然而，Sidman（1960）指出，**隨機分布的假設不僅是未經測試，且在人類行為上極少見**。另外，Johnston 和 Pennypacker（1993）指出，實驗研究通常會藉由統計控制操控造成變異的外在變項，例如以集合的統計數（例如：團體平均數）呈現資料，原因有二：一是計算多位研究參與者表現之團體平均數，可以用來控制個別研究參與者間的變異性，因此就可以推論依變項的改變都是源於自變項；二是可藉由增加研究參與者的人數，來**提升外在母群效度**（external population validity，也就是能從「樣本」的結果資料推論至樣本被抽取自的更大「母群」）（Cooper et al., 2007）。

然而，**團體平均數無法顯示個別研究參與者的改變，更無法消除個別研究參與者間的變異性，它們只是被隱藏而已**（Bergin & Strupp, 1970）。雖然團體後測的平均表現相較於前測有進步，但是可能有些研究參與者的表現維持原樣，有些甚至退步；而且可能有明顯進步的少數人，其進步幅度足以拉高平均數，造成統計上的顯著差異（Cooper et al., 2007）。圖 1-15 的兩個圖可用來說明以團體平均數解釋研究結果時，可能出現的錯誤推論。每組各有兩位研究參與者，兩個圖都顯示了團體平均數及個別分數。兩組前、後測的平均數均顯示行為無顯著改變，

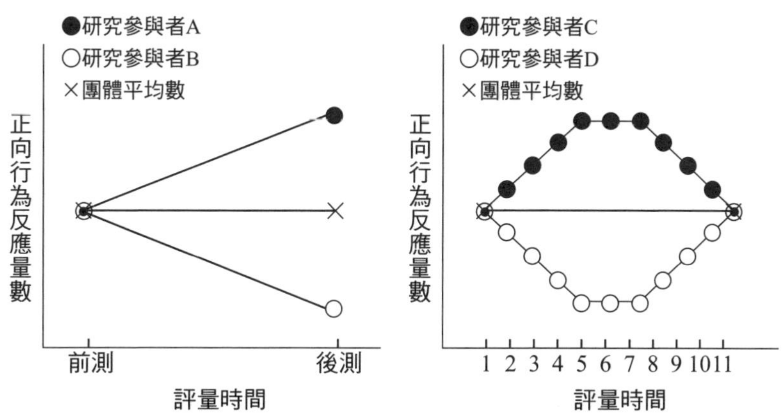

圖 1-15：團體平均數無法解釋個別研究參與者表現的假設性資料。修改自 Cooper 等人（2007, p. 227），修改處為加入橫軸刻度，以及橫軸和縱軸名稱。

可能下的結論是自變項對依變項無效；然而左圖前、後測資料顯示自變項對研究參與者 A 有幫助，對 B 則無效；右圖則顯示若在前、後測之間進行多次評量，就會發現 C 與 D 之間有明顯的變異性，C 是先進步，停滯一段時間後再退步，而 D 剛好相反（Cooper et al., 2007）。Johnston 和 Pennypacker（1980）即指出：「將個別資料合併成團體資料，會產生違反事實的結果，而且無法代表任何真實行為的過程。」（p. 257）

由此可知，實驗研究的弱勢為，**其統計推論模式（即由團體平均數推論至每個人）無法複製於個別研究參與者**（Cooper et al., 2007）。團體因某個自變項的引進而有進步的表現，並不足以讓研究者對團體中的每個人皆採用該自變項，因為團體的表現無法代表個體表現。僅分析自變項對一群人依變項的效果是不夠的，研究者宜補充個別資料的結果，並界定造成變異的因素，深入探究自變項對某位研究參與者有效，而對另一位研究參與者無效的可能原因（Cooper et al., 2007; Ryan & Hemmes, 2005）。而單一個案研究的優勢就是，**能檢視個別研究參與者的改變，確認自變項與依變項間的因果關係是否可複製於個體上**；即使單一個案研究中亦常會有多位研究參與者，但是每一位研究參與者仍被視為獨立的個體，個別資料才是決定及解釋研究成效的主要依據（Kazdin, 2011）。再者，**單一個案研究藉由重複評量偵測出變異性，可進一步界定並控制造成變異的外在變項**（Cooper et al., 2007）。

貳、單一個案研究與個案研究之比較

單一個案研究與個案研究不同，Shareia（2016）以應用取向之差異，將個案研究分為兩種類型，一為**量化的個案研究**（quantitative case study research）；另一為**質性的個案研究**（qualitative case study research）。首先說明單一個案研究與量化的個案研究之差異。量化的個案研究即 Nock、Michel 和 Photos（2007）所謂**單一個案準實驗設計**（single-case quasi-experimental designs）；或是 Gast 和 Baekey（2014）所指 **A-B 設計**，又稱作**簡單時間系列設計**（simple time series design），可回答因果性研究問題。然而，A-B 設計不像單一個案研究以包括預測、驗證和複製三個要素的基線邏輯為根據，對依變項在每個階段進行至少三次重複評量；即使有些研究在 A 和 B 兩個階段各進行至少三次重複評量，但是因為它少了第二個基線期和介入期，無法減少威脅內在效度的外在變項（例如：歷史、成熟等），難以確認自變項與依變項間的因果關係；即使介入之後依變項立即產生明顯的變化，而且保持穩定，也只能說自變項與依變項間有相關，但不能推論是因果關係（Gast & Baekey, 2014）。由於單一個案研究相較於 A-B 設計**有較好的內在效度**，Nock 等人稱之為**單一個案實驗設計**。量化的個案研究亦可使用量化方法蒐集量化資料，以回答描述性研究問題，例如使用結構的觀察和訪談，分析學習障礙學生在數學加減應用問題上的解題表現。

接著說明單一個案研究與質性的個案研究之差異。質性的個案研究是指運用多種方法取得的證據，在真實的生活情境中，對當前的現象做縝密而深入的描述和分析；而個案是一個有時間和空間界限的系統，它可以是特定的個體，也可以是特定的群體（例如：家庭、社團），機構或單位（例如：學校、工廠），地點、地區或社區（例如：市場、眷村），乃至於政府（例如：中央或地方政府）或國家，還可以是有界限系統中的特殊事件（例如：畢業旅行事件）、活動、政策、決策或方案（例如：學校本位融合教育方案），它具備特定、描述和啟發性三項特徵（鈕文英，2018）。

第五節　單一個案研究之優弱勢與適用性

科學的全部不過就是每日思考的精練。（Einstein, 1973；引自 Kline, 2004, p. 143）

本節探討單一個案研究的優勢、適用性與弱勢。

壹、單一個案研究的優勢

單一個案研究具有下列八項優勢：

一、排除取樣偏差、成熟、歷史等外在變項

將研究參與者作為自身的對照（控制），可以排除因實驗組和比較組「取樣偏差」帶來的威脅；此外，它藉由自變項的引進和撤除，監測成熟、歷史等外在變項的干擾，確認自變項和依變項間的因果關係（Tawney & Gast, 1984）。再者，由於單一個案研究「重複評量」的特徵，研究者較容易注意研究期間發生的非預期事件，並且監測成熟因素對研究帶來的可能影響（Kazdin, 2002a）。例如一份研究旨在分析適應體育教學對三名 6 至 7 歲腦性麻痺兒童的個別動作學習目標（例如：肩下滾球）之效果，研究者可以將腦性麻痺兒童在這些動作學習目標的評量表現，與同年齡一般兒童的「成長曲線」（growth curve）做比較；如果一般兒童 6 至 7 歲的成長曲線是平緩地上升，而研究介入成效的折線是急遽上升，便可排除成熟因素的影響，如圖 1-16。

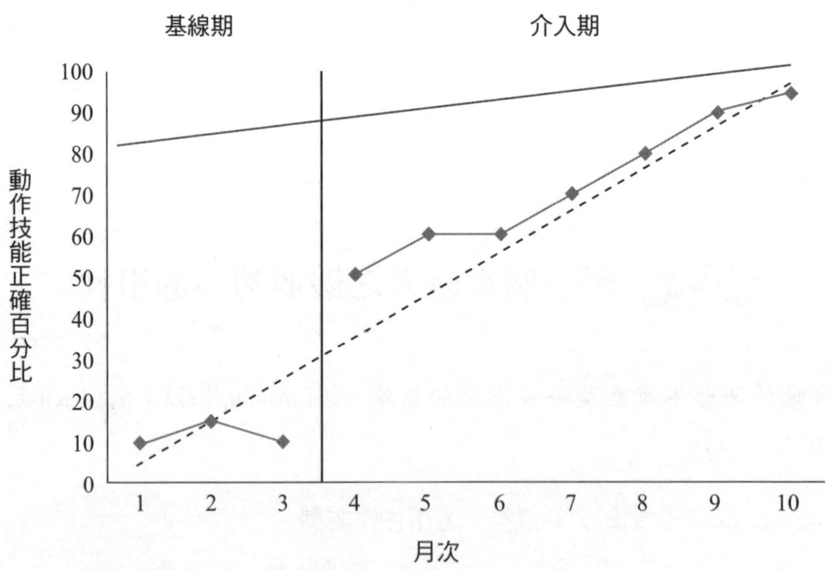

圖 1-16：適應體育教學對 9 歲腦性麻痺兒童動作技能之成效。實線是指一般兒童 9 歲 3 至 12 個月動作技能的成長曲線，虛線是指該位研究參與者介入後動作技能的折線變化。由此可知，研究參與者動作技能的折線變化明顯，而一般兒童動作技能的成長曲線平緩，如此可排除成熟因素的影響。

又例如一份研究旨在探討正向行為支持對泛自閉症者口語干擾行為的成效，引進正向行為支持之後，干擾行為本來已快速下降，但是有一個資料點干擾行為突然增加，了解之後得知，該泛自閉症者的父親長年在國外工作，剛好該次評量的前一天回來，他特別興奮，所以當天口語干擾行為增加。由此可知，單一個案研究重複評量、呈現依變項過程變化的特徵，研究者較容易注意非預期事件，並且監測成熟因素對依變項的影響。

二、適用於介入異質性高的研究參與者

當某種自變項不適用於一群研究參與者，僅適用於個別或少數人時，或研究參與者異質性相當高時，單一個案研究便是很好的選擇（Richards et al., 2013）。例如針對一位研究參與者自傷行為功能設計的正向行為支持，僅適用於這位研究參與者。不同研究參與者即使介入的目標行為相同，但是功能可能不同，正向行為支持的內容就會不一樣。又例如學習障礙學生異質性相當高，他們在語文科上的評量調整需求殊異，設計的評量調整策略就會有所不同。這兩個例子適用單一個案研究。

三、偵測自變項在研究參與者上產生的過程變化

除了分析介入效果外，單一個案研究可以對個別研究參與者做深入的觀察，偵測自變項在他們身上產生的過程變化；若個別研究參與者的表現有極大的變異，研究者可進一步界定並控制造成變異的外在變項（Arnold, 1997; Kazdin, 2011）。Orlinsky、Ronnestad 和 Willutzki（2004）指出心理治療的研究開始注意「治療歷程」的分析，單一個案研究有助於對個別研究參與者做深入的觀察。

四、分析自變項對依變項的習得、維持和類化成效

單一個案研究除了可以得知自變項對依變項的習得（acquisition，或立即）成效外，還可以檢視維持和類化成效（Kazdin, 2011），這些成效的意義詳見第參章第一節。

五、在教育情境中提供重複應用和分析的方法

Horner 等人（2005）指出，單一個案研究提供實用的方法，能在一般教育情境中分析自變項對依變項的成效，其評鑑成效的方式類似於特殊教育所建議的，一段時間的重複應用和分析。

六、分析自變項對研究參與者依變項成效差異的因素

Horner 等人（2005）表示，單一個案研究除了分析自變項對哪些研究參與者有效外，對於那些沒有產生介入成效的研究參與者，研究者可以深入、詳細地分析他們的特徵，進而發現自變項和研究參與者間的交互作用現象，這可以作為發現自變項調整策略的基礎，以因應那些沒有產生介入成效之研究參與者的需求，讓自變項可以應用在更廣泛的群體。

七、分析自變項的哪一個成分對依變項產生效果

Cooper 等人（2007）認為單一個案研究還有一項優勢就是，可以細緻地分析自變項的哪一個成分導致依變項產生效果，也就是進行**元素分析**（component analysis）。例如 Schwarz 和 Hawkins（1970）欲了解代幣（token）增強對一位嚴重退縮的小學生，三種不良適應行為（摸臉、無精打采的姿態和微弱音量）的效果。由於代幣增強在給予或兌換代幣時產生的「社會注意」可能是此策略的另一元素，為釐清研究參與者的改變是因為實施者給予的社會注意，以致其自我概念提升，進而改善不良適應行為；或是給予或兌換代幣產生的效果，Schwarz 和 Hawkins 在基線期之後，安排了一個階段，實施者對研究參與者另一項行為（字跡潦草）的改善，給予社會注意和代幣，在此階段，研究參與者的三項不良適應行為都沒有改變，這讓研究者更確認：研究參與者在代幣增強引進後的行為改變，是「給予或兌換代幣」的效果。

八、分析不同程度或強度的自變項對依變項的效果

單一個案研究除了能進行元素分析外，Cooper 等人（2007）認為還可做參

數分析（parametric analysis），是指分析各種程度或強度的自變項對依變項的效果。例如有研究檢視增強的持續時間（Twohig & Woods, 2001）、增強的強度（Carr, Bailey, Ecott, Lucker, & Weil, 1998）、增強的頻率（Murray & Kollins, 2000）等對依變項的效果。參數分析亦可用來分析多少數量的特定前事會導致行為問題，例如個體被剝奪食物多久，會導致他自傷行為（Vollmer & Van Camp, 1998）；又例如個體多久未獲得注意，會造成他出現干擾行為以引起注意。

在檢視《應用行為分析期刊》從 1968 到 1977 年 10 期的研究後，Hayes、Rincover 和 Solnick（1980）指出，應用行為分析領域的研究變成只強調對參與者的介入效果，而忽略介入中什麼樣元素產生效果的概念分析，他們稱此問題為**技術漂移**（technical drift）；他們警告如此可能會喪失對行為和介入的科學理解，建議加強對行為和介入做完整和細緻的分析。Baer、Wolf 和 Risley（1987）在《應用行為分析期刊》20 周年的發行刊物中大聲疾呼：要將只強調「行為改變成果的展現」，轉換成「更完整的分析」，讓讀者充分理解研究成果背後的原理原則。他們表示：

> 在 20 年前，「分析」意味令人信服的實驗設計，而「概念」則意指運用相關和全面的理論了解行為。現今，唯有當應用行為分析能夠以令人信服的方式，展現特定行為是如何改變的，以及行為改變的方法是符合系統和概念意義的，它才能夠被視為是「分析」的學門。過去 20 年來，我們已經以令人信服的方式呈現可以改變行為，但是在方法上卻無法顯示「系統及概念意義」；換言之，並不清楚為什麼這些方法有效。此種狀況讓我們看到應用行為分析是「應用」和「行為」的，但是不夠「分析」的。（p. 318）

Cooper 等人（2007）亦表示對行為和介入做完整和細緻的分析，是應用行為分析領域需要再著墨之處，而元素分析、參數分析，以及其他更周密的分析都可以讓應用行為分析成為真正的「分析」學門。

貳、單一個案研究的適用性

單一個案研究適合探討的研究問題包括解釋、因果和差異性問題三方面，詳述如下。

1. **解釋性問題**，透過實驗操弄，探究能解釋某種現象或行為的因素或結構，包含解釋：（1）**行為的功能**，例如：國小泛自閉症學生干擾行為的功能是什麼？（2）**介入包裹中的哪個元素對介入成效是必要的**，例如：對餵食異常（feeding disorders）兒童介入的四項策略〔暖身活動、提供選擇、後效注意（contingent attention）和逃離削弱（escape extinction）〕中，哪些對接受餵食的介入成效是必要的？（這是元素分析的研究問題，此例的設計見第貳章示例 2-42。）（3）**造成介入效果變異的因素**，例如：自我教導策略對增加智能障礙學生完成例行事務的百分比，是否會因他們的障礙程度而有差異？（這是探討不同自變項間交互作用的研究問題。）
2. **因果性問題**，是指探討自變項與依變項間因果關係的研究問題，例如正向行為支持是否能減少自閉症學生干擾行為的次數？正向行為支持是否能增加國小泛自閉症學生替代性溝通行為的次數？它還可以分析造成自變項和依變項間的因果關係變異的因素，自變項對依變項的成效是否會因調節變項而有差異；舉例言之，自我教導策略對增加智能障礙學生完成例行事務的百分比，是否會因他們的障礙程度而有差異？
3. **差異性問題**，包含：（1）**探討兩種以上不同自變項間是否有差異**，例如：增強和隔離策略對減少國小泛自閉症學生干擾行為次數的成效是否有差異？（2）**於不同條件下實施單一自變項是否有差異**，例如：成人中介和同儕中介的社交技巧教學方案對提升智能障礙學生社交技巧表現率的成效是否有差異？（3）**各種程度或強度的自變項對依變項的效果是否有差異**，例如：給予不同長度的注意對減少情緒行為障礙兒童的干擾行為次數是否有差異？這是參數分析的問題。

參、單一個案研究的弱勢

單一個案研究具有下列兩項弱勢：第一，**重複評量可能須花費較多的人力和時間，而且研究參與者易產生沉悶、厭倦、挫折、補償性競爭反應**（compensatory rivalry，是指未獲得介入、正在等待之研究參與者覺得不滿，因而加倍努力，以致有好的表現，甚至超越正獲得介入之參與者），因而減損內在效度（Kazdin, 2011; Tawney & Gast, 1984）。第二，**較難分析自變項和調節變項**（例如：研究參與者的個體變項，抑或環境變項）**的交互作用**，尤其是只有單一參與者時（Kazdin, 2011）。

另外，有些人對照實驗研究與單一個案研究之外在效度，主張實驗研究的人認為單一個案研究由於研究參與者人數通常較少，較無法產生良好的**母群效度**，也就是無法將研究結果類推至更大的母群。然而，主張單一個案研究的人認為類推性（generality）並不是一個必要的問題，甚至單一個案研究可介入更特殊、異質的研究參與者，通常實驗研究為尋求大量研究參與者，會選取一般、同質的研究參與者，由此觀之，單一個案研究可能有更高的類推性（Kazdin, 2011）。

Aeschleman 於 1991 年指出，對單一個案研究外在效度的誤解，以及誤認為它僅適用於行為改變的研究，阻礙了它在諮商領域的應用（引自 Jones, 2003, p. 28）。Cooper 等人（2007）表示，單一個案研究對外在效度的觀點，與實驗研究是不相同的；實驗研究認為只要透過檢驗執行研究的方法（例如：隨機取樣的程序），便可確認其外在效度；以此邏輯檢視單一個案研究，則會認為它的研究發現沒有任何外在效度。單一個案研究的外在效度並非取決於研究參與者和其他人特徵的相似程度，而在於應用自變項於不同特徵的研究參與者、依變項（或行為）和條件後，分析能否獲得相同的研究結果；其外在效度是透過**重複研究**而被檢視、建立及具體化（Cooper et al., 2007）。一個研究對不同年齡、背景及能力的六名研究參與者，以及在不同的情境（例如：不同的場域、由不同的人執行自變項）中展現自變項和依變項間的因果關係，與一個研究對相同年齡、背景及能力的六名參與者，以及在相同情境中實施相較，前者的外在效度明顯高於後者（Cooper et al., 2007）。此處所指的外在效度是母群效度，提升外在效度的作法詳見第伍章。

正如 Birnbrauer（1981）所言，不應認為外在效度是只要透過隨機取樣就必然存在，而應認為它是許多研究產生的成品。Johnston 和 Pennypacker（1993）表示，為了解自變項是否對另一位研究參與者，或在應用情境中會重複獲得相同的結果，研究者真正需要知道的是，能產生此效果的變項是什麼、哪些變項會阻礙該效果的發生，以及哪些變項會調整其效果；此資訊是無法經由增加實驗組及比較組人數來達成，它需要執行一系列研究來確認，見問題討論 1-3。Kazdin（2011）進一步指出，單一個案研究類推性的問題在於，複製介入方案於不同特徵的研究參與者、行為和條件而不能產生一致結果時，卻無法找到明確的影響因素；有時這些因素無法在一個研究中發現，而是需要一系列研究確認之。

問題討論 1-3 單一個案研究的外在效度

一份單一個案研究在以正向行為支持介入一位泛自閉症者的自傷行為，於「研究限制」中寫道：由於無法從母群隨機取樣大量樣本進行研究，故類推性是本研究的限制。研究者進一步在「未來研究建議」中寫道：以隨機取樣方法，選取大量樣本進行實驗研究。此敘寫是否適切？

☛ 研究者將無法從母群隨機取樣大量樣本進行研究，批判成研究限制，其論點違背了單一個案研究的思維，單一個案研究的外在效度並非取決於隨機取樣，而是透過重複研究被檢視、建立及具體化。筆者建議於「研究限制」中改寫成，由於未將正向行為支持於不同特徵的研究參與者、行為和條件中重複研究，故類推性是本研究的限制。再者，筆者建議研究者在「未來研究建議」中寫道，將正向行為支持於不同特徵的研究參與、行為和條件中重複研究，以增進其外在效度。

總結

單一個案研究緣起於 1860 年代對行為的實驗室研究，之後於 1960 年代，開始強調在應用情境中研究行為，而在應用行為分析領域中廣為使用。單一個案研究有明確界定依變項、使用具良好效度和信度的評量工具蒐集依變項資料、進行重複評量、蒐集基線期的評量資料四項基本要求。單一個案研究適合探討解釋、因果和差異性問題，它具有下列八項優勢：（1）排除取樣偏差、成熟、歷史等外在變項；（2）適用於介入異質性高的研究參與者；（3）偵測自變項在研究參與者上產生的過程變化；（4）分析自變項對依變項的習得、維持和類化成效；（5）在教育情境中提供重複應用和分析的方法；（6）分析自變項對研究參與者依變項成效差異的因素；（7）分析自變項的哪一個成分對依變項產生效果；（8）分析不同程度或強度的自變項對依變項的效果。單一個案研究的弱勢包括重複評量易產生沉悶、厭倦、挫折和補償性競爭的反應，以及在檢視兩個以上自變項對依變項效果之交互作用上較薄弱。

附錄

- 附錄 1　研究性向檢核表

影片

- 撤回和倒返設計之基線邏輯
- 多基線設計和結合類化探測之基線邏輯

思考問題

運用「思考問題 1：單一個案研究之緣起與意涵」，檢視自己對「單一個案研究之緣起與意涵的了解情形」。

作業單

- 作業單 1-1　非科學和假科學方法之辨識
- 作業單 1-2　研究變項之辨識
- 作業單 1-3　單一個案研究基線邏輯之辨識

單一個案研究之設計類型

導讀問題

1. 撤回和倒返設計之差異在哪裡？
2. 撤回和倒返設計有哪些弱勢？
3. 採用撤回和倒返設計宜注意哪些原則？
4. 撤回和倒返設計有哪些變形？
5. 何謂多基線設計？
6. 多基線設計有哪些優勢和弱勢？
7. 多基線設計的形態有哪些？
8. 採用多基線設計宜注意哪些原則？
9. 何謂多探測設計？
10. 多探測設計有哪些優勢和弱勢？
11. 採用多探測設計宜注意哪些原則？
12. 何謂逐變標準設計？
13. 逐變標準設計有哪些優勢和弱勢？
14. 採用逐變標準設計宜注意哪些原則？
15. 何謂多重介入設計？
16. 多重介入設計有哪些優勢和弱勢？
17. 採用多重介入設計宜注意哪些原則？
18. 何謂交替介入設計？
19. 交替介入設計和同時介入設計有什麼不同？
20. 交替介入設計有哪些類型？
21. 交替介入設計有哪些優勢和弱勢？
22. 採用交替介入設計宜注意哪些原則？
23. 何謂結合設計？有哪些類型？

本章將探討撤回和倒返設計、多基線設計和多探測設計、逐變標準設計、比較介入設計，以及結合設計（combined designs）之意涵與應用，這些設計適合回答的研究問題如表 2-1。

表 2-1

單一個案研究實驗設計適合回答的研究問題

單一個案研究實驗設計	研究問題的類型		
	因果性問題	差異性問題	解釋性問題
撤回和倒返設計	◎		◎
多基線和多探測設計	◎		
逐變標準設計	◎		
比較介入設計		◎	◎
結合設計	◎	◎	◎

註：◎代表該實驗設計有探討此類研究問題。

第一節 撤回和倒返設計之意涵與應用

改變是一趟旅程，而不僅是一個藍圖。（Fullan, 1994, p. 21）

Risley 於 2005 年指出撤回和倒返設計是由 Wolf 提出，靈感來自 Claude Bernard 早期有關藥物的實驗（引自 Cooper et al., 2007, p. 177）。在 1960 至 1970 年代早期，撤回和倒返設計在應用行為分析領域的運用非常普遍（Baer, 1975）。以下探討撤回和倒返設計之意義、優勢、弱勢及因應方式、應用原則，以及變形。

壹、撤回和倒返設計之意義

在撤回和倒返設計之前是 A-B 設計（第壹章第四節已述），因應 A-B 設計的弱勢，故產生撤回和倒返設計。撤回和倒返設計藉由加入基線期₂（A₂）或倒返期（A′），乃至於介入期₂（B₂），以驗證自變項與依變項間的因果關係，以回答因果性的研究問題（Gast & Baekey, 2014）。它可以因應 A-B 設計的問題，減少成熟、歷史等威脅內在效度的外在變項（Schloss & Smith, 1998），基本形式見圖 2-1。

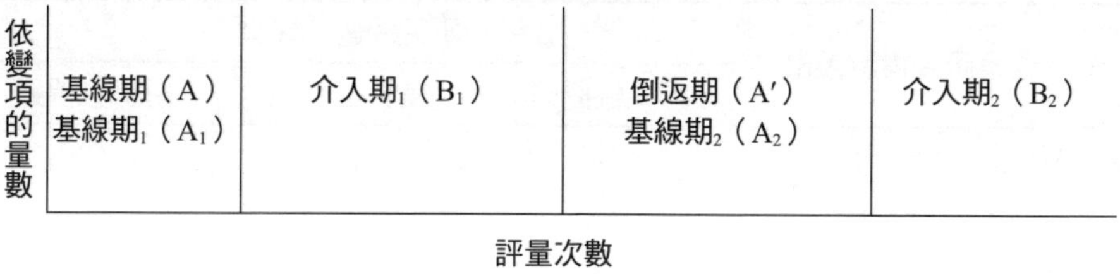

依變項的量數	基線期（A） 基線期$_1$（A_1）	介入期$_1$（B_1）	倒返期（A′） 基線期$_2$（A_2）	介入期$_2$（B_2）

評量次數

圖 2-1：撤回和倒返設計之基本形式。O 代表評量，下標的數字代表評量的次第；X 代表介入方案或實驗處理。其中 A-B-A-B 為撤回設計，包含 A_1-B_1-A_2-B_2 四個階段，A-B-A′-B 為倒返設計，包含 A-B_1-A′-B_2 四個階段。

Leitenberg（1973）表示應清楚區分撤回和倒返設計。撤回和倒返設計二者有何不同呢？倒返設計乃「倒置或互換」自變項於目標依變項（要介入的依變項）和非目標依變項（不介入的依變項）（Gast & Baekey, 2014）。舉例而言，在基線期觀察目標依變項（例如：組合不同的積木形式），以及另一項與目標依變項不相容的非目標依變項（例如：組合相同的積木形式）。接著於介入期$_1$，採用讚美策略（自變項）介入目標依變項（即組合不同的積木形式），是指研究者讚美研究參與者組合不同的積木形式。之後於倒返期，對另一項非目標依變項（即組合相同的積木形式）採用讚美策略，但撤除對目標依變項（即組合不同的積木形式）的讚美。最後於介入期$_2$，再以讚美策略介入目標依變項（即組合不同的積木形式）。假如於倒返期，「組合相同積木形式」因讚美策略的介入而增加；相反地，「組合不同積木形式」因撤除讚美策略而減少，自變項和依變項間的因果關係便獲確認，如示例 2-1。為了呈現倒返設計倒置或互換自變項的方式，示例 2-1 畫出兩條折線對照，事實上很多文獻僅畫出一條折線，即目標依變項——組合不同積木形式。

示例 2-1 倒返設計（A-B-A′-B 設計）

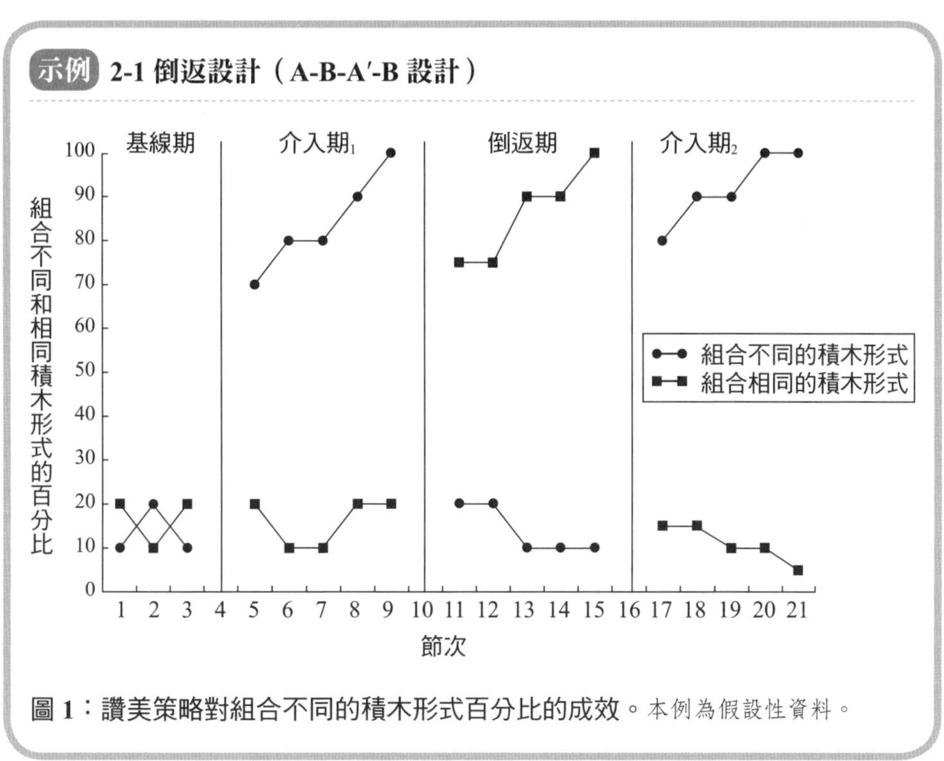

圖 1：讚美策略對組合不同的積木形式百分比的成效。本例為假設性資料。

倒返設計之作法包括：**區別性增強不相容行為**（differential reinforcement of incompatible behavior, DRI）、**區別性增強其他行為**（differential reinforcement of other behaviors, DRO）和**區別性增強另類行為**（differential reinforcement of alternative behavior, DRA）的**倒返設計**（Cooper et al., 2007）；**非後效地執行後果策略的倒返設計**，例如**非後效增強**（noncontingent reinforcement）（Kazdin, 2011）；以及**於不同條件引進自變項的倒返設計**，詳述其意義和示例於表 2-2。上述讚美對組合不同積木形式的成效即採用 DRI **的倒返設計**。

表 2-2

倒返設計之作法

作法	意義	示例
區別性增強不相容行為（DRI）的倒返設計	倒置或互換自變項於彼此不相容的目標依變項（或行為）和非目標依變項（或行為）。	1. 舉在上課期間會「拍臉」尋求協助的研究參與者為例，依變項為增進「舉手」的行為，以取代拍臉來求助。倒返期採取區別性增強不是目標行為的「不相容行為」（只要不是「舉手」的另一個與它形態不相容、無法同時存在的特定行為，例如：兩手分開按「老師」、「幫忙」的求助卡使之跳起，研究參與者在表現此行為時，無法同時舉手，因此二者是不可共存的。 2. Goetz 和 Baer（1973）使用 DRI 的倒返設計，研究讚美對增進學前兒童玩積木之創造力的成效，於倒返期，對另一項非目標依變項（即組合相同的積木形式）採用讚美策略，但撤除對目標依變項（即組合不同的積木形式）的讚美。
區別性增強其他行為（DRO）的倒返設計	倒置或互換自變項於目標依變項（或行為）和不是目標依變項（或行為）的「其他依變項（或行為）」。	舉在上課期間會「拍臉」尋求協助的研究參與者為例，依變項為「舉手」行為。倒返期採取區別性增強不是目標行為的「其他行為」（只要不是舉手的其他任何正向行為，例如：「站起來」、「揮筆」等）。
區別性增強另類行為（DRA）的倒返設計	倒置或互換自變項於目標依變項（或行為）和不是目標依變項（或行為）的「另類行為」。	舉在上課期間會「拍臉」尋求協助的研究參與者為例，依變項為「舉手」行為。倒返期採取區別性增強不是目標行為的「另類行為」（只要不是舉手的另一個特定正向行為，此行為與它形態相容，可以同時存在，例如：「輕敲桌面」，研究參與者可能同時輕敲桌面和舉手，因此二者是可共存的）。

表 2-2（續）

作法	意義	示例
非後效地執行後果策略（例如：非後效增強）的倒返設計	是指增強時機與目標依變項（或行為）沒有關聯，不是在目標依變項（或行為）出現時給予增強，而是在未出現目標依變項（或行為）時便給予。	一位智能障礙的研究參與者非常沉默寡言，於介入期₁當他發言時給予代幣，在倒返期則於剛開始他尚未發言前就給予代幣，執行方式為，研究者告訴研究參與者：「我先給你待會兒發言後可以得到的代幣。」此種作法並未增強發言以外的其他行為，故和「區別性增強其他行為」不同。
於不同條件引進自變項的倒返設計	倒置或互換自變項於不同條件（例如：教學材料、對象、地點或情境）下的依變項（或行為）。	1. Neely、Rispoli、Camargo、Davis 和 Boles（2013）研究在教學上使用 iPad®，對減少兩位泛自閉症者挑戰行為及增加課堂參與度之成效，其作法是倒置或互換自變項於不同教學材料下的依變項，於介入期₁，研究者在教導 A 教材上使用 iPad®；而於倒返期，研究者在教導 B 教材上使用 iPad®，A 教材則未使用；接著進入介入期₂，研究者再次引進 iPad® 於 A 教材，見示例 2-2 以其中丹（Dan）挑戰行為做例子，結果發現使用 iPad® 進行教學，確實能減少泛自閉症者的挑戰行為。 2. Allen、Hart、Buell、Harris 和 Wolf（1964）研究社會性增強對一位學前幼兒孤立行為之成效，目標依變項是與同儕互動的行為，非目標依變項是與成人互動的行為，其作法是倒置或互換自變項於不同對象下的依變項，於介入期₁，研究者注意這位幼兒與同儕互動的行為；而於倒返期，研究者注意他與成人互動的行為。

示例 2-2 於不同條件引進自變項的倒返設計

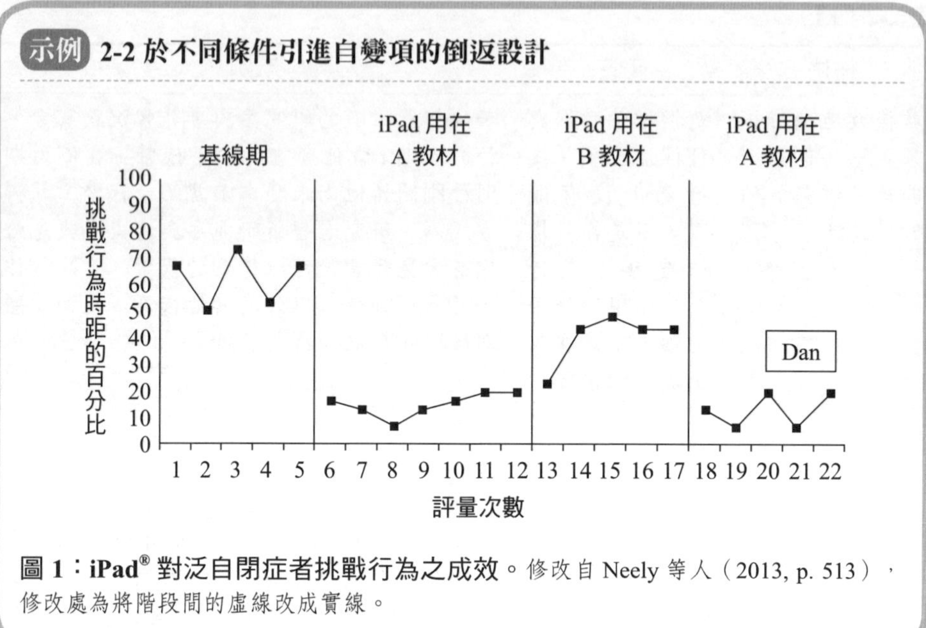

圖 1：iPad® 對泛自閉症者挑戰行為之成效。修改自 Neely 等人（2013, p. 513），修改處為將階段間的虛線改成實線。

撤回設計與倒返設計之不同處在於，**僅撤除自變項**，不會找目標依變項與非目標依變項做引進和不引進自變項的互換（Gast & Baekey, 2014）。舉例而言，在基線期$_1$觀察組合不同積木形式的行為，介入期$_1$增強組合不同積木形式的行為，之後於基線期$_2$撤除增強策略，最後於介入期$_2$再次增強組合不同積木形式的行為。為區分撤回設計與倒返設計，Gast 和 Baekey（2014）主張以 A-B-A-B 表示撤回設計，以 A-B-A′-B 表示倒返設計，因為倒返期（A′）和基線期（A）的安排不完全相同。Gast 和 Baekey 表示只有確實找「目標及非目標依變項」，做引進和不引進自變項的互換，而不僅撤除自變項時，才能說是倒返設計。撤回設計的例子見示例 2-3，本研究在分析活動選擇對發展障礙學生問題行為之成效，結果發現活動選擇能減少發展障礙學生問題行為的出現率。

示例 2-3 撤回設計（A-B-A-B 設計）

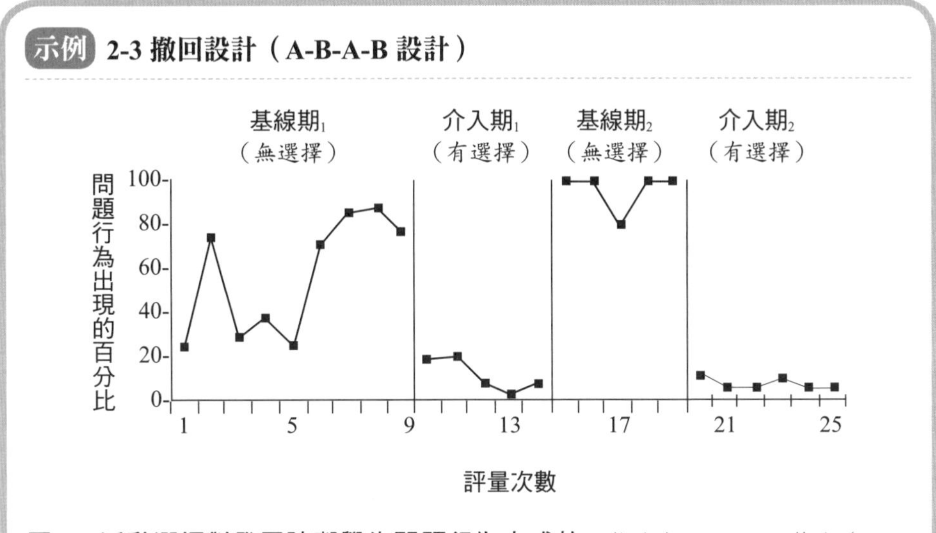

圖 1：活動選擇對發展障礙學生問題行為之成效。修改自 Romaniuk 等人（2002, p. 357），修改處為以下標數字表示不同階段的引進次序。

貳、撤回和倒返設計之優勢

撤回和倒返設計的優勢包括：一方面它能**減少成熟、歷史等威脅內在效度的外在變項**（Kazdin, 2011; Tawney & Gast, 1984）。另一方面當介入兩位以上研究參與者，有以下兩種狀況時，採取撤回設計同時介入兩位以上研究參與者：（1）**兩位以上的研究參與者被安置在同班（或同組）**，他們不適合在不同時間進行教學，如果硬要將他們拆開成不同組，有違倫理；（2）**兩位以上研究參與者的依變項**（例如：自傷和攻擊行為）**同樣嚴重**，都亟需立即介入，無法等待。同樣地，當介入兩種以上非常嚴重的依變項（例如：自傷行為），抑或是發生在兩個以上的條件中非常嚴重、都亟需立即介入的依變項（例如：攻擊行為）時，亦適用撤回設計。另外，當介入兩個以上彼此不獨立或不相似的研究參與者、條件或行為時，不適合多基線或多探測設計，亦適用撤回設計。

除了上述優勢外，倒返設計還有兩方面優勢（Cooper et al., 2007）：一為它比撤回設計**有更好的內在效度**，足以驗證自變項和依變項間的因果關係；二為**於倒返期，讓研究參與者仍能獲得自變項**，避免他們產生為何某段時間未獲得自變項的疑惑。許多名為倒返設計的研究，實際上是撤回設計（Tawney & Gast, 1984）。

參、撤回和倒返設計之弱勢及因應方式

撤回和倒返設計雖然可以因應 A-B 設計的問題，然而其有以下三項弱勢，筆者進一步提出因應這些弱勢的方式。

一、某些依變項「不可逆」導致難以驗證變項間的因果關係

某些依變項經介入學成後，例如社會技能，儘管已撤除自變項，但仍不會退到基線期之狀態，即依變項具「不可逆」的特徵，此時研究者就不易驗證自變項和依變項間的因果關係（Cooper et al., 2007）。由於依變項不可逆，撤除自變項後，仍然維持介入成效，便不會再引進自變項，成為 A-B-A 設計，它終止於基線期$_2$，缺乏單一個案研究中「複製」此項要素（Tawney & Gast, 1984）。

因應此弱勢，可以選擇其他單一個案設計（例如：多基線或多探測設計、逐變標準設計）（Kazdin, 2011）。而如果其他單一個案設計不可行，研究者仍採用 A-B-A 設計時，則稱呼撤除自變項的階段為**撤回期**、**維持期**或**追蹤期**，是指檢視依變項的維持情形，而不稱之為基線期$_2$，見示例 2-4。「追蹤期」不只追蹤依變項的維持成效，亦可以追蹤類化成效。還有研究在維持期之後加入**類化期**，以追蹤依變項的類化成效。

示例 2-4 撤回設計（A-B-A 設計）

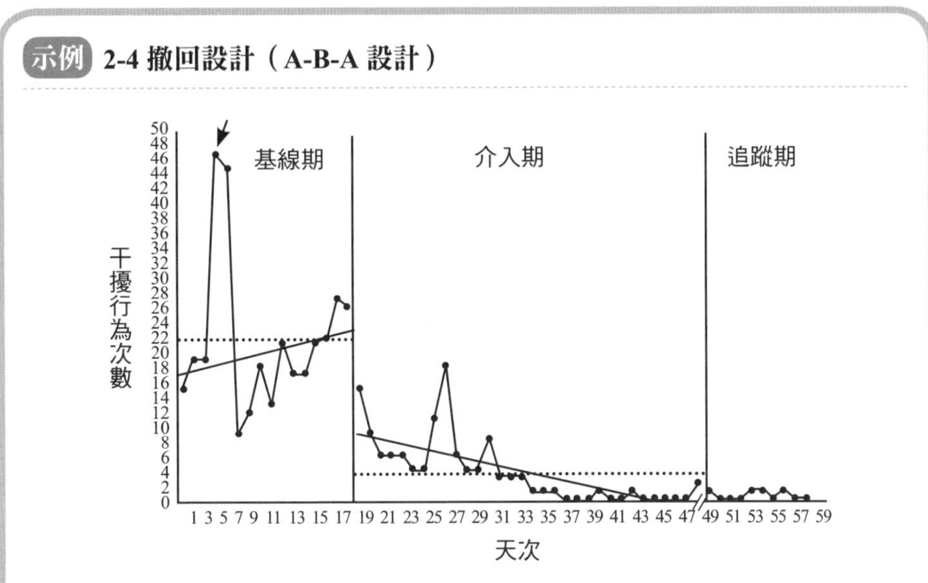

圖 1：正向行為支持對干擾行為之成效。……階段平均水準；**—** 趨向；➔ 介入危機處理策略；// 介入期和追蹤期間隔 1 週。修改自陳郁菁和鈕文英（2004，第 197 頁），修改「處理期」為「介入期」。

然而，A-B-A 設計缺乏基線邏輯中「複製」此要素，加上依變項「不可逆」，無法達到基線邏輯中「驗證」此要素，則研究者要盡可能控制威脅研究內在效度的來源，並且宜謹慎推論自變項和依變項間的因果關係。在敘寫研究方法時，宜說明選擇特定實驗設計的理由，以及可能的問題和因應策略，見示例 2-5。

二、撤除自變項易產生倫理的議題

撤回返設計中於基線期$_2$撤除自變項易產生以下**倫理的議題**（Cooper et al., 2007; Kazdin, 2011; Richards et al., 2013）：

1. 研究參與者可能會感到疑惑，表現正向行為無法獲得他們想要的後果（例如：增強）。
2. 撤除自變項造成介入時間的縮減，並可能會造成不良後果，例如研究參與者

示例 2-5 採用 A-B-A 設計的理由、可能的問題和因應策略

本研究旨在分析功能性溝通訓練【自變項】對智能障礙學生【研究參與者】溝通行為【依變項】之成效，此目的是在推論自變項和依變項間的因果關係，加上智能障礙學生溝通行為的需求具有極大的個別差異，採個別方式介入較易收到成效；除此，為了對個別研究參與者做深入的觀察，偵測自變項在參與者依變項上產生的過程變化，所以使用單一個案研究【採取單一個案研究的理由】。至於實驗設計，由於溝通行為具不可逆的特徵，學生習得之後，儘管已撤除自變項，但仍不會退到基線期之狀態，因應此狀況，不需撤除自變項又能符合基線邏輯（例如：多基線和逐變標準）的設計會是較佳的選擇。然而，由於有困難找到兩位以上具有相同溝通行為需求的智能障礙學生做介入；此外，因為目前任教的這位智能障礙學生僅在一種情境下的一項溝通行為有介入的需求，故有困難針對他介入兩種以上溝通行為和條件，故多基線或多探測設計不適用；而且欲教導的溝通行為不是這位智能障礙學生已具備的技能，故逐變標準設計不適用，因此採用 A-B-A 設計【採取的單一個案研究設計類型和理由】。值得注意的是，A-B-A 設計缺乏基線邏輯中「複製」此要素，加上依變項不可逆，無法達到基線邏輯中「驗證」此要素，故不能完全推論功能性溝通訓練和溝通行為的因果關係。儘管如此，研究者會盡可能控制威脅本研究內在效度的來源，以因應此問題【針對該研究設計遭遇的問題說明克服的方法】。

負向行為故態復萌，甚至引發嚴重的傷害，且就教育或倫理觀點來說，參與者一旦習得正向技能或改善負向行為後，期待他們能維持下去。Meyer 和 Evans（1989）批判以 A-B-A-B 設計展現良好的實驗控制，無法顯示行為介入有效，因為就慢性、嚴重的行為問題而言，在撤除自變項後能維持成效才表示此自變項有效；他們認為重點應放在行為的改變，而非內在效度。

3. 某些自變項不易被撤除，例如「同儕增強策略」，因為須請同儕不要給予增強，且同儕可能會感到疑惑，為什麼研究參與者表現正向行為卻不能增強他。

因應此弱勢，可以選擇其他單一個案設計（例如：多基線或多探測設計、逐變標準設計）。然而，如果研究者無法使用其他單一個案設計，則可採取以下作法：第一，**縮減基線期$_2$的資料蒐集**，如示例 2-6 中基線期$_2$僅蒐集一個資料點，並且相隔半年後追蹤長期維持效果，以因應前述 Meyer 和 Evans（1989）對 A-B-A-B 設計未呈現維持成效的質疑。此研究顯示醫藥介入方案能減少研究參與者癲癇發作之次數，並且在半年後追蹤，仍具有長期維持效果（Zlutnick, Mayville, & Moffat, 1975；修改自 Kazdin, 1982, p. 115）。第二，**安排倒返期**，讓研究參與者仍然能獲得自變項的引進（這兩種作法可因應上述所有問題）。第三，**逐步撤除自變項**，包括採取**系列撤回設計**（sequential-withdrawal design，因應上述問題 1 和 2，見下文「伍、撤回和倒返設計之變形」）。

示例 2-6 加入追蹤期的 A-B-A-B 設計

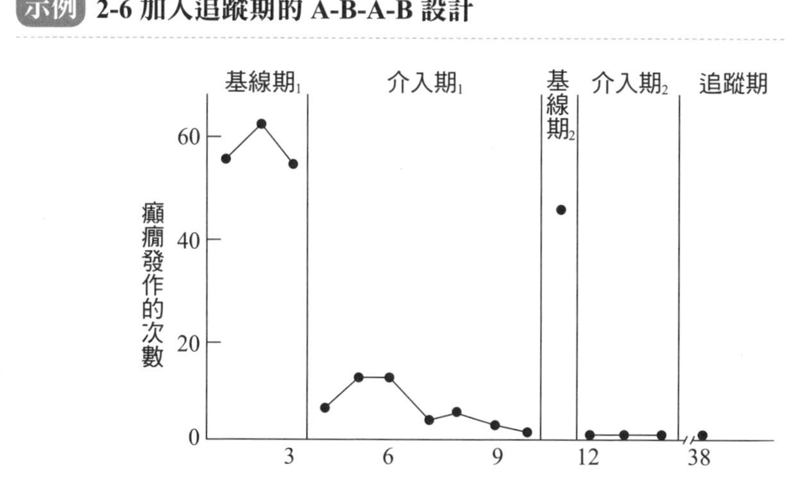

圖 1：醫藥介入方案對研究參與者癲癇發作之成效。// 相隔半年後追蹤長期維持的情形。資料來源為 Zlutnick 等人（1975；修改自 Kazdin, 1982, p. 115），修改處為調整橫軸的刻度為間距 3，以及更正原先的「倒返期」為「基線期$_2$」，因為基線期$_2$僅撤除自變項，未做自變項的倒置或互換。

三、倒返期的安排實施難度較高

倒返設計中於倒返期尋找目標及非目標依變項，做引進和不引進自變項的互換，其弱勢為較複雜，實施難度較高（杜正治，2006）。另外，目標及非目標依變項若界定不夠清楚、彼此不獨立，以及會相互影響，則難以清楚地對它們做引進和不引進自變項的互換，進而不易驗證自變項和依變項間的因果關係。因應此弱勢的方式為，清楚界定「目標及非目標依變項」，而且二者彼此獨立，不會互相影響。

肆、撤回和倒返設計之應用原則

所有的單一個案研究設計都須明確地界定依變項，除此，採用撤回和倒返設計時，研究者宜注意以下四項原則。

一、除了自變項外保持其他條件不變

不同階段間，除了自變項有變化外，其他條件（例如：評量程序、地點、介入人員、材料等）都必須保持不變，以確保研究的內在效度（Kazdin, 2011）。

二、基線期$_1$ 至少連續三點呈現穩定的未改善趨勢後才進入介入期

如第壹章第三節所述，基線期$_1$ 至少連續三點呈現穩定的未改善（是指退步或不佳的等速）趨勢後，才進入介入期（Gast & Baekey, 2014）。

三、介入期$_1$ 宜和基線期$_1$ 蒐集的點數相同

於介入期$_1$，研究者宜蒐集至少三個資料點，而且最好能和基線期$_1$ 蒐集的點數相同，因為可避免週期事件對介入效果的影響（Kazdin, 2011），以減少 Gast（2014a）所云**週期變異性**（cyclical variability）造成的干擾。週期變異性是指週期事件造成資料的變異性，甚至干擾自變項對依變項成效的因果推論（Gast, 2014a）。舉例來說，如果研究參與者是學生，學校課程以 1 週為週期，每週的

週一研究參與者出現週一症候群，不想來上學，目標行為的出現率特別高；而週五研究參與者因為知道週末將屆，心情特別愉快，所以目標行為的出現率降低。假如基線期觀察週一至週三共 3 天，介入期觀察週四至隔週三共 5 天，則週五研究參與者因心情愉悅，以至於目標行為出現率降低，這是基線期未觀察到的時間。因此，基線期和介入期最好都能觀察 1 週 5 天；不過，Kazdin（2011）表示這不是必要條件，這只是提醒研究者留意是否有週期事件會威脅研究的內在效度。

四、當介入期$_1$依變項至少連續三點達到預定的標準時才進入基線期$_2$（或倒返期、撤回期）

唯有當介入期$_1$依變項至少連續三點達到預定標準時，才進入基線期$_2$（或倒返期、撤回期）（Riley-Tillman & Burns, 2009; Tawney & Gast, 1984）。而至於如何決策預定的標準，宜考慮**依變項的重要性**、**研究參與者在依變項上的基線水準**、**依變項對研究參與者的難度**，以及**目標社會效度**（social validity of goal）**資料**（也就是研究參與者本身，或其重要他人期待達到的標準，詳述於第參章第二節），可以訂定**絕對或相對標準**。例如依變項是自傷行為，由於具嚴重的危險性，介入的重要性極高，故訂定介入後的絕對標準為 0 次。而分心行為由於不具危險性，且同儕亦會分心，要研究參與者完全不分心有其難度，以及考慮目標的社會效度，故設定以達到教師期待且和同儕相近的標準。除此，還能以研究參與者在基線期的表現為參照點，從依變項對研究參與者的難度，來設定相對標準，也就是**改變率**（percentage of change），通常設定 **80% 的改變率**。

改變率包括**減少比率**（針對負向行為）和**增加比率**（針對正向行為）兩種，依變項若是負向行為，即「負向行為的改變率」或「依變項的減少比率」，有兩種減少比率，一種是**最後三點的減少比率**，它的算法是，基線期最後三點的平均數，減去介入期最後三點的平均數後，除以基線期最後三點的平均數，再乘上 100%（Carr et al., 1999）。例如基線期最後三點是 10、12 和 14，介入期最後三點是 5、1 和 0，則兩個階段的平均數分別為 12 和 2，依變項的減少比率則是（12 − 2）÷12×100（%），等於 83.3%。另一種是**所有點的減少比率**，它的算法是，基線期所有點的平均數，減去介入期所有點的平均數後，除以基線期所有點的平均數，再乘上 100（%）。

依變項若是正向行為，即「正向行為的改變率」或「依變項的增加比率」，有兩種增加比率，一種是**最後三點的增加比率**，它的算法是，介入期最後三點的平均數，減去基線期最後三點的平均數後，除以介入期最後三點的平均數，再乘上 100%（Carr et al., 1999）。例如基線期最後三點是 0、1 和 2，介入期最後三點是 5、6 和 7，則兩個階段的平均數分別為 1 和 6，增加正向行為的比率則是（6 － 1）÷6 × 100（%），等於 83.3%。另一種是**所有點的增加比率**，它的算法是，介入期所有點的平均數，減去基線期所有點的平均數後，除以介入期所有點的平均數，再乘上 100（%）。一般會計算最後三點的減少和增加比率，會設定為「80% 的改變率」，見示例 2-7 的計算。

示例 2-7 達到「80% 改變率」介入期的平均數

如果研究參與者基線期負向行為最後三點為 10、12 和 14，介入期設定達到「80% 的改變率」後，才進入基線期$_2$，則介入期最後三點的平均數最大應為多少，才能達到「80% 改變率」？

最後三點的平均數必須小於等於 2.4，計算過程如下：

1. 設介入期最後三點的平均數為 X
2. 基線期最後三點的平均數：（10 ＋ 12 ＋ 14）÷3 ＝ 12
3. （12 － X）÷12 × 100（%）≥ 80%
4. 12 － X ≥ 0.80 × 12（＝ 9.6）
5. X ≤ 12 － 9.6，故 X ≤ 2.4

伍、撤回和倒返設計之變形

撤回和倒返設計的變形可以從階段的數目、倒返或撤回的階段、階段的順序和不同介入的數目四個角度改變，詳述如下。

一、變化階段的數目

就階段的數目而言，除了 A-B-A-B 設計外，尚可增加階段的數目，即撤回和複製的數量，例如 A-B-A-B-A-B 設計（Kazdin, 2011）。至於要多少次撤回和複製會比較適合，一般來說，愈多的撤回和複製，愈能證實自變項和依變項間的因果關係；還須考慮**基線期資料是否呈現穩定的未改善趨勢，介入後依變項改變的速度與幅度是否快、大且穩定，過去在自變項的探究是否夠多且有成效**；若基線期資料不穩定且有改善趨勢，介入後依變項改變的速度與幅度慢、小且不穩定，過去在自變項的研究不夠多且成效不佳，則宜多做幾次撤回和複製（Tawney & Gast, 1984）。上述為研究的**科學考慮**，但做研究還有**現實和倫理的考量**，例如介入的時間、有些依變項經介入後，便不會退到基線期的狀態等，研究者必須在種種考量下取得最佳的平衡（Tawney & Gast, 1984）。

二、變化倒返或撤回的階段

就倒返期而言，前述倒返設計於倒返期採取的作法，可避免因撤除自變項導致參與者的疑惑。就撤回期而言，Gresham（1998）主張逐步撤除自變項，包括三種設計的變形：第一種是**系列撤回設計**，是指逐步地撤回介入包裹中的不同元素，以檢視是否維持介入效果，它可以因應撤除自變項導致參與者疑惑，以及介入成效消退的問題。示例 2-8 呈現王芳琪（1998）探究以溝通為基礎的處理策略對極重度智能障礙學生尖叫行為之成效，於介入期，在隔離和自然情境中，介入極重度智能障礙學生「以溝通為基礎的處理策略」，在達到設定的成效標準後，撤回期分兩個次階段，逐步撤除介入包裹中的不同元素，先撤除隔離情境的訓練，由於能維持介入效果，接著連同自然情境的訓練也被撤除；研究發現，以溝通為基礎的處理策略能減少極重度智能障礙學生尖叫行為，並且具有維持成效。

示例 2-8 系列撤回設計

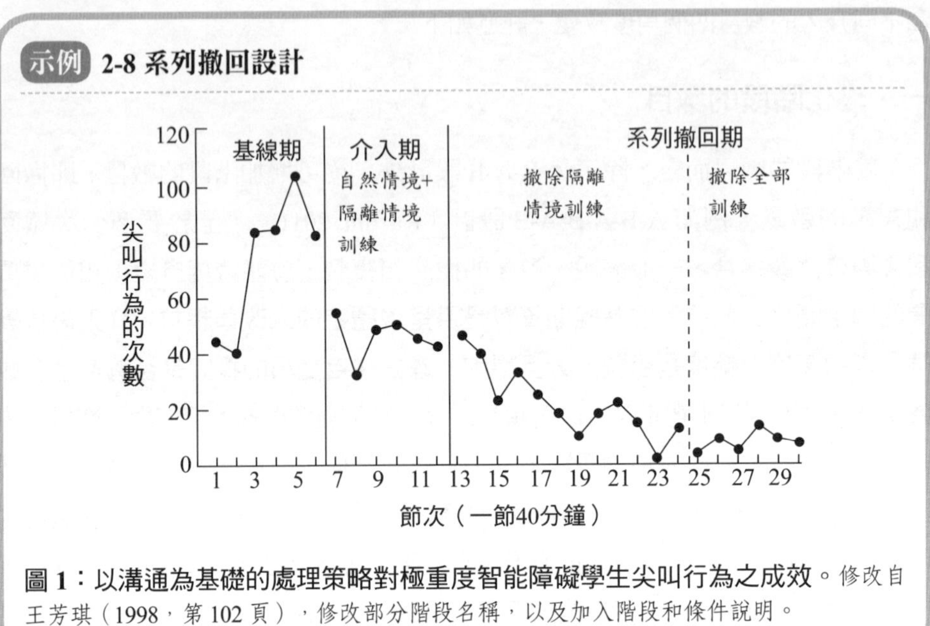

圖 1：以溝通為基礎的處理策略對極重度智能障礙學生尖叫行為之成效。修改自王芳琪（1998，第 102 頁），修改部分階段名稱，以及加入階段和條件說明。

Gresham（1998）指出第二種是**部分撤回設計**（partial-withdrawal design），於多基線設計中，先從第一個研究參與者、行為或條件開始撤除介入；若能維持依變項的介入成效，再對第二個研究參與者、行為或條件進行撤除，以此類推，見示例 2-9，該研究在分析自我教導和多元範例訓練對智能障礙者問題解決能力的成效，它是在跨參與者（米拉和雷斯）的多基線設計中，結合部分撤回的設計。研究者不只蒐集訓練情境中研究參與者的反應，亦進行類化情境的探測。介入期依變項的成效達到預定標準後，研究者先從第一個研究參與者開始撤除自變項，若能維持介入成效，再對第二個研究參與者進行撤除。間隔 2 週後，追蹤長達 24 週的維持和類化成效。

Gresham（1998）表示第三種是**結合系列和部分撤回的設計**（combined sequential and partial-withdrawal design），於多基線設計中，逐步地撤除介入包裹中的不同要素（這是系列撤回）；若能維持介入成效，再對第二個研究參與者、行為或條件，撤除介入包裹中的不同要素（這是部分撤回），以此類推，見示例

示例 2-9 部分撤回設計

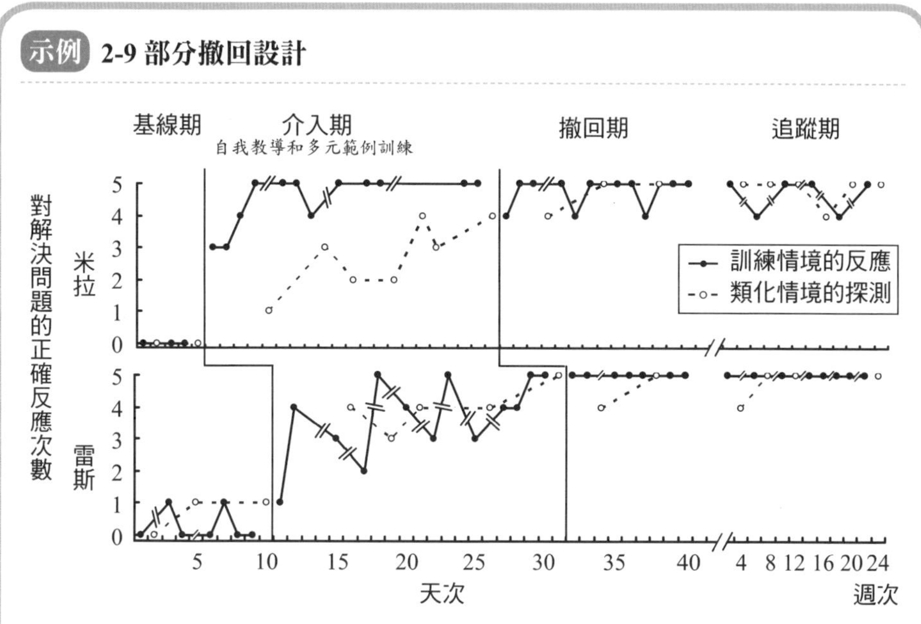

圖 1：自我教導和多元範例訓練對重度智能障礙者問題解決能力的成效。橫軸上的 // 表示間隔 2 週；類化情境的探測是不連續的資料點，故以虛線表示。修改自 Hughes 和 Rusch（1989, p. 369），修改處包括：（1）將訓練情境依變項資料路徑中不連續的資料點，由原先的虛線改以尺度中斷（//）表示；（2）加入主調說明；以及（3）移動圖中兩位參與者名字擺放的位置。

2-10。該研究在分析時間管理訓練方案對智能障礙者準時用餐行為的成效，它是對兩位研究參與者（甲生和乙生），於平行的跨條件（早餐或午餐）多基線設計中，結合系列和部分撤回設計。介入期依變項的成效達到預定標準後，研究者先從第一個研究參與者（甲生）開始撤除自變項，撤除的方式為逐步地撤除介入包裹（教學、教學回饋和時間卡）中的不同要素（這是系列撤回），也就是於系列撤回期，先對甲生撤除教學，再撤除教學回饋，最後只保留時間卡。因甲生能維持介入成效，故進一步對乙生撤除介入包裹中的不同要素（這是部分撤回）。而乙生在撤除教學後，未能維持介入成效，故進入介入期$_2$，之後再次撤除教學，此時乙生已能維持介入成效，故再撤除教學回饋，最後只保留時間卡。

示例 2-10 結合系列和部分撤回設計

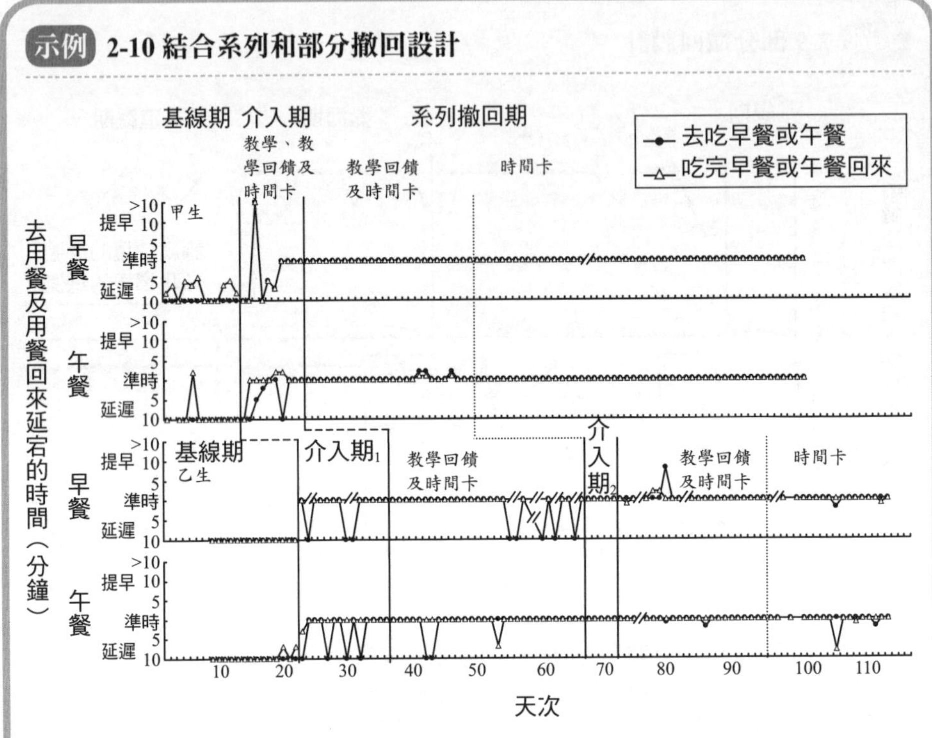

圖 1：時間管理訓練方案對智能障礙者準時用餐行為之成效。修改圖標記讓重疊的資料路徑容易被辨識；將資料路徑中不連續的資料點，由原先的虛線改以尺度中斷（//）表示；加入介入期和系列撤回期的階段名稱，並且以虛線隔開同屬系列撤回期的兩個條件。資料來源為 Sowers、Rusch、Connis 和 Cummings（1980；修改自 Kazdin, 1982, p. 217），修改處為讓重疊的資料路徑容易辨識。

三、變化階段的順序

以下三種狀況可以改變階段的順序，採取 B-A-B 設計：（1）**依變項產生非常嚴重傷害**，例如自傷或攻擊行為；（2）**研究參與者從未表現依變項**（例如：打招呼）；（3）**介入時間有限，且已經準備好自變項**（Cooper et al., 2007; Kazdin, 2011）。此設計的優勢是能因應實務的需求，但弱勢為缺乏基線邏輯「預測」此要素，見示例 2-11。雖然示例 2-11 缺乏基線期1的資料，無「預測」

示例 2-11 B-A-B 設計

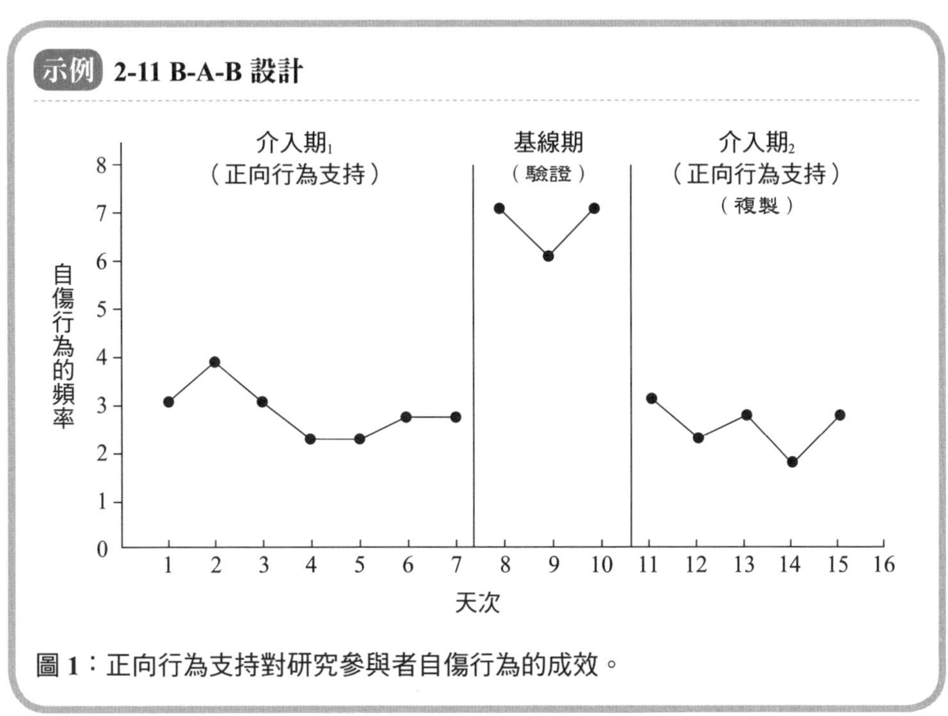

圖 1：正向行為支持對研究參與者自傷行為的成效。

此要素，但是研究者可以描述介入前研究參與者自傷行為的狀況。

四、變化不同介入的數目

至於 Kazdin（2011）所云，A-B-A-B 設計還可以從「不同介入數目」上做改變，就是**多重介入設計**，例如 A-B-C-A-C-B 設計，它適用於原先介入的 B 策略無效，改換成介入另一種策略（例如：C 策略）之情況。Alberto 和 Troutman（2008）稱之為**改變條件設計**（changing conditions designs），於第四節「比較介入設計之意涵與應用」中再述。

第二節 多基線和多探測設計之意涵與應用

我從不知道錯誤是什麼，我只知道從舊經驗中學習。（Edison, n.d.）

多探測設計是多基線設計之變形，本節先探討多基線設計之意涵與應用，接著再討論多探測設計。

壹、多基線設計之意涵與應用

Baer、Wolf 和 Risley 於 1968 年首先描述多基線設計；在應用行為分析領域中，多基線設計是最廣被用來評鑑介入成效的實驗設計（Cooper et al., 2007, p. 201）。以下探討多基線設計之意義與形態、優勢、弱勢和因應方式，以及應用原則。

一、多基線設計之意義與形態

多基線設計是指，依序引進自變項於兩位（或兩組）以上的研究參與者，兩種以上的行為（或依變項），抑或是兩個以上的條件，以了解它對依變項的效果，以回答因果性的研究問題（Morgan & Morgan, 2009）。在多基線設計中，一開始對兩位（或兩組）以上的研究參與者、行為（或依變項）抑或條件同時做基線評量；在達到穩定的基線反應後，自變項被應用在其中一個研究參與者（或小組）、行為（或依變項），抑或條件上，而其他則維持在基線期的狀態；在第一個研究參與者（小組）、行為（或依變項），抑或條件已達到預定的成效標準後，才系列地應用自變項在其他上（Barlow, Nock, & Herson, 2009）。以下說明三種多基線設計和其間的比較。

（一）多基線設計之形態

有三種多基線設計，分述如下。

1. 跨參與者／小組多基線設計

第一種是**跨參與者多基線設計**（multiple baseline design across subjects，又譯為「跨受試的多基線設計」），是指在同樣的條件下，針對兩位以上研究參與者一樣的依變項，依序引進相同的自變項，以分析自變項對依變項成效之因果性問題（Kazdin, 2011），見示例 2-12，本例還結合撤回設計，撤除自變項以追蹤依變項的維持成效。示例 2-12 Krantz 和 McClannahan（1993）的研究在分析，腳本（scripts）的提供與褪除對四位泛自閉症兒童同儕互動的成效，結果發現腳本的提供與褪除，能提升四位泛自閉症兒童主動與同儕對話的腳本式互動行為次數，且具有維持成效，但不甚穩定；而非腳本式互動行為，除凱特外，其他三位泛自閉症兒童的次數皆有提升，且具有維持成效，只是效果不穩定；四位兒童中除蘿斯外，皆呈現腳本式互動行為的維持成效，優於非腳本式互動。由此可知，研究者要控制自變項、依變項和條件都相同，以避免因不同而干擾自變項和依變項間的因果推論，見問題討論 2-1。

問題討論　2-1 多基線設計之安排（一）

一份單一個案研究採跨參與者的多基線設計，分析刺激褪除策略對中度智能障礙學生詞彙認讀的成效，對三位研究參與者設定的詞彙認讀皆相同，而研究參與者甲安排的教學情境是在午餐時間，研究參與者乙和丙則是在下課和晨間活動時間。此安排是否適切？

☛ 在跨參與者的多基線設計上，研究者要控制自變項、依變項和條件都相同；然而研究者對三位研究參與者安排的教學情境（即條件）皆不同，教學情境不同可能是成為外在變項，會干擾自變項和依變項間的因果推論。

上述的討論並不意味，多基線設計不能在不同教學情境介入不一樣的參與者，只是宜注意不同教學情境的特徵是否歧異大；如果研究者可以確保不同教學

示例 2-12 跨參與者多基線設計

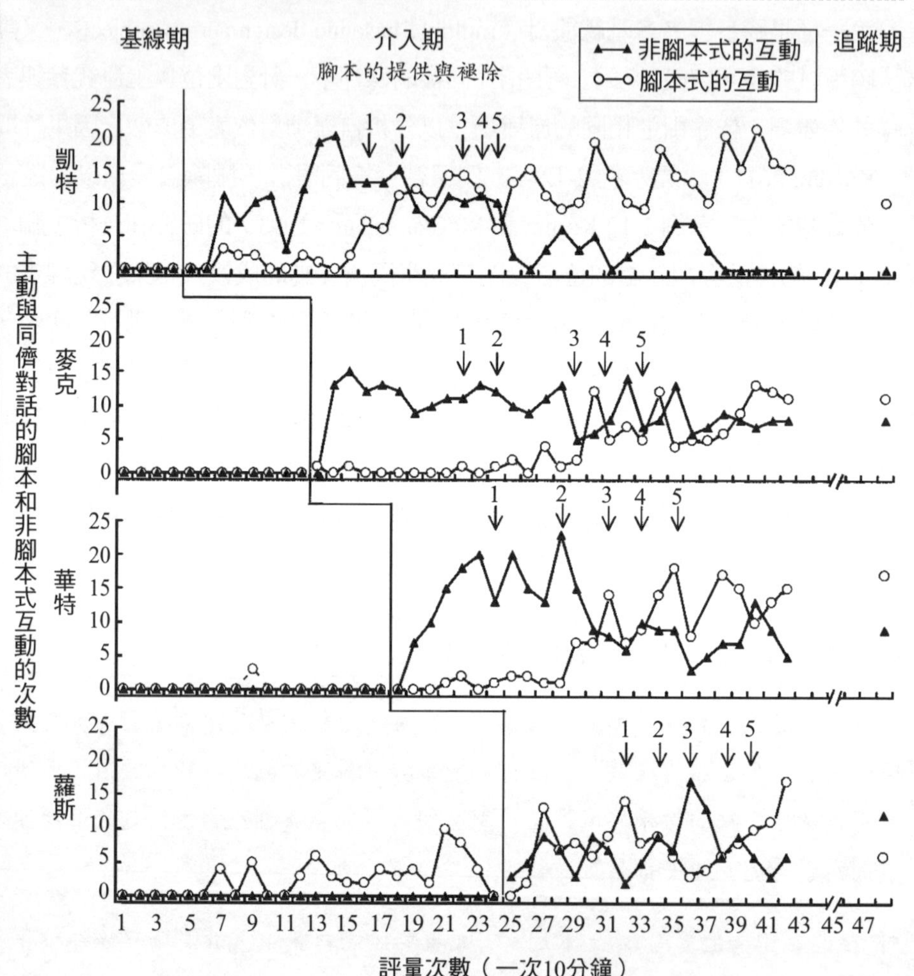

圖 1：腳本的提供與褪除對四位泛自閉症兒童同儕互動的成效。「腳本式的互動」是指依照腳本說出對話的句子；「非腳本式的互動」是指不屬於腳本的對話句子。箭頭上標示 1 至 5 的數字表示腳本褪除的階段，褪除共分五個階段完成，以「麥克，在快樂的星期五裡，你都喜歡做些什麼事？」腳本為例，五階段的褪除分別是：（1）「麥克，你都喜歡做些什麼事？」；（2）「麥克，你做些什麼事？」；（3）「麥克，什麼事？」；（4）「麥，」；以及（5）「.」（以點的符號表示腳本，也就是完全褪除腳本的內容）。橫軸上的 // 表示間隔 2 個月。修改自 Krantz 和 McClannahan（1993, p. 129），修改腳本式互動的虛線為實線，調整圖標記讓重疊的資料路徑容易被辨識，以及移動圖中四位研究參與者名字放的位置。

情境的特徵很相似，則還是可以在不同教學情境介入不一樣的參與者。一些研究（例如：Cooper et al., 2007; Dixon et al., 1998; Durand, 1999; Ryan, Ormond, Imwold, & Rotunda, 2002）採用跨參與者多基線設計，但是這些研究參與者的介入條件是不同的。以 Cooper 等人（2007）「特殊的教師訓練方案對增加團體課學生反應之成效」為例，採跨參與者多基線設計，研究參與者是來自不同學校和教室，講授不同課程的教師；即使如此，依然可以做跨這些研究參與者的介入和比較，因為對所有教師教學風格有影響的變項，皆存在於所有的環境（學校或社區）中。

若一次介入的研究參與者是一個小組，則為**跨小組多基線設計**（multiple baseline design across groups）（Kazdin, 2011），它適用於**依變項不宜一對一，需以小組的方式介入**，像是人際互動技能；以及**自變項宜用小組的方式實施**，像是團體故事繪圖法、同儕角色扮演策略等。例如 Idol-Maestas（1985）採用跨小組多基線設計，了解團體故事繪圖法對兩班國小三和四年級學生（包含三位學習障礙和兩位低成就學生）閱讀理解的成效，見示例 2-13。Idol-Maestas 的研究發現，團體故事繪圖法皆能提升兩組國小三和四年級學生的閱讀理解正確率，至測試條件皆能達到設定的精熟水準。進入維持期，除小組 1 的 C 生能維持介入期的水準外，其他學生的表現水準皆下降。

2. 跨行為多基線設計

第二種是**跨行為多基線設計**，意指在同樣的條件下，針對同一位研究參與者兩種以上的行為（或依變項），依序引進相同的自變項，以分析自變項對依變項成效之因果性問題（Kazdin, 2011），見示例 2-14。示例 2-14 的研究分析，吸入性治療設備對研究參與者三項不適當行為之成效，結果發現，吸入性治療設備能減少研究參與者眼神固著、裝模作樣的臉部表情，以及不適當的吞吐空氣三項不適當行為之次數（Kazdin, 1982）。

3. 跨條件或情境多基線設計

第三種是**跨條件或情境多基線設計**（multiple baseline design across conditions or situations），筆者主張翻譯成跨條件多基線設計，因為情境指的是介入情境，

示例 2-13 跨小組多基線設計

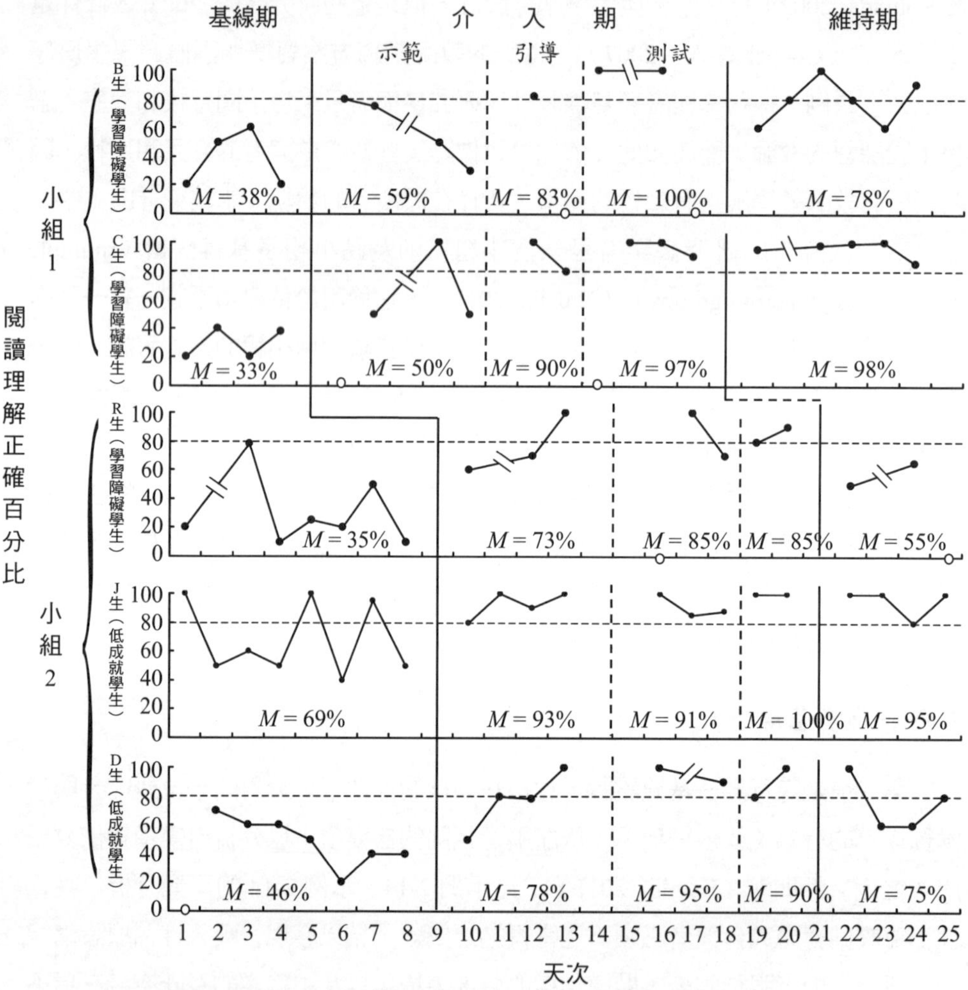

圖 1：團體故事繪圖法對五位學習障礙和低成就學生閱讀理解的成效。---- 表示精熟水準；橫軸上的○和資料路徑上的 // 皆表示學生缺席；*M* 表示階段平均水準。修改自 Idol-Maestas（1985, p. 35），修改處為以 *M* 表示階段平均水準；以 // 表示資料路徑上的缺失資料；以實線隔開不同階段，以虛線隔開同一階段的不同條件；加上橫軸的刻度；以及移動 *M*、學習障礙和低成就學生標示的位置。

示例 **2-14 跨行為多基線設計**

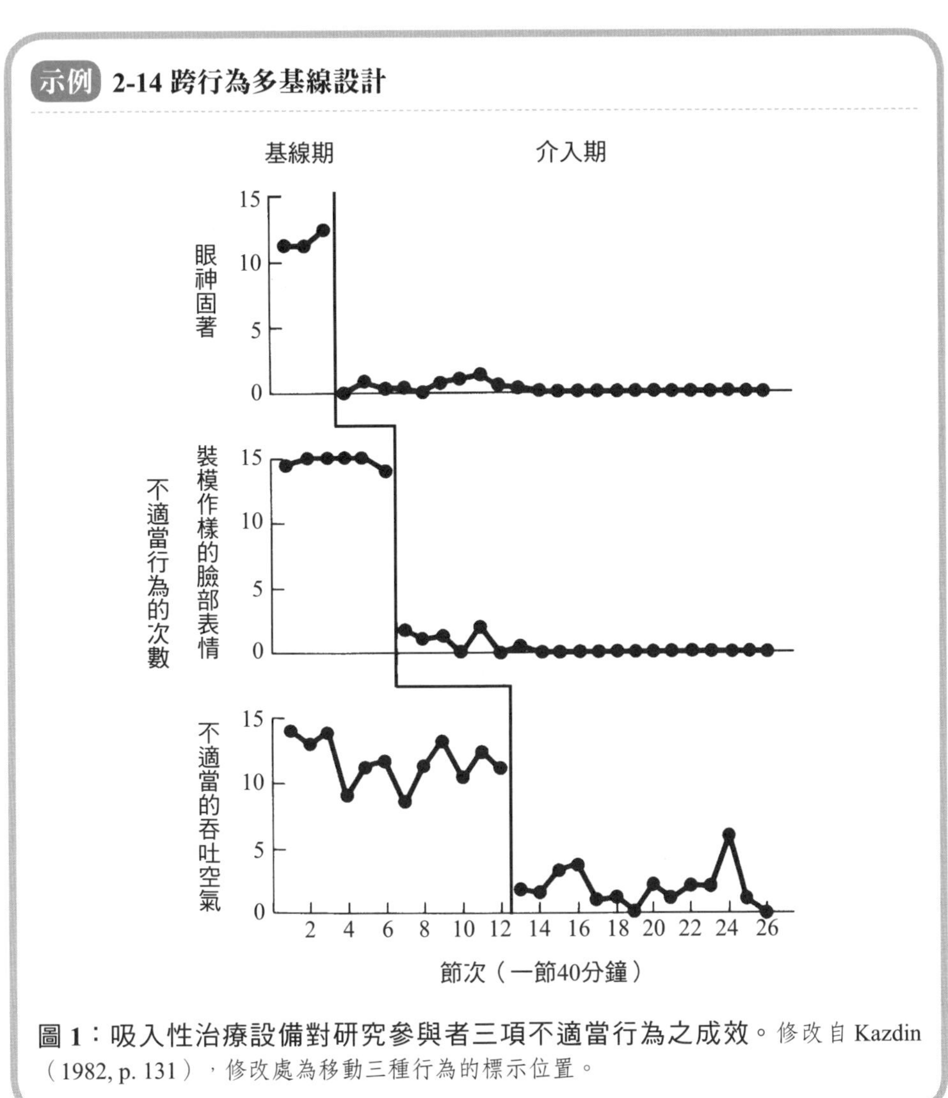

圖 1：吸入性治療設備對研究參與者三項不適當行為之成效。修改自 Kazdin（1982, p. 131），修改處為移動三種行為的標示位置。

而條件的範圍較情境廣泛。跨條件多基線設計意指，針對同一位研究參與者的一項依變項，於不同的條件上，依序引進相同的自變項，以分析自變項對依變項成效之因果性問題（Kazdin, 2011）。這裡的條件可以包括不同的**人員**（例如：不同的教師、輔導人員）、**時間**（例如：早、午和晚餐時間；不同的上課時間）、**地點**（例如：不同的上課地點）、**活動**（例如：不同的活動項目，像是數學、國語課）、**物品或材料**（例如：使用杯子的模型、杯子的圖卡和杯子的字卡，向他人溝通要喝水的需求），以及**情境**（例如：教學安排，像是個別教學、小組教學、大班教學；其他人的出現與否；要求不同後果的情境，像是要求休息、物品、注意等）。

舉例來說，Dunlap、Kern-Dunlap、Clarke 和 Robbins（1991）以跨條件多基線設計，分析課程調整對學生干擾和不專注行為的成效，他們以「下午和早上」不同時間作為條件。Parker 等人（1984）在其跨條件多基線設計的研究中，以「其他人是否出現於訓練室中」組成跨條件。Kennedy、Meyer、Knowles 和 Shukla（2000）在其跨條件多基線設計的研究中，教導一位泛自閉症兒童三種條件的「功能性溝通行為」，以取代他的固著行為，他們界定三種條件為「要求休息、物品和注意」。一些研究中使用的跨條件是多個地點，而此地點中的人是多元、持續改變，甚至連研究者都不認識的（Cooper et al., 2007）。例如 Van Houten 和 Malenfant（2004）跨條件多基線設計的研究，在分析密集強制訓練方案對增加駕駛人禮讓行人，以及減少與行人衝突次數的成效，其中的條件為兩條繁忙的商店街行人穿越道。示例 2-15 中，Roane、Kelly 和 Fisher（2003）的研究針對同一位研究參與者（多重障礙兒童）的一項依變項——異食行為（將物體放入嘴巴），於三個條件（地點），依教室、遊戲室和戶外的順序，引進相同的自變項（非後效地接近食物），以分析非後效地接近食物對一位多重障礙兒童異食行為之成效；此研究結果發現，非後效地接近食物能減少一位多重障礙兒童在教室、遊戲室和戶外三個地點的異食行為次數。

（二）三種多基線設計之比較

這三種多基線設計的安排方式見表 2-3。其中跨條件和跨行為的多基線設計容易被混淆，如表 2-3，跨行為的多基線設計中依變項不同，例如三種不同的工作項目，即分類文件、遞送文件至辦公室所在處、郵寄信件，其活動步驟不同。跨條件的多基線設計中依變項皆是，遞送物品至辦公室所在處，活動分析的步驟相同；不同的是條件（例如：物品有異），遞送不同的物品至辦公室所在處，包括：信件、公文和文具補給品。

示例 2-15 跨條件（地點）多基線設計

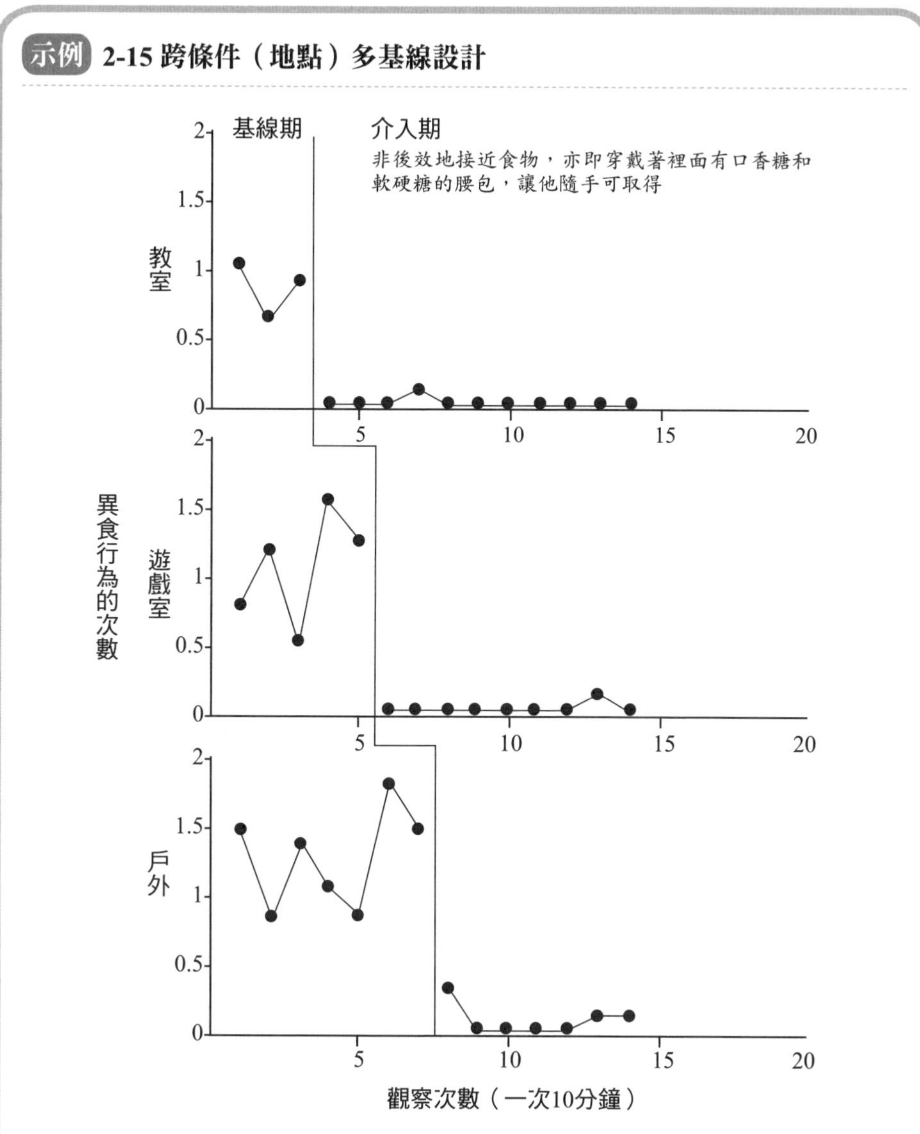

圖 1：非後效地接近食物對多重障礙兒童異食行為之成效。修改自 Roane 等人（2003, p. 581），修改處為移動教室、遊戲室和戶外的位置。

表 2-3

三種多基線設計的安排方式

設計	自變項	依變項（或行為）	條件	研究參與者
跨參與者多基線設計	相同（例如：影片提示策略）	相同（例如：郵寄信件）	相同（例如：在職場面對雇主交辦的工作項目）	不同（例如：三位智能障礙學生）
跨行為多基線設計		不同（例如：三種不同的工作項目，即分類文件、遞送文件至辦公室所在處、郵寄信件，其活動步驟不同）	相同（例如：在職場面對雇主交辦的工作項目）	相同（例如：一位智能障礙學生）
跨條件多基線設計		相同（例如：遞送物品至辦公室所在處，其活動步驟相同）	要比較的特定條件不同（遞送不同的物品至辦公室所在處，包括：信件、公文和文具補給品），其他條件保持相同。	相同（例如：一位智能障礙學生）

三種多基線設計不止於單一使用，亦可組合使用，像是**結合跨參與者和跨行為的多基線設計**，例如一份研究在分析社交技巧訓練方案對三位智能障礙學生社交技巧之成效，其中的多基線設計跨三位研究參與者，每一位研究參與者又各跨兩個依變項（技巧 1 是尋求協助，技巧 2 是報告工作進度），總計有六條基線。先介入第一位研究參與者的技巧 1，有效後再介入技巧 2，而因為自變項對第一位研究參與者的技巧 1 有效，在介入技巧 2 的同時，可複製自變項於第二位研究參與者的技巧 1，以此類推，見示例 2-16，以及「結合跨參與者和跨行為多基線設計之基線邏輯」影片。示例 2-16 的研究發現，社交技巧訓練方案能提升三位智能障礙學生兩種社交技巧的出現率。

示例 2-16 結合跨參與者和跨行為的多基線設計

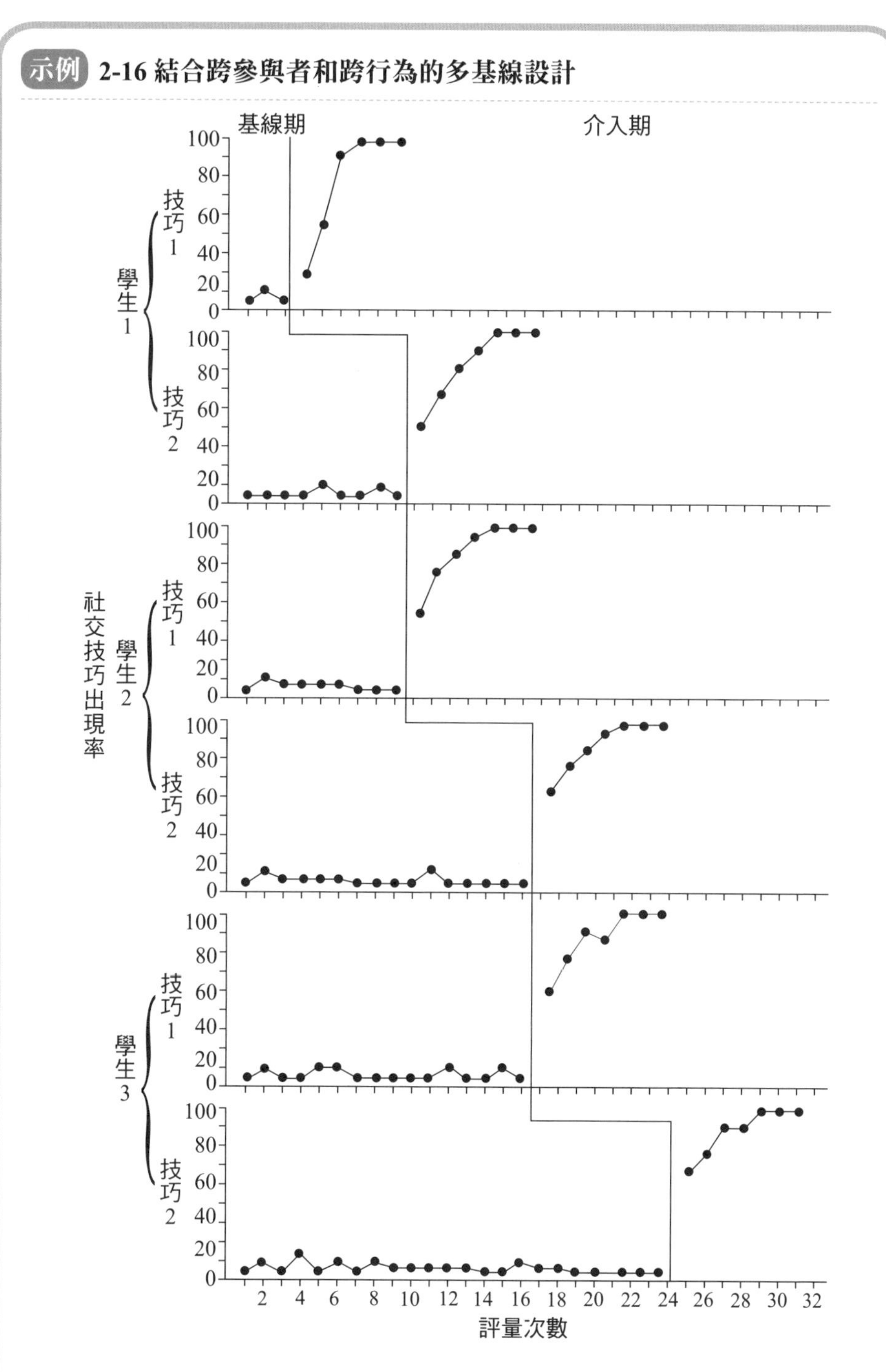

圖 1：社交技巧訓練方案對三位智能障礙學生社交技巧之成效。

二、多基線設計之優勢

由於多基線設計是將自變項（介入方案）依序地應用在多個行為（或依變項）、條件或研究參與者上，而且不須撤回自變項，便可符合基線邏輯，因此具有下列五項優勢：

1. 能符合**在應用情境中做研究的實際需求**（Gast, Lloyd, & Ledford, 2014; Richards et al., 2013）。
2. 可以**減少成熟和歷史等外在變項對內在效度的影響**（Gast et al., 2014; Richards et al., 2013）。
3. 適用於評量自變項在不同行為（或依變項）、條件，抑或研究參與者（或小組）上的效益，**能提升外在效度**（Cooper et al., 2007; Richards et al., 2013）。
4. 對於某些不**可逆的依變項**，以及**不易撤除自變項**，**在倫理上不適合撤除自變項的依變項**（例如：自傷行為或對其他人有危險的行為）是非常需要的（Cooper et al., 2007; Richards et al., 2013）。
5. 容易被教師與家長理解和應用（Gast et al., 2014; Richards et al., 2013）。

三、多基線設計之弱勢和因應方式

多基線設計的弱勢包含以下七項，筆者進一步提出因應這些弱勢的方式。

1. **同時評量若干基線會耗費許多時間和人力資源**（Cooper et al., 2007; Kazdin, 2011）。針對此弱勢，可採取以下作法：（1）於各個階段**蒐集的資料點數不要太多**，於基線期只要連續三點呈現穩定的未改善趨勢，於介入期只要連續三點達到預定的標準即可；（2）**不要介入很多行為（或依變項）、條件，抑或研究參與者（或小組）**，建議只要三個即可；（3）採取**延遲多基線設計**（詳述於下文應用原則的第六點）；（4）使用**多探測設計**（詳述於下文「貳、多探測設計之意涵與應用」）。
2. 設定的第二位以上**研究參與者流失**（subject mortality or attrition），必須臨時再尋求其他研究參與者。因應此弱勢的方式為採取**跨參與者延遲多基線設計**（詳述於下文應用原則的第六點）。

3. **延長基線**可能導致尚未介入的研究參與者，因重複評量產生沉悶、厭倦、挫折、補償競爭的反應，進而減損研究的內在效度（Kazdin, 2011; Richards et al., 2013）。因應此弱勢的方式詳述於下文應用原則的第六點。
4. 在不同的時間依序介入兩個以上的研究參與者（或小組）、行為（或依變項），抑或條件，被安排在後面的研究參與者（或小組）、行為（或依變項）或條件，就需長時間等待，而它們皆亟需介入，例如介入兩個以上非常嚴重的行為問題，或是在兩個以上研究參與者（或小組）抑或條件中，介入一個嚴重的行為問題，不適合長時間等待；或是介入兩位以上被安置在同班或同組的研究參與者，他們不適合在不同時間進行教學，如此多基線設計就會因介入有先後而引發**倫理的質疑**（Cooper et al., 2007; Richards et al., 2013）。因應此弱勢，可以**採取其他的單一個案研究設計**，例如撤回和倒返設計、逐變標準設計。若還是採用多基線設計，首先介入**最嚴重、亟需介入的研究參與者（或小組），重要性最高的行為（或依變項），抑或條件**。而當介入兩位以上被安置在同班或同組的研究參與者，且能跨至少兩個小組或兩個平行的基線，則可以採取**跨小組多基線設計**或**平行的跨參與者多基線設計**（parallel multiple baseline design across subjects），下文「應用原則」的第六點會詳述**平行的跨參與者多基線設計**。若兩個以上行為（或依變項）抑或條件重要性一樣高，且能跨至少兩個平行的基線，則可以採用**平行的跨行為或條件多基線設計**（parallel multiple baseline designs across behaviors or conditions），詳述於下文「應用原則」的第六點。
5. 可能會造成**基線行為共變**現象，也就是第二個研究參與者（或小組）、行為（或依變項）抑或條件，在還沒有介入之前即已受到第一個的影響而產生變化（Gast et al., 2014; Tawney & Gast, 1984），見示例 2-17，這是另一例跨小組的多基線設計，計算小組研究參與者在依變項上表現的平均數。因應此弱勢的方式詳述於下文應用原則的第五點。
6. 可能會造成**不一致介入效果**（inconsistent effects of interventions）現象，也就是相同的自變項對不同之研究參與者（或小組）、行為（或依變項），抑或條件有不一致的效果（Gast et al., 2014），見示例 2-17。因應此弱勢的方式詳述於下文應用原則的第五點。

7. 從實驗控制的角度來說，多基線設計相較於撤回或倒返設計則顯得較為薄弱（已詳述於第壹章第三節）。因應此弱勢的方式為，盡可能控制威脅內在效度的外在變項。

示例 2-17 多基線設計出現基線行為共變和不一致介入效果現象

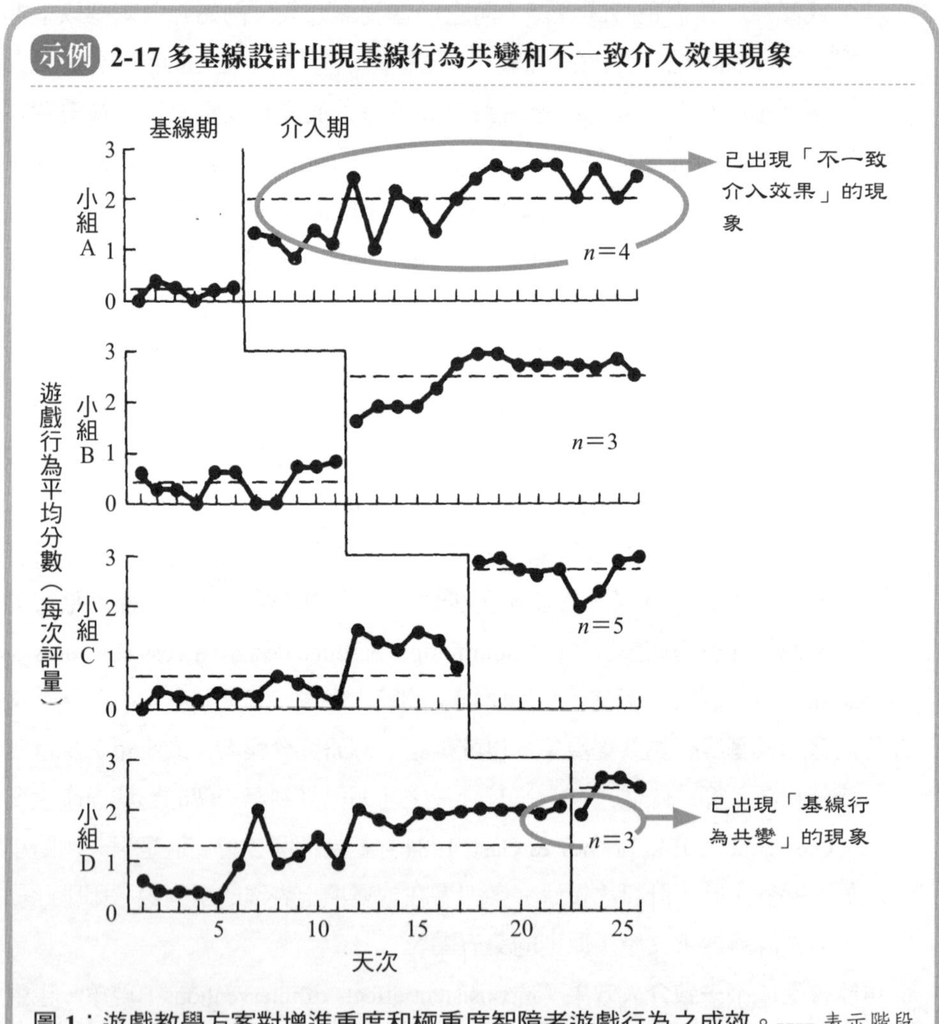

圖 1：遊戲教學方案對增進重度和極重度智障者遊戲行為之成效。---- 表示階段平均水準。資料來源為 Kazdin 和 Erickson（1975；修改自 Kazdin, 1982, p. 145）。

四、多基線設計之應用原則

研究者採用多基線設計宜依循下列七項要點。

（一）每條基線長度不同，且至少連續三點呈穩定未改善趨勢後才進入介入期

每條基線長度不同，且依變項至少連續三點呈現穩定的未改善趨勢後，才進入介入期（Gast et al., 2014）。Cooper 等人（2007）進一步指出，不同長度的基線不僅可以顯示每一個行為（或依變項）、研究參與者（或小組），抑或條件是因自變項的引進才有改變，還顯示未引進自變項前它們都維持不變；假如每個基線期長度都相同，則無法達到基線邏輯中「驗證」此要素。此外，宜注意每一個行為（或依變項）、研究參與者（或小組），抑或條件在基線期是否穩定，並且比較它們之間基線期資料的相似度；若其中一個的基線表現相對於其他兩個來得好或不穩定，則須說明原因。

（二）介入三個以上研究參與者（或小組）、條件抑或行為（或依變項）

研究者宜介入三個以上研究參與者（或小組）、條件，抑或行為（或依變項）（Gast et al., 2014），一般多基線設計最常採用三至五個層次（Cooper et al., 2007）。Cooper 等人（2007）進一步指出愈多複製，研究成果就愈能令人信服；McClannahan、McGee、Mac-Duff 和 Krantz（1990）跨 8 個層次 12 位參與者多基線設計是很少見的，其中部分層次同時介入兩位研究參與者。對於如何處理**只有兩個基線**的問題，Tawney 和 Gast（1984）建議，宜**針對其中一條基線進行撤回或倒返**，以增進自變項與依變項間因果關係的推論，見示例 2-18。示例 2-18 的研究在分析非嫌惡的介入程序對降低智能障礙者迅食行為之成效。由於該研究只有兩個基線，為因應此問題，針對其中一條基線（即學生 1）進行撤回，以增進自變項與依變項因果關係的推論。結果發現撤除自變項後，學生 1 的迅食行為增加，引進自變項後，他的迅食行為再度降低。

示例 **2-18 採取撤回技術因應只有兩個基線的問題**

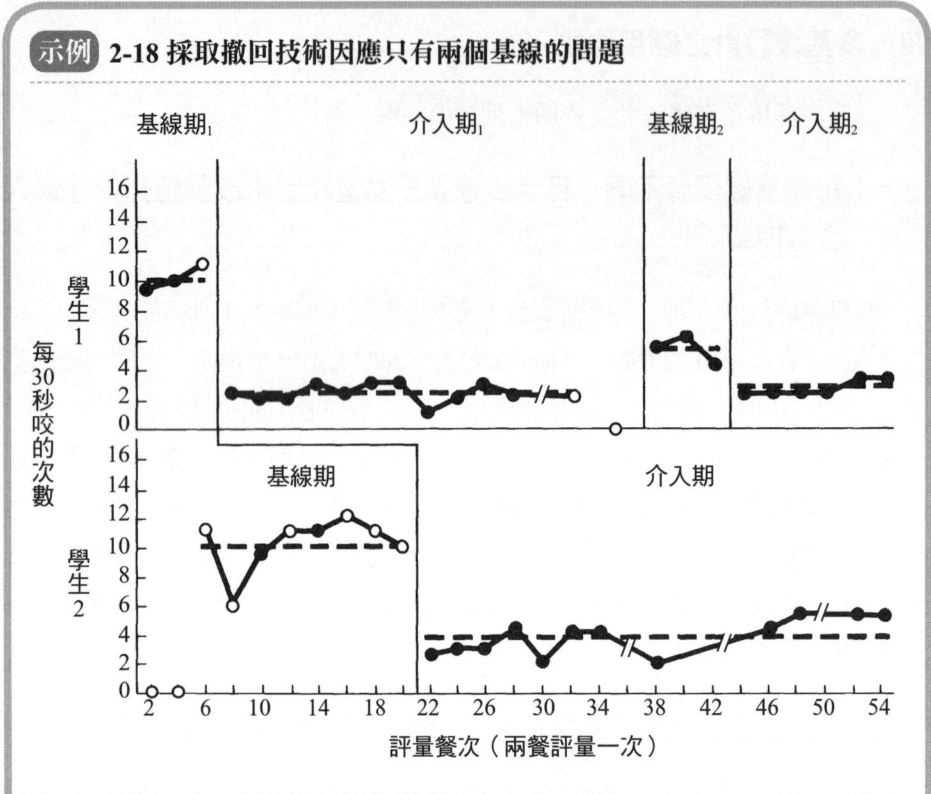

圖 1：非嫌惡介入對降低智能障礙者迅食行為之成效。資料路徑中的○代表僅來自一餐飲食的資料；---表示階段平均水準；資料路徑中的 // 和橫軸上的○代表研究參與者缺席。資料來源為 Favell、McGimsey 和 Jones（1980；修改自 Kazdin, 2011, p. 233），修改處為移動學生 1 和 2 的位置，以及在資料路徑上加入「//」。

（三）首先介入最嚴重、重要性最高，或是基線期反應最穩定者

引進自變項於不同行為（或依變項）、研究參與者（或小組），抑或條件的先後順序，是依據基線的穩定度，也就是優先介入最穩定的一條基線；例如介入四位學生數學計算能力的成效研究中，若對學生的介入順序無其他預設立場，則宜從基線反應最穩定的學生開始介入（Cooper et al., 2007）。Cooper 等人（2007）進一步指出，如果介入三個研究參與者（或小組）、行為（或依變

項），抑或條件中，有一個研究參與者（或小組）的行為的影響層面較另兩位大，研究參與者（或小組）的某一個行為較另兩個嚴重，或是研究參與者（或小組）在某個條件下行為介入的重要性較另兩個大，即使其基線不是最穩定的，亦可以優先介入。

（四）不要過早引進自變項於下一個

當前一個研究參與者（或小組）、行為（或依變項）抑或條件至少連續三點的表現達到預定標準時，才可以介入下一個（Gast et al., 2014）；換言之，確認自變項對依變項有效後，才做複製，過早介入下一個可能出現複製失敗的情形。如同前述撤回和倒返設計的應用原則，標準的訂定宜考慮**依變項的重要性**、**研究參與者在依變項上的基線水準**、**依變項對研究參與者的難度**，以及**目標社會效度資料**，可以訂定絕對標準；或是以基線水準為參照，設定「80% 改變率」的相對標準。

（五）選擇彼此「近似」且「獨立」者進行介入

選擇彼此近似且獨立的三個以上研究參與者（或小組）、條件，抑或行為（或依變項）進行介入，近似是為了防範**不一致介入效果**，獨立是為了避免**基線行為共變**（Richards et al., 2013）。至於如何找出彼此近似且獨立者進行介入，詳細說明如表 2-4。以下進一步討論如何避免和因應不一致介入效果及基線行為共變的問題。

表 2-4

選擇彼此「近似」且「獨立」者進行介入的示例

多基線設計的類型	選擇彼此「近似」且「獨立」者進行介入的示例
跨參與者的多基線設計	研究者宜找出**特徵**（例如：年齡、能力及學習背景等）**類似的研究參與者；而且他們彼此獨立，不會互相影響**，例如互不相識、不在同一個班級等，像是教導同為國小六年級、不在同一個班級且互不相識的中度智能障礙者購物技能。

（續）

表 2-4（續）

多基線設計的類型	選擇彼此「近似」且「獨立」者進行介入的示例
跨條件（不同教學人員）的多基線設計	研究者宜先控制其他條件（例如：時間、地點、活動、物品或材料和情境）相同，找出**特徵**（例如：性別、年齡）和**教學風格相似的教學人員；而且他們彼此獨立，不會互相影響**，例如不在同一個班級，像是教導一位智能障礙者，向特徵和教學風格相似、不在同一個班級的特殊及普通教育教師表達求助行為。
跨條件（不同地點）的多基線設計	研究者宜先控制其他條件（例如：時間、人員、活動、物品或材料和情境）相同，找出**特徵**（例如：外觀、布置）**類似的地點；而且它們彼此獨立，不會有重疊、互相影響的部分**，例如不同的教室，像是教導一位泛自閉症者，在特徵類似但彼此獨立的資源班和普通班物歸原處的行為，見問題討論 2-2a。
跨行為的多基線設計	就減少的目標行為而言，研究者宜找出類似但獨立的目標行為，也就是**相同功能但出現在不同情境、形態相異的目標行為**，例如介入「功能均為引起注意」，出現在不同情境下（一是出現在上課情境，一是出現在職場實習情境），形態有異的口語干擾和攻擊行為。就增加的正向行為或技能而言，則找出**相似的反應類型**（例如：均須用口語反應）**和難度**（例如：皆為主動或被動的行為，或是口語反應的長度相同且語彙的難易度相當），**但使用功能不同**（例如：分別用來人際互動和作選擇）**的正向行為或技能**，像是教導一位泛自閉症者，類似但獨立的兩項技能——回應他人打招呼（○○，早安）和回應他人提供的工作選項（我要○○），見問題討論 2-2b。

問題討論　2-2 多基線設計之安排（二）

a. 一份研究採取跨條件的多基線設計，在班級與校園兩種條件下，以社會故事教學方案介入一位泛自閉症者主動打招呼行為。此設計是否適切？

☛ 當研究者以社會故事教學方案介入主動打招呼行為時，無法獨立介入班級與校園兩種條件，因為教導打招呼行為時，不可能第一段時間只教導泛自閉症者在班級中打招呼，不教導他在校園中主動打招呼，而是會教導無論在什麼地點第一次遇見互動對象，都會主動打招呼。如果兩個條

問題討論 2-2（續）

件彼此無法獨立，便會產生「基線行為共變」的現象。筆者建議採用撤回設計，同時介入班級與校園兩種條件下的主動打招呼行為。

b. 一份研究採取跨行為的多基線設計，介入智能障礙者專心聽他人說話、服從指令，以及請求協助三種行為，結果發現當介入「專心聽他人說話」後，「服從指令」之基線期評量資料產生「行為共變」的狀況，以及「請求協助」之介入期資料出現「不一致介入效果」的問題，為何出現此現象？

☛「專心聽他人說話」和「服從指令」兩項行為間並不獨立，服從指令會包含「專心聽他人說話」此項行為，當介入「專心聽他人說話」後產生正向效果後，連帶地會使「服從指令」產生正向變化，因此選擇介入的依變項宜注意彼此「獨立」。「請求協助」相較於另兩項行為難度較高，因為請求協助是一種主動行為，而另兩項行為是被動行為，因此選擇介入的依變項宜注意彼此「近似」。

1. 如何避免和因應「不一致介入效果」的問題

除了選擇彼此「近似」者進行介入，以防範「不一致介入效果」的問題外，還宜注意上述**不要過早引進自變項於下一個研究參與者（或小組）、行為（或依變項），抑或條件上**。而如果研究者都注意這些因素了，但仍然出現不一致介入效果時，複製的失敗是否意味，自變項並不是造成有改變之部分基線的因素，或只是自變項對其他行為（或依變項）、條件或研究參與者（或小組）無法產生效果（Cooper et al., 2007）？Cooper 等人（2007）提出以下三項建議：首先，研究者可以**使用倒返或撤回技術**，來確認有改變之部分基線，其自變項和依變項間的因果關係，見示例 2-19。此研究在分析遊戲教學方案對三位智能障礙兒童遊戲行為之成效，研究者引進自變項（遊戲教學方案）於研究參與者甲後發現，對依變項（遊戲行為）有效，於是複製到研究參與者乙，也發現有效；然而複製到研

示例 2-19 使用撤回技術因應不一致介入效果的問題

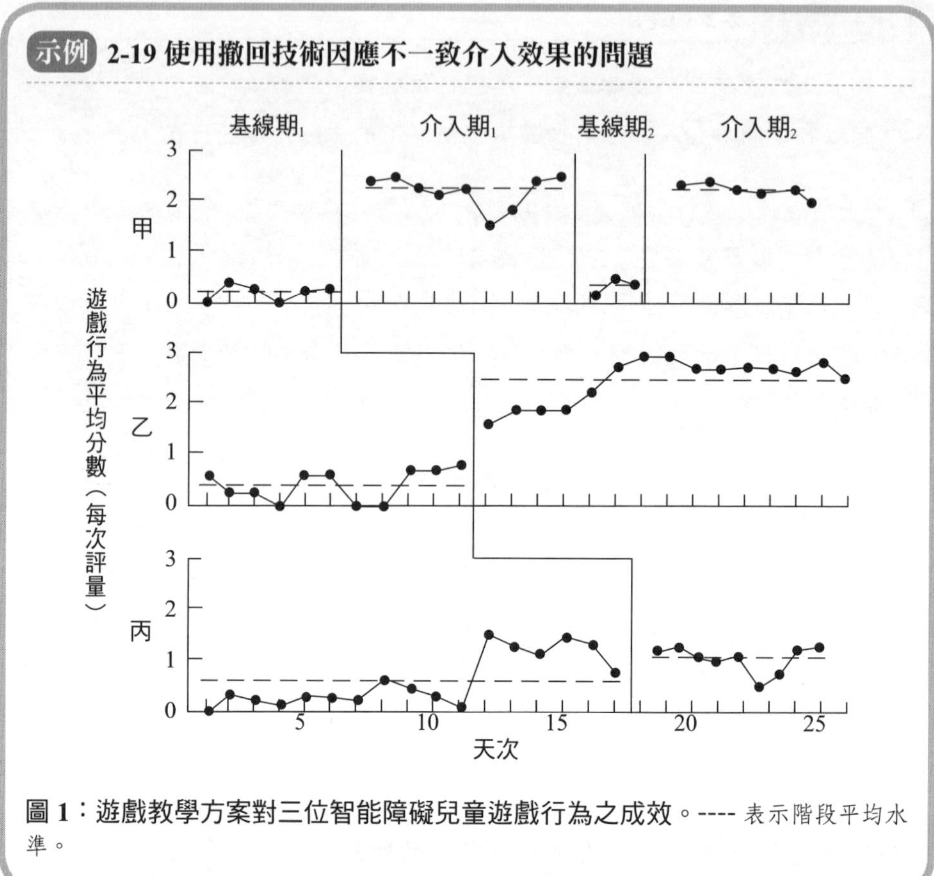

圖 1：遊戲教學方案對三位智能障礙兒童遊戲行為之成效。---- 表示階段平均水準。

究參與者丙時卻產生不一致介入效果。因此，研究者使用撤回技術，來確認第一層（即研究參與者甲）自變項和依變項間的因果關係。結果發現撤除自變項後，研究參與者甲的遊戲行為減少；引進自變項後，他的遊戲行為再度增加。由此可知，遊戲教學方案對研究參與者丙複製的失敗意味，遊戲教學方案對研究參與者丙的遊戲行為無法產生一致的效果。

再者，研究者可以**尋找對其他行為（或依變項）、條件，抑或研究參與者（或小組）有效的自變項**。最後，研究者亦可以**放棄原有的自變項，另尋對所有行為（或依變項）、條件，抑或研究參與者（或小組）皆有效的自變項**。另外，可討論造成自變項應用在不同研究參與者（或小組）、行為（或依變項），抑或條件效果差異的因素。

2. 如何避免和因應「基線行為共變」的問題

選擇彼此「獨立」的研究參與者、條件，抑或行為（或依變項）進行介入，以避免「基線行為共變」；若發現欲介入的研究參與者、條件或行為彼此有不獨立的問題，可以採用跨小組多基線設計，抑或平行的跨參與者、條件或行為多基線設計，見下文第六點。Cooper 等人（2007）還建議**避免介入的擴散**（diffusion of treatment）〔也就是避免將自變項引進於還在做基線期評量的研究參與者（或小組）、條件抑或行為（或依變項）〕，以及**盡可能控制威脅內在效度的外在變項**。

而如果研究者都注意這些因素了，但仍出現基線行為共變時，這是否意味著外在變項存在，自變項事實上不具有介入成效，抑或自變項能產生類化效果？Kazdin（2011）表示：即使產生基線行為共變的現象，但是如果引進自變項後產生明顯快速的改變，則它就不會是個威脅研究內在效度的問題；研究者亦可以**使用倒返或撤回技術**，來確認產生基線行為共變的那一層自變項和依變項間的因果關係。示例 2-20 呈現「使用撤回技術因應基線行為共變的問題」，此研究在分析影片提示策略對兩位智能障礙學生不適當用餐行為之成效，研究者引進自變項（影片提示策略）於第一位研究參與者（學生 1）後發現，對依變項（遊戲行為）有效。而第二位研究參與者（學生 2），於學生 1 接受自變項的介入後，產生「基線行為共變」的現象（依變項第 4、5 和 6 點急速下降）。因此，研究者使用撤回技術，來確認學生 2 自變項和依變項間的因果關係。結果發現撤除自變項後，學生 2 的不適當用餐行為增加；引進自變項後，他的不適當用餐行為再度減少。

Cooper 等人（2007）表示，可以**探究自變項的什麼特徵造成依變項的類化效果**，還可以延伸出額外的分析策略；若原先採用跨行為或條件的多基線設計，可改採**撤回設計結合類化的探測**。例如 Odom 等人（1985）研究同儕啟始社會互動的介入包裹，對三名學前身心障礙兒童社會互動能力的成效，他們先在一個條

示例 2-20 使用撤回技術因應基線行為共變的問題

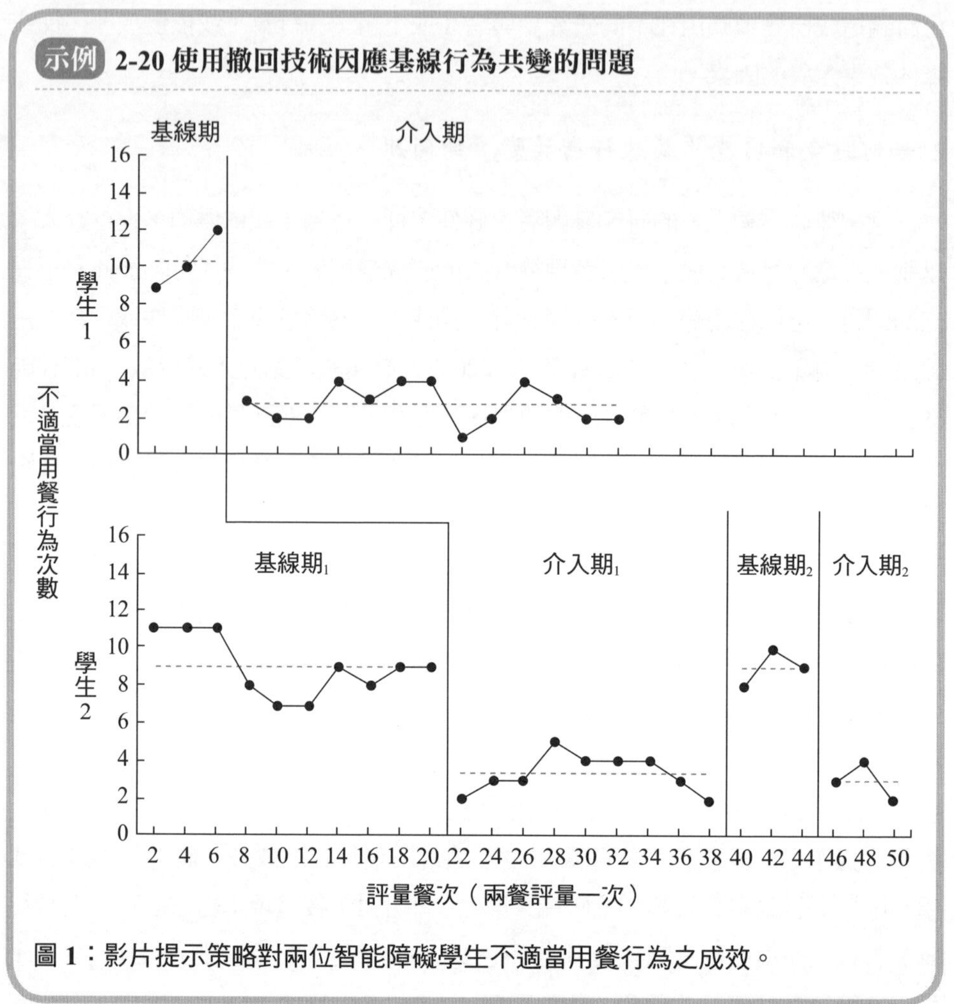

圖 1：影片提示策略對兩位智能障礙學生不適當用餐行為之成效。

件（遊戲活動）中做介入，並且蒐集在這個條件和另兩個條件（桌上和活動中心的活動）中，研究參與者的社會互動表現資料；如果在另兩個尚未介入之條件產生類化效果，則採用「撤回設計結合類化的探測」（探測的詳細說明見下文「多探測設計」）；如果在另兩個尚未介入之條件未產生類化效果，則採取「跨條件多基線設計」，系列地介入另兩個條件。茲舉一模擬示例呈現撤回設計結合類化的探測如示例 2-21，研究者原本採取跨條件多基線設計，在介入第一個條件時，第二個條件已產生基線行為共變現象，於是改成撤回設計結合類化的探測，

示例 2-21 撤回設計結合類化的探測

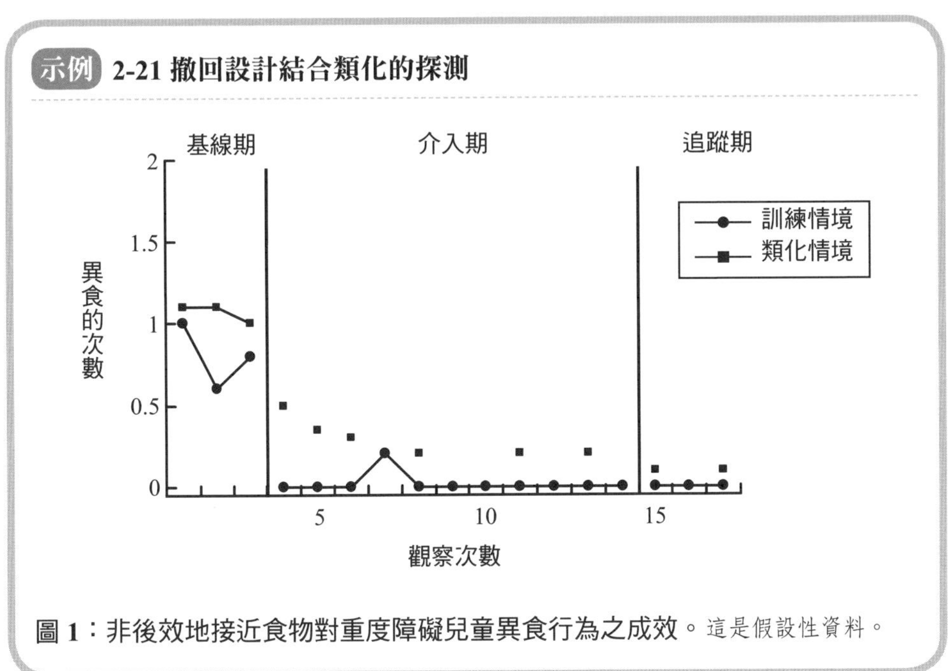

圖 1：非後效地接近食物對重度障礙兒童異食行為之成效。這是假設性資料。

繼續探測第二個條件的類化效果，結果發現，非後效地接近食物能降低重度障礙兒童異食行為的次數，並且具有類化效果。要注意的是，此類化探測不能寫成類化期，因為示例 2-21 並沒有獨立的一個階段叫類化期，而是在基線期、介入期和追蹤期中做類化探測。

除此，可以臨時尋求其他研究參與者（或小組）、行為（或依變項）抑或條件，採取跨參與者（或小組）、行為或條件的延遲多基線設計，見以下第六點。

（六）注意「延長基線」的問題

注意「延長基線」的問題。如何因應之，有下列四點建議：

1. 於基線期不要蒐集太多資料點

若須介入很多研究參與者（或小組）、行為（或依變項）抑或條件，基線期就不要蒐集太多資料點（Gast et al., 2014），只要連續三點呈現穩定的未改善趨勢即可。

2. 採用平行多基線設計

若須介入很多研究參與者（或小組）、行為（或依變項）抑或條件，則一次同時介入兩個以上者（Kazdin, 2011），如圖 2-2，左圖一次介入一個行為，右圖一次同時介入兩個行為，即採用「平行多基線設計」，右圖比左圖花費的研究時間較短。

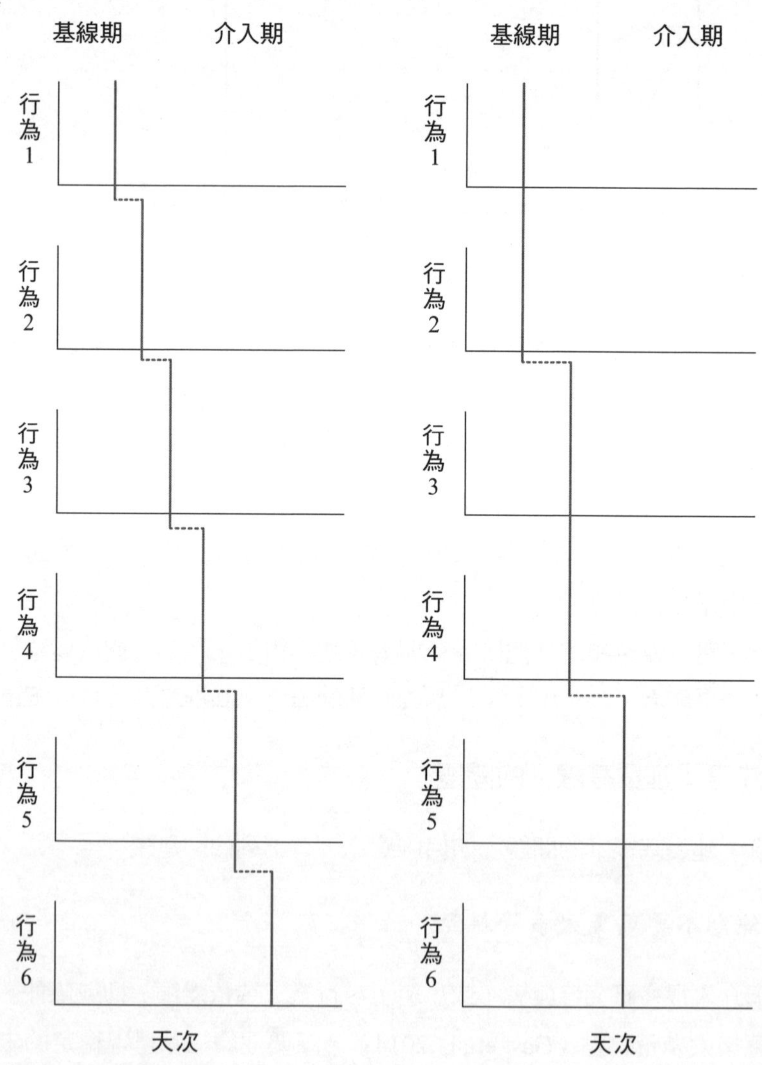

圖 2-2：跨行為多基線設計（六條基線）。左圖一次介入一個行為，右圖一次同時介入兩個行為，右圖比左圖花費的研究時間較短。依據 Kazdin（2011, p. 163）的概念重新繪圖。

同時做兩個以上跨參與者（或小組）、行為（或依變項），抑或條件的介入，則稱為**平行多基線設計**，它是指有系統而依序地將自變項一次同時介入於兩個以上研究參與者（或小組）、行為（或依變項），抑或條件，有效果後再依此方式同時介入另外兩個以上研究參與者（或小組）、行為（或依變項），抑或條件。平行多基線設計可以**因應多基線設計延長基線的問題**，還可以**處理介入的研究參與者（或小組）、行為（或依變項）或條件不獨立**，以及**因介入有先後所引發倫理質疑的問題**。若有六位研究參與者，研究者在同一個時段個別介入不同班兩位以上的研究參與者，例如在 4 月至 5 月的 8 週介入期間，每個週一和週三上午介入研究參與者甲，週二和週四上午介入研究參與者乙；有效後再介入另兩位研究參與者，以此類推至最後兩位研究參與者，則稱為**平行的跨參與者多基線設計**。

平行的跨參與者多基線設計和跨小組多基線設計不同處在於，它是在同一個時段個別介入兩位以上的研究參與者；而將兩位以上的研究參與者編入一個小組，以小組的方式執行自變項，才能稱為跨小組的多基線設計。例如 Agran、Alper、Cavin、Sinclair 和 Wehmeyer（2005）使用平行的跨參與者多基線設計，分析自我監控策略對提升兩組各三位中度和重度障礙學生遵循指令的成效。研究者同時介入自我監控策略於兩組的第一位學生，有效果後再介入第二位學生，而後再介入第三位學生，這是一次同時介入兩位研究參與者，跨三層的多基線設計。示例 2-22 中，蔣恩芬（2000）的研究在分析學習動機方案對資源班學生專注行為之成效，有四位研究參與者，研究者在同先一個時段個別介入 A3 和 A4 兩位研究參與者，有效後再介入 B3 和 B4 兩位研究參與者；最後在成效達到預定標準後，進入追蹤期，追蹤維持成效。結果發現學習動機方案能提升四位資源班學生專注行為的百分比，但成效不甚穩定；進入追蹤期後，除了 B3 呈現退步趨勢外，其他三位學生皆展示維持成效（蔣恩芬，2000）。

如同平行的跨參與者多基線設計，若對同一位或不同研究參與者，同時介入兩個以上的行為（或依變項），則稱為**平行的跨行為多基線設計**，見示例 2-23。此研究在分析，工作社會技能訓練方案對一位智能障礙者四項工作社會技能之成

示例 2-22 平行的跨參與者多基線設計（一次同時介入兩位研究參與者跨兩層的多基線設計）

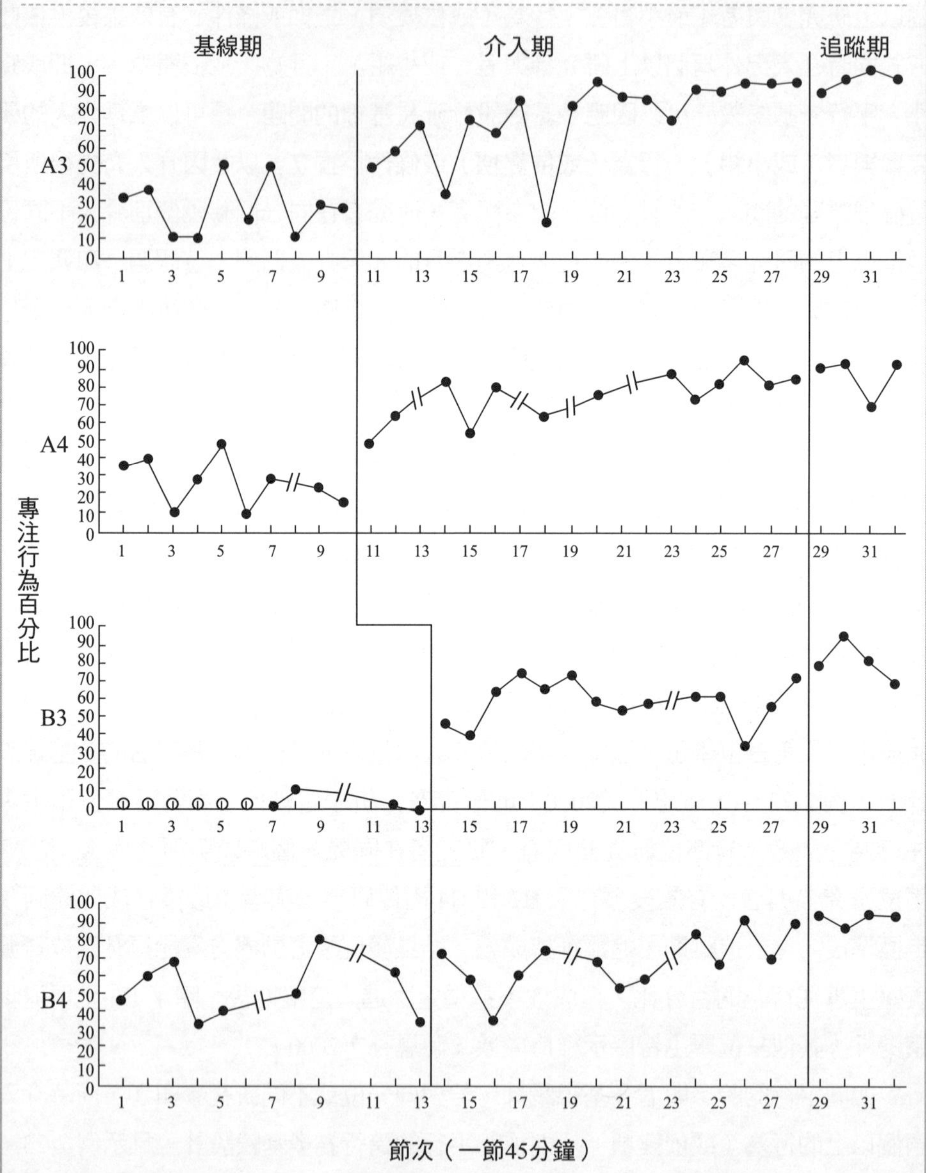

圖 1：學習動機方案對研究參與者專注行為之成效。修改自蔣恩芬（2000，第 88 頁），修改處為在橫軸上和資料路徑加入○與 //，以表示研究參與者請假，評量資料缺失，以及將「處理期」更名為「介入期」。

示例 2-23 平行的跨行為多基線設計

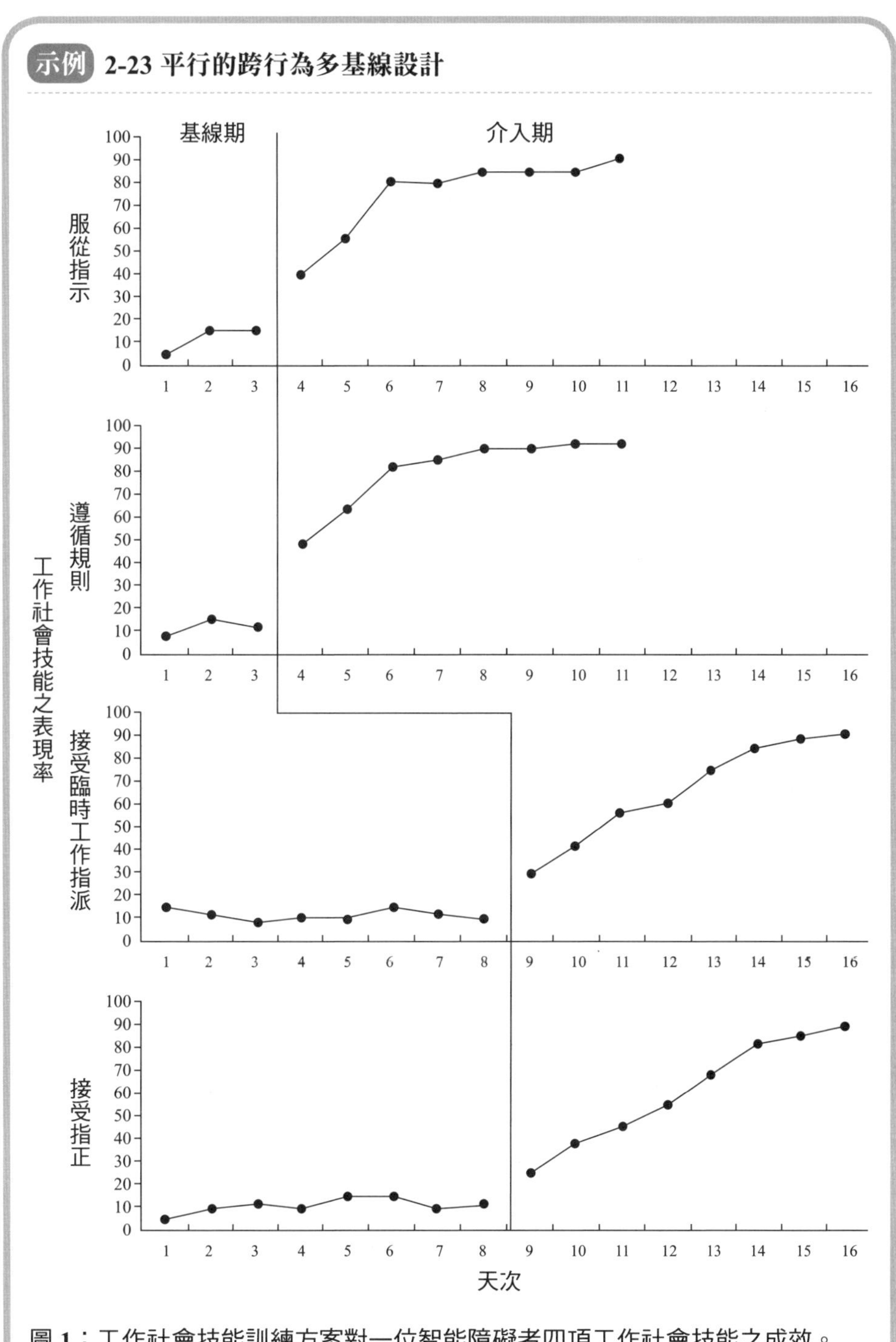

圖 1：工作社會技能訓練方案對一位智能障礙者四項工作社會技能之成效。

效，由於依變項有四項工作社會技能，恐有延長基線的問題；加上服從指令和遵循規則，以及接受臨時工作指派和接受批評二者間不獨立，故採用平行的跨行為多基線設計。結果發現，工作社會技能訓練方案能提升一位智能障礙者服從指令、遵循規則、接受臨時工作指派和接受批評四項工作社會技能之表現率。

若對同一位或不同研究參與者，同時介入兩個以上的條件，則稱為**平行的跨條件多基線設計**。例如 Deshais、Fisher 和 Kahng（2018）的研究在分析，隨機化依賴型團體後效方案對兩位國小二年級學生〔艾許登（Ashton）和艾德里（Adele）〕，於兩個條件（轉換時刻 1 和 2）中干擾行為成效。由於兩位學生同班，不獨立，不適合在不同時間介入，因此採用平行的跨條件多基線設計，於轉換時刻 1，同時介入兩位學生，有效後再複製於轉換時刻 2，如示例 2-24。結果發現，隨機化依賴型團體後效方案能減少兩位國小二年級學生，於轉換時刻 1 和 2 中干擾行為時距百分比，其中艾德里最後能減少至 0，而艾許登的效果較不穩定（Deshais et al., 2018）。

如果不是同時應用於兩位以上研究參與者，而是對一位研究參與者有效後，再複製於第二位以上的研究參與者，則不能稱作平行的跨條件或跨行為多基線設計。例如 Odom、Hoyson、Jamieson 和 Strain（1985）採用跨三個條件多基線設計，在第一位研究參與者呈現效果後，還直接複製於另兩位研究參與者上。這樣的複製不能稱作跨條件和跨參與者的多基線設計，亦不是平行的跨條件多基線設計，它還是跨條件多基線設計。

3. 使用多探測設計

在基線期間斷地蒐集資料，例如使用多探測設計（詳述於下文「貳、多探測設計之意涵與應用」）。

4. 採取延遲多基線設計

採取延遲多基線設計（Tawney & Gast, 1984），也就是只在前面研究參與者（或小組）、行為（或依變項）抑或條件開始蒐集資料之後，才蒐集尚未介入者的基線資料，所有研究參與者（或小組）、行為（或依變項）抑或條件的基線評

示例 2-24 平行的跨條件多基線設計

基線期
介入期
（隨機化依賴型團體後效）

艾許登
轉換時刻 1

艾德里
轉換時刻 1

艾許登
轉換時刻 2

艾德里
轉換時刻 2

干擾行為時距百分比

評量次數

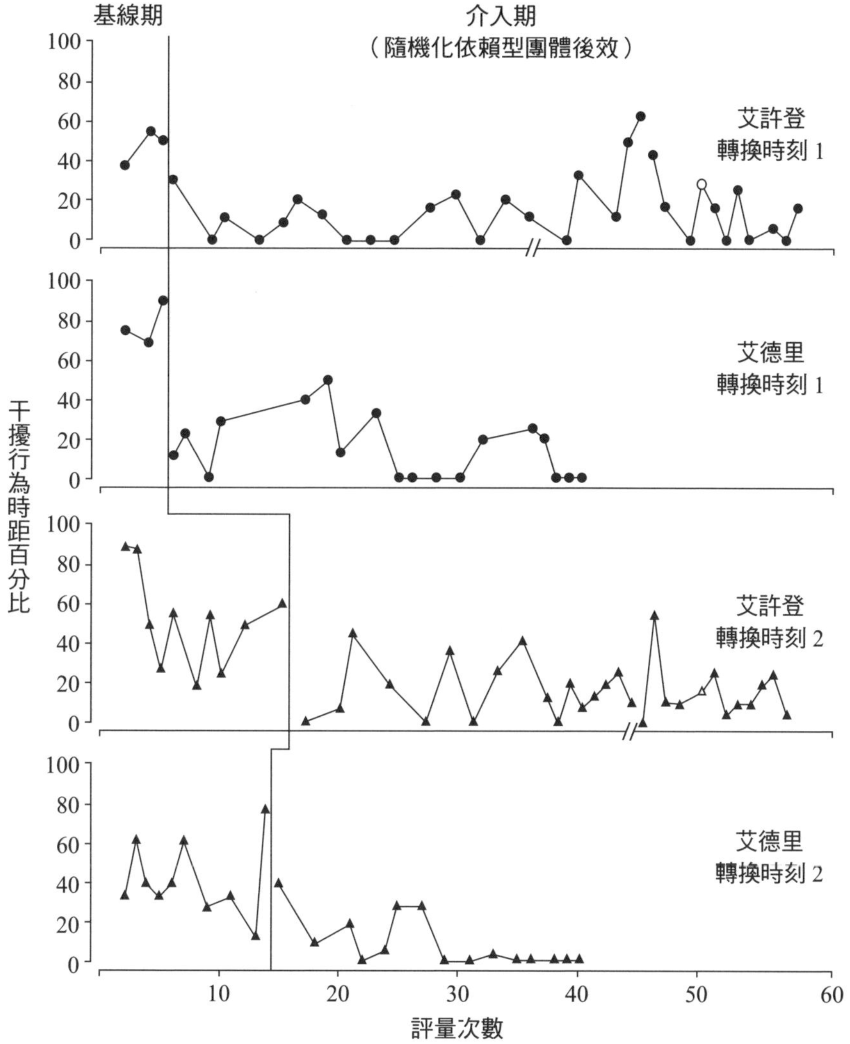

圖 1：隨機化依賴型團體後效方案對兩位國小學生干擾行為的成效。空心的圓形和三角形標記是加入多樣糖果這項增強物進來。修改自 Deshais 等人（2018, p. 56），修改處為調整艾德里轉換時刻 1 和艾許登轉換時刻 2 的位置，使圖看起來像是平行的跨條件多基線設計。另外，此圖用兩種標記（三角形和圓形）呈現干擾行為的折線，筆者認為不適當，因為不同的標記是用在不同的依變項。

量時間不是同時開始的，故 Christ（2007）稱之為**非同時的多基線設計**，延遲多基線設計的基本圖例如圖 2-3，並參見「延遲多基線設計之基線邏輯」影片。

延遲多基線設計除了可**處理延長基線**的問題，Cooper 等人（2007）表示還

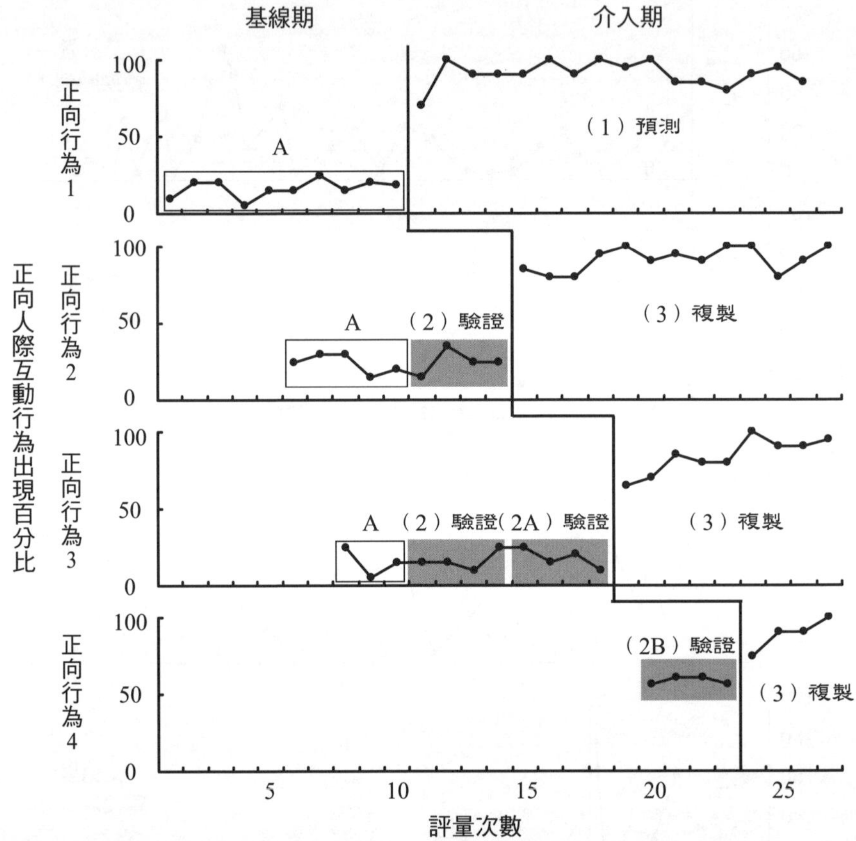

圖 2-3：延遲多基線設計之基本圖例。A：引進自變項於任一正向行為前的初始狀態；（1）預測：自變項有效下「預測」依變項的資料路徑；（2）驗證：行為 2 和 3 基線期中的陰影區域表示對行為 1 基線期的「驗證」，也就是引進自變項於行為 1 後有正向變化，未引進自變項於行為 2 和 3 則無變化；（2A）驗證：行為 3 基線期中的陰影區域表示對行為 2 基線期的「驗證」，也就是引進自變項於行為 2 後有正向變化，未引進自變項於行為 3 則無變化；（2B）驗證：行為 4 基線期中的陰影區域表示對行為 3 基線期的「驗證」，也就是引進自變項於行為 3 後有正向變化，未引進自變項於行為 4 則無變化；（3）複製：行為 2 至 4 介入期複製了像引進自變項於行為 1 的成效。修改自 Cooper 等人（2007, p. 212），修改處為加入縱軸名稱，以及在折線上做圖框的說明。

可以**因應資源有限、實務困難**，例如沒有很多經費、人力和時間進行完整的基線評量。此外，Cooper 等人指出，它還可以**作為研究過程產生變化的因應之道**：第一種是研究者原先採取 A-B-A-B 設計，而在撤回期，依變項無法回到基線狀態，或是相關人員不願意撤除自變項，於是臨時轉變尋求第二個研究參與者、行為或條件引進自變項；抑或在研究過程中發現參與者另一項行為，在另一個條件中的相同行為，或是另一位研究參與者亦須引進自變項，於是臨時轉變為延遲多基線設計。第二種是研究者原先採取跨參與者之多基線設計，設定的第二和第三位**研究參與者流失**，必須臨時再尋求其他研究參與者；或是原先採取跨行為或條件之多基線設計，設定的第二和第三個行為或條件在未介入前便已產生變化，於是另外尋求行為或條件引進自變項。

運用延遲多基線設計如同多基線設計，亦須介入彼此相似又獨立的研究參與者、行為或條件（Cooper et al., 2007），見示例 2-25。Poche、Brouwer 和 Swearingen（1981）的研究中自變項是「預防誘拐教學方案」（包含示範、行為演練和社會增強策略），依變項是當可疑成人接近兒童並企圖誘拐時，兒童可以做出適當保護自己的反應；引誘兒童的手段有三種：簡單的引誘（「你要不要散步？」）訴諸權威的引誘（「你的老師說跟我走沒關係。」）和實物的引誘（「在我的車上有個讓你驚喜的禮物，你要和我一起去看看嗎？」）；結果發現，除了史坦最後一個資料點下降外，預防誘拐教學方案能提升兒童自我保護反應的等級，並且具有短期類化成效。

延遲多基線設計的弱勢在於，因為**蒐集的基線資料較少，無法像多基線設計般，驗證自變項和依變項間的因果關係**；而且臨時加入的研究參與者（或小組）、行為（或依變項），抑或條件，可能不像第一層基線般，在介入前做嚴密的控制，第二層以上的基線資料若不穩定，研究者就很難解釋其原因（Richards et al., 2013）。除此，Cooper 等人（2007）指出，延遲多基線設計**可能遮蔽「基線行為共變」**的現象；這是因為研究者只在介入第一個研究參與者、行為或條件後才開始蒐集第二層以上的基線資料。如圖 2-3 中行為 4 的基線期資料是在行為 3 介入後才開始蒐集，而它又呈現比其他三項行為更高的基線資料，此時行為 4 因為沒有介入其他三項行為之前的基線資料可作比較，就無法確認此基線水準是

示例 2-25 延遲多基線設計

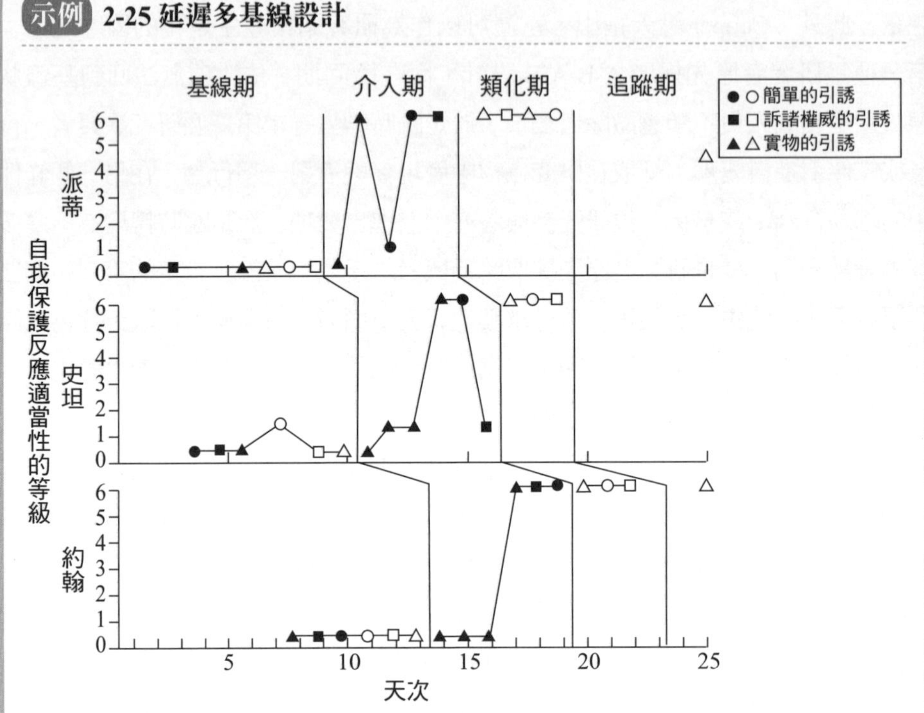

圖 1：預防誘拐教學方案對三位學前兒童自我保護反應的成效。黑色實心點代表資料的蒐集地點是在學校附近（訓練情境），是立即成效資料；白色空心點則是在遠離學校的社區（類化情境），蒐集類化成效資料。類化期是在介入期之後立即蒐集類化成效，而追蹤期是間隔 2 至 5 天後追蹤短期類化成效。修改自 Poche 等人（1981, p. 174），修改處為將標記以圖框的方式呈現，以及移動三位學生擺放的位置。

真實的表現，還是介入其他三項行為後產生的共變。因此，研究者可能錯誤地解釋自變項對行為 4 的成效不像其他三個行為般明顯，而實際上是因為缺乏完整、同時的基線資料，無法發現是否為基線行為共變現象所致。圖 2-3 中行為 2 和行為 3 的基線資料雖然未從頭蒐集，但行為 2 蒐集到介入行為 1 前後的基線資料，行為 3 蒐集到引進自變項於行為 1 和行為 2 前後的基線資料。以行為 3 為例，它一方面可以分別用來對行為 1 和行為 2 的驗證，也就是引進自變項於行為 1 和 2 後有正向變化，未介入行為 3 則無變化，另一方面可檢視有無出現基線行為共變現象。若採延遲多基線設計，在研究者可以控制的情況下，宜蒐集如圖 2-3 中行為 2 和行為 3 的基線資料，並且盡可能蒐集多個且連續的資料點。讀者可能疑惑：第二個以上的研究參與者（或小組）、行為（或依變項）抑或條件要延遲至第幾個點開始蒐集資料呢？筆者認為在可以掌控的情況下，宜至早從第三個點蒐集起，這是以每一階段至少蒐集三個點為基準做考量，例如假使對第一條基線蒐集三個點，則第二個以上的基線，從第三個點才能蒐集到未介入任一自變項前的初始狀態。

（七）可視介入成效調整自變項

如果引進自變項於第一個研究參與者（或小組）、行為（或依變項）抑或條件後，即發現效果不佳，此時可另尋其他自變項（Kazdin, 2011）。例如在示例 2-26 中，研究者原先運用跨小組的多基線設計，採取演講策略介入班級 1 和班級 2 的偷竊行為，結果發現效果不佳，於是更換為團體後效策略，此時結合了多重介入設計，結果班級 1 和班級 2 偷竊行為快速減少，最後不再出現（僅班級 2 有一次出現五樣東西被偷）。然而，本研究中班級 1 介入演講策略後未見成效，研究者便太快複製於班級 2，造成對班級 2 的效果亦不佳。筆者建議宜在演講策略對班級 1 有效後才複製於班級 2，而在調整為團體後效策略發現對班級 1 有效後才複製於班級 2。考量團體後效策略能減少偷竊行為，於是複製應用至班級 3，不過班級 3 在介入前即已產生基線行為共變現象，故無法明確顯示團體後效策略的效果。由此可知，不見得要將相同的自變項應用在所有的基線，可視介入成效調整自變項。

貳、多探測設計之意涵與應用

以下探討多探測設計之意義、優勢、弱勢和因應方式，以及應用原則。

一、多探測設計之意義

多探測設計是多基線設計的變形，首先由 Horner 和 Baer 於 1978 年提出

示例 2-26 結合跨小組多基線設計與多重介入設計

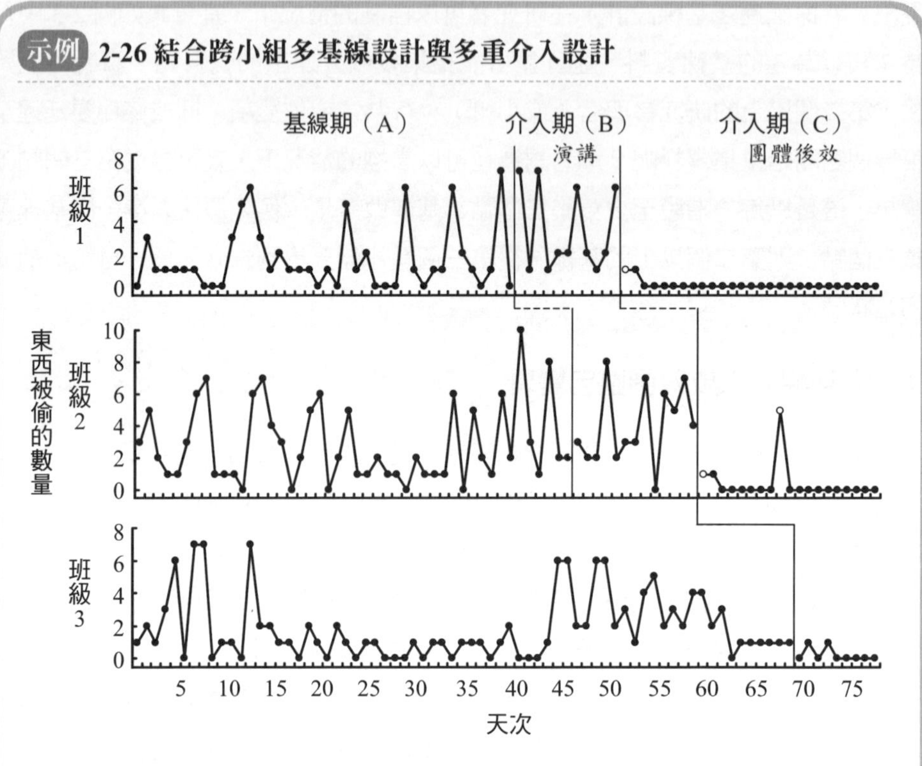

圖 1：演講和團體後效策略對三個國小二年級班級偷竊行為的成效。團體後效策略使用期間的空心圓點是指學生歸還偷來的東西。修改自 Switzer、Deal 和 Bailey（1977, p. 270），修改處為移動圖中三個班級名字擺放的位置。

（Cooper et al., 2007, p. 209）。多探測設計最初被提出時，是運用在藉由**行為塑造**（behavioral shaping，又譯為「逐步養成」）、**連鎖**（chaining）策略，**建立系列相關之新技能的成效分析**（Cooper et al., 2007）。連鎖也稱為**刺激—反應連鎖**（stimulus-response chain），它係指運用增強策略，使多個「刺激—反應」的環節串連成一個熟練的複雜行為；其中每一個環節均由一項刺激引發某一特定反應，再由此一反應引發下一個「刺激—反應」環節（鈕文英，2016）。行為塑造意指藉由增強及提示增加個體成功的機會，用以發展新的技能。它是逐步增強與終點目標最為接近的一連串反應，而不是僅增強終點目標本身（鈕文英，

2016）。行為塑造包含**跨反應形態的行為塑造**和**反應內行為塑造**（behavioral shaping across and within responses），跨反應形態的行為塑造是指塑造不同形態的行為（Cooper et al., 2007），例如提升表現聆聽說話者的非語言行為形態，從面對說話者、張開眼睛、看著說話者的手，至注視說話者的臉部。反應內行為塑造意指該行為的形態不變，但是逐步增加反應的頻率、持續時間、延宕時間和強度等，以朝向終點目標（Cooper et al., 2007），詳述於下文「逐變標準設計之意義」中。

連鎖和行為塑造二者相同處包括：（1）目的皆在教導新行為；（2）皆運用增強策略；（3）皆強調「逐步漸進」的原則建立新行為。連鎖和行為塑造二者相異處在於，就訓練的行為而言，行為塑造是用在訓練單一的行為，而連鎖是用在訓練有多個步驟的複雜行為。

系列相關的技能是指包含**數個成分**，完成所有成分，才算習得整個技能。例如洗衣包括：分類衣物、裝滿洗衣槽、設定洗衣機按鈕、清空洗衣槽、過濾棉屑、設定烘衣機按鈕，以及清空烘衣槽七個成分。Thompson、Braam 和 Fuqua（1982）採用多探測設計，分析連鎖、提示和代幣增強對三位智能障礙者洗衣的成效，見示例 2-27。研究者首先分析一般人的洗衣流程，共計 74 種反應，歸納為上述七個成分。除了第一個成分僅包含初始基線探測外，其他六個成分還包含前一個成分達到標準的基線探測，以及引進自變項前的連續基線探測，蒐集基線期評量資料後，才開始介入。訓練期設定的標準為，研究參與者在每個成分必須連續兩次達 100% 正確率。在分類衣物上，研究者加入類化期，它是指研究者在社區自助洗衣店內，對研究參與者進行分類衣物的評量，結果發現崔斯特能達到平均 82% 的正確率，也就是達到地點和材料的刺激類化。第一個成分（分類衣物）達到標準後進行複核探測，同時進行後面成分的基線評量。當研究參與者第二個成分連續兩次達 100% 正確時，他們就須進行第一和第二個成分的連鎖訓練，直到連續兩次無誤或獨立達 100% 正確為止，以此類推完成所有成分的連鎖訓練，最後再做一次全部成分的連鎖訓練（如示例 2-27 的連鎖訓練期$_7$）。研究顯示，崔斯特在探測和基線期洗衣表現的正確率低，但介入期後每個成分都達 100% 正確率。在訓練結束後 10 個月進行兩次追蹤發現，即使崔斯特 2 個月未

示例 2-27 建立系列相關新技能的多探測設計

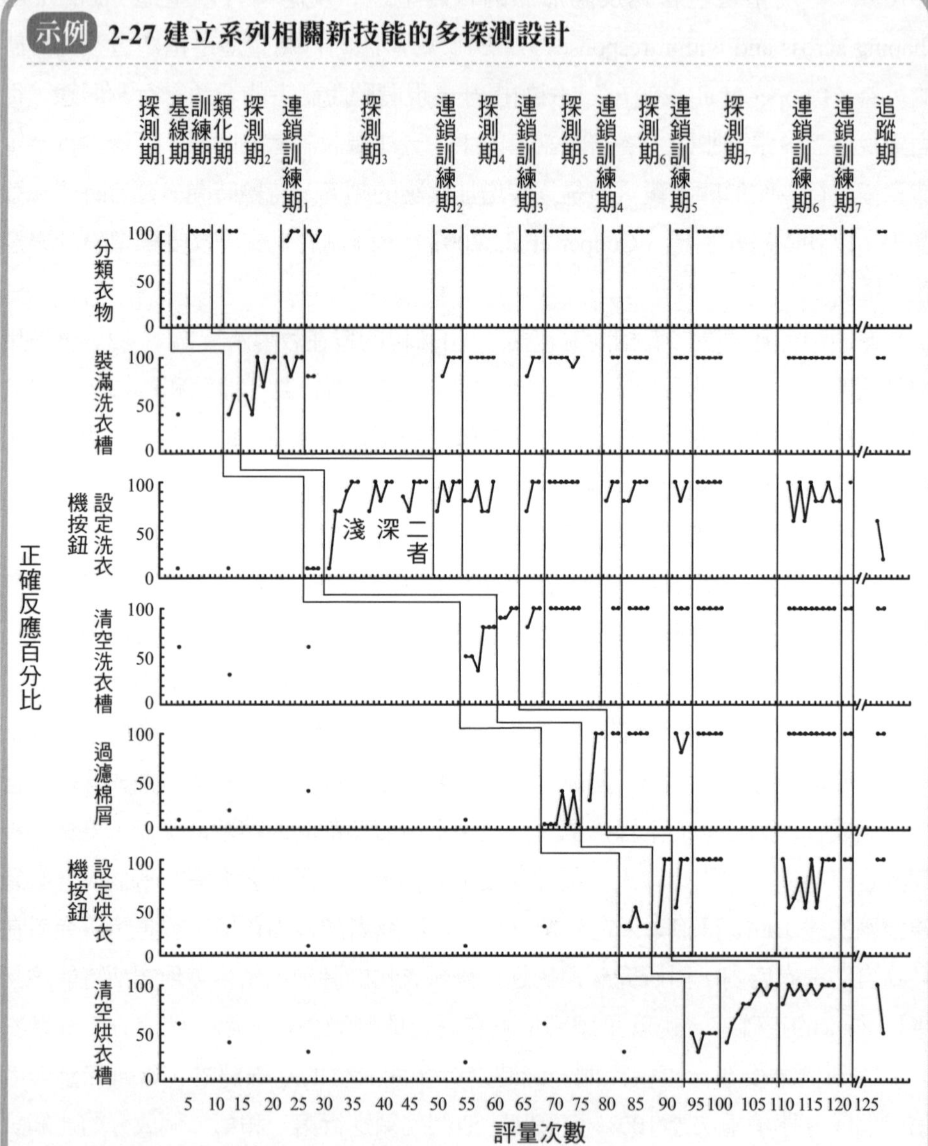

圖 1：洗衣訓練方案對智能障礙成人洗衣正確率的成效。這是其中一位男性智能障礙成人崔斯特的資料；橫軸上的 // 表示間隔 10 個月。修改自 Thompson 等人（1982, p. 180），修改處為加入探測期階段的說明，並且標註階段的次序。

執行洗衣工作，仍可表現 90% 的正確率，具有長期維持效果。請參見「建立系列相關新技能的多探測設計」影片。

之後，多探測設計運用於不同的研究參與者、條件，以及不同形態之新行為（或依變項），而有**跨參與者、條件與行為的多探測設計**（Richards et al., 2013）。示例 2-27 是一種跨行為的多探測設計，跨的行為是系列相關的行為，示例 2-28 呈現跨參與者多探測設計的例子。如同前述平行多基線設計，亦有**平行多探測設計**（parallel multiple probe designs）。

多探測設計和多基線設計類似處在於，有系統而依序地將自變項，一次介紹給一種條件、行為（或依變項），抑或研究參與者；與多基線設計不同處在於，並非持續不斷地蒐集行為（或依變項）資料，而是進行探測，這些探測可能分散於不同階段中進行（Richards et al., 2013; Tawney & Gast, 1984）。此外，可做

示例 2-28 跨參與者多探測設計

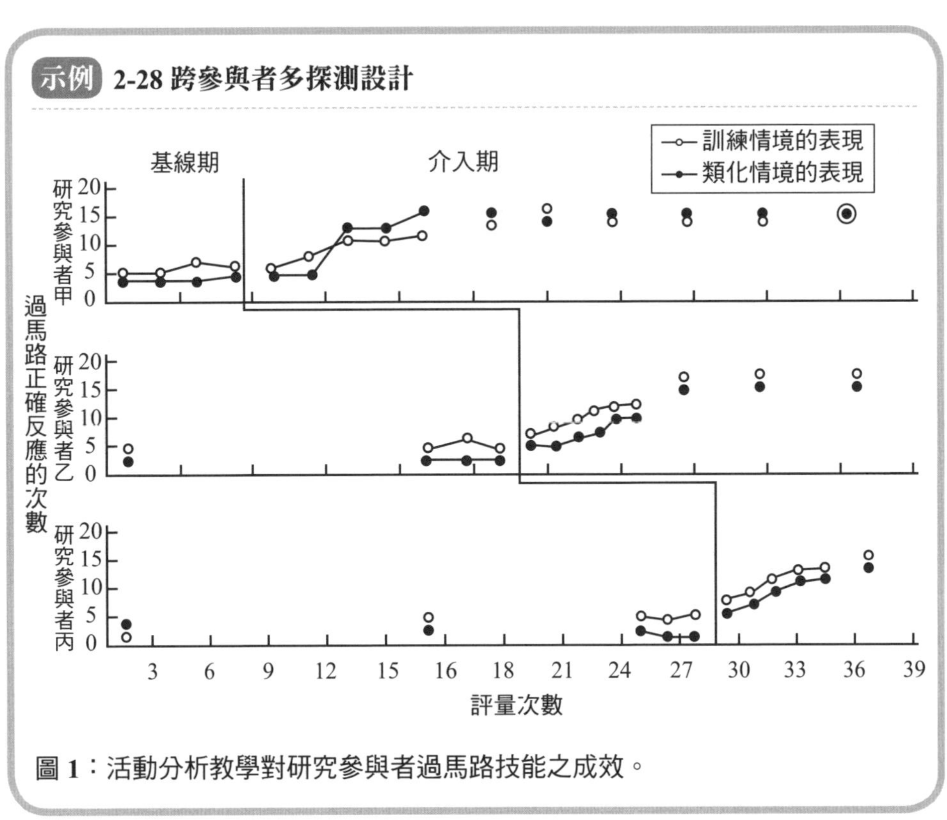

圖 1：活動分析教學對研究參與者過馬路技能之成效。

跨條件、行為（或依變項）和研究參與者的組合，例如跨參與者和跨條件（或行為）的多探測設計。

二、多探測設計之優勢

多探測設計之優勢包括以下兩點：

1. 多探測設計比多基線設計提供更多的實際優勢，它特別適用於**尚未具備之技能或系列相關之技能的介入**，因為當研究參與者沒有學習和表現的機會時，例如尚未習得除法所需技能、洗衣步驟，重複評量除法和洗衣的技能徒具形式，而且還會造成研究參與者的厭煩和挫折，甚至在冗長的基線評量中表現不當行為，因此，採取間斷探測可以因應此問題（Cooper et al., 2007）。除此，間斷探測能減少研究者投注大量時間和精力於評量資料的蒐集（Gast et al., 2014; Richards et al., 2013）。
2. 多探測設計可以**追蹤探測自變項對依變項的維持和類化效果**（Kazdin, 2011）。

三、多探測設計之弱勢和因應方式

多探測設計的弱勢包含以下兩方面，筆者進一步提出因應這些弱勢的方式。

1. 可能**探測次數不夠、時機不當、未察覺基線資料的潛在變異**，便無法明確地證實自變項和依變項間的因果關係（Cooper et al., 2007）。針對此弱勢，**探測次數要足夠，且時機要適當**，探測的方式詳述於下文「應用原則」的第一至三點。
2. 可能會造成**基線行為共變**和**不一致介入效果**的現象（Richards et al., 2013; Tawney & Gast, 1984）。因應方式如同上述多基線設計。

四、多探測設計之應用原則

採用多探測設計時，研究者除了注意多基線設計之應用原則，還宜掌握以下四項原則：

1. **蒐集至少三個資料點**，以建立完整的第一條基線（Cooper et al., 2007; Horner

& Baer, 1978），說明如圖 2-4，其基線邏輯可參見「多探測設計之基線邏輯」影片。基線期資料至少連續三點達到穩定的未改善趨勢後，才進入介入期。

2. 第二條以後的基線，宜先蒐集**初始基線探測**，以了解不同行為（或條件、研究參與者）的初始狀態，它和第一條基線皆為「引進自變項於任一行為（或條件、研究參與者）前的初始狀態」（Cooper et al., 2007）。接著在前面的行為（或條件、研究參與者）達到標準後，要做**達到標準後的基線探測**，以符合基線邏輯中「驗證」此項要素，並且了解它們是否受到前一行為（或條件、研究參與者）介入的影響；而在為每一條基線引進自變項前，宜安排**至少連續三次的基線探測**，以建立真正完整的基線，並且至少連續三點達到未改善的趨勢後才進入介入期（Cooper et al., 2007; Horner & Baer, 1978），說明如圖 2-4。圖 2-4 除了引進自變項前的連續基線探測外，其餘皆採間斷探測，Tawney 和 Gast（1984）提出所有的探測亦可採取連續探測（蒐集至少三點），見示例 2-29。筆者認為連續探測適用於研究參與者曾經學過，但表現不佳的依變項，多蒐集一些評量資料，以了解研究參與者在依變項上的表現狀況。而如果依變項是研究參與者尚未具備之技能，基線期可能都是「0」，則不需徒勞做連續探測。
3. 依變項的介入達到標準後可做**複核探測**，是指以間斷探測的方式蒐集資料，再一次檢核介入成效；若欲追蹤自變項對依變項的維持成效，還可以在撤除自變項後做**維持探測**（Cooper et al., 2007; Horner & Baer, 1978），說明如圖 2-4。若欲追蹤自變項對依變項的類化成效，尚可做**類化探測**，在基線期、介入期（和追蹤期），以間斷探測的方式蒐集類化的資料，如此才有基線期資料做參照，以檢視類化成效，其他則遵守多基線設計的原則。由此可知，必須在適當的位置上做探測，才能達到基線邏輯的三項要素。
4. **決定引進自變項於不同行為、研究參與者或條件的先後順序**，因為未像多基線設計般蒐集完整的基線資料，無法得知哪一條基線最穩定，於是**選擇最為嚴重**（也就是哪一個初始基線探測的表現最不好），**或影響層面最大的行為（或依變項）、研究參與者或條件優先介入**（Cooper et al., 2007）。

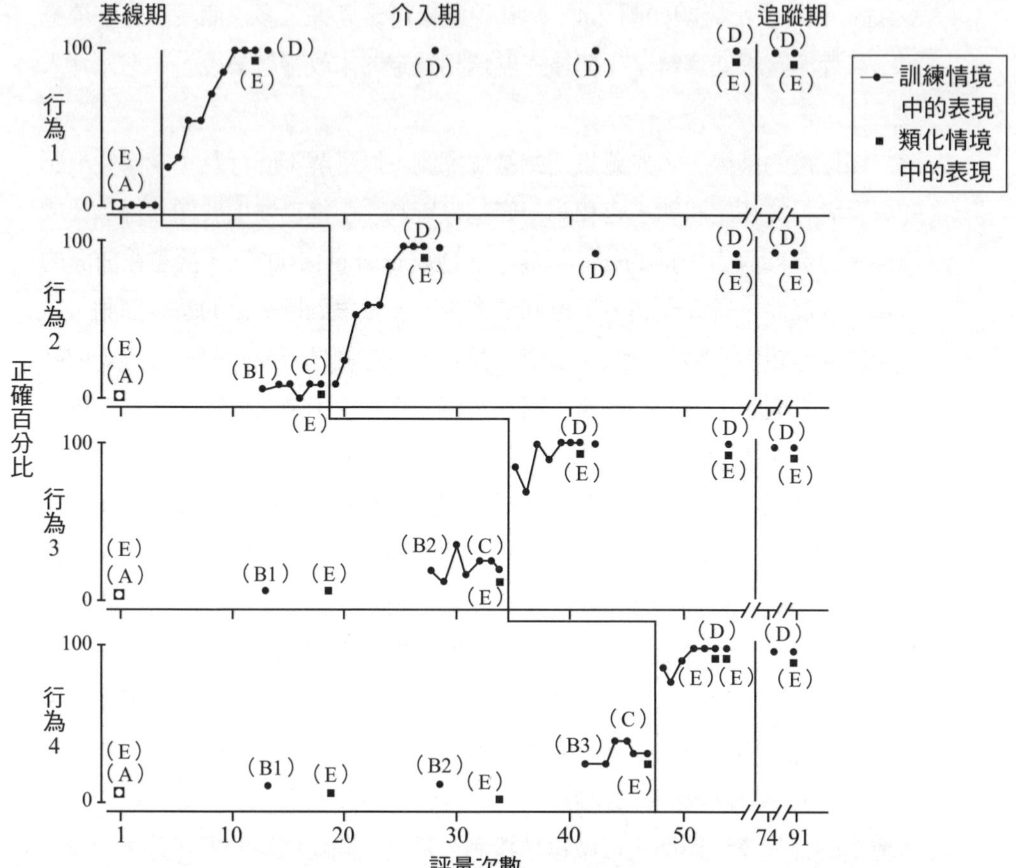

圖 2-4：多探測設計之形態。（A）代表初始基線探測，行為 1 中的第一點是初始基線探測，之後連續蒐集三個資料點，以建立完整的第一條基線，亦可以只蒐集三個資料點。（B）代表達到標準後的基線探測：（B1）是指行為 1 達到標準後的基線探測，它是對行為 1 基線期的「驗證」，也就是引進自變項於行為 1 後有正向變化，未介入之行為 2 至 4 則無變化；（B2）是指行為 2 達到標準後的基線探測，它是對行為 2 基線期的「驗證」，也就是引進自變項於行為 2 後有正向變化，未介入之行為 3 和 4 則無變化；（B3）是指行為 3 達到標準後的基線探測，它是對行為 3 基線期的「驗證」，也就是引進自變項於行為 3 後有正向變化，未介入之行為 4 則無變化；本例設定的標準為連續三個資料點達到 100% 的正確，在爭取介入時間的情況下，亦可以設定標準為一個資料點達到 100% 的正確，即對下面的行為做基線探測。（C）代表引進自變項前的連續基線探測，本例中由於資料不甚穩定，故蒐集了五至六個資料點；如果資料點呈現穩定的未改善趨勢，在爭取介入時間的情況下，亦可以連同（B）只蒐集三個資料點。（D）代表複核探測；引進自變項於行為 1 後，它顯示有效，符合了基線邏輯中「預測」此要素；引進自變項於行為 2 至 4 後，亦顯示它和行為 1 一樣有效，符合了基線邏輯中「複製」此要素。（E）代表類化探測；// 代表間隔 1 個月。修改自 Cooper 等人（2007, p. 210），修改處為將原來探測的矩形標記改為實心圓點，增加類化情境的探測（以■標示），以及加入 A、B、C、D、E 等註解說明。

示例 2-29 跨行為多探測設計

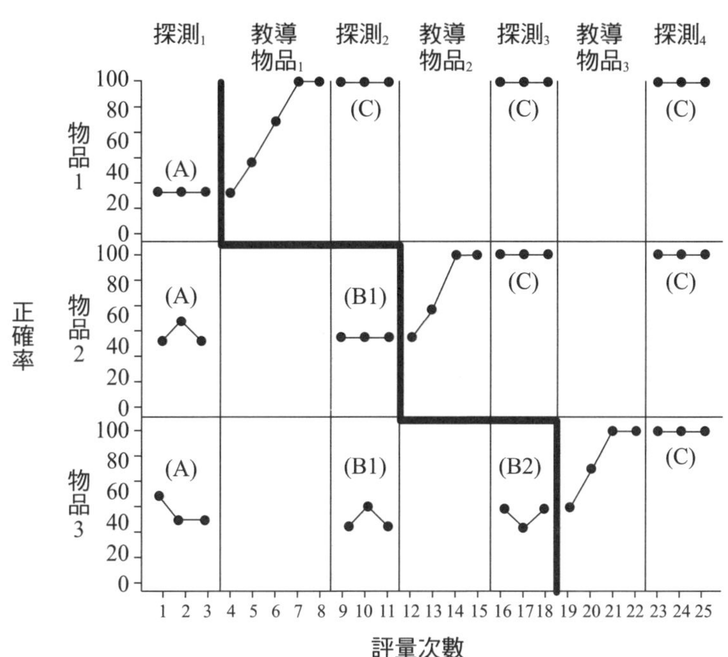

圖 1：手語教學對聽覺障礙者手語辨識之成效。這是假設性資料。（A）代表初始基線探測，採取連續探測；（B1）是指物品 1 達到標準（連續兩點達到 100%）後的基線探測，（B2）是指物品 2 達到標準（連續兩點達到 100%）後的基線探測，且採連續探測；（C）代表連續三點複核探測。修改自 Tawney 和 Gast（1984, p. 271），修改處為改變折線的數據、加入符號的說明，以及加入粗的階梯線區隔基線期和介入期。

第三節 逐變標準設計之意涵與應用

若想水到渠成，必先不辭涓滴細流。

逐變標準設計在應用行為分析文獻中首先由 Hartmann 和 Hall 於 1976 年，以及 Hall 和 Fox 於 1977 年兩篇研究中提出（Cooper et al., 2007, p. 219）。以下說明逐變標準設計之意義、優勢、弱勢和因應方式，以及應用原則。

壹、逐變標準設計之意義

逐變標準設計係指在介入期裡，將達成終點行為的**預定標準**（CR），從易至難、循序漸進分成若干**次階段**（即**條件**），用逐步的方式評鑑自變項對同一個依變項的成效，以回答因果性的研究問題（Hall & Fox, 1977; Kazdin, 2011），茲舉一例如示例 2-30。示例 2-30 中 Kazdin（1982）的研究分析，行為治療對減少研究參與者咖啡因攝取量之成效，屬於減少攝取量的反應內行為塑造；此研究結果顯示，行為治療對能逐步減少研究參與者之咖啡因攝取量，從介入前的每日平均 1,000 多毫克，降低至 600 毫克。Hartman 和 Hall（1976）將逐變標準設計視為多基線設計的一種變形。筆者將示例 2-30 轉成多基線設計如示例 2-31，並於

示例 2-30 逐變標準設計

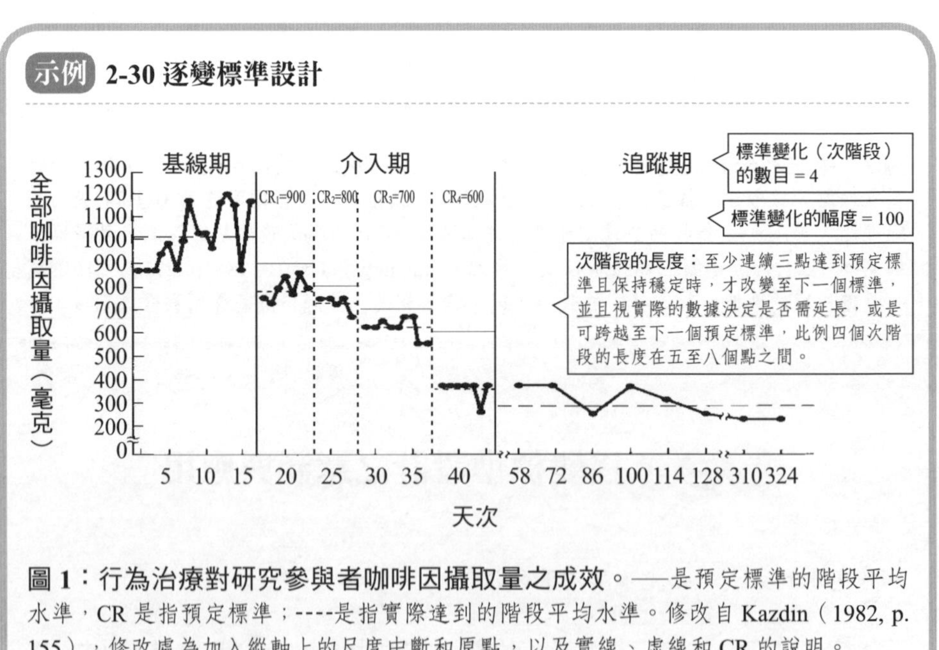

圖 1：行為治療對研究參與者咖啡因攝取量之成效。——是預定標準的階段平均水準，CR 是指預定標準；----是指實際達到的階段平均水準。修改自 Kazdin（1982, p. 155），修改處為加入縱軸上的尺度中斷和原點，以及實線、虛線和 CR 的說明。

示例 2-31 將逐變標準設計視為多基線設計之變形的示例

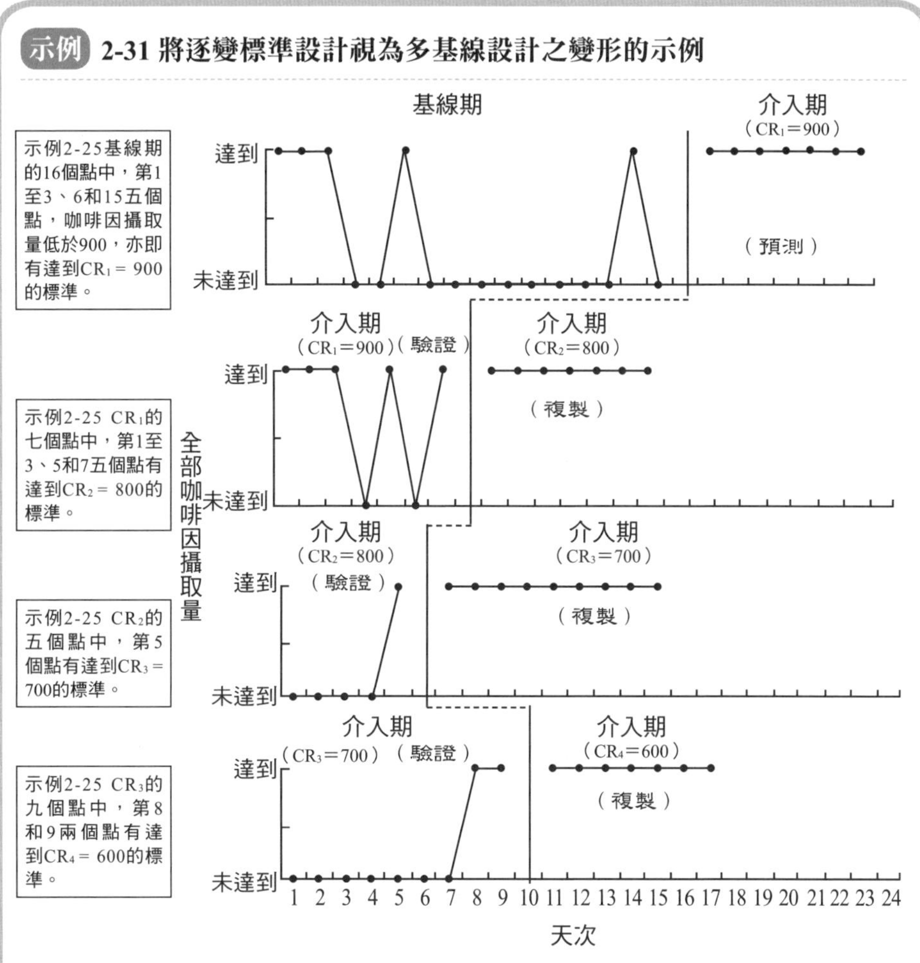

圖 1：行為治療對研究參與者咖啡因攝取量之成效。CR 是指預定標準；縱軸刻度上的「達到」和「未達到」意味是否達到「預定標準」。基線邏輯中的「預測」存在於，當引進自變項並設定某個預定標準時，研究參與者達到此預定標準時，例如當研究者設的預定標準為 900 時，研究參與者逐漸達到 900 這個標準。「驗證」意味，研究參與者隨著研究者對依變項預定標準的提高而逐步改變；例如將前一個次階段的預定標準當成對照者（類似基線期），以第二層為例，研究者期待當設的預定標準為 900 時，研究參與者只能達到 900 這個標準，但達不到 800 這個標準（本例有五個點達到 800 這個標準）；而當研究者設的預定標準為 800 時，研究參與者才開始能達到（本例全部達到），如此才能看到研究參與者隨著依變項預定標準的提高而逐步改變，於是較能推論自變項與依變項之因果關係。「複製」存在於，研究參與者隨著研究者對依變項預定標準的提高而逐步達到標準，如此複製了像前一個預定標準的成效；例如研究者設的預定標準為 800 時，研究參與者達到此標準，如此複製了預定標準設為 900 的成效，於是更加確認自變項與依變項之因果關係。

光碟中呈現「逐變標準設計之基線邏輯」影片，由此可看出基線邏輯的三個要素存在於其中。

使用逐變標準設計宜注意，**依變項必須是研究參與者已具備**，只是他們由於動機低落或服從度不佳，致使表現水準和速率不符合周遭人的期待，於是藉著逐變標準設計，讓他們逐步改變；像是用在**正向行為或生活習慣的提升**（例如：作業完成率、專注行為比率、運動持續時間），以及**負向行為或生活習慣的減少**（例如：離座、隨意講話、抽菸、飲酒）。

Cooper 等人（2007）指出，逐變標準設計**不適用在新技能或行為的建立上**，例如以行為塑造策略教導「將不同物品歸位在原來的位置」，以連鎖策略教導「整理床鋪」，這些都是新技能或行為，不適合運用逐變標準設計來評鑑成效，而宜採用多探測設計。如果用「行為塑造策略」塑造研究參與者已具備的技能或行為，以逐步達到終點行為的標準，則可採用逐變標準設計。這是 Cooper 等人（2007）所謂**反應內行為塑造**，意指該行為的形態不變，但是逐步增加反應的頻率、持續時間、延宕時間和強度等，以朝向終點目標。反應內的行為塑造除了 Cooper 等人所指逐步增加反應的頻率、持續時間、延宕時間和強度外，筆者認為尚可增加反應時距、反應品質、反應的獨立程度等，舉例如表 2-5。Cooper 等人（2007, p. 220）表示：

> 應用行為分析中純粹使用逐變標準設計的研究相對較少（例如：DeLuca & Holborn, 1992; Foxx & Rubinoff, 1979; Johnston & McLaughlin, 1982）；某些研究只是將逐變標準設計當作大型研究中的一項分析元素（例如：Martella, Leonard, Marchand-Martella, & Agran, 1993; Schleien, Wehman, & Kiernan, 1981）。

貳、逐變標準設計之優勢

綜合文獻（Cooper et al., 2007; Richards et al., 2013; Tawney & Gast, 1984），逐變標準設計包含以下四項優勢：

表 2-5

反應內行為塑造的向度和示例

反應內行為塑造的向度	示例
頻率、比率或百分比	• 增加每分鐘正確寫國字的數量。 • 增加以圖卡溝通生理需求的次數比率。 • 增加裝配作業表現的正確率。 • 在減少錯誤嘗試次數下，能依照指令拿出正確的學用品。 • 在減少獲得視覺提示的數量下，能正確完成洗米煮飯的活動。
延宕時間	• 縮短聽到研究者的指令後遵循指令做事的時間。 • 延長等待研究者說完問題再回答的時間。 • 在研究者延宕給予提示的時間（例如：從 3 秒延宕至 10 秒）下，能使用溝通圖卡獲得想要的東西。
持續時間	• 增加寫作業專注度的時間。 • 增加專注聆聽溝通對象說話的時間。
反應時距	• 縮短擦拭每張桌子的反應時距（例如：擦每張桌子的間隔時間從 5 分鐘縮短至 10 秒）。
反應強度	• 增加說話音量（例如：從 45 分貝到 65 分貝）。
反應品質	• 提升碗盤清洗的乾淨程度。
反應的獨立程度	• 提升表現的獨立程度（例如：從需要身體提示提升至獨立完成）。

1. 可用來**增進正向行為**，還可以用在**減少負向行為**。
2. **不必撤除自變項**。
3. **標準漸進**，研究參與者不會承受太大壓力。
4. 讓教師和實務工作者能**以逐步的方式評鑑教學方案的成效**，非常實用。

參、逐變標準設計之弱勢和因應方式

逐變標準設計的弱勢包含以下三方面，筆者進一步提出因應這些弱勢的方式。

1. **不適用在建立新技能或行為**（Cooper et al., 2007）。因應研究參與者不具備該依變項的問題，例如研究參與者沒有完成數學作業所需的技能，則研究者**須先教導他們學會所需的技能**，而後再使用逐變標準設計，逐步提高表現水準和速率，以符合周遭人的期待。
2. 須小步驟地遞升各次階段標準，所以要達成終點目標的時間會較長，**對一些爭取短期時效的研究參與者和依變項就不太適合**（Tawney & Gast, 1984）。對於須爭取短期時效的研究參與者和依變項，宜**改採其他設計**（例如：撤回、多基線或多探測設計）；或是**在逐變標準設計中，設定較少的次階段數目，以及較短的次階段長度**。
3. 遇到有時達到標準，有時達不到標準，以及**未隨著標準逐步變化的研究參與者**，就**較難推論自變項與依變項之因果關係**（Kazdin, 2011）。如示例 2-30，當研究者設的預定標準為 800 時，研究參與者只能達到 800 這個標準，但達不到 700 的標準；而預定標準設為 700 時，研究參與者才能達到，如此才能看到研究參與者隨著依變項預定標準的提高而逐步改變，於是較能推論自變項與依變項之因果關係。反之，當研究者設的預定標準為 800 時，研究參與者達不到此標準；或是有時達到，有時達不到標準，則表示此標準對研究參與者而言過高。另外，當研究參與者不只達到 800，還達到 700 這個標準時，則表示設定的標準變化幅度不具挑戰性，阻礙了研究參與者最佳的學習速率。由此可知，標準設定不恰當可能讓研究參與者感到挫折，或是阻礙其最佳的學習速率，亦會影響自變項與依變項之因果推論（Cooper et al., 2007; Tawney & Gast, 1984）。因應此弱勢的作法包括：**界定適切的標準變化幅度和次階段長度**，以及**進行「小型地回到前一個預定標準」**（詳述於下文「應用原則」的第四至六點）。

肆、逐變標準設計之應用原則

在逐變標準設計中，當依變項在各個次階段，能連續緊密地達到逐步增加的標準時，則能證明自變項和依變項間的因果關係（Cooper et al., 2007）。Cooper 等人（2007）進一步指出，決定逐變標準設計是否能展現實驗控制的三項特徵為：次階段的長度、標準變化的幅度和標準變化的數目。以下討論這三項特徵，以及採用逐變標準設計其他宜注意的原則。

一、介入的依變項必須相同

介入的依變項必須是相同的，只是設定的標準不同，此標準可能是正確性的增加，頻率、比率、持續時間的增加或減少（Cooper et al., 2007），見問題討論 2-3。

問題討論　2-3 單一個案研究設計形態選擇之考量

三份研究探討圖片兌換溝通系統（picture exchange communication system, PECS）教學對重度智能障礙學生溝通技能的成效，其中一篇研究使用逐變標準設計，將 PECS 中的六個階段當成六個標準變化數目；另一篇使用跨行為多基線設計，將六個階段當成六項行為；還有一篇使用撤回設計，將六個階段當成介入期的六個小階段，使用逐變標準、跨行為多基線設計和撤回設計是否適切？

其中 PECS 中第一階段是「如何溝通」，教學目標為：當看到喜歡的物品時，學生會拿圖片放在溝通夥伴手中。第二階段是「延伸圖片之應用」，教學目標為：在增加學生和溝通夥伴、溝通簿的距離，增加想要物品圖片的種類，以及褪除提示下，學生會到溝通簿取下圖片，將之放在溝通夥伴手中。第三階段是「圖片區辨」，教學目標為：區辨高度喜愛的物品圖片和混淆物圖片，兩張喜愛的物品圖片，和多張圖片。第四階段是「句型結構」，

（續）

問題討論 2-3（續）

教學目標為：當學生看到想要的物品時，會去溝通簿先拿「我要」圖片，放在句型板上，接著放物品圖片，然後走向溝通夥伴，拿句型板給他。第五階段是「回答問題」，教學目標為：學生能主動要求物品，口頭回答「你要什麼？」的問題，或是將句型板交給溝通夥伴。第六階段是「談論」，教學目標為：學生能回答「你要什麼？」「你看見什麼？」「你有什麼？」「你聽到什麼？」「這是什麼？」等問題，並且能夠主動要求和談論。

☛ PECS 中的六個階段欲介入的溝通技能（依變項）並不完全相同，例如從第一階段「如何溝通」至第六階段「談論」，是不同的溝通技能，而且不是研究參與者已具備的能力，不適合使用逐變標準設計。另外，第一至第六階段的溝通技能雖然不同，但彼此有關聯，並不完全獨立；使用跨行為多基線設計，恐怕會造成「基線行為共變」的現象，故不適合使用跨行為多基線設計。

最後，六個階段有不同的教學目標，撤回設計只能針對能同時介入的依變項，而這六個階段教學目標有階層性，若將六個階段當成介入期的六個小階段，則在撤回期中，無法比較六個教學目標於介入和撤回 PECS 之差異，故不適合撤回設計。

筆者建議只能分開使用六個撤回設計，評鑑 PECS 對六個階段教學目標之成效。筆者認為亦可做跨條件（例如：家庭、學校和社區）的多基線或多探測設計；以及跨參與者的多基線或多探測設計。

二、基線資料至少連續三點呈現穩定的未改善趨勢後才進入介入期

至少蒐集三點基線資料，並且依變項達到穩定的未改善趨勢後，才能開始引進自變項至依變項上（Tawney & Gast, 1984）。

三、設定標準變化的數目

在研究前，先指出預定的「標準變化數目」（Tawney & Gast, 1984）；至於多少數目，不同文獻的看法有異，Kazdin（2011）主張至少兩個，Tawney 和 Gast（1984）表示至少四個，Kratochwill 等人（2010）則提出至少三個，才符合單一個案研究的評鑑標準。由此可知，**標準變化數目愈多愈好，至少兩個，最好能有三個**。如示例 2-25，終點目標為降低咖啡因攝取量至 600 毫克以下；而基線期階段平均水準為 1,000 毫克，介入期有四個次階段，即四個標準變化數目。

標準變化數目的設定與下面將論述的次階段長度、標準變化的幅度有關；在一定期限內完成研究的考量下，標準變化幅度愈大，則標準變化數目就愈少（Cooper et al., 2007）。示例 2-30 中，如果標準變化幅度設定為 200，則從基線期的 1,000 降至 800 毫克，800 毫克最後降到終點目標——600 毫克，只有兩個標準變化數目。再者，標準變化數目愈多，次階段長度就愈短（Cooper et al., 2007）；如果標準變化幅度設定為 50，則從基線期的 1,000 降至終點目標——600 毫克，需八個標準變化數目，如此就須縮短次階段的長度（只要三點達到預定標準且保持穩定），不宜蒐集太多點。反之，次階段的長度愈長，表示需更久的研究時間，則標準變化數目就不能設太多，標準變化幅度就要設大一點，否則無法在有限的時間下完成研究（Cooper et al., 2007）。示例 2-30 中，如果設定的次階段長度是至少六點達到預定標準且保持穩定時，則標準變化幅度就要設大一點（例如：150），標準變化數目就不能設太多（例如：三個）。

四、界定標準變化的幅度

在研究前，先界定預定的「標準變化幅度」，或是決定策略，逐步變化標準幅度的大小（Tawney & Gast, 1984）。如示例 2-30，全部咖啡因攝取量減少的標準變化幅度是 100 毫克，從 900 毫克降至 800 毫克，最後降到 600 毫克。標準變化幅度的設定宜注意以下七項原則：

1. **考慮研究參與者的能力和基線期的表現水準**，如果他們的認知和溝通能力沒問題，還可以與他們協商（Kazdin, 2011）。

2. **初始的標準可以稍低**，讓研究參與者可以達到，獲得成功的經驗（Kazdin, 2011）。如示例 2-30，研究參與者在基線期咖啡因攝取量變異極大，全距為 870 至 1,200 毫克，平均值是 1,100，初始標準可以設定在最低值（即 870，概數 900），或是降低基線期平均水準的 10 或 15%（即 990 或 935）。又例如依變項為社會互動的次數，基線期每天社會互動次數的全距為 0 至 2，平均 1，初始標準可以設定在最高值（即 2），或是增加基線期平均水準的 10% 或 15%（此例若以 15% 為標準，則為增加 0.15 次，即升至 1.15 次）。
3. **若研究參與者很快就能達到初始標準，之後設定的標準就可以稍高一點**（Kazdin, 2011），例如將標準從初始的 10 或 15% 提高至 20%。然而，如果研究參與者很慢才能達到初始標準，之後設定的標準就可以稍低一點（Kazdin, 2011），例如將標準從初始的 10 或 15% 降低至 5%。總之，標準變化的幅度必須大到足以偵測出研究參與者的進步，但也不能過大到讓研究參與者無法達成；而且標準變化的幅度太大，則標準變化數量相對就會變少，造成複製的次數變少（Cooper et al., 2007）。如示例 2-30，當研究者設定的 CR_1 是 900 時，參與者就達到 900 這個標準，甚至第 1 至 3、5 和 7 五個點有達到 800 的標準，但未達到 700 的標準，因此 CR_2 可以訂為 800。若研究參與者很快達到 900 的標準，而且有 4 個點達到 700 的標準，之後設定的標準變化幅度宜大一點，例如 700，或是降低基線期平均水準的 20%（即 720，概數 700）；如果仍訂在 800，則設定的標準變化幅度不具挑戰性，不足以偵測出研究參與者的進步表現。相反地，若研究參與者很慢才達到 900 的標準，而且都沒有資料點低於 800，之後設定的標準變化幅度宜稍小一點，例如 850，或是降低基線期平均水準的 5%（即 855，概數 850）。
4. **標準變化的幅度不一定都等距，可視研究參與者在前一個標準的表現決定**（Kazdin, 2011）。例如不一定都是降低 100 毫克的咖啡因攝取量，如第三點所述，可視研究參與者達到預定標準的快慢和穩定狀況而定。
5. **較小的標準變化幅度可應用在介入期依變項變異小的情況；較大者則可應用在依變項變異大的情況下**，以明確展現自變項和依變項間的因果關係（Cooper et al., 2007; Kazdin, 2011）。如示例 2-30，如果研究參與者在 CR_1

等於 900 此次階段，咖啡因攝取量的變異很小，全距為 820 至 890 毫克，平均 850 毫克，則研究者可以用較小的標準變化幅度，設定接下來的 CR_2 為降低 CR_1 的 15%，即 765 毫克，概數是 800 毫克，如此讓研究參與者可以達成。反之，如果研究參與者的咖啡因攝取量變異極大，有時可以只攝取 200 毫克，有時又可以攝取 1,200 毫克，平均 900 毫克，則研究者可以用較大的標準變化幅度，設定 CR_2 為降低 CR_1 的 50%，即降至 450 毫克。

6. **宜避免在標準設定上製造「人為天花板或地板效應」**；例如當標準訂為 5 時，只給研究參與者五道數學問題則不適當，雖然他們可能會回答少於五道問題，但是此安排亦會消除研究參與者表現超過標準的可能性，如此會給人「研究參與者已達最佳表現」的誤解（Cooper et al., 2007）。所以，當標準訂為 5 時，最好給研究參與者超過五道數學問題。
7. **預定標準不只設定為單一的標準，亦可以是範圍**（McDougall, 2005）。McDougall（2005）稱之為逐變標準設計的變型——**設定範圍的逐變標準設計**（range-bound changing criterion design）。McDougall 以他做的研究為例，旨在分析自我管理方案（包含目標設定、自我規畫和自我監控）對增進一位過重成人運動量之成效，結果如示例 2-32。示例 2-32 介入期中的 20 分／天……至 100 分／天是預定標準，例如 1 天慢跑 20 分鐘……至 100 分鐘。每個次階段的下面和上面的線是指，許可的最小和最大慢跑時間範圍線，以預定標準的上下 10% 為基準，例如 20 分／天的最小和最大慢跑時間範圍是 18 ～ 22 分／天，只有 100 分／天是以預定標準的上下 20% 為基準，最小和最大慢跑時間範圍是 80 ～ 120 分／天。設定最小和最大慢跑時間範圍的理由包括：避免運動量過多造成身體傷害、運動量過少導致無法漸進增加心血管耐受力的問題；以及可因應研究參與者每天的生理狀況，彈性調整慢跑的持續時間，例如若當天研究參與者較疲憊，可以跑低於預定標準的 10% 以內；而如果當天研究參與者精力充沛，可以跑高於預定標準的 10% 以內。McDougall 的研究發現，自我管理方案能逐步增進一位過重成人的慢跑持續時間，從基線期 1 天運動 0 至 40 分鐘，提高至 80 至 120 分鐘；撤除自我管理方案後，這位成人除了有 7 天運動量未達 80 至 120 分鐘，第 210 天急遽

示例 2-32 設定範圍的逐變標準設計

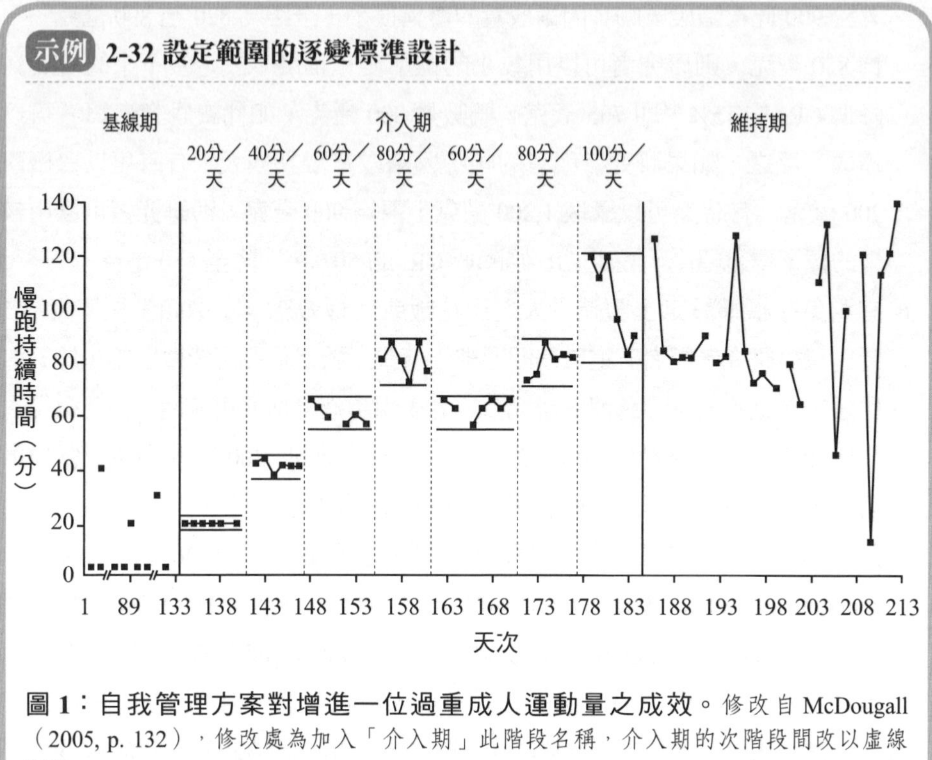

圖 1：自我管理方案對增進一位過重成人運動量之成效。修改自 McDougall（2005, p. 132），修改處為加入「介入期」此階段名稱，介入期的次階段間改以虛線隔開。

下降至 13 分鐘外（這是因為當天出現暴風雨閃電），其他皆能達到標準，甚至有 4 天超過 120 分鐘，顯示具有不穩定的維持成效。

五、決定次階段的長度

逐變標準設計中，因為每個次階段（即預定標準）是作為下一個次階段的基線資料，以比較研究參與者在依變項上的改變狀況，所以研究前，必須決定次階段的長度（Cooper et al., 2007）。在決定次階段的長度時，首先，研究者只能呈現**決定規則或策略**，**不宜預設明確的評量次數**，每個次階段都必須有足夠的長度，以展現依變項的穩定性，避免操之過急，也就是僅依變項在前一個標準上，**至少連續三點達到預定標準且保持穩定時**，才能改變至下一個標準，並且視實際的數據決定是否需延長，或是可跨越至下一個預定標準（Cooper et al., 2007）。由此可知，在逐變標準設計中，為了確認自變項和依變項之因果關係，次階段的長度不必完全一致，可視研究參與者的表現而定（Cooper et al., 2007; Tawney & Gast, 1984）。如示例 2-30，次階段的長度是至少連續三點達到預定標準且保持穩定時，才改變至下一個標準，而四個次階段的長度在五至八個點之間。

六、若遭遇達到標準的情況不穩定時可引進之前的標準

若遇到有時達到預定標準，有時卻達不到，以及未隨著預定標準逐步變化的研究參與者時，Kazdin（2011）建議可以「引進之前的預定標準」。如前述示例 2-30，若設定 CR_3 是 700，而研究參與者偶爾達不到預定標準時，則因應此問題的方法是，重新引進之前的標準（即 800），或設定成 750。前述示例 2-32，在 80 分／天這個次階段中，研究參與者有時達到 80 分／天此標準，有時達不到，就較難推論自變項與依變項之因果關係；因應此問題，研究者引進之前的標準（即 60 分／天），接著再進入 80 分／天此次階段。

第四節 比較介入設計之意涵與應用

如果我們能掌握一千種失敗的方法，離成功就不遠了。（Edison, n.d.）

比較介入設計能比較兩種以上的自變項，包括**多重介入設計**、**交替介入設計**，以及**同時介入設計**三種（Cooper et al., 2007）。比較介入設計可以探討兩種以上不同自變項間，抑或不同條件（例如：各種程度或強度、不同實施情境）下，單一自變項對依變項的效果是否有差異，以回答**差異性的研究問題**。除此，可探究行為的功能，抑或分析介入包裹中的哪個元素對介入成效是必要的，以回答**解釋性的研究問題**。以下先探討多重介入設計，接著再闡述交替介入設計之意涵與應用。

壹、多重介入設計之意涵與應用

以下探討多重介入設計之意義、優勢、弱勢和因應方式，以及應用原則。

一、多重介入設計之意義

多重介入設計係**倒返或撤回設計的變形與延伸**，它運用於比較兩種以上不同自變項間，或不同條件下單一自變項的差異，以回答**差異性的研究問題**（O'Neill et al., 2011）。其中比較的不同自變項可以是兩個以上的單一介入，也可以是單一介入和介入包裹間的差異；比較的不同條件下單一自變項，可以是比較各種程度或強度的單一自變項，抑或由不同教學或介入人員，於不同教學或學習時間、教學／學習地點或情境中實施單一自變項（例如：社交技巧教學方案），對依變項效果是否有差異。示例 2-33 是 A-B-C-B-C-A-C-A-C 設計，可以用來比較「A-B」、「A-C」和「B-C」（單一介入間）之差異，在 A-C 和 B-C 的比較上具備預測、驗證和複製三項基線邏輯，而 A-B 的比較只具備預測這項基線邏輯。若研究者只想比較 B 和 C 策略對依變項成效之差異，此設計可被接受，還可採用 A-B-C-A-C-B 設計，它費時較短；然而若研究者還想比較 A-B 和 A-C 策略，則 A-B- A-B-C-B-C-A-C-A-C 設計會較符合基線邏輯。示例 2-33 中 Kennedy 和 Sousa（1995）的研究比較，音樂和影片遊戲策略對極重度障礙者戳眼行為成效之差異，結果顯示，影片遊戲和音樂策略皆能減少極重度障礙者每小時的戳眼行為次數，影片遊戲相較於音樂策略在減少戳眼行為次數的效果更佳。

示例 2-34 是 A-B-BC-A-BC-B-BC 設計，可以用來比較比較「A-B」、「A-BC」和「B-BC」（單一介入和介入包裹間）之差異。示例 2-34 中 Falcomata、Roane、Hovanetz、Kettering 和 Keeney（2004）的研究比較，有無結合反應代價（response cost）策略之非後效增強對泛自閉症者不適當發出聲音之成效，結果顯示，有結合反應代價策略之非後效增強相較於沒有結合者，更能減少泛自閉症者不適當發出聲音之百分比。多重介入設計之基線邏輯可參見◉「比較介入設計之基線邏輯」影片。

示例 2-33 多重介入設計（A-B-C-B-C-A-C-A-C 設計）

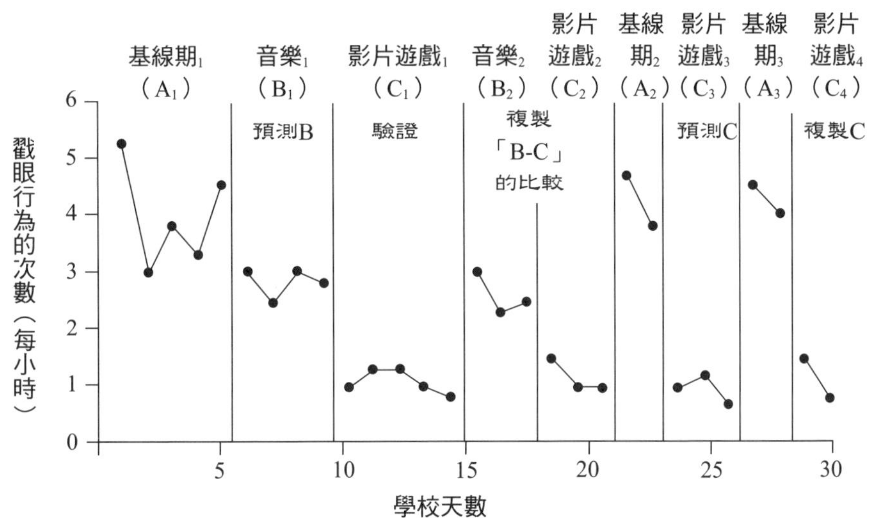

圖 1：比較音樂和影片遊戲策略對極重度障礙者戳眼行為之成效。「預測 B」是指若 B 策略有效下預測依變項的資料路徑，「預測 C」是指若 C 策略有效下預測依變項的資料路徑。「驗證」是指對「B-C」比較的驗證，由圖可知：C 的介入成效大於 B。複製「B-C」的比較是指對「B-C」比較的複製，由圖可知：再次複製了第一次的結果。由此可知，「B-C」的比較最少要引進兩次，才能包含基線邏輯的三個要素。在「B-C」比較之後引進「A-C」的比較，以因應「C 會有效是在 B 之後被引進」的質疑。「複製 C」是指再次引進 C 策略，複製了 C_1、C_2 和 C_3 的介入效果。修改自 Kennedy 和 Sousa（1995, p. 33），修改處為加入基線邏輯和符號的說明。

示例 2-34 多重介入設計（A-B-BC-A-BC-B-BC 設計）

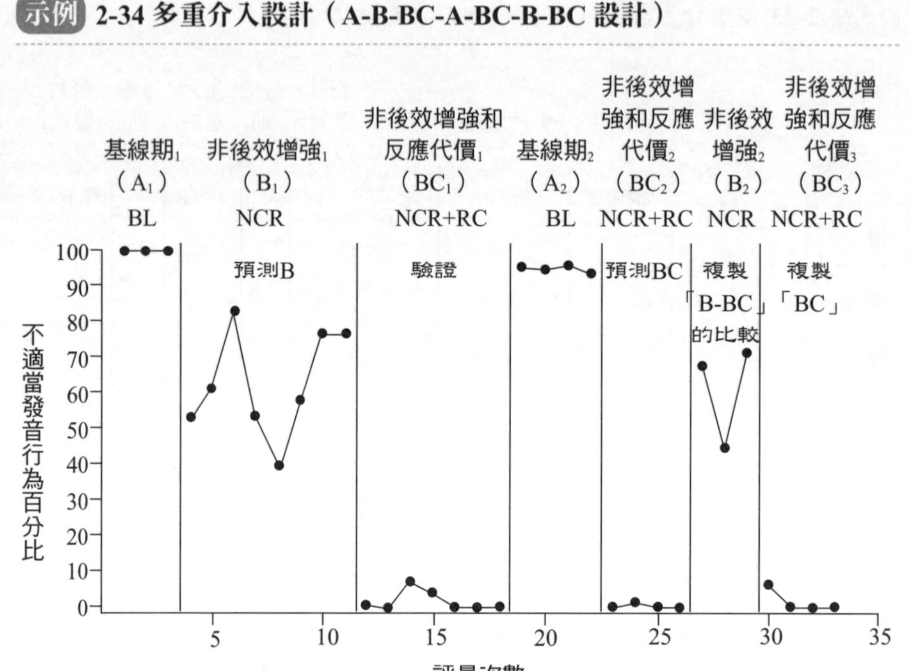

圖 1：比較有無結合反應代價策略之非後效增強對自閉症者不適當發音行為之成效。「預測 B」是指若 B 策略有效下預測依變項的資料路徑，「預測 BC」是指若 BC 策略有效下預測依變項的資料路徑。「驗證」是指對「B-BC」比較的驗證，由圖可知：BC 的介入成效大於 B。複製「B-BC」的比較是指對「B-BC」比較的複製，由圖可知：再次複製了第一次的結果。「複製 BC」是指再次引進 BC 策略，複製了 BC_1 的介入效果。由此可知，「B-BC」的比較最少要引進兩次，才能包含基線邏輯的三個要素。修改自 Falcomata 等人（2004, p. 85），修改處為將空心圓換成實心圓的標記，以及加入基線邏輯和符號的說明。

除此，多重介入設計可探究行為的功能，抑或分析介入包裹中的哪個元素對介入成效是必要的，以回答**解釋性的研究問題**。示例 2-35 功能分析不同工作難度下，一位研究參與者攻擊行為的發生率，結果發現，於基線期未給予工作要求，研究參與者攻擊行為是 0，提供「簡單工作」相較於「困難工作」，攻擊行為的發生率降低。

示例 2-35 以多重介入設計分析目標行為的功能

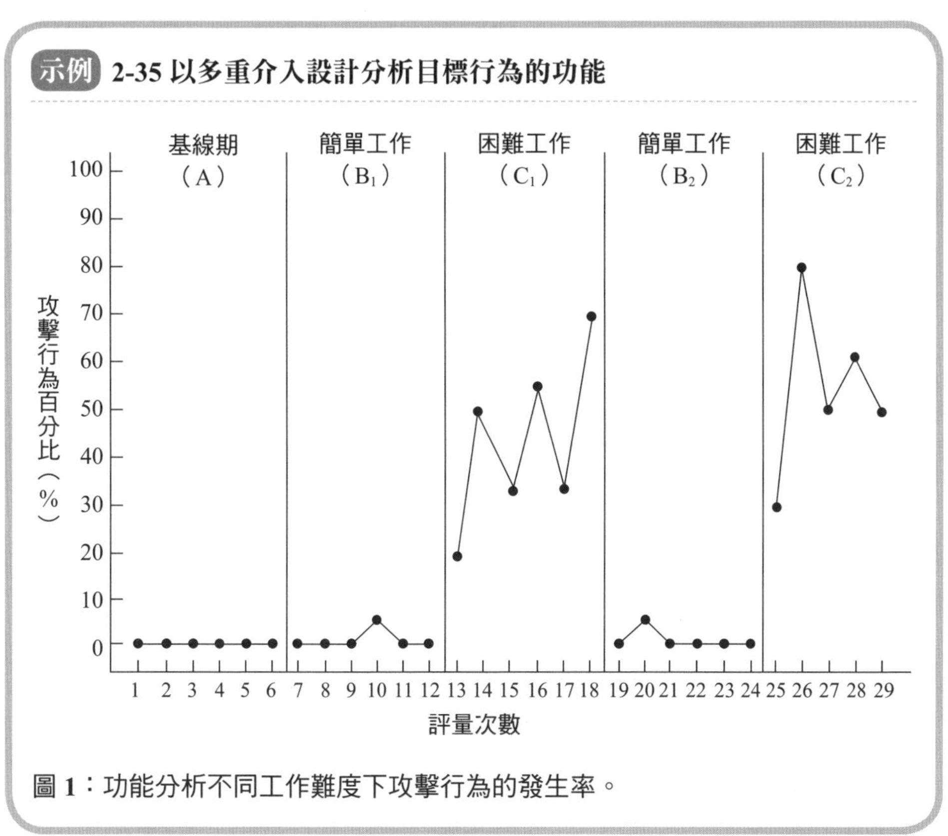

圖 1：功能分析不同工作難度下攻擊行為的發生率。

宜注意的是，多重介入設計只能比較**鄰近階段的安排或自變項**（Tawney & Gast, 1984），表 2-6 舉例說明能比較和不能比較之狀況，例如 A-B-A-B-C-B-C 設計只能直接比較「A 和 B」及「B 和 C」之差異，但無法比較「A 和 C」之差異，見問題討論 2-4。

表 2-6

多重介入設計能比較和不能比較之狀況

多重介入設計的類型	能比較	不能比較
A-B-A-B-C-B-C 設計	「A-B」和「B-C」之差異。	「A-C」之差異。
A-B-C-A-C-D 設計	「A-B」、「A-C」、「B-C」和「C-D」之差異。	「B-D」和「A-D」之差異。
A-B-A-C-A-D-A-C-A-D 設計	「A-B」、「A-C」和「A-D」之差異。	「B-C」、「B-D」和「C-D」之差異。
A-B-BC-A-B-BC 設計	「A-B」和「B-BC」之差異。	「A-C」、「B-C」「A-BC」和「C-BC」之差異。
A-B-A-BC 設計	「A-B」和「A-BC」之差異。	「B-BC」和「C-BC」之差異。

問題討論 2-4 多重介入設計之安排

一篇研究欲比較有無結合動物輔助治療（C）之社會故事教學（B），對增進泛自閉症者適當社會互動行為成效之差異，研究者採用 A-B-A-BC 設計。此安排是否適當？

☛ A-B-A-BC 設計只能比較「A-B」和「A-BC」之差異，僅可回答以下兩項研究問題：（1）社會故事教學（B）是否能增進泛自閉症者的適當社會互動行為？（2）結合動物輔助治療之社會故事教學（BC）是否能增進泛自閉症者的適當社會互動行為？但不能比較「B-BC」之差異，不可以回答：（1）有無結合動物輔助治療之社會故事教學，對增進泛自閉症者適當社會互動行為成效是否有差異？（2）有結合動物輔助治療之社會故事教學，對增進泛自閉症者適當社會互動行為，是否比無結合者較有效果？若要回答此問題，則要採用 A-B-BC-A-BC-B 設計。

二、多重介入設計之優勢

多重介入設計有以下兩項優勢：

1. 可運用於比較兩種以上不同自變項間，或不同條件下單一自變項的差異，以回答**差異性的研究問題**。此外，可探究行為的功能，抑或分析介入包裹中的哪個元素對介入成效是必要的，以回答**解釋性的研究問題**。
2. 當由於種種原因（例如：原先安排的自變項無效），研究者必須改變自變項時，便可採系列的方式改變它，例如從原先的 B 改成 C 介入，並且比較不同自變項之間的成效差異，它**具有「彈性」的優勢**（Tawney & Gast, 1984）。

三、多重介入設計之弱勢和因應方式

多重介入設計的弱勢有以下兩點，筆者進一步提出因應這些弱勢的方式。第一，**序列效應**（sequence effect，又譯為「系列效應」）會干擾兩種以上自變項成效比較的內在效度，它是指研究參與者僅按一種次序接受不同的自變項，導致自變項成效比較上的混淆結果（Kazdin, 2011）。Goodwin（2010）指出有兩種序列效應，一種是**次序效應**（order effect），也就是不同自變項安排的次序對依變項效果比較產生的影響，變動 B 介入和 C 介入的次序對依變項效果是否會不同？例如研究參與者先接受 B 介入，因不熟悉實驗情境和缺乏練習，導致在 B 介入下表現較差，之後接受 C 介入，因有前次的經驗，對實驗情境已熟悉，加上有練習過，故表現較 B 介入好，此次序對後面的介入產生了**增進的效果**；反之，亦有可能研究參與者接受 B 介入後產生疲勞和厭煩的情緒，而在接受 C 介入後表現較差，此次序對後面的介入產生了**抑制的效果**，這些都不是 B 和 C 兩種介入本身造成的差異，而是固定次序導致的結果。

另一種序列效應是**轉嫁效應**（carry-over effect，或譯為「延續效應」、「遺留效應」），也就是前一個自變項對依變項的影響會轉嫁至下一個自變項，兩種自變項產生交互作用（Goodwin, 2010）。許天威（2003）指出有「對比」和「誘導」性質的轉嫁效應兩種，對比性質的轉嫁效應是指兩種自變項有明顯的對比，使得前一個自變項轉嫁一些作用力至下一個自變項。例如吃很甜的水果（如：香瓜）之後再吃很酸的水果（如：葡萄柚），酸甜對比的結果，香瓜的甜味將轉嫁至葡萄柚，而讓它嚐起來更酸；又例如對學生的負向行為，採取隔離 30 分鐘的策略之後，再使用隔離 5 分鐘的策略，長短對比的結果，使得隔離 5 分鐘與之前的 30 分鐘相較微不足道，因而失去其降低負向行為的效能。誘導性質的轉嫁效應是指前一個自變項轉嫁並誘導下一個自變項的效能（許天威，2003），例如之前使用的示範和行為演練策略（BC 策略），轉嫁並誘導之後僅使用示範策略（B 策略）對依變項的效果，導致僅使用 B 策略仍然產生如同 BC 策略的效果，不易區辨 B 和 BC 兩種策略間的差異。為因應此弱勢，宜**妥善決定自變項的引進次序**，詳述於下文「應用原則」的第二點。

第二，**實施耗時可能會造成內在效度的危機**，例如歷史與成熟因素的威脅可能發生，但並非在每一種比較的自變項中都會發生（Richards et al., 2013; Tawney & Gast, 1984）。為因應此弱勢，**每一種自變項的實施時間不宜太長，以蒐集五次評量資料為適當**（Alberto & Troutman, 2008）。

四、多重介入設計之應用原則

採取多重介入設計時宜注意以下六項原則：

1. **基線期至少連續三點呈現穩定的未改善趨勢**後，才進入介入期（Tawney & Gast, 1984）。
2. **妥善決定自變項的引進次序**，若研究參與者超過一人，最好在不同參與者上，**採用不同的次序引進自變項**，及**中間引進基線期**，以抵銷「**序列效應**」問題（Kazdin, 2011）。例如研究參與者甲採用 A-B-C-A-B-C 設計，研究參與者乙採用 A-C-B-A-C-B 設計。若研究參與者只有一人，則宜採取 A-B-C-A-C-B 或 A-B-BC-A-BC-B 設計。
3. 由於多重介入設計只能比較鄰近階段的安排或自變項，所以要釐清研究者欲比較的是什麼，而後**妥善安排比較的階段或自變項**，並且**引進比較的自變項兩次**，例如採取 A-B-C-A-C-B 設計，而不是 A-B-C 設計，「B 和 C」的比較被引進兩次，如此才能反映基線邏輯的要素，以及顯示出每種自變項和依變項間的因果關係（Tawney & Gast, 1984）。根據第二點和本點的應用原則，筆者整理出較佳和不佳之多重介入設計類型，並且說明理由如表 2-7。

表 2-7

較佳和不佳之多重介入設計的比較

研究目的	較佳的實驗設計 【較佳的理由】	不佳的實驗設計 【不佳的理由】
比較單一介入（以兩個介入為例）間對依變項的成效差異	1. A-B-C-A-C-B 設計 2. A-B-C-A-C-B-C 設計 【能比較「A-B」、「A-C」和「B-C」之差異，符合基線邏輯的要素，包含「預測 B」、「B-C 和 C 驗證」及「複製 B-C 的比較」。兩種設計為抵銷「序列效應」，以及排除兩種策略互相影響產生的干擾問題，更換「B-C」的次序，並在「B-C」比較的中間引進基線期，只是 A-B-C-A-C-B-C 設計多加一個「C」，再做一次複製，以確認「C」相較於「B」是更有效的，適用於 C 策略較有效的情況下，實驗宜終止於有效的策略。】 3. A-B-C-B-C-A-C-A-C 設計 【能比較「A-B」、「A-C」和「B-C」之差異，符合基線邏輯的要素，包含「預測 B 和 C」、「A-C 和 B-C 驗證」，以及「複製 A-C 和 B-C 比較」。此設計雖然未更換「B-C」的次序，以及	1. A-B-C 設計 【只能比較「A-B」和「B-C」之差異，在基線邏輯上少了「B-C」比較的複製，而且會被人質疑 C 策略會有效是受 B 策略的影響。】 2. A-B-C-B 設計 3. A-B-C-B-C 或 A-B-C-B-C-B-C 設計 4. A-B-A-B-C-B-C 設計 5. A-B-A-C-B-C-B 設計 【四種設計皆能比較「A-B」，以及「B-C」之差異，符合基線邏輯的要素，包含「預測 B」、「B-C 驗證」和「複製 B-C 的比較」。A-B-A-B-C-B-C 設計還多了「複製 B」；A-B-A-C-B-C-B 設計還多了「預測 C」此要素，可以比較「A-C」，但是研究目的在比較「B-C」，而非「A-B」和「A-C」。再者，這些設計都不能抵銷「序列效應」問題；而馬上「複製 B-C 的比較」，兩種策略會互相影響，因而干擾了策略成效差異之比較。】

（續）

表 2-7（續）

研究目的	較佳的實驗設計 【較佳的理由】	不佳的實驗設計 【不佳的理由】
	在「B-C」比較的中間引進基線期，但在「B-C」比較之後引進「A-C」的比較，以因應 C 會有效是「B 產生增進或誘導序列效應」的質疑；而如果是 B 有效，亦有可能是「B 產生抑制或對比的序列效應」，造成 C 無效，在「B-C」比較之後引進「A-C」的比較，同樣能因應此質疑。此外，若研究目的還想比較「A-C」，則可採取此設計，否則 A-B-C-A-C-B 設計會較有效率。】	6. A-B-C-A-B-C 設計 【能比較「A-B」、「B-C」以及「C-A」之差異，符合基線邏輯的要素，包含「預測 B」、「C 和 B-C 驗證」及「複製 B-C 的比較」；中間引進基線期，可以因應兩種策略互相影響的問題，但是仍然存在「序列效應」問題。】
比較單一介入（以三個介入為例）間對依變項的成效差異	A-B-C-D-B-A-D-A-C-B-D-C 設計【能比較「A-B」、「A-C」、「A-D」、「B-C」、「C-D」、「D-B」之差異，包含「預測 B、C、D」，「驗證 B-C、C-D、D-B」，以及抵銷序列效應之「C-B、B-D、D-C 的比較複製」，亦可以採用 A-B-C-D-B-A-C-A-D-C-B-D 設計。】	A-B-C-D-B 或 A-B-C-D-B（-A-B）-C-D-B 設計【如同上述，A-B-C-D-B 在基線邏輯上，少了「B-C、C-D、D-B」比較的複製。A-B-C-D-B（-A-B）-C-D-B 未控制「序列效應」問題。】
比較單一介入和介入包裹間對依變項的成效差異	1. A-B-BC-A-BC-B 設計 2. A-B-BC-A-BC-B-BC 設計 3. A-B-BC-B-BC-A-BC-A-BC 設計 【三者皆能比較「A-B」、「A-BC」和「B-BC」之差異，並且符合基線邏輯的要素，包含「預測 B」、「BC 和 B-BC 驗證」及「複製	1. A-B-BC 設計 【只能比較「A-B」和「B-BC」之差異，在基線邏輯上少了「B-BC」比較的複製，而且會被人質疑 BC 策略會有效是受 B 策略的影響。同理，A-BC-B 亦是不佳的實驗設計。】 2. A-B-BC-B 設計

表 2-7（續）

研究目的	較佳的實驗設計 【較佳的理由】	不佳的實驗設計 【不佳的理由】
比較單一介入和介入包裹間對依變項的成效差異	B-BC 的比較」。前兩個設計為抵銷「序列效應」，以及排除兩種策略互相影響產生的干擾問題，更換「B-BC」的次序，並在「B-BC」比較的中間引進基線期，只是 A-B-BC-A-BC-B-BC 設計多加一個「BC」，再做一次複製，以確認「BC」相較於「B」是更有效的，適用於 BC 策略較有效的情況下，實驗宜終止於有效的策略。雖然 A-B-BC-B-BC-A-BC-A-BC 設計未更換「B-BC」的次序，以及在「B-BC」比較的中間引進基線期，但在「B-BC」比較之後引進「A-BC」的比較，以因應 BC 有效或無效是「B 產生增進／誘導或抑制／對比序列效應」的質疑。此外，若研究目的還想比較「A-BC」，則可採取此設計，否則 A-B-BC-A-BC-B 設計會較有效率。】	3. A-B-BC-B-BC 或 A-B-BC-B-BC-B-BC 設計 4. A-B-A-B-BC-B-BC 設計 5. A-B-A-BC-B-BC-B 設計 【四種設計皆能比較「A-B」，以及「B-BC」之差異，符合基線邏輯的要素，包含「預測 B」、「B-BC 驗證」和「複製 B-BC 的比較」，A-B-A-B-BC-B-BC 設計還多了「複製 B」，A-B-A-BC-B-BC-B 設計還多了「預測 BC」此要素，可以比較「A-BC」，但是研究目的在比較「B-BC」，而非「A-B」和「A-BC」。再者，這些設計都不能抵銷「序列效應」問題；而馬上「複製 B-BC 的比較」，兩種策略會互相影響，因而干擾了策略成效差異之比較。同理，B 和 BC 對調，例如 A-BC-B-BC 亦是不佳的實驗設計。】 6. A-B-BC-A-B-BC 設計 【只能比較「A-B」以及「B-BC」之差異，符合基線邏輯的要素，包含「預測 B」、「B-BC 驗證」和「複製 B-BC 的比較」，可以因應兩種策略會互相影響的問題，但是仍然存在「序列效應」問題。同理，B 和 BC 對調亦是不佳的實驗設計。】

4. 比較的自變項最好不要太多，**最多三種**。
5. **不同自變項蒐集的資料點數最好相同**（Kazdin, 2011）。前文示例 2-33 中 B_2 和 C_2 蒐集的資料點數皆是三點；但示例 2-33 中 B_1 和 C_1 及示例 2-34 中 B_1 和 BC_1，皆相差一個資料點，兩篇研究的研究者表示因為突發狀況所致。
6. 決定哪一種自變項有效的策略是，檢視何者最快達到「預定標準」，也就是**達到標準的嘗試數**（trials-to-criterion）最少；如果一樣多，則計算實施這些自變項後依變項的平均水準，看哪一個比較佳（Cooper et al., 2007）。第肆章第一節會詳述達到標準的嘗試數紀錄。

貳、交替介入設計之意涵與應用

以下探討交替介入設計之名稱與意義、和同時介入設計之比較、交替介入設計的形態、優勢、弱勢，以及應用原則。

一、交替介入設計之名稱與意義

交替介入設計一詞由 Barlow 和 Hayes（1979）提出，較早之前又被稱作**多重時間表設計**（multiple schedule design）（Hersen & Barlow, 1976）、**隨機化設計**（randomization design）（Edgington, 1967）、**多元素基線設計**（multielement baseline design）（Sidman, 1960），或**多元素設計**（multielement design）（Ulman & Sulzer-Azaroff, 1975）；但其也被誤稱為**同時介入（或處理）設計**（simultaneous treatment design），或**同時的時間表設計**（concurrent schedule design）（Richards et al., 2013）。

交替介入設計運用於比較兩種以上不同自變項間，或不同條件下單一自變項的差異，以回答**差異性的研究問題**（O'Neill et al., 2011）。其中比較的不同自變項可以是兩個以上的單一介入，也可以是單一介入和介入包裹間的差異；比較的不同條件下單一自變項，可以是比較各種程度或強度的單一自變項，抑或由不同教學或介入人員，於不同教學或學習時間、教學／學習地點或情境中實施單一自變項（例如：社交技巧教學方案），對依變項效果是否有差異。除此，可探究行為的功能，抑或分析介入包裹中的哪個元素對介入成效是必要的，以回答**解釋性的研究問題**。

二、交替介入設計和同時介入設計之比較

Hersen 和 Barlow（1976）指出在比較兩種以上自變項對依變項成效之差異，有兩種時間表的安排，一種是**多重的時間表**，一種是**同時的時間表**，前者是兩種以上的自變項在實施時間上快速交替，像是隔天交替、一天中不同時間（例如：上、下午）交替，交替介入設計採取多重時間表；而後者是同時實施兩種以上的介入，即 Kazdin 和 Hartmann（1978）所云的**同時介入設計**，抑或 Richards 等人（2013）所言的**同時的時間表設計**，Ledford 和 Gast（2014）所謂的**同時操作設計**（concurrent operant design）。

Richards 等人（2013）舉例說明同時介入設計：研究者欲比較口語斥責和勞動懲罰對一位學生辱罵行為的成效差異，作法為在基線期蒐集無介入的行為資料後，於介入期第一週，當學生辱罵普通教育教師時，他受到口語斥責；而當學生辱罵特殊教育教師時，他受到勞動懲罰；第二週則交換過來，由普通教育教師執行勞動懲罰，特殊教育教師實施口語斥責，以此類推，這是為避免「教師個人特徵」（例如：教師的年齡等生理特徵、親和力等心理特徵）對兩種策略在辱罵行為成效比較的干擾。筆者模擬假設性資料見示例 2-36，資料顯示，勞動懲罰相較於口語斥責策略，更能降低這位學生辱罵行為的出現率。同時介入設計之基線邏輯可參見「比較介入設計之基線邏輯」影片。

同時介入設計的優勢為，它**最接近應用情境的狀況**，比其他比較介入設計**在決定自變項的效能上費時較少**（Richards et al., 2013）。弱勢為**有困難同時介入三個以上自變項**，以比較其效能的差異。除此，若**實施人員不具備執行自變項的能力**，則會影響不同自變項對依變項成效比較。**固定由某位人員實施某種策略，可能會造成「人員個人特徵」對不同自變項對依變項成效比較的干擾**。因應此弱勢的作法包括：同時介入並比較兩個自變項，避免超過三個。再者，研究者宜做更縝密的計畫，安排不同的人員皆有均等的機會實施欲比較的自變項，並且訓練實施人員具備執行自變項的能力，以及持續監控他們是否依計畫的內容執行某個

示例 2-36 同時介入設計

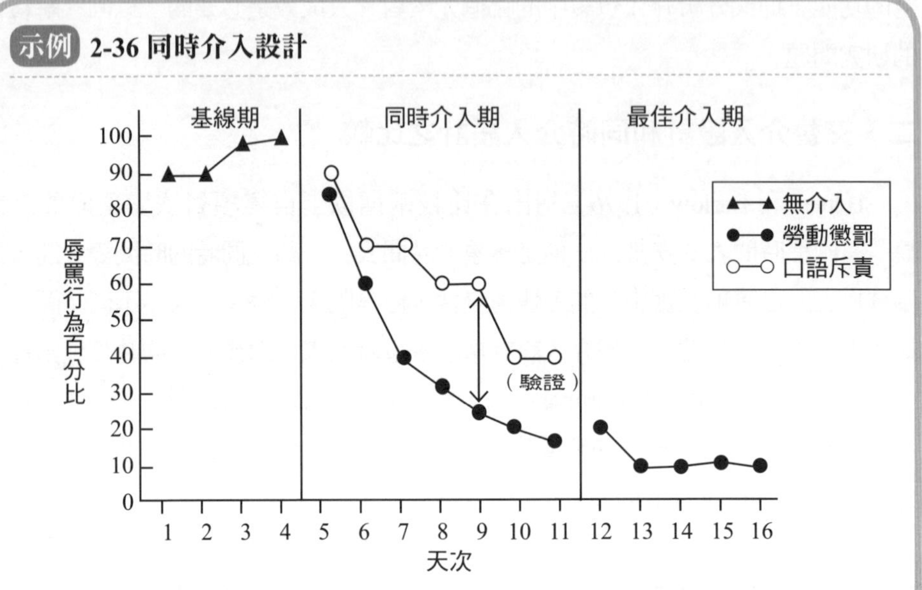

圖 1：比較勞動懲罰和口語斥責對學生辱罵行為之成效差異。「預測」意味引進自變項（勞動懲罰和口語斥責策略）後，辱罵行為減少。「驗證」意指驗證勞動懲罰和口語斥責策略對辱罵行為效果的差異，勞動懲罰的效果已和口語斥責區分開來，最快減少到 20%。「複製」是指再採用勞動懲罰策略，複製了同時介入期它的效果；除此，可因應於介入期同時引進兩種策略所產生「歸納效應」的問題。

自變項，沒有混淆不清的情形。Cooper 等人（2007, p. 188）表示：

> 一些採取以同時介入設計發表的研究，實際上是採用交替介入設計；真正運用同時介入設計之研究僅有一篇，即 Browning 於 1967 年的研究——比較三種策略在降低一位 10 歲男孩自誇行為的成效。

由此可知，交替介入設計採取**多重時間表**，是指在實施時間上快速交替兩個以上的自變項，它可以因應前述多重介入設計**耗時**和**序列效應**的問題。而同時介入設計運用同時的時間表，同時實施兩種以上的介入，故不能將交替介入設計誤稱為同時介入或同時的時間表設計。

三、交替介入設計的形態

交替介入設計的形態有以下四種。

（一）沒有「無介入」的單一階段交替介入設計

此設計適用於做目標行為功能分析，也就是**多元素設計**或**多元素基線設計**（Holcombe, Wolery, & Gast, 1994）。例如 Hanley、Piazza、Fisher 和 Maglieri（2005）的研究分析，在注意、物品、逃避、獨處和控制五種情境下問題行為每分鐘的發生次數，以解釋行為的功能，作為設計行為介入策略的基礎，見示例 2-37，這五種情境的安排可參見鈕文英（2016）第陸章。研究結果發現，傑（Jay）問題行為最常出現於「注意」，顯示其問題行為的功能在「引起注意」（Hanley et al., 2005）。

示例 2-37 以多元素設計分析目標行為之功能

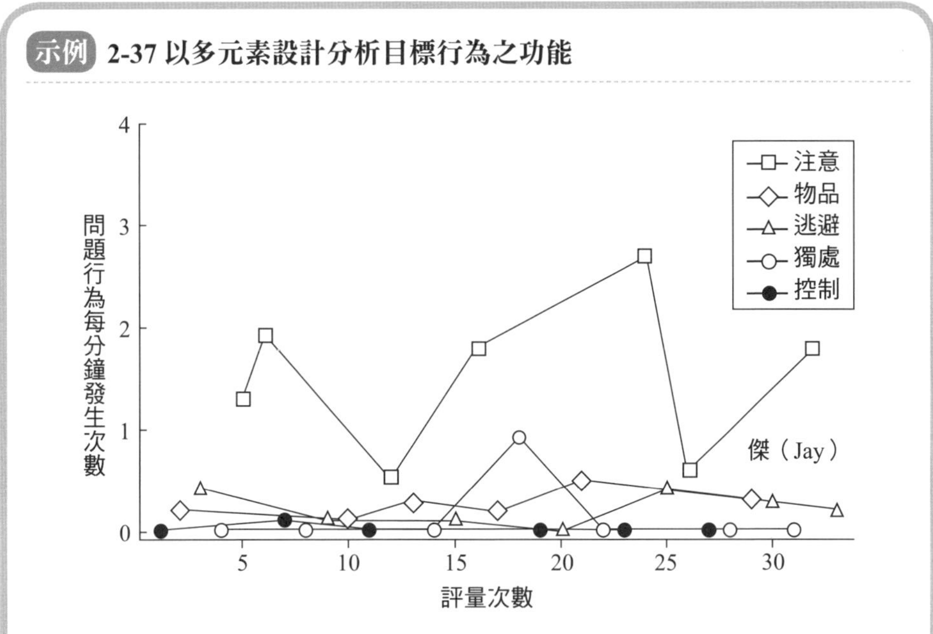

圖 1：功能分析五種情境下問題行為的發生次數。取自 Hanley 等人（2005, p. 58）。

另外，多元素設計可以比較不同自變項對依變項效果的差異，見示例 2-38。示例 2-38 的研究在比較兩種音樂刺激（B 是節奏感不明顯、輕柔的音樂，C 是節奏感明顯、強烈的音樂）對泛自閉症者尖叫行為的成效，結果發現，音樂刺激 C 較能減少泛自閉症者尖叫行為的次數。

示例 2-38 沒有「無介入」之單一階段交替介入設計

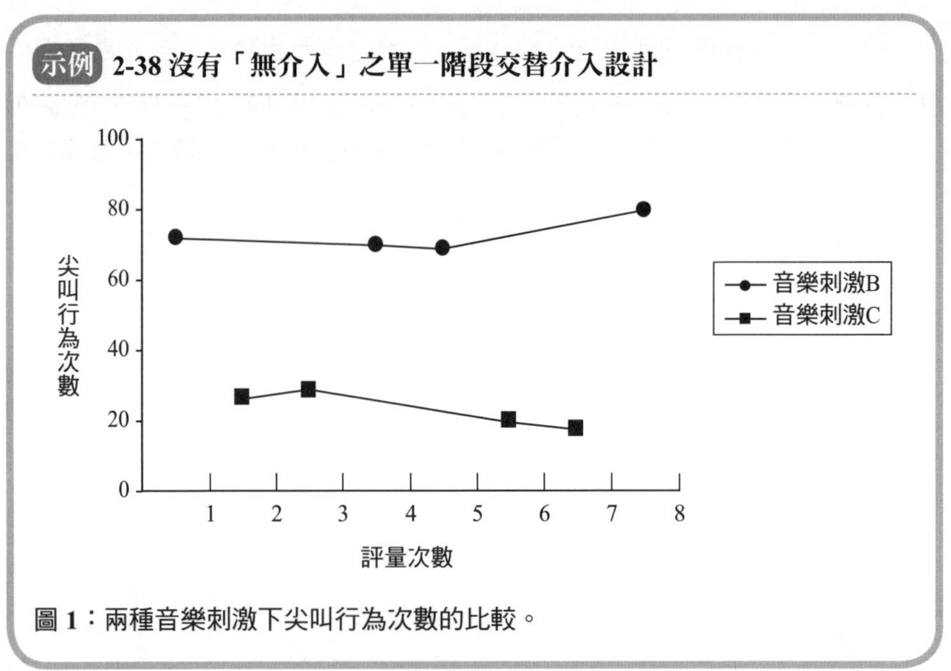

圖 1：兩種音樂刺激下尖叫行為次數的比較。

示例 2-39 中，第 2 至第 5 個點研究者蒐集實施「有遊戲」和「增加遊戲」後，學生拼寫正確的字數似乎受前面策略實施的影響而增高，第 6 個點無介入後，再蒐集第 7 個點有遊戲的拼寫正確字數則突然下降，表示實施有遊戲後的前兩個點（即第 2 和第 4 個點）受到增加遊戲的影響；而實施增加遊戲後，後六個點學生皆達到 5 個拼寫正確字數，非常穩定。至於無介入，可能受到有介入的影響而增高，例如第 11 個點受到第 10 個點增加遊戲的影響以致上升。示例 2-39 的研究結果發現，增加遊戲相較於有遊戲，能提升國小學生拼寫正確的字數（Morgan, 1978；引自 Cooper et al., 2007, p. 190）。

（二）包含「無介入」的單一階段交替介入設計

此設計可比較包含「無介入」下，兩種以上自變項對依變項的差異；然而，在「無介入」下觀察到的資料可能無法代表介入前依變項的反應水準，因為它可能受到「有介入」的影響（Cooper et al., 2007），見示例 2-39。

示例 2-39 包含「無介入」的單一階段交替介入設計

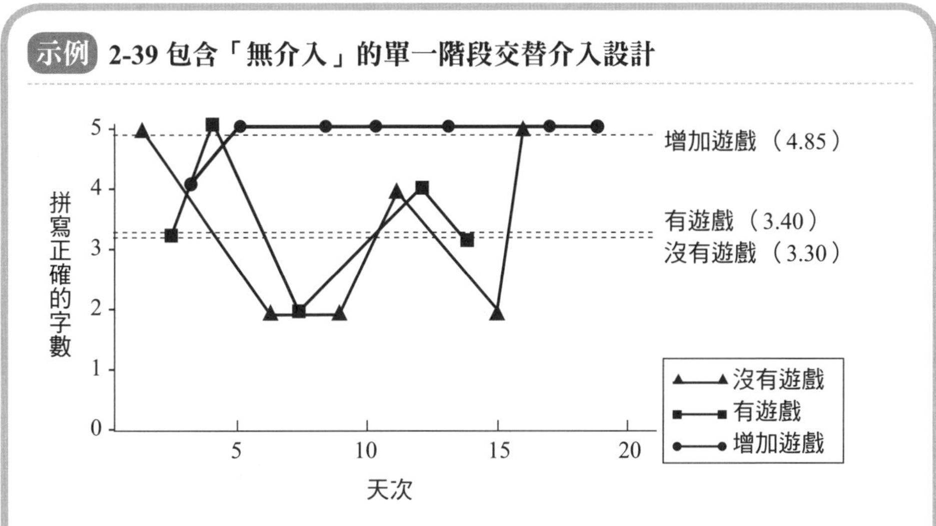

圖 1：比較無介入和兩種自變項（有遊戲和增加遊戲）對國小學生拼寫正確字數之成效。虛線表示階段平均水準。資料來源為 Morgan（1978；修改自 Cooper et al., 2007, p. 190），修改處為以圖框說明標記，以及將遊戲的空心矩形框改成實心矩形框。

（三）包含「基線期」的兩階段交替介入設計

此設計首先是基線期，接著是兩種以上的交替介入期（可能帶進「無介入」與兩種以上自變項交替，特別適用在基線期評量資料不穩定的狀況）（Cooper et al., 2007），見示例 2-40。示例 2-40 呈現 Singh 和 Singh（1985）的研究，它在比較提供字詞和分析字詞兩種錯誤矯正程序，對智能障礙學生口語閱讀錯誤效果的差異，結果發現分析字詞（即指出學生唸讀的錯誤並分析正確的唸讀方式）相較於提供字詞（即指出學生唸讀的錯誤並提供正確的唸讀方式），更能減少智

示例 2-40 包含「基線期」的兩階段交替介入設計

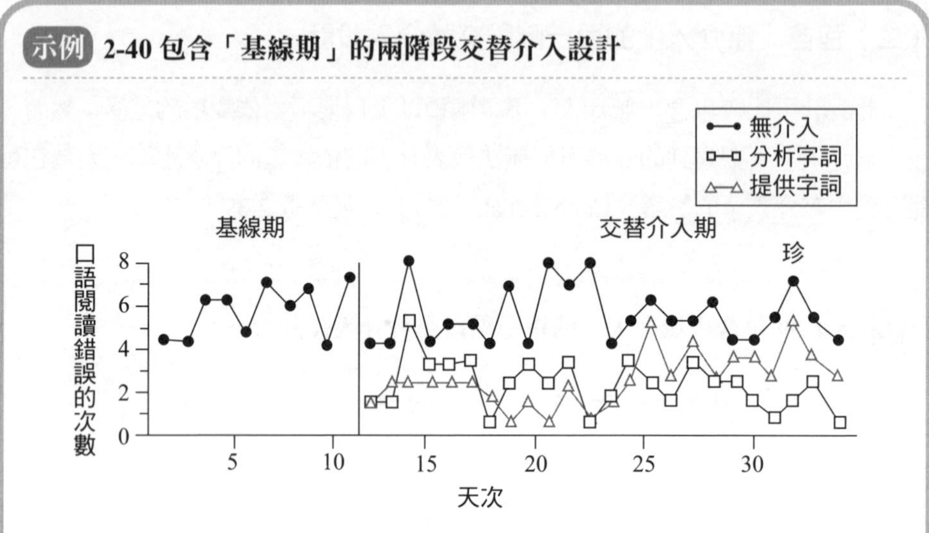

圖 1：比較提供字詞和分析字詞對智能障礙學生口語閱讀錯誤之成效。未依交替的次序畫出易被誤解為同時介入設計。修改自 Singh 和 Singh（1985, p. 67），修改處為僅呈現四位研究參與者中的珍（Jane）為例，並加上橫軸的刻度。

能障礙學生口語閱讀錯誤的次數，最快達到降低口語閱讀錯誤次數至 1 以下的標準（於第 18 個資料點），且平均錯誤次數最少。另外，交替介入設計亦可以比較不同條件下的單一自變項對依變項的差異，例如 Raver、Bobzien、Richels、Hester 和 Anthony（2014）的研究比較在隔離和融合安置下實施的社會故事，對增進學前聽覺障礙幼兒溝通和社會技能的成效。

（四）包含基線期與最佳介入期的三階段交替介入設計

此設計首先是基線期，接著是兩種以上的交替介入期（可能帶進「無介入」與兩種以上自變項的交替），最後是最佳介入期（僅單獨執行最有效的介入方案）（Cooper et al., 2007），見示例 2-41。交替介入設計之基線邏輯可參見「比較介入設計之基線邏輯」影片。示例 2-41 的研究比較非後效注意（noncontingent attention，即在個體尚未出現行為問題之前即給予他想獲得的注意）和隔離（time-out）對注意力不足／過動症學生干擾行為效果的差異，結果

示例 2-41 包含基線期與最佳介入期之三階段交替介入設計

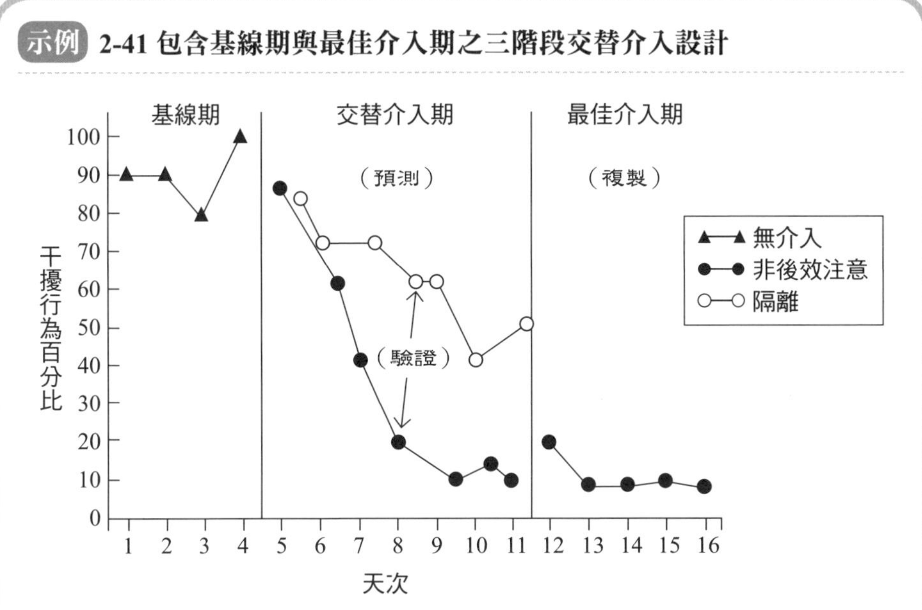

圖 1：比較非後效注意和隔離策略對注意力不足／過動症學生干擾行為之成效。「預測」意味引進自變項（非後效注意和隔離策略）後，注意力不足／過動症學生干擾行為減少。「驗證」意指驗證非後效注意和隔離策略對干擾行為成效的差異，非後效注意策略的效果已和隔離策略區分開來，最快減少到 20%。「複製」是指採用非後效注意策略，複製了交替介入期非後效注意策略的效果；除此，可因應於介入期兩種策略交替引進所產生「歸納效應」的質疑。

發現非後效注意相較於隔離策略，更能減少注意力不足／過動症學生干擾行為的出現率，最快減少到 20%。

除上，有研究結合交替和多重介入設計，進行**元素分析**，例如 Cooper 等人（1995）對於餵食異常兒童，以「接受的咬食數」和「吸收的數量」（以立方公分計）為依變項，在一連串「多重介入期」內，使用「交替介入的比較」，以界定介入包裹中產生效果的變項，見示例 2-42。示例 2-42 中介入期採用暖身活動、提供選擇、後效注意和逃離削弱四項策略〔BCDE，這四種策略的意涵可參見鈕文英（2016）〕，交替介入期$_1$進行有無撤除 C 策略（即 BCDE 與 BDE）之比較；交替介入期$_2$進行有無撤除 B 策略（即 BDE 與 DE）之比較；交替介

示例 2-42 結合交替和多重介入設計進行元素分析

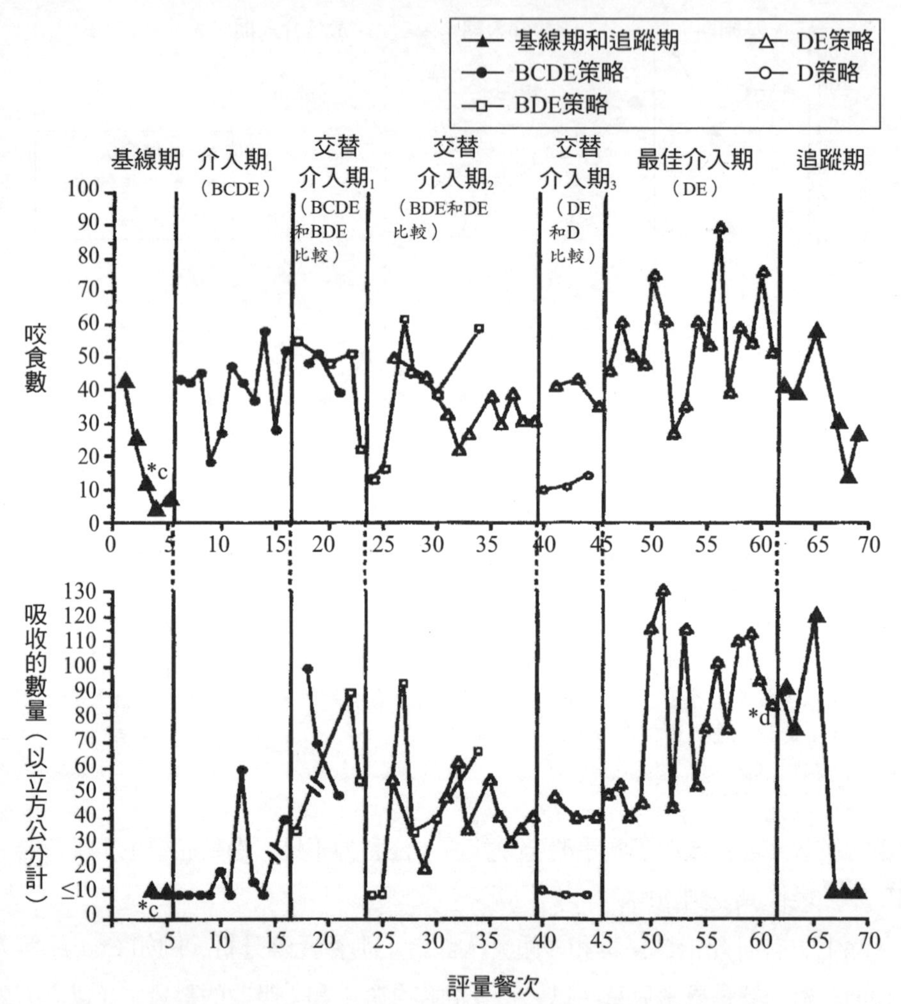

圖 1：介入包裹對餵食異常兒童咬食數和吸收數量效果的元素分析。B 代表暖身活動，C 代表提供選擇，D 代表後效注意，E 代表逃離削弱；*c 表示開始進行住院病人的評估，*d 表示訓練父母進行探測。修改自 Cooper 等人（1995, p. 150），修改處為以下標數字顯示介入期的次序；以及刪除折線上的策略說明，並加入主調說明不同幾何圖形標記的意義。

入期$_3$進行有無撤除 E 策略（即 DE 與 D）之比較。由交替介入期$_1$至交替介入期$_2$，依次減少介入包裹中的一項策略，對依變項的影響似乎不大；而交替介入期$_3$在比較有無撤除 E 策略對依變項的影響，結果發現有差異，僅實施 D 策略（即後效注意），依變項的效果回到基線期的狀態，而採取 DE 策略（即後效注意和逃離削弱）則能維持交替介入期$_2$的水準；故於最佳介入期使用 DE 策略，研究發現依變項再次提升，這顯示此介入包裹中「逃離削弱」是產生效果的重要元素。此種設計結合交替和多重介入設計的優勢，又可以藉由最佳介入期，比較單獨實施一種介入和交替實施兩種以上介入之差異，以檢視是否產生歸納效應（induction effect）的問題。

三、交替介入設計之優勢

交替介入設計具有下列五點優勢：

1. **不須撤回自變項以展現實驗控制**，又**可避免多重介入設計序列效應的問題**，且容許研究者**盡快確認不同自變項的效果**，這對研究參與者有助益，如此他們才不須忍受無效的自變項（Cooper et al., 2007; Wolery, Gast, & Ledford, 2014）。
2. 可進一步**分析介入包裹中的哪個元素對介入成效是必要的**，以及**各種程度或強度的單一自變項對依變項的效果是否有差異**（Cooper et al., 2007）。例如 Carr 等人（1998）以交替介入設計分析增強策略的強度（高、中和低強度）對其效能的影響。
3. **能控制練習效應**（也就是重複評量依變項產生的練習效果）、**依變項作業難度不同**、**研究參與者成熟或歷史**等威脅內在效度的來源，因為這些外在變項對任何一個自變項的影響並無差別（Cooper et al., 2007）。例如即使一位學生在接受兩種教學策略後的閱讀表現折線圖，均呈現源自於練習效應、作業難度不同之不穩定趨勢，但如果兩種策略之折線圖清楚地區分開，則依然能歸因於教學策略的差異。
4. 當依變項的介入有迫切性時，例如自傷行為，交替介入設計**可在「沒有基線期」，或是「基線期不穩定」的情況下運用**（Cooper et al., 2007）。

5. **包含「無介入」的交替介入設計，可以減少依變項「不可逆」的問題**；因為快速地交替兩種自變項與無介入，可顯示「有介入和無介入」兩種條件下的反應差異，尤其是在交替介入初期，當無介入下的反應尚未受到自變項的影響之前（Cooper et al., 2007）。

四、交替介入設計之弱勢

交替介入設計的弱勢有以下三點，筆者進一步提出因應這些弱勢的方式。

1. 兩種自變項之間可能會由於**多重介入的干擾**（multiple-treatment interference），而產生**歸納效應**，無法分辨到底是哪一種自變項有效（Cooper et al., 2007; Kazdin, 2011）。然而，此問題可藉由包含**最佳介入期**來因應，因為可以比較實施一種自變項和於交替介入期實施兩種以上自變項之差異（Cooper et al., 2007; Kazdin, 2011）。另外，可採取**調整的交替介入設計**（adapted alternating treatment design, AATD）來處理此問題，它是將交替介入設計用於兩個以上相似又獨立的行為（或依變項），如此能因應兩個以上自變項介入同一個行為（或依變項）產生的歸納效應問題（Sindelar, Rosenberg, & Wilson, 1985），見示例 2-43。Ergenekon、Tekin-Iftar、Kapan 和 Akmanoglu（2014）的研究在比較影片示範（video modeling）和現場示範（live modeling），對泛自閉症者餐飲製備技能連鎖反應的成效，研究者尋求兩個相似又獨立的依變項，即步驟難度和數量相似，但使用的材料和作法不同，一為準備柳橙汁，另一為準備烤起司三明治，影片和現場示範分別運用於這兩個依變項上；結果發現現場示範較快展現出成效，但影片示範最快達到 100% 的正確率（第 17 個資料點），並且保持穩定；撤除自變項後，兩個依變項的成效都能維持。調整的交替介入設計除了包含基線期、交替介入期和維持期外，O'Neill 等人（2011）表示還可在交替介入期之後加入最佳介入期，一方面對其中一個依變項進行複製，另一方面對其他相似又獨立的依變項再做介入，以分析最佳介入之成效，見示例 2-44。示例 2-44 顯示於介入期，B 策略的效果已和 C 策略區分開來，最快達到 80% 的正確率；進入最佳介入期，採用 B 策略介入三項行為，產生相同的增進效

示例 2-43 加入維持期之調整的交替介入設計

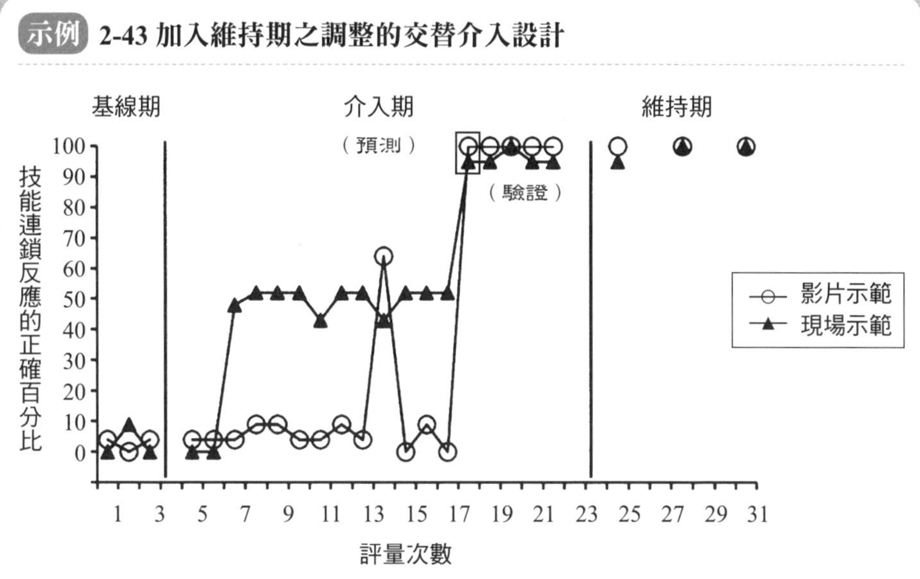

圖 1：比較影片和現場示範對泛自閉症者餐飲製備技能連鎖反應的成效。其中影片示範是運用在教導準備柳橙汁，現場示範是運用在準備烤起司三明治。「預測」意味引進影片和現場示範後，餐飲製備技能連鎖反應增加。「驗證」意指驗證影片和現場示範對餐飲製備技能連鎖反應成效的差異，結果顯示現場示範較快展現出效果，但影片示範最快達到 100% 的正確率（第 17 個資料點），並且保持穩定。由於介入期已達 100% 的正確率，未安排最佳介入期，故無「複製」，直接進入維持期。修改自 Ergenekon 等人（2014, p. 207），修改處為將主調加入圖框，並做基線邏輯的說明。

果（O’Neill et al., 2011）。調整的交替介入設計之基線邏輯可參見「比較介入設計之基線邏輯」影片。

2. 交替介入設計**是不自然的**，因為它不是臨床及教育上一般採用的方式，而且會讓研究參與者感到疑惑，為什麼接受不同的自變項，如此的疑惑可能會模糊不同自變項的獨立效果，尤其在長時間的交替介入下最容易出現（Cooper et al., 2007; Hains & Baer, 1989; Kazdin, 2011）。因應此弱勢，**當確認不同自變項的效果差異後，即可進行最佳介入期**（Cooper et al., 2007; Kazdin, 2011）。
3. **若依變項在基線期的表現變化很大，而不同自變項的效果又只有很小的**

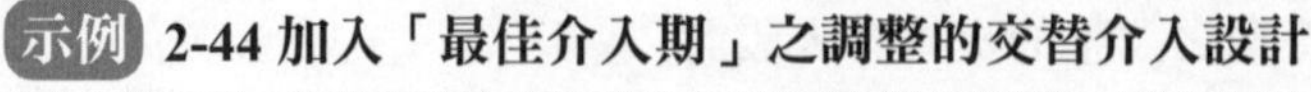

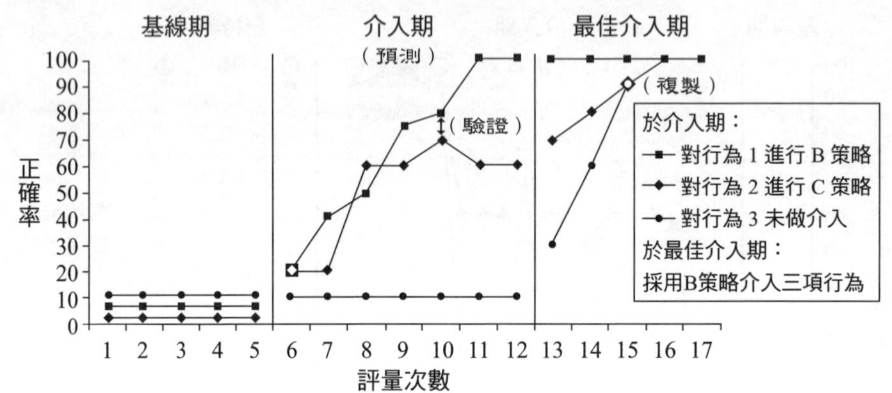

圖 1：對三種行為的調整交替介入設計。「預測」意味引進自變項（B 和 C 策略）後，行為 1 和 2 有提升。「驗證」意指有介入行為 1 和 2 產生效果，沒有介入行為 3 則無效。另外，驗證 B 和 C 策略對行為效果的差異，B 策略的效果已和 C 策略區分開來，最快達到 80% 的正確率。「複製」是指再採用 B 策略介入行為 1，產生 100% 的效果，複製了介入期 B 策略的效果；並且將之介入行為 2 和 3，亦產生相同效果，又做了兩次複製。修改自 O'Neill 等人（2011, p. 164），修改處為明顯地呈現重疊的兩處標記，以及加入主調、基線邏輯和圖的簡短說明。

差異時，交替介入設計就無法敏感地偵測出它們之間差異（Cooper et al., 2007）。因應此弱勢，**若依變項在基線期的表現變化很大，則了解和說明理由**。另外，**具體界定和有意義地區辨每一種自變項**，詳述於下文「應用原則」之第四點。

五、交替介入設計之應用原則

採取交替介入設計宜注意以下七項原則：

（一）除了自變項外其他變項都要保持固定

研究者宜注意除了要比較的兩種自變項外，其他變項（例如：介入人員、情境、活動、評量方法等）都要保持固定。

（二）以對抗平衡方式交替不同自變項的實施時間

以對抗平衡方式交替不同自變項的實施時間，方式為快速交替實施時間，快速交替不宜超過 1 週，像是 1 週的週一和週三（或週二和週四）交替，抑或週一至週四隔天交替；一天中不同時間（例如：上、下午）交替；一個短時段的不同部分（例如：一節課的前後 20 分鐘）交替。另外，交替時採取**對抗平衡**（counterbalancing）的方式，一種是**隨機安排**（見表 2-8）；一種是**以固定的規則交替**（例如：第 1 天上午實施 B 介入，下午實施 C 介入；第 2 天上午實施 C 介入，下午實施 B 介入，以此類推），讓兩種自變項都幾乎各有相同機會在不同時間實施，以抵銷因不同自變項實施時間和順序固定導致的序列效應問題（Cooper et al., 2007; Kazdin, 2011），見表 2-9。若有 B 和 C 兩種介入和無介入三種條件，以固定的規則交替，則可採取**完全對抗平衡法**，安排各種不同序列，全部序列的數目可以由計算「X!」決定，X 是指交替介入數，「!」是指數學的階乘；例如三個交替介入則有六種序列（3! = 3×2×1 = 6），之後從第 7 天開始，再以此六種序列再循環一次，見表 2-10。此外，還可採取**拉丁方格**（Latin square）設計做**部分對抗平衡**，三種條件則有三種安排方式；若有 B、C 和 D 三種介入和無介入四種條件，完全對抗平衡需要 24 種序列，部分對抗平衡則有四種安排方式。上述交替介入設計對抗平衡的安排方式和示例見◉附錄 2「交替介入設計的對抗平衡方式」。

交替介入設計不只用在比較不同行為介入策略對依變項成效之差異，亦可用來比較不同教學介入策略對依變項成效之差異。例如許嘉芳（2000）採用交替介入設計，比較基本字帶字加部首表義教材和一般識字教材，對國中輕度智能障礙學生識字成效之差異，她界定兩者乃教材安排方式上的差異，於是控制其他變項，包括教材的難度（即教學目標字的筆畫和字頻數）、教學者、教學時間和地點、評量和增強物均保持相同，以固定的規則隔天交替兩種教材，而兩種教材各使用於教導兩組難度相同的目標字。

表 2-8

以隨機安排的方式進行對抗平衡

時間	天數						
	1	2	3	4	5	6	……*n*
時間 1	B 介入	C 介入	C 介入	B 介入	C 介入	B 介入	……
時間 2	C 介入	B 介入	B 介入	C 介入	B 介入	C 介入	……

表 2-9

以固定規則的方式進行對抗平衡——以兩種介入的交替為例

時間	天數						
	1	2	3	4	5	6	……*n*
時間 1	B 介入	C 介入	B 介入	C 介入	B 介入	C 介入	……
時間 2	C 介入	B 介入	C 介入	B 介入	C 介入	B 介入	……

表 2-10

以固定規則的方式進行對抗平衡——以兩種介入和無介入的交替為例

時間	天數						
	1	2	3	4	5	6	……*n*
時間 1	B 介入	C 介入	無介入	無介入	C 介入	B 介入	……
時間 2	C 介入	無介入	B 介入	C 介入	B 介入	無介入	……
時間 3	無介入	B 介入	C 介入	B 介入	無介入	C 介入	……

（三）繪製不同自變項的交替時間點

交替介入設計是採取多重的時間表，交替實施兩種以上的自變項，它與多重、同時和調整的交替介入設計之比較如表 2-11。既然交替介入設計採取多重的時間表，Cooper 等人（2007）指出，許多研究將在交替時間點（例如：隔天交替）上實施之兩種以上自變項的結果，畫在相同的橫軸點上是不恰當的，它會讓人誤以為是採用同時的時間表，並且遮蔽了不同自變項的實施次序，使得研究者或讀者難以發覺潛在的序列效應。示例 2-37、2-38、2-39 和 2-41 有依交替的次

表 2-11

四種比較介入設計之對照

設計	依變項	介入的時間表
多重介入設計	相同，通常是可逆的依變項，例如行為問題。	不同的時間表，依序實施，例如第一週實施B策略，評量五次；第二週實施C策略，亦評量五次。
同時介入設計	相同，通常是可逆的依變項，例如行為問題。	同時的時間表，同時實施，例如第一週甲師實施B策略，乙師實施C策略，各評量五次；第二週甲師實施C策略，乙師實施B策略，亦各評量五次。
交替介入設計	相同，通常是可逆的依變項，例如行為問題。	多重的時間表，交替實施，例如每日上午（9:00-10:50）和下午（13:00-14:50），以固定規則交替的方式，對相同依變項實施B和C策略，並於每日上午（11:20-11:40）和下午（15:20-15:40）各評量一次，一週B和C策略實施結果各評量五次。
調整的交替介入設計	兩個以上相似又獨立的依變項，通常是不可逆的依變項，例如學業、生活、社會技能等。	同時的時間表，同時實施，例如第一週的週一和週三上午，研究者以B策略介入研究參與者依變項1，週一和週三下午評量依變項1的成效；週二和週四上午以C策略介入依變項2，週二和週四下午評量依變項2的成效，兩種策略一週各評量兩次，第二週兩種策略的實施時間調換，以控制實施時間不同所產生的干擾。

序畫出資料路徑，是採隨機安排的方式，其中示例2-38和2-41兩條路徑區分開來，由此可知兩種音樂刺激、行為介入策略未產生歸納效應。而如果兩條路徑交疊在一起，表示兩種音樂刺激、策略產生歸納效應，示例2-39實施「有遊戲」後的前兩個點，受到「增加遊戲」的影響而上升。示例2-40未依交替的次序畫出資料路徑，易被誤解為同時介入設計，且遮蔽了不同自變項的實施次序。由此可知，只有採用同時的時間表實施兩種以上的自變項，研究者才能將兩條折線畫

在相同的橫軸點上；而採用交替介入設計，研究者不能將兩條折線畫在相同的橫軸點上，宜依交替的次序畫出。

（四）決定何種自變項較有效的策略

須說明判斷哪一種自變項較有效，Cooper 等人（2007）主張，檢視哪一種自變項最快讓依變項達到「預定標準」，也就是**達到標準的嘗試數**最少。如果一樣多，則計算接受這些自變項下的依變項平均水準，看哪一個比較佳。

（五）決定比較的自變項形態

在比較的自變項上，Cooper 等人（2007）指出，為了提升自變項間的差異，宜具體界定和有意義地區辨每一種自變項。例如研究者運用交替介入設計探討團體成員數的多寡對學生學業成就的成效，團體成員數可能包含 4、10 和 20 位學生，各代表小、中和大團體，且有文獻為依據；而如果安排 6、7 和 8 位成員數做比較，則不可能顯示團體大小與學業成就間的因果關係。此外，Cooper 等人表示，選擇比較的自變項，還須考量在應用情境之可接受度和可行性，不應僅因為能區別不同自變項之效果的差異而選擇之；例如一個研究比較每天放學後做 5、10 和 30 分鐘的數學作業，對數學的學業成就也許是有用的；而如果是比較每晚做 5 和 10 分鐘及 3 小時的數學作業，即使研究發現每晚做 3 小時的數學作業，能有效提升學生數學的學業成就，但幾乎沒有老師、家長、行政人員或學生會為了達到單一學科的成就而每晚做 3 小時的作業。

Wolery 等人（2014）指出，比較的自變項就**成分的形態**上可以是以下三種，筆者在括號中舉例：（1）**不同理論基礎的自變項**（例如：比較依據行為模式和認知模式為理論基礎的社交技巧訓練方案之差異）；（2）**革新與慣用的自變項**（例如：比較翻轉教室和傳統教室在學生學習態度成效之差異）；（3）**改進與初始的自變項**（例如：比較建構教學法和講述教學法在數學教學成效之差異）。比較的自變項就**成分的數量**上，可以是兩個以上單一介入的比較，也可以是單一介入和介入包裹的比較；而就**成分的內涵**上，自變項可包含以下八方面的差異，研究者須說明欲比較之介入形態間，其差異處在哪裡，其中第一至三及第八種是比較兩種以上不同自變項間的差異；第四至七種是比較不同條件下單一自變項的差異。

1. **教材**（例如：比較一般識字和基本字帶字加部首表義教材）。
2. **教學或學習方法**（例如：比較直接教學和建構教學）、**教學活動**（例如：比較有無音樂的平衡訓練活動）、**行為介入策略**（例如：比較隔離和區別性增強其他行為）。
3. **教學媒體**〔例如：比較影片和虛擬實境（virtual reality, VR）示範〕、**教具或科技輔具**（例如：比較語音輸出溝通輔具和非電子的溝通板）。
4. **教學或介入人員**（例如：比較成人中介和同儕中介的社交技巧訓練）。
5. **教學或學習時間**（例如：比較單元教學時間和情境教學時間）。
6. **教學或學習的數量**（例如：比較不同考前複習次數或作業練習數量）或**介入程度／強度**（例如：不同長度的注意）。
7. **教學／學習地點或情境**（例如：比較在個別和團體教學情境中實施社交技巧訓練）。
8. **其他**（例如：兩種自變項間教材和教學方法或策略皆有差異）。

（六）決定比較的自變項數量

在比較的自變項數量上，Cooper 等人（2007）指出，最多能有效地比較四個不同自變項（其中之一也許是無介入），他們表示：

> 儘管已發表的文獻中，最多比較五種自變項，例如 Didden、Prinson 和 Sigafoos 於 2000 年做的研究；但多數僅比較兩種自變項，因為比較太多，一方面要消耗許多時間和人力準備，以及對抗平衡地實施不同的自變項；另一方面會降低研究參與者區辨不同自變項的能力，進而降低了此設計的效能。（Cooper et al., 2007, p. 197）

（七）不同自變項蒐集的資料點數最好相同

不同自變項蒐集的資料點數最好相同（Kazdin, 2011）。前文示例 2-37 研究者在五種情境下，蒐集問題行為的資料點數皆是五點，示例 2-38、2-40、2-41 和 2-42 中，蒐集不同條件下依變項的資料點數也相同，僅示例 2-39 蒐集的資料點數不同，「有遊戲」此自變項下蒐集五個點，「增加遊戲」此自變項下蒐集七個點。

第五節 結合設計之意涵與應用

妥善結合不同方法的優勢是通往卓越的一條道路。

綜合文獻（Kazdin, 2011; Richards et al., 2013; Tawney & Gast, 1984），結合設計組合一種以上的單一個案研究實驗設計，包括以下四種結合設計。

壹、其他設計結合探測設計

其他設計結合探測設計（包括 A-B-A、A-B-A-B、多基線、比較介入、逐變標準設計等）；此時探測旨在做「維持探測」或（和）「類化探測」，茲舉跨參與者多基線設計結合探測設計為例，見示例 2-45，此研究在分析顏色協調訓練對增進研究參與者配色受歡迎度之成效。研究者採用跨三位參與者的多基線設計，並結合類化的探測。探測設計結合交替介入設計見示例 2-46，該研究在比較兩種策略，對增進一位學生數學一位數加法文字題解題能力之成效。這是調整的交替介入設計，於三個交替介入期的結果發現介入策略 B 比較有效，類化探測的資料亦是如此。這些設計不能寫成結合多探測設計，因為「多」是指有一條以上的基線，且必須符合多探測設計的探測原則。

貳、其他設計結合撤回或倒返設計

其他設計（包括多基線或多探測、逐變標準設計）結合撤回或倒返設計，例如多基線或多探測結合撤回或倒返設計，研究者可以於多個層級內，藉由撤回或

示例 2-45 跨參與者多基線設計結合探測設計

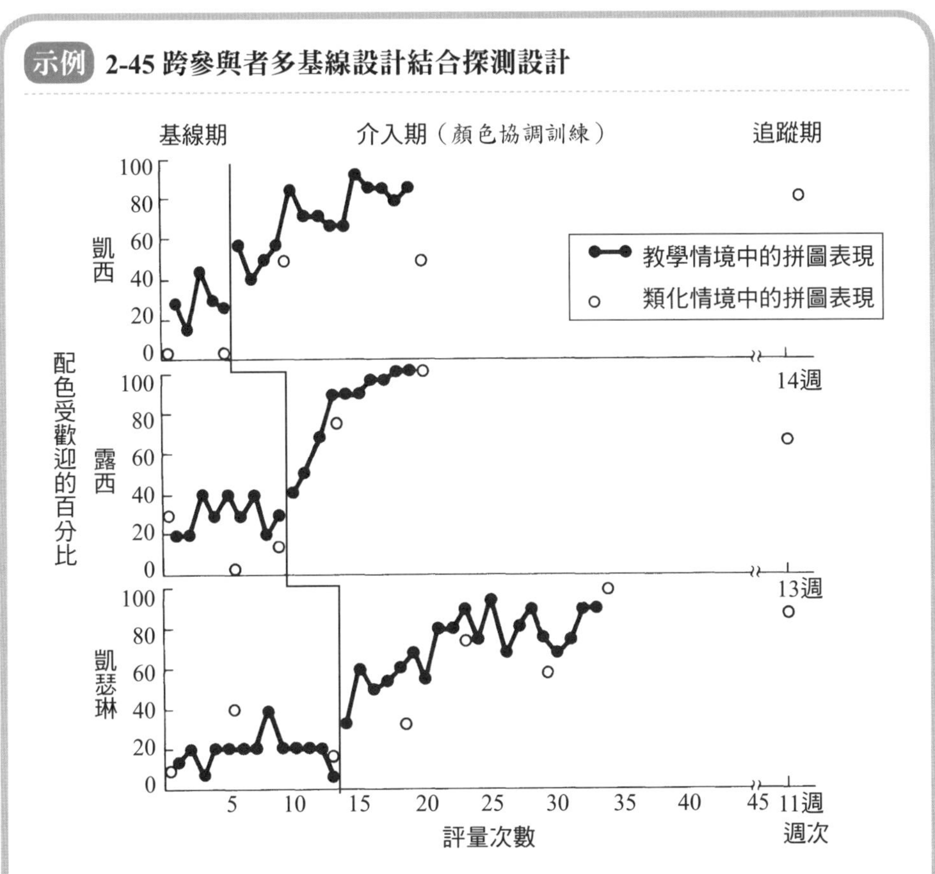

圖 1：顏色協調訓練對研究參與者配色受歡迎度之成效。探測的目的在做類化探測。資料來源為 Nutter 和 Reid（1978；修改自 Kazdin, 1982, p. 210），修改處為刪除兩位研究參與者的折線圖，以及移動三位研究參與者的標示位置，並加入圖的說明。

倒返設計，確認在每個行為（或依變項）、條件或研究參與者上自變項的效能，如前述特別適用於只有兩條基線、出現基線行為共變，以及不一致的介入效果的狀況。舉例來說，一些研究（Ahearn, 2003; Barker, Bailey, & Lee, 2004; Bowers, Woods, Carlyon, & Friman, 2000; Miller & Kelley, 1994; Zhou, Goff, & Iwata, 2000）採用此設計。除此，撤回設計結合多基線或多探測可以追蹤，自變項對依變項之維持或（和）類化成效，茲舉跨參與者多基線設計結合 A-B-A 設計為例，見

示例 2-46 探測設計結合交替介入設計

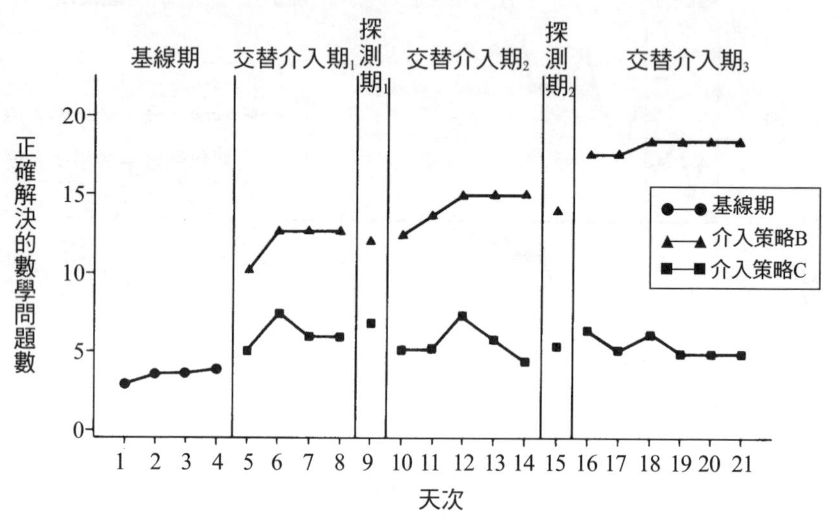

圖 1：比較兩種策略對研究參與者完成數學問題數量之成效。探測期的目的在做類化探測，此處的類化探測是指「刺激類化」的探測，兩種策略使用的評量卷是難度相同之一位數加一位數數學文字題的平行試卷，兩種策略教導不同題型，一為改變類，另一為合併類，而在探測期則變化評量卷中文字題的敘述方式和情境，因此探測期呈現兩種策略的類化表現，而基線期評量包含題數相等的兩種類型文字題 20 題。未依交替的次序畫出易被誤解為同時介入設計。修改自 Tawney 和 Gast（1984, p. 317），修改處為以圖框說明標記，以及加入註解說明。

示例 2-47。Cooper 等人（2007）的研究是在相同的條件下，針對兩位研究參與者，依學生甲和乙的順序引進相同的自變項（同儕教導策略），以分析同儕教導策略對增進學生讀字正確率之成效；最後在成效達到預定標準後，進入追蹤期，以追蹤維持成效。

示例 2-47 跨參與者多基線設計結合 A-B-A 設計

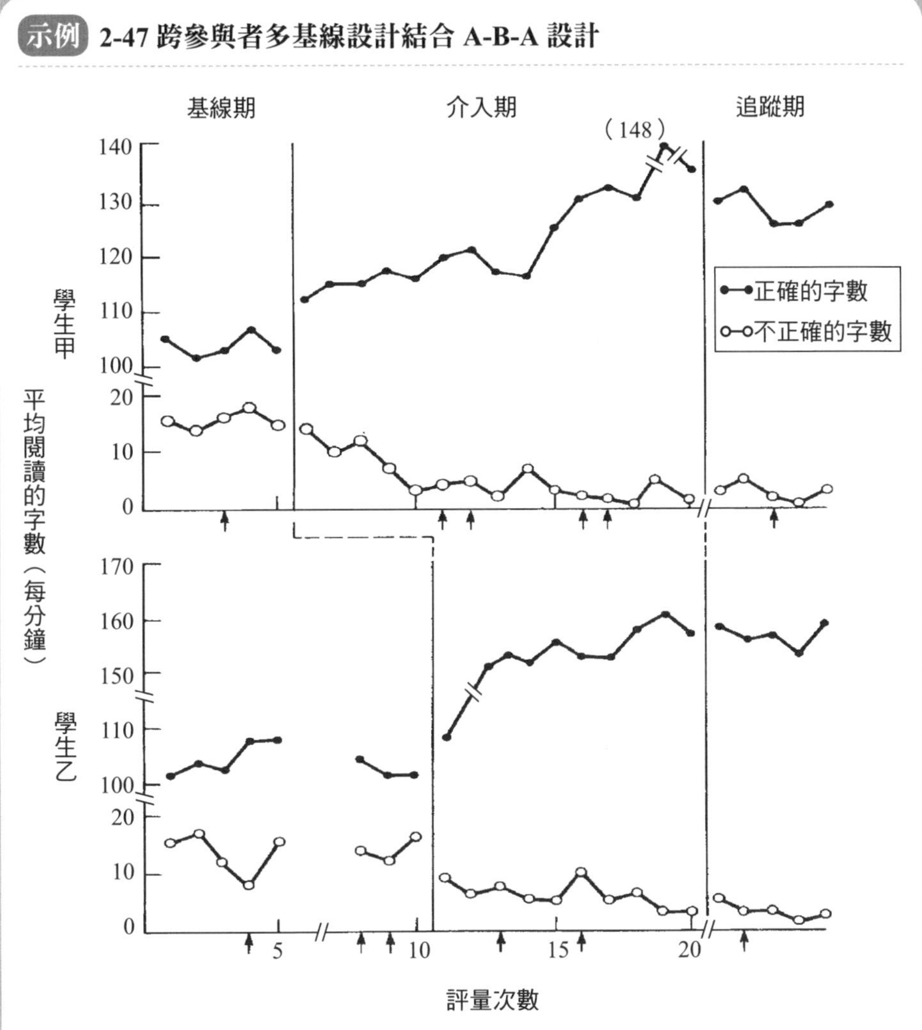

圖 1：同儕教導策略對學生讀字正確率之成效。橫軸上的箭頭是指學生從家裡帶來的閱讀材料，橫軸上第 20 次評量之後的 // 代表間隔 1 個月；為了避免延長基線招致的問題，未蒐集學生乙第 6 和 7 點的資料，以 // 表示。修改自 Cooper 等人（2007, p. 146），修改處為只擷取兩位學生的資料，並且移動學生甲和乙的標示位置。

另有逐變標準設計結合部分系列撤回設計見示例 2-48。Martella 等人（1993）的研究在分析，自我監控和增強策略對減少輕度智能障礙兒童課堂負面敘述之成效，研究者不只評量負面敘述介入前後的變化，亦評量正面敘述。本研究於介入期採取逐變標準設計，在自我監控條件下 CR_1 至 CR_5 的平行線表示預定標準，也就是能獲得增強之負面敘述的逐漸減少標準。於撤回期，研究者採取

示例 2-48 逐變標準設計結合部分系列撤回設計

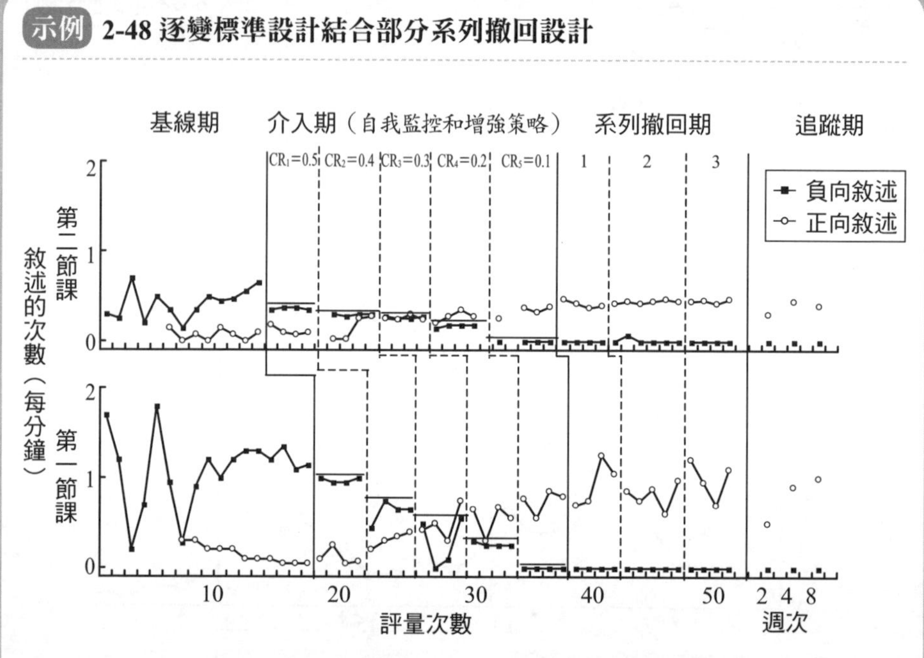

圖 1：自我監控和增強策略對輕度智能障礙兒童課堂負面敘述之成效。在自我監控策略下 CR_1 至 CR_5 的平行線表示預定標準，亦即能獲得增強之負面敘述逐漸減少的標準。在系列撤回期$_1$，撤除自我紀錄圖和大增強物；系列撤回期$_2$ 要求研究參與者兩堂課都沒有負面敘述才能得到小增強物；系列撤回期$_3$ 研究參與者用同一張表記錄兩堂課的表現，而非一節課一張表，並且不會再提供小增強物；在追蹤期，僅保留沒有顯示標準的自我監控紀錄表，撤除所有介入成分。修改自 Martella 等人（1993, p. 84），修改圖標記讓重疊的資料路徑容易被辨識，並且移動圖中第二和第一節課放的位置；以及使用 CR_1 至 CR_5 代替 A 至 E 的符號，使用 1 至 3 代替系列撤回期中 I 至 III 的符號。

系列撤回設計，作法為在系列撤回期$_1$，撤除自我紀錄圖和大增強物；系列撤回期$_2$要求研究參與者兩堂課都沒有負面敘述才能得到小增強物；系列撤回期$_3$研究參與者用同一張表記錄兩堂課的表現，而非一節課一張表，而且不會再提供小增強物。在追蹤期，僅保留沒有顯示標準的自我監控紀錄表，撤除所有的自變項，以追蹤維持成效。

參、其他設計結合組間設計

組間設計（between-group designs）加入比較組做比較，又稱作**有比較組的時間系列設計**，其有以下三點優勢（Kazdin, 2011）：（1）特別適用於比較兩種以上的自變項，或單一介入和介入包裹間的差異，因為多重或交替介入設計對相同的研究參與者，實施兩種以上的自變項有困難，而且有上述已討論的弱勢；（2）提供實驗組和比較組間在依變項上差異幅度的比較資料；（3）適用於將自變項應用於較多數研究參與者的成效分析。

其他設計（包括 A-B-A、A-B-A-B、跨行為和跨條件多基線設計）結合組間設計中，舉結合 A-B-A-B 設計結合組間設計如示例 2-49。此研究在分析增強策略對增進研究參與者準時上班之成效，結果發現，增強策略能減少實驗組的研究參與者上班遲到的次數，從基線期雙週的平均 16 次，減少至 2 次；相較於同事（比較組）的遲到平均次數——12 次，已大幅減少許多（Kazdin, 1982）。再舉跨行為多基線設計結合組間設計如示例 2-50，此研究分析操作制約程序對減少研究參與者不合常規行為的成效，於基線期，實驗組和比較組不合常規行為的出現次數相當；進入介入期後，實驗組不合常規行為減少許多，已和比較組的折線區分開來（Kazdin, 1982）。

示例 2-49 A-B-A-B 設計結合組間設計

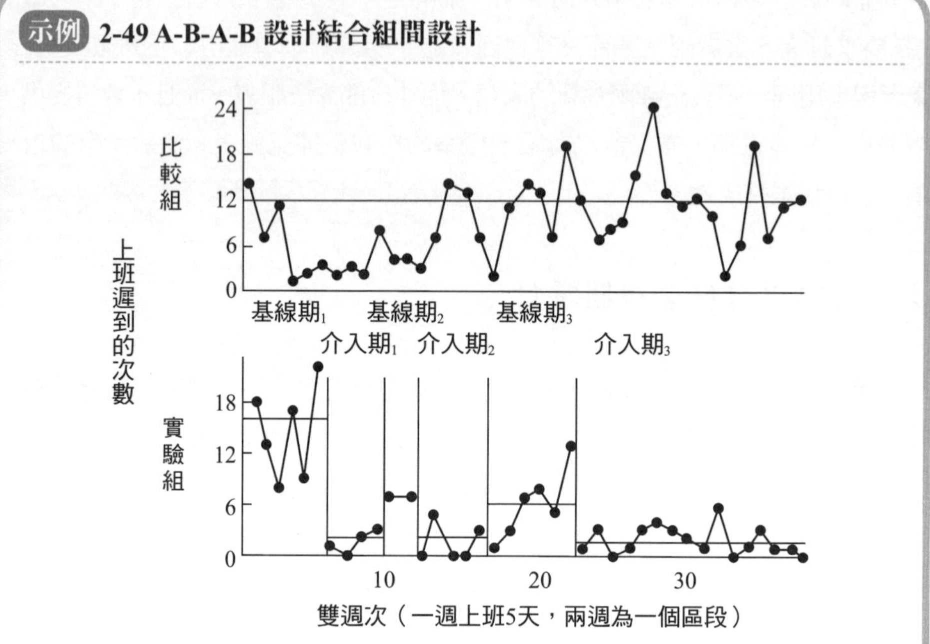

圖 1：**增強策略對研究參與者準時上班之成效。**一表示階段平均水準。修改自 Kazdin（1982, p. 226），修改處為使用「基線期」和「介入期」與下標數字表示階段名稱和次序，以及移動實驗組和比較組的標示位置。

肆、其他設計結合多基線或多探測設計

其他設計結合多基線或多探測設計包括兩大類，一為**多重或交替介入設計結合多基線或多探測設計**；二為**逐變標準設計結合多基線或多探測設計**，詳細討論如下。

一、多重或交替介入設計結合多基線或多探測設計

多重或交替介入設計結合多基線或多探測設計適用於，在多基線或多探測設計多個層級內，比較兩個以上自變項的效能，如此可檢視不同自變項和研究參

示例 2-50 跨行為多基線設計結合組間設計

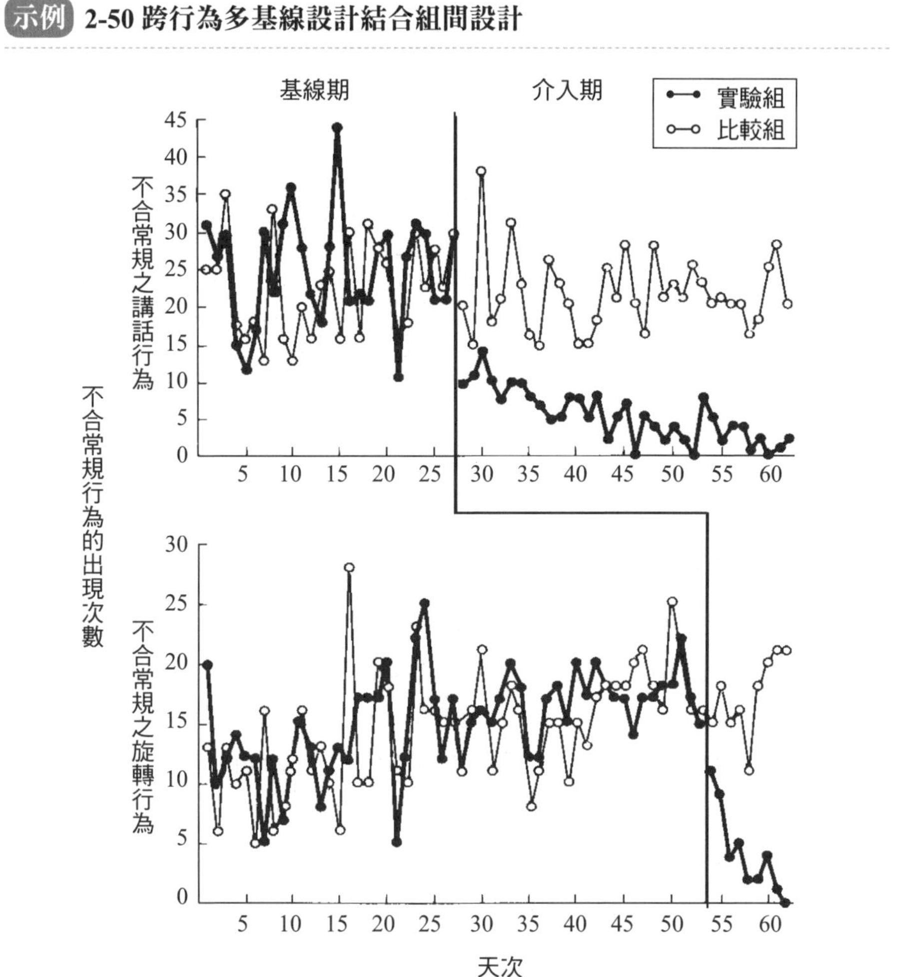

圖 1：操作制約程序對研究參與者不合常規行為的成效。資料來源為 McAllister、Stachowiak、Baer 和 Conderman（1969；修改自 Kazdin, 1982, p. 227），修改處為將比較組的虛線改成實線，組別以圖框呈現，以及移動兩種行為標示的位置。

與者、條件和行為（或依變項）是否有交互作用（Cooper et al., 2007）。其中多重介入設計結合多基線或多探測設計，兩個以上的自變項是依序被實施；而交替介入設計結合多基線或多探測設計，交替施行兩個以上的自變項並比較其效能，又稱為**平行介入設計**（parallel treatment design，或譯為「並行處理設計」），是一種巢狀的單一個案研究設計，可檢視不同自變項與不同研究參與者、條件抑或行為（或依變項）之間是否有交互作用（Gast & Wolery, 1988）。例如一些研究（Ahearn, Kerwin, Eicher, Shantz, & Swearingin, 1996; Bay-Hinitz, Peterson, & Quilitch, 1994; Daly, Witt, Martens, & Dool, 1997; Haring & Kennedy, 1990; McGee, Krantz, & McClannahan, 1985; Sisson & Barrett, 1984; Switzer et al., 1977; Zanolli & Daggett, 1998）即採用此設計。

舉例言之，Haring 和 Kennedy（1990）的研究採用多重介入設計結合跨條件多基線設計，比較隔離和區別性增強其他行為對減少兩位重度障礙中學生固著行為的成效，結果發現隔離和區別性增強其他行為會因為不同形態的活動而產生差異效果。在「教學活動」時，區別性增強其他行為比隔離有效；但在「休閒活動」時，隔離能減少固著行為，區別性增強其他行為則無效。由此可知，藉由研究參與者內的比較可發現，行為介入策略和不同形態活動之間的交互作用。多重介入設計結合跨參與者多基線設計如示例 2-51，Riley-Tillman 和 Burns（2009）的研究在比較，有無後效增強的增加複習量對三位學生閱讀流暢表現的成效，研究者在跨三位參與者的層級內，先施行增加複習量，後加入有後效增強的增加複習量，以分析有無後效增強的增加複習量對閱讀流暢表現的成效。研究發現，相較於增加複習量，有後效增強的增加複習量對吉姆和湯姆兩位學生都比較有效，而對偉尼則沒有多大的增進效果，因為採用增加複習量已產生穩定增進的效果。

又例如 Schlosser、Belfiore、Nigam、Blischak 和 Hetzroni（1995）交替介入設計結合跨行為多探測，比較兩種語音輸出科技（語音輸出溝通輔具和非電子的溝通板），對增進三位重度或極重度智能障礙者認讀圖象符號之成效差異，見示例 2-52。作法為找出難度相同的 32 個圖象符號，分成四組（作為四個行為），於探測期$_1$，對四組圖象符號進行初始基線探測；之後，先介入第一組，半天交替使用兩種語音輸出科技分別介入四個圖象符號；在第一組介入達到預定標準

示例 2-51 多重介入設計結合跨參與者與多基線設計

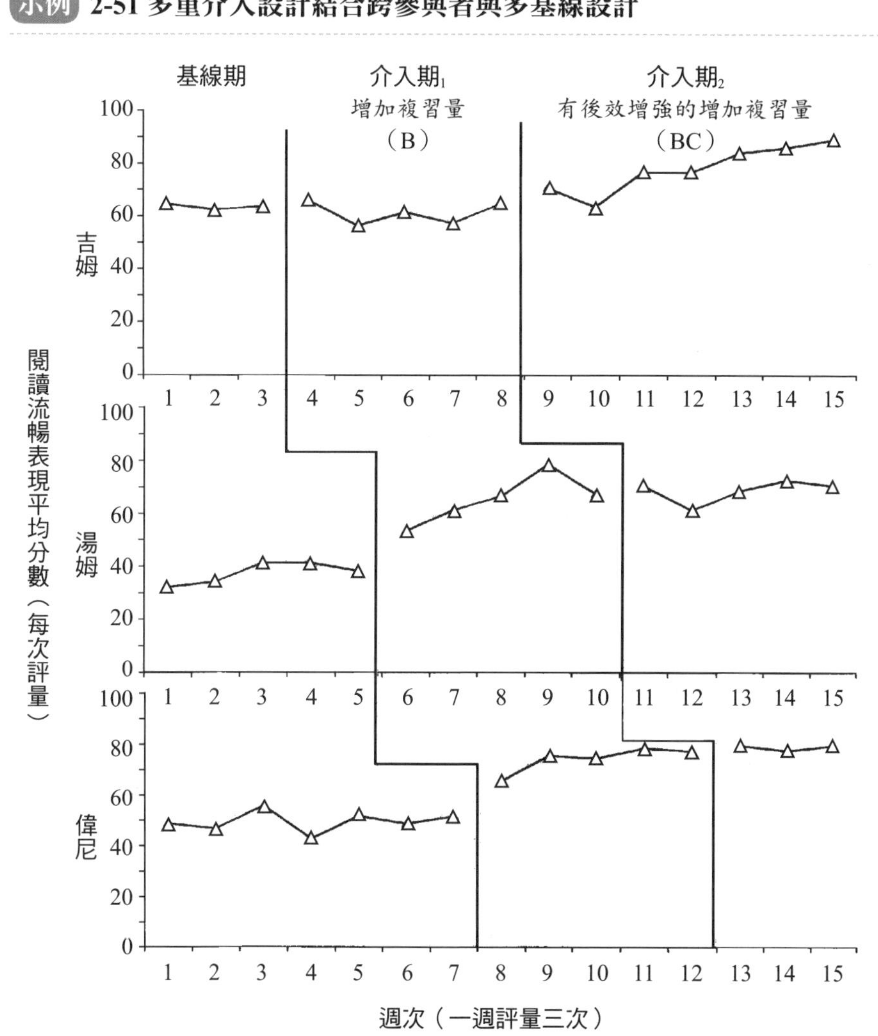

圖 1：比較有無後效增強的增加複習量對三位學生閱讀流暢表現的成效。修改自 Riley-Tillman 和 Burns（2009, p. 63），修改處為加入介入策略的說明，調整縱軸刻度以及移動三位學生的標示位置。

示例 2-52 平行介入設計

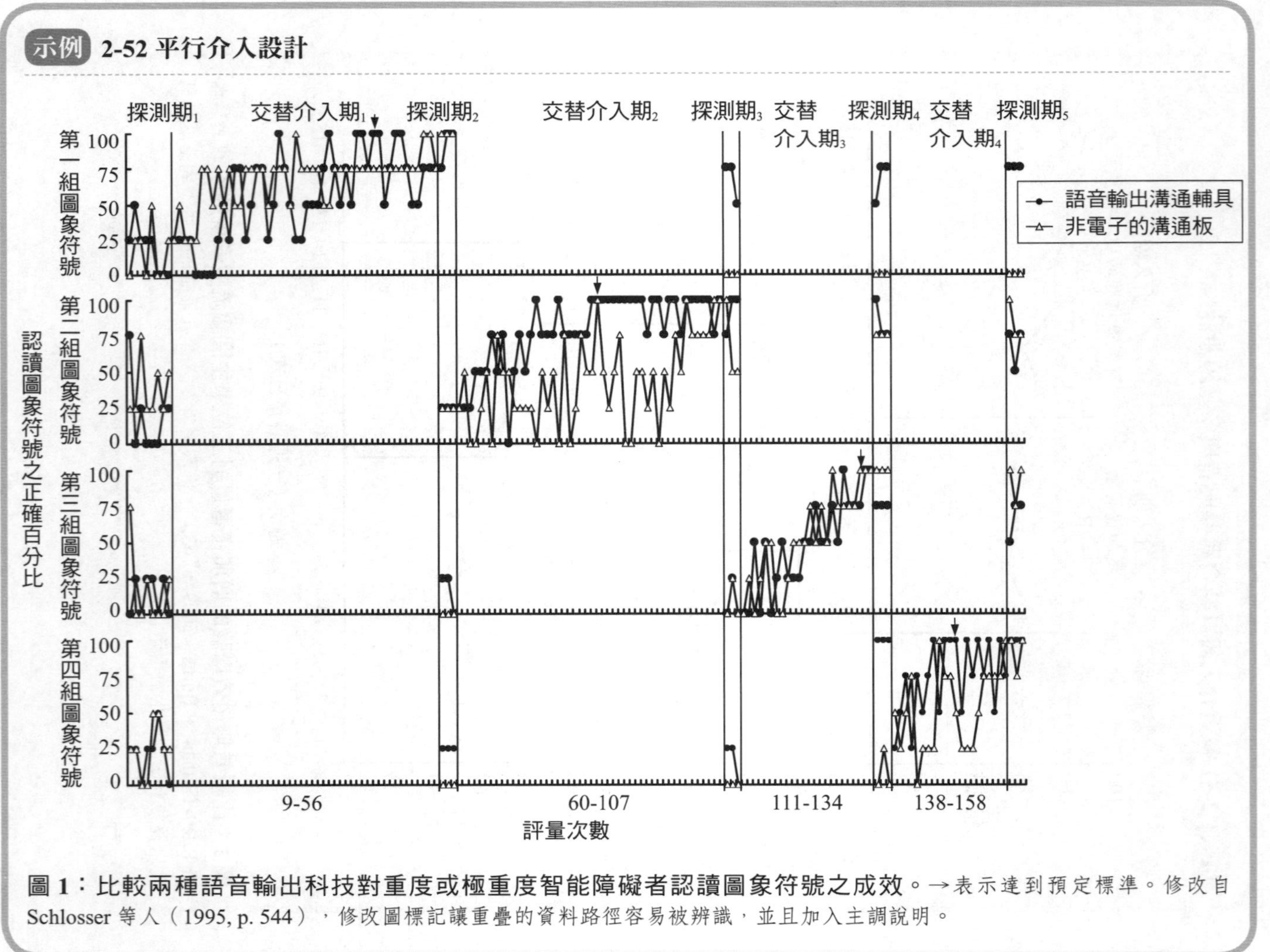

圖 1：比較兩種語音輸出科技對重度或極重度智能障礙者認讀圖象符號之成效。→表示達到預定標準。修改自 Schlosser 等人（1995, p. 544），修改圖標記讓重疊的資料路徑容易被辨識，並且加入主調說明。

後，持續於探測期$_2$做複核探測，並對其他三組做達到標準後的連續三點基線探測，所測得認讀圖象符號的正確率都低於 25%；接著第二組進入交替介入期，在第二組圖象符號達到標準後，於探測期$_3$做第一、二組的複核探測，並對第三、四組做基線探測，持續此作法直到完成第四組介入和複核探測（Schlosser et al., 1995）。由本例這位研究參與者的資料可知，語音輸出溝通輔具一致地較快讓他認讀四組圖象符號達到標準。

二、逐變標準設計結合多基線或多探測設計

逐變標準設計結合多基線或多探測設計，可以序列地介入不同研究參與者、條件和行為（或依變項），並且採取逐步的方式，增進研究參與者已有，只是表現速率不符合期待的行為（或依變項）。例如示例 2-53 的研究採逐變標準設計結合跨行為多探測設計，分析行為治療對減少研究參與者咖啡因和酒精攝取量之成效。研究者首先介入喝咖啡行為，使用漸進的標準，有效後再介入飲酒行為，達到介入標準後，進入追蹤期，以探測方式追蹤維持成效。

選擇何種單一個案研究實驗設計，宜考量研究目的、依變項的特徵、介入的條件等，決策步驟詳見附錄 3「單一個案研究實驗設計之選擇」，並參見問題討論 2-5。

示例 2-53 逐變標準設計結合跨行為多探測設計

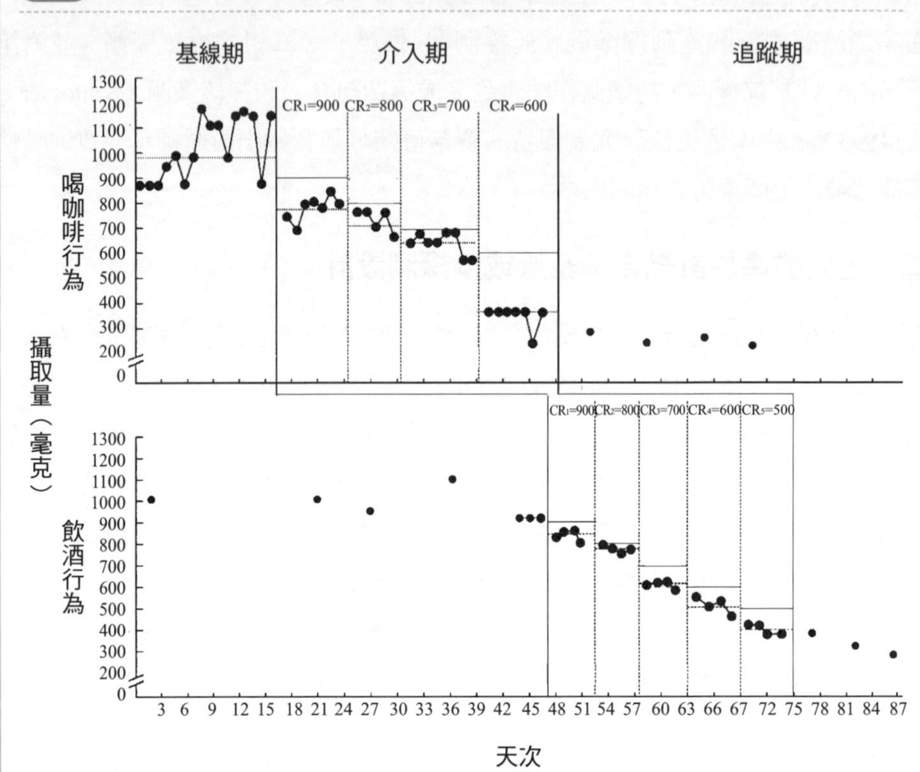

圖 1：行為治療對研究參與者咖啡因和酒精攝取量之成效。——是預定標準階段平均水準，CR 是指預定標準；┈┈是指實際達到的階段平均水準。此資料為假設性的資料。

問題討論 2-5 單一個案研究實驗設計之選擇

一份研究採用跨參與者多基線設計，題目是不同刺激變項之社交定向訓練方案對自閉症兒童社交定向研究，研究者將介入期分成 B_1 和 B_2，安排兩種刺激變項（社交刺激、非社交刺激），稱之為兩個自變項，他表示欲分析哪種刺激變項的社交定向訓練方案，較能促進自閉症兒童社交定向行為，採用跨參與者多基線設計是否適切？

☛ 跨參與者多基線設計適用於分析自變項對依變項之成效的因果性問題，題目看不出要回答因果性問題，而研究者提及欲分析哪種刺激變項的社交定向訓練方案，較能促進自閉症兒童社交定向行為，如此其目的是回答差異性問題，建議研究設計可採取跨參與者多基線設計結合交替介入設計，它不只能比較兩種刺激變項的社交定向訓練方案，對促進自閉症兒童社交定向行為成效之差異，尚可分析兩種刺激變項的社交定向訓練方案，運用於不同研究參與者上是否有差異。如果研究者欲回答因果性問題，則題目宜改成「社交定向訓練方案對自閉症兒童社交定向行為之成效」，將社交刺激和非社交刺激視為兩種條件，採用結合跨參與者和跨條件的多基線設計；或是跨參與者多基線設計，先介入第一個條件（例如：社交刺激），有效後再複製於第二個條件（例如：非社交刺激）。

總結

撤回和倒返設計藉由加入基線期$_2$（或倒返期），乃至於介入期$_2$，以驗證自變項與依變項間的因果關係。其中，倒返設計是一種倒置或互換自變項之實驗設計；而撤回設計僅撤除自變項，不會找兩種不能共存的依變項做引進和不引進自變項的互換。多基線設計意味可以將同一個介入方案應用在兩位以上的研究參與者，兩種以上的行為，或是兩個以上的條件。多探測設計是多基線設計的變形，它與多基線設計類似之處，在於有系統而依序地將自變項，一次介紹給一種行為（或條件、研究參與者）；與多基線設計不同之處在於：並非持續不斷地蒐集行為資料，而是進行探測，這些探測可能分散於不同階段中進行。逐變標準設計係指在介入期裡，將達成終點行為的標準，從易至難分成若干小階段，循序漸進。比較介入設計能協助研究者比較兩種以上的介入方案，包括多重介入設計和交替介入設計兩種，多重介入設計是以系列方式進行比較；而交替介入設計乃以快速交替實施時間的方式進行比較。最後，結合設計包含其他設計結合探測設計、其他設計結合撤回或倒返設計、其他設計結合組間設計，以及其他設計結合多基線或多探測設計。

附錄

- 附錄 2　交替介入設計的對抗平衡方式
- 附錄 3　單一個案研究實驗設計之選擇

影片

- 結合跨參與者和跨行為多基線設計之基線邏輯
- 延遲多基線設計之基線邏輯
- 多探測設計之基線邏輯
- 建立系列相關新技能的多探測設計
- 逐變標準設計之基線邏輯
- 比較介入設計之基線邏輯

思考問題

運用「思考問題 2：單一個案研究之設計類型」，檢視自己對「單一個案研究之設計類型的了解情形」，並且評鑑「使用不同單一個案研究設計做的研究論文在設計上的表現情形」。

作業單

- 作業單 2-1　單一個案研究改變率之計算
- 作業單 2-2　單一個案研究設計之注意事項
- 作業單 2-3　逐變標準設計三項要素之設定
- 作業單 2-4　運用拉丁方格設計對抗平衡地安排交替介入設計
- 作業單 2-5　單一個案研究設計之辨識

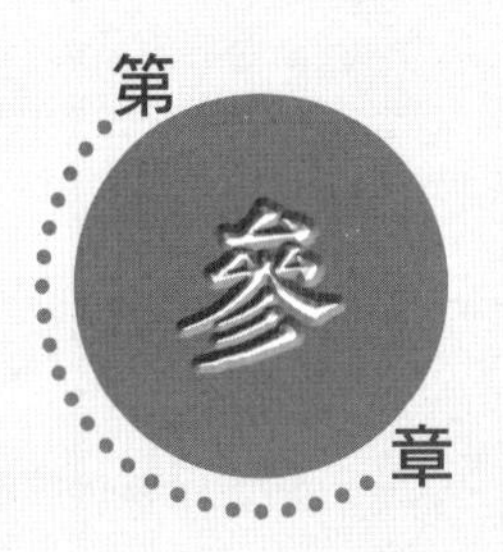

單一個案研究中介入方案之發展與實施

1. 何謂介入方案？
2. 從操弄方式、成分和成效類型三方面來看，介入方案的內涵是什麼？
3. 介入方案的發展過程包含哪些步驟？
4. 社會效度的意義是什麼？有哪三種社會效度？
5. 在論文中呈現介入方案時，須包含哪些部分？
6. 何謂介入方案的內容效度？
7. 介入方案實施方式的設計包含哪些內容？
8. 何謂介入的完整性或忠實度？

第壹、貳章已探討單一個案研究旨在引進自變項，評量對依變項之成效，自變項即介入方案或實驗處理。本章討論介入方案之意涵、發展和實施。

第一節 介入方案之意涵

不要一窩蜂實施流行的介入方案，而是要努力執行有意義的介入方案。

介入方案是指研究者為了介入依變項，系統化操弄或安排的**自變項**（即**環境／情境或教學變項**）。以下從介入方案的操弄方式、成分和成效類型三方面，探討介入方案之意涵。

壹、介入方案的操弄方式

從操弄介入方案的方法來看，有三種方式，即操弄介入方案出現或消失、出現的數量，以及出現的類型（Johnson & Christensen, 2004），見圖 3-1。

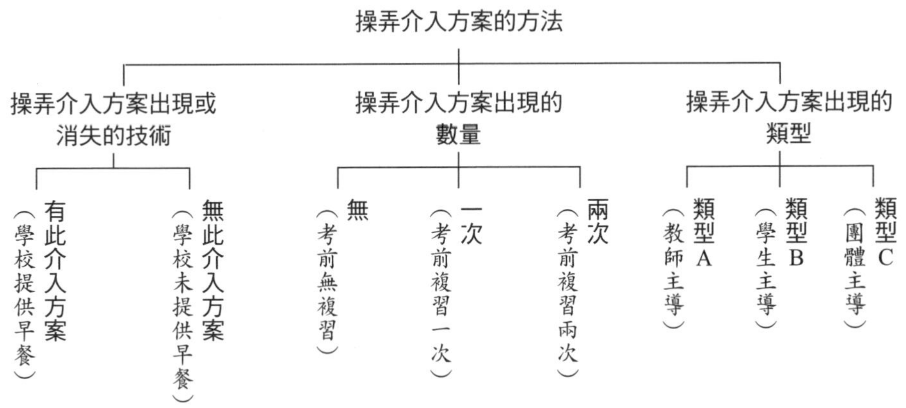

圖 3-1：操弄介入方案的三種方法。修改自 Johnson 和 Christensen（2004, p. 266），修改處為將自變項改為介入方案，並加入括號中的示例。

貳、介入方案的成分

介入方案從其成分來看，可包括單一變項和介入包裹。單一變項是指僅使用了單一介入，例如增強策略；而介入包裹包含了一組介入變項，例如包含預防、教導和反應三類策略的正向行為支持計畫。

參、介入方案的成效類型

以下由學習階段和學習遷移（transfer of learning）概念檢視介入方案的成效類型。

一、由學習階段檢視介入方案的成效類型

從介入方案對依變項之成效類型來看，由學習階段觀之，Evans、Evans 和 Schmid（1989）指出可分成**習得**（acquisition，或立即）、**流暢**（fluency）、**精熟**（proficiency）、**維持**（maintenance）、**類化**（generalization）和**調整**（adaptation）六個階段，如階梯般逐步向上，每個階段有不同的目標，如圖 3-2。

（一）習得、流暢和精熟階段的學習成效

習得成效是指在自變項引進後，研究參與者在目標刺激出現或目標情境下，於目標依變項上的立即習得效果，又稱為**立即成效**（Evans et al., 1989）。而自變項能增加研究參與者在依變項上的表現正確率和速率，則依變項能達到「流暢」程度；再進一步提升研究參與者在依變項上的正確率和速率，則依變項能達到「精熟」程度（Evans et al., 1989）。

（二）維持階段的學習成效

至於維持階段，主要在檢視依變項的維持成效。Pennington、Simacek、McComas、McMaster 和 Elmquist（2018）表示維持成效是指，完全或部分撤回

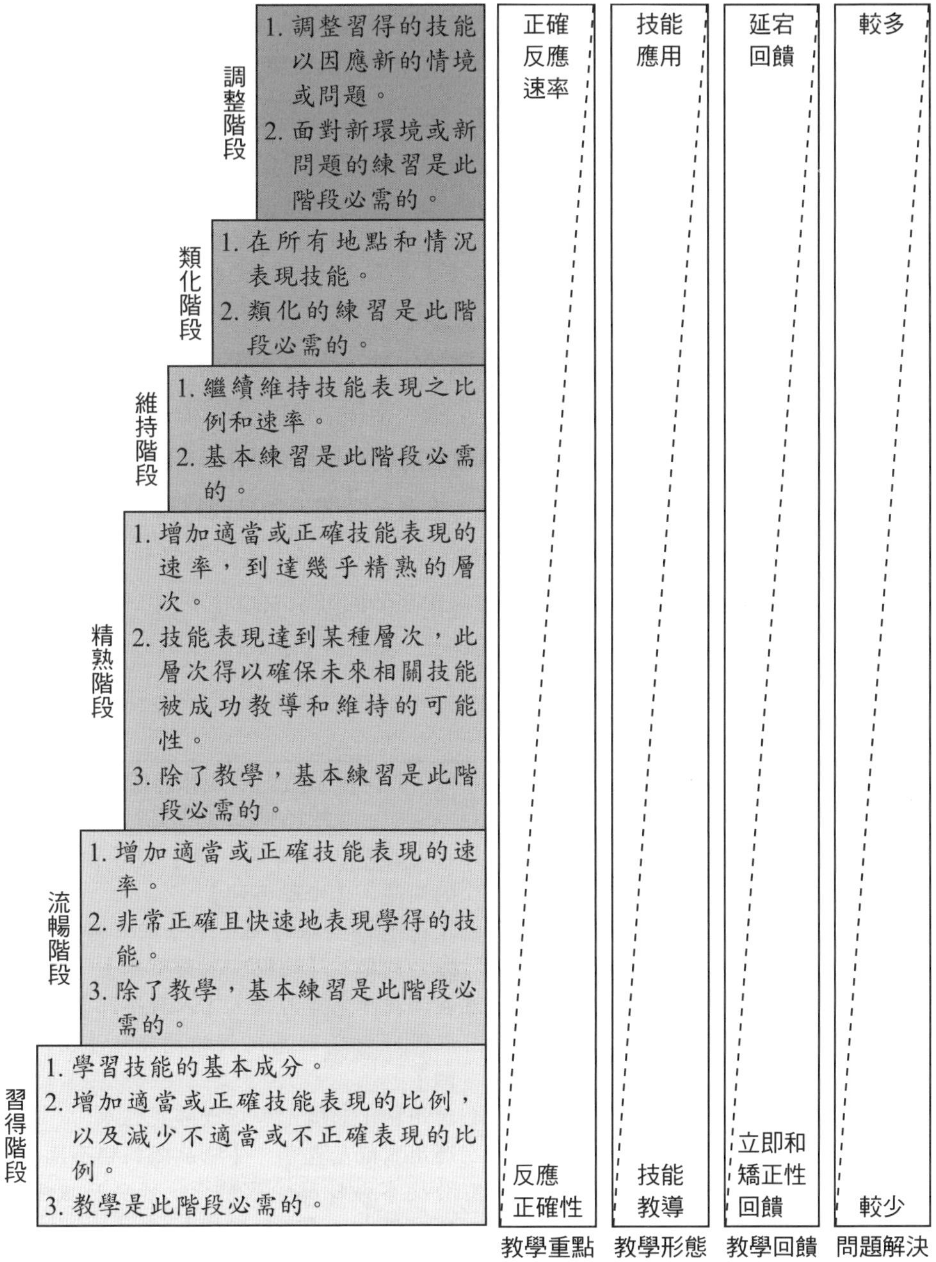

階段	說明
調整階段	1. 調整習得的技能以因應新的情境或問題。 2. 面對新環境或新問題的練習是此階段必需的。
類化階段	1. 在所有地點和情況表現技能。 2. 類化的練習是此階段必需的。
維持階段	1. 繼續維持技能表現之比例和速率。 2. 基本練習是此階段必需的。
精熟階段	1. 增加適當或正確技能表現的速率，到達幾乎精熟的層次。 2. 技能表現達到某種層次，此層次得以確保未來相關技能被成功教導和維持的可能性。 3. 除了教學，基本練習是此階段必需的。
流暢階段	1. 增加適當或正確技能表現的速率。 2. 非常正確且快速地表現學得的技能。 3. 除了教學，基本練習是此階段必需的。
習得階段	1. 學習技能的基本成分。 2. 增加適當或正確技能表現的比例，以及減少不適當或不正確表現的比例。 3. 教學是此階段必需的。

	教學重點	教學形態	教學回饋	問題解決
上（調整階段）	正確反應速率	技能應用	延宕回饋	較多
下（習得階段）	反應正確性	技能教導	立即和矯正性回饋	較少

圖 3-2：學習的階段。修改自 Evans 等人（1989, p. 266），修改處為加入教學重點、形態、回饋，以及問題解決程度上的說明，以及移動它們所在的位置。

自變項後，研究參與者仍繼續維持習得成效，或依變項的正確性和速率。它包含短期和長期維持成效，Carr 等人（1999）指出，撤除自變項 5 個月以內為**短期維持成效**，滿 6 個月以上為**長期維持成效**；研究者宜說明多長時間的維持成效，例如撤除介入 1 週後，連續 3 週蒐集評量資料，若能維持介入成效，即可說是有 1 個月的短期維持成效。

（三）類化階段的學習成效

類化成效包含刺激和反應類化，**刺激類化**是指研究參與者在「非目標刺激出現或非目標情境（即類化刺激或情境）」中，未接受自變項的介入，於目標依變項上的表現（Maag, 2018）。此類化刺激或情境與目標刺激出現或情境（即教學刺激或情境）可能有以下的差異：**地點**、**人員**、**時間**、**物品或材料**、**活動或情況**等，茲舉例如表 3-1。Cooper 等人（2007）指出，很多人誤以為類化刺激或情境是不同於教學情境的地點；事實上可能是相同的地點，而只是人員、時間、物品

表 3-1

教學和類化刺激或情境之比較

目標刺激出現或目標情境 （教學刺激或情境）	非目標刺激出現或非目標情境 （類化刺激或情境）
1. 在資源班上課時間，舉手回答資源教師的問題。	1. 在普通班上課時間，舉手回答資源教師的問題。【地點不同】 在普通班上課時間，舉手回答普通班教師的問題。【地點和人員不同】
2. 在學校和語言治療師對話。	2. 在學校和同儕對話。【人員不同】
3. 在上課時間回應同儕的問話。	3. 在下課時間回應同儕的問話。【時間不同】
4. 運用杯子的模型告訴老師想喝水。 運用電鍋蒸饅頭。	4. 運用杯子的圖卡告訴老師想喝水。 運用電鍋蒸包子。【物品或材料不同】
5. 於從事用餐的活動中，能將垃圾丟入垃圾桶中。	5. 於從事撕日曆的活動中，能將垃圾丟入垃圾桶中。【活動不同】
6. 在資源教師眼神注視的情況下，與教師打招呼。	6. 在資源教師眼神未注視的情況下，與教師打招呼。【情況不同】

註：網底部分呈現兩種刺激或情境的差異處。

或材料、活動或情況不同。例如目標依變項是舉手回答問題，教學刺激或情境是在資源班上課時間，對資源教師表現目標依變項；而類化刺激或情境是在普通班上課時間，對普通班教師表現目標依變項。研究參與者若能在類化刺激或情境表現目標依變項，則產生了地點和人員的刺激類化成效。

反應類化是指自變項對依變項介入效果的擴大效應；換言之，研究參與者未接受自變項的介入，在教學刺激或情境中，於「非目標依變項」（不在研究中介入之依變項）上的表現（Maag, 2018）。例如阿迪不只會運用電鍋蒸饅頭，也會運用電鍋煮綠豆湯，如此產生了反應類化。此例中電鍋是教學刺激，蒸饅頭是目標依變項，煮綠豆湯是非目標依變項。反應類化和刺激類化（尤其是物品或材料不同的刺激類化）常被混用，因為煮綠豆湯和蒸饅頭的活動步驟不完全相同，所以是反應類化。而蒸包子和蒸饅頭的活動步驟完全相同，只是蒸的物品不同，故為刺激類化。

除了蒐集目標依變項的評量資料外，Tawney 和 Gast（1984）建議還可以監控相同**反應類別**（response class）中非目標依變項的變化情形，如此可檢視反應類化的成效。就行為來說，Vittimberga、Scotti 和 Weigle（1999）指出，相同反應類別是指具有相同功能（例如：逃避作業要求）但不同形態的行為，像是攻擊和自傷行為。而就技能來說，是指相似形態的能力；例如回應同儕的提醒和回應同儕的邀約。舉例來說，一份研究採用功能性溝通訓練介入重度障礙者攻擊行為，攻擊行為是目標依變項，研究者亦監控非目標依變項（干擾行為）的變化情形。Maag（2018）表示研究者不要假定類化會自然發生，而宜在一開始，於介入方案中設計「促進類化的策略」。至於促進類化的策略，讀者可參見鈕文英（2016）第拾貳章。由此可知，類化成效是指，研究者未直接引進自變項的情況下，研究參與者在「非目標刺激或情境」中，在目標依變項上的表現；抑或在教學刺激或情境中，於「非目標依變項」上的表現，見問題討論 3-1。

問題討論 3-1 類化成效之釐清

一份研究寫道：「本研究採用跨條件的多基線設計，了解圖片兌換溝通系統對重度障礙者在學校溝通技能的習得成效，以及在家庭和社區的類化成效。」此寫法是否適切？

☛ 跨條件多基線設計中的三個條件都是介入的目標情境，因此不能說是類化成效，都應是習得成效。

另外一種形態的類化是**跨研究參與者的類化**，它是指沒有被直接介入之人們在依變項上的表現，就像是獲得直接介入之研究參與者的表現（Cooper et al., 2007）。一連串相關或同義的名詞描述此現象，包括**替代增強**（vicarious reinforcement）、**漣漪效應**（ripple effect）和**滿溢效應**（spillover effect），它提供評量依變項效果類化的另外向度（Cooper et al., 2007）。例如 Fantuzzo 和 Clement（1981）檢視一位兒童在數學活動中，接受教師或自我執行代幣增強後的行為改變，類化至鄰座同儕的效果。

（四）調整階段的學習成效

最後，研究參與者能調整習得的依變項以因應新的情境或問題，則達到調整階段的目標（Evans et al., 1989）。

舉例說明六個階段的目標見表 3-2。如表 3-2 和圖 3-2，這六個階段在教學重點、形態、回饋，以及問題解決上有程度不同的焦點，在教學重點上，習得階段著重反應的正確性，愈朝向調整階段，則愈強調反應的速率；在教學形態上，習得階段著重技能的教導，愈朝向調整階段，則愈強調技能的應用；在教學回饋上，習得階段著重立即和矯正回饋，愈朝向調整階段，則愈強調延宕回饋；在問題解決上，習得階段問題解決的數量較少，愈朝向調整階段，則問題解決的數量增多（Evans et al., 1989）。

表 3-2

六個階段學習目標的示例

六個階段的學習目標	示例
習得階段的目標	於早自習時間在資源教室，泛自閉症學生能在資源教師眼神注視的情況下，看著老師並且微笑說：「老師好。」1 週 5 天中有 3 天做到。【其中畫線處為目標刺激或情境】
流暢階段的目標	……，3 分鐘內看著老師並且微笑說：「老師好。」1 週 5 天中有 4 天做到。
精熟階段的目標	……，1 分鐘內看著老師並且微笑說：「老師好。」1 週 5 天中有 5 天做到。
維持階段的目標	在撤除自變項後，……，1 分鐘內看著老師並且微笑說：「老師好。」1 週 5 天中有 5 天做到。
類化階段的目標	1. **刺激類化**：於早自習時間在普通班教室，自閉症學生能在普通班老師眼神注視的情況下，看著老師並且微笑說「老師好。」【達到了「人員和地點」的刺激類化成效】 2. **反應類化**：泛自閉症學生不只會以口頭方式向資源教師打招呼，還會以手勢向他打招呼。
調整階段的目標	碰到教師正忙碌（例如：教師在打電話、與他人交談）的情況時，能改以手勢的方式打招呼。

註：流暢、精熟、維持、類化和調整階段中網底處為和習得階段目標差異處。

二、由學習遷移概念檢視介入方案的成效類型

除了上述習得、維持、類化和調整成效外，還有**學習遷移**的概念。學習遷移是指，研究參與者先前所習得的舊知識或技能，對新知識或技能學習的影響；或是研究參與者將模擬情境中習得的知識或技能，應用在真實情境中的情形（Bouton, 2007; Schunk, 2011）。「遷移」和「類化」兩個詞常被混用，二者相同處為，能夠應用舊知識或技能的能力；相異處為，遷移涵蓋的範圍大於類化，包含研究參與者在模擬情境習得的知識或技能，能在真實情境中表現出來，以及產生維持、類化和調整成效；若研究參與者能於真實情境中表現出在模擬情境習

得的知識或技能，或是產生維持、類化和調整成效，則表示他們已產生學習遷移。

而依不同角度分類，遷移有不同形態。第一，依**遷移的效果**來分，包含（1）**正遷移**，是指舊知識或技能對新知識或技能的學習具有促進作用；（2）**負遷移**，是指舊知識或技能對新知識或技能的學習具有阻礙作用（黃志雄，2006），研究者希望增進研究參與者的正遷移，減少負遷移。第二，依**遷移內容的相似度**來分，含括：（1）**近遷移**，是指研究參與者將所習得的知識或技能，應用在近似的新知識或技能學習上，或相似程度高的情境中；（2）**遠遷移**，是指研究參與者將所習得的知識或技能，應用在相似度低的新知識或技能學習上，或相似程度低的情境中（Haskell, 2000）。第三，依**遷移內容的範圍**來分，包括：（1）**特殊遷移**，是指研究參與者將所習得的知識或技能中的特定知能，應用在新知識和技能的學習上，或是真實情境中；（2）**一般遷移**，是指研究參與者將所習得知識或技能中的普遍原理原則及態度，應用在新知識和技能的學習上，或是真實情境中（Bouton, 2007; Schunk, 2011）。第四，依遷移的方向來分，涵蓋：（1）**水平遷移**，是指研究參與者將所習得的舊知識或技能，應用在相同難度或層次之主題的新知識或技能學習上；（2）**垂直遷移**，是指研究參與者將所習得的舊知識或技能，應用在不同難度或層次之主題的新知識或技能學習上（Bouton, 2007; Schunk, 2011）。由此可知，若研究參與者能於真實情境中表現出在模擬情境習得的知識或技能時，宜稱作研究參與者產生學習遷移，仍屬於習得成效，而不是學習類化。有研究者誤以為在模擬情境中教導研究參與者依變項，自然情境就是類化情境，見問題討論 3-2。

問題討論　3-2 學習遷移和類化之區分

一位研究者設定的依變項為「能在社區麥當勞餐廳表現點餐技能」，他在特教班中模擬社區麥當勞餐廳的點餐情境，教導智能障礙學生點餐技能，之後在社區麥當勞餐廳評量點餐技能，就宣稱學生能夠從教室類化至社區。此說法是否適切？

問題討論 3-2（續）

☛此說法是錯誤的。事實上，依變項有可能在其中一種或兩種情境中進行介入，上述例子中，雖然是安排模擬情境，但教導的目標情境為「社區麥當勞餐廳」，目標技能為「點餐技能」，如果將「能在社區麥當勞餐廳表現點餐技能」視為「類化成效」，則什麼是習得成效呢？它應為習得成效，而「能在社區摩斯漢堡餐廳表現點餐技能」才可視為類化成效。研究者可以運用「促進遷移的策略」，協助智能障礙學生將模擬情境所學，遷移至真實情境表現出來；而採取「提升類化的策略」，協助他們將在目標情境中所學的目標技能，類化至非目標情境中，如圖 1。

目標技能	介入目標技能之實施情境	表現目標技能之目標情境	表現目標技能之非目標情境
點餐技能	特教班（抽離、模擬和控制的情境）	社區麥當勞餐廳（習得成效）	社區摩斯漢堡餐廳（刺激類化成效）

促進遷移　　提升類化

圖 1：學習遷移和類化之釐清。

第二節 介入方案之發展

對於愈有名的介入方案，就愈少人會去省思它；事實上，所有的介入方案都有其優勢和限制，因此探索它的適用範圍也就愈發重要。

介入方案之發展包括發展介入方案之初案、檢視介入方案初案之適切性，以及確認介入方案內容三大步驟，詳述如下。

壹、發展介入方案之初案

發展介入方案的初案時，宜說明選擇此介入方案的理由、描述介入方案的特徵，以及陳述介入方案的發展過程，詳述如下。

一、說明選擇此介入方案的理由

首先說明選擇此介入方案的理由，宜有足夠的理論依據和實證資料證明，此介入方案對該依變項、研究參與者在該依變項上的需求（造成研究參與者依變項表現欠佳的原因，例如導致數學加減應用問題解題表現欠佳的原因是不理解題意，故採用「圖示表徵策略」），以及具備該特徵（例如：身心障礙類別和程度、性別、年齡、優勢和動機或興趣）的研究參與者有幫助。即使第一次嘗試運用此介入方案在該依變項，以及具備該特徵和需求的研究參與者上，亦須說明此介入方案與依變項，以及具備該特徵和需求之研究參與者的關聯性何在，故欲做此嘗試。研究者不宜以非實證方法（例如：第壹章所提權威人士的建議、個人直覺和經驗）、此介入方案的研究非常有限、極具爭議性或不太有效的介入方案，作為選擇介入方案的主要理由，見問題討論 3-3。若發現實證資料顯示多數證實該介入方案有效，少數認為效果不明顯，研究者可以評論研究效果不明顯的原因，進一步調整該介入方案的內容和實施方式；或是結合其他介入方案，例如有研究結合社會故事和行為演練（behavioral rehearsal），介入泛自閉症者的社交技巧。選擇介入方案的理由可以在「研究背景與動機」中先闡述。

問題討論 3-3 介入方案之選擇

一位研究者探討音樂治療對學習障礙者的輔導效果，包含了自我概念、學習策略、人際適應和行為問題等依變項，此安排是否適切？

☛ 輔導效果太廣泛，依變項太多，這會給讀者「音樂治療對學習障礙者各方面問題都有效」的誤解，是否有足夠的理論依據和實證資料，證明音樂治療對於這些依變項有幫助；例如音樂治療未直接教導學習策略，如

問題討論 3-3（續）

何提升學習障礙者學習策略的使用呢？又例如即使研究者閱讀到少數研究提及音樂治療能減少行為問題，亦須了解是對什麼形態和原因的行為問題有效，有效的介入機轉和過程為何，或許它對特殊情緒困擾行為有助益，對干擾行為則無效。研究者不宜盲目地誇大介入方案的效果，或是擔心沒有效果，而介入很多依變項。

不止於做研究，在教學上，文獻（Cook, Tankersley, Cook, & Landrum, 2008; Cook, Tankersley, & Harjusola-Webb, 2008）提出教師宜選擇符合學生需求和教學目標，且具證據本位實務的教學方法，以促進學生有意義的學習效果。

二、描述介入方案的特徵

接著，宜說明此介入方案的特徵，包含：（1）設計者；（2）介入目標；（3）是單一變項或介入包裹；（4）依據什麼理論和概念，運用哪些要素或原則設計。例如介入方案為社會技能方案，是單一變項，介入目標為提升研究參與者人際互動技能，乃由研究者設計，依據「認知過程取向」（cognitive process approach），從接收、處理和輸出三個階段，教導參與者覺知互動對象、主題和情境，解釋社會情境的線索，搜尋、決定和執行反應方式的過程。

三、陳述介入方案的發展過程

之後，描述介入方案的發展過程，包括：（1）參考哪些文獻、現有的教材；（2）運用什麼評量方法；（3）考慮研究參與者的哪些特徵，例如其興趣和優勢能力；（4）蒐集哪些**社會效度**（social validity）資料，以發展介入方案之初案。以下說明社會效度的意義和類型。

Wolf（1978）首先介紹社會效度的概念，他指出社會效度是一種社會互動的過程。之後，Geller（1991）、Schloss 和 Smith（1998）進一步界定社會效度的內涵，包括：（1）**目標的社會效度**，是指介入目標和設定標準是重要及可被接受的，換言之，介入目標為研究參與者或其重要他人認可和接受者，是研究參與者適應其目前或未來所處生態環境中重要且需要者，此目標中設定的標準為其目前或未來生態環境認可和接受者；（2）**程序的社會效度**，意指介入方案的實施程序是適切、可被接受（包括對介入程序背後的價值觀、複雜度、實用性和花費等方面的接受度），而且和介入的目標有關，並能夠使研究參與者更加獨立、成熟和自信；（3）**結果的社會效度**，意味研究參與者或其重要他人認為介入方案有成效，能增進研究參與者的生活素質，以及研究參與者能維持新獲得的技能。而驗證社會效度的過程被稱為**社會效度的驗證**（social validation）；即使介入方案的內容再好，研究參與者或其重要他人並不認為此介入目標重要，也不認可其介入程序，則不僅會影響實施效果，亦會降低此介入方案在研究參與者生態環境的可應用性（Schloss & Smith, 1998; Schlosser, 2003）。筆者整理社會效度的指標、意義和驗證方法於表 3-3，並且討論驗證方法，和舉一些研究示例如下。

（一）目標社會效度之示例

驗證目標社會效度的方法包括：（1）透過**訪談**、**問卷調查**等方法，蒐集研究參與者或其相關重要他人的觀感，參見附錄 4「介入方案目標社會效度驗證之示例」；（2）運用**觀察**進行**生態評量**，了解研究參與者適應其生態環境所需的技能；（3）以**實證方式測試表現的不同標準**，以決定哪一種標準能達到最理想的結果（Cooper et al., 2007; Schloss & Smith, 1998）。舉例言之，關於介入目標的社會重要性，許又勻、邱上真和鈕文英（1998）為了針對高職部輕度智能障礙學生，設計適合的「美髮院情境之人際問題解決訓練方案」，他們編製了一份問卷，調查老闆、美髮助理和師傅以及顧客認為發生在美髮院中，很重要且頻率高的人際問題，作為介入方案的目標。

關於介入效果的設定標準是否屬於生態環境可接受者，Grossi、Kimball 和 Heward（1994）為了讓兩位在餐廳工作的身心障礙成人，其社會技能訓練方案能達到符合社會效度的標準，他們先花了 2 週觀察四位一般員工接受同事主動口語的頻率，此表現標準就設定為兩位身心障礙成人的目標。而 Warren、Rogers-Warren 和 Baer（1976）透過測試不同表現標準的效果，以決定符合社會效度的

表 3-3

社會效度的指標、意義和驗證方法

指標	意義[a]	驗證方法
目標的社會效度	介入目標和設定標準是重要及可接受的（意指介入方案的目標是否為研究參與者或其重要他人認可和接受者，是否為研究參與者適應其目前或未來所處生態環境中重要且需要者；介入效果的設定標準是否為其目前或未來所處生態環境所認可和接受者）。	1. 透過訪談、問卷調查等方法，蒐集研究參與者或其相關重要他人的觀感。[b] 2. 運用觀察法進行生態評量。[b] 3. 以實證方式測試表現的不同標準，以決定哪一種標準能達到最理想的結果。[b]
程序的社會效度	1. 介入方案的實施程序是適切、可接受的（包括對介入方案實施程序背後的價值觀、複雜度、實用性和所需費用等方面的接受度，以及它的可應用性），而且與依變項有關。 2. 介入方案的實施程序能使研究參與者更獨立、成熟和自信。	透過訪談、問卷調查和量表等方法，蒐集研究參與者、其相關重要他人，或外部第三者（例如：專家）的觀感。[b]
結果的社會效度	研究參與者或其重要他人，是否認為介入方案有成效，介入效果確實能增進研究參與者的生活品質，以及讓他們維持新獲得的技能。	1. 以常模樣本做社會比較（例如：將研究參與者的介入效果與同年齡者做比較）。[c] 2. 主觀評鑑〔使用訪談、問卷調查等方式，讓直接或（和）間接的使用者，抑或專家做主觀評鑑〕。[d] 3. 標準化測驗。[e] 4. 真實世界的測試。[e]

註：[a] 意義綜合整理自 Geller（1991）及 Schloss 和 Smith（1998）的文獻。[b] 目標和程序社會效度的驗證方法整理自 Cooper 等人（2007）及 Schloss 和 Smith（1998）。[c] 取自 Ennis、Jolivette、Fredrick 和 Alberto（2013）。[d] 取自 Forster 和 Mash（1999）；[e] 取自 Cooper 等人（2007）。

標準；他們評量兒童在不同頻率下，要求跟同儕分享玩具後同儕的反應，結果發現「中等頻率的要求」同儕的反應最好，也就是不能太頻繁，也不能太少。由上可知，三篇研究運用的方法為：「問卷調查」、「觀察」和「以實證方式測試表現的不同標準」。

（二）程序社會效度之示例

驗證程序社會效度的方法包括：透過**訪談**、**問卷調查**和**量表**等方法，蒐集研究參與者、其相關重要他人，或外部第三者的觀感（Cooper et al., 2007; Schloss & Smith, 1998）。其中蒐集研究參與者相關重要他人，或外部第三者對程序社會效度的觀感，相關重要他人可包括研究參與者的家長、任課教師、同儕、雇主、同事等，視依變項被應用的情境而定；外部第三者則是和研究參與者無關的人們，例如專家、顧客等。舉例言之，目前已經發展許多可用來蒐集接受者對介入接受度的量表和問卷，例如**《介入評量側面圖》**（*Intervention Rating Profile*, IRP），用來評鑑參與者重要他人對教室介入策略的接受度（Martens, Witt, Elliott, & Darveaux, 1985）；**《介入接受度之評量表》**（*Treatment Acceptability Rating Form*, TARF）則是用來評量家長對其孩子行為介入程序的接受度（Reimers & Wacker, 1988）。鈕文英（2016）設計**《正向行為支持計畫適切性量表——重要他人評量》**，以確認「正向行為支持計畫之程序社會效度」（見附錄 5「介入方案程序社會效度驗證之示例」）。

（三）結果社會效度之示例

驗證結果社會效度的方法包括：（1）**以常模樣本做社會比較**（例如將研究參與者的介入效果與同年齡者相比較）（Ennis et al., 2013）；（2）**主觀評鑑**〔使用訪談、問卷調查等方式，讓直接或（和）間接的接受者，抑或專家做主觀評鑑〕（Forster & Mash, 1999）；（3）**標準化測驗**；（4）**真實世界的測試**（Cooper et al., 2007）。附錄 6「介入方案結果社會效度驗證之示例」，呈現以訪談驗證結果社會效度之示例。Wang 和 Parrila（2008）提出，依變項結果社會效度資料蒐集的方法或來源宜多元，蒐集來源宜來自於研究參與者的日常生活環境，或是其重要他人，且長達 3 個月以上。至於為何要長達 3 個月以上的蒐集，Hamill、Washington 和 White（2007）表示臨床工作者通常被要求，每 3 個月報導治療的效果給保險公司，以申請保險費的支付，故研究者亦據之蒐集 3 個月以上的結果社會效度資料。除此，在蒐集依變項結果社會效度資料時，研究者宜注意讓資料提供者（例如：研究參與者的重要他人）不清楚研究假設，以避免研究者的期待帶來的負面影響。

舉例言之，在「以常模樣本做社會比較」方面，O'Brien 和 Azrin（1972）採取提示和增強策略，減少住在機構之智能障礙者的錯誤飲食行為；為了驗證介入效果是否達到一般人的表現水準，他們蒐集 12 位一般人的表現資料，維持期研究參與者和一般人的比較結果如示例 3-1。van den Pol 等人（1981）選取 10 位速食店顧客作為「常模樣本」，以評量身心障礙成人接受訓練之後，在速食店獨立

示例 3-1「以常模樣本做社會比較」建立結果社會效度

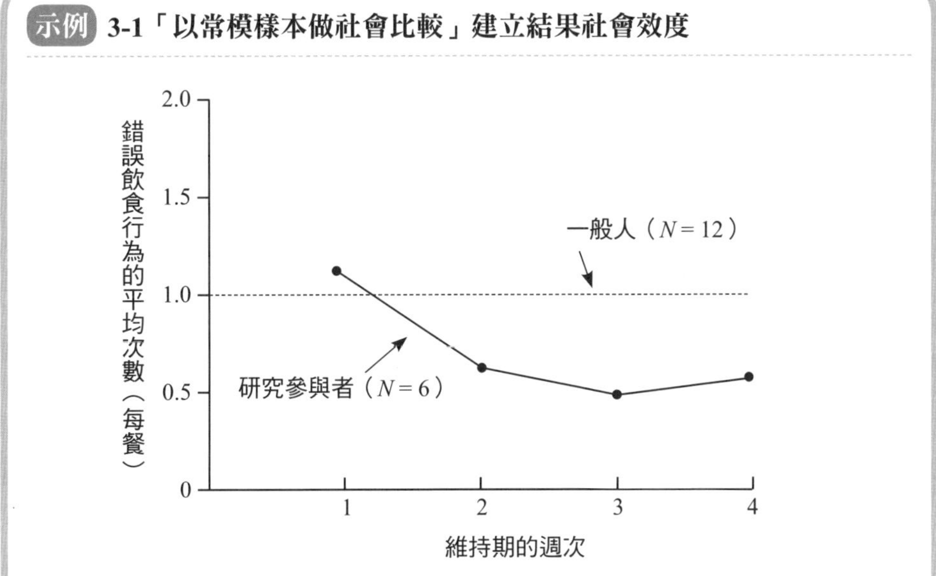

圖 1：提示和增強策略對減少智能障礙者錯誤飲食行為的成效。這是維持期間，研究參與者和一般人比較的結果。修改自 O'Brien 和 Azrin（1972, p. 397），修改處為加入圖的說明。

點餐及付款表現的結果社會效度。研究者以工作分析紀錄表，記錄這些常模樣本 22 個步驟的正確率，而後比較身心障礙成人和常模樣本之間的表現；結果發現身心障礙成人在追蹤探測的表現，除四個步驟外，其他皆與常模樣本相當或甚至超越。使用常模樣本並不限於後測階段，亦可在過程中做形成性評鑑，檢視研究參與者的進步狀況和需要努力的空間。Rhode、Morgan 和 Young（1983）運用代幣增強結合自我評鑑，改善六位情緒行為障礙學生教室行為的研究中，在 17 週中每天隨機選擇普通班同儕觀察其行為至少一次，以比較情緒行為障礙學生和他們之間表現的差異。

在以「主觀評鑑」驗證結果社會效度方面，Van Norman（2005）隨機取樣和安排介入前後的觀察錄影資料共 5 分鐘，而後請間接接受者（例如：研究參與者的家長、教師等），填答問卷以評鑑介入方案對減少研究參與者「逃避」功能之挑戰行為的結果社會效度，間接接受者並不清楚哪一個片段是介入前或後。另一種方式則是邀請專家評鑑行為改變的社會效度。例如 White（1991）為評量研究參與者在接受教師準備的「引導式筆記」的教學後，於社會科做筆記能力之結果社會效度資料；他們邀請 16 位中學社會科教師，從以下三方面評鑑研究參與者在介入前後做筆記的表現：（1）與上課內容相較之下筆記的正確性和完整度；（2）上課筆記對準備考試的實用性；以及（3）比較研究參與者與一般同儕的筆記，而教師並不知道這些筆記是介入前或後所做的。

在以「標準化測驗」驗證結果社會效度方面，例如 Iwata、Pace、Kissel、Nau 和 Farber（1990）發展《自傷創傷量表》（*Self-Injury Trauma Scale*, SITS），使用 0 至 5 分的數量和嚴重程度指標，以及估計目前存在的危險度，讓研究者及治療師評量自傷行為產生的創傷數量、形態、嚴重度和部位等。

在以「真實世界的測試」驗證結果社會效度方面，Cooper 等人（2007）指出評量結果社會效度最具效力的方式就是，讓研究參與者在應用情境中使用新習得的技能。例如三名學習障礙青少年已學會交通號誌及法規，而結果社會效度的最佳證明就是他們通過了考試，獲得暫時性的駕照（Test & Heward, 1983）。同樣地，三名發展障礙兼視覺障礙的中學生，習得烹飪技能後，社會效度的探測是，他們與來訪的朋友分享其準備的食物（Trask-Tyler, Grossi, & Heward,

1994）。真實世界的測試除了提供社會效度直接和真實的評量資料外，它亦讓研究參與者表現正向行為後獲得自然後果，如此能促進新習得之正向行為的維持與類化（Cooper et al., 2007）。

Reichow、Volkmar 及 Cicchetti（2008）提出高品質研究之社會效度標準包括：（1）介入的依變項有其社會重要性；（2）自變項的實施具時間及經濟效益；（3）研究參與者的相關重要他人操弄自變項；（4）在自然情境中執行研究；（5）比較身心障礙者在依變項上的表現，與非身心障礙者間的差異縮小；（6）介入後依變項的改變達實務的價值（具臨床顯著性）；（7）使用者對此研究結果感到滿意，至少要符合其中四項就具備良好的社會效度。其中第一項標準是**目標的社會效度**；第二至四項標準是**程序的社會效度**，這兩種社會效度皆會影響研究的生態效度；第五至七項標準是**結果的社會效度**。

總之，發展介入方案初案的過程中，宜蒐集**目標社會效度資料**（見示例 3-2）；而在檢視介入方案初案之適切性時，宜蒐集**程序社會效度資料**，故目標和程序的社會效度宜在論文「研究設計與實施」一章的「介入方案」一節中敘寫。至於**結果的社會效度**，則於介入方案實施結束後蒐集，得到的結果呈現於論文「研究結果與討論」一章中，見問題討論 3-4。

不過，社會效度這個名稱受到 Hawkins（1991）的質疑，他表示社會效度易讓人誤解為介入方案的目標、程序和結果必須是有關「社會」或「人際互動」，以及透過社會上各式各樣的人來驗證其效度。過去有一些文獻提出比較好的指標，筆者依年代先後整理於表 3-4。

示例 3-2 確保介入方案目標和程序社會效度的方法

在為智能障礙就業青年發展工作社會技能訓練方案的過程中，研究者藉由職場觀察，以及訪談雇用單位人員的方式，找出研究參與者在其目前職場中亟需的工作社會技能，以確保「訓練目標的社會效度」；結果發現……。發展工作社會技能訓練方案初案後，研究者設計問卷（例如其中一題詢問：「訓練方案的內容符合＿＿＿＿＿【個案名字】的需求，且能增進他與您和其他同事間的關係。」）請研究參與者的重要他人（即雇主）檢核訓練方案內容和程序的適切性，以確保「程序的社會效度」，結果發現……。（取自鈕文英、陳靜江，1999，第 68 頁）

問題討論 3-4 社會效度資料的蒐集

一份研究旨在驗證高職智能障礙學生工作社會技能方案的成效，研究者在「研究結果」一章中提及「社會效度」如下：教學結束後訪談導師和家長，了解他們對介入方案目標、程序和結果之適切及有效性的觀感。這樣的作法是否適切？

☛ 訪談導師和家長，了解他們對介入方案目標、程序和結果之適切及有效性的觀感，這是目標、程序和結果的社會效度。結果的社會效度宜在介入結束後了解，但目標和程序的社會效度不宜在介入結束後才實施，而是在發展介入方案之過程中就要實施，如此才有機會根據重要他人的意見做修改。

表 3-4

與社會效度相關之指標的提出者和其意義

與社會效度相關的指標	提出者（年代）	意義	對應的社會效度指標		
			目標	程序	結果
實驗處理的可接受度（treatment acceptability）	Kazdin（1980）	分析直接使用者（例如：學生）和間接的使用者（例如：學生的重要相關他人，像是家長）對實驗處理目標、程序和結果的可接受度。	◎	◎	◎
使用者的效度驗證（consumer validation）	Eaker 和 Huffman（1982）	分析直接使用者和間接的使用者對介入方案目標、程序和結果的效度驗證。	◎	◎	◎
教育效度（educational validity）	Voeltz 和 Evans（1983）	其中一項教育效度指標是分析：研究參與者的行為改變對他們是否有意義。	◎		
臨床顯著性（clinical significance）	Jacobson、Follette 和 Revenstorf（1984）及 Jacobson 和 Truax（1991）	分析治療或介入是否在臨床上具有效果，也就是介入後研究參與者不再符合異常診斷的標準，或是接近一般人之表現。			◎
使用者滿意度（consumer satisfaction）	Hawkins（1991）	分析直接使用者和間接的使用者對介入方案的結果滿意度。			◎
教育顯著性（educational significance）	Richards 等人（2013）	分析介入方案對研究參與者能否產生有意義的結果，介入方案在實務工作中的可應用度。		◎	◎

註：◎是指該指標相對應的社會效度指標。

貳、檢視介入方案初案之適切性

研究者可藉由評鑑介入方案的內容效度（content validity）、蒐集程序社會效度資料，以及進行介入方案的前導研究，檢視介入方案初案之適切性。

一、評鑑介入方案的內容效度

介入方案的內容效度是指，其內容是否能對依變項產生效果，如果介入方案的內容效度低，將會影響研究的結果。研究者可透過以下三方面了解介入方案的內容效度，檢核介入方案是否（1）**與依變項有關聯**；（2）**能和研究參與者的特徵相配合**；（3）**符合其依據的理論與概念、要素和原則**（De Vaus, 2001; Fraenkel & Wallen, 2006）。例如設計正向行為支持計畫時，擬訂的計畫與依變項（例如：攻擊行為）有關，符合它依據的正向行為支持理論（例如：根據行為問題的功能設計正向行為支持計畫、教導正向行為以替代行為問題），考慮研究參與者的特徵（例如：研究參與者無口語，教導他以非口語的方式溝通他的需求）。

除了在設計介入方案過程中，研究者自我檢視介入方案的內容效度外，亦可透過他人檢視，即設計專家評鑑問卷，請專家針對介入方案做內容效度評鑑，而選擇的專家宜對此介入方案有專業知識和經驗者，至少三位且最好是奇數人次，如此在決定是否要修改介入方案內容時，才不致因偶數人次遭遇同票時難以抉擇的狀況。若此介入方案的內容跨不同的專業領域，例如自閉症和動物輔助治療，又找不到兼具兩個領域的專家時，則邀請兩個專業領域的專家至少各三人。

請專家針對介入方案的內容效度做評鑑時，宜提供專家研究目的和內容、研究參與者，以及介入方案等資料，並且設計一些評鑑指標的題目，讓專家有足夠的資訊做評鑑，見附錄7「介入方案內容效度專家評鑑問卷之示例」。若有做介入方案內容效度之專家評鑑，則說明專家的特徵和人數，評鑑的內容、結果和對正式介入方案的啟發及修正（Roberts, 2004; Tuckman, 1999），說明專家的特徵時，呈現的是**他們和研究主題或介入方案相關的專業背景或經驗**，不須呈現其名字和任職單位，若要揭示，則須徵求其同意。

二、蒐集介入方案的程序社會效度資料

蒐集介入方案的程序社會效度資料可以確認，介入方案的實施程序是適切、可被接受，而且和介入的目標有關，並能夠使研究參與者更加獨立、成熟和自信，其確保方法已於前面敘述。在論文中可以說明程序社會效度的作法和結果，以及做了什麼修改，已舉例說明如示例 3-2。

三、進行介入方案的前導研究

除了檢視介入方案的內容效度外，還可以進行介入方案的前導研究；若介入方案的實施者沒有執行經驗，特別需要進行前導研究。前導研究參與者應來自於未來正式取樣的母群中，而且研究者在針對介入方案進行前導研究的過程中，宜記錄研究者的心得，以及前導研究參與者的反應，以作為修正介入方案的參考。若有做前導研究，則說明前導研究之參與者的人數和特徵、前導研究之內容（例如：選擇哪幾個部分做前導研究）、結果，以及對正式介入方案的啟發和修正（Roberts, 2004; Tuckman, 1999）。

參、確認介入方案的內容

經由發展介入方案，以及檢視初案適切性兩個步驟後，便可確認介入方案的內容，包含**教學（或行為處理）目標**，以及**教材或教具**，**教學方法、策略或流程（或處理策略）**等。其中在教材設計上，除了要能達成方案目標外，研究者宜說明它**反映了什麼理論，以及此理論中的哪些概念、要素或原則**。例如介入方案為「直接教學」（direct instruction），研究者宜說明教學流程中運用了哪些直接教學法的要素或原則（像是提供正例和負例）；又例如教材是社會故事，則呈現此社會故事的編寫反映了什麼理論，見示例 3-3。

教材和教具的設計還宜注意是否會產生**新奇效應**（novelty effect），它是指研究參與者感受到他們接受的教學材料和工具是不同、新鮮的，而表現更高的參與興趣和動機，因此影響其學習表現；事實上，介入方案之所以有效不見得是

示例 3-3 教材反映之理論的敘寫

以下的社會故事，依據 Gray（1995, 2000）的社會故事編寫原則，以及相關文獻（Sansosti, Powell-Smith, & Kincaid, 2004; Swaggart et al., 1995）編寫而成，以下說明此社會故事反映的原則，包括：（1）能符合研究參與者下課想與同儕玩的需求；（2）用第一人稱來寫作；（3）符合社會故事的句型安排比率，亦即每 2 至 5 個描述句、觀點句、肯定句或合作句，0 至 1 個指示句或控制句，這個社會故事〈嗨！我可以跟你玩嗎？〉中，共有 36 句，描述句有 17 句，觀點句 2 句，指示句 7 句，肯定句 2 句，控制句 4 句，合作句 4 句；描述句、觀點句、肯定句和合作句總計有 25 句，約占 69%；指示句和控制句總計有 11 句，符合文獻提出的比例……。（省略以下內容）

〈嗨！我可以跟你玩嗎？〉

下課了，我看到小萍在走廊上跟小英說話，我想找小萍玩，可是她最近都不理我。我以前拉小萍的頭髮，是想和她打招呼，希望她能跟我玩【描述句】。但是我用這個方法，小萍不但不和我玩，還大聲喊痛，並且報告老師；然後就不理我了【描述句】，表示小萍不喜歡我抓她的頭髮【觀點句】……。（省略以下內容）〔修改自鈕文英指導之碩士生——林宛儒（2005）的論文〕

因為它比較好，而是它帶給研究參與者新奇的感受（Gay et al., 2009; McMillan & Schumacher, 2009）。拉長介入時間，以及採用不會太特殊的教材、教具，可以減少新奇效應，而教材、教具不會太特殊，還可以提高在真實情境中的可複製或可應用性。

第三節 介入方案之實施

評鑑讓研究者重新檢視介入方案之實施過程；而成功即始於認清途中的阻礙，及找出待改變的關鍵因素。

本節從設計介入方案之實施方式，以及評鑑介入方案之實施狀況兩部分，探討介入方案之實施。

壹、設計介入方案之實施方式

實施方式包含實施者，實施時間、次數和長度，以及實施情境，詳述如下。

一、介入方案之實施者

安排介入方案之實施者時，宜考量實施者在此介入方案上的能力和經驗，以及其來源；實施者若為應用情境的人員，則較能提升介入方案之外在生態效度（其詳細討論見第伍章），減少新奇效應。若應用情境的人員不具備能力和經驗，必須由研究者實施時，則研究者宜邀請他們參與研究，並且從中訓練他們。在論文中須說明實施者的人數，以及在實施此介入方案上的能力和經驗（宜描述與介入方案有關之能力和經驗，而不是無關之廣泛修習的課程）。若實施者不具備執行此介入方案上的能力和經驗，則須說明因應方式。

二、介入方案之實施時間、次數和長度

介入方案實施時間、次數和長度宜考慮方案之目標和內容、研究參與者的特徵等。如果方案之目標和內容多，研究參與者的學習能力較有限，則介入方案的實施次數和長度則需較多和較長。實施時間有兩種，第一種是**單元教學時間**，是指在一個短的期限內，集中實施介入方案，而此時間安排又可分為外加的時間表和融入應用情境的時間表，例如在學校情境，**外加的時間表**是指利用課餘時間進行介入；**融入應用情境的時間表**是指運用原有的課程或活動進行介入，這就是

Wolfe 和 Hall（2003）所稱的**融入式的教學**（embedded instruction，或譯為「**嵌入式教學**」），是指將教學目標嵌入於各科目或領域、生活作息或情境中。第二種是**情境教學時間**，意指在應用情境中，依自然時間表或隨機時刻實施介入方案。若研究參與者的學習能力較有限，兩種教學時間都需要。除此，介入方案的實施時間與欲推論應用的情境相似性高，例如介入方案若能融入應用情境的時間表中實施，時間能配合應用情境的課程或作息，則較能提升外在生態效度（external ecological validity，簡稱生態效度，見第伍章）。

除了教學，還會讓研究參與者試做，以練習學得的技能，Collins（2012）表示有三種試做的形式：**大量的試做**（massed trial）、**間斷的試做**（spaced trial）、**分散的試做**（distributed trial）。大量的試做是指教學後，讓研究參與者做大量集中式的練習，特別適用於新習得的技能（Collins, 2012），例如讓研究參與者認識水果的名稱。間斷的試做意指教學後，讓研究參與者輪流做練習，適用於團體教學情境中（Collins, 2012），例如讓學生輪流說出水果圖卡的名稱。分散的試做指陳教學後，讓研究參與者於跨自然情境中，因應人物、材料等的變化做多樣練習，以促進類化（Collins, 2012），例如讓研究參與者說出營養午餐所吃或水果攤所賣的水果名稱，情境教學時間會運用分散的試做，讓研究參與者配合自然情境做練習。Drew、Hardman 和 Logan（2006）指出分散的試做，即配合自然時間表且經常而分散的練習，會比大量集中式的練習，較能提升重度障礙學生技能的習得與維持。Collins（2012）指出如果欲教導的目標技能之三種試做都有其意義，則最好包括這三種試做。

三、介入方案之實施情境

實施情境可從範圍和性質兩方面論述。就**實施情境的範圍**而言，可包括**地點和人員的安排**。實施地點是指實施介入方案的特定地點，例如學校中的資源教室；若該地點需要特別布置，則須說明如何布置。而人員安排可分成**個別教學**、**小組教學**，或是**全班教學**。選擇何種安排，宜考量**介入方案**和**研究參與者的特徵**，以及**可行性**。例如若介入方案的成分包括社會互動，則宜採用小組教學或全班教學；若研究參與者之功能表現非常有限，需一對一教學，則宜採用個別教學；若個別或小組教學不可行，且無法在情境教學時間實施，則宜運用全班教學。

就**實施情境的性質**而言，依介入方案實施情境之人為或自然程度來分，Kerlinger 和 Lee（2000）表示可分成**實驗室**和**實地實驗**兩種，實驗室實驗在**抽離、模擬和控制的情境**中進行實驗；實地實驗在**真實、自然和非控制情境**中進行實驗。要注意的是，實驗室實驗不是指在學校中的物理實驗室做實驗，而且不是只要離開實驗室，或在研究參與者學習和生活所在的地點做研究就是真實、自然和非控制情境。兩種情境的區分是以**研究者欲介入之依變項的表現情境**而言，若研究者在表現依變項之情境做直接介入，則此情境為真實、自然和非控制情境；若研究者在表現依變項之情境以外者做介入，則此情境為抽離、模擬和控制的情境，見表 3-5 之比較示例和問題討論 3-5。

表 3-5

模擬和自然情境之比較示例

抽離、模擬和控制的情境	真實、自然和非控制情境
1. 研究者在特教班中模擬社區速食餐廳的點餐情境，他扮演服務人員，教導智能障礙學生點餐技能。【地點和人員的模擬】	1. 研究者在社區速食餐廳，教導智能障礙學生點餐技能。
2. 研究者針對一位泛自閉症學生與普通班同學互動的問題，在資源班模擬他遭遇的問題情境，研究者扮演普通班同學，教導他與人互動的技能。【地點和人員的模擬】	2. 研究者針對一位泛自閉症學生與普通班同學互動的問題，在普通班課餘情境中，直接教導他與人互動的技能。
3. 研究者在普通班綜合活動領域課程中安排模擬情境，教導一位泛自閉症學生課餘時間與同學人際互動的技能。【情況的模擬】	3. 研究者在普通班課餘情境中，教導一位泛自閉症學生課餘時間與同學人際互動的技能。
4. 研究者使用繪本和他人的故事腳本，教導一位泛自閉症學生心智解讀能力。【材料和人員的模擬】	4. 研究者使用為一位泛自閉症學生本人設計的故事腳本，教導他心智解讀能力。
5. 研究者在特教班中，使用沖泡即溶飲料的步驟圖卡，教導智能障礙學生排列出沖泡即溶飲料圖卡的步驟。【活動的模擬】	5. 研究者在特教班中直接教導智能障礙學生沖泡即溶飲料。

註：網底標示模擬的部分。

問題討論 3-5 介入方案實施情境之釐清

一份研究欲增進高職泛自閉症學生與普通班學生的人際互動技能，目標技能為早上到班級時能回應普通班同學的打招呼。研究者為該生的資源教師，在資源班進行人際互動技能的教導，研究者宣稱此介入方案之實施情境為真實、自然和非控制情境。此說法是否正確？

☛ 此說法不正確，它應為抽離、模擬和控制的情境，因為研究者抽離學生至資源班進行人際互動技能的教導，做了人員和地點的模擬；而在普通班直接教導泛自閉症學生能回應普通班同學的打招呼，才是真實、自然和非控制情境。

在真實情境中做介入是一種**零推論或遷移的策略**（zero-degree inference or transfer strategy）（Snell & Brown, 2011）。有學習遷移困難之認知障礙學生，非常需要真實情境的介入，他們就不需要再將模擬情境中所學的技能推論應用至真實情境中。真實情境中有很多狀況是無法模擬的，例如較無法模擬交通顛峰時間車水馬龍的情況；容易忽略掉真實情境中可能遭遇之偶發狀況的因應，例如走在十字路口紅綠燈壞掉等突發問題的處理（鈕文英，2003）。然而，在真實情境中做介入亦有其限制，會花費較多的金錢、時間和人力，可能有安全上的顧慮，而且較無法重複練習，做錯了可能獲得無法修復的後果，例如使用自動販賣機點錯飲料，則無法修正錯誤，必須重新點選，而此限制正是模擬情境的優勢。Domaracki 和 Lyon（1992）比較模擬情境和真實情境教學的成效發現：真實情境教學比模擬情境教學產生較大幅度的進步；然而模擬情境教學也有其好處，尤其對於比較困難教導的技能，它可以提供重複練習和修正錯誤的機會。

對於有學習遷移困難之身心障礙學生，比較困難教導的技能，可以兼採模擬和真實情境的教學，先在模擬情境中進行介入，等學生熟練後，再至真實情境中進行介入。而在模擬情境中進行介入時，為使模擬逼真，最好能使用真實材料，布置也盡可能符合真實情境的狀況，並且設計各種可能的偶發狀況，如帶金錢到教室中模擬購物的活動；真實材料若無法帶進來，則設計教具，如設計紅綠燈的號誌模擬在路上行走的活動等。

總括上述介入方案的內容和實施，研究者可以整合成詳細的教學計畫（俗稱教案）或行為處理方案，放在論文附錄中。Voeltz 和 Evans（1983）提出**教育效度**的概念。之後在 1986 年《重度障礙者協會期刊》（*Journal of the Association for Persons with Severe Handicaps*）中將教育效度納入，作為決定是否出版該研究論文的依據；他們提出的三項教育效度指標之一為：**詳細描述實驗處理（介入方案）的程序和策略，敘述清楚明確，讓他人能夠複製**（引自 Meyer & Evans, 1993, p. 229）。APA（2002）也強調這是回答因果性研究問題的必要指標。筆者呈現附錄 8「介入方案之示例」，此介入方案為「課程調整方案」，筆者於方案中呈現為研究參與者調整了哪些課程與教學成分。

貳、評鑑介入方案之實施狀況

介入方案的實施也會影響介入效果，即**介入（或實驗處理、實驗操弄）的完整性或忠實度**（treatment/intervention/manipulation integrity or fidelity），又稱為**程序信度**（procedural reliability）、**程序或實施的忠實度**（procedural or implementation fidelity），是指實施者是否如預期計畫完整且正確地實施介入方案，包括實施時間、長度或次數，執行地點或情境，以及採取的程序和教材、教具等（APA, 2010b; Cooper et al., 2007; De Vaus, 2001; Gresham, 1996; Kumar, 2014）。例如實施者是否如預期計畫，以正確的程序和方式、在正確的時機實施教學提示；當研究參與者反應正確與不正確時，實施者是否給予適當的後果（Brown & Snell, 2011; Lane & Beebe-Frankenberger, 2004）。

研究者宜依照設計的介入方案，完整而適切地實施它；如果實施者不同於設計者，或是實施者不只研究者，還包括其他人員，須確保實施內容和方式是一致的，這是必要但常被遺忘的程序（Halle, 1998; Lane, Bocian, MacMillan, & Gresham, 2004）。從 1968 到 1990 年，有兩篇《應用行為分析期刊》的文獻（Gresham, Gansel, & Noell, 1993; Peterson, Homer, & Wonderlich, 1982）發現，大部分的研究未說明「適切且一致地執行自變項的程度」。Peterson 等人（1982）

指出，在應用行為分析的研究領域中，發展出「令人質疑的雙重標準」，也就是明確要求依變項評量的精確度，如必須呈現觀察信度的資料，卻很少要求提供自變項的執行情況的評量資料。

為監測介入方案是否完整而且一致地被實施，研究者可以敘寫詳細的**實施腳本**，將介入標準化（Gresham et al., 1993）。Gresham 等人（1993）建議，那些用來評鑑依變項品質的標準，可以用來評判自變項描述的明確性，也就是**清楚**、**簡潔**、**明確和客觀**。他們進一步建議要針對**口語**、**身體**、**空間和時間**四個面向，說明介入方案的操作性定義。Mace、Page、Ivancic 和 O'Brien（1986）以這四個面向操作性定義隔離策略如下：（1）緊跟著目標行為之後出現【時間面向】；（2）實施者說：「不可以，去隔離區」【口語面向】；（3）拉手臂引導學生到事先界定的隔離椅【身體面向】；（4）要學生面對角落坐著【空間面向】；（5）如果學生的屁股離開椅子，或轉頭超過 45 度【空間面向】，實施者以最小的力氣引導他服從隔離的進行【身體面向】；（6）最後的兩分鐘【時間面向】，實施者將椅子從角落轉開 45 度【身體、空間面向】，然後走開【身體面向】。Cooper 等人（2007）建議為了讓介入方案標準化，研究者可以考慮將介入錄影下來；舉例來說，Heron、Heward、Cooke 和 Hill（1983）以投影片呈現實施腳本，期待能確實地執行全班同儕教導的訓練方案。

如果實施者不同於設計者（通常是研究者），研究者宜提供詳細的腳本，並且訓練他們如何實施，以及提供練習的機會；即使研究者認為實施者已經具備一般能力和經驗，但並不表示他們就能勝任此自變項的實施（Cooper et al., 2007）。Mueller 等人（2003）發現，結合口頭教導、示範與演練的訓練可以確保家長在執行幼兒餵食介入方案的完整性。研究者對實施者執行狀況的回饋也證實，能改善家長及實務工作者實施行為支持計畫和明確教學技術的完整性（Codding, Feinberg, Dunn, & Pace, 2005; Sarakoff & Strumey, 2004; Witt, Noell, LaFleur, & Mortenson, 1997）。

為介入方案提供詳細的實施腳本、提示卡，或是任何可以提醒介入步驟的物品都是有用的，但研究者不能夠以為提供實施者這些就可以達到介入的完整性；因為介入進行一段時間後，可能發生**介入漂移**（treatment drift）的現象，也就是介入的實施與研究初始時不同（Cooper et al., 2007）。介入漂移可能來自於介入方案的複雜度，使得實施者難以在研究全程中一致地執行所有元素。而實施介入方案所產生的後效也會造成介入漂移；舉例來說，教師可能只有研究者在場時，才實施全部的介入，因為會獲得研究者的讚賞；當研究者不在時，教師只採用自己喜歡的部分（Cooper et al., 2007）。

為了確保介入的完整性，研究者可以設計評鑑工具，邀請客觀的第三者做評鑑，評鑑後還可計算**介入完整比率**（Gresham, MacMillan, Beebe-Frankenberger, & Bocian, 2000; Lane & Beebe-Frankenberger, 2004），參見附錄 9「介入完整性評鑑工具之示例」。介入完整性可以讓研究者檢視實施者是否有「校準」（calibration）的需要，若介入完整性低，則需持續再訓練與練習，以確保高程度的介入完整性。Schlosser（2002）以及 Wheeler、Baggett、Fox 和 Blevins（2006）為文檢視部分因果性研究之介入方案的完整性，讀者可以參閱。要注意的是，介入完整性的評鑑強調，實施者是否如預定計畫（包括實施時間、長度或次數、情境和流程）完整且正確地實施介入方案，而不是步驟或策略表面數量的一致性，見問題討論 3-6。

問題討論　3-6 介入完整性的評鑑

一份研究在探討正向行為支持對泛自閉症者干擾行為的成效，研究者提及進行介入完整性的評鑑，以檢視所有五位處理人員是否如預期計畫，完整且正確地實施正向行為支持計畫，其作法為處理人員和觀察者（研究者擔任）分別記錄一節課中使用正向行為支持策略的數目，而後計算一致性。這樣的作法是否適切？

☛ 處理人員和觀察者分別記錄一節課中，使用正向行為支持策略的數目之一致性，也許數目相同，但使用的策略內容，以及策略的使用時機或執行程序不一定相同，因此不應檢核使用正向行為支持策略的數目之一致性，而是檢核處理人員是否按照介入方案所要求的時機執行正向行為支持策略，且依照程序實施之。

Gresham（1996）提出介入完整性和依變項間的關係圖，包含四種（見圖3-3）：第一，介入完整性佳，且依變項產生改變，這是品質最佳的研究。第二，介入完整性佳，但依變項極少或沒有改變，有可能自變項和依變項間的因果關係極小，偵測不出來；或是此自變項對依變項無效。第三，介入完整性不佳，但依變項產生改變，可能是其他外在變項導致依變項有效，自變項和依變項事實上無因果關係。第四，介入完整性不佳，且依變項極少或沒有改變，可能由於介入完整性不佳，造成自變項和依變項無因果關係。由此可知，不管依變項有無改變，介入完整性皆能幫助研究者解釋依變項有無改變的原因，足見其重要性。

介入完整性的狀況		依變項的改變：有改變	依變項的改變：極少或沒有改變
	佳	細格A：介入完整性佳，且依變項產生改變。	細格B：介入完整性佳，但依變項極少或沒有改變。
	不佳	細格C：介入完整性不佳，但依變項產生改變。	細格D：介入完整性不佳，且依變項極少或沒有改變。

圖 3-3：介入完整性和依變項間的關係圖。修改自 Gresham（1996, p. 106），修改圖的呈現方式，以及加入細格 A 至 D。

介入完整性和內容效度、程序社會效度是不同的，見表 3-6 的比較和問題討論 3-7。

表 3-6

內容效度、程序社會效度和介入完整性之比較

比較的項目	內容效度	程序社會效度	介入完整性的評鑑
目的	確保介入方案的內容與依變項有關聯，能和研究參與者的特徵相配合，能符合該方案依據的理論。	確保介入程序是適切、可被接受，而且和介入的目標有關，並能夠使研究參與者更加獨立、成熟和自信。	確保介入方案是否如預期計畫完整且正確地實施。
實施時間	發展介入方案初案後。	發展介入方案初案後。	實施介入方案過程中。
作法	1. 研究者說明如何發展介入方案，以確保它與依變項有關聯，能配合研究參與者的特徵，符合該方案依據的理論。 2. 由研究者設計評鑑工具，邀請對此介入方案有專業知識和經驗的專家評鑑。	由研究者設計評鑑工具，邀請研究參與者或其重要他人做評鑑。	由研究者設計評鑑工具，邀請客觀的第三者做評鑑。

問題討論　3-7 釐清介入完整性和內容效度、程序社會效度

一份研究旨在驗證高職智能障礙學生工作社會技能方案的成效，研究者在「程序社會效度」中提及：於實施工作社會技能方案的過程中，請專家評鑑它的內容，以及請另一位教師檢核方案實際執行和預定計畫的符合情形。這樣的寫法是否適切？

☛ 二者都不是程序社會效度，請專家評鑑工作社會技能方案的內容，是內容效度的評鑑；請另一位教師檢核方案實際執行和預定計畫的符合情形是「介入完整性」的評鑑。

在論文「研究設計與實施」一章的「介入方案」一節中敘寫，「介入完整性評鑑」的作法，包括**評鑑者的人數和背景資料**、**評鑑方式**（現場或看錄影資料做評鑑）、**使用的評鑑工具**，以及**抽樣多少百分比的實施次數進行評鑑**。至於**介入完整性的評鑑結果**則於論文完成後敘寫，見示例 3-4。總括本章，完整的介入方案之發展、實施與評鑑過程如圖 3-4。至於介入方案之敘寫內容和舉例詳見第柒章第四節。

示例 3-4 介入完整性的評鑑結果

本研究由團隊成員實施正向行為支持計畫，為能確保不同人員實施策略的介入完整性，每星期由研究者抽樣 25% 的實施節次（即八節），於現場觀察，填寫「正向行為支持計畫介入完整性量表」，進行介入完整性的評鑑【評鑑者、評鑑方式和工具，以及抽樣百分比】。結果發現，實施狀況多為「完全達成」或「大部分達成」，介入完整性介於 88% 至 96% 之間，平均為 92%。由此可知，團隊成員有確實且一致地實施正向行為支持計畫【評鑑結果】。

介入方案從其操弄方式來看，包含操弄介入方案出現或消失、出現的數量，以及出現的類型；從其成分來看，包括單一變項和介入包裹。由學習階段檢視介入方案的成效類型來看，主要包含習得（或立即）、流暢、精熟、維持、類化和調整階段的學習成效。介入方案之發展包括：（1）發展介入方案之初案，須說明選擇此介入方案的理由、介入方案的特徵和發展過程；（2）檢視介入方案初案之適切性，乃藉由評鑑介入方案的內容效度和程序社會效度，與進行介入方案的前導研究來達成；以及（3）確認介入方案的內容三個步驟。最後，設計如何實施介入方案，以及蒐集「介入完整性」的資料以評鑑實施狀況。

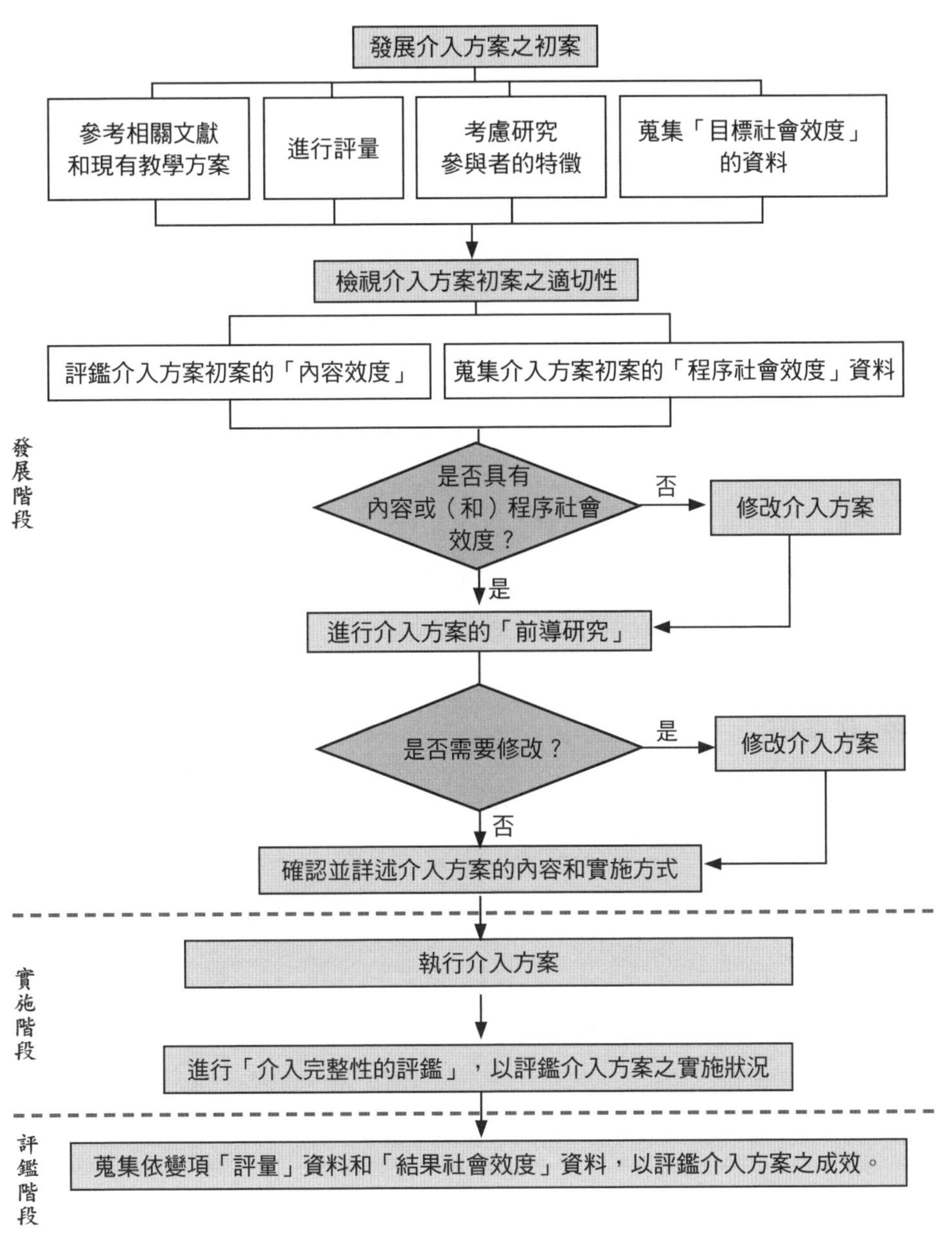

圖 3-4：介入方案之發展、實施與評鑑過程。▭ 代表主要步驟；▭ 代表細節步驟；◇ 代表檢核步驟。

附錄

- 附錄 4　介入方案目標社會效度驗證之示例
- 附錄 5　介入方案程序社會效度驗證之示例
- 附錄 6　介入方案結果社會效度驗證之示例
- 附錄 7　介入方案內容效度專家評鑑問卷之示例
- 附錄 8　介入方案之示例
- 附錄 9　介入完整性評鑑工具之示例

思考問題

運用「思考問題 3：單一個案研究介入方案之發展與實施」，檢視自己「對單一個案研究介入方案之發展與實施的了解情形」，並且評鑑一篇單一個案研究論文在「介入方案之發展與實施」上的表現情形。

作業單

- 作業單 3-1　單一個案研究介入方案之設計與實施
- 作業單 3-2　介入完整性之評鑑

第肆章 單一個案研究中依變項評量工具之類型與編製

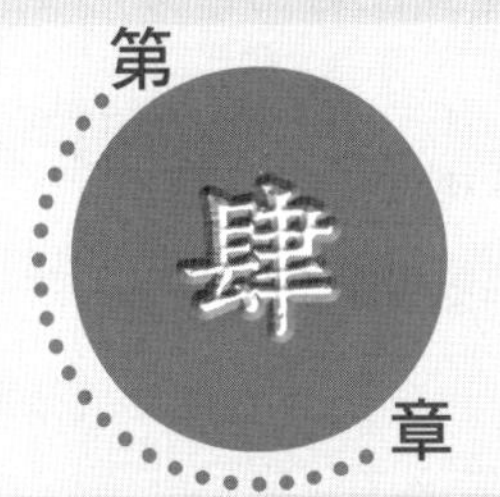

導讀問題

1. 單一個案研究運用哪些評量工具，蒐集依變項什麼樣的資料？
2. 行為觀察紀錄工具有哪些不同的類型？做行為觀察紀錄要注意哪些原則？
3. 成就測驗有哪些類型？編製與實施成就測驗要注意哪些原則？
4. 李克特量表有哪些類型？編製與實施李克特量表時宜注意哪些原則？
5. 何謂檢核表？編製檢核表時，宜注意哪些原則？
6. 依變項評量工具之編製包含哪些步驟？
7. 評量工具有哪些效度指標？
8. 評量工具有哪些信度指標？
9. 評量工具有哪些正確性指標？
10. 影響評量工具實施確切性的因素包括哪些？
11. 描述評量工具效度、信度和正確性指標時，宜包含哪些內容？

單一個案研究採取**標準化的工具**蒐集資料，研究者須將依變項中**抽象的構念**概念化，成為**概念性定義**（conceptual definition）；接著將之操作化，成為**操作性定義**（operational definition）；而後再測量化，設計具體的**指標**（indicator）或**量數**（measures），以蒐集實證資料（Horner et al., 2005）。例如依變項是攻擊行為，其概念性定義依據 Meyer 和 Evans（1989），包含對人、動物或物品出現身體的攻擊、口語和對物品的攻擊，以及抗拒和不順從行為（即被動的攻擊）。在研究中的操作性定義是對人做出身體的攻擊，是指用頭撞教師或同學的任何部位；而此身體攻擊的指標或量數是「次數」，是以「攻擊行為觀察紀錄工具」【研究工具】評量其次數，是**單一測量**，見圖 4-1。如果不僅評量次數，還評量其強度，則是 Best（2012）所稱的**複合測量**（composite measurement）。

以下探討依變項評量工具之類型，以及依變項評量工具之編製兩大部分。

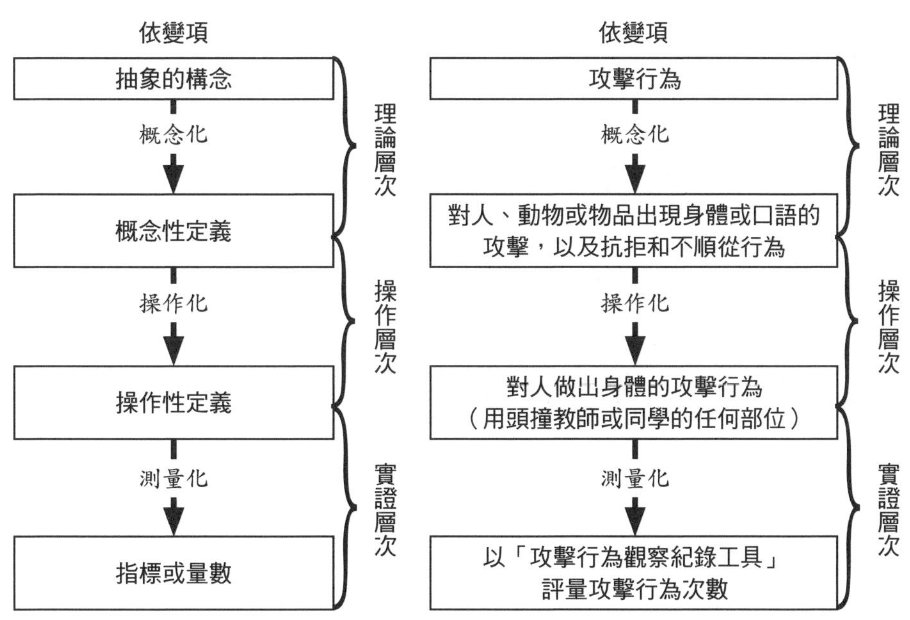

圖 4-1：單一個案研究中將依變項轉化成具體測量的過程和示例。

第一節 依變項評量工具之類型

若想研究水到渠成，必先不辭設計工具，涓滴蒐集資料。

單一個案研究最常運用於分析某種自變項對依變項的效果，依變項可以是**目標行為**（target behavior，例如：干擾行為），抑或**知識**（例如：用藥知識）、**能力**（例如：心智解讀能力）或**學習成就表現**（例如：識字），可運用**行為觀察紀錄工具**（behavioral observation recording）、**成就測驗**（achievement test）、**李克特量表**（Likert scale）和**檢核表**（checklist）四種評量工具來蒐集資料，以下說明這四種工具之意涵。

壹、行為觀察紀錄工具之意涵

單一個案研究最常介入的依變項是**目標行為**，Cooper 等人（2007）表示：「目標行為是指被選擇改變的行為。」（p. 49）由此可知，目標行為可包含：**欲減少的負向行為**和**欲增加的正向行為**。以下討論行為觀察紀錄工具之意義與類型及其設計原則。

一、行為觀察紀錄工具之意義與類型

行為觀察紀錄工具是**由他人，通常是研究者觀察研究參與者的目標行為，而後做數量及形態、強度和品質等級的紀錄**。行為觀察紀錄工具依觀察情境、觀察者與觀察對象的接觸方式、紀錄方式、欲紀錄的行為資料特徵，以及欲觀察紀錄的時間來看，而有不同的類型，詳細討論如下。

（一）依「觀察的情境」來分

從觀察的情境來看，觀察方式可分為：**自然情境的觀察**（in-vivo observation or natural observation）和**模擬情境的觀察**（analogue or contrived observation）兩種（Browder, 2001）。Browder（2001）進一步指出，自然情境的觀察是在自然環

境下，對當時正在發生的事情進行觀看、傾聽和感受的一種活動，它是最有效且可信的方法，也是最常用來了解研究參與者的方法；而模擬情境的觀察則是通常在具有單面鏡、攝影和錄音設備的實驗室內，或者是在有控制的情境中進行，它用來觀察一些發生次數不多（例如：需要道歉、說謝謝的行為），或一些比較私密的行為。為了評量這些行為，研究者可以用角色扮演的方式，製造欲觀察的事件情境，再從旁觀察，這種方法的好處是可以觀察到研究者想觀察的行為，限制是可能較無法反映在真實情境中表現的行為。

（二）依「觀察者與觀察對象的接觸方式」來分

根據觀察者與觀察對象的接觸方式來看，可以分成**直接觀察**（direct observation）和**間接觀察**（indirect observation）兩種（Bernard, 2013）。直接觀察是指，研究者在目標行為發生的當下進行觀察紀錄，例如目標行為是課堂專注行為，直接觀察研究參與者專注行為的百分比。間接觀察是指，研究者並未直接觀察正發生的目標行為，而是在目標行為發生之後，檢視所造成的結果來做紀錄，例如檢視課本上的筆記，以推論研究參與者上課專注的狀況。

有些情況（目標行為出現在家裡或是在私密的情況下），研究者不方便或很難直接觀察目標行為的發生，或是沒有需要直接觀察目標行為的發生，因為它會製造相當持久的結果，研究者只要在它發生之後，測量其結果就可以知道目標行為的動態，此時便會採取間接觀察（Schloss & Smith, 1998）。由於間接觀察的內容（例如：課本上的筆記）與被觀察的現象（例如：研究參與者課堂專注的狀況）並非同時發生，研究者很難檢驗觀察結果的有效性，因此可能造成推論不正確的情形（Berg, 2008）；例如課本筆記可能不是研究參與者所做的，欲以此推論他課堂專注的狀況可能有誤。由此可知，直接觀察的有效性較高。

（三）依「紀錄的方式」來分

紀錄的方式則包含**現場觀察紀錄**和**錄影觀察紀錄**兩種（Cozby, 2009），兩種方式各有其優勢和限制，比較如表 4-1。

表 4-1

現場和錄影觀察紀錄之比較

方法	優點	限制
現場觀察紀錄	1. 做紀錄的過程可以使觀察者保持警醒的狀態，能掌握觀察情境的狀況，完整而正確地記錄行為資料，並且針對觀察的現象給予立即的回應和解釋。 2. 節省時間。 3. 對觀察對象較不具威脅和干擾性。 4. 不會產生工具的問題，例如攝影器材電池沒電了等問題。	1. 觀察者須馬上決定要記錄什麼，以及快速地做紀錄，若觀察者的角色不只觀察，還須教學；或是同時要記錄多人的行為，或一個人的多種行為，則會出現困難。 2. 觀察者若為外來者，和觀察對象不熟悉，則須注意如何進入觀察情境，以及可能會產生觀察者效應的問題（例如：觀察對象的行為產生改變，和平常表現不一樣）。 3. 無法讓觀察的內容重演。 4. 不易記錄影像和聲音的資料。
錄影觀察紀錄	1. 可重複放映許多次，讓觀察的內容重演，有時間做較完整的紀錄。 2. 可以同時記錄許多人的行為，例如教師、個別學生或一群學生的行為。	1. 無法記錄某些資料，例如觀察情境裡的溫度、氣味，以及沒有被鏡頭拍到的事件等。 2. 攝影器材的架設可能會對觀察對象產生影響。 3. 分析資料的時間會增加。

（四）依「欲紀錄的行為資料特徵」來分

綜合文獻（Martin & Pear, 2015; Schloss & Smith, 1998），行為資料的類型包括**形態**（topography）、**頻率**（frequency）、**比率**（rate）、**強度**（intensity）、**持續時間**（duration）、**延宕時間**（latency）和**品質**（quality）七類；Cooper 等人（2007）另提出**反應時距**（interresponse time, IRT）、**百分比**（percentage）和**達到標準的嘗試數**。由此可知，依「欲紀錄的行為資料特徵」，可分為**頻率紀錄**、**達到標準的嘗試數紀錄**、**持續時間紀錄**、**延宕時間紀錄**、**比率紀錄**、**反應時距紀錄**、**百分比紀錄**、**工作（或活動）分析紀錄**〔task (or activity) analysis recording〕和**等級量表**（rating scale）九種，其中工作（或活動）分析紀錄和等級量表用以

記錄上述形態、強度和品質的行為資料，詳細討論如下。

1. 頻率紀錄

頻率紀錄是指記錄在單位時間（例如：1 天、1 節課）內，目標行為的出現次數（count）（Schloss & Smith, 1998），又稱為**事件紀錄**（event recording）（Cooper et al., 2007）。採取頻率紀錄時，須清楚界定何謂目標行為出現一次，例如記錄搖晃身體的頻率時，須清楚界定何謂搖晃身體一次，是指身軀前傾後仰一次。又例如記錄「嘲諷同學」的頻率時，須清楚界定何謂符合「嘲諷」定義的話語，說一句嘲諷的話就定義為一次；或是當發生一次事件（例如：同學在課堂中發表一次言論）時，不管講多少句嘲諷的話語才認定為一次。示例 4-1 呈現僅記錄一項行為；附錄 10「行為觀察紀錄工具之空白表格和示例」尚呈現記錄兩項以上的行為，包含目標行為問題和正向行為。

示例 4-1 行為頻率紀錄

研究參與者：大華　**觀察者**：王老師　**觀察情境**：教室

目標行為：口語攻擊行為（**定義**：……）

研究階段：■基線期　□介入期　□撤回期　□追蹤期　□維持期　□類化期

□其他：＿＿＿＿

階段被引進的次序：■第 1 次　□第 2 次　□第 3 次　□第 4 次

觀察日期	觀察時間	次數	補註（可補充記錄研究參與者的表現）
2003/5/20	8:00-16:00	11 次	
2003/5/21	8:00-16:00	12 次	
2003/5/23	8:00-16:00	10 次	
◎**摘要**：在 3 天觀察中，大華每天出現口語攻擊行為的次數介於 10 至 12 次之間，平均每天 11 次。			

另外，不只記錄在單位時間內，目標行為的出現次數，亦可以做**累計紀錄**（cumulative records）。Skinner 於 1957 年發展出累計紀錄，是將每次觀察紀錄的次數，累計於前幾次觀察紀錄的次數中（引自 Cooper et al., 2007, p. 135）。累計紀錄適用於，研究旨在分析特定時段內，達成某項目標的總次數，而當累計次數很重要時（Cooper et al., 2007）。例如教師想了解學生一學期習得之功能性詞彙總數，累計學生習得的功能性詞彙次數便成為其自我評量，或向家長報告學生學習狀況的最佳證據。累計紀錄亦適用於，達成某項目標的次數過低的情況（例如：次數限於 4 以下，像是是否準時到校，1 天有準時到校只採計 1 次）；若使用非累計紀錄，則較難偵測研究參與者在依變項上的改變（鳳華等，2015）。示例 4-2 呈現研究參與者是否準時到校的累計紀錄表，還可以計算反應比率，見註解說明。之後畫折線圖時，便可呈現累計紀錄圖，參見第陸章第一節的詳述。

示例 4-2 行為累計紀錄

研究參與者：大慶　**觀察者**：張老師　**觀察情境**：教室

目標行為：準時到校（**定義**：早上 7:40 到達班級）

研究階段：■基線期　□介入期　□撤回期　□追蹤期　□維持期　□類化期
□其他：＿＿＿＿

階段被引進的次序：■第 1 次　□第 2 次　□第 3 次　□第 4 次

觀察日期	觀察時間	目標行為達到與否[a]	累計次數	反應比率[b]	補註（可補充記錄研究參與者的表現）
2018/12/10	7:40	×	0	0	
2018/12/11	7:40	×	0	0	
2018/12/12	7:40	○	1	0.33	
2018/12/13	7:40	○	2	0.50	
2018/12/14	7:40	×	2	0.40	
2018/12/17	7:40	○	3	0.50	
2018/12/18	7:40	○	4	0.57	
◎**摘要**：在 7 天的觀察中，大慶準時到校的累計次數為 4 次，反應比率是 0.57。					

註：[a] 目標行為達到與否的紀錄方式為，○表示達到；× 表示未達到。
[b] 反應比率的計算方式為反應總次數，除以觀察次數。以 9 月 16 日之反應比率為例，其計算方式為 4（反應總次數），除以 7（觀察次數），等於 0.57。

2. 達到標準的嘗試數紀錄

達到標準的嘗試數是指，達到目標行為預設標準的嘗試次數（Cooper et al., 2007），例如目標行為是能拿出 100 元以內正確錢數，預先設定的標準是第 1 次就能獨立正確拿出；如果要到第 8 次才拿出正確錢數，則達到標準的嘗試數是 8；而如果第 1 次就能拿出正確錢數，則達到標準的嘗試數是 1，見示例 4-3。

示例 4-3 行為達到標準的嘗試數紀錄

研究參與者：莉莉　觀察者：黃老師　觀察情境：教室

目標行為：能拿出 100 元以內正確的錢數（定義：……）

研究階段：■基線期　□介入期　□撤回期　□追蹤期　□維持期　□類化期
□其他：＿＿＿＿

階段被引進的次序：■第 1 次　□第 2 次　□第 3 次　□第 4 次

觀察日期	預定標準	達到標準的嘗試數	補註（可補充記錄研究參與者的表現）
2009/5/20	能第 1 次獨立正確拿出 67 元。	5	
	能第 1 次獨立正確拿出 78 元。	4	
	能第 1 次獨立正確拿出 85 元。	3	
◎摘要：在 3 次評量中，莉莉能第一次獨立拿出 100 元以內正確錢數的達到標準嘗試數介於 3 至 5 次之間，平均 4 次。			

3. 持續時間紀錄

持續時間紀錄是指，在一段特定的觀察時間內，記錄研究參與者發生目標行為的總時間（Miltenberger, 2005）。例如阿英洗澡時，從進入浴室到穿好衣服，拖拖拉拉總共花費 1 小時，一般人則只需 20 分鐘就可以洗完澡。採取持續時間紀錄時，須清楚界定何謂目標行為的開始和結束；例如目標行為是未經允許離開座位，持續時間則是指在未經教師的許可，學生從屁股離開其座位開始，至回到他座位坐好為止的時間長度，見示例 4-4。除了記錄持續時間外，還可同時記錄頻率和持續時間，見示例 4-5。

示例 4-4 行為持續時間紀錄

研究參與者：安安　**觀察者**：朱老師　**觀察情境**：教室

目標行為：未經教師允許自言自語（**定義**：……）

研究階段：■基線期　□介入期　□撤回期　□追蹤期　□維持期　□類化期　□其他：______

階段被引進的次序：■第 1 次　□第 2 次　□第 3 次　□第 4 次

觀察日期	觀察時間	目標行為開始時間	目標行為結束時間	目標行為持續時間	補註（可補充記錄研究參與者的表現）
2010/3/15	8:10-9:00	8:20	8:30	10 分鐘	
	9:10-10:00	9:20	9:32	12 分鐘	
	13:30-14:20	13:45	13:59	14 分鐘	
◎**摘要**：在 1 天 3 節課的觀察中，安安未經允許自言自語的持續時間介於 10 至 14 分鐘，平均每節出現 12 分鐘。					

示例 4-5 行為頻率和持續時間紀錄

研究參與者：恩恩　　**觀察者**：陳老師　　**觀察情境**：教室

目標行為：未經允許離開座位（**定義**：……）

研究階段：■基線期　□介入期　□撤回期　□追蹤期　□維持期　□類化期

□其他：＿＿＿＿＿

階段被引進的次序：■第 1 次　□第 2 次　□第 3 次　□第 4 次

觀察日期	觀察時間	次數	持續時間	補註（可補充記錄研究參與者的表現）
2001/3/15	8:10-9:00	1 次	10 分鐘	
	9:10-10:00	2 次	5 和 6 分鐘	
	13:30-14:20	3 次	5、4、5 分鐘	
	14:30-15:20	2 次	8 和 5 分鐘	
◎**摘要**：在 1 天 4 節課的觀察中，恩恩未經允許離開座位的次數介於 1 至 3 次，每節平均出現 2 次；持續時間介於 4 至 10 分鐘，每次平均持續時間為 6 分鐘。				

4. 延宕時間紀錄

延宕時間紀錄是指記錄**特定刺激呈現，到引發目標行為所需的時間**（Bailey & Burch, 2018）。例如自鬧鐘【特定刺激】響起，到阿祥離開床鋪【目標行為】，一共拖延了 50 分鐘，稱為阿祥起床的延宕時間；大平聽到教師的指令【特定刺激】後，到遵循指令做事【目標行為】，一共拖延了 10 分鐘。延宕時間紀錄不只用於記錄延宕過長的目標行為，介入目標是縮短延宕時間，見示例 4-6，亦可用於記錄延宕過短的目標行為，介入目標是拉長延宕時間（Cooper et al., 2007），筆者於附錄 10 呈現示例。例如一位學生因為無法等待老師說完問題就回答以致答錯，另一位學生因為同儕極輕微的言語挑釁就立刻報復，沒有給自己更多時間深思熟慮適當的因應方法。記錄延宕時間時，宜清楚界定何謂特定刺激的出現和目標行為的開始。

示例 **4-6 行為延宕時間紀錄**

研究參與者：大平　**觀察者**：吳老師　**觀察情境**：教室

目標行為：聽到教師的指令（特定刺激）後遵循指令做事（**定義**：……）

研究階段：■基線期　□介入期　□撤回期　□追蹤期　□維持期　□類化期
□其他：________

階段被引進的次序：■第 1 次　□第 2 次　□第 3 次　□第 4 次

觀察日期	觀察時間	特定刺激出現時間	目標行為出現時間	目標行為延宕時間	補註（可補充記錄研究參與者的表現）
2009/3/20	9:10-10:00	9:20	10:00	40 分	
2009/3/21	9:10-10:00	9:20	9:50	30 分	
2009/3/22	9:10-10:00	9:20	9:55	35 分	
◎**摘要**：在 3 天 3 次的觀察中，大平聽到教師的指令後遵循指令做事的延宕時間介於 30 至 40 分，每次平均延宕 35 分。					

5. 比率紀錄

比率是指某一單位時間（可能是 1 分鐘、1 小時、1 節課或其他）目標行為的平均次數，也就是記錄總目標行為次數之後，再除以觀察時間單位，轉換成**反應比率**（Schloss & Smith, 1998）。例如 1 天 9 至 11 點 2 小時的觀察時間內，佳佳出現口語攻擊行為的次數為 12 次，1 小時出現的比率即為 6 次；另外 1 天 12:00 至 13:30 中 1.5 小時的觀察時間內，佳佳出現口語攻擊的次數為 10 次，1 小時出現的比率為 6.6 次。比率紀錄適用在觀察時間單位不一樣時，能將目標行為次數轉換成可以比較的單位值（Martin & Pear, 2015）。除了能將目標行為次數轉換成比率外，亦能將持續和延宕時間轉換成比率，見示例 4-7。呈現比率資料時，須標示何種單位時間下的平均次數或持續（延宕）時間，見問題討論 4-1。

示例 4-7 行為比率紀錄

a. 行為比率紀錄的示例 1——次數比率

研究參與者：佳佳　　觀察者：李老師　　觀察情境：教室

目標行為：口語攻擊行為（定義：……）

研究階段：■基線期　☐介入期　☐撤回期　☐追蹤期　☐維持期　☐類化期

☐其他：＿＿＿＿＿

階段被引進的次序：■第 1 次　☐第 2 次　☐第 3 次　☐第 4 次

觀察日期	觀察時間	次數	比率（次數／每小時）[a]	補註（可補充記錄研究參與者的表現）
2013/5/20	8:00-9:00	5 次	5 次	
2013/5/21	9:00-11:00	12 次	6 次	
2013/5/22	12:00-13:30	10 次	6.6 次	
2013/5/23	13:00-15:00	15 次	7.5 次	
◎摘要：在 4 天觀察中，佳佳平均每小時出現口語攻擊行為的次數比率介於 5 至 7.5 次之間，平均每小時 6.3 次。				

註：[a] 比率的計算方式為「次數 ÷ 觀察時間」（平均每分鐘出現的次數）× 每小時（60 分）；舉例言之，2013 年 5 月 22 日的觀察中，比率為 10 次 ÷90 分 =（0.11 次）× 60 分 = 6.6 次。

（續）

示例 4-7（續）

b. 行為比率紀錄的示例 2——持續時間比率

研究參與者：大豪　觀察者：紀老師　觀察情境：教室

目標行為：擅自離開座位行為（定義：……）

研究階段：■基線期　□介入期　□撤回期　□追蹤期　□維持期　□類化期
□其他：

階段被引進的次序：■第 1 次　□第 2 次　□第 3 次　□第 4 次

觀察日期	觀察時間	持續時間	比率（持續時間／每小時）[a]	補註（可補充記錄研究參與者的表現）
2010/4/20	8:15-9:00 9:13-10:00 11:13-12:00 （139 分鐘）	30 分鐘	12.9 分鐘	
2010/4/21	9:13-10:00 10:13-11:00 （94 分鐘）	20 分鐘	12.8 分鐘	
2010/4/22	11:13-12:00 13:30-14:15 15:20-16:05 （137 分鐘）	35 分鐘	15.3 分鐘	
2010/4/23	9:15-10:00 11:15-12:00 13:30-14:15 15:20-16:05 （180 分鐘）	45 分鐘	15 分鐘	
◎摘要：在 4 天觀察中，大豪平均每小時出現擅自離開座位行為的持續時間比率介於 12.8 至 15.3 分鐘之間，平均每小時 14 分鐘。				

註：[a] 比率的計算方式為「持續時間 ÷ 觀察時間」（平均每分鐘出現的持續時間）×60 分；舉例言之，2010 年 4 月 23 日的觀察中，比率為 45 分 ÷180 分 =（0.26 分）×60 分 = 15 分鐘。

問題討論　4-1 觀察紀錄方法的選擇

一份研究在探討正向行為支持對一位注意力不足／過動症學生干擾行為的成效，研究者每天在上課時間觀察，除週三僅半天，觀察四節課外，其他時間都觀察七節課。研究者主張合計每天的總次數呈現折線圖；而協同研究者主張合計每天的總次數後，再除以觀察節數，以求得的反應次數比例繪製折線圖，橫軸是天次，縱軸是干擾行為的次數，結果基線期有 5、6、5.4、7 次……等。兩位研究者的作法是否適當？

☛ 由於 1 週 5 天觀察的節數不完全相同，故不適合用頻率紀錄，宜採取比率紀錄。然而，橫軸是天次，縱軸不應是干擾行為的次數，因為這樣會讓人誤以為是 1 天的總次數，基線期 1 天總次數 5、6 次似乎不甚嚴重；事實上是平均每節的反應次數比例，故縱軸宜標示為「干擾行為的次數（每節）」。

6. 反應時距紀錄

反應時距是指連續兩次反應間的相隔時間，也就是從一個反應結束至下一個反應起始間的相隔時間，最常使用來測量特定行為之**時間軌跡**（temporal locus）（Cooper et al., 2007），如圖 4-2 所示。

Cooper 等人（2007）指出，雖然反應時距是一個時間軌跡的直接測量，但它與反應比率有關；較短的反應時距會伴隨著較高比率的反應，而較長的反應時距則會出現較低比率的反應。例如示例 4-8 中阿昌擦桌子的平均反應時距是 13 分鐘，由此可知他擦每張桌子的間隔時間（也就是休息時間）平均約 13 分鐘；伴隨而來的是在有限的時間內擦拭的桌子數量就比較少，工作效率自然不佳。再

圖 4-2：反應時距之意義。修改自 Cooper 等人（2007, p. 81），修改處為以下標數字呈現次序，以及加入刪節號。

舉例言之，一個人欲透過運動來減肥，雖然每次運動的持續時間長達 3 小時，但一次運動和下一次運動的反應時距是 120 小時，這樣要達到減肥的效果是有限的；要達到減肥的效果，每次運動的持續時間可能不需太長，但反應時距短，且具規律性，此時評量反應時距就有其必要。

示例 4-8 行為反應時距紀錄

研究參與者：阿昌　　觀察者：洪老師　　觀察情境：教室

目標行為：擦桌子（定義：……）

研究階段：■基線期　□介入期　□撤回期　□追蹤期　□維持期　□類化期
□其他：＿＿＿＿

階段被引進的次序：■第 1 次　□第 2 次　□第 3 次　□第 4 次

觀察日期	觀察時間	前一個反應結束時間	下一個反應開始時間	目標行為反應時距	補註（可補充記錄研究參與者的表現）
2010/5/15	11:00-12:20	11:10	11:20	10 分鐘	
		11:30	11:43	13 分鐘	
		11:50	12:06	16 分鐘	
◎摘要：在 1 次的觀察評量中，阿昌擦桌子的反應時距介於 10 至 16 分鐘，平均反應時距是 13 分鐘。					

7. 百分比紀錄

百分比是從直接測量行為的次數或時間資料衍生，是一種**衍生分數**（derived scores）；它顯示某些事件的比例量，在每 100 次可能會發生的機會中實際發生的次數，它結合兩個相同向量，像是次數（即次數 ÷ 次數）或時間（即持續時間 ÷ 持續時間、延宕時間 ÷ 延宕時間）（Cooper et al., 2007）。示例 4-9 呈現行為次數衍生的百分比紀錄，它呈現一位學生在 50 分鐘的課堂時間中專注參與了 20 分鐘，則他專注參與的時間百分比為：專注參與時間除以總時間再乘以 100（%）〔即 20÷50×100（%）= 40%〕，這是結合兩個持續時間，示例 4-10

呈現持續時間資料衍生的百分比紀錄。再者，一位學生在老師開始問問題 8 秒後即搶著回答，而這個問題問完的長度是 30 秒，也就是需要學生延宕 30 秒後才回答，但是該生只延宕了 8 秒即回答，則他回答問題延宕時間的百分比為，8÷30×100（%）= 27%，這是結合兩個延宕時間，示例 4-11 呈現延宕時間資料衍生的百分比紀錄表。

示例 4-9 行為次數衍生的百分比紀錄

研究參與者：大儒　**觀察者**：秦老師　**觀察情境**：教室

目標行為：能回應他人的問話（定義：……）

研究階段：■基線期　□介入期　□撤回期　□追蹤期　□維持期　□類化期　□其他：＿＿＿＿

階段被引進的次序：■第 1 次　□第 2 次　□第 3 次　□第 4 次

觀察日期	評量次第	達成情形	達成率	補註（可補充記錄研究參與者的表現）
2009/10/15	1	－	40%	
	2	－		
	3	＋		
	4	＋		
	5	－		
2009/10/16	1	＋	50%	
	2	＋		
	3	－		
	4	－		
	5	＋		
	6	＋		
	7	－		
	8	－		

◎摘要：在 2 天 13 次的評量中，大儒能回應他人問話的達成率介於 40% 至 50% 之間，平均達成率為 45%。

註：＋表示有達成目標行為；－表示未達成目標行為。

示例 4-10 行為持續時間衍生的百分比紀錄

研究參與者：至傑　　觀察者：余老師　　觀察情境：教室

目標行為：能專注參與課堂活動（定義：……）

研究階段：■基線期　□介入期　□撤回期　□追蹤期　□維持期　□類化期
□其他：＿＿＿＿

階段被引進的次序：■第 1 次　□第 2 次　□第 3 次　□第 4 次

觀察日期	節次	課堂活動時間	表現目標行為的時間	表現率	補註（可補充記錄研究參與者的表現）
2009/5/15	1	50 分鐘	20 分鐘	40%	
	2	40 分鐘	10 分鐘	25%	
	3	45 分鐘	12 分鐘	27%	
	4	45 分鐘	15 分鐘	33%	
◎摘要：在 1 天 4 節課的評量中，至傑專注參與課堂活動的時間比率介於 25% 至 40%，每節平均參與的表現率為 31%。					

用 100 或是更大的除數（或分母）計算時，百分比最能準確反映行為的水準與改變；然而，多數研究者和實務工作者使用的百分比除數是比 100 來得更小的（Cooper et al., 2007）。基於小的除數之百分比，會因為行為的小改變而做不恰當的推論，例如每 10 個機會中有 1 個反應正確，則百分比為 10%（Cooper et al., 2007），尤其是當研究者未說明除數或原始數量時，更容易出現不當推論的情形；例如一本書的銷售量今年增加了 50%，乍聽之下會覺得很可觀；但如果知道原始數量是從 100 本增加到 150 本，可能就會覺得沒什麼。Cooper 等人（2007）指出，使用小於 20 的除數計算百分比是不智的，而在研究中設計的測量系統，**除數最好不要少於 30**。除此，最好能**呈現除數或原始數量**。由此可知，依變項評量的總題數若少於 30，例如只有 8 題，則不適合換算成百分比，直接以正確題數呈現折線圖，以及做後續的分析。

示例 4-11 行為延宕時間衍生的百分比紀錄

研究參與者：阿祥　**觀察者**：歐老師　**觀察情境**：教室

目標行為：能在老師問完問題【特定刺激】後才回答問題【目標行為】

研究階段：■基線期　□介入期　□撤回期　□追蹤期　□維持期　□類化期　□其他：＿＿＿＿

階段被引進的次序：■第 1 次　□第 2 次　□第 3 次　□第 4 次

觀察日期	觀察時間	特定刺激出現時間（需研究參與者延宕的時間）	目標行為出現時間	目標行為延宕時間	表現率	補註（可補充記錄研究參與者的表現）
2017/5/15	8:10-8:50	8:20:01（10 秒）	8:20:05	5 秒	50%	
	9:00-9:40	9:40:01（30 秒）	9:40:08	8 秒	27%	
	10:40-11:20	10:50:01（20 秒）	10:50:06	6 秒	30%	
	13:30-14:10	14:00:01（50 秒）	14:00:10	10 秒	20%	
◎摘要：在 1 天 4 次的觀察中，阿祥能在老師問完問題後才回答的延宕時間表現率介於 20 至 50%，平均延宕時間表現率是 32%。						

有時百分比的正向變化可能錯誤地說明依變項的進步，例如正確百分比增加，同時錯誤百分比維持相同或是甚至增加。假如一位學生在週一回答數學問題的正確率是 50%（10 個問題中有 5 個回答正確），而在週二為 60%（20 個問題中有 12 個回答正確）。即使正確率有進步，但其實錯誤題數是增加的（從 5 題增加到 8 題）（Cooper et al., 2007）。由此可知，當報導介入前後正確百分比增加的同時，亦宜注意錯誤題數的變化。

8. 工作（或活動）分析紀錄

工作分析可以將複雜的行為分析成較精簡，而且易於執行的步驟，近年來常應用於教導身心障礙者新的行為或技能，能促使教學目標更易具體及系統化（Schloss & Smith, 1998），見示例 4-12。**活動分析**則是一種**擴展的工作分析**（Rainforth & York-Barr, 1997），活動具有三個特徵（Wilcox & Bellamy, 1987）：（1）**在自然情境下一連串的行為**，而不像行為目標一樣，通常只包含一個反應；（2）**與生活情境配合**，而且有**自然後果**；（3）對研究參與者具有**功能性**。綜合文獻（Brown, Evans, Weed, & Owen, 1987; Rainforth & York-Barr, 1997），活動包括**系列**和**交織**兩大成分，系列成分是指活動包含一連串的行為，從**開始**、**準備**、**核心**至**結束**；交織成分則包含交織於活動中所需的技能，例如知覺動作、認知與學業、溝通、社會等技能，活動的表現品質和速度，以及因應刺激變化和例外狀況該有的反應、問題解決能力。「活動分析的成分和內涵」詳述於◉附錄 11，而工作分析只分析了系列成分中「**核心**」的部分。工作（或活動）分析紀錄可以採取**正確情形**，以及**獨立表現的程度**兩種計分方式，見示例 4-12。獨立表現程度中不同程度提示的意義和類型可參見鈕文英（2016）第玖章。

工作（或活動）分析紀錄的評量方法包括兩種，一為**單一機會法**，另一為**多重機會法**（Cooper et al., 2007）。多重機會法是指，當評量研究參與者在工作（或活動）中所有步驟的達成情形時，如果研究參與者在某項步驟上表現錯誤或無反應、順序不對，抑或超過該步驟的時限，研究者就會幫研究參與者完成此項步驟，並將評量結果記為「不正確」，然後評量研究參與者下一步驟的表現；宜注意的是，研究者要確保評量與教導不會混合（Cooper et al., 2007）。單一機會法是指，當研究者依步驟順序評量研究參與者時，只要研究參與者在某一個步驟上的表現錯誤或無反應、順序不對，抑或超過該步驟的時限，就會停止後面步驟的評量，直接記為「不正確」（Cooper et al., 2007）。整理二者的優點和限制如表 4-2。如此研究參與者在介入前即已產生正向的改變，研究者就難以比較確認介入帶來的效果。

示例 4-12 工作分析紀錄

a. 正確情形的計分

研究參與者：雲雲

目標行為：專心聽他人說話（定義：……）

評量方式：■單一機會　□多重機會

觀察情境：教室　　觀察者：王老師

研究階段：■基線期　□介入期　□撤回期　□追蹤期　□維持期　□類化期

□其他：＿＿＿＿＿

階段被引進的次序：■第 1 次　□第 2 次　□第 3 次　□第 4 次

觀察日期 工作分析成分	2010/10/5	10/5	10/6	10/6	10/7	10/7	10/8	10/8
1. 能面對說話者。	−	+	+	+	+	+	+	+
2. 眼神能注視說話者。	0	−	+	+	+	+	+	+
3. 聽說話者說完話，眼神不離開。	−	−	−	−	−	+	+	+
4. 對說話者的內容，做出反應。	−	0	−	−	−	−	−	+
百分比	0%	25%	50%	50%	50%	75%	75%	100%
備註（可補充記錄研究參與者的表現）								
◎摘要：在 4 天 8 次的觀察中，雲雲目標行為的達成百分比介於 0% 至 100% 之間，平均達成百分比為 53%。								

註：+：正確反應；−：不正確反應；0：沒有反應

※達成百分比 =（每次評量勾選「+」的步驟數 ÷ 總步驟數）×100%。

（續）

示例 4-12（續）

b. 獨立表現程度的計分

研究參與者：大義

目標行為：刷牙（定義：……）

評量方式：□單一機會 ■多重機會

觀察情境：教室　觀察者：王老師

研究階段：■基線期 □介入期 □撤回期 □追蹤期 □維持期 □類化期 □其他：＿＿＿＿

階段被引進的次序：■第 1 次 □第 2 次 □第 3 次 □第 4 次

工作分析成分 ＼ 觀察日期	2011/10/5	10/12	10/19					
1. 拿起牙刷。	1	3	5					
2. 把牙刷弄濕。	1	3	5					
3. 把牙膏擠到牙刷上。	1	2	4					
4. 刷牙。	0	1	2					
5. 把口中的牙膏吐出來。	1	2	3					
6. 沖洗牙刷。	1	2	3					
7. 把牙刷放回架子上。	1	2	3					
8. 漱口。	1	2	4					
9. 用毛巾擦拭嘴巴。	1	2	5					
百分比	17.8%	42.2%	75.6%					
備註（可補充記錄研究參與者的表現）								

◎摘要：在 3 天 3 次的觀察中，大義目標行為的達成百分比介於 17.8 至 75.6% 之間，平均達成百分比為 45.2%。

註：5：獨立反應；4：姿勢或表情提示下反應；3：言語提示下反應；2：示範動作下反應；1：身體提示下反應；0：身體提示下無反應或抗拒反應。

※達成百分比＝｛每個步驟的得分之總和÷〔總步驟數×最高分（5分）〕｝×100%。

表 4-2

單一機會和多重機會法之優點和限制

層面	單一機會法	多重機會法
優點	1. 能節省評量時間。 2. 能減少研究參與者從評量中獲得學習機會的可能性。	1. 較能獲知研究參與者的真實能力。 2. 提供研究者（或介入人員）更多有關研究參與者每一步驟表現的資訊，以作為後續介入的參考。
限制	1. 在獲知研究參與者真實能力上較為保守。 2. 較無法提供研究者（或介入人員）有關研究參與者每一步驟表現的資訊。	1. 評量較費時。 2. 會增加研究參與者從評量中獲得學習機會的可能性。

註：整理自 Cooper 等人（2007）。

選擇單一機會法或多重機會法，要考量**評量目的**、**評量次數**、**評量情境**和**研究參與者的模仿能力**，選擇哪一種的決策流程見圖 4-3。第一，如果評量目的是在了解研究參與者目標行為的現況，以決定介入方法，則採用多重機會法，因為它的優點是較能獲知研究參與者的真實能力，並提供研究者更多有關研究參與者每一步驟表現的資訊，以作為後續介入的參考。第二，如果評量目的不是了解研究參與者目標行為的現況，而是在了解研究參與者介入後與介入前相較的進步情形，且如果介入前後的評量只有一次，則採用多重機會法，因為只評量兩次，較不會讓研究參與者從多次評量中獲得學習機會，並且較能獲知研究參與者的真實能力。第三，如果介入前後的評量有多次， 且評量地點不適合耗時進行評量（例如：人多時在捷運站評量研究參與者坐捷運的行為），或研究參與者的模仿能力佳，則採用單一機會法，因為它一方面能節省評量時間，另一方面能減少研究參與者從多次評量中，藉由模仿學習研究者代為執行他們不會的步驟後，研究者難以確認介入效果之狀況。第四，如果介入前後的評量雖有多次， 但評量地點適合耗時進行評量（例如：人少時在捷運站評量研究參與者坐捷運的行為），且研究參與者的模仿能力不佳，則可採用多重機會法。

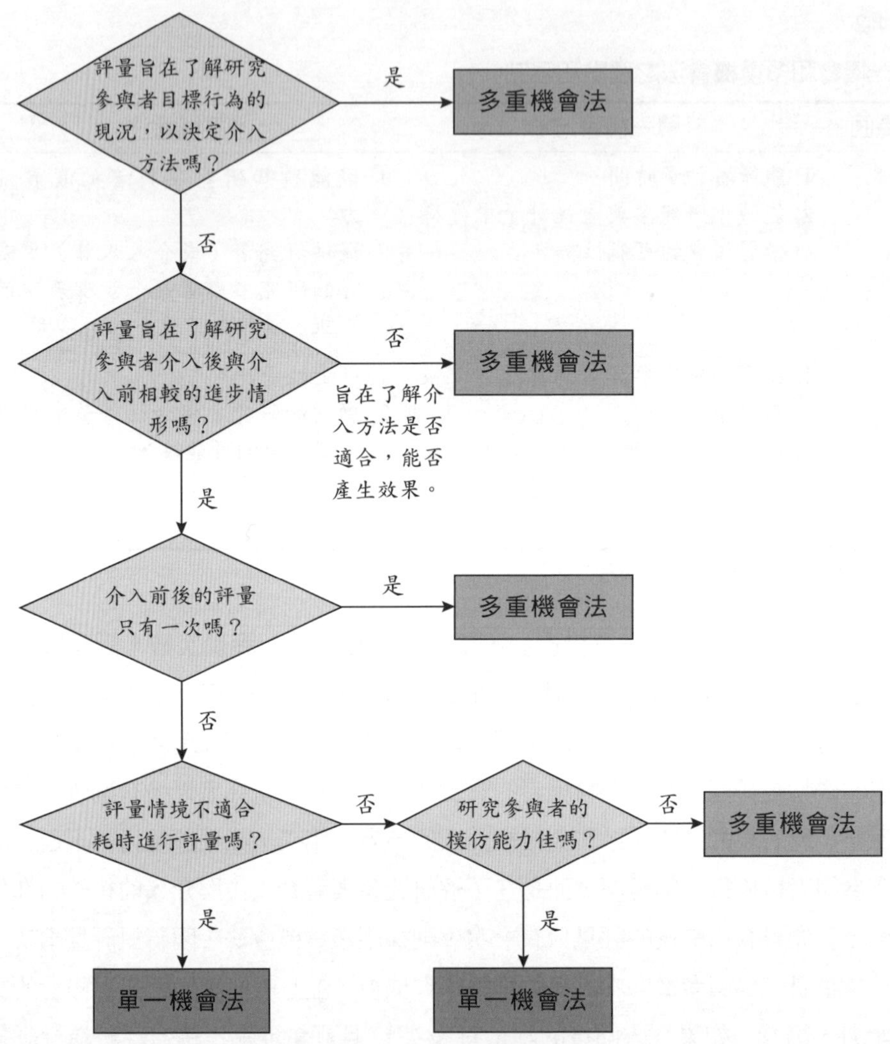

圖 4-3：單一或多重機會法選用之決策流程。◆表示決策的步驟，■表示執行的步驟。

綜合文獻（Cooper et al., 2007; Snell & Brown, 2011），研究者可以使用三個方法發展工作（或活動）分析的步驟：一為**觀察和記錄擅長此工作（或活動）的人們如何執行之**；二為**諮詢精熟這項技能的專家或人們**；三為**親自做一遍**。接著，透過**預試**讓預試對象試做，而後修改步驟（Cooper et al., 2007）。

9. 等級量表

有時候研究者關切的是行為**強度**，尤其有些行為是低頻率高強度（例如：放火、槍傷別人），造成的傷害非常嚴重，平常便需要注意（Sprague & Horner, 1999）。評量強度通常須利用儀器，例如音量可以用「音量器」測量其分貝數；評量握力（例如：握手的力道、擲球的力道），就會使用「測力計」。另外，研究者有時候關心行為**品質**，例如教師可能對學生的寫字評為「不錯」、「尚可」或「差」，然而界定品質的指標需要更具體精緻，而非不錯、尚可等模糊的名詞（Schloss & Smith, 1998）。有時候強度或品質判斷的差異性是根據其「形態」，例如在花式溜冰中，單腳旋轉落地就比雙腳旋轉落地更好；或是「頻率」，像是以在某時段內表現某些行為的次數，判斷研究參與者在某些工作的表現品質，例如學業成就表現佳者具備高頻率讀書及答對試題的行為。

研究者通常會使用「等級量表」了解行為的強度和品質，它須視行為的特性做個別的設計，例如對於寫字、清潔工作等的品質，或是哭鬧形態或強度，界定不同等級，而給予不同分數。設計等級量表的步驟包括三個：（1）**明確界定目標行為**，例如：與人交談時不敢注視說話者；（2）**明確界定期待研究參與者達到的終點行為目標**，例如：與人交談時能注視說話者達 5 秒以上；（3）**明確界定是在哪個向度區分等級**，例如從兩個向度，一為「獨立的程度」，分成言語提示和獨立兩種；另一為「注視說話者的時間」，分成達 1 秒、1 秒以上 5 秒以下、5 秒以上三種，組合後可以區分出六個等級（例如：經言語提示可注視說話者達 1 秒；經言語提示可注視說話者 1 秒以上，5 秒以下），再加上完全沒做到（即經言語提示仍未注視說話者，或注視未達 1 秒）此等級，總共七個等級，見示例 4-13。

（五）依「欲觀察紀錄的時間」來分

依欲觀察紀錄的時間，可分成**連續紀錄**（continuous recording）、**時距紀錄**（interval recording）、**時間取樣紀錄**（time sampling recording）（Schloss & Smith, 1998），以及**結果的測量**（product measures）（Miltenberger, 2012）四

示例 4-13 行為等級量表

研究參與者：大維　　觀察者：林老師　　觀察情境：教室、校園

目標行為：與人交談時不敢注視說話者（定義：……）

終點行為目標：與人交談時能獨立注視說話者達 5 秒以上

研究階段：■基線期　□介入期　□撤回期　□追蹤期　□維持期　□類化期
□其他：＿＿＿＿＿

階段被引進的次序：■第 1 次　□第 2 次　□第 3 次　□第 4 次

觀察日期	觀察時間	目標行為等級							備註（可補充記錄研究參與者的表現）
		1	2	3	4	5	6	7	
		經言語提示仍未注視說話者，或注視未達1秒。	經言語提示可注視說話者達1秒。	經言語提示可注視說話者1秒以上，5秒以下。	經言語提示可注視說話者達5秒以上。	獨立可注視說話者達1秒。	獨立可注視說話者1秒以上，5秒以下。	獨立可注視說話者達5秒以上。	
2018/9/11	8:30	✓							
	9:00		✓						
	10:00	✓							
	11:00		✓						
	11:30	✓							
	12:00		✓						

◎摘要：在半天 6 次的觀察中，大維的行為等級介於 1 和 2 之間，平均等級為 1.5。

種；其中前三種是採取**直接觀察**，而結果的測量採用**間接觀察**，詳述如下。

1. 連續紀錄

連續紀錄是從頭至尾記錄某一特定時間內發生的目標行為，完全不遺漏（Schloss & Smith, 1998）。特定觀察時間可以短，如一節課；亦可以長，例如前文示例 4-1 目標行為頻率紀錄中，從早上 8 點至下午 4 點，觀察者從頭至尾記錄口語攻擊行為的頻率，即為連續紀錄。

2. 時距紀錄

時距紀錄是指把觀察時間等分為數個小段落（即時距），然後逐一觀察和記錄在此小段落內，目標行為發生與否，而後將發生目標行為的時距數，除以總時距數，計算出目標行為占觀察時間的百分比；它的好處是可以大約看出行為的次數和持續時間，而且紀錄方式相當方便（Martin & Pear, 2015）。時距紀錄適用於頻率高，分散於觀察時段內各時間點的行為，例如分心行為。

時距紀錄又分為**整個時距紀錄**（whole-interval recording）和**部分時距紀錄**（partial-interval recording），前者是指在設定的時距內，都有出現目標行為才被記錄有發生；後者是指在設定的時距內，任何時間有出現目標行為，不管發生多少次，也不管持續多久，即可被記錄有發生（Schloss & Smith, 1998）。例如每 5 分鐘觀察記錄尖叫行為的出現率，在 8:10 至 8:15 之間，8:10 至 8:13 出現了 1 次尖叫行為，持續了 3 分鐘，即使 8:14 到 8:15 未出現尖叫行為，以部分時距紀錄仍會記錄有發生；而如果以整個時距紀錄，則需 8:10 至 8:15 都有出現尖叫行為，才會記錄有發生。至於一個時距要訂多長，端視行為出現的頻率，如果頻率高，則時距要短；如果頻率低，則時距可拉長（Kazdin, 2011）。示例 4-14 呈現一項行為的時距紀錄，附錄 10 還呈現兩項以上行為的時距紀錄工具。要注意的是，時距紀錄呈現的是目標行為占觀察時間的百分比，而不是頻率，見問題討論 4-2。

示例 4-14 行為時距紀錄

研究參與者：大智　觀察者：林老師　觀察情境：教室

時距紀錄類型：□整個時距紀錄　■部分時距紀錄

目標行為：尖叫行為（定義：……）　時距長度：5 分鐘

研究階段：■基線期　□介入期　□撤回期　□追蹤期　□維持期　□類化期

□其他：________

階段被引進的次序：■第 1 次　□第 2 次　□第 3 次　□第 4 次

觀察日期	觀察時間	時距										出現率	備註（可補充記錄研究參與者的表現）
		1	2	3	4	5	6	7	8	9	10		
2014/9/10	8:10-9:00	✓	✓	—	✓	—	✓	✓	—	✓	✓	70%	
	9:10-10:00	—	✓	✓	—	✓	✓	—	✓	—	—	50%	
	10:10-11:00	✓	—	✓	✓	—	✓	—	✓	✓	—	60%	
◎摘要：在 1 天 3 次的觀察中，大智尖叫行為的出現率介於 50% 至 70% 之間，平均 60%。													

註：✓表示目標行為有發生；—表示目標行為未發生。

問題討論 4-2 觀察紀錄的方法和目標行為的資料類型

一份單一個案研究採時距紀錄，觀察記錄負向人際互動行為的次數，並且在折線圖縱軸上呈現「次數」的尺度。此觀察紀錄的方法和目標行為的資料類型是否適切？

☛ 若採時距紀錄，尚須說明是整個時距或部分時距紀錄呢？時距紀錄呈現的行為資料類型應為百分比，但研究者呈現的卻是次數，不一致。

3. 時間取樣紀錄

時間取樣紀錄和時距紀錄相似，也是把觀察時間分為數個小時距，只是不一定要固定時距，也可以是不固定時距；另一個不同點是研究者不須持續觀察行為，只要在一段時間的最後幾秒鐘，看行為是否發生，又稱為**片刻時間取樣紀錄**（momentary time sampling）（Schloss & Smith, 1998），見示例 4-15。

示例 4-15 行為時間取樣紀錄

研究參與者：大華　**觀察者**：王老師　**觀察情境**：學校教室、校園

目標行為：咬指甲（**定義**：……）

研究階段：■基線期　□介入期　□撤回期　□追蹤期　□維持期　□類化期　□其他：＿＿＿＿

階段被引進的次序：■第 1 次　□第 2 次　□第 3 次　□第 4 次

觀察日期	觀察時間	發生	未發生	備註（可補充記錄研究參與者的表現）
2016/9/18	9:30	✓		
	10:00	✓		
	10:20		✓	
	10:25	✓		
	10:40	✓		
	11:00		✓	
	11:15	✓		
	11:30	✓		
	11:50	✓		
	12:00		✓	
◎**摘要**：在 1 天 10 次的觀察中，大華咬指甲行為的出現率為 70%。				

4. 結果的測量

結果的測量適用於，研究者不方便或很難直接觀察目標行為發生，或是沒有需要直接觀察目標行為發生，只須測量其結果就能知道目標行為動態的情況（Miltenberger, 2012），又稱為**永久性結果的測量**（measurement by permanent product）（Cooper et al., 2007）、**永久性結果的紀錄**（permanent product recording）（Schloss & Smith, 1998）。例如要了解研究參與者是否上課專心，研究者可以從他們完成作業的數量和品質得知。要知道研究參與者是否有自傷行為，可以檢視身體是否有傷痕，而傷痕就是行為的「形態」資料，是指行為的外觀。欲評量研究參與者是否會自我照顧，而研究者不方便至他們家裡直接觀察，可以從他們身體的清潔程度、頭髮的梳理情形、指甲修剪的狀況等方面了解。結果的測量可以記錄目標行為造成之結果的形態、次數、強度和品質。

Cooper 等人（2007）表示，使用結果的測量時，首先注意目標行為是否可以用結果的測量。例如以測量研究參與者身體留下的傷痕，作為他們自傷行為的指標，宜注意其自傷行為是否都會留下傷痕，有沒有不會留下傷痕的自傷行為？接著，注意該結果的測量是否僅為研究參與者目標行為產生的結果，有沒有可能是目標行為以外的行為造成的，例如傷痕有沒有可能是研究參與者的其他行為（例如：跑得太快跌倒撞到頭等）；或是他們以外的人造成的，例如傷痕有沒有可能是別人導致的。如果無法符合這兩項原則，就不適用。結果的測量得到的資料只能估計目標行為的狀況，不如直接觀察它來得正確，見示例 4-16。

示例 4-16 結果的測量

研究參與者：玉琪　　觀察者：張老師　　觀察情境：教室

目標行為：梳洗頭髮（定義：……）

紀錄的時間：每天到校的時刻

紀錄的結果量數：頭髮清潔和梳理的等級 1 至 4：1 表示未梳洗頭髮；2 表示有梳頭，但未洗頭髮；3 表示有洗頭髮，但未梳頭；4 表示有梳洗頭髮。

研究階段：■基線期　□介入期　□撤回期　□追蹤期　□維持期　□類化期　□其他：＿＿＿＿

階段被引進的次序：■第 1 次　□第 2 次　□第 3 次　□第 4 次

紀錄日期	結果量數的紀錄（頭髮清潔和梳理的等級 1 至 4）	補註（可補充記錄研究參與者的表現）
2009/9/10	2	
2009/9/11	1	
2009/9/12	3	
◎摘要：在 3 天玉琪梳洗頭髮的結果測量中，頭髮清潔和梳理的等級介於 1 至 3 之間，平均等級為 2。		

二、行為觀察紀錄工具之設計原則

做行為觀察紀錄時，宜注意具體界定欲觀察的目標行為，以及設計行為觀察紀錄的類型和實施方式兩項原則，詳述如下：

（一）具體界定欲觀察的目標行為

在界定目標行為時，宜將之具體化，客觀、明確描述五官（眼、耳、口、鼻、身）所感知者，而此行為的描述是可「觀察」且「度量」的（Miltenberger, 2012）。界定時不需要呈現行為的動機、內在心理歷程和情緒狀態（Bicard &

Bicard, 2012）。舉例言之，「大明很自私」是一個模糊的描述，每個人界定的自私可能不同，故須清楚界定大明有哪些行為被界定為「自私」，像是大明拒絕別人跟他一起玩他的玩具。又例如上課遲到的行為，須具體界定自上課鈴聲響完，超過多長時間（例如：5 分鐘）以上未進教室者即為遲到。而口語攻擊行為，宜完整確實界定其要素，例如：（1）口語內容，什麼樣的口語被界定為「口語攻擊」；（2）口語攻擊的對象，是否針對特定對象說出上述語言，才被視為口語攻擊行為；無人在場時，自言自語謾罵，或是針對其他動物或物品說出上述語言，是否被界定為口語攻擊行為。釐清這些要素後，詳述屬於和不屬於口語攻擊的行為。

另外，著重在從「與環境互動」的角度描述行為，而非描繪行為是天生、固有的（Bicard & Bicard, 2012），亦不要對行為做價值評斷，例如不要敘述行為是「怪異、過動、魯莽，時常製造麻煩」。清楚界定目標行為，研究者根據此定義，與其他人員一同介入目標行為時才會有共識，也才能確實地觀察記錄目標行為是否已發生或結束，表 4-3 比較定義具體和不具體之目標行為。

表 4-3

定義具體和不具體之行為問題的比較

目標行為的類型	定義具體的例子	定義不具體的例子
固著行為	1. 前後搖晃自己的身體。 2. 用右手或左手撫摸或玩弄自己的頭髮。 3. 發出阿不里、阿、bye-bye 等聲音，或是重複說自己的名字。	1. 無目的之行為。 2. 重複行為。 3. 沉溺於怪聲行為中。
干擾行為	1. 在上課情境，未經教師同意擅自離座。 2. 在上課情境，未經教師允許擅自說話或吵鬧。	1. 不配合教學。 2. 不守秩序。
攻擊行為	1. 用手抓同學的頭髮，並且用力拉扯。 2. 當同學表現不符合己意時，咒罵或威脅同學，例如說：「你給我記住」、「我要你好看」、「你去死」等。	1. 冒犯同學。 2. 出言恐嚇。

表 4-3（續）

目標行為的類型	定義具體的例子	定義不具體的例子
自傷行為	1. 將自己的下巴撞擊桌面或地面。 2. 以手掌或拳頭摑打自己的臉頰。	1. 討厭自己。 2. 在沮喪或想要玩具時會動怒，讓自己受傷。

Cooper 等人（2007）指出有兩種界定目標行為的方式，一種是**功能本位的定義**，另一種是**形態本位的定義**。功能本位的定義是從行為對環境造成的「結果或效用」來定義行為；而形態本位的定義是從行為的「樣貌或形式」來定義行為，筆者舉例如表 4-4 並加以評論。

功能本位的定義考量行為發生的情境脈絡，並且較能簡潔、全面地包含對環境造成某項結果或效用的所有行為；而形態本位的定義則未考量行為發生的情境脈絡，並且可能會遺漏某些對環境造成相同結果或效用的行為（Cooper et al., 2007）。舉例來說，表 4-4 第一至第三例中，形態本位的定義可能會遺漏某些抗拒、干擾和不適當異性交友行為的形態，例如「撕毀作業簿」、「屁股未離座但移動座位」的動作，或是「其他不符合年齡、學生身分或場合」的裝扮行為（像是戴假髮）。另外，表 4-4 第一至第三例中，形態本位的定義未排除「與教師商議並經允許」、「經教師允許」、「符合場合（例如：演戲）」這些情境下的不接受作業或工作指派、離座和裝扮行為。再者，功能本位的定義強調行為產生的「功能或結果」（Cooper et al., 2007），以表 4-4 不適當異性交友行為，其中一項形態——將裙子折到膝蓋上方 30 公分的位置為例，如果研究參與者的裙子雖未離膝蓋超過 30 公分，但特意將內褲拉下並露出，以形態本位的定義論之，它不算不適當異性交友行為；然而，以功能本位的定義視之，它是符合的，因為研究參與者還是達到引起異性注意的功能。此外，有時行為的形態不易測量，例如處理人員較難在某個距離外，目視研究參與者的裙子是否離膝蓋超過 30 公分，除非用尺丈量，而且對不同身高的人而言，有些人可能不用折到膝蓋以上 30 公分就露出內褲，而有些人可能折到膝蓋以上 30 公分仍未露出內褲。相對地，較容易觀察研究參與者是否露出內褲。

表 4-4
目標行為功能本位和形態本位定義的示例

目標行為	功能本位的定義	形態本位的定義
抗拒行為	未與教師商議且未經允許下，出現任何不接受作業或工作指派的口語或肢體行為。	說出「我不要做」的語言，或是做出「搖頭、甩手」的動作，表達不接受教師作業或工作的指派。
干擾行為	未經教師允許，任何身體離開座位或移動座位等干擾教師教學和同學、其本身學習的行為。	屁股離開座位。
不適當異性交友行為	在異性同學面前，任何以不符合年齡、學生身分或場合的方式不適宜地裝扮自己（例如：擦口紅、塗指甲油、配戴項鍊或戒指）；抑或將裙子折得很短，以致露出內褲。	在異性同學面前，擦口紅、塗指甲油、配戴項鍊或戒指；抑或將裙子折到膝蓋以上 30 公分的位置。
專注書寫作業的行為	能在書寫作業的過程中，手拿著筆，眼睛看著作業簿，在時限內，書寫教師指定的國語生字抄寫數量。	能在書寫作業的過程中，手拿著筆，眼睛看著作業簿，未出現一邊寫作業，一邊玩弄文具、與人聊天等不專注動作與口語行為，並且在時限內，以一次寫一個完整筆畫的方式，完成教師指定的國語生字抄寫數量。

形態本位的定義亦有其適用性，它適用於某些需要精準定義其形態的行為，以避免納入不合宜形態的行為（Cooper et al., 2007）。以表 4-4 專注書寫作業的行為做例子，如果研究參與者分解國字的筆畫抄寫，一邊寫作業，一邊玩弄文具、與人聊天；即使手拿著筆，眼睛看著作業簿，並且能在時限內完成抄寫數量，但是他仍未專注於書寫的國字，而且這樣的抄寫對他形成國字部件的概念是無意義的。此時，形態本位的定義則可以具體界定，以一次寫一個完整筆畫的方式抄寫國字，並且未出現一邊寫作業，一邊玩弄文具、與人聊天等不專注動作與

口語行為。由此可知，處理人員可視研究參與者目標行為的狀況，採用功能本位或（和）形態本位的定義界定之。

（二）設計行為觀察紀錄的類型和實施方式

正如前述，行為觀察紀錄的類型依觀察情境來看，有**自然和模擬情境的觀察**；如為模擬情境的觀察，宜說明情況和人員是如何安排的。依欲觀察的行為資料特徵觀之，有**頻率、持續時間紀錄**等。從觀察者與觀察對象的接觸方式而言，有**直接和間接觀察**，直接觀察中依欲觀察紀錄的時間來看，有連續、時距和時間取樣紀錄；而間接觀察是採結果的測量紀錄。若採取時距紀錄，宜說明時距的長度，以及採取整個或部分時距的紀錄方式；若採取時間取樣紀錄，宜說明時間取樣的方式。以觀察紀錄方式言之，有**現場和錄影觀察紀錄**，若是現場觀察紀錄，宜說明觀察者如何進入觀察情境，以及位於觀察對象的哪一個方位和距離；若是錄影觀察紀錄，宜說明如何錄影。

至於觀察紀錄的實施方式，研究者宜敘述以下要點：（1）**觀察者**；（2）**觀察的時間、次數和長度**，選擇最容易觀察到目標行為的時間，以及最能反映目標行為狀態的觀察次數和長度，例如若負向人際互動行為（不適當的肢體接觸）最常發生在下課期間，則宜安排多個下課期間做觀察；（3）**觀察的地點**，是在什麼地點做觀察，選擇最容易觀察到目標行為的地點。

依據文獻（Kerr & Nelson, 2006），設計觀察紀錄的類型時，研究者宜考慮**目標行為的特徵和介入目標、觀察者、觀察的時間、觀察的地點和情境、可使用的測量工具、要求的正確性**，以及**資料蒐集給誰看**等因素，選擇**具體、敏銳，且容易實施**者，見表 4-5 的說明。各個觀察紀錄類型都有其優點和限制，資料蒐集中常見的陷阱是：企圖蒐集每一種行為資料，以及使用一些複雜、不容易實施的觀察策略。選擇適合的觀察紀錄類型和設計實施方式之後，就可以設計行為觀察紀錄工具。

表 4-5

選擇觀察紀錄類型宜考慮的因素

向度	內涵	示例說明
目標行為的特徵和介入目標	• 改變形態／頻率／比率／持續、延宕時間／強度／品質／百分比／反應時距／達到標準的嘗試數？ • 高／低頻率？	• 介入目標是降低或增加目標行為的強度或品質，則使用「等級量表」。 • 若參與者目標行為出現次數不高，例如未經允許離開座位的次數不多，但每一次持續的時間很長，則介入目標宜設定在縮短離開座位的持續時間，如此宜採用「持續時間紀錄」。若目標行為的頻率高，分散於各時間點，則可採用「時距紀錄」；但如果目標行為頻率高且集中於短時間內出現，則宜採用「連續紀錄」，從頭至尾記錄目標行為的發生次數（鍾儀潔、鈕文英，2004）。
觀察者	• 受訓練的觀察者／未受訓練的觀察者？ • 成人／孩子？	• 若觀察者是孩子或未受過訓練，觀察紀錄的表格宜簡便，並且教導他們如何觀察紀錄；若他們有困難做紀錄，則用口述的方式告知紀錄結果。
觀察的時間	• 整天／一節／很多節課中的部分時間／一節課中的部分時間／下課時間／午餐時間／其他時間？ • 充足／有限？	• 若觀察者能觀察紀錄的時間有限，例如必須一邊教學一邊觀察時，則可採取「時距紀錄」或「時間取樣紀錄」。另外，觀察紀錄的表格宜更簡便，例如考慮觀察者教學時必須時常移動，不方便至講臺移動黑白棋或做紀錄，觀察者可以貼一張用紙做的手環在手腕上，若欲採時距紀錄，還可將此手環設計成手錶，將錶面劃分成時距數，移動中隨時可做紀錄，如此既方便，又不易讓學生察覺。
觀察的地點和情境	• 是／不是研究者任職的場域？ • 團體教學／個別作業情境？	• 若觀察地點不是研究者任職的場域，研究者不方便或很難進入該觀察地點，則可安排該地點的相關人員做觀察；或是該目標行為會製造相當持久的結果，則

表 4-5（續）

向度	內涵	示例說明
觀察的地點和情境	• 一對多／一對一？ • 目標行為出現情境的頻率高／低？	採取「間接觀察」，做「結果的測量」。 • 若觀察情境是團體教學情境，宜避免干擾教學的進行。若觀察情境是個別作業情境，宜注意是否會讓學生察覺觀察者在做觀察紀錄。例如可以用圍棋中的黑棋代表負向行為的頻率，白棋代表正向行為的頻率，負向行為出現一次，則觀察者放一個黑棋在盒子中，之後再謄寫於正式觀察紀錄工具上。 • 若是一對多觀察，則研究者宜考慮能同時記錄多少位參與者，避免超過自己能負荷者。研究者尚須設計簡便的觀察紀錄表格，最好能加上「錄影觀察紀錄」。 • 若目標行為出現情境的頻率低，例如需要道歉、致謝的情境，則可以採取「模擬情境的觀察」。
可使用的測量工具	• 馬表／錄音、錄影設備／紙和筆／其他？	• 若可使用的測量工具只有紙和筆，則採用「現場觀察紀錄」。
要求的正確性	• 需要／不需要觀察信度（observer reliability）？ • 觀察者必須／不須受過訓練？	• 若需觀察信度，則要安排協同觀察者。 • 若觀察者必須受過訓練，則要安排訓練方案。
資料蒐集給誰看	• 專業人員／家長／學生？	• 若資料蒐集給家長／學生看，則呈現方式宜考慮他們的理解和接受度。若給專業人員看，則宜呈現蒐集過程的詳實資料。

註：第一和第二欄整理自 Kerr 和 Nelson（2006, p. 79）。

要注意的是，**宜區隔觀察的時間和介入的時間**，避免在介入當下做觀察紀錄，見問題討論 4-3。另外，由於單一個案研究重複評量的特徵，從基線期、介入期，乃至追蹤期等不同階段，**觀察紀錄的類型和實施方式皆需標準化**。例如行為問題介入的研究須安排在相同的時間、地點進行觀察，且觀察者和觀察方式皆相同，僅介入期有自變項的引進，基線期沒有。如果依變項是自傷和攻擊行為，雖然基線期評量不做介入，但是若嚴重傷害到某種程度（須訂定標準），還是會如介入期般採用相同的危機處理策略，並且須在折線圖上以箭頭說明該次評量中運用了危機處理策略。另外，如果研究者還評量自變項對正向行為（例如：替代溝通技能）的成效，在研究參與者無反應或反應不正確時，會給予從最少量至最多量提示，並在其反應正確後給予想要的後果，則基線期亦須採取相同的評量程序，且給予正確反應想要的後果。

問題討論 4-3 觀察時間之安排

一份研究探討親子互動技能教導團體，對家長與注意力不足／過動症孩子互動技能之成效，研究者說明在介入過程中，請協同研究者使用「親子互動技能觀察紀錄工具」，在學校團體諮商室觀察記錄依變項的成效資料。此敘寫是否適切？

☛ 依照本研究的敘述，觀察的時間似乎在介入過程中，一邊介入，一邊觀察記錄成效，筆者認為不適當，因為觀察到的是研究參與者在研究者教導的當下反應。筆者建議宜另外安排團體後的固定觀察時間，而且要說明觀察的地點和情境，是自然或模擬情境；若為模擬情境，例如在團體諮商室，須說明如何安排親子互動的模擬情境；以及紀錄的方法是採現場或錄影觀察紀錄等。

（三）正確並清楚界定記錄行為的時間單位

在觀察記錄研究參與者的行為資料後，可以呈現於折線圖中，以了解研究參與者行為隨時間的變化情形，此時橫軸要呈現記錄行為的時間單位，由小至大，有**評量（或觀察）次第**（sessions）、**節次**、**天次**、**週次**和**月次**等，其意義和示例如表 4-6，研究者宜正確並清楚標示記錄行為的時間單位，例如不宜將評量次第標示為天次。評量的時間點必須連續、等距才能連接成線，否則不能相連；若欲連接不連續、不等距的點成為線，以便於分析趨勢時，則相連的線段中間要以**尺度中斷**（scale break, //）或**虛線**標示。例如研究者安排週一至週四固定時間的評量活動，第一週四個點的評量次第為 1 至 4，第二週四個點的評量次第為 5 至 8，其中如果第 6 次未評量，則欲連接第 5 和第 7 點時，要以尺度中斷標示；然而，研究者不能將每一週的週五至週日當作未評量而給予尺度中斷，因為週五至週日本來就不是研究者設定為蒐集資料的時間點。

表 4-6

記錄行為時間單位的類型、意義和示例

記錄行為時間單位的類型	意義	示例
評量（或觀察）次第	在特定時地和活動中記錄依變項發生的量數。	記錄研究參與者在學校，於研究者週一至週四安排的固定時間評量活動（例如：10 分鐘的數學作業活動）中干擾行為的總次數或次數比率。若研究者將兩天的評量結果合併，則要標示「評量次第（兩次為一次評量單位）」。
節次	在特定時地記錄依變項 1 節課發生的量數。	記錄研究參與者在學校上課時間 1 節課 40 分鐘中，干擾行為的總次數或次數比率。
天次	在特定時地記錄依變項 1 天發生的量數。	記錄研究參與者在學校上課時間 1 天 7 節課中，干擾行為的總次數或次數比率。
週次	在特定時地記錄依變項 1 週發生的量數。	記錄研究參與者在學校上課時間 1 週 5 天中，干擾行為的總次數或次數比率。
月次	在特定時地記錄依變項 1 個月發生的量數。	記錄研究參與者在學校上課時間 1 個月中，干擾行為的總次數或次數比率。

註：若觀察時間單位不一樣（例如：一天不是都包含七節課，有時只有四節課）時，則可以將目標行為次數轉換成次數比率，成為可以比較的單位值。

貳、成就測驗之意涵

以下從成就測驗的意義與類型，以及編製與實施原則兩方面討論。

一、成就測驗的意義與類型

測驗是指在標準化的測試情境下，對個體心理特質、行為特徵或成就表現（例如：知識、智力、態度等）做客觀評量的工具（余民寧，2002）。依據測驗欲測試的內涵，可分為**智力測驗**、**性向和興趣測驗**、**成就測驗**、**人格測驗**、**態度**，以及**發展／能力／生活適應測驗**。而成就測驗旨在評量**個體知識、能力或學習成就表現，以分析教學目標的達成度**。成就測驗和檢核表、問卷、量表不同處在於，它的反應形式包含**供應型**（例如：填充題）和**選擇型**，且**有正確答案或計分標準**；而檢核表、問卷和量表的反應形式不同，且沒有正確答案或計分標準。成就測驗依據不同的向度做分類，有不同的類型，如表 4-7。評量依變項所採用的成就測驗，其目的多數為**教學的測驗**，實施層次為**深入了解研究參與者的學習成果，以及教育計畫的執行成效**。實施階段則包括**形成或總結性的成就測驗**，受測人數可以是**個別或團體的成就測驗**，試題的呈現形式可以是**文字或非文字的成就測驗**，測驗的時限可以是**速度或難度的成就測驗**，欲評量之表現可以是**最佳表現或一般表現的成就測驗**，反應方式可以是**紙筆或實作的成就測驗**，測驗編製的標準化程度可以是**標準化（正式）或非標準化（非正式）的成就測驗**，測驗分數的解釋方法可以是**常模參照**（norm-referenced）**或效標參照**（criterion-referenced）**的成就測驗**。

表 4-7
成就測驗的類型

分類的向度	內涵
成就測驗的目的	1. **篩選的測驗**（旨在篩選決定個體是否需要接受更深入的評量，以做後續的教育決策。）

表 4-7（續）

分類的向度	內涵
成就測驗的目的	2. **鑑定的測驗**（旨在決定個體是否需要接受更深入的評量，是否具備獲得特殊教育和相關服務的資格。） 3. **安置的測驗**〔旨在決定個體的教育安置形態（例如：安置類型、班級、組別，或特別的教育計畫）。〕 4. **診斷的測驗**〔旨在分析個體的學習能力（「能不能」學習，即起點狀況）、學習動機的分析（「願不願」學習）、學習策略（「會不會」學習）、學習正誤（學習得「對不對」），以了解個體的學習需求，決定教育計畫。〕 5. **教學的測驗**（旨在了解個體的學習成果，以及教育計畫的執行成效。）
成就測驗的實施層次	1. **初始的測驗**（旨在初步篩選。） 2. **中介的測驗**（旨在擴大資料的蒐集，以補充初始測驗資料蒐集不足之處。） 3. **深入的測驗**（旨在蒐集更深入的測驗資料，以做鑑定、安置或診斷；或是了解個體的學習成果，以及教育計畫的執行成效。）
成就測驗的實施階段	1. **形成性的成就測驗**（於教學過程中實施，以提供施測者和受測者學習回饋的資料，並作為是否和如何調整教學方案的依據。） 2. **總結性的成就測驗**（於教學結束時實施，以評量個體的學習成就、預期教學目標的達成度及其適切性。）
成就測驗的受測人數	1. **團體的成就測驗**（受測人數為團體。） 2. **個別的成就測驗**（受測人數為個人。）
成就測驗試題的呈現形式	1. **文字的成就測驗**（成就測驗的材料皆用文字呈現。） 2. **非文字的成就測驗**〔無論是指導語和試題等成就測驗材料皆不用文字，而是以口述、書面（例如：圖片、照片、點字）、實物、肢體語言、視聽媒體（例如：錄音、錄影等）等非文字，甚至非語言形式呈現，特別適用於語言障礙者、文盲、智能障礙者、年幼兒童或不同文化背景的人。〕
成就測驗的時限	1. **速度的成就測驗**（有測驗的時限，旨在了解個體在時限下的學習表現。） 2. **難度的成就測驗**（無測驗的時限，旨在了解個體習得什麼樣難度的學習內容。）

（續）

表 4-7（續）

分類的向度	內涵
成就測驗欲評量之表現	1. **最佳表現的成就測驗**（即動態評量，施測者和受測者的關係是互動的，施測者會在受測者遭遇困難時提供教學和協助，並視教學和協助的多寡來給分，著重在評量受測者的最佳表現，以及學習歷程或認知改變情形。） 2. **一般表現的成就測驗**（即靜態評量，施測者和受測者的關係是分立的，施測者不會在受測者遭遇困難時提供教學和協助，著重在評量受測者的一般表現。）
成就測驗的反應方式	1. **紙筆的成就測驗**（用紙筆書寫方式作答）。 （1）**供應型的成就測驗**〔包括論文題——擴展式反應（允許個體極大的作答自由，例如作文題）、論文題——限制式反應（限制個體作答的廣度、長度和組織，例如簡答題、填充題、造詞造句、改錯題、數學計算題和應用題等）。〕 （2）**選擇型的成就測驗**（由個體選擇答案，包括是非題、配合題和選擇題等。） 2. **實作的成就測驗**〔用實作的方式表現，像是口述、指認、操作（例如：實際操作錄影器材的使用步驟）和其他（例如：使用電腦文書處理、利用溝通板、點字、手語）。〕
成就測驗編製的標準化程度	1. **標準化（正式）的成就測驗**（根據測驗編製程序所設計的成就測驗，會進行預試檢視試題的適當性，並且做一些分析以了解和確保測驗的品質。） 2. **非標準化（非正式）的成就測驗**（未根據測驗編製程序所設計的成就測驗，未進行預試檢視試題的適當性，其編製過程、實施、計分與解釋較欠缺標準化，例如學校中教師自編的成就測驗。）
成就測驗分數的解釋方法	1. **常模參照的成就測驗**〔是指拿個體的測驗分數與他人（即常模）比較，以了解其表現在團體中所占的位置。〕 2. **效標參照的成就測驗**（是指依據某些已建立的標準來解釋個體的表現。）

註：綜合整理自余民寧（2002），陳英豪和吳裕益（1998），Hickson、Blackman 和 Reis（1995），Sattler（2014），以及 Sax（2010）的文獻。

二、成就測驗的編製與實施原則

編製與實施成就測驗宜注意一些原則，以下從成就測驗的作答說明、試題內容、試題的順序安排、試題的長度、試題的呈現形式、計分，以及施測安排等七方面探討如下。

（一）成就測驗的作答說明

關於成就測驗的作答說明方面，研究者宜編製簡明扼要的說明內容，包括：（1）測驗的目的；（2）如何作答；（3）測驗的時間限制（如果有的話）；（4）當一個測驗包含兩種以上不同類型的題目時，則最好先提供一般的作答說明，而後在每一個類型的試題之前，再提供特殊的作答說明；（5）若有複選題，則在該試題做說明（余民寧，2002；Sattler, 2014）。

（二）成就測驗的試題內容

成就測驗的試題包括**題幹**和**選項**兩部分（陳英豪、吳裕益，1998）。首先，試題的內容宜配合測試目標，均勻分布，可以列出**雙向細目表**（two-way specification）（見附錄 12「成就測驗雙向細目表之示例」），呈現哪些試題在測試何種目標的架構。綜合文獻（王嘉寧、翁儷禎，2002；余民寧，2002；周文欽，2004；陳英豪、吳裕益，1998；Murphy & Davidshofer, 1998），筆者從題幹和選項兩方面，說明編製成就測驗試題宜注意的原則，並舉例和提出思考問題。在題幹上，編製原則如下：

1. **宜限於提出「一個明確問題」**，勿出現幾個問題。
2. **題意宜明確**，避免含糊的字詞（例如：很少、經常）。
3. **文字宜力求淺顯簡短**，容易閱讀和理解，但不可遺漏解題的必要條件。
4. **文字敘述考慮研究參與者的生活經驗，且呈現的情境合理**，沒有邏輯性的問題。例如一道數學應用問題是：「八個球員組一個棒球隊，七隊共有幾個球員？」有一位泛自閉症學生表示：「這個題目不合理，棒球隊不是一隊登錄 25 人嗎？」

5. 沒有性別、種族和文化等偏見的用語。
6. 宜用正面完整語句敘述，避免不完整和雙重否定的語句，見問題討論 4-4。如須以否定句陳述問題，則最好在否定字詞上加註底線。

問題討論 4-4 成就測驗試題編製的原則（一）

以下測驗試題是否適切？
澳洲因歷史背景緣故，族群多元，由澳洲原住民、______與______等組成。

☛ 此試題的題幹敘述不完整，會阻礙學生的理解，甚至出現不符合研究者的反應（例如：袋鼠），建議以完整語句敘述：澳洲因歷史背景緣故，族群多元，除了澳洲原住民外，還有以下哪兩種人組成？
______後裔、______移民

7. 文句宜重新組織，避免直接抄錄自文本。
8. 試題間宜避免互相提供答案。

接著在編擬試題的反應，最常用的是封閉式反應選項，其設計宜注意以下 12 項原則：

1. 宜避免提供研究參與者選擇正確答案，或是刪除錯誤答案之線索或暗示，像是選項中出現「絕對」的字眼（例如：總是、從未、所有），很容易被偵測出為錯誤答案。
2. 敘述宜力求簡短，相同的字詞宜置於題幹，以避免試題冗長。
3. 宜避免出現「以上皆是」或「以上皆非」的選項。
4. 內涵宜清楚明確，且彼此間是互斥的，避免含糊不清，衍生答案。
5. 字數宜相近，避免字數多寡造成解題暗示。
6. 正確選項須為非常確定，沒有爭議，而且位置之排列宜均衡和隨機分布，以避免猜題得分。
7. 如有時間、數字等，宜依程度或邏輯次序排列。
8. 選項與題幹的序號不宜相同，以避免研究參與者的混淆，例如題幹序號用

1、2……，選項序號用 A、B（或ㄅ、ㄆ）……。

9. 答案若是數字，宜具體指出**精確程度和單位名稱**，例如時間單位是分或秒等。

10. **選項和題幹間其性質必須相同，有邏輯關係**，見問題討論 4-5。

11. 如為配合題，**配對的試題選項以不超過 10 題為原則**。每一道試題的題幹和選項盡量簡短，題幹條列在左方（或上方），選項依邏輯次序（例如：年代的先後）條列在右方（或下方）。**選項的數目宜多於題幹的數目，並且不限制選項被選的次數**，如此才能降低研究參與者猜對的概率，見問題討論 4-5。

12. 考量研究參與者對於題目可能所知有限時，宜**提供不知道或無法選擇選項**，見問題討論 4-6。

問題討論　4-5 成就測驗試題編製的原則（二）

以下測驗試題是否適切？

下列是生活在一些地區的動物，請將正確的答案填入適當的空格中。

【題幹】（　）1. 生長於澳洲的獨特動物。

（　）2. 因全球暖化而面臨生存危機的動物。

（　）3. 生活於中國大陸的特有動物。

（　）4. 生活於紐西蘭的原住民。

【選項】A. 毛利人　B. 熊貓　C. 無尾熊　D. 北極熊

☛ 此試題有以下兩項不適當之處：第一，選項的數目未多於題幹的數目，學生即使有一題不確知答案，但只要其他三題會，這一題也會被答對。第二，題幹和選項間必須具同質性，有邏輯關係，題幹 4 原住民和其他題幹的動物不完全同質。毛利人和其他選項不具同質性，學生即使不知道生活於紐西蘭原住民的答案，還是會很容易猜測出是毛利人。

問題討論 4-6 成就測驗反應選項之設計

一份測驗在了解，特殊教育教師對學生因情緒行為問題用藥知識的具備情形，其中一題是：思銳（Strattera）可用來治療下列何種情緒行為問題：（A）思覺失調症；（B）注意力不足／過動症；（C）憂鬱症；（D）妥瑞症。此測驗反應選項是否適切？

☛ 宜提供「不知道」或「無法選擇」選項，以避免研究參與者因猜測得分，未能真正測得研究參與者的知識、能力或學習成就表現；抑或留白，造成研究者不易區辨是「漏填」或「不知道」。

（三）成就測驗試題的排序

成就測驗試題的排序宜**考慮研究參與者的心態**（例如：先從較容易回答的問題開始），並且**具邏輯和系統性**（例如：相同性質或題型的問題放在一起；先問一般性問題，再問特定問題）（周文欽，2004；陳英豪、吳裕益，1998）。

（四）成就測驗試題的長度

成就測驗**試題的題數不宜過多**，而且要視研究參與者而定，年齡愈小的研究參與者題數宜愈少（陳英豪、吳裕益，1998）。

（五）成就測驗試題的呈現形式

如表 4-7，試題的呈現形式包括**文字**和**非文字**兩大類。呈現形式宜考慮研究參與者的**訊息輸入能力**，若他們有視覺和閱讀的問題，則宜採口述或錄音來呈現；若他們有認知或理解上的限制，則宜採實物或具體的照片、圖片來呈現。若需其他輔助設備（例如：擴視機）協助試題的呈現，則研究者宜說明和準備。試題以書面文字形式呈現最多，編製上宜注意能吸引人，具可讀性，例如：（1）印刷清晰潔淨、層次分明；（2）字體大小適中；（3）用不同的字體來區別題幹和選項；（4）用不同字型、底線或顏色來提示題幹的重點；（5）兩個問題間要有適當的空間；（6）選項的字數如果較長，則一列呈現一個選項；（7）同一個試題的題幹和選項宜印在同一頁上，以免造成研究參與者作答的困擾（余民寧，2002；周文欽，2004；Murphy & Davidshofer, 1998）。

（六）成就測驗的計分

在成就測驗的計分上，**正確選項必須是非常確定，沒有爭議**，且明確說明每題的計分。如果是無明確標準答案之供應型的成就測驗，則須訂定**有理論依據、客觀明確，且能真正測得研究參與者依變項上表現和進步的評分標準**。

（七）成就測驗的施測安排

在成就測驗的施測安排上，包含**研究參與者反應方式的確認**，以及**施測程序、時間、地點或情境和實施者的安排**。這些方面的安排，宜注意以下原則：

1. 如表 4-7，成就測驗的反應方式有**紙筆**和**實作**兩種。其選擇宜考慮研究參與者的**訊息輸出能力**，若他們有書寫能力的限制，則宜採口述、指認、操作或電腦文書處理的方式來反應；若他們有認知和口語表達能力上的限制，則宜採用指認或實作等方式來反應。
2. **施測程序要清楚明確**，適合依變項的評量，見問題討論 4-7。除此，Cooper 等人（2007）表示，宜注意**基線期評量的代表或公平性**，它是評鑑自變項介入效果的基礎。舉例言之，研究參與者在接受依變項評量後，不須告知評量的結果。即使保留原來班級使用的增強制度，也只增強研究參與者接受評量時認真、努力作答的態度，而不是依據評量結果的正確性來給予增強；因為如果依據評量結果的正確性來給予增強，則基線期研究參與者獲得增強的機會相對較少，基線期評量的公平性將受到威脅。假使研究參與者詢問分數，研究者可以告訴他們：「考幾分不是那麼重要，認真上課和回答題目最重要。」之後，研究者可針對已教過但仍舊做錯的題目，再教導其中的概念，並用其他同性質的題目做反覆練習。見問題討論 4-8。

問題討論 4-7 成就測驗施測程序的安排

一份研究在探討故事文法教學對國中學習障礙學生閱讀理解的成效，研究者自編「故事閱讀理解測驗」。研究者說明了施測時間、地點和實施者，但未說明施測程序。」

☛ 研究者亦須說明施測程序，舉例如下：教師發下「故事閱讀理解測驗」後，告知學生：「請同學仔細閱讀文章，而後回答文章裡的問題。測驗沒有時間限制，請你們盡力作答；假如你們無法回答所有問題，不要擔心，盡力做到最好就是了。如果遇到不認識的生字，可舉手發問。」而後由學生獨立作答。因為測驗在評量閱讀理解能力，而不是識字能力，所以對於學生不認識的生字，實施者會念出字音，但不會告訴字義，所有階段的施測都按此程序進行。

問題討論 4-8 基線期評量程序的公平性

a. 一份單一個案研究中依變項為清洗餐盤技能，研究者設計「清洗餐盤工作分析紀錄表」，記錄重度智能障礙者介入前後清洗餐盤技能的品質。於介入期的評量，重度智能障礙者獨立反應會給予 5 分，研究者在他無反應或反應不正確時，會給予提示，從最少量提示（手勢提示）（4 分）至最多量提示（完全肢體協助）（1 分）；而基線期評量未在他無反應或反應不正確時給予任何提示，就記錄為 0 分。此評量工具的實施是否適切？

☛ 基線期評量程序和介入期是不一致的，因為介入期有提示，而基線期無，如此基線期評量的公平性將受到質疑，筆者建議採取相同的評量程序和計分方式。

問題討論 4-8（續）

b. 一份單一個案研究在分析休閒活動指導對國小泛自閉症學生同儕互動之成效，基線期不做任何處理，將泛自閉症學生及同儕帶到資源班教學區，研究者則在一旁觀察他們合作排積木等同儕互動行為出現的次數，歷時 20 分鐘。此評量工具的實施是否適切？

☛ 本研究未說明基線期評量情境和程序的安排，評量情境中如果沒有研究參與者從事休閒活動的材料，如何開啟他們的同儕互動行為呢？筆者建議須說明休閒活動材料的安排，並且告訴他們休閒活動材料的內容和擺放位置，以及可在教學區內進行活動 20 分鐘，20 分鐘到則物歸原位，整個評量情境和程序從基線期、介入期，乃至追蹤期等不同階段皆需標準化。

c. 一份研究在分析，自然情境教學法對增進國小中度智能障礙學童溝通行為（我要玩○○、我要吃○○、我要聽音樂）之成效，在說明溝通行為基線期評量時，研究者提及於每週一、三、五下午的下課時間進行評量，每次 15 分鐘，不做任何介入。關於介入期溝通行為的評量，研究者說明評量的時間與基線期相同。除此，當研究參與者表現出溝通行為時，給予他所要求的物品或活動作為自然後果。此評量程序是否適切？

☛ 本研究僅說明了評量時間，未說明評量地點、情境和程序，評量情境中如果沒有研究參與者想要的物品或活動，如何開啟他們的溝通行為呢？另外，基線期評量程序和介入期是不一致的，因為介入期中，當研究參與者表現出溝通行為時，研究者會給予他所要求的物品或活動作為自然後果，而基線期則無，如此基線期評量的公平性將受到質疑。

3. 施測時間宜考量**測驗所需時間**，安排足以讓研究參與者完成測驗的時段，且**能真正測得研究參與者依變項上的表現，而不是片刻記憶的效果**，見問題討論 4-9。

問題討論 4-9 成就測驗施測時間的安排

一份研究在探討，部首表意教學對國小學習障礙學生詞彙學習成效，研究者自編「詞彙讀寫成效測驗」，在當節教學後立即評量學習成效。此安排是否適切？

☛ 在當節教學後立即評量，測得的部分能力是研究參與者接受教學後留下的記憶痕跡，而非其真實學得的能力。筆者建議於教學完成後的隔天或隔節課做評量，以排除教學後的片刻記憶效果。

4. 在施測地點或情境的安排上，宜**提供研究參與者不受干擾的環境**，例如注意環境中的採光、通風、聲響等。
5. 在實施者的安排上，實施者必須清楚施測程序，**保持中立的態度依照程序實施**。
6. 整體來說，在施測程序、時間、地點或情境和實施者的安排上，研究者宜**保持基線期、介入期，乃至追蹤期等不同階段的標準化**，以避免不一致產生的干擾。不只保持各階段施測的標準化，若有比較不同自變項對依變項之成效差異，不同自變項實施後的施測安排亦要維持固定。例如比較字族文識字教材和一般識字教材，對學生識字成效之差異，兩種教材的實施時間採取對抗平衡的方式，以固定的規則交替兩種識字教材（即第一週的週一實施一般識字教材，週三實施字族文識字教材；第二週的週一實施字族文識字教材，週三實施一般識字教材，以此類推）。介入期施測時間安排於每週二和四早上第四節，乃配合兩種識字教材的實施時間，進行該種教材的評量（即第一週的週二實施一般識字教材的識字成效測驗，週四實施字族文識字教材的識字成效測驗；第二週再交換次序，兩種教材的識字成效測驗題數、評量向度、難度和實施方式皆相同，並且設計等值的複本）。而基線期的評量時間與介入期相同（即每週二和四早上第四節），亦是採取對抗平衡的方式，實施一般和字族文識字教材的識字成效測驗。除施測時間外，施測程序、評量地點或情境和實施者皆保持固定。

參、李克特量表之意涵

量表旨在評定**研究參與者知識、能力或學習成就表現，心理特質、學習或行為特徵的品質或程度**；抑或**了解參與者對某個主題事實和意見問題之觀感的程度**（例如：同意程度），由參與者本人自行閱讀和填答，例如參與者本人填答學習行為量表；抑或由參與者以外的他人針對蒐集的焦點評量參與者，例如由參與者的任課教師以他為標的對象，填答學習行為量表。回答因果性問題的研究（例如：實驗和單一個案研究）主要是運用量表評定研究參與者知識、能力或學習成就表現，心理特質、學習或行為特徵的品質或程度；而了解研究參與者的觀感適用於回答描述、關聯和差異性問題的研究（例如：調查研究）。量表和檢核表不同的是，其目的不在記錄蒐集的焦點是否具備或出現，而在評定其品質或程度。量表從編製方法來看，有**塞斯通量表**（Thurstone scale）、**葛特曼量表**（Guttman scale）、**李克特量表**、**語意區分法**（semantic differential technique）和**強迫選擇量表**（forced-choice scale）五種（邱皓政，2002）。李克特量表是最常被使用編製量表的方式，李克特量表和問卷不同處在於，李克特量表每一個題目包含相同、程度等距的選項，可以加總；而問卷包含封閉和開放式反應，封閉式反應含括排序式反應、無程度的類別式反應和量表式反應。即使選項有量表式的封閉反應，可以加總，但除了背景資料外，只要有排序、無程度的類別式封閉反應，抑或開放式反應，不能加總，就不能稱作量表，而是問卷。以下討論李克特量表的意義與類型，以及編製與實施原則，至於塞斯通量表、葛特曼量表、強迫選擇和語意區分法之意涵和設計可參見◉附錄 13、14、15 和 16，以及鈕文英（2015a）。

一、李克特量表的意義與類型

李克特量表是由一組評量相同構念或主題，同等重要的題目組成；每一個題目包含**相同的選項**，**選項有程度性**，稱作**等級**，**且彼此間必須是等距**，才能加總各題得分得到量表總分，又稱作**加總量表**（邱皓政，2002；Kerlinger & Lee, 2000），見問題討論 4-10。

問題討論 4-10 研究工具的類型

一份研究發展特殊教育學校高職部學生性知識量表，評量性教育課程對高職智能障礙學生的成效。其中一題為，哪些是好的觸摸？（揮手、點頭、接吻……等）。此工具名稱是否適切？

☛ 選項（揮手、點頭、接吻）未具備程度性，且彼此間並非等距，因此不應命名為量表，而應是成就測驗。

李克特量表從選項的呈現形式，可分成**數字量表**（例如：給予 1 至 5 分的評定）、**圖示量表**（以圖示的方式呈現文字描述，例如：「按讚手勢」的圖畫），以及**分類量表**（提供一些類別的文字描述，例如：12 次中做到 10 次以上，以做判斷）三種（Hickson et al., 1995）。

其中圖示量表適用於認知障礙者、識字較少者或幼童，和不同種族或文化背景的人。Finlay 和 Lyons（2001）表示，智能障礙者在抽象思考、數量判斷、時間概念等能力皆較為不足，故填答過多「程度」的選項會有困難。圖示量表其中之一是以圖畫呈現選項的程度，包括以臉型、長條圖和按「讚」手勢等，見附錄 17「圖示量表之示例」。Maïano、Bégarie、Morin 和 Ninot（2009）發現，以臉型圖畫作為選項時，中度智能障礙者能根據圖畫判別程度的高低；然而比起使用文字作為選項，出現得分上升的現象。這可能是因為智能障礙者傾向於獲得笑臉，笑臉較具誘答力。筆者認為採用長條圖既具體，又可以減少笑臉產生的誘答力。在非常滿意、滿意、不滿意、非常不滿意的四個選項中，亦有研究讓研究參與者先圈出是滿意或不滿意的圖畫，而後再圈出程度，是非常滿意或有點滿意的圖畫（見附錄 17），對於認知障礙者較容易作答。

二、李克特量表的編製與實施原則

編製與實施李克特量表宜注意一些原則，以下從量表名稱、填答說明、題目的構念和面向、題幹敘述、排序、形式和長度、選項、計分，以及施測九方面探討如下。

（一）量表名稱

研究者在設計量表的名稱時，首先宜減少量表名稱的敏感和威脅性，避免研究參與者產生**社會喜愛效應**（social desirability effect），社會喜愛效應是指研究參與者隱藏情緒，或是提供研究者想要的答案（Babbie, 2010; Oppenheim, 1992），見問題討論 4-11a。其次，量表名稱宜和調查內容相搭配，避免過於廣泛，見問題討論 4-11b。

問題討論　4-11 量表名稱之擬訂

a. 兩份量表名稱為「國中新手教師教學自信量表」，以及「國中學習障礙學生生涯覺知量表」，是否適切？

☛ 第一份量表名稱會讓研究參與者感受到此量表在評量其教學自信心，容易產生社會喜愛的效應，填答高度的教學自信心，筆者建議修改成「國中新手教師教學行為量表」。第二份量表名稱會讓研究參與者感覺自己被貼上學習障礙的標籤，而且名稱不易讓研究參與者理解，筆者建議修改成「國中學生對技藝教育課程想法量表」。

b. 研究參與者為高中職教師，研究主題是性別教育，量表名稱訂為「學校教育人員教學態度量表」，是否適切？

☛ 此名稱中教學態度、學校教育人員太過廣泛，筆者建議修改成「高中職教師性別教育教學態度量表」。

（二）量表的填答說明

關於量表的填答說明，研究者宜編製簡明扼要的說明內容，包括：（1）量表的目的；（2）如何填答；（3）當一個量表包含兩種以上不同的填答方式時，宜先提供一般的填答說明，而後在每一種不同的填答方式之前，再提供特定的填答說明。

（三）量表題目的構念和面向

在量表題目的構念和面向上，有以下三點原則：

1. 如果李克特量表中欲評量之構念被分成若干個面向或分量表，研究者宜說明面向或分量表的內涵，以及包含的題目，見示例 4-17，以及附錄 18 更多的「量表題目分析之示例」。除此，要注意題目的設計須和分量表的內涵一致。

示例 4-17 量表題目分析

表 1

「融合教育知識與態度量表」之題目分析

層面	內涵	題數（題項）	題型（題項）
A. 融合教育知識	1. 對於融合教育基本理念的認識	10 題 （第 1-10 題）	正向題（1、4、8） 反向題（2、3、5、6、7、9、10）
	2. 對於特殊學生定義與特徵的認識	11 題 （第 28-38 題）	正向題（28、31、33、34、36、38） 反向題（29、30、32、35、37）
	3. 對於特殊學生教導方法的了解	7 題 （第 39-45 題）	正向題（39、42、43、44） 反向題（40、41、45）
B. 融合教育態度	1. 對於特殊學生融合於普通班的接受度	11 題 （第 11-21 題）	正向題（11、12、14、16、18、20） 反向題（13、15、17、19、21）
	2. 對於融合教育實施結果的觀點	6 題 （第 22-27 題）	正向題（22） 反向題（23、24、25、26、27）
	3. 對於實施融合教育班級經營作法的觀點	15 題 （第 46-60 題）	正向題（47、49、51、55、57、60） 反向題（46、48、50、52、53、54、56、58、59、61[a]）

註：取自鈕文英（2015b，光碟附錄 98），修改處為增加一題偵測題。

[a] 第 61 題是偵測填答者是否認真填答，它與第 47 題詢問相同的概念。如果填答者皆勾選相同的答案，則被視為無效問卷。而在計分上，只採計第 47 題的分數。

2. 既然李克特量表會加總各題的得分而得到總分，因此，研究者在建構題目時必須有理論依據，**加總的題目須反映共同構念**（Dillman, 2000; Oppenheim, 1992）。例如要了解高中職學生對自己身體意象的看法，則須清楚說明得分高低代表什麼意義，而且在建構題目時必須有理論依據，像是具有正面積極身體意象的人有哪些特徵，加總的題目須反映共同構念，見問題討論 4-12。
3. 根據 Comrey 和 Lee（1992）對**因素分析**（factor analysis）的討論，各個因素（或分量表）最好包含**至少五題**。

問題討論　4-12 李克特量表評量構念之釐清

a. 一份研究採用李克特 5 點量表，了解「女性大學生身體意象」，有 17 題在詢問填答者對其個人狀況的觀感（例如：我在意別人對我所穿服裝的評論）；僅一題（即「我覺得女人比男人重視外表」）在詢問填答者對外在現象的意見性問題，而要加總所有題目求得「女性大學生身體意象」的正向程度。此題目設計是否適切？

☛ 要把所有題目合計起來求總分，這些題目必須評量同一個構念，建議修改那一題「我覺得女人比男人重視外表」為「詢問個人狀況觀感的題目」（例如：我在意我的長相給別人的感受）。

b. 一份研究發展「融合教育態度量表」，評量校長的融合教育態度，其中一題為：「我認為教導身心障礙學生之特教老師比普通班老師教得好」，非常同意得最高分，表示融合教育態度正向。此題目設計是否適切？

☛ 非常同意「教導身心障礙學生之特殊教育教師比普通班老師教得好」，在反映融合教育態度正向上無理論依據，筆者建議修改為「教導身心障礙學生需要普通教育和特殊教育教師的共同合作」。

（四）量表題幹的敘述

量表的題目包括**題幹**和**選項**兩部分，在量表題幹的敘述上，宜注意以下六項原則：

1. **每個題幹只針對一個主題**，避免雙重問題（周文欽，2004；Neuman, 2006）。
2. **使用研究參與者可以理解的語彙、簡單的句子來設計題幹**，避免專業術語、俚語和縮寫字（周文欽，2004；Dillman, 2000; Neuman, 2006）。量表題幹中如果需要包含專業術語，而此專業術語容易被研究參與者誤解時，研究者宜明確的界定，以確保研究參與者採取與研究者一致的定義填答題目（Sudman, Bradburn, & Schwarz, 2010）。
3. **題幹的語意宜清楚明確，以完整的句子敘述**，避免雙重否定、語意模糊、易讓人混淆的用詞（例如：成功、近期）（Rea & Parker, 2005）。
4. **使用中性的語彙敘述題幹**，避免使用強烈的詞彙（周文欽，2004；Dillman, 2000; Neuman, 2006）。
5. 選項中已有程度的區別，**量表題幹中則不需再有程度的敘述**，否則會增加研究參與者判斷上的困難和偏差。此外，題幹中盡量**避免極端或絕對的字詞**（例如：全部、總是、無人、從不……等），因為它們會讓研究參與者傾向於完全接受或拒絕（Dillman, 2000; Fowler, 2009; Neuman, 2006），見問題討論 4-13。

問題討論 4-13 李克特量表題目的敘述（一）

一些量表題目如下：「我經常覺得自己是班上同學心目中重要的人。」「我的心情總是平穩的。」「我從不覺得自己可以達到父母的標準。」「如果有人在學校有件事做得比我好，我會覺得自己整件事完全失敗了。」「我非常擅長於集中精神努力完成一個目標。」選項為「非常同意、同意、不同意、非常不同意」，這些題目是否適切？

問題討論 4-13（續）

☛ 選項中已有程度的區別，題目中則不需再有程度的敘述，筆者建議修改成：「我覺得自己是班上同學心目中重要的人。」「我的心情是平穩的。」「我不覺得自己可以達到父母的標準。」「如果有人在學校有件事做得比我好，我會覺得自己整件事失敗了。」「我擅長於集中精神努力完成一個目標。」

6. **保持題幹的中立性**，避免預設前提、價值引導，或是易造成研究參與者偏執或情緒反應的問句（賴世培，1999；Alreck & Settle, 1995; Babbie, 2010）。

（五）量表題目的排序

量表題目的排序宜考慮研究參與者的心態（例如：先問較能引起其興趣、較容易回答的問題），並且**具邏輯和系統性**（例如：相同性質或題型的問題放在一起；先問一般性問題，再問特定問題）（Babbie, 2010; Bradburn, Sudman, & Wansick, 2004）。量表若包含正向和反向題，宜隨機安排，以避免研究參與者固定的反應傾向（吳明清，1995；Oppenheim, 1992）。

（六）量表的形式和長度

量表的形式宜吸引人，具可讀性，例如：（1）印刷清晰潔淨，標題和不同層面的題目層次分明；（2）字體大小適中；（3）用不同的字體來區別題幹和選項；（4）一致地使用不同字體、底線或顏色任一方式來提示重點；（5）兩個題目間要有適當的空間；（6）同一個題目的題幹和選項宜印在同一頁上，以免造成研究參與者的困擾（Mangione, 1995; Weisberg, Krosnick, & Bowen, 1996）。

另外，量表的長度宜適切，且要視研究參與者而定，年齡愈小的研究參與者給予的題數宜愈少（Fraenkel & Wallen, 2006）。如果量表題目數較多，可以在量表中間放一些鼓勵他們繼續填答的話語。

（七）量表的選項

量表選項的設計上，宜注意以下七項原則：

1. **宜周延、平衡且不重疊**（Fink & Kosecoff, 1998; Mangione, 1995）；例如選項只有非常同意、同意和不同意則不平衡，宜加入「非常不同意」。
2. **等級最好介於 3 至 7 個之間**（Hickson et al., 1995; Kerlinger & Lee, 2000）。
3. **宜明確界定所要評定之各等級代表的意義**（Kerlinger & Lee, 2000）。「非常不同意、部分（一半）不同意、部分（一半）同意、非常同意」中，「部分（一半）不同意」從另一個角度來看即「部分（一半）同意」，研究參與者不知道要填哪一個，筆者建議修改如示例 4-18。

示例 4-18 李克特量表選項之設計

a. 4 點量表的選項：非常不同意（含 25% 以下程度同意）、不同意（26% 至 50% 程度同意）、同意（51% 至 75% 程度同意）、非常同意（含 76% 以上程度同意）；或是經常如此（75% 以上的時間或 12 次中做到 10 次以上）、多數如此（51% 至 75% 的時間或 12 次中做到 7 至 9 次）、偶爾如此（26% 至 50% 的時間或 12 次中做到 4 至 6 次）、很少如此（25% 以下的時間或 12 次中做到 3 次以下），得分為 1 至 4 分。

b. 5 點量表的選項：非常不同意（含 20% 以下程度同意）、少部分同意（21% 至 40% 程度同意）、一半同意（41% 至 60% 程度同意）、大部分同意（61% 至 80% 程度同意）、非常同意（含 81% 以上程度同意）；或是很少如此（含 20% 以下的時間或 10 次中做到含 2 次以下）、偶爾如此（21% 至 40% 的時間或 10 次中做到 3 至 4 次）、一半如此（41% 至 60% 的時間或 10 次中做到 5 至 6 次）、多數如此（61% 至 80% 的時間或 10 次中做到 7 至 8 次）、經常如此（含 81% 以上的時間或 10 次中做到含 9 次以上），得分為 1 至 5 分。

4. 欲將李克特量表視為**等距變項**（interval variable）總計分數時，宜注意**選項之間確實是等距的**（Hickson et al., 1995），見示例 4-18，且避免全有和全無等極端的選項（例如：總是和從未如此），因為它們和其他選項不等距。
5. **選項的排列宜有次序性**，例如按時間先後、程度深淺、次數多寡等順序排列（Babbie, 2010; Oppenheim, 1992）。
6. **選項不要標示分數**，以避免研究參與者產生社會喜愛效應。
7. 如果題目評量的是知識性的問題，研究者須考量研究參與者對於題目可能所知有限時，宜**提供「不知道」這個選項**，以避免研究參與者隨意填寫或留白，造成研究者不易區辨是「漏填」或「不知道」。如果題目有預設前提或假設性的狀況，宜**提供「不適用」的選項**，以避免研究參與者隨意填寫或留白，造成研究者不易區辨是漏填，或是他們無此前提或假設性的狀況，見問題討論 4-14。

問題討論　4-14 李克特量表題目的敘述（二）

量表其中一題為：「我覺得在處理身心障礙學生的問題行為上有困難。」（選項為非常同意、同意、不同意、非常不同意）是否適切？

☛ 這個題目已預設立場，如果填答者班級中的身心障礙學生沒有問題行為，他們就無法作答。在這種狀況下，若填答者表示非常不同意，則研究者會錯誤解釋了研究結果。筆者建議最好能提供「不適用」的選項，以避免填答者隨意填寫或留白。

（八）量表的計分

一份李克特量表若有數個分量表，同一個分量表中若有部分題目為反向題，宜說明**哪些是反向題**，在計算分量表總分時要**如何反向計分**。除此，若分量表的屬性不盡相同，則宜說明**每個分量表得分的意義**，以及怎麼合計成總量表和其意義，見問題討論 4-15。

問題討論 4-15 李克特量表之計分與解釋

一份量表在調查普通班教師對融合教育的態度，其中有三個分量表是正面態度，三個分量表是負面態度，其中之一為「拒絕參與」，研究者說明此分量表時，表示採「反向計分」，得高分意味普通班教師對融合教育的參與態度正向；而在研究結果中呈現 120 位普通班教師在此分量表（10 題）的平均數為 30.32，此說明是否適切？

☛「拒絕參與」得高分意味普通班教師對融合教育的參與態度正向，此說明容易造成讀者的誤解。筆者建議當呈現「拒絕參與」分量表的得分時，先不要反向計分，說明得高分意味普通班教師對融合教育的參與態度傾向「高度拒絕」；而當合計六個分量表的總分表示普通班教師對融合教育的整體態度時，才針對「拒絕參與」等三個負面態度分量表採取「反向計分」。除了呈現「拒絕參與」分量表的平均數是 30.32 外，還須描述此分數代表的意義。

（九）量表的施測

如果研究參與者有困難閱讀和（或）填寫量表題目，研究者則需要安排報讀和（或）代填，並且勾選量表實施方式為：（1）**他人報讀，自行填寫**；（2）**自行閱讀，他人代填**；（3）**他人報讀，他人代填**。

肆、檢核表之意涵

檢核表用以評定**研究參與者知識、能力或學習成就表現，心理特質、學習或行為特徵是否具備或出現**；抑或了解**研究參與者對某個主題事實和意見問題有無此觀感**，選項可包含「有、無」或「是、否」，見示例 4-19。檢核表是由研究參與者本人自行閱讀和填答，例如研究參與者本人填答人際互動行為檢核表；抑

示例 4-19 檢核表

表 1

班級氣氛檢核表

檢核題目	選項	
	是	否
1. 作為班級教師，我是否視所有學生為我們班的一份子，而且讓他們感覺是平等的，有同等受重視的感覺？	□	□
2. 作為班級教師，我是否讓全班知道：每一位同學的觀點和想法都很重要？	□	□

註：取自鈕文英（2015b，光碟附錄 52）中的前兩題為例。

或由研究參與者以外的他人針對蒐集的焦點評量研究參與者，例如由研究參與者的任課教師以他為標的對象，回溯之前蒐集的資訊，填答人際互動行為檢核表。回答因果性問題的研究（例如：實驗和單一個案研究）主要是運用檢核表評定研究參與者知識、能力或學習成就表現，心理特質、學習或行為特徵是否具備或出現；而了解研究參與者的觀感適用於回答描述、關聯和差異性問題的研究（例如：調查研究）。

檢核表的優點是**快速方便**；限制是僅能**勾選全有或全無**，無法針對蒐集焦點獲得表現程度的資料；因此，如果該蒐集焦點無法區辨出全有或全無，則不適合用檢核表（Kubiszyn & Borich, 2013）。另外，檢核表乃封閉的評量方式，可能會遺漏評量項目中某些重要的資訊（邱皓政，2002；Kubiszyn & Borich, 2013）。因應此限制，筆者建議加入「備註」欄，做一些質性描述。設計檢核表要注意的原則如同量表。

筆者於表 4-8，從蒐集的焦點及反應的形式兩方面，比較四種評量工具的異同。檢核表、李克特量表和行為觀察紀錄工具都能蒐集目標行為的資料，差異處在於，行為觀察紀錄工具是由第三者，透過直接和間接觀察的方式，蒐集研究參與者目標行為的資料，做數量及形態、強度和品質等級的紀錄；而檢核表和李克

表 4-8

四種單一個案研究評量工具之比較

研究工具的類型	蒐集的焦點		反應的形式			
	目標行為	知識、能力或學習成就表現	全有或全無的反應	封閉式、同個向度的程度反應	有正確答案或計分標準之供應型和選擇型的反應	數量及形態、強度和品質等級的紀錄
檢核表	✓	✓	✓			
李克特量表	✓	✓		✓		✓[a]
成就測驗		✓			✓	
行為觀察紀錄工具	✓					✓

註：✓ 表示該項工具擁有此項特徵。
[a] 李克特量表只能做等級的紀錄。

特量表是由第三者回溯之前蒐集的資訊，或是由研究參與者自填，獲得目標行為的資料，檢核表的反應形式是全有或全無的反應，而李克特量表是封閉式、同個向度有程度的反應，或做等級的紀錄。成就測驗、檢核表和李克特量表都能蒐集知識、能力或學習成就表現的資料，差異處在於，成就測驗是由研究參與者給予供應型和選擇型的反應，試題有正確答案或計分標準；而檢核表和李克特量表是由第三者回溯之前蒐集的資訊，或是由研究參與者自填，獲得知識、能力或學習成就表現的資料，無正確答案或計分標準，反應形式也不同。

目前有一些論文在命名研究工具名稱上出現問題，例如將檢核表誤命名為量表，混淆問卷和量表，將成就測驗誤稱為「評量單（卷）／測驗卷／量表／檢核表」，把不符合觀察定義的工具誤稱作行為觀察紀錄工具等，參見「作業單 4-1 單一個案研究評量工具類型之辨識」。

第二節 依變項評量工具之編製

工欲善其事，必先利其器。題不在多，聚焦則清；問不在繁，切題則明。

研究者可以藉由兩種方法獲得依變項評量工具：一為使用原本就已存在的評量工具；另一為研究者自行編製評量工具，或參考他人的工具做修改，以配合研究所需。

依變項評量工具之編製包含：編擬評量工具的初稿、做評量工具初稿的測量效度（measurement validity）檢核、對評量工具初稿進行預試（field test）、做評量工具初稿的信度分析、做評量工具初稿的正確性（accuracy）分析，以及說明評量工具編製過程與品質資料六個步驟，詳述如下。

壹、編擬評量工具的初稿

步驟 1 是依據研究目的，參考相關文獻，針對依變項，考慮研究參與者的特徵和需求，編擬評量工具的初稿，編擬時要注意本章第一節所述，各個評量工具的編製與實施原則。以編製量表或檢核表來說，可依據研究目的和變項，考慮研究參與者的特徵，參考相關文獻編擬問卷初稿，而後說明參考的文獻來源；如果該問卷的文獻非常有限，研究者可以參考 Steckler、McLeroy、Goodman、Bird 和 McCormick（1992）提出的結合質性和量化方法之一種模式，也就是**使用質性方法發展問卷**，進行訪談和（或）觀察以發展問卷的題目。

貳、做評量工具初稿的效度檢核

步驟 2 是針對評量工具的初稿，進行**測量效度**的檢核，刪除或修改不符合效度的題目。測量效度是評量工具最基本的要素，它是指，**評量工具的內容能真正測得欲評量之構念、目標或項目的程度**（Kumar, 2014），例如閱讀理解測驗是否測得欲評量之字面理解和推論理解能力。舉例來說，研究參與者口語閱讀的速度很慢，研究者設定的依變項是「口語閱讀的流暢度」，如果研究者評量的是「讀字正確百分比」則是無效度的評量，因為無法測得其口語閱讀速度是否變快；評量「每分鐘的讀字正確比率」才是有效度的評量。有三種測量效度：**內容效度**（content validity）、**構念效度**（construct validity，或譯為「建構效度」）和**效標效度**（criterion validity，或譯為「效標關聯效度」），詳述如下。

一、內容效度

內容效度又稱為**邏輯效度**（logical validity）（Baumgartner, Jackson, & Mahar, 2015），是評量工具效度中最基本的要素，所有類型的評量工具都須具備它，是**指評量工具的內容能否充分代表欲評量的目標或項目**（Kumar, 2014）。最常使用評鑑評量工具內容效度的方法是，比較評量工具的內容和欲評量的目標或項目是否一致，以及請專家評鑑評量工具之內容效度（Fraenkel & Wallen, 2006），詳述如下。

（一）比較評量工具的內容和欲評量的目標或項目是否一致

在比較評量工具的內容和欲評量的目標或項目是否一致上，研究者在設計評量工具時，就要根據評量的目標或項目，編製評量工具的內容。例如設計成就測驗要注意的是，評量的成就表現是**與依變項有關，能反映自變項的介入效果**，而不是研究參與者過去接受其他教學之學習成果，且不宜以介入時採用的教材或作業單作為成就測驗的內容，見問題討論 4-16。

問題討論 4-16 成就測驗之內容效度

a. 一份研究在探討字母拼讀法對輕度智能障礙學生英文讀字能力之成效，評量工具為「英文讀字能力測驗」，題目包括學生學過的字，例如 book、dog 等。此工具是否適切？

☛ 測驗題目包括學生學過的單字，學生的表現可能會受到其先前學習經驗的影響，測驗評量到的可能是過去的學習成就，而不是接受字母拼讀法

問題討論 4-16（續）

後的學習表現。筆者認為宜排除學生學過的單字，設計符合本介入欲教導之字母拼讀形音對應規則的假字（例如：Koog）為試題。

b. 一份研究在探討故事文法教學對國中學習障礙學生閱讀理解的成效，研究者自編「故事體的教學文章」，並且根據教學文章自編「故事閱讀理解測驗」，在隔節課評量學生的學習成效。此安排是否適切？

☛ 不宜直接採用教學文章進行閱讀理解測驗，因為它已被用來教學，學生可能已從教師的教學中知道正確答案，筆者建議以難度相近的另外一篇文章設計閱讀理解測驗。

研究者可以列出**雙向細目表**，以比較成就測驗的內容和欲評量的構念或目標是否一致。由於單一個案研究會進行重複評量，不適合採用同一份成就測驗重複評量，宜設計**複本**，即**平行**、**等值的評量工具**（評量的構念或目標、題數、題型和難度皆相同），以避免重複施測造成的練習效應（Fraenkel & Wallen, 2006）。舉例而言，一份研究欲探究建構教學對國小智能障礙學生數概念的成效，依變項的評量工具為「數概念教學成效測驗」，由於會重複施測此測驗，為避免重複施測相同測驗造成的練習效應，故設計測驗複本，它們之間有相同的題型（皆為應用問題）、評量目標、難度和題數，表 4-9 列出所有複本的雙向細目表，可以看出評量目標分布的題數皆相同，僅變化數字。「成就測驗雙向細目表之示例」的空白表格和其他示例如附錄 12。

又例如一份研究欲探討，圖象化基本字帶字教材對國中智能障礙學生識字之成效，依變項的評量工具為「識字成效測驗」，由於會重複施測此測驗，為避免重複施測相同測驗造成的練習效應，故設計測驗複本，將教學和評量的目標字由易至難分成四組，每一組有四個目標字，字組 1 筆畫介於 6 至 8 畫，出現率在 76% 以上，難度最低；字組 2 筆畫介於 9 至 12 畫，出現率在 51 至 75% 之間，難度次低；字組 3 筆畫介於 13 至 15 畫，出現率在 26 至 50% 之間，難度次高；

字組 4 筆畫介於 16 至 18 畫，出現率在 25% 以下，難度最高，研究者循序教導之。評量時，則從四個字組中選取各一個目標字進行看字讀音、看字造詞、字彙填空和聽寫的測驗，同一個目標字不會重複出現在此四個分測驗中，表 4-10 列出所有複本的雙向細目表。

表 4-9

數概念成效測驗評量向度、範圍和題數之雙向細目表

評量名稱	比較大小			加法（添加、併加）			減法（拿走、比較）			加數未知			減數未知			綜合應用			總題數
	20	50	100	20	50	100	20	50	100	20	50	100	20	50	100	20	50	100	
基線期評量$_1$	1	1	1	1	1	1	1	1	1	1	1	1	1	1	1	1	2	2	20
基線期評量$_2$	1	1	1	1	1	1	1	1	1	1	1	1	1	1	1	1	2	2	20
⋮																			

註：細格中的數字代表在評量向度和範圍的題數，省略其他評量。

表 4-10

識字成效測驗評量向度、範圍和題數之雙向細目表

評量名稱	看字讀音				看字造詞				字彙填空				聽寫				總題數
	字組1	字組2	字組3	字組4	字組1	字組2	字組3	字組4	字組1	字組2	字組3	字組4	字組1	字組2	字組3	字組4	
基線期評量$_1$	1	1	1	1	1	1	1	1	1	1	1	1	1	1	1	1	16
基線期評量$_2$	1	1	1	1	1	1	1	1	1	1	1	1	1	1	1	1	16
⋮																	

註：細格中的數字代表在此評量向度和範圍的題數，省略其他評量。

再者，一份研究探討故事文法教學對國中智能障礙學生閱讀理解能力之成效，依變項的評量工具為「閱讀理解成效測驗」，由於會重複施測此測驗，為避免重複施測相同測驗造成的練習效應，故設計測驗複本，也就是閱讀的文章不同，但文章的主題皆為研究參與者所熟悉的，且文章的長度都近似，呈現形式也相同（例如：相同數量的段落，對較難的字詞加上注音）。另外，配合文章之題型（皆為選擇題）及評量目標、難度和題數皆相同的閱讀理解成效測驗。而如果設計的評量工具彼此不平行、等值，會造成比較上的問題，見問題討論 4-17。

問題討論　4-17 成就測驗複本之設計

有些研究於介入期編製的測驗是當次教學目標，有些研究還加上前面的教學目標，造成介入期每份測驗評量的目標和題數不盡相同的現象。此作法是否適切？

☛ 此作法不適切，因為每份測驗評量的目標、難度和題數不盡相同，放在折線圖上做比較，會造成比較的基準點是不同的；如果這些測驗的難度不同，可能會呈現不穩定的趨勢。另外，因為是評量當次和前面教導的目標，若學生皆習得和維持教學目標，亦有可能每個點都是 100%，如此不符合隨著時間，學生學習成效逐步進展的原則。而若學生能習得，但無法維持前面的教學目標，有可能會出現退步的趨勢，如此在解釋資料上就會出現問題。筆者建議設計複本的評量工具，如此研究參與者隨著介入的增加，無意外的話，在評量的表現上會呈現進步的趨勢。

（二）請專家評鑑評量工具之內容效度

請專家評鑑評量工具的內容效度，乃檢核它是否能回答研究問題，是否清楚、明確，易於讓研究參與者理解和填答，以及易於實施。選擇的專家宜對此研究工具欲評量的內容有專業知識和經驗者，**至少三位且最好是奇數人次**；若此工具評量的內容跨不同的專業領域，則如同介入方案內容效度評鑑專家選取的考量。

專家評鑑問卷除了工具本身（例如：施測說明、題目）的評鑑外，宜包括**研究說明**（研究目的和架構）、**工具編製說明**（例如：編製過程、資料提供者、目的、雙向細目表、評量或填答方式），以及**專家填答說明**，讓專家有足夠的資訊並清楚如何做評鑑。黃鴻文（2004）即指出，研究者若未提供研究的架構，未指出研究變項的定義，所謂的專家只能就表面文字提供意見，僅可稱作**表面效度**（face validity），而不能算是內容效度。表面效度係指研究參與者、測驗結果的使用者及社會大眾一看到評量工具名稱，依據其經驗與常識所做的判斷，就知道該工具要評量什麼，例如評量工具為「學校服務滿意度量表」，就知道大概是在做學校服務的滿意度調查，是效力最低的一種效度指標。

另外要注意的是，臺灣有些研究將專家評鑑評量工具稱作「專家效度」，這是錯誤的，沒有「專家效度」一詞，僅是請專家針對評量工具的「內容效度」做評鑑，見問題討論 4-18。「評量工具內容效度專家評鑑問卷之示例」見附錄 19。專家評鑑問卷之內容效度後，研究者可以採用附錄 20「評量工具內容效度專家評鑑結果彙整表」，彙整他們的意見並修改評量工具。

問題討論 4-18 評量工具之內容效度評鑑

a. 一份量表在了解「智能障礙者之手足關係及壓力」，研究者請筆者做「內容效度的專家評鑑」，然而研究者未說明「研究參與者的特徵」。這會有什麼問題？

☛ 因研究者未說明「研究參與者的特徵」，故筆者審閱題目時，就無法判斷研究參與者（智能障礙者之手足）填寫時能否理解題目的語彙；例如有一題是：「我會因為我的智能障礙手足不會做某些事而感到沮喪挫折」，筆者無法判斷研究參與者是否能了解「沮喪挫折」的意義。

b. 一份研究寫道：「本研究採內容效度與專家效度，在內容效度方面，本研究量表的編製，始於理論文獻的分析，再依據各個向度的內涵設計題目，

問題討論 4-18（續）

以建立內容的理論結構。專家效度方面，在量表初稿完成後，編製「專家評定表」，請專家學者及資深教師提供意見，研究者與指導教授、學者充分討論，斟酌修正題目，並釐清問題的題意，藉以符合量表的代表與適切性，建立本量表之專家效度。」此敘寫是否適當？

☛ 沒有「專家效度」一詞，僅是請專家針對量表的內容效度做評鑑。

二、構念效度

依據某種理論架構編製的評量工具（例如：量表、檢核表或測驗），為測量此理論被達到之程度，還會建立**構念效度**。構念效度是指，評量工具可以測量依據某種理論架構之構念（用來解釋人類行為、能力或心理特質，例如：智力、自我概念、批判思考能力、學習動機）的程度（Fraenkel & Wallen, 2006; Krathwohl, 2009）。構念效度包括**聚斂效度**（convergent validity）和**區辨效度**（discriminative validity）兩種，當測量同一構念的多重指標彼此間聚合或有高相關時，就具備聚斂效度；相反地，當測量不同構念的多重指標彼此間有低相關時，就具備區辨效度，又稱為**分歧效度**（divergent validity）（Neuman, 2006）。評量工具要具備理想的構念效度，研究者在編製工具時，首先須依據某個清楚的理論架構（Kubiszyn & Borich, 2013）。接著，採取**因素分析**和**多特質—多方法分析**（multitrait-multimethod analysis），建立構念效度，詳述如下。

（一）因素分析

最常被使用來建立構念效度的方式是**因素分析**，進行因素分析後，以**因素負荷量**（factor loading，意味每個題目和共同因素之相關係數）作為取捨工具題目的依據；通常因素負荷量大於 .30 的題目，其鑑別度就可被接受（Kerlinger & Lee, 2000）。Hair、Black、Babin 和 Anderson（2009）表示，多大的因素負荷量才有鑑別度，會受到**樣本大小**而定：樣本 350 人，則因素負荷量須大於 .30；樣本 300 人，則須大於 .35；樣本 250 人，就須大於 .40。Hair 等人指出，要決定題目歸屬哪個因素取決於理論，而非完全依據因素負荷量，它只是佐證而已。使用因素分析做項目分析除了可選取優良的工具題目外，尚可分析出該量表包括了多少個的因素，而且亦能明瞭各個主要因素涵蓋的題目。

（二）多特質—多方法分析

Campbell 和 Fiske（1959）提出**多特質—多方法分析**，作法是採用兩種以上的方法，測量兩個以上的指標，若使用相同和不同方法測量同一構念之多重指標的相關（即聚斂效度），高於使用相同和不同方法測量不同構念的多重指標（即區辨效度），則此工具具有良好構念效度。示例 4-20 使用兩種以上的方法測量兩種不同的構念，即擴散思考和聚斂思考，兩種構念皆測量多重指標，擴散思考包括流暢力、變通力、獨創力與精進力這四項指標，而聚斂思考包括邏輯力、

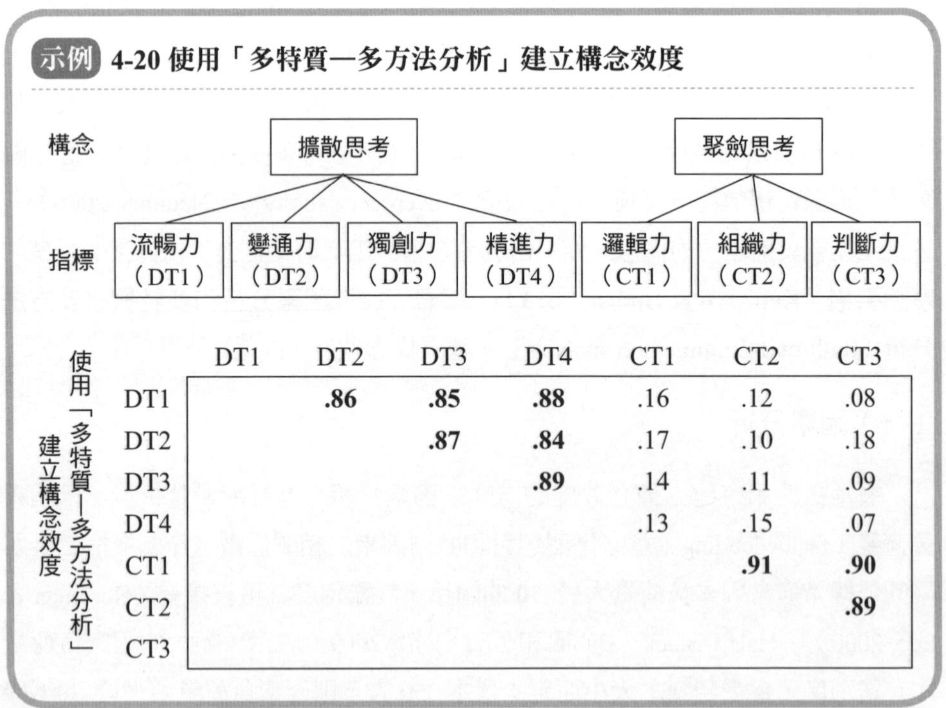

	DT1	DT2	DT3	DT4	CT1	CT2	CT3
DT1		**.86**	**.85**	**.88**	.16	.12	.08
DT2			**.87**	**.84**	.17	.10	.18
DT3				**.89**	.14	.11	.09
DT4					.13	.15	.07
CT1						**.91**	**.90**
CT2							**.89**
CT3							

組織力和判斷力這三項指標。結果發現，擴散思考四項指標間的相關（介於 .84 至 .89 之間），以及聚斂思考三項指標間的相關（介於 .89 至 .91 之間），也就是聚斂效度，高於兩個不同構念多重指標間（例如：流暢力和邏輯力）的相關（介於 .07 至 .18 之間），也就是區辨效度，則此工具具有良好構念效度。

三、效標效度

為進行評量工具（例如：量表、檢核表或測驗）可應用層面的分析，會建立效標效度。效標效度是指，評量工具的得分與目前和未來某項行為、能力或心理特質（由其他適當的工具測量而得）關聯程度的高低，有**同時效度**（concurrent validity）和**預測效度**（predictive validity）兩種，其他測量工具如與評量工具同時實施則為同時效度，若在往後實施則為預測效度；評量工具若與其他測量目前和未來某項行為、能力或心理特質的工具有高度相關，它就具備良好的同時和預測效度（Kumar, 2014; McMillan & Schumacher, 2009）。

舉例來說，研究者在編製「身心障礙者轉銜能力量表」之後，以預試對象「身心障礙者轉銜能力量表」的得分，和他們同時在「其他轉銜評量工具」（即「身心障礙學生獨立成人生活轉銜技能量表」）上的得分求相關，這是「同時效度」。研究者以預試對象「身心障礙者轉銜能力量表」的得分，和他們未來在高中職畢業後「生活適應表現」（即反映在「社區自主能力測驗」上的得分）求相關，以分析「身心障礙者轉銜能力量表」對高中職畢業的身心障礙者「生活適應表現」的預測力，這是「預測效度」。

參、對評量工具初稿進行預試

步驟 3 是研究者對評量工具的初稿進行預試，以檢視評量工具的適切性，亦可藉此過程確認其**構念和效標效度**，以及下一部分的**信度**。以下探討預試的作法、預試的實施原則、預試對象的人數，以及**項目分析**（item analysis，或譯成「題目分析」）的方法四個部分。

一、預試的作法

預試的作法有兩種，一種是**小規模的預試**，另一種是**大規模的預試**。關於小規模的預試，例如以行為觀察紀錄工具的初稿，對目標行為進行小規模的預試，以檢視行為觀察紀錄工具的適切性，亦可藉此過程確認其觀察信度。又例如研究者邀請預試對象試填量表或成就測驗，以了解他們填答和對題意的理解情形，甚至詢問他們的修改意見（如果他們有能力表達意見），以了解填答說明及題目或試題的清晰度與適切性，之後研究者再刪除或修改不適合者。

評量工具的資料屬性是連續變項，可以加總計分，以做進一步的統計分析者，例如量表或選擇型的成就測驗，研究者可以進一步形成「預試版的評量工具」，使用它進行大規模的預試，做**項目分析**，它旨在評鑑評量工具內容在達到研究目的之有效性，進而刪除或修改不適合者，最後量化分析評量工具的統計特徵（Thorkildsen, 2004）。

若研究者決定參考他人的評量工具做修改，例如一種狀況是：（1）每一個向度各刪除一題；（2）調整工具的選項，如由 6 等第改為 4 等第；（3）略微修改題目或試題的文字。另外一種狀況是，研究者運用別人的評量工具，但與該工具使用及建立信度和效度的對象不同，例如有份工具用在國小高年級學生，研究者欲將之運用於國中學生，此時研究者是否還要進行預試，建立量表的信度和效度呢？筆者認為研究者在取得原編製者的授權後，還是要建立信度和效度，因為就第一種狀況而言，研究者已修改了原有工具構念的內涵、計分方式和文字內容；就第二種狀況而言，研究者已改變原有工具的使用對象，其適用性有待評鑑。

二、預試的實施原則

在進行預試時，文獻（Fraenkel & Wallen, 2006; Krathwohl, 1998; Neuman, 2006）指出宜注意下列四項原則：第一，預試對象來自於未來正式取樣的母群中，而且取樣宜力求隨機化，以確保預試對象的代表性，並且能與正式研究參與者的特徵相近。第二，實施預試的過程與情境宜力求標準化，並與未來正式的評量程序一致。第三，對量表、檢核表或成就測驗進行預試時，宜提供預試對象足夠的作答時間，以蒐集更詳實的資訊，並記錄最短與最長的作答時間，以及多數人所需時間，以決定正式評量所需的時間。第四，在量表、檢核表或成就測驗實施預試的過程中，研究者宜記錄預試對象的各類反應或疑問，以作為修改題目或試題的參考。

三、預試對象的人數

至於預試對象的人數，以量表、檢核表或選擇型的成就測驗中，包括最多題目之「分測驗或分量表」的 **3 至 5 倍**人數為原則（Comrey & Lee, 1992）。例如預試版成就測驗包括三種分測驗，每種分測驗包含的題目分別為 10 題、15 題、20 題，則預試對象最好在 60 至 100 位之間；如果樣本較為特殊，不易取得，則預試對象人數可考慮酌減。

再者，決定預試對象人數時，還須考量是否進行**因素分析**。DeVellis（1991）指出在做因素分析時，以較大樣本分析的因素組型，比小樣本來得穩定；量表的題數愈多，以及預期要有較多的因素時，則應包括愈多的樣本來進行因素分析。Tinsley 和 Tinsley（1987）建議進行因素分析時，預試對象人數最好大約是題目數的 **5 至 10 倍**之間；如果預試對象在 **300 人以上**時，即使沒有達到此比例也沒有關係。Gorsuch 表示在進行因素分析時，預試對象人數最好是題目數的 **5 倍**，而且總數**不得少於 100 人**，如此才能確保因素分析結果的可靠性（引自吳明隆，2003，第 3-10 頁）。Comrey 和 Lee（1992）提供預試對象人數的評鑑等級：達到 200 人為「普通」，達 300 人為「好」，達 500 人為「非常好」，1,000 人以上則為「優秀」；而 51 至 199 人為「差」，50 人以下為「很差」。

四、項目分析的方法

一般較常做的項目分析有以下三種：**題目—總分相關法**（item-scale correlation）、**決斷值**（critical ratio, CR，或譯成「臨界比」）**分析**，以及**多元相關法**（multiple correlation），研究者只要選用一種即可，其中「題目—總分相關法」是使用率最高者。研究者可以採用附錄 21「量表項目分析與內部一致性信度之 SPSS 操作步驟及資料呈現」，進行項目分析，並彙整分析結果。

1. **題目一總分相關法**：它在檢核各題目與測驗（或量表）總分，或是分測驗（或分量表）分數之相關係數；相關係數愈高，代表該題目在測量某一項目或構念上，與其他題目間愈一致（吳明隆，2003）。每一個題目和總分間的相關不得低於 .30，SPSS 中可以求得**校正題目一總分相關係數**，係指每一個題目和總分（不含該題本身）之間的相關係數，以作為選題的依據（Corcoran & Fisher, 1987; Green & Salkind, 2013）。Hair 等人（2009）則建議，每一個題目和總分間的相關不得低於 .50。另外，SPSS 可以求得該題刪除後的**內部一致性信度**（internal consistency reliability）——**Cronbach 的 alpha 係數（α 係數）**，此係數值相較於（分）測驗或量表的 α 係數值，如果變得比較大，表示刪除該題後，可提高（分）測驗或量表的 α 值（Green & Salkind, 2013），內部一致性信度的意義於後文「肆、做評量工具初稿的信度分析」中再述。
2. **決斷值分析**：它是根據（分）量表或測驗總分，先區分出高分組（得分前 25%，即四分之一，或可以放寬至 27% 者）與低分組（得分後 25 或 27% 者），而後運用獨立樣本 *t* 檢定，求得高分組與低分組在每一題上平均數的差異顯著性 *t* 值，此 *t* 值即決斷值，它愈高代表題目之**鑑別度**（discrimination，用「*D*」表示）愈好，通常絕對值大於 3.0 者即可被接受（吳明隆，2003），鑑別度的意義詳述於後文「伍、做評量工具初稿的正確性分析」。決斷值分析不只適用於李克特量表，也適用於選擇型的成就測驗。
3. **多元相關法**：它係利用多元迴歸之原理，以預試對象在某一題得分為依變項，同一（分）量表或測驗的其他題得分為自變項，求其多元相關係數；相關係數愈高，表示該題與其他題目間之一致性愈高，而每一個題目的多元相關係數**不得低於 .30**（王保進，2002）。

肆、做評量工具初稿的信度分析

步驟 4 是做評量工具初稿的信度分析。信度是指若將對研究參與者的評量，複製在相同或相似的情境脈絡中，獲致評量結果的相同程度；相同程度愈高，則信度愈高（Cooper et al., 2007）。信度有**外在信度**（external reliability）與**內在信度**（internal reliability）兩大類；外在信度是指研究工具在不同的時間，以及由不同的實施者施測，所得結果的近似情形，包括**穩定度**（stability）和**一致性**（consistency）兩項指標；內在信度是指研究工具是否測量相同的目標，包含**等值性**（equivalence）和**同質性**（homogeneity）兩項指標（Kumar, 2014），分述這四項指標如下。

一、穩定度

穩定度是指在不同時間對相同對象，施測同一份評量工具所得結果的一致程度，研究者可以求得**重測信度**（test-retest reliability）檢核之。最好能尋找至少 30 位對象求得重測信度，與第一次施測**間隔一至兩週**再施測第二次，且這些對象的**前測分數宜分布範圍廣泛**，有高分、中間分數和低分，如此才不會低估其相關數值。「量表重測信度之 SPSS 操作步驟及資料呈現」參見附錄 22。

二、一致性

一致性意指，不同人對相同對象進行評量或觀察，所得結果的相近程度，研究者可以求得**觀察信度**（observer reliability）或**評分信度**（scorer or inter-rater reliability）檢核之（Kumar, 2014）。供應型成就測驗須擁有良好的評分信度；行為觀察紀錄工具須具備良好的觀察信度。

（一）觀察信度

為何要取得觀察信度資料，主要有以下三個理由（Schloss & Smith, 1998）：（1）只有達到某種程度的一致性，觀察才是有效的；（2）可減少個別觀察者可能有的誤差；（3）觀察信度能夠反映目標行為是否界定得夠清楚。觀察信度包括**觀察者間信度**（inter-observer reliability）和**觀察者內信度**（intra-observer reliability），觀察者間信度是指不同人，同時觀察某個行為的一致情形；觀察者內信度是指同一個人，在不同時間觀察的一致情形（Trochim, 2001），其中觀察者間信度，Cooper 等人（2007）稱之為**觀察者間一致性**（inter-observer agreement, IOA）。以下討論觀察者之選擇與訓練、觀察信度之安排和表示方法，以及避免觀察信度偏差的方法三個部分。

1. 觀察者之選擇與訓練

選擇有相關知識背景，例如修習過行為問題處理或行為觀察與紀錄等課程，而且有意願，時間又能配合的觀察者當然是最好。不管是否有相關知識背景，觀察者都須經過訓練，以訓練其了解要觀察的行為，並具備高度純熟的觀察和紀錄技巧。訓練觀察者時，宜注意以下三點（Kazdin, 2011; Portney & Walkins, 2008）：

（1）**觀察者訓練方式必須愈明確愈好**，訓練者宜編寫訓練手冊，說明欲觀察的行為、計分方法、觀察時間、觀察規則等。

（2）**觀察訓練方法應為實際情境的翻版**，因此最好能取得與實際觀察情境有關的訓練影片，實行訓練計畫，並且蒐集觀察者的測試資料，測試資料最好能與研究者記錄的資料，達到**至少 80%（最好是 90%）**的信度係數後，才進入正式的觀察。若在訓練期間無法蒐集到行為資料，例如在基線期觀察之前，研究參與者從未表現功能性溝通行為，其等級一直在最低等級，觀察者沒有機會評量到其他等級，也無從取得其他等級的觀察信度；解決方法是在介入後，研究參與者表現功能性溝通行為時再訓練觀察者，一直達到至少 80%（最好是 90%）的信度係數後，才進入正式的觀察。

（3）在觀察紀錄的過程中，特別是長時間的觀察，**觀察者應接受再訓練**，以避免因倦怠產生的誤差。

2. 觀察信度之安排與表示方法

就**觀察者間信度**而言，不需要所有的行為觀察都取得信度資料，只要抽樣部分的行為觀察求得觀察信度即可。至於抽樣多少，文獻間有不同的說法，例如 Kazdin（2011）指出宜占全部觀察次數的**至少十分之一（即 10%）到六分之一（即 17%）**，而且應在各階段實施；而 Wang 和 Parrila（2008）提出蒐集至少 **20%** 依變項的觀察或評量信度資料，且研究者切勿讓協同觀察或評量者知道研究假設，以避免研究者的期待帶來的負面影響。若有兩位觀察者和研究者共同蒐集資料以求得觀察信度，則除了計算研究者分別與兩位觀察者的信度外，最好也能求得兩位觀察者彼此之間的信度。

多數研究計算觀察者間信度，因為它們認為觀察者間信度可以檢核個別觀察者可能有的誤差，然而此誤差來源可能來自於觀察者的主觀、情緒、疲累、觀察標準已產生變化等，這是觀察者內信度所要檢核者。由於有可能觀察者間信度雖然高，但是兩位觀察者出現一致的誤差，因此，有必要做**觀察者內信度**。Hegde 和 Pomaville（2017）指出觀察者內信度是一種重測信度，求得的方法為檢核觀察者本身在不同時間，針對觀察對象的相同行為重複觀察記錄的一致性。研究者可以錄影某個時間、地點觀察對象的某項行為，讓觀察者在不同時間（例如：兩次間隔 1 週）做觀察紀錄，以檢核是否一致。

觀察信度之表示方法常見的有**次數比率**（frequency ratio）、**點對點一致性比率**，以及 Kappa **一致性係數**（*K* coefficient of agreement）；至於選擇何種方法計算觀察信度，取決於下列三個因素：**觀察紀錄的方法**、**資料的特徵**，以及**目標行為出現的頻率**（Kazdin, 2011），這些方法適用於觀察者間信度和觀察者內信度，討論如下。

（1）次數比率

次數比率是表示，兩位觀察者同意的發生總數量之接近程度，但無法斷言兩位觀察者所見是否相同，或是說兩位觀察者同意的事件是否全部一樣（Kazdin, 2011）；例如觀察者記錄一位研究參與者之尖叫行為有 16 次，協同觀察者記錄有 20 次，則次數比率為 16÷20×100（%），等於 80%。

$$\text{次數比率} = \frac{\text{兩位觀察者記錄目標行為總數小者}}{\text{兩位觀察者記錄目標行為總數大者}} \times 100\,(\%)$$

次數比率不只用在次數和比率資料的信度評量，亦可以用在持續和延宕時間資料（Schloss & Smith, 1998）。例如觀察者記錄大華未經允許離開座位，一節課的總持續時間為 25 分鐘，協同觀察者記錄有 30 分鐘，則次數比率為 25÷30×100%，等於 83%。又例如觀察者記錄大明聽到鬧鐘至起床的延宕時間是 15 分 10 秒，協同觀察者記錄的時間是 15 分 20 秒，他們之間的觀察信度是 15 分 10 秒（910 秒）÷15 分 20 秒（920 秒）×100（%），等於 99%。

有些研究採用 Pearson 積差相關（Pearson product-moment correlation），計算兩位觀察者記錄之目標行為數量的相關。要注意的是，Pearson 積差相關只能分析兩位觀察者對全部行為發生數量相對變動的一致性，無法偵測出他們對每一次行為發生數量之絕對一致性（Kazdin, 2011）。舉例來說，若研究者記錄三節課尖叫行為的發生次數為 10、20 和 40 次；而觀察者記錄的發生次數為 20、30 和 50 次，都比研究者多了 10 次，求得的 Pearson 積差相關是 1.00。然而，使用次數比率，三次平均信度係數為 66%，次數比率求得的信度較為正確。此外，横跨基線期和介入期計算相關是錯誤的，可能會誇大相關係數；宜分開計算兩個階段相關係數，然後再求得平均值（Kazdin, 2011）。

（2）點對點一致性比率

點對點一致性比率是用在有**獨立的時距、分立的測試或類別之次數資料**（Kazdin, 2011），適用於**時距紀錄、時間取樣紀錄、等級量表、工作（或活動）分析紀錄**，以及**由分立的測試或類別之次數衍生的百分比紀錄**。Kazdin（2011）指出有三種計算方式如下：第一種是**整體的一致性比率**，這是較不嚴謹的計算方法。第二種是**目標行為有發生之一致性比率**，當目標行為的發生率低於 75% 時應計算之；第三種是**目標行為沒有發生之一致性比率**，當目標行為的發生率高於（含）75% 時應計算之，後兩種是較保留的計算方法，因為它們可以排除觀察者因疲倦、分神，以先前經驗猜測造成的觀察誤差，只要研究者記錄目標行為高於（含）或低於 75% 時，就可附帶計算之。

①**整體的一致性比率** $= \dfrac{\text{兩位觀察者記錄一致的次第數}}{\text{總次第數}} \times 100\,(\%)$

②**目標行為有發生之一致性比率**＝

$\dfrac{\text{兩位觀察者記錄「目標行為有發生」之一致次第數}}{\text{任何一位觀察者記錄「目標行為有發生」之次第數}} \times 100\,(\%)$

③**目標行為沒有發生之一致性比率**＝

$\dfrac{\text{兩位觀察者記錄「目標行為沒有發生」之一致次第數}}{\text{任何一位觀察者記錄「目標行為沒有發生」之次第數}} \times 100\,(\%)$

舉例說明時距紀錄中，點對點一致性比率的計算如示例 4-21，由示例 4-21 可知，整體的一致性比率為 80%；但因研究者記錄目標行為的發生率高於 75%（是 85%），故計算目標行為沒有發生之一致性比率，結果得到 33.3% 的信度係數。由此可知，兩位觀察者間在目標行為沒有發生的時距之一致性相對較低。

示例 4-21 時距紀錄中點對點一致性比率的計算

觀察者	時距																				出現率（%）
	1	2	3	4	5	6	7	8	9	10	11	12	13	14	15	16	17	18	19	20	
觀察者 1	✓	—	✓	✓	✓	✓	✓	—	✓	—	✓	✓	✓	✓	✓	✓	✓	✓	✓	✓	85%
觀察者 2	✓	✓	✓	✓	✓	✓	✓	—	✓	—	✓	✓	✓	✓	✓	✓	—	—	✓	—	75%

◎**摘要**：

1. 整體的一致性比率 = 16（兩位觀察者記錄一致的次第數）÷20（總次第數）×100（%）= 80%
2. 目標行為沒有發生之一致性比率 = 2（兩位觀察者記錄「沒有發生」一致的次第數，包含第 8 和第 10 兩個時距）÷6（任何一位觀察者記錄「沒有發生」的次第數，包含第 2、8、10、17、18 和 20 六個時距）×100（%）= 33.3%

註：✓ 表示目標行為有發生，－表示目標行為未發生。

再舉例說明，在工作（或活動）分析紀錄中，整體點對點一致性比率的計算如示例 4-22，由示例 4-22 可知，點對點一致性比率為 50%。有些研究運用次數比率計算觀察信度，結果觀察信度為 100%（即 25%÷25%），此觀察信度算法是不正確的。

示例 4-22 工作分析紀錄中點對點一致性比率的計算

觀察日期（觀察者） 工作分析成分	10/5 （觀察者甲）	10/5 （觀察者乙）
1. 能面對說話者。	－	－
2. 眼神能注視說話者。	－	－
3. 聽說話者說完話，眼神不離開。	＋	－
4. 對說話者的內容，做出反應。	－	＋
百分比	25%	25%

◎摘要：

1. 整體點對點一致性比率＝2÷4×100（%）＝50%
2. 目標行為有發生之一致性比率＝0（兩位觀察者記錄「＋」一致的次第數）÷2（任何一位觀察者記錄「＋」的次第數）×100（%）＝0%

註：＋：正確反應；－：不正確反應；0：沒有反應。

再者，筆者舉例說明等級量表中點對點一致性比率的計算如示例 4-23，由示例 4-23 可知，點對點一致性比率為 60%；而因為沒有目標行為出現率高或低於 75% 的狀況，故不須計算目標行為有或沒有發生之一致性比率。

示例 4-23 等級量表中點對點一致性比率的計算

觀察者	評量次第									
	1	2	3	4	5	6	7	8	9	10
觀察者 1	1	1	2	1	2	3	3	4	5	5
觀察者 2	1	2	1	1	2	2	3	4	5	4
◎**摘要**：整體點對點一致性比率＝6（網底處）÷10×100（%）＝60%										

註：兩位觀察者記錄的是等級，有等級 1 至 5。

而在百分比紀錄中，若屬分立的測試或類別之次數資料，則須採用點對點一致性比率，如示例 4-24 有 10 個數學問題，或目標行為（例如：能回應他人的問話）評量，整體點對點一致性比率為 60%；而因為目標行為的發生率高於 75%，故附帶計算目標行為沒有發生之一致性比率，結果為 0%。如果研究者運用次數比率計算信度，則結果為 100%，誇大了實際的觀察信度，故此計算方法是不正確的。

示例 4-24 百分比紀錄中點對點一致性比率的計算

觀察者	問題或評量次第										出現率（%）
	1	2	3	4	5	6	7	8	9	10	
觀察者 1	＋	＋	－	＋	－	＋	＋	＋	＋	＋	80%
觀察者 2	＋	＋	＋	＋	＋	＋	＋	－	＋	－	80%

◎**摘要**：

1. 整體點對點一致性比率＝6÷10×100（%）＝60%
2. 目標行為沒有發生之一致性比率＝0（兩位觀察者記錄「－」一致的次第數）÷4（任何一位觀察者記錄「－」的次第數）×100（%）＝0%

註：＋表示能正確回答該次評量或問題，－表示無法正確回答該次評量或問題。

（3）Kappa 一致性係數

Kappa 一致性係數適用於計算**多位評量者**間，在多個**類別變項**上的觀察信度或評分信度，例如四名評量者評比一位研究參與者目標行為的等級；Kappa 一致性係數是**評量者實際評定一致的次數百分比，與經校正機會誤差後評量者期望評定一致的最大可能次數百分比**的比率（Siegel & Castellan, 1988）。筆者於「單一個案研究法程式語言資料夾一」中，提供「Kappa 一致性係數的 SPSS 程式語言」。

怎麼樣的觀察信度才是可接受的？一般而言，信度係數最好介於 **80 至 100% 之間**（Kazdin, 2011），是指次數比率，以及整體和有或沒有發生的點對點一致性比率宜在 **80%** 以上。而能求得兩位以上觀察或評分者間信度的 Kappa 一致性係數，則必須在 **60% 以上**（Horner et al., 2005）。話雖如此，但作為一位讀者，可以根據目標行為的界定、觀察訓練的程序、紀錄的系統、計算信度的方法，以及最後的信度係數等，來決定評量工具的信度（Kazdin, 2011）。研究者亦可以將協同觀察者蒐集到的資料點畫在折線圖上（Cooper et al., 2007; Ledford & Wolery, 2013），見圖 4-4，如此可看出兩者間的一致狀況，並可避免僅呈現平均數，以致掩蓋了兩位觀察者觀察不一致的資料點（Ledford & Wolery, 2013）。

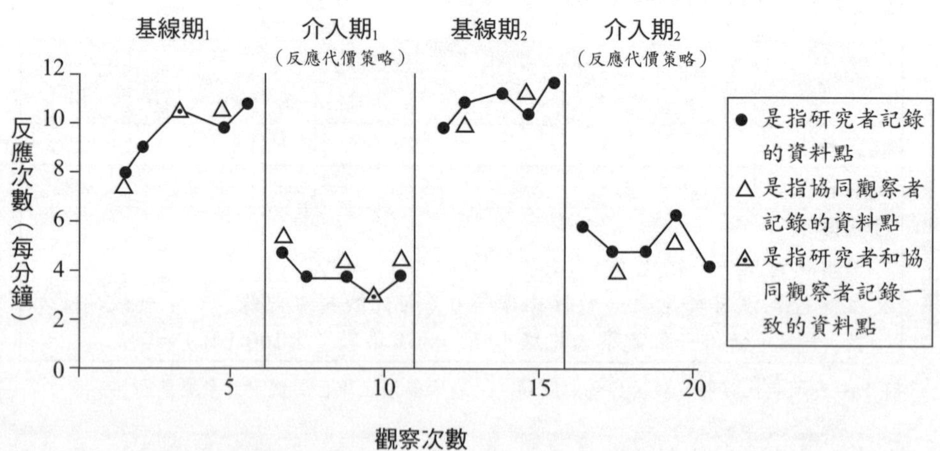

圖 4-4：在折線圖上顯示協同觀察者蒐集到的資料點。修改自 Cooper 等人（2007, p. 122），修改處為以下標數字表示不同階段的介入次序，以及刪除資料路徑上的箭頭註記，改成加入主調說明。

3. 避免觀察信度偏差的方法

要避免觀察信度的偏差，首先要界定造成觀察信度偏差的來源，接著針對它們做因應。筆者從**觀察系統和情境**、**觀察者**和**研究者**三方面，整理造成觀察信度偏差的來源及避免方法如表 4-11，此處的觀察者是指研究者安排第三者全程觀察，而研究者抽樣進行信度評量。

（二）評分信度

若是無明確標準答案之論文題和簡答題，因為不像選擇型成就測驗般有標準答案，故須確認評分信度。評分者之選擇與訓練、評分信度之安排和表示方法，以及避免評分信度偏差的方法，可參考之前觀察信度的三個部分。

三、等值性

等值性意味整份評量工具及其複本是否測量單一構念，可求得**折半信度**（split-half reliability）和**複本信度**（equivalence or alternate-form reliability）檢核之（Kumar, 2014）。若成就測驗須被用來做前後測或重複評量，為避免重複施測產生的練習效應，須編製複本。確認成就測驗複本等值性的作法有兩個，一是**請專家評鑑這些成就測驗複本是否等值**，另一是求得**折半信度**或**複本信度**。折半信度是指將一份評量工具分成兩半（例如：單數和雙數題，或前半和後半），計算預試對象在這兩半題目上得分的相關係數（Kumar, 2014）。

求得複本信度的作法為，研究者先編製一份測驗，針對這份測驗做項目分析，檢視其內部一致性或折半信度、難度和鑑別度，刪除或修改不適宜的試題，確保這些品質指標後，再根據這份測驗編製所需份數的複本，盡可能比預期份數多編幾份。求得複本信度的作法為，選取已學過該測驗目標，和研究參與者特徵相似的一群預試對象，施測這些成就測驗複本，而後計算他們在這些複本上的相關係數，相關係數高表示複本信度佳（Kumar, 2014）。如果無法找到大量預試對象施測多個複本，亦可以施測一些已學過該測驗目標，和研究參與者特徵相似者，分析測驗複本間的難度是否相近，其敘寫見示例 4-25。若有部分測驗複本

表 4-11

造成觀察信度偏差的來源及避免方法

造成觀察信度偏差的來源	避免觀察信度偏差的方法
一、觀察系統和情境方面	
1. 觀察系統模糊和複雜，例如依變項的界定不清楚、不具體或不完善；行為觀察紀錄工具的設計不良，或是採用的紀錄方法不當等。 2. 觀察情境受到干擾，如家長突然進入教室等。	1. 設計簡易和清楚的觀察系統，例如明確界定依變項；設計清楚具體且容易紀錄的觀察工具和紀錄方法，減少使用主觀標準，並且做試探性觀察，若有問題可在正式觀察前做修改。 2. 盡可能減少觀察情境受干擾；如無法完全免除，也應有應變措施。
二、觀察者方面	
1. 觀察者的訓練背景和經驗不夠充分。 2. 觀察者未確實做紀錄，對依變項的定義產生改變。	1. 提供觀察者充分的訓練和實作機會。 2. 宜定期進行信度評量，若發現有觀察不確實或依變項定義變動的現象，則與他們討論或做再訓練。
三、研究者方面	
1. 研究者對觀察者所做的紀錄給予不適當的回饋，如在介入期記錄目標行為（例如：自傷行為）減少則給予正向回饋，反之則給予負向回饋。 2. 研究者進行信度評量產生的反作用力（reactivity），也就是觀察者知道要做信度評量，便會改變他們的行為，例如相較於不知道時，傾向於較認真記錄，在基線期記錄較多的目標行為（例如：干擾行為），介入期則記錄較少。	1. 研究者宜避免影響觀察者所做的觀察紀錄。 2. 研究者不讓觀察者知道何時要做信度評量；以及切勿告知研究假設，觀察資料屬於基線期、介入期或追蹤期哪個階段（例如：讓觀察者觀察記錄行為的錄影資料時，隨機排序，不讓他們知道觀察資料為哪個階段）。

註：造成觀察信度偏差的來源整理自兩篇文獻（Ayres & Ledford, 2014; Kazdin, 2011）。避免觀察信度偏差的來源整理自三篇文獻（Ayres & Ledford, 2014; Kazdin, 2011; Wang & Parrila, 2008）。

難度不適宜，和其他複本的難度落差很大，則刪除（若研究者有多編測驗複本，刪除不會影響複本份數）或修改之。

示例 4-25 成就測驗複本信度之撰寫

針對本研究的「數學加減法文字題測驗」，找六位已學過這些測驗目標，和研究參與者特徵相似，皆是輕度智能障礙者的學生為預試對象，接受這些複本測驗。因為共有 12 個複本，考量學生的注意力和耐心，分開 6 天完成。之後計算每一份測驗複本的難度，計算方式為，每位學生在每份測驗複本上的答對題數，除以總題數。得到的結果是，對學生 1 的難度介於 .40 至 .43 之間，平均難度是 .42，標準差是 .04……；對學生 6 的難度介於 .54 至 .58 之間，平均難度是 .56，標準差是 .03。整合六位學生在 12 個複本測驗上的表現，求得的難度標準差介於 0 至 .06 之間，顯現複本測驗間的變異低，難度接近，表示具良好的複本信度，故保留所有測驗複本。

四、同質性

欲合計各題分數成總分的評量工具（例如：量表、測驗或檢核表），須確保同質性。同質性意指，組成整份評量工具（例如：量表），或是其中分量表的題目，一致評量同一個目標或項目的程度如何，可求得**內部一致性信度**檢核之（Kumar, 2014）。折半信度除了可檢視工具的等值性，亦可用來分析同質性。內部一致性信度是內在信度中最常使用者，其中以 **Cronbach 的 α 係數**運用最多（DeVellis, 1991）。α 係數是估計內在信度的最低限指標，是所有可能之折半信度係數的平均數；一般而言，好的量表或測驗至少應具有 .70 以上的 α 係數（Hair et al., 2009），亦有文獻（Aiken, Groth-Marnat, 2005; Bryman & Cramer, 1997）提及 .80 以上的 α 係數。Henson（2001）進一步指出，當測驗分數是用來鑑定和安置，以作為決斷分數（cutoff score）時，則 α 係數最好在 .90 以上，而 .95 是最適宜的標準。α 係數高表示，量表或測驗題目一致測量同一個目標或項目的程度高，適合加成總分；未取得 α 係數的量表或測驗，則不適合加總，見問題討論 4-19。研究者可運用附錄 21「量表項目分析與內部一致性信度之 SPSS 操作步驟及資料呈現」，求得內部一致性信度。

問題討論 4-19 量表內部一致性信度之意義

一份研究發展性知識和態度量表（性知識和態度中又分別包含性生理、兩性關係和自我保護三個向度），評量性別教育課程對高職智能障礙學生性知識和態度的成效。研究者預試此份量表，得到性生理、兩性關係和自我保護三個向度，以及全量表的 α 係數介於 .85 至 .94 之間，由此可知本量表信度良好，顯示穩定度和一致性皆佳。之後，研究者分析性知識和性態度分量表，以及全量表前後測的差異。此敘述和作法是否適切？

☛ 研究者表示本量表穩定度和一致性皆佳有誤，α 係數只能檢視量表的同質性，不能檢核穩定度和一致性。此外，研究者分析性知識和性態度兩個分量表，以及全量表前後測的差異，卻沒有提供這兩個分量表的 α 係數，反而呈現的是性生理、兩性關係和自我保護三個向度者，如此無法確認性知識和性態度兩個分量表有無良好的內部一致性信度，是否適合加總做分析。

伍、做評量工具初稿的正確性分析

做評量工具初稿的正確性分析旨在確認，獲得的評量資料是否正確，能反映研究參與者的真實表現。評量工具的正確性分析包括：**難度分析**（difficulty，用「P」表示）、**鑑別度分析**（用「D」表示）、**答案或標準確切性分析**、**選項分析**（option analysis），以及**評量工具實施的確切性分析**五大部分，詳述如下。

一、難度分析

若為選擇型和部分有明確標準答案之供應型（例如：改錯題、填充題、數學計算題和應用題）的成就測驗，通常須做難度、答案或標準確切性和鑑別度分析。難度是指某個群體通過（答對）某個測驗試題的百分比，其值愈大，代表試題愈容易；愈小則代表試題愈難（陳英豪、吳裕益，1998）。難度指數（用「*P*」表示）介於 0 與 1 之間，選取試題時，最適宜的難度為接近 .50，接近 0 或 1 的試題要少，而且不可以有難度等於 0 或 1 的試題，一般以 **.40** 至 **.80** 的範圍作為選題標準（周文欽，2004）。研究者可以參考◉附錄 23「成就測驗難度、鑑別度及選項分析之 SPSS 操作步驟和資料呈現」，進行成就測驗的難度分析，並彙整分析結果。

二、鑑別度分析

鑑別度（用「*D*」表示）是指測驗試題能區別高低學習成就者能力的程度，成就較高者，其答對每一個試題的比例要高於成就較低者，它介於 –1.00 至 + 1.00 之間，+ 1.00 表示所有高分組的研究參與者都答對，所有低分組的研究參與者都答錯；反之，–1.00 表示所有高分組的研究參與者都答錯，所有低分組的研究參與者都答對（余民寧，2002）。*D* 值愈大愈好，.40 以上表示鑑別度非常優良，一般可接受的下限為 **.20**，低於 .20 的試題就是不佳者（余民寧，2002；周文欽，2004）。測驗試題的難度指數直接影響到鑑別度，一般而言，當 *P* 等於 .50 時，其 *D* 值會最大，當 *P* 值愈趨近於 0 或 1 時，其 *D* 值會愈小（陳英豪、吳裕益，1998）。依據余民寧（2002），鑑別度的計算方式有三種，一為**鑑別指數法**（discrimination index），即高分組和低分組的研究參與者在該試題的答對相減。二為**內部一致性分析法**，是指將研究參與者在該試題是答對或答錯（二分類別變項），與研究參與者在該測驗的總分求得**點二系列相關**；或是將研究參與者在該試題的得分，與研究參與者在該測驗的總分求得 Pearson **積差相關**。相關係數值愈高，代表該試題鑑別的方向與整體測驗愈一致，因此鑑別度愈高。三為**外在效標分析法**，作法為選擇適當的外在效標，通常是同一性質的測驗；然後求得每一試題與外在效標得分間的相關係數值，相關係數值愈高代表鑑別度愈高。研究者可以參考附錄 23「成就測驗難度、鑑別度及選項分析之 SPSS 操作步驟和資料呈現」，進行成就測驗的鑑別度分析，並彙整分析結果。

三、答案或標準確切性分析

若為選擇型和部分有明確標準答案之供應型（例如：改錯題、填充題、數學計算題和應用題）的成就測驗，通常須做答案確切性的分析；而無明確標準答案之供應型成就測驗有評分標準，則須做評分標準的確切性分析。答案或標準的確切性分析旨在確認答案的正確性，以及評分標準的適切性，研究者可以請專家檢核答案或標準確切性。

四、選項分析

選項分析是用來分析選擇型成就測驗的選項，可以做以下兩部分的分析（周文欽，2004；Sax, 2010）：一為**正確選項的出現序分析**，每個正確答案出現的機會宜力求均等，正確答案的出現序宜是隨機的。另一為**不正確選項的誘答率分析**，每個不正確選項（即誘答項）被選答的機會宜是相等的，每個誘答項被選答的期望次數應是：某試題答錯人數除以誘答項的個數。此外，在不正確選項的誘答率上，低分組不可以低於高分組學生，且不能等於 0，因為此現象表示這些選項不具誘答力，宜修改或重擬（余民寧，2002）。

研究者可以參考附錄 23「成就測驗難度、鑑別度及選項分析之 SPSS 操作步驟和資料呈現」，進行成就測驗的選項分析，並彙整分析結果。

五、評量工具實施的確切性分析

影響評量工具實施確切性的因素包括：依變項的評量方法、評量情境，以及實施者和資料提供者三方面，詳述如下。

（一）依變項的評量方法

依變項的評量方法包括**直接評量**與**間接評量**，可從**資料來源和取得時間**，以及**評量內容**兩方面來界定。就資料來源和取得時間而言，直接評量是指，直接從表現該依變項之研究參與者身上，以及在依變項出現的時間（即時）獲得資料；例如依變項是攻擊行為，直接觀察研究參與者攻擊行為的頻率，即直接評量。而間接評量是指，不是從表現該依變項之研究參與者身上，而是從相關他人處獲得，例如訪談研究參與者之教師和父母，了解研究參與者攻擊行為的頻率；或不是在依變項出現的時間，採回溯的方式獲得資料，例如要研究參與者自評他昨天攻擊行為的頻率，或是要他填寫量表呈現他與同儕互動的狀況。直接評量的有效性較間接評量高，因為間接評量提供的是第二手或過濾後的資料，需要研究者從這些資料推論依變項的真實狀況，可能會有錯誤推論的情形（Komaki, 1998）。此外，間接評量採回溯的方式獲得資料，會受資料提供者的記憶能力，以及回憶之事件間隔時間的長短等因素影響；資料提供者的記憶能力愈弱，以及回憶之事件間隔時間愈長，則評量的有效性愈低。

就評量內容而言，直接評量是指，評量的內容直接針對依變項；間接評量則不一定直接針對依變項，僅間接相關。依變項的成就測驗最好是直接評量依變項，而不要使用現有標準化的成就測驗，除非此測驗能直接評量到依變項。例如 Cooper 等人（2007）即指出，使用現有標準化的數學成就測驗，作為學生在介入方案中數學技能（依變項）表現的評量指標，就是間接評量。筆者認為這是因為標準化的數學成就測驗評量的內容廣泛，即使有評量依變項，但是可能不完整、不充分，要從它推論學生在依變項上的表現。而編製能評量學生在現有課程中數學技能表現的測驗，才是直接評量，直接評量的有效性高於間接評量，見問題討論 4-20。

問題討論 4-20 依變項評量工具的安排

一份研究採取單一個案研究，以「國民小學社交技巧行為評量表」（其內容歸類為自我、工作和人際有關行為三大向度）教師版、同儕版與學生自評版為評量工具，探究故事繪本對一位國中泛自閉症學生辨識和表達情緒能力的成效。此依變項評量工具的安排是否恰當？

☛ 採用的評量工具為篩選有社交技巧行為困難的學生，評量的面向廣泛，研究者須注意是否能有效評量研究參與者辨識和表達情緒能力的成效。況且此份工具建立的常模是國小學生，而研究參與者為國中生，完全不適合。

（二）依變項的評量情境

如同介入方案之實施情境可分為**抽離、模擬和控制的情境**，以及**真實、自然和非控制情境**，評量的情境亦可分成這兩種，在真實、自然和非控制情境中評量的有效性較高。例如依變項是沖泡即溶飲料的技能，評量研究參與者排序沖泡即溶飲料步驟圖卡的正確數，是在抽離、模擬和控制的情境中評量；而直接評量研究參與者沖泡即溶飲料的正確步驟數，即在真實、自然和非控制情境中評量。又例如依變項是心智解讀能力，編寫故事腳本，評量研究參與者解讀故事腳本中人物觀感的正確性，是在抽離、模擬和控制的情境中評量；而直接評量研究參與者日常生活中與人互動時，解讀他人觀感的正確性，是在真實、自然和非控制情境中評量。

（三）依變項評量的實施者和資料提供者

依變項評量的實施者和資料提供者皆包括**研究者、研究參與者**，以及**研究參與者的周遭人**三者。實施者在**評量上是否有能力和經驗、是否產生評量偏差**；資料提供者**是否能提供第一手和正確的資料**；**實施者和資料提供者間的關係**，攸關評量的確切性，以下舉例說明之。

1. 依變項是攻擊行為，研究者直接觀察研究參與者攻擊行為的頻率，研究者即評量的實施者，研究參與者為資料提供者；如果實施者產生評量偏差，資料提供者出現**觀察者效應**（observer effects），則評量確切性低。實施者宜覺察他和資料提供者間關係的良窳，會對評量產生之負面影響，並盡量排除之。若資料提供者產生觀察者效應的問題，研究者可以拉長觀察時間；或是在正式蒐集觀察資料之前，即進行預試，如果要攝影，可以在預試時，於現場架設攝影器材一段時間，讓研究參與者適應，以減少此問題。
2. 若由一般同儕觀察，則評量的實施者是研究參與者的周遭人，資料提供者是研究參與者；評量的確切性除了取決於資料提供者是否出現觀察者效應外，還有同儕觀察紀錄能力的良窳，訓練和提升一般同儕觀察紀錄的能力可因應之。
3. 若研究者訪談研究參與者之同儕，了解研究參與者攻擊行為的頻率，則評量的實施者是研究者，資料提供者是研究參與者的周遭人，這時資料提供者是否有足夠的能力和機會，針對「研究參與者」依變項上的表現，提供第一手和正確的資料，例如同儕的表達能力是否流暢，和研究參與者的接觸是否頻繁、關係是否適當（不會因為關係太好或太差而提供不客觀的資料），會影響評量的確切性。
4. 若由研究參與者自評其攻擊行為的改變狀況，或由研究者自我觀察和記錄介入研究參與者攻擊行為的過程和心得，則評量的實施者和資料提供者分別是研究參與者和研究者本身，兩者關係完全密不可分，容易導致評量的主觀。
5. 若由研究參與者自行填答量表或檢核表，則評量的實施者和資料提供者皆是研究參與者，他們在填答上的有效性會影響評量的確切性。填答的無效性是指，量表或檢核表的資料不適合做進一步分析，包括**漏答**、**拒答**，或是**隨意填答**（例如：固定的填答模式，都填相同答案或 1、2、3、4 的循環；答「是」或「否」分別跳接的問題全都填答；單選題重複填答；抑或在測謊的反向題上，填答與正向題相同的答案）。而漏答、拒答，或有隨意填答情形的題目數高於總題數的 **10%**，即被視為無效。

總括來說，確切的評量是在真實、自然和非控制情境中直接評量依變項，選擇有評量依變項能力和經驗的人員作為實施者；若實施者不具備能力和經驗，則研究者訓練他們。除此，宜安排能提供第一手和正確評量資料的人作為資料提供者，並排除無效的評量資料。再者，評量的實施者宜避免評量偏差。

陸、說明評量工具的編製過程與品質資料

經過上述五個步驟，最後形成「正式版的評量工具」，並且描述其編製過程與品質資料。在編製過程上，宜敘述參考哪些文獻，注意哪些編製和實施評量工具的原則。若有邀請專家進行內容效度的檢核，呈現專家評鑑的資料時，說明專家的背景資料和人數、評鑑的結果。如果有進行預試，陳述預試的方式（小規模或大規模預試）、預試對象的人數和特徵、預試的過程和結果。最後說明對評量工具做了哪些增刪或修改，示例 4-26 呈現李克特量表預試之敘寫。

示例 4-26 李克特量表預試之敘寫

本研究選取 200 名身心障礙青年為預試對象（其背景資料見表 3-3，此省略表 3-3），針對「預試版心理生活素質量表」的 22 個題目，採取「題目—總分相關法」進行項目分析。研究者刪除任一題目有遺漏的預試對象，結果分析的 172 位有效對象的資料【**預試對象的背景資料和人數及項目分析的方法**】。依據 Corcoran 和 Fisher（1987）的說法，每一個題目和總分之間的相關不得低於 .30，以作為選題的依據。以此標準觀之，有第 9、11、12 和 20 這四題的相關係數低於 .30，如果把這幾題刪除，Cronbach 的 α 係數就提高一些。這四題是反向題，可見反向題對身心障礙者來說似乎較難理解和反應。刪除這四題後，校正後之題目—總分相關係數介於 .32 至 .64 之間，全量表的 Cronbach 的 α 係數為 .86，因此保留剩下的 18 題【**項目分析的結果，以及做了什麼修改題目的決定**】。（取自陳靜江和鈕文英，1997，73-74 頁）

在評量工具的品質上，效度、信度和正確性這三個指標中，效度是評量工具信度的充分條件，而非必要條件，有效度必有信度，但無效度不一定無信度；相對地，信度是效度的必要條件，而非充分條件，無信度必無效度，但有信度不一定就有效度（Neuman, 2006）。正如圖 4-5 所示，技術佳的射箭手是穩定且一致地射進靶心，即「高效度高信度」；技術不佳的射箭手既射不進靶心，又不穩定，即「低效度低信度」；也有一些射箭手技術很穩定但都射歪了，即「低效度高信度」。此處信度是以「穩定度」此項指標為例。

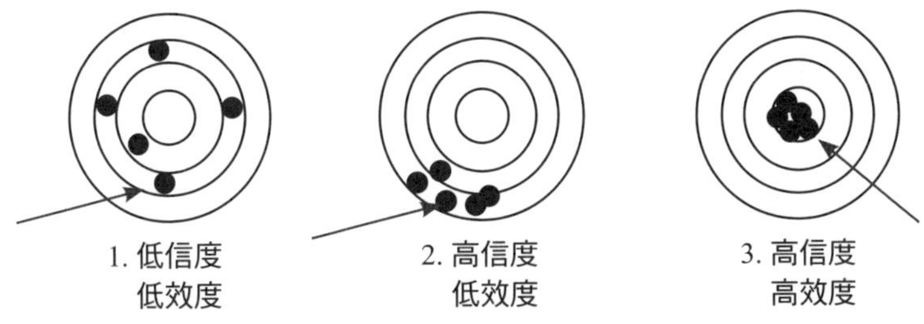

圖 4-5：以「射箭中靶」為喻說明研究工具的效度和信度。修改自 Neuman（2006, p. 197），修改處為加入以箭頭代表箭枝的圖象。

再者，Cooper 等人（2007）指出評量工具尚須具備正確性，若評量工具的效度高，但是不正確，則獲得的評量資料總是錯誤的；相反地，若獲得的評量資料具正確性，然而效度低，則獲得的評量資料對依變項而言是無意義的。有高信度的評量資料，其正確性不一定就高，有可能兩位實施者的評量資料都一致不正確；而信度低的評量資料，其正確性可能有問題（Cooper et al., 2007）。由此可知，評量工具的效度是最重要的，其次是正確性，具有高效度和正確性的評量工具，其信度必然高，獲得的評量資料能提升科學知識，以及引導值得信賴的資料本位實務（Cooper et al., 2007）。然而，信度的評量還是具有意義，它可以協助研究者發現評量工具的效度和正確性是否有問題。因此，在編製研究工具時，宜先確認其效度，有些研究者撰寫研究工具的品質時，以「○○測驗之信效度和正確性分析」為標題，先說明信度，再說明效度資料，筆者認為不妥，標題宜改成「○○測驗之效度、正確性和信度分析」。筆者整理四種評量工具宜確保的品質指標和其內涵如表 4-12。

表 4-12

四種評量工具宜確保的品質指標和其內涵

品質指標	旨在檢視評量工具	依變項評量工具的類型			
		檢核表	李克特量表	成就測驗	行為觀察紀錄工具
一、測量效度（其內容能真正測得所欲評量的目標、項目或構念的程度）					
1. 內容效度	其內容能否充分代表所欲評量的目標或項目。	◎	◎	◎	◎
2. 構念效度	其內容能否測量依據某種理論架構之構念（用來解釋人類行為、能力或心理特質，例如智力、自我概念、批判思考能力、學習動機）的程度，包括聚斂效度和區辨效度。	◎	◎	◎[a]	
3. 效標效度	與某項效標（由其他適當的工具測量而得的個體目前和未來之行為、能力或心理特質）的關聯程度，包括同時效度和預測效度。	◎	◎	◎[a]	
二、信度（包含內在和外在信度，內在信度是指研究工具是否評量相同的目標；外在信度是指研究工具在不同的時間，以及由不同的實施者施測，所得結果的近似情形。）					
1. 內部一致性信度	其題目一致評量同一個目標、項目或構念的程度，以分析「同質性」此項指標。	◎	◎	◎[a]	
2. 折半信度	兩半題目的關聯程度，以分析「等值性」此項指標，還可分析「同質性」。	◎	◎	◎[a]	

表 4-12（續）

品質指標	旨在檢視評量工具	依變項評量工具的類型			
		檢核表	李克特量表	成就測驗	行為觀察紀錄工具
3. 複本信度	其複本的關聯程度，以分析「等值性」此項指標。	◎	◎	◎[b]	
4. 重測信度	在不同時間被施測於相同對象所得結果的一致程度，以分析「穩定度」此項指標。	◎	◎	◎[a]	
5. 觀察信度	被不同評量者使用，對相同對象進行觀察，所得結果的相近程度，以分析「一致性」此項指標，包括觀察者間和觀察者內信度。				◎
6. 評分信度	被不同評量者使用，對相同對象進行評分，所得結果的相近程度，以分析「一致性」此項指標。			◎[c]	
三、正確性（獲得的評量資料是否正確，能反映研究參與者的真實表現。）					
1. 難度	其難易度。			◎[d]	
2. 鑑別度	能否區別高低學習成就者能力的程度。			◎[d]	
3. 答案或標準確切性分析	確認答案的正確性，以及評分標準的適切性。			◎	
4. 選項分析	分析正確選項的出現序和不正確選項的誘答率。			◎[e]	

（續）

表 4-12（續）

品質指標	旨在檢視評量工具	依變項評量工具的類型			
		檢核表	李克特量表	成就測驗	行為觀察紀錄工具
5. 評量工具實施的確切性分析	分析資料提供者在評量工具上反應的正確性或適切性。	◎	◎	◎	◎

註：◎表示該研究工具宜確保的品質指標。
[a] 選擇型和部分有明確標準答案之供應型的成就測驗（例如：改錯題、填充題、數學計算題和應用題），才適合建立構念和效標效度、內部一致性、折半和重測信度；[b] 若須設計複本，以因應重複評量並避免練習效應，才須確保複本信度。[c] 無明確標準答案之供應型的成就測驗（例如：作文題、簡答題）才須確保評分信度。[d] 選擇型和有明確標準答案之供應型的成就測驗，才須做難度和鑑別度分析。[e] 選擇型的成就測驗才須做選項分析。

關於評量工具的品質資料，研究者宜敘述採取的品質指標，以及這些指標品質資料的取得過程及結果，筆者整理如表 4-13。其中觀察信度的敘寫見示例 4-27 和問題討論 4-21。筆者另於◉附錄 24 呈現「量表品質資料之敘寫示例」。

表 4-13

評量工具品質指標宜呈現的資料

品質指標	品質資料的取得過程	品質資料的結果
內容效度	評鑑評量工具內容效度的方法，是比較評量工具的內容和欲評量的目標或項目是否一致，抑或請專家評鑑評量工具之內容效度，呈現專家的背景資料和人數。	評量工具的雙向細目表或題目分析表；以及專家評鑑內容效度的結果，對評量工具做了哪些增刪或修改。
構念效度	構念效度的指標，是聚斂效度或區辨效度；建立構念效度的方法，是採取因素分析或多特質—多方法分析。若是因素分析，則說明採取何種因素分析方法，是	形成幾個因素，這些因素的命名和因素負荷量，它們可以解釋的變異量，取捨題目的標準，以及對評量工具做了哪些增刪或修改。

表 4-13（續）

品質指標	品質資料的取得過程	品質資料的結果
構念效度	探索或驗證性因素分析；過程中因素抽取的方法、轉軸的方法、因素數目的決定標準。若是多特質—多方法分析，採取什麼評量方法、測量什麼評量指標，運用什麼方法分析資料。	
效標效度	效標效度的指標，是同時效度或預測效度；外在效標是什麼；以及計算關聯性的統計方法。	與外在效標的相關係數。
重測信度	抽取多少預試對象做重測，相隔多長的時間；以及計算重測信度的統計方法。	重測信度的全距和平均數，以及對評量工具做了哪些增刪或修改。
觀察信度	觀察者的背景與訓練；觀察者採取的觀察紀錄類型，例如紀錄的方法是現場或錄影觀察紀錄，紀錄的行為資料類型是頻率、持續時間等，紀錄的時間是連續、時距紀錄等，若採取時距紀錄，使用何種工具或策略，以確定觀察者抽取相同的時距；觀察信度抽樣方式、次數和百分比；以及計算觀察信度的方法。	訓練階段的觀察信度，針對觀察不一致的部分，對行為觀察紀錄工具做了哪些修改；以及正式研究階段（包含不同階段，例如基線期、介入期和追蹤期）觀察信度的全距和平均數。
評分信度	評分者的背景與訓練、評分信度抽樣次數的百分比，以及計算評分信度的方法。	訓練階段的評分信度，針對評分不一致的部分，對評量工具做了哪些修改；以及正式研究階段評分信度的全距和平均數。
折半信度	如何將題目折半；以及計算折半信度的統計方法。	折半信度的全距和平均數，以及對評量工具做了哪些增刪或修改。

（續）

表 4-13（續）

品質指標	品質資料的取得過程	品質資料的結果
複本信度	針對幾個複本取得複本信度和其作法，以及計算複本信度的統計方法。	複本信度的全距和平均數，以及對評量工具做了哪些增刪或修改。
內部一致性信度	內部一致性信度的指標和取得方式。	內部一致性信度的全距和平均數，取捨題目的標準，以及對評量工具做了哪些增刪或修改。
評量工具的正確性分析	分析的內容（包括：難度分析、鑑別度分析、選項分析、答案或標準確切性分析，抑或評量工具實施的確切性分析），以及取得方式和計算方法。	評量工具正確性分析的結果，例如難度和鑑別度指標的全距與平均數，取捨題目的標準，以及對評量工具做了哪些增刪或修改。

示例 4-27 觀察信度之撰寫

本研究為增加觀察信度，進行觀察時除了研究者本身之外，另有四位協同觀察者（A、B、C、D）參與，各兩位分開針對介入對象甲和乙做觀察記錄。協同觀察者中有三位是特教系畢業，為現職特教教師，而且是介入對象甲、乙班級中的任課教師；另一位為特教系三年級學生，之前已在介入對象甲的班級中見習過一段時間，他們都修習過特殊教育導論、行為改變技術及智能障礙研究等課程【協同觀察者的背景】。研究者在向協同觀察者解說並確認其了解無誤之後，與協同觀察者進入班級，現場觀察記錄介入對象甲和乙尖叫行為的次數，直到觀察信度達到 80% 以上，才終止協同觀察者的訓練【協同觀察者的訓練】。訓練階段總共做了 3 次現場觀察紀錄，最後介入對象甲和乙的觀察信度為 92% 和 91%【訓練階段的觀察信度】。訓練過程中不一致的部分在於，介入對象尖叫次數的計數何謂一次，後來釐清為尖叫出現至停頓或中止，例如發出「啊」聲至停頓或中止，不管停頓多長時間，像「啊．啊．啊」計數為 3 次【針對觀察不一致的部分，對行為觀察紀錄表做了哪些修改】。

示例 4-27（續）

之後研究者和協同觀察者採用連續紀錄，現場觀察記錄介入對象尖叫行為的次數，他們均位於介入對象側後方，便於觀察到其目標行為，又不會干擾教師教學之處【協同觀察者採取的觀察紀錄類型】。研究者請協同觀察者針對所有觀察評量總次數（30 次），以抽籤法隨機抽取三分之一進行觀察信度的檢核，且分布在基線期、介入期和追蹤期三個階段，各 2、6、2 次【觀察信度抽樣方式、次數和百分比】。對於介入對象尖叫行為的觀察信度指標是採次數比率，依據 Kazdin（1982），計算方法為……【計算觀察信度的方法】。在總計 10 次的共同觀察評量中，研究者和兩位協同觀察者（A、B）對介入對象甲尖叫行為的觀察信度，於基線期落在 96 至 99% 範圍內，平均 97%；介入期落在 86 至 99% 範圍內，平均 93%；追蹤期落在 91 至 99% 範圍內，平均 95%；整體的平均觀察信度為 95%【正式研究階段的觀察信度】。……（省略介入對象甲其他行為，以及介入對象乙之行為的觀察信度結果。）〔綜合整理自筆者指導之碩士生——王芳琪（1998，76-77 頁、85-86 頁、第 93 頁）的論文〕

問題討論 4-21 觀察信度之撰寫

一份研究寫道：本研究之各項觀察紀錄，以研究者為主要觀察者，協同觀察者為個案資源班教師，兩人共同觀察個案上課錄影內容，記錄個案之負向人際互動行為次數，而後求得觀察信度，平均為 91%。此寫法是否適切？

☛ 未描述協同觀察者的背景與訓練、觀察信度抽樣方式、次數和百分比、觀察信度的計算方法，以及訓練階段的觀察信度；而且不確定研究是否有進行協同觀察者的訓練，是否有取得訓練階段的觀察信度，確認行為觀察紀錄工具是具信度後才正式進行觀察。

單一個案研究採取標準化的工具，分析某種自變項對依變項的效果，研究者首先將依變項中抽象的構念概念化，成為概念性定義；接著將之操作化，成為操作性定義；而後再測量化，設計具體的指標或量數，再編製能反映該指標或量數的評量工具，蒐集依變項的實證資料。單一個案研究最常介入的依變項是目標行為，以及知識和能力或學習成就表現，可運用行為觀察紀錄工具、成就測驗、李克特量表和檢核表四種評量工具蒐集資料。依變項評量工具之編製包含：編擬評量工具的初稿、做評量工具初稿的測量效度檢核、對評量工具初稿進行預試、做評量工具初稿的信度分析、做評量工具初稿的正確性分析，以及說明評量工具編製過程與品質資料六個步驟。

附錄

- 附錄 10　行為觀察紀錄工具之空白表格和示例
- 附錄 11　活動分析的成分和內涵
- 附錄 12　成就測驗雙向細目表之示例
- 附錄 13　塞斯通量表之意涵與編製
- 附錄 14　葛特曼量表之意涵與編製
- 附錄 15　強迫選擇量表之意涵與編製
- 附錄 16　語意區分法之意涵與編製
- 附錄 17　圖示量表之示例
- 附錄 18　量表題目分析之示例
- 附錄 19　評量工具內容效度專家評鑑問卷之示例
- 附錄 20　評量工具內容效度專家評鑑結果彙整表
- 附錄 21　量表項目分析與內部一致性信度之 SPSS 操作步驟及資料呈現
- 附錄 22　量表重測信度之 SPSS 操作步驟及資料呈現
- 附錄 23　成就測驗難度、鑑別度及選項分析之 SPSS 操作步驟和資料呈現

- 附錄 24　量表品質資料之敘寫示例

思考問題

運用「思考問題 4：單一個案研究中依變項評量工具之類型與編製」，檢視自己對「單一個案研究依變項評量工具之類型與編製的了解情形」，並且評鑑一篇單一個案研究論文在「依變項評量工具之類型與編製」上的表現情形。

作業單

- 作業單 4-1　單一個案研究評量工具類型之辨識
- 作業單 4-2　觀察信度之計算

單一個案研究法程式語言

壹、資料夾一　Kappa 一致性係數的 SPSS 程式語言

單一個案研究中研究品質之提升方法

導讀問題

1. 單一個案研究宜注意哪些研究倫理原則？
2. 做研究宜考量哪些文化因素？
3. 何謂內在效度？
4. 威脅單一個案研究內在效度的來源有哪些？
5. 提升單一個案研究內在效度的方法有哪些？
6. 何謂外在效度？包含哪些類型的外在效度？
7. 威脅單一個案研究外在效度的來源有哪些？
8. 提升單一個案研究外在效度的方法有哪些？

做研究宜注意研究品質，研究品質主要反映在研究過程和成品上。**遵守研究倫理**（research ethics）**和考量文化因素，確保研究設計和實施的品質**，以及**依循研究專業守則**，是提升研究品質的金三角。本章首先探討單一個案研究品質指標之意涵，接著敘述單一個案研究倫理的落實、具文化能力之研究的實施、研究專業守則的依循，最後討論單一個案研究內在與外在效度之威脅來源和提升方法。

第一節　單一個案研究品質指標之意涵

論文最精采的不是達到理想結果的瞬間，而是堅持研究品質的過程。

以下討論研究倫理、文化覺知，以及內在效度和外在效度四項單一個案研究品質指標的意涵。

壹、研究倫理的意涵

以下從研究倫理的定義、發展和重要性三方面探討研究倫理的意涵。在探討**研究倫理的定義**前，首先說明什麼是倫理。《韋伯新世界學院字典》（*Webster's New World College Dictionary*, 2001）中對倫理的界定為：符合某一專業（或群體）的行為標準。由此可知，倫理是人際相處的行為準則，不同的專業（或群體）有不一樣的倫理原則。林天祐（2002）指出：「研究倫理係指進行研究時必須遵守的行為規範。」（第 125 頁）每個研究可能因其研究領域、方法、主題，以及研究場域的文化脈絡等，而有不同的研究倫理原則。美國諮商學會（American Counseling Association, ACA）和 APA 的倫理原則，都包括**法定倫理**（mandatory ethics）以及**理想倫理**（aspirational ethics）兩部分，法定倫理是指有法規為基礎的倫理原則，研究者詢問：這樣做是否違反法定的研究倫理？而理想倫理是指能反映理想標準的最高倫理原則，研究者詢問：這樣做符合研究參與者的最佳利益嗎（Corey, Corey, & Callanan, 2003）？

關於**研究倫理的發展**，研究倫理的信條最早溯源自《**紐倫堡規章**》

（*Nuremberg Code*），這是第二次世界大戰後，同盟國針對納粹罪行舉行的紐倫堡軍事審判中採用，這些信條用來規範以人類為醫學實驗對象時宜注意之處，後來成為社會科學研究倫理原則的基礎（引自 Neuman, 2003, p. 129）。規章內容包括：**徵求實驗對象的同意**，**實驗必須由訓練有素的人進行**，**有動物實驗的基礎**，對疾病已有了解，**實驗風險必須小於可能的利益**，而且**採取最好的技術保護實驗對象**，**避免其受到傷害**，以及**保障實驗對象隨時想退出的權利**（引自戴正德、林中生，2003，41-42 頁）。之後，在 1964 年的**《赫爾辛基宣言》**（*The Declaration of Helsinki*）中，提出發展**機構審核委員會**（institutional review board, IRB），審核以人類為醫學實驗對象之研究必須注意之倫理（引自 King, 2010, p. 99）。

《紐倫堡規章》和《赫爾辛基宣言》的內容主要是針對人體實驗，社會科學研究雖然不會造成身體傷害，但可能帶來心理問題，其影響亦不容忽視。美國公眾意見研究協會（American Association for Public Opinion Research [AAPOR], 1960）即訂有**《專業倫理和實務規約》**（*The code of Professional Ethics and Practices*）。Sieber（1992）指出，獲得美國聯邦政府資助的大學或研究機構中，任何以人為對象的研究開始前，都必須經過 IRB 的同意。英國和澳洲亦分別有「研究倫理委員會」（Research Ethics Committee, REC），及「人類研究倫理委員會」（Human Research Ethics Committee, HREC）（The Office of Research Ethics, 2014）。而臺灣行政院衛生署於 2007 年公布**《人體研究倫理政策指引》**，供研究者執行人體研究的倫理指引。之後，《人體研究法》（2019）第 5 條規定：「研究主持人實施研究前，應擬定計畫，經倫理審查委員會（以下簡稱審查會）審查通過，始得為之。……內容變更時，應經原審查通過之審查會同意後，始得實施。」接著一些學會和社群訂定了研究倫理規範，包括《教育學門保護研究對象倫理信條》（2011）、臺灣心理學會《心理學專業人員倫理準則》（2013）等。

關於**研究倫理的重要性**，研究的場域為個體或團體的生活所在地，特別強調研究者和研究參與者之間的互動，當兩者間關係密切時，很容易涉及倫理議題。研究倫理是實證研究取信於社會大眾之基礎，研究倫理的提升是實證研究發展的必經之路。研究者須確切了解研究倫理，以提升研究的品質。正如 Heppner、Kivilghan 和 Wampold（2008）指出的：在研究中，沒有比倫理更重要的事項了；正如道德是一種生活方式，倫理也必須深深融入研究工作中。

貳、文化覺知的意涵

Rubin 和 Babbie（2010）提醒研究者宜具有**文化覺知**，設計**具文化能力的研究**（culturally competent research），他們表示：具文化能力的研究意指，察覺且適當回應文化因素對研究的可能影響，以減少文化偏差。具文化能力的研究又被稱為**具文化敏感、覺知、適合度研究**，或是**貫文化的研究方法**，有別於在不同文化情境中做的「跨文化研究」（Lawless, 2006）。Lum（2011）進一步闡述文化能力，其中能力意味充分、足夠和潛力，具備察覺且適當回應文化因素對研究可能影響的知識、價值觀和技能。

「文化」最早由英國人類學家 Tylor 於 1871 年提出，他將文化定義為：「包括知識、信仰、藝術、法律、道德、風俗，以及作為一個社會成員獲得之能力與習慣的複雜整體。」（引自 Peterson, 1976, p. 669）國家社會工作人員協會（National Association of Social Workers [NASW], 2000）定義文化為：「人類行為的統整組合，包括思想、溝通、行動、風俗、信念、價值觀，以及人種、種族、宗教或社會群體呈現的行為組合。」（p. 4）綜合文獻（Lum, 2011; NASW, 2001），社會群體意指社會中的不同群體，像是女性、較年長者、身心障礙者、低社經地位者、不同性別傾向者等。文化的外在表徵反映在藝術，以及食、衣、住、行、育、樂等生活方式；內在表徵則反映在社會制度、信念、風俗、價值觀及宇宙觀；而文化的內涵則存在於所使用的語言中（Marsella & Yamada, 2000）。早期稱呼不同於主流文化或較無權力的群體為弱勢群體（minority），APA（2010b）在其出版手冊中提到，應避免使用弱勢群體代表非白種人，建議使用**種族和語言差異**（ethnic and linguistic diversity）。種族和語言差異皆屬文化差異，以下筆者使用**文化差異者**稱呼不同於主流文化之種族、語言、宗教或社會群體。

行政院教育部（2014）之《十二年國民基本教育課程綱要總綱》指出，依《總綱》「實施要點」規定，各領域課程設計應適切融入性別平等、人權、環境、海洋、品德、生命、法治、科技、資訊、能源、安全、防災、家庭教育、生涯規劃、多元文化、閱讀素養、戶外教育、國際教育、原住民族教育等議題。除了課程強調多元文化教育外，做研究亦須考慮文化因素，例如《教育學門保護研究對象倫理信條》（2011）提及：

> 研究者有責任留意其研究規畫、執行與提出報告時，應尊重並謹慎處理有關研究對象的年齡、性別、性別認同、性傾向、種族、族群、文化、政治理念、原生國籍、宗教信仰、身心障礙、社經地位、地域、能力及其他重大差異。（第 2.3.6-1 條）

參、內在效度的意涵

量化研究使用**內在效度**、**外在效度**、**信度**和**客觀**四項指標確保研究品質，其中內在效度和外在效度最為重要，而信度和客觀會影響研究的內在效度（Lincoln & Guba, 1985）。內在效度關心的是，研究發現是否能回答研究問題（McMillan & Schumacher, 2009），如圖 5-1。若以單一個案研究為例，內在效度關注的是，依變項的效果是否可歸因於自變項的引進。信度則強調穩定、一致和可預測性，藉由複製來展示信度：如果將研究程序複製在相同或相似的情境脈絡和研究參與者上，獲致之研究發現的相同程度高，則表示該研究信度高（Lincoln & Guba, 1985）。客觀強調研究者價值中立，使用標準化的程序，欲達到介入和評量不同研究參與者，以及不同時間評量的一致性，期待研究發現不是來自於研究者的偏見、主觀和期待，而確實是根基於研究參與者的資料（Lincoln & Guba, 1985）。

肆、外在效度的意涵

外在效度是指研究者對於所獲得的研究發現是否能夠推論或應用到不同的研究參與者、生態環境、時間，少許變異的自變項和非目標依變項的把握程度

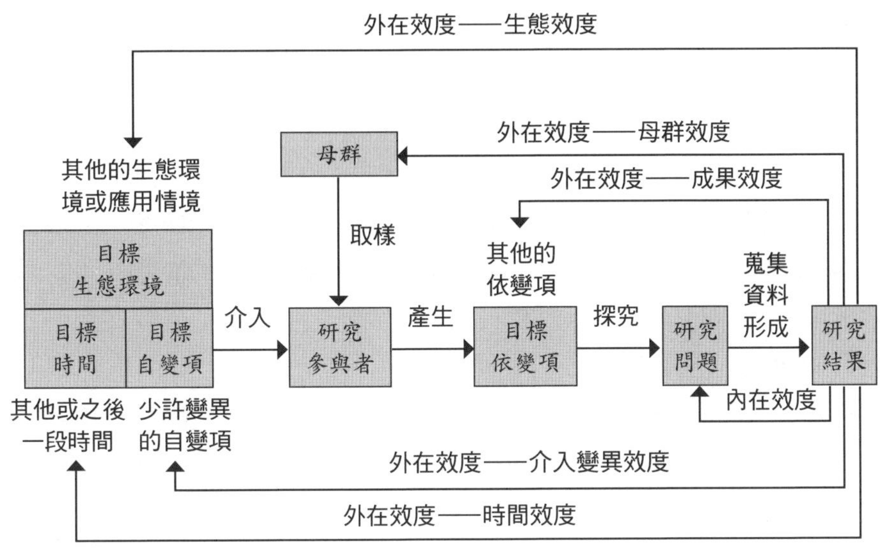

圖 5-1：研究內在和外在效度之意涵。

（Johnson & Christensen, 2017）。Johnson 和 Christensen（2017）指出，外在效度有**母群效度**（population validity）、**生態效度**（ecological validity）、**時間效度**（temporal validity）、**介入變異效度**（treatment variation validity）和**成果效度**（outcome validity）五種，如圖 5-1。母群效度是指，從取樣自母群之研究參與者（即樣本）所得的研究發現，可以類推至母群的程度（Johnson & Christensen, 2017）。

生態效度是指，研究結果可以被類推或運用到「不同生態環境」（例如：異於介入之目標生態環境的其他環境），或「應用情境」的程度（Johnson & Christensen, 2017）。過去研究者多只著重在內在效度和母群效度，忽略其他外在效度。於 2000 年之後，研究開始重視外在效度，特別是生態效度的提升。舉例來說，一份研究欲增進國中泛自閉症學生的人際互動技能，研究者為該生的資源班教師，將泛自閉症學生抽離至資源班進行教學，如果在介入的環境（例如：研究者任教學校的資源班教學情境）中自變項之實施和評量，無法在其他環境（例如：其他學校資源班）或應用情境（例如：校內資源班）中複製，比方該研究在假日，布置特殊化的環境實施自變項，而其他學校的資源班無法在假日，以及沒有經費布置特殊化的環境以實施自變項，或是未來在校內資源班中，無法應用此作法於其他學生上，則將限制此自變項在其他環境，抑或應用情境的推廣或長期運用。即使該研究有很好的介入效果，但是此自變項之實施和評量，無法在其他環境或應用情境中複製，此良好成效也就無法展現，亦是枉然。過去的研究重視內在效度，為了控制干擾內在效度的來源，於嚴密控制的情境中引進自變項和評量其成效，而忽略了生態效度，此控制的情境往往與其他環境或應用情境差距很大，造成研究與實務脫節，研究的結果無法應用於實務工作的情形。另外，若該研究不只提升了泛自閉症學生與資源班同學的人際互動技能，亦可以被類推至普通班，增進了其與普通班同學的人際互動技能，則產生了人員、地點等刺激類化，提高了生態效度。

介入變異效度意指，從目標自變項對依變項的介入成果，可類推至「少許變異之自變項」對依變項介入成果的程度（Johnson & Christensen, 2017）。例如社會故事原先以「文字」形式呈現，介入高功能泛自閉症者；之後考慮其他研究參與者閱讀能力有限，故將社會故事改變成以「歌曲」形式，介入另一位泛自閉症者（和原先研究參與者的特徵類似）及智能障礙者（和原先研究參與者的特徵不類似），如果都產生一致的效果，則具有介入變異效度。

成果效度乃指，自變項對目標依變項的介入成果，可類推至「不同但相關依變項」的程度（Johnson & Christensen, 2017），這是「反應類化成效」。時間效度意指，研究結果可類推至「不同時間」的程度（Johnson & Christensen, 2017）。例如在某一段時間獲得的結果，可否在撤除自變項後，維持至下一段時間，這是「維持成效」；抑或在時間 1（例如：上學時間）獲得的結果，可否類推至時間 2（例如：放學時間），這是「時間上的刺激類化成效」。

第二節 單一個案研究倫理的落實

一個研究的品質取決於研究者對研究方法的認識和使用；正用、誤用，全憑研究者對研究方法的知識；善用、惡用，全靠研究者對研究倫理的覺察。

探討人類研究倫理的落實，首先呈現人體及人類研究的範圍和審查，接著討論對「人」的倫理原則，最後呈現對「實驗動物」（laboratory animal）的倫理原則。

壹、人體及人類研究的範圍和審查

以下探討人體及人類研究的範圍和審查，在人體及人類研究的範圍上，依研究參與者面臨風險的程度，可分成四類：**需向中央衛生主管機關申請核准的人體試驗**〔《醫療法》（2018）稱為人體試驗，《藥事法》（2018）稱為臨床試驗，是指新藥品、新醫療器材或技術，於辦理查驗登記或列入常規醫療處置項目前之人體試驗〕、**不需向中央衛生主管機關申請核准的人體試驗**（是指非新藥品、新醫療器材或技術之人體試驗）、**以人為對象的非侵入性學術研究**（是指進行問卷調查、訪談等非侵入性研究），以及**與人有關的研究**〔是指不會和研究參與者有直接的接觸（例如：對人體檢體的研究），或進行去連結資料（例如：病歷資料）的分析，依據《人體研究法》（2019）第 4 條，人體檢體是指人體（包括胎兒及屍體）取得、已離開人體的組織指人體之器官、組織、細胞、體液或經實驗操作產生之衍生物質進行的研究；去連結是指將人體檢體、自然人資料及其他有關之資料、資訊編碼或以其他方式處理後，使其與可供辨識研究對象之個人資料、資訊，永久不能以任何方式連結、比對之作業〕。「人體及人類研究的類型、意涵和可參考的倫理規範」見附錄 25。

其中上述第一、二和四類的研究都屬**人體研究**，臺灣《人體研究法》（2019）第 4 條陳述人體研究是指：「從事取得、調查、分析、運用人體檢體或個人之生物行為、生理、心理、遺傳、醫學等有關資訊之研究」。人體研究包括第一和二類的人體或臨床試驗，為《醫療法》（2018）、《藥事法》（2018）、《人體研究法》（2019）、《人體試驗管理辦法》（2016）等所規範；以及與人有關的研究，受《人體研究法》（2019）、《人體生物資料庫管理條例》（2019），以及《研究用人體檢體採集與使用注意事項》（2006）所規範。上述第三類的研究是**人類研究**，它是指以個人或群體為對象，使用觀察、介入、互動之方法，或使用未經個人同意去除其識別連結之個人資料，而進行與該個人或群體有關之系統性調查或專業學科的知識探索活動，受《個人資料保護法》（2015）、《原住民族基本法》（2018）等所規範，以及接受學校或研究機構成立之倫理審查委員會（簡稱倫審會）的審查。由此可知，人體研究涉及到人體檢體或個人之生物行為、生理、心理、遺傳、醫學等有關資訊之生物醫學研究，執行的單位多數是醫院，研究參與者面臨的風險為生理受影響。而人類研究是指對個人或群體進行系統的調查或專業知識的探索，多數在社會、行為和人文科學等領域，由學校或機構執行，研究參與者面臨的風險為心理受影響及權益受侵犯。

在人體及人類研究的審查上，臺灣《人體試驗管理辦法》（2016）第 7 條則明訂，人體試驗計畫之審查應注意下列事項：（1）符合最低風險原則，並考量合理之風險、利益；（2）執行方式及內容符合科學原則；（3）受試者之條件及招募方式、醫療照護及損害補償或其他救濟機制、隱私保護、同意書內容及告知程序；（4）易受傷害族群之保護；（5）保障受試者安全之必要管理措施。教育部依《人體研究法》（2019）第 18 條第 1 項規定辦理定期查核，為確保人體研究倫審會之完整建置，提升其運作品質，建立專業化研究倫理保護制度及保障研究參與者權益，特訂定《教育部人體研究倫理審查委員會查核作業要點》（2017）。臺灣已有八所大學依據科技部人文社會科學研究中心，鼓勵大學及研究機構成立倫審會之決議，設置經教育部查核通過的倫審會，例如國立成功大學「人類研究倫理審查委員會」。附錄 26 和 27 呈現「研究倫理審查的委員會、規範與資源」，以及「研究倫理審查委員會的作業程序和文件」可供參閱。

臺灣倫審會將審查類型分成**免除審查**、**簡易審查**和**一般審查**三種，其中（1）**對易受傷害群體**（例如：收容人、未成年人、原住民、新住民、孕婦、身心障礙者、精神病人，或其他經倫審會判斷受不當脅迫或無法以自由意願做決定者）所做**的研究**；（2）**於非公開場合進行記名、互動、介入性之研究，或是以侵入性方法蒐集資料**，研究對研究參與者可能引發的生理、心理、社會危險或不適機率或強度，高於日常生活的遭遇或例行性醫療處置者；（3）**對個人或群體特質或行為的研究，含造成個人或族群歧視之潛在可能者**，皆屬於一般審查的範圍。「臺灣倫理審查的類型和符合條件」詳述於附錄 28。倫理審查的用意不在「刁難」研究的進行，而是讓研究參與者的福祉和研究者的善意獲得保障。

貳、對「人」的倫理原則

關於研究倫理的落實，AAPOR（2010）對公共意見調查研究訂有明確的倫理規範，包括對「研究」的專業守則，以及對「人」的處理原則兩部分。Morley 表示：「不只要做得好，還要做得正確。」（引自 Lincoln & Guba, 1985, p. 250）「做得好」是指對研究的專業守則；「做得正確」則是指對人的處理原則。在對研究的專業守則上，鈕文英（2018）整理了**採取適當的研究方法和程序**、**確實地呈現研究方法和結果**，以及**注意論文寫作的倫理**三項守則。

而在對「人」的處理原則上，AAPOR（2010）提出公共意見調查研究中對人的處理原則包括：對研究參與者、讀者、研究之委託或贊助單位，以及專業同僚四方面的倫理原則。除此，鈕文英（2018）加入對研究參與者的重要他人，以及對審稿委託單位的倫理原則。在對研究參與者及其重要他人的倫理原則上，主要包含以下六項研究倫理原則：

一、以誠實且尊重的態度對待研究參與者

以誠實且尊重的態度對待研究參與者，包括研究者保持誠實的態度公開自己的身分和目的，以及尊重研究參與者的特徵並信守對其做的承諾兩方面，詳細討論如下。

(一)保持誠實的態度公開自己的身分和目的

對於研究者是否公開自己的身分和目的，有兩種不同的看法：一持「隱瞞」，二持「公開」觀點（Bogdan & Biklen, 2007）。持「隱瞞」觀點的人認為，研究者對社會負有追求真相、揭露不公正現象的責任；因此研究者可以使用任何方式取得資料，包括偽裝和隱瞞身分、欺騙或誤導研究目的、保留研究目的和程序的資料而不告知、設計隱匿的實驗情境、使用隱藏式攝影或錄音器材做紀錄、用不正當的方式獲取機密文件等（畢恆達，1998；Homan, 1991; Kemmelmeier, Davis, & Follette, 2003; Neuman, 2006）。一名男老師為完成碩士論文，竟擅找學生做腦波實驗；家長發現孩子頭髮黏有乾掉的導電膠後主動追問，才知孩子被當實驗白鼠（楊適群、涂建豐，2011），這是研究者隱瞞身分的不當作法。

持「公開」觀點的人認為，即使「研究目的正確」，也不能將「採取不適當的方法取得資料」合理化；使用隱瞞的方式取得研究資料，會降低大眾對研究社群的敬重，讓人們產生「研究者都是騙子」的印象，結果將導致愈來愈少的人願意參與研究，甚至降低助人行為，這並非學術社群所樂見（Glense, 2015）。在1973年，西雅圖華盛頓大學裡有位學生被槍殺，當時經過校園的學生無人伸出援手，事後了解其袖手旁觀的原因：他們以為這個槍擊案是某個實驗的部分戲碼（Neuman, 2006）。

一些學會（例如：臺灣心理學會、臺灣社會學會、APA）指出，**研究者宜秉持誠實的態度，盡量選擇不必對研究參與者隱瞞的方法進行研究；唯當該項研究確實具有前瞻、科學、教育、應用或公益性等重要價值，而同等有效且不隱瞞的方法不可行時，不得已可採取隱瞞的方式**。若研究者必須使用隱瞞方式，《教育學門保護研究對象倫理信條》（2011）更進一步要求：「研究者應明確記錄於研究報告中。……應事先徵得所屬機構（或相關委員會）許可。」（2.7.2-2.7.4條）這些學會（例如：臺灣心理學會、臺灣社會學會、APA）還提醒：**足以影響研究參與者意願的隱瞞行為是絕不允許的**，不可隱瞞參與研究可能產生的身體疼痛或負面情緒，不得以誘騙或詐欺等不正當方式取得資料，**不能損害研究參與者**

的權益，對研究參與者匿名，而且要**盡量減少傷害的風險**；除此，研究者最好在資料蒐集完成後，立即**以研究參與者可理解的方式，向其解釋隱匿的理由**，最遲不得晚於研究結束前，且**允許他們撤回資料**。

（二）尊重研究參與者的特徵並信守對其所做的承諾

研究者須**尊重研究參與者的特徵，不能有歧視**，即使他們與研究者在這些方面有很大的差異，研究者也應以開放的心靈了解，而不是以鄙視和傲慢的心態評價與改造（Bogdan & Biklen, 2007）。APA（2010a）指出，心理學家要敏感地覺察，在不同的社會文化情境脈絡下，人們被賦予的角色、期待和規範會有差異。《教育學門保護研究對象倫理信條》（2011）第 2.3.2-1 和 2.3.2-2 條提及：不應涉入有關年齡、性別、性別認同、性傾向、種族、族群、文化、政治理念、原生國籍、宗教信仰、身心障礙、社經地位、地域、能力或其他法定的歧視。研究者也**不應選擇喜歡的對象參與潛在有利的研究，或選擇不喜歡的對象參與有危險的研究**。

另外，當研究者提供任何形式的獎勵時，須一致地對待同一研究的研究參與者，**不能因研究參與者的特徵而給予不公平的待遇**。研究者還須**信守對研究參與者的承諾**，例如假使研究者承諾寄照片給他們，或提供初稿讓其檢核，一定要認真兌現（APA, 2010a）。

二、避免研究參與者受傷害並讓他們受惠

在避免研究參與者受到傷害上，要注意避免他們受到以下七種傷害或風險：**身體傷害、心理傷害或情緒壓力**（例如：受到脅迫、羞辱）、**正常發展之受阻、社會關係的損失、法律風險、事業或收入的受損**（Mechling, Gast, & Lane, 2014），以及**將研究參與者置於控制組而不讓其受益**（Kidder, 1981）。

至於如何避免研究參與者受到這些傷害呢？首先，**在進行研究之前，研究者須認真考慮：此項研究是否合乎「道德」，是否會使研究參與者受到傷害**；如果「是」，須考量有無其他更適合、沒有傷害的方法，可以回答這些研究問題；或是向有關人士請教可採取什麼預防措施，以避免傷害，保障研究參與者的權益

（Eyde, 2000）。若沒有更適合的方法，研究者須進一步思考：這項研究的結果真的那麼重要嗎？即使可能傷害到研究參與者也值得嗎？**若有一些潛在的危險或傷害，則須告知研究參與者；研究參與者未成年，尚須告知法定代理人（如父母或監護人）此狀況，以及研究者會採取的防範和補救措施**（簡正鎰，2005）。雖然研究前已完成知情同意，但是**若研究過程中有重大改變，或造成非預期傷害時**，則研究者應在第一時間**告知研究參與者、其法定代理人**，並且**立即暫停研究行為，發覺和移除造成的傷害，或採取補救措施**（《教育學門保護研究對象倫理信條》，2011）。

Angrosino 與 Rosenberg（2011）認為過去的倫理觀點強調避免做什麼，而不是從正面的角度看待研究倫理，積極讓研究參與者受惠。研究參與者通常須花費很多時間和精力，與研究者交談或參加一些介入活動，他們為研究者提供其需要的資料，甚至涉及到個人隱私。當研究者欣喜於得到的豐富資料時，還須進一步思考：研究是否涉及「利用」研究參與者圖謀自己的利益，研究是否能帶給他們好處？因此，研究者除了避免研究參與者受到傷害外，還須積極讓他們受惠。讓研究參與者受惠的類型有兩種，一種是**直接受惠**，另一種是**間接受惠**，筆者整理於表 5-1。

表 5-1

讓研究參與者受惠的類型和方式

受惠的類型	受惠的方式
直接受惠	1. 在介入依變項時，研究者選擇具有證據本位的介入方案，且重視研究參與者的價值觀和期待，讓他們能從研究中受惠。 2. 提供物質上的回饋。 3. 行為上的回報，像是協助清理房子。 4. 給予研究參與者相關知識或資訊，並且和他們討論。 5. 幫忙解決研究參與者的困難，引介相關社會資源。例如一份研究旨在以問卷調查，了解完美主義與自殺意念間的關係，研究者表示若發現高自殺意念之研究參與者，由於為匿名問卷，無法確切得知其身分並輔導之，因此於最後加註有意願接受協助之轉介選項，並且提供研究者之聯絡方式。

表 5-1（續）

受惠的類型	受惠的方式
直接受惠	6. 提供研究參與者學習的機會。 7. 提高自尊，使其能得到成就感。 8. 讓研究參與者反思自己的處境，並且增進和他人的關係。 9. 研究過程本身就是回報，讓研究參與者受到尊重，以關照他們的福祉為最大的考量。
間接受惠	1. 公益之目的，例如告知研究參與者預期成果的學術及實用價值。 2. 向研究參與者的重要他人（例如：家長）分享研究成果。 3. 研究參與者的重要他人獲得教導和支持研究參與者的作法。

註：直接受惠中的第 4 至 8 項取自 Sieber（1992）；第 9 項取自 Glense（2015）。

三、尊重研究參與者的隱私及注意匿名與保密原則

研究者須尊重研究參與者的隱私，以及注意匿名與保密原則，首先討論如何尊重研究參與者的隱私。隱私居於**私人領域**，是相對於**公開領域**而言，公開領域是指研究參與者在公開場合處理的事情範圍，例如在工作上或會議上做的事情，研究參與者在這個領域被探索時會較自在；私人領域是指牽涉到研究參與者的個人資料，以及私事與隱密範圍，又可以進一步劃分為**個人和隱私資訊**（Neuman, 2006）。不同種族、文化，和不同研究參與者對這些領域的界線都不一樣，研究者必宜注意文化和個體的差異，其對公開和私人領域之界定及處理方式有何不同，並且給予尊重及保護其隱私（陳向明，2002）。

個人資訊是指，有關研究參與者個人的一般資料，以及他們對公共事件、發生在親友身上之事件的主觀經驗和想法，比較能在公開場合談論；而隱私資訊意指研究參與者個人認為隱密，不能在公開場合談論的內容，其界定會因個人或情境而有不同（陳向明，2002）。對於這些隱私資訊，研究者不僅要尊重研究參與者表露的意願，而且在他們告知後，還須嚴格保密（Bogdan & Biklen, 2007）。「保密」則是隱私概念的擴展，是指資料上雖附有姓名，但研究者是祕密持有且不對外公開，即使公開，也是以匿名或集體形式呈現（Neuman, 2006）。而在匿名方面，研究者可以代號或假名呈現研究參與者的資料，選用時要注意避免讓人

易於辨識，例如以研究參與者名字的一部分為代號就不適合。另外，**只蒐集與研究主題和研究參與者相關的必要隱私資訊，避免其他無關者，干擾研究參與者的隱私**（《教育學門保護研究對象倫理信條》，2011）。

此外，Wolcott（1984）提醒**匿名和保密不僅是在寫成書面報告時才注意，更應延續在整個研究過程中**。例如研究者以匿名方式呈現。研究參與者在研究工具上的個人資訊；而在保密方面，研究者切忌隨便告訴他人研究參與者說的話；《教育學門保護研究對象倫理信條》（2011）第 2.6.1 條提及，只有在研究參與者或其法定代理人或最大利益代表人的同意及合法下，研究者才得公開其機密資料。在電腦中儲存研究參與者的資料時，研究者宜加密或以匿名的方式儲存，以避免別人接近電腦而獲得他們的隱私資料。當研究需要在資料庫或紀錄系統中保留個人識別資訊（例如：某個假名是指哪位研究參與者時），宜在不同的資料夾，分開儲存研究資料檔和個人識別資訊檔；成功大學倫審會即要求研究者依據研究資料的類別，簡述研究資料儲存與保密之規畫。

四、取得研究參與者的「知情同意」

臺灣心理學會《心理學專業人員倫理準則》（2013）指出，除了法律規定，或其他倫理規範有明確指出不需研究參與者的知情同意之外，凡研究者透過各種形式所進行的個別研究，且研究參與者為 18 歲以上時，都必須告知研究參與者研究的過程，並獲得其同意方可進行。以下從知情同意的基本要素、範圍、取得方式，以及不需知情同意的情況四方面，探討取得研究參與者知情同意的內涵。

（一）知情同意的基本要素

知情同意的基本要素包括了**知識**、**自主**和**能力**，不但研究參與者要對研究的內容有充分的「知識」，且認為已被告知，而同意更必須是由有「能力」的人，在「自主」的情況下提供（Stricker, 1982）。此外，Imber 等人（1986）強調應再加上**理解**的要素。以下詳述這四個要素。

1. 能力

在「能力」此項要素上，研究參與者須具備**心智能力**（mental capacity），也就是了解及處理資訊的能力。如果研究參與者「未成年」、「無行為能力」或「受監護宣告」、「限制行為能力」或是「受輔助宣告」時，均無法行使具有法律效力的同意權，一些學會（例如：臺灣心理學會、APA）皆指出：研究者還須徵求其法定代理人（父母或法定監護人），或輔助人的許可之後，始得進行研究；若研究參與者雖未成年，但有行為能力或限制行為能力，則研究者還應以其可以理解的語言，告知研究的重要性或步驟，且取得其同意後才能進行研究。若研究參與者之法定代理人（如父母或監護人）失聯或失能而無法維護其利益時，應通知其最大利益代表人（如就讀學校或輔助人）（《教育學門保護研究對象倫理信條》，2011）。

至於成年的定義，是以《中華民國刑法》（2019）中的 18 歲，或《民法》（2019）中的 20 歲為基準呢？倫審會目前是定義 20 歲以下為未成年。然而，仍保留彈性空間，例如某些學會的倫理原則〔例如：《臺灣語言學學會語言學研究學術倫理準則》（2011）、臺灣心理學會《心理學專業人員倫理準則》（2013）〕明訂 18 歲；或是有些教育研究考慮學生能自主選課，則也能自決是否要參與課程和教學實驗；抑或研究者認為其研究設計有特殊考量，僅需未成年人本人同意，研究者宜在論文中說明。而關於受監護和輔助宣告之人，依據《民法》（2019）是指：

> 對於因精神障礙或其他心智缺陷，致不能為意思表示或受意思表示，或不能辨識其意思表示之效果者，法院得因本人、配偶、四親等內之親屬、最近一年有同居事實之其他親屬、檢察官、主管機關或社會福利機構之聲請，為監護之宣告。……受監護宣告之人，無行為能力。（第 14-15 條）
>
> 對於因精神障礙或其他心智缺陷，致其為意思表示或受意思表示，或辨識其意思表示效果之能力，顯有不足者，法院得因本人、配偶……之聲請，為輔助之宣告。（第 15-1 條）

2. 自主

自主除了包含**研究參與者須具備心智能力**外，研究參與者還須擁有**在不受他人操控、強迫或不當影響下自願參與及無條件退出研究的自由**。一些學會（例如：臺灣心理學會、APA）都揭示此自由，例如臺灣兩個學會提及：

> 參與者有「拒絕參與研究」和「隨時退出研究」的權利。當參與者中途退出研究時，仍應獲得應有的尊重。倘若研究者之身分足以影響參與者之福祉（如個案治療者、老師或長官），則研究者更應小心保障參與者「拒絕參與研究」和「隨時退出研究」的權利。（《心理學專業人員倫理準則》，2013，貳、以 18 歲（含）以上之參與者為對象的心理學研究，第 11 條）

> 研究者須主動告知研究對象，其有權在任何時間、不需理由，即可無條件退出研究，且不必擔心有不良後果。惟如屬有償參與研究，則遵從雙方約定。（《教育學門保護研究對象倫理信條》，2011，第 2.1.4-1 條）

筆者整理一些會影響研究參與者自願參與研究的情況和示例於表 5-2，其中**心智能力較不足的人**（例如：未成年者、智能障礙者），以及**自願性受限的人**（例如：經濟較貧乏者、教育較不足者、在社會中被邊緣化或權力較低微的人、罹患致命或難治疾病的人），最容易因這些狀況受到影響而產生傷害，舉例來說，經濟較貧乏者會為了獲得金錢補償接受極高風險的人體試驗。筆者進一步說明如何因應這些危害「自主」的情況。

表 5-2

危害知情同意中「自主」的情況、示例和因應方式

危害「自主」的情況	示例	如何因應危害「自主」的情況
個體在受「身體控制」下參與研究	納粹大屠殺集中營的囚犯在受身體控制下參與「低體溫研究」。	避免個體在受「身體控制」下參與研究。

表 5-2（續）

危害「自主」的情況	示例	如何因應危害「自主」的情況
個體在「高壓強迫」下參與研究	受安養者被迫在「參與研究」或「離開安養院」間做選擇。	避免個體在「高壓強迫」下參與研究。
個體在「緊急情況」下參與研究	個體在「心臟病發作緊急送院」途中，被要求參與「心臟病藥物」的研究。	避免個體在「緊急情況」下參與研究。
個體在研究者「未提供充分考慮時間」的情況下參與研究	研究者要求個體當下做是否參與研究的決定；或是當個體尚在猶豫，未明確表達不想參與研究時，研究者就假定這意味他們同意參與。	提供個體充分的時間考慮是否參與研究，當個體尚在猶豫，未明確表達不想參與研究時，研究者宜避免假定這意味他們同意參與，並且釐清和解答他們的疑慮。
個體受研究者、引介者或其他研究參與者「職務權力」的影響下參與研究	1. 身為教師的研究者調查班上有哪些學生來自特殊境遇家庭，他在全班面前詢問：「你是單親家庭的，請舉手。」……等。 2. 教授表示參與研究是課程需求和及格條件；老闆要求員工須參與調查，考績才能甲等。 3. 研究者透過和個體有權力關係的引介者（例如：校長），要求他（例如：學校教師）參與研究。 4. 研究參與者彼此間有權力關係，研究者先徵求督導者的同意參	1. 研究者宜避免利用個人，或藉由引介者的「職務權力」，影響個體參與研究。 2. 當參與研究為課程需求時，研究者宜提供個體另一個公平的替代性選擇（是指和研究實施之課程價值相當者）。 3. 研究者宜注意引介者和個體彼此間的權力關係，並覺察此關係會對參與者「自主」可能產生的影響。研究者最好自行邀請，如果要透過引介者，宜安排和個體關係平等者，並且強調其參與的自主性。 4. 研究者宜注意研究參與者彼此間的權力關係，並覺察此關係會對研究參與者「自主」可能產生的影響。例如進行督導者和諮商學習者的對偶研究時，

（續）

表 5-2（續）

危害「自主」的情況	示例	如何因應危害「自主」的情況
個體受研究者、引介者或其他研究參與者「職務權力」的影響下參與研究	與研究，而後透過督導者間接邀請諮商學習者的參與同意。	因考量到督導中的權力議題，在邀請研究參與者時，由研究者對督導者與諮商學習者採取分開邀請的方式，切忌透過督導者間接邀請諮商學習者，以避免他們在感受督導者職權之壓力下勉強同意參與；且優先徵詢權力較低者（即諮商學習者）的意願，並強調其自主性，也就是先獲知諮商學習者有意願後，再由研究者主動徵詢督導者之意願。
個體在研究者利用「信任」的影響下（再次）參與研究	病患詢問身為其主治醫師的研究者：是否該再次參與某項研究時，研究者做出肯定的回應。事實上，參與研究並不符合此病患的最大利益，病患可能因對研究者的「信任」而參與研究。	研究者宜考量個體的最大利益，避免利用個體對研究者的「信任」，鼓勵其參與研究。研究者宜自我檢視其行為，是否會影響個體再次參與研究，說服其再次參與必須審慎。
個體在研究者利用「關係」或「情誼」的影響下參與研究	研究者透過和個體有深厚關係的引介者邀請個體加入研究，個體可能在研究者利用「關係」的影響下參與研究。例如以接受研究者治療的案主為研究參與者，探究其接受治療的經驗，案主可能因與研究者的「情誼」而參與研究。	研究者宜避免利用「關係」或「情誼」，讓個體在「人情壓力」下參與研究。

表 5-2（續）

危害「自主」的情況	示例	如何因應危害「自主」的情況
個體在研究者「蓄意操縱某些資訊」的情況下參與研究	隱瞞參與研究可能產生身體疼痛、負面情緒或權益的資訊，以及誇大介入方案產生的效用。	坦白呈現參與研究可能產生身體疼痛、負面情緒或權益的資訊，避免誇大介入方案的效用，釐清該方案的性質、風險、責任與限制等。例如《臨床試驗受試者招募原則》（2007）規定招募廣告不得有下列內容或類似涵意之文字：宣稱或暗示試驗藥品為安全、有效或可治癒疾病，優於或相似於現行之藥物或治療；受試者將接受新治療或新藥品，而未提及該研究屬試驗性質。
個體在研究者「提供過度或不適當誘因」的情況下參與研究	研究者提供過量的金錢，昂貴的醫療照護，以引誘個體參加醫藥研究；給予額外加分，以引誘學生參與課程研究。	研究者宜避免提供過度或不適當的誘因，誘使個體參與研究。例如臺灣《臨床試驗受試者招募原則》（2007）規定招募廣告除了上一點所述，還不得有下列內容或類似涵義之文字：「強調受試者將可獲得免費醫療或費用補助，臨床試驗已經衛生主管機關或人體試驗委員會核准；以及使用名額有限、即將截止或立即聯繫以免向隅等文字；含有強制、引誘或鼓勵性質之圖表、圖片或符號。」研究者可以告知個體預期成果的學術及實用價值，以獲取他的參與意願。臺灣心理學會《心理學專業人員倫理準則》（2013）提醒，當研究者提供任何形式的獎勵時，此獎勵不能過度逾越兒童日常所經驗的範圍。另外，當參與研究能獲得額外分數時，研究者宜提供個體另一個公平的替代性選擇（是指提供加分機會的其他選項）。

3. 知識

在「知識」此項要素上，綜合一些學會（例如：臺灣心理學會、APA）的規定，以及文獻（Berry, 2000; Bogdan & Biklen, 2007; Fraenkel & Wallen, 2006; Neuman, 2006），在邀請函中，研究參與者須獲知以下有關研究的資訊；除此，研究者應提供研究參與者詢問、獲得解答的機會：

（1）**研究者的姓名、身分、贊助或指導單位**（若為碩博士學生，則再加上接受哪一位教授的指導）和**聯絡方式**（若為碩博士學生，則再加上指導教授的聯絡方式）。

（2）**研究目的和研究活動規畫**，包括：活動內容和程序，例如實驗處理的性質、訪談和觀察的內容，及其持續時間、次數、地點、設備或工具等。

（3）**研究參與者在研究過程中的參與方式**（例如：接受實驗教學、訪談或觀察）。

（4）**徵求研究參與者同意的事項**（例如：徵求錄音或錄影、接受論文的發表）。

（5）**研究對研究參與者或其他人的助益**。

（6）如果研究將提供研究參與者補償，則說明**補償之相關規畫**，包括補償內容（金錢及其金額、物品等）與補償方式（研究參與者將於哪個研究階段獲得補償、中途退出的補償規畫、是否可獲得部分補償等）。

（7）**若有一些潛在的危險或傷害，則須告知研究參與者此狀況，以及研究者會採取的防範和補救措施**。例如可能喚起過往的哀傷經驗和情緒，若出現時，研究者將提供研究參與者心理諮商的管道。

（8）**若有研究限制，則說明是什麼限制**（無法承諾或提供的事項，例如保密的限制，像是研究參與者的行為已觸法，為研究參與者取得相關服務，研究者以外的其他人可能獲得研究資料）**和其理由**。

（9）**研究資料的運用及商業利益的分配**〔例如：發表、捐贈、建立資料庫、與他人分享，或做其他用途，以及申請專利或商業應用的利益分配（若有的話）〕。

（10）**研究資料的保存**（例如：資料的保存期限、方式與地點）。

（11）**若研究參與者不願意參與研究，或在中途與事後退出研究時，研究者的相關規畫**。例如對於不參與研究的個體，研究者會提供什麼樣不影響其權益的替代方案。而中途與事後退出的研究參與者可否取回資料，若可取回，取回資料的方式與程序；若不可取回，研究者會如何處理資料（被保留、刪除或銷毀），資料是否會被納入分析等。

（12）**研究參與者的權利**。例如一是研究參與者有選擇參加和隨時想退出的自由；二是即使研究參與者同意參與和錄音或錄影，但在訪談或觀察過程中，有關個人隱私或不便說明的部分，可以拒絕回答或錄音或錄影，亦可以隨時結束訪談或觀察。三是訪談、觀察內容或研究參與者提供的任何資料僅供本研究使用，未經本人同意，不可以提供給和研究不相關之第三者。四是研究參與者可以提出對研究資料處理的意見，得知研究結果，以及閱讀和檢核蒐集的資料，並決定公開哪些資料在論文中。五是研究過程中和結束後，研究參與者對研究內容有任何問題，或有任何不舒服的感受，都可以向研究者詢問或表達。上述權利中，第一項在確保知情同意關於「自主」這項要素；第二和三項在維護「尊重研究參與者的隱私及注意保密」此倫理原則；第四和五項在落實「避免研究參與者受到傷害」此原則；第四項除了避免研究參與者受傷害外，還確保下一個原則——研究參與者擁有和處理資料及得知研究結果的權利。

（13）**研究者在研究過程中會採取的倫理原則**，例如匿名和保密、確保研究參與者上述的權利。

（14）**諮詢管道**，包括研究內容的諮詢管道，以及參與權益諮詢或申訴的第三方管道，此管道可以是，○○人類研究倫理審查委員會或○○大學倫理審查委員會；若無任何倫理審查的學位論文，則可聯繫指導教授。

4. 理解

在「理解」此項要素上，研究者宜使用研究參與者能夠理解的語言，在讓他們充分了解研究的性質之後，再徵求研究參與者的同意，包括語言的形式和內容是研究參與者能理解的（《教育學門保護研究對象倫理信條》，2011；Corey et al., 2003）。舉例言之，如果研究參與者是視覺障礙者，閱讀文字有困難，同意書則應以口頭形式呈現。研究參與者未成年，而法定代理人無法閱讀時，邀請函或同意書則應以口頭形式呈現，國立成功大學人類研究倫理審查委員會（2017b）指出，應由「見證人」在場參與有關研究參與者同意的討論，確認研究者已將研究內容向法定代理人清楚解釋，並確定其同意是完全出於自願，而研究相關人員不得為見證人。又假如研究參與者是智能障礙者，有認知困難，同意書的內容則應以簡易的語彙和簡短的語句呈現，如附錄 29「兒童參與研究說明書」的示例。

（二）知情同意的範圍

除了徵求研究參與者的同意，以及在研究參與者未具備「能力」之前提，取得法定代理人或輔助人的認可外，在以下情況，知情同意的範圍還會擴及其他人：

1. 如果研究的是特定區域，還須徵求**把關者**（gatekeeper，或譯「守門人」）的同意，是指在研究參與者群體內公認為具權威的人，他們可以決定這些人能否參加研究（Lincoln & Guba, 1985），包括學校、機構、族群的領導者等。而若研究者欲請把關者引介研究參與者、發放邀請函／同意書等，則宜提供「把關者協助研究說明書」（示例見附錄 30），告知他們協助和注意事項，例如國立成功大學人類研究倫理審查委員會（2017a）指出，若發放對象對於研究有任何問題，則請他們直接聯繫研究者，以避免造成把關者的困擾。另外，研究者請把關者發放邀請函時，宜向發放對象釐清把關者協助的範圍，避免他們因把關者的壓力而非自主地參與研究，例如國立成功大學人類研究倫理審查委員會（2017b，您的資料將受到妥善保密，第 1 段）於同意書示例中向發放對象表示：

   我們會請學校老師轉交同意書與研究資料，學校老師只是「協助」而已，無論您是否參加研究，皆不影響學業成績、老師對您的觀感。如果您有顧慮，請讓我們知道。

2. 如果研究者欲透過**引介者**進入研究場域，協助尋求潛在參與者，還須徵求引介者的口頭同意。**引介者是引進並介紹研究者和潛在參與者**（是指符合選取標準，尚未確認參與研究意願的人；或是可能符合選取標準，尚待確認標準符合狀況的人）**見面認識**。研究者請引介者介紹潛在參與者時，最好先由引介者和潛在參與者詢問是否願意被推薦，不宜由研究者直接和他們接觸，以避免潛在參與者對引介者的責難；這是因為潛在參與者在不知道被引介者推薦的情況下，突然接獲研究者的聯繫，可能會責難引介者為何未經他們同意便提供個人資訊。

（三）知情同意的取得方式

以**公開的態度**取得研究參與者的知情同意，並且尊重其意願是研究者須遵循的倫理原則，然而要如何公開徵求研究參與者的同意呢？研究者可先以**邀請函**邀請潛在參與者了解本研究，在其充分了解並且考量自身的意願之後，再決定是否參與此研究，甚至可以讓他們有充分的時間考慮，不需馬上做決定；如果他們決定參與，再給予正式的「同意書」，如此較不會像直接給同意書，讓他們有「要立刻做決定」的感覺。陳向明（2002）指出在某些文化環境下（例如：中國鄉村），如果研究者直接拿出同意書要研究參與者簽字，可能讓他們感覺生疏、不被尊重，因為他們對研究者一無所知，如此可能會降低其參與意願；比較好的作法是研究者先介紹自己，和潛在研究參與者對話，建立關係，待取得其信任之後，再商討「參與研究」的事宜。

如前所述，邀請函和同意書都須以研究參與者能「理解」的形式呈現；如果他們無法閱讀文字，則以口頭的形式呈現。邀請函包括前述「知識」要素上，研究參與者須獲知有關研究的 14 項資訊，以讓潛在研究參與者了解整個研究，並且在考量自身的意願後，再決定是否參與研究。邀請函亦可在招募研究參與時，作為廣為宣傳的工具，此時的邀請函尚須包含研究參與者的條件，以招募符合條件且有參與意願的人。而同意書包含邀請函的所有內容，僅增加**徵求研究參與者同意的事項**，而成功大學倫審會尚要求**錄音、錄影或照相之獨立同意勾選欄位**；以及**研究參與者和研究者雙方簽名處**和**簽名日期**這三項。同意書的簽署最好一式兩份，研究者和研究參與者雙方都保留一份，「邀請函和同意書之示例」見附錄 31。

此外，「知情同意」應視為一個過程，而非一次事件，隨著情境或研究者和研究參與者間關係的改變，同意權也應重新訂定（Richards & Schwartz, 2002）。《臺灣社會學會研究倫理守則》（2011）也提醒研究者：即使取得一次知情同意，並不表示它永久有效。例如研究者在初始階段，僅徵求研究參與者參與研究和接受錄音及錄影的意願，未徵求其對錄影或錄音資料處理的意見，而在研究過程中補充徵詢之，是希望單獨保有或銷毀原始錄影或錄音資料；抑或由研究者處理，見附錄 31 的示例。

至於研究參與者表達同意的形式是口頭或書面，須考量他們的能力；如果他們無法簽名，則可採用口頭錄音的同意形式，或是由研究參與者認可的第三者代為簽名。另外會考慮研究參與者的想法，Cieurzo 和 Keitel（1999）指出，某些弱勢族群或社會邊緣人（例如：同志、罪犯），並不想看到自己的名字出現在任何地方，如果要其簽同意書，他們可能拒絕參與；因此較有彈性的作法是取得其口頭同意。不管是研究參與者書面或口頭同意之紀錄，研究者應適當保存之。

關於知情同意取得的時間，最好是在研究之前取得；然而若進行團體（例如：全班）的教學或行動方案，有少數家長不願意讓其孩子參與研究，而孩子有意願時，則研究者可以與他們協商，是否有意願參與教學或行動方案，但是先不簽署同意書，待教學或行動方案結束後，再考慮是否改變心意，提供研究資料；如果他們仍堅持不提供研究資料，則尊重他們，並與之討論個人資料的處理方式。

（四）不需知情同意的情況

關於哪些情況需知情同意，哪些情況不需要，McKee 和 Porter（2009）表示影響因素包括：**公開與私密**、**主題敏感度**、**互動程度**，以及**研究參與者易受傷害性**四項，如圖 5-2，研究情境愈公開、愈不敏感的主題、研究者和研究參與者互動程度愈少，以及研究參與者易受傷害性愈小者，傾向較不需要知情同意；反之，則需要知情同意。

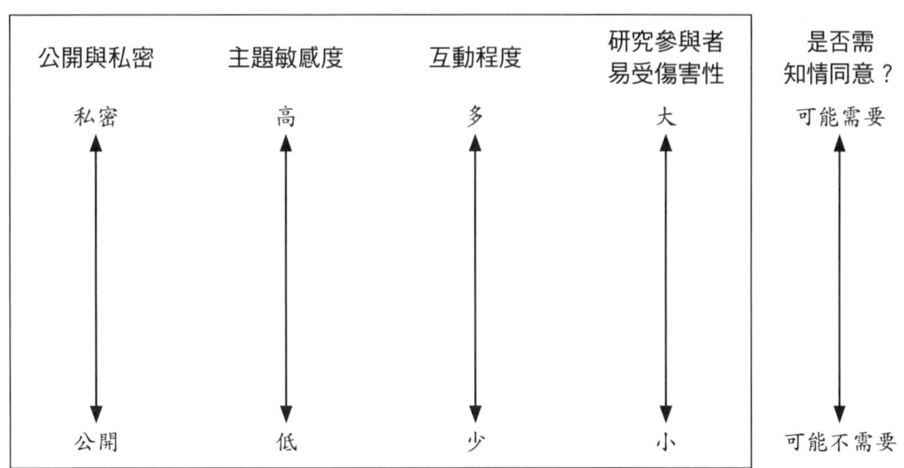

圖 5-2：影響是否需知情同意的因素。修改自 McKee 和 Porter（2009, p. 88），修改處為調整圖框。

一些學會（例如：臺灣心理學會、國立臺灣師範大學教育學院、APA）和臺灣倫審會指出，最低風險（研究參與者遭受之風險不高於未參加者），且免除事先取得同意並不影響參與者權益的下列四種情況，可免除知情同意；然而，還是要遵守主管機關及所屬機構審核委員會的規定，並與其他研究人員討論適合作法以確保他們的福祉，而且研究者應在研究前，告知研究參與者和（或）法定代理人有關該研究之目的、歷程及其相關權利與義務：

1. 在教育情境中，**對不易受傷害群體進行教育評量、教育訓練或班級經營方法的研究**。
2. 進行**無記名問卷調查**，是指不記名、沒有任何暗號；如果在問卷上做暗號以判斷哪些人未回覆，或是委託場域中的人員代為集體郵寄，則研究參與者的隱私就未受到完整的保護。
3. 從事**非互動且非介入性之研究**，一種是**無錄音／錄影的自然而公開情境觀察**；另一種是**運用已合法公開公文檔案的檔案研究**（archival research）；或是研究所使用之個人資料為已合法公開周知之資訊，且資訊之使用符合其公開周知之目的。

4. 在組織情境中進行與工作或組織效能相關，但不會造成研究參與者就業風險，且具有保密措施的研究。

五、確保研究參與者擁有和處理資料及得知研究結果的權利

確保研究參與者擁有和處理資料的權利包括：（1）研究結束後，或研究參與者中途退出，研究者會徵詢他們研究資料處理的方式；（2）閱讀和檢核蒐集的資料（例如：訪談紀錄），並決定公開哪些資料在論文中。另外，研究參與者有得知研究結果的權利；而他們如果「未成年」或「無行為能力或缺乏判斷能力」，臺灣心理學會《心理學專業人員倫理準則》（2013）提到，研究結果宜告知參與兒童其法定代理人和其所屬學校。

六、提供研究參與者重要他人諮詢機會

研究參與者的重要他人可能包括：法定代理人、最大利益代表人、教師、配偶、子女等，若研究參與者未成年且在學，臺灣心理學會《心理學專業人員倫理準則》（2013）指陳：研究者還須告知其法定代理人與其所屬學校；若法定代理人與該學校希望對研究結果做進一步的了解，研究者有繼續提供諮詢之義務。《教育學門保護研究對象倫理信條》（2011）第 2.11.1 條則提及，研究者應透過研究報告、出版品或網站等適當途徑，提供研究參與者之法定代理人或最大利益代表人、所屬學校或機構獲得研究結果的機會。即使研究參與者已成年或未在學，他們若「受監護宣告」或「受輔助宣告」，其重要他人仍然有獲知研究結果和接受諮詢的權利。

參、對實驗動物的倫理原則

以下說明實驗動物的意義，以及實驗動物取得和使用的倫理原則兩大部分。

一、實驗動物的意義

臺灣《動物保護法》（2018）第 3 條第 3 款提到，實驗動物是為了科學應用

目的而飼養或管領的動物；而科學應用則包括教學訓練、科學試驗、生物製劑製造、藥物及毒物試驗、器官移植等目的。換言之，所有因應教學、研究、生技開發所需飼養及實驗用的動物，都屬實驗動物範疇。

實驗動物的種類涵蓋範圍很廣，除了大家耳熟能詳的老鼠外，還包括許多無脊椎動物和中大型經濟動物，甚至包含犬貓等常見伴侶動物及高等的靈長類動物（秦咸靜，2010）。社會科學研究雖然不像生物、醫學研究般大量使用動物進行生物科技和醫藥實驗，但近年來運用**動物輔助治療**（animal assisted therapy, AAT），例如治療犬、狗醫生、寵物治療（pet therapy）、馬術治療（hippotherapy）於教學和治療的研究逐漸增加。

二、實驗動物取得和使用的倫理原則

由於使用動物作為研究參與者通常沒有替代品，因此目前對動物的倫理聚焦於**動物福祉**（animal welfare），而非動物權利。動物福祉是指改善實驗室環境，以及降低實驗動物的使用量；動物權利則聚焦在動物和人類有相同的權利，不應該在研究中被使用（Christensen, Johnson, & Turner, 2014）。為提升動物福祉，世界各國大多已立法規範動物實驗的進行，例如美國農業部於 1966 年發布《動物福祉法案》（*Animal Welfare Act*）；美國心理學會的動物研究與倫理委員會（The American Psychological Association's Committee on Animal Research and Ethics, CARE）（1993）出版《研究中照顧和使用非人類動物的倫理指引》（*Guidelines for Ethical Conduct in the Care and Use of Nonhuman Animals in Research*）；國家衛生研究院實驗動物福祉辦公室（National Institutes of Health, Office of Laboratory Animal Welfare, OLAW）（2002）提出《制度化的動物照顧和使用委員會指引》（*Institutional Animal Care and Use Committee Guidebook*）。澳州墨爾本大學對須用到動物作為教學與研究的研究者提供資訊，並且研究者在動物實驗研究開始前，必須先經過「動物倫理委員會」（Animal Ethics Committee）之審查。以下說明實驗動物取得和使用的倫理原則。

（一）實驗動物的取得

CARE（1993）表示：實驗動物應從合格的供應商合法取得，或是由心理學家所屬的機構進行培育；如果動物必須從野地取得，必須以人道的方式進行捕捉。另外，僅在得到允許、符合倫理考量，且全力保障動物安全的狀況下，才可捕捉瀕臨絕種的物種（CARE, 1993）。

（二）實驗動物的使用

CARE（1993）表示：只有在合理期待該研究會增加行為基本歷程相關知識，以及能促進人類或其他動物福祉時，才可以使用動物進行研究。Russell 和 Burch 於 1959 年提出以實驗動物的倫理規範，簡稱 3R——**取代**（replacement）、**減量**（reduction）和**精緻化**（refinement）（引自 Steneck, 2007, p. 60）；之後 Steneck（2007）增加第四個 R——**負責**（responsibility），成為 4R。在 4R 要求下，研究者在進行動物實驗時應負起完全的責任，以下說明這 4R 原則。

1. 取代原則

CARE（1993）表示：研究中使用的實驗動物應該是最適合用來回答研究問題者。Russell 和 Burch 指出取代意謂，在合理的狀況下宜盡量避免使用活體動物進行實驗，以避免造成實驗動物本身的負擔，包含**使用較低等的物種進行實驗，採取微生物、細胞組織或電腦模擬技術取代動物**等（引自 Steneck, 2007, p. 60）。臺灣《動物保護法》（2018）第 15 條指出：

> 使用動物進行科學應用，應盡量避免使用活體動物，有使用之必要時，應以最少數目為之，並以使動物產生最少痛苦及傷害之方式為之。

2. 減量原則

Russell 和 Burch 表示減量旨在減少實驗動物的使用量，包括可採用以下四種方法來達到：**減少實驗動物選擇的變異性、慎選實驗動物的範例、降低實驗動物的流失**，以及**設計嚴謹的實驗**（引自 Steneck, 2007, p. 60）。上述臺灣《動物保護法》（2018）第 15 條亦提及以最少數目為之。

3. 精緻化原則

Russell 和 Burch 提到精緻化旨在減少實驗動物的痛苦及傷害（引自 Steneck, 2007, p. 60）。文獻（秦咸靜，2010；CARE, 1993; OLAW, 2002）指出精緻化是一種人道的態度，研究者可以**提供動物符合其習性的飼養和實驗環境，盡可能減少對動物的干擾和傷害**；以及**運用更純熟的操作技術**（例如：執行動物研究的人員必須接受專業訓練和嚴密監督）、**更精準的實驗設計**（例如：當研究目的須使用嫌惡刺激時，應使用最小程度者）和**更人道的實驗管理**（例如：在實驗後善盡安置和照顧之責）。上述臺灣《動物保護法》（2018）第 15 條亦提及，使動物產生最少痛苦及傷害之方式為之；另外第 17 條還提及：

> 科學應用後，應立即檢視實驗動物之狀況，如其已失去部分肢體器官或仍持續承受痛苦，而足以影響其生存品質者，應立即以產生最少痛苦之方式宰殺之。實驗動物經科學應用後，除有科學應用上之需要，應待其完全恢復生理功能後，始得再進行科學應用。

英國農場動物福祉委員會（UK Farm Animal Welfare Council, 1979）提出，保障農場動物的**五項自由**（稱為 5F），這 5F 原則可以減少實驗動物的痛苦及傷害，維護其最基本的生存權益，包括：（1）**免於飢渴的自由**，須提供動物乾淨的飲水及飼料，以維持健康及活力；（2）**免於生理不適的自由**，須提供適當的飼養環境及舒適的休息場所；（3）**免於痛苦、傷害及疾病的自由**，須提供疾病和感染的預防，以及快速診療的機制；（4）**表現正常行為形態的自由**，須提供充足的飼養空間、適當的硬體設施及夥伴；（5）**免於恐懼和悲傷的自由**，須確認所有程序不會造成動物心理的苦難。

另外，在進行動物輔助治療時，治療性動物在心理治療中的運用包括關係媒介、協同治療者、獨立治療者、催化者四種方式（LaFrance, Garcia, & Labreche,

2007）。使用的治療性動物應經過訓練，具穩定性和耐心，並定期接受健康檢查。而研究者在進行治療時，除了評估研究參與者適合以何種策略介入，治療性動物扮演的角色外，也應考量此介入是否符合治療性動物的福祉，**避免要求動物做出超出身心負荷範圍之行為**。選擇動物輔助治療環境時，**應考量研究參與者與動物之需求**，例如應具備讓動物可單獨出入的走道、休息空間、如廁空間。儘管篩選後的治療性動物已經較有穩定性，但過度開放的空間、鏡面、吵雜或不安全的環境仍可能使動物無法專注工作。

4. 負責原則

進行動物實驗不只要**對動物和研究負責**，也應**對社會期待負責**；研究者須尊重生命，並以同理心對待所有實驗動物（Steneck, 2007）；以及在倫理課程中討論實驗動物的價值和應用倫理（CARE, 1993）。Singer 於 1975 年《動物解放——我們對動物處遇的新倫理》（*Animal Liberation: A New Ethics for Our Treatment of Animals*）書中主張，動物具備感受痛苦與快樂的能力，這份能力需要受到人類的尊重〔孟祥森（譯），2004〕。臺灣《動物保護法》（2018）第 16 條提及，監督及管理動物之科學應用的委員會或小組的設置：

> 進行動物科學應用之機構，應設置實驗動物照護及使用委員會或小組，以督導該機構進行實驗動物之科學應用。中央主管機關應遴聘學者、專家、相關機關及立案之民間動物保護團體代表定期監督及管理動物之科學應用；其中至少應含獸醫師及民間動物保護團體代表各一人。

在進行動物輔助治療時，**研究者應向研究參與者說明應用的方式和時機**，徵求研究參與者（若有必要，及其法定監護人）的同意。研究者也應**注意研究參與者的身心狀況是否適合與動物一起工作**，例如有過敏體質、氣喘症狀、對動物恐懼、有攻擊傾向可能傷害動物的研究參與者，在使用動物輔助治療時需特別注意。

第三節 具文化能力之研究的實施

科學告訴我們如何改變，而價值觀告訴我們什麼值得改變。

（Carr et al., 2002, p. 6）

Gil 和 Bob（1999）指出，過去的研究較少包含文化差異的研究參與者，即使有，由於負面的刻板印象，以及缺乏對他們需求的了解，探討的議題偏向以「心理和社會問題」為焦點，如此更加深一般人對他們的刻板印象。因此，Gil 和 Bob 建議，未來的研究應包含文化差異的研究參與者，並且不要僅以問題為焦點，亦可以發現和開展他們的優勢。為了達到此目標，必須實施具文化能力之研究，綜合文獻，可透過充實研究者的文化能力、採取對文化敏感的研究倫理確保程序，以及使用對文化敏感的寫作語言三種方式，以確保研究是具有「文化能力」的。

壹、充實研究者的文化能力

研究者欲進行具文化能力的研究，首先須讓自己具備「文化能力」；除了研究者本身，若有其他評量者、訪談者、分析者參與研究，亦須注意訓練這些人員具有文化能力（Rubin & Babbie, 2010）。Lum（2011）表示，欲培養研究者具文化能力，首先從「文化覺知」著手，研究者可以先覺察自身的文化背景，了解它如何影響自己的價值觀、態度和做事方法等，進而覺知生活周遭存在著不同的文化。接著加強對不同文化的「知識獲得」（Lum, 2011）；Vonk（2001）表示，包含熟悉不同文化的歷史經驗，與這些經驗是如何影響該文化群體的生活、其看待主流文化的方式，以及其傳統、價值觀、家庭系統、社經議題、對社會服務和政治的態度等。最後促進「技能發展」，是指因應不同文化調整實務和研究的運作模式（Lum, 2011），例如發展能和文化差異研究參與者有效溝通，以及建立關係的技巧等。Papadopoulos（2006）使用這三個成分發展一個模式，以培養研究者具文化能力。

貳、採取對文化敏感的研究倫理確保程序

在研究倫理確保程序中，必須考慮文化差異者的觀點（Fisher & Ragsdale, 2006），包含採取對文化敏感的知情同意程序，以及回饋和研究結果呈現方式。

一、運用對文化敏感的知情同意程序

在徵求知情同意的過程中，須了解文化差異者在意哪些事項。例如 Rubin 和 Babbie（2010）指出對那些重視集體認同的文化差異者來說，保障個人匿名是不夠的，他們可能會要求對族群的共同保密；Norton 和 Manson（1996）建議，對美國印第安人與阿拉斯加原住民做研究時，不應明確指出研究的群體。另外，須徵詢研究參與者同意的追蹤與聯絡方式，還須注意不要向引介者透露研究參與者的敏感資料，例如參與有關心理疾病或 AIDS 的研究（Rubin & Babbie, 2010）。

二、採取對文化敏感的回饋和研究結果呈現方式

在讓研究參與者獲知研究結果和從研究獲益上，宜了解文化差異者重視的回饋和研究結果呈現方式（Trainor & Bal, 2014）。例如 Norton 和 Manson（1996）指出，報酬不須受限於個別參與者，他們舉例 Pueblo 印第安社區要求提供報酬給部落，這與部落強調的「集體認同」概念一致。Huang（2000）以印第安裔美國人為參與者的研究中，採用說故事和視覺影像而不是書面材料的方式回應研究成果給他們。

參、使用對文化敏感的寫作語言

語言反映和塑造了社會的價值觀（Eichler, 1988），具文化能力的研究會運用「對文化敏感的寫作語言」。APA（2001, 2010b）表示撰寫論文時，宜注意使用正確、清楚，以及免於語言偏見的言辭，包括以下六點原則。中文論文中，在撰寫英文題目、摘要和本文時，亦須留意下述寫作語言。

一、採用具體的「臨床術語」說明研究參與者的症狀

採用具體的「臨床術語」說明研究參與者的症狀，避免讓讀者對他們產生「全面困難」的印象，例如：（1）在描述研究參與者是「邊緣型」或「處於高危險群」時，宜詳述是「哪一種邊緣型」，或是「處於哪一種高危險群」，像是**邊緣型人格障礙症者**（people with borderline personality disorder），或是**早期輟學高危險群的兒童**（children at risk early school dropout）（APA, 2001, 2010b）；（2）使用**阿茲海默症引起的重度神經認知障礙症者**（major neurocognitive disorder due to Alzheimer disease）取代「癡呆症者或失智症者」（dementia）（American Psychiatric Association, 2013）。

二、使用「性別角色地位平等」的措辭

使用性別角色地位平等的措辭描述男性和女性，避免性別歧視的語言或概念；舉例來說，避免使用「男人和太太」，因為此措辭乃依據女人與男人的關係來定義女人，會給讀者一種女人與男人角色不平等的感覺，最好改成「男人和女人」或「丈夫和太太」；不要用「一家之主」和「配偶」分別稱呼男性和女性。「具有和不具性別歧視之語言的對照」可參見附錄 32。

三、使用「種族地位平等」的措辭

使用種族地位平等的措辭描述不同種族，避免種族歧視的用語；舉例來說，使用**美國原住民**（Native Americans）會比「美國印第安人」（American Indians）來得佳；不要使用白種人（White）和非白種人（Non-White），因為如此隱含比較的標準且不明確，以**歐裔美國人**（Caucasian Americans）稱呼白種人，非白種人宜改成具體的描述，例如**墨西哥裔美國人**（Mexican Americans）、**中國裔美國人**（Chinese Americans），而此名稱又比拉丁美洲裔美國人（Hispanic Americans）、亞裔美國人（Asian Americans）更明確（APA, 2001, 2010b）。其中 Mexican Americans 和 Chinese Americans 兩個字的中間不應加上連字號，含連字號的名詞暗指，這些族群並不是真正的美國人，即使他們出生在美國並且認同

自己是美國人。

另外，**避免使用東方人**（Orientals），因為此名詞原意為「蠻荒、落後」，有輕蔑的意味，而且不明確，宜改成具體的描述，例如亞洲人（Asian），或是來自東南亞的研究參與者（APA, 2001, 2010b）。以**新住民（或新移民）**家庭代替「外籍家庭」；採**外籍家事工作者**取代「外傭」；用**外籍配偶、新移民女性或母親**替代「外籍新娘或母親」。

四、採用「身心狀況地位平等」的措辭

採用身心狀況地位平等的措辭描述身心障礙者，**勿用正常**（normal），**身體健全、健康或完整**描述一般人，因為那會給讀者「正常」和「異常」、「健全」和「不健全」等的比較，因而貶抑那些有差異的研究參與者，**使用一般人或非障礙者**（nondisabled people）（University of Kansas, 2007）。又例如使用**文化差異**（culturally different）取代「文化剝奪或不利」（culturally deprived or disadvantaged）（APA, 2001）。

五、採取「無障礙和以人為先」的語言

採取「無障礙和以人為先」的語言，例如使用**身心障礙學生**（students with disabilities）取代「殘障學生」（disabled students）或「殘障者」（the disabled）、遲緩者（the retarded），更強調尊重身心障礙者為獨立的個體，只是部分能力的限制，但不是全面的缺陷。其他「有和無障礙之語言的對照」見附錄 33。

六、運用「中性情緒和描述性」的語言

運用中性情緒和描述性的語言描述研究參與者，**避免極端、負面、貶抑的說法，也不要暗示他們是無助的**，例如：（1）以**中風者**（individual who had a stroke）取代「中風受害者」（stroke victim）；（2）以**較年長者**（older people）代替「老人」（the elderly）或「衰老」（senility）（APA, 1998, 2001, 2010b），亦可稱呼為**高齡者、樂齡者或資深公民**（senior citizens）。

再者，**切忌強調身心障礙者先天的損傷，或是不可治癒的疾病**，避免稱呼他們為病人（University of Kansas, 2007），以**癌症兒童**和**泛自閉症兒童**，取代「癌症病童」和「泛自閉症病患或患者」，僅在醫生稱呼其治療的對象時才可使用，並且將焦點放在影響身心障礙者生活品質的議題，例如交通、居住、健康照顧、就業機會和歧視等，見問題討論 5-1。另外，論文中**避免以譬喻和不適齡的方式稱呼身心障礙者**，例如以星兒比喻自閉症成人，以唐寶寶稱呼唐氏症成人；Waltz（2014）即指出，以譬喻稱呼自閉症者，可能是空洞、區分他者、非人性的，隱藏了他們的真實自我。

問題討論　5-1 避免使用強調文化差異者弱勢和問題的語言

a. 一份研究寫道：「教養孩子對許多家長是甜蜜而沉重的負擔，尤其身心障礙孩子的問題嚴重且複雜，異於一般人，導致其家長承受極大的教養壓力。」此敘述是否恰當？

☛ 此語句太過凸顯身心障礙孩子的問題，建議修改為：「教養孩子對許多家長是甜蜜但沉重的負擔，而身心障礙孩子有部分生理與心理需求，家長須投注較多的心力因應，導致他們承受較大的教養負擔。」

b. 一份論文寫道：「高功能泛自閉症兒童的人際互動表現，雖較優於低功能者，但是因他們不能理解他人想法、無法學習適當的社會互動，以及缺乏與他人合作的能力，所以他們在拓展人際關係上會產生嚴重的缺陷。」此敘述是否恰當？

☛ 此敘述太過凸顯泛自閉症兒童能力的缺陷，建議修改為：「高功能泛自閉症兒童的人際互動表現，雖較優於低功能者，但是因為部分高功能自閉兒童較有困難理解他人的想法、較不善於以適當的方式與人互動，以及與他人合作的能力較為不足，所以他們人際關係的拓展產生限制。」

（續）

問題討論 5-1（續）

c. 一份論文寫道：「新移民母親語言能力的缺陷、教養經驗的缺乏，或是教育水準的低落，致使我們對新移民女性的母職實踐常抱持著憂慮的態度，擔心她們的子女會降低臺灣的人口素質、製造社會問題。」此敘寫是否適切？

☛ 此敘述太過強調新移民母親的失能，建議修改為：「部分新移民母親因教育程度和語言能力的不足，較有困難指導子女課業學習，加上若夫家、學校和社會給予的支持不夠，致使部分大眾對新移民女性的母職實踐抱持著憂慮的態度，擔心她們的子女會產生課業上的問題。」

除了避免強調障礙、弱勢和問題外，也**不要過於吹捧成功的文化差異者為超人或英雄**；例如 University of Kansas（2007）即指出，將成功的身心障礙者視為超級明星，會給人所有身心障礙者都應該達到此層次的錯誤期待。

另外，以**優勢和需求**代替「優勢和劣勢或缺陷」，描述研究參與者的特徵或行為，而且使用**具體描述性的語言**，避免價值評斷者，例如以**喜歡坐在沙發上看電視，不願意起身做家事、做運動**取代「懶惰」。**避免強調文化差異者的障礙、弱勢和問題**，例如在文獻探討中，不要以「原住民的教育問題」為標題，宜改成「原住民的教育議題」。其他「評價性和描述性之語言的對照」見附錄 34。

第四節 研究專業守則的依循

研究者就是實踐研究專業的人，正如 Gandhi 所云：「我的生命就在傳達我這個人的所有訊息（my life is my message）。」

以下從**採取適當的研究實務**、**確實呈現和應用研究結果**，以及**注意論文寫作的原則**三方面，探討研究專業守則的依循。

壹、採取適當的研究實務

一些學會（例如：臺灣心理學會、APA、AAPOR）指出，**研究者須具備足夠的知識與能力，以選擇並依照適當的研究實務**（包括研究方法、程序、工具及分析方法）**進行研究**，不為迎合預期目的，而任意選擇最為方便者，以確保資料的正確性。除此，須**詳述研究實務，如有缺失及限制，要坦白呈現**，使讀者了解研究的可信程度。Neuman（2003）指出，在方案或政策評鑑研究中，一般誤用的類型有以下六種，前四種屬於採取不適當的研究實務，後兩種歸入不確實呈現和應用研究結果（於「貳、確實呈現和應用研究結果」中詳述）：

> 第一，提出錯誤的研究問題。第二，做了決策之後才實施評鑑研究，以達到為預定決策背書的目的。第三，採用不適合的研究設計或資料蒐集策略來做評鑑。第四，為了確保產生預期的結果，而不適當地干擾研究設計或資料蒐集的程序。第五，當評鑑結果明確顯示該項方案無效時，卻仍持續實施它；或是當評鑑結果明確顯示該項方案很有效時，卻結束它。第六，壓制或刪除正面結果，以取消或減少某項方案的實施；或是壓制或刪除負面結果，以持續或擴展某項方案的實施。（p. 133）

貳、確實呈現和應用研究結果

文獻（Wallace & Van Fleet, 2012; Keith-Spiegel & Koocher, 1985）表示，研究者對其研究資料的真實性負完全的責任，**應盡可能客觀地蒐集與分析研究資料或數據**，不得有以下狀況：第一，未實地蒐集資料，就**捏造**（fabrication，又稱「造假」）研究結果，意指無中生有，研究者偽造、虛構研究過程中不存在的資料，這些資料包括數據、圖片或結果，並且發表虛構的資料。第二，**竄改**（falsification，或稱「擅改、變造」）研究資料或結果，意指偷天換日，研究者出現以下情形：（1）不正當地操弄研究工具或過程，使它更接近預期的結果；（2）選擇性地處理研究資料，例如更改、刪除部分真實資料、圖片及研究發現，以去除不想要或不一致的資料；（3）未正確詳述研究方法和過程，故意隱藏未符合理想或矛盾的研究成果，做無根據且與事實不合的詮釋與推論，以致研究結果無法正確呈現。

臺灣《科技部對研究人員學術倫理規範》（2017）亦規定：研究者要避免捏造和竄改的行為，並且提醒研究論文發表後若發現有誤，應盡快更正錯誤。捏造或篡改研究資料和結果，除了會影響個人的信譽，還會誤導對研究主題的了解。最為人熟知的捏造案例是英國教育心理學者 Burt，他以雙胞胎研究顯示智力的基因基礎而享譽國際，他於 1971 年過世；而在 1976 年，科學界才發現其資料都是捏造的；不幸的是，科學社群已經被誤導了將近 30 年（Neuman, 2003, p. 118）。

參、注意論文寫作的原則

杜甫《偶題》中提及：「文章千古事，得失寸心知。」文章是傳之千古、開啟人類智慧的宏大事業，其中的甘苦得失只有作者知道；而作者更要注意寫作原則，審慎為之。論文寫作要注意的原則包括下四方面：**尊重他人的智慧財產避免抄襲**（plagiarism，或稱作「剽竊」）、**列名對研究有重要且實質貢獻的人為共同作者**、**依據共同作者的貢獻大小排序**，以及**避免重複發表研究成果或申請計畫補助**，詳細內容可參見鈕文英（2019）的討論。

第五節 單一個案研究內在效度之威脅來源和提升方法

世界最偉大的事，不過是照著方向往前邁進。（Holmes, n.d.）

既然內在效度關心的是研究發現是否能回答研究問題，研究者就須盡可能控制外在變項對於研究的干擾，盡量排除可能的研究誤差，以便能正確地回答問題（McMillan & Schumacher, 2009）。研究誤差的來源包括兩種，一為**隨機誤差**，又稱**機會誤差**，係由不明因素形成，所有研究都可能出現此種誤差（吳明清，

1995）。隨機誤差如同亂數般，沒有固定的錯誤方向，也就是高估或低估真實分數的情形都有，以致誤差為正值和負值之狀況是隨機的；例如重複測量個體的體重多次，每次測量的結果稍有不同，求得所有誤差的平均數為零，也就是誤差能夠被「抵銷」掉。另一為**系統誤差**，也稱**固定誤差**，是由於某些可辨識的因素造成，是一種有系統的錯誤，具有一定的錯誤方向，無法被「抵銷」掉，因此研究者必須控制之（吳明清，1995）；例如以一個有問題的體重計測量個體的體重，所出現一致高估或低估其真實體重的狀況，就是系統誤差。

除了這兩種誤差，De Vaus（2001）補充另外一種誤差——**相關誤差**，是指誤差的數量及方向和研究參與者的特徵有關聯，例如：一份難於理解和填答的自評量表，造成的誤差會和研究參與者的教育程度有關，結果造成不同教育程度的研究參與者，對量表題目的觀點有差異；事實上並不是他們的觀點真的有差異，而是他們對問題的理解有差異。其中造成系統和相關誤差的因素，即為威脅研究內在效度之來源。以下從研究參與者、研究者、介入方案、依變項評量，以及研究過程五方面，探討威脅研究內在效度之來源和因應方法如下。

壹、研究參與者方面的威脅來源及因應方法

在研究參與者方面，從他們的**特徵變異**、**成熟**、**流失**和**態度**四方面帶來的可能干擾，詳細討論威脅研究內在效度之來源及因應方法。

一、因應研究參與者特徵變異的干擾

研究參與者特徵變異對研究的影響通常直接而廣泛，包括他們**在依變項上的起點狀況**，以及**生理特徵**（例如：性別、年齡）、**能力狀況**（例如：溝通能力、認知和學習能力）、**社會特徵**（例如：身分、地位）、**心理特徵**（例如：親和力）等；而這些特徵若剛好與研究的主題有關聯，加上如果研究參與者有兩組，例如結合組間設計（有實驗組和比較組），則兩組在這些特徵和依變項的起點狀況上是否相似，會影響自變項對依變項介入效果的推論。例如文獻指出，學生的智力可能影響他們接受教學方法的成效，研究者若採結合組間設計，比較兩種教

學方法成效之差異時，研究參與者之智力則是一個威脅因素。

多數單一個案研究設計不會像實驗研究，因研究參與者特徵變異造成取樣偏差的問題，此威脅只會出現在跨參與者多基線或多探測設計，以及結合組間設計中。在跨參與者或小組的多基線或多探測設計，如果跨的參與者或小組彼此特徵不相似，而介入方案應用在不同參與者或小組上的效果又不一致時，可能會讓人懷疑介入方案和依變項的因果關係。其他單一個案研究設計即使只有一位研究參與者，無取樣偏差的問題，而他的某項特徵（例如：服藥狀況）在整個期間不一致，例如有時服藥，有時未服藥，亦可能會干擾自變項與依變項的因果推論。

研究者可藉由以下兩種方法，因應研究參與者特徵變異的干擾：第一，**選取符合選取標準、功能近似的研究參與者，以避免「不一致介入效果」的現象**（在第貳章多基線設計中已討論）。例如研究社會技能教學方案對智能障礙學生人際互動技能的成效，為了排除智力因素的影響，研究參與者設定為輕度智能障礙學生。若結合組間設計有實驗組和比較組，研究參與者的特徵要盡可能相似，以避免「取樣偏差」。第二，**如果無法排除某個研究參與者特徵變異產生的干擾**，則可以**讓此外在變項保持固定**（De Vaus, 2001; Fraenkel & Wallen, 2006），其作法已在第壹章第二節討論。

二、因應研究參與者成熟的干擾

成熟是指實驗期間，研究參與者本身隨時間發生的身心變化，例如生理發育、心智發展、生理或心理的疲勞等，而不是自變項的效果，尤其會出現在長時間的研究中（Kazdin, 2011）。

單一個案研究採「將研究參與者作為自身的對照（控制）」，藉由自變項的引進和撤除或倒返的技術，以排除「成熟」此項威脅因素，確認自變項和依變項的因果關係。然而，某些自變項不易撤除，或是撤除自變項後依變項無法回到基線狀態，就無法排除成熟因素的威脅。此時研究者可以將研究參與者在依變項的評量表現，與同年齡一般兒童的成長曲線（如果有此資料）做比較，以監測成熟因素對研究參與者的影響（第壹章第五節已詳述）；或是在過程中蒐集更多研究參與者身心發展的資訊，以監測研究參與者成熟因素對介入產生的影響。

三、因應研究參與者流失的干擾

流失是指研究參與者在研究期間，由於各種因素流失，而對研究產生影響（Fraenkel & Wallen, 2006），尤其單一個案研究的研究參與者人數通常較少，甚至只有一個人，流失造成的影響更大。另外，差異流失率過高會造成結合組間設計中，實驗組和比較組間的研究參與者特徵不相等。

研究者可以藉由以下兩種方法，因應研究參與者流失的干擾：（1）**安排備案**，以因應萬一研究參與者流失的問題；（2）**預先取得更多關於潛在參與者的資訊**，了解是否有造成流失的可能因素；例如若家長計畫下學期會因遷居而讓孩子轉學，則避免選取此學生為研究參與者。若無法事先防範而在研究過程中出現流失的現象，則取得更多關於研究參與者的資訊，以了解其流失的原因。

四、因應實驗組參與者對研究和自變項態度的干擾

實驗組參與者會從研究者的言語與行為，以及研究情境中的各種線索，揣摩這項研究的預期目標與結果，以及有助於達成研究目標、獲得研究結果的反應方式；換言之，實驗組研究參與者會設想研究者或研究情境**要求的特徵**（demand characteristics），然後表現符合研究者期待的反應，因而對研究產生不良影響的「反作用力」，它又稱作**實驗效應**、**研究效應**、**霍桑效應**（Hawthorne effect）、**天竺鼠效應**（guinea pig effect）（Fraenkel & Wallen, 2006; Gay et al., 2009; McMillan & Schumacher, 2009）。霍桑效應是源自於美國西屋公司霍桑廠的實驗，原本的實驗目的是想了解工廠的工作條件（例如：燈光、工作時數）對員工產能的影響，結果發現員工在任何工作條件下皆有很不錯的產能；究其原因，乃由於員工知道自己正在被實驗，因此為了符合期望，即使在工作條件很差的情況下，一樣有非常好的工作表現和產能（Fraenkel & Wallen, 2006）。

在因應實驗組參與者對研究和自變項態度的干擾上，可**採取適當的研究程序**，例如以**單盲法**（single-blind，也就是研究參與者不清楚研究假設）**排除實驗效應**（Neuman, 2006），見圖 5-3。要注意的是，這並不意味研究者要以欺瞞的方式進行實驗，而是仍然要遵守研究倫理，以公開的態度徵求研究參與者的知情

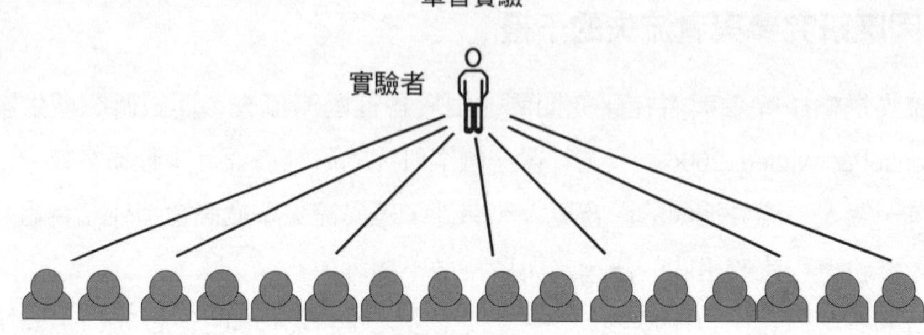

圖 5-3：單盲實驗。修改自 Neuman（2006, p. 264），修改人形圖案，以及提供說明。

同意，只是不主動告知研究假設。若追求真實和研究倫理有衝突，則仍須優先考量研究倫理。

五、因應比較組或基線期接受評量之研究參與者對研究態度產生的干擾

如第壹章所述，比較組包括控制組、對照組和等待組。關於結合組間設計中，控制組參與者對研究之態度的干擾上，若實驗的內容是多媒體教學或新教材，那麼未接受自變項的比較組，在獲悉其他人接受新的教材和教法，而他們只是作為對照之用時，心中覺得不服氣，因而加倍努力，以致有好的表現，甚至超越實驗組，結果無法確定實驗教學的效果；這種比較組的態度被稱為**補償性競爭**，又名為**亨利效應**（John Henry effect，或譯為「強亨利效應」）（Fraenkel & Wallen, 2006）。亨利是美國一名傳奇性黑人，擔任鐵路工人，在獲知公司引進一種機器進行實驗，以備日後取代人工時，他拚命工作，使工作績效勝過機器，但卻耗竭體力而死（Fraenkel & Wallen, 2006）。比較組除了可能產生補償性競爭外，也有可能由於心中怨恨而故意怠工，因此表現比平時差，也就是產生**怨恨性怠工**（resentful demoralization）現象；如果拿這種表現來與實驗組相比，將凸顯實驗的效果，但這樣的效果未必正確（Fraenkel & Wallen, 2006）。

而在基線期接受評量，等待介入的研究參與者，在往後介入期會安排介入的

時間中如果完全無任何活動，則**基線期的公平性**就會受到質疑，且研究參與者會感到疑惑。例如研究者於介入期，安排週一和週三的第八節引進自變項；若研究參與者於基線期這個時間無任何活動，則基線期的公平性就會受到質疑。另外，跨參與者的多基線或多探測設計中，第二位以上的研究參與者得知第一位研究參與者正接受新的教材和教法，而他們只是作為對照之用時，亦可能產生前述補償性競爭和怨恨性怠工的情形。

為因應結合組間設計中控制組，或基線期接受評量之等待組研究參與者對研究態度的干擾，可以提供這些研究參與者和研究無關的介入，運用**安慰劑效應**（placebo effect）（Fraenkel & Wallen, 2006）。安慰劑效應是源自於醫藥的實驗，也就是給比較組沒有任何效用的安慰劑，讓比較組處於和實驗組類似的情境及情緒狀態（Neuman, 2006）。圖 5-4 顯示健康研究中欲比較 β 胡蘿蔔素和阿斯匹靈對人體健康的效果，加入 β 胡蘿蔔素和阿斯匹靈的安慰劑，形成四種條件。Meltzoff（1998）指出在心理治療的研究中，研究者可以提供比較組**注意的安慰劑**（attention placebo），讓他們在研究期間得到研究者同等的注意，只是沒有進行特別的治療活動。

	β胡蘿蔔素	安慰劑
阿斯匹靈	條件1 （服用β胡蘿蔔素和阿斯匹靈）	條件2 （僅服用阿斯匹靈）
安慰劑	條件3 （僅服用β胡蘿蔔素）	條件4 （未服用β胡蘿蔔素和阿斯匹靈，只是服用安慰劑）

圖 5-4：比較 β 胡蘿蔔素和阿斯匹靈對人體健康的效果。修改自鄭惟厚（譯）（2009，第 87 頁），修改處為將「處理」改為「條件」，並且說明四種條件的內容。

至於在基線期接受評量，等待介入的研究參與者，研究者亦可以將之視為比較組，在與介入期相同的介入時間中，提供他們**注意的安慰劑**（安排讓學生獲取正向注意的活動，例如要學生念出應用問題的題目，教師列出算式讓學生計算），**運用原來的方式介入**（例如：講述法、後果處理策略），或是**採取不同**

於原來方式的介入（例如：基線期念人物故事，介入期念社會故事；基線期提供未陳述行為問題原因和功能的策略文章給教師閱讀，介入期則提供教師以功能評量方法，了解行為問題原因和功能的研習活動）。相關文獻（Lane, Wolery, Reichow, & Rogers, 2007; Wolery & Dunlap, 2001）表示，**要清楚說明基線期，包括安排了什麼活動（或課程、材料、策略），在何時、何地從事此活動，由誰來實施**。

舉例來說，在行為介入上，Killu、Sainato、Davis、Ospelt 和 Paul（1998）分析高服從度指令對參與者服從和干擾行為的成效，基線期提供的是「低服從度的指令」，而介入期給予的是「高服從度的指令」。Krantz 和 McClannahan（1993）研究「腳本的提供與褪除」對四位泛自閉症兒童同儕互動的成效，基線期間，每位研究參與者在他的座位上可拿到美勞材料和兩張字條，上面寫著「認真做美勞」和「多多說話」，教師引導每位研究參與者把紙上內容讀出來後再移開；而在腳本介入期間，基線期間使用的兩張紙條換成寫上與同儕互動的腳本，例如「○○（某位同儕的名字），你要用我的鉛筆、蠟筆或水彩筆嗎？」Caruso 和 Kennedy（2004）探究提示系統對審查者準時完成審查的成效，在基線期中，研究者提供審查說明信函、審查內容和審查截止日期；而在介入期間，僅加入了「定期的提示」。又例如在學業介入上，Miller、Hall 和 Heward（1995）探討作業單的回饋和自我更正策略對學生學習數概念的成效，在基線期間，研究者於教學後提供作業單，讓學生練習學習的內容；在學生做作業單的過程中，提醒學生努力做，並且盡可能回答他們的問題，最後給分和發還作業單；而介入期的作法與基線期相同，僅加入了「對作業單的回饋和自我更正」。

六、因應研究參與者接受評量之態度的干擾

研究參與者對接受評量或調查的覺知和態度，會讓他們產生某種**反應心向**（response set）（吳明清，1995；Neuman, 2006）。在研究情境中，研究參與者**對評量的理解**可能會影響他們的反應，例如在有關態度及情緒的評量上，如果研究參與者感受到心理的壓力，擔心研究者要知道其態度是否正確、情緒是否穩定，這種心理壓力稱為**評量的恐懼**；在此種心理壓力下，研究參與者可能就會努

力表現，積極爭取正面的評量結果，以免有損自尊或受人嘲笑，進而博得好感，因而產生**社會喜愛效應**（Neuman, 2006）。

同樣地，研究參與者在接受觀察時，也可能會產生這種社會喜愛效應；還有可能產生異於平常的負向行為，例如刻意引起觀察者的注意，稱為**觀察者效應**（Bernard, 2013）；最容易出現在觀察者是外來者的情況下，例如資源教師進入普通班觀察一位學生的行為。除此，由於單一個案研究重複評量的特徵，可能會造成研究參與者挫折、沉悶、厭煩等反應（Tawney & Gast, 1984）。

在研究參與者接受評量之態度的干擾方面，可以藉由以下兩種方法因應：

第一，**拉長觀察時間**，研究參與者較容易呈現其真實狀況；正如 Liebow 在女性街民的研究中即指出：「時間一長，謊言自然就不完美了。」（引自 Padgett, 1998, p. 94）亦可以在蒐集正式觀察資料之前，即進行預試；如果要攝影，於現場架設攝影機一段時間，讓研究參與者適應，以減少觀察者效應的問題。若觀察者不是觀察場域的人員，還要注意**以自然的方式進入觀察場域**。例如資源教師進入普通班觀察一位學生的行為，可由普通班教師介紹資源教師和進入班級的目的（例如：協助教學），然後讓資源教師融入班級教學活動中，與學生建立關係，讓學生適應資源教師的存在，直到學生不會轉頭注意資源教師的舉動後，資源教師才開始做正式的觀察紀錄。

第二，在研究參與者接受評量時，研究者向他們**保證匿名與保密**，並且讓他們知道研究者想了解其學習狀況或觀感，並**不會預設立場，也不會評鑑其觀感或影響其成績**，請他們真實、自在地接受評量或表達觀感。再者，研究者在設計評量工具時，宜**減少工具名稱和題目的敏感及威脅性**，選項不要標示分數，以避免研究參與者產生社會喜愛效應（Babbie, 2010; Oppenheim, 1992）。

貳、研究者方面的威脅來源及因應方法

在研究者方面，會威脅研究內在效度之來源就是「研究者或實驗者效應」（researcher or experimenter effects），它表現在**研究者反作用力、個人特徵**，以及**評量偏差**三方面，以下討論這三方面威脅內在效度的來源及因應方法。

一、因應研究者反作用力的干擾

研究者的反作用力包括研究者的期待、研究者刻意影響研究參與者的表現等方面，因而影響研究結果的真實性（Fraenkel & Wallen, 2006; Gay et al., 2009），這是研究中的**比馬龍效應**（Pygmalion effect）（Lincoln & Guba, 1985）。Cooper 等人（2007）指出，研究者的反作用力會讓介入期較基線期、實驗組較比較組享有不公平的優勢。

在因應研究者反作用力產生的干擾方面，**研究者須保持客觀中立的態度**，避免給予研究參與者不當的暗示和期待，以排除研究者效應（Bausell, 1994; Fraenkel & Wallen, 2006）。另外，可**採取適當的研究程序**，例如使用**雙盲法**（double-blind），排除其他研究人員（若有研究助理、協同觀察者或評量者）之反作用力現象（Neuman, 2006），見圖 5-5。其中研究參與者不清楚研究假設是單盲法；再加上研究助理、協同觀察者或評量者，甚至研究者不清楚介入方案預期的結果，或是不知道依變項觀察（評量）屬於基線期或介入期，則是雙盲法。

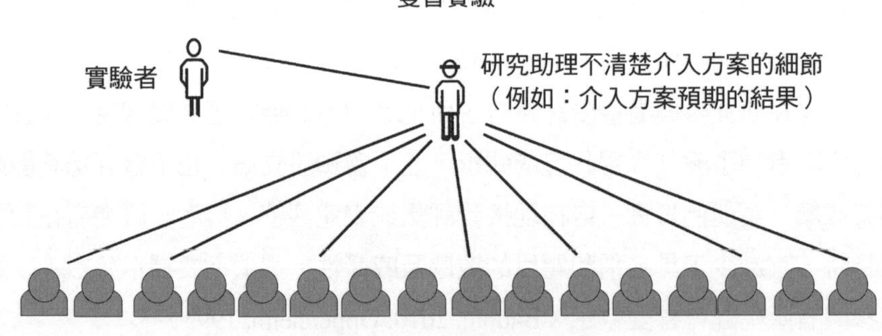

圖 5-5：雙盲實驗。修改自 Neuman（2006, p. 264），修改人形圖案，以及提供說明。

舉例言之，研究者想要了解某一種藥物對注意力不足／過動症者衝動行為的效果，「雙盲」的作法是，研究者將真藥與安慰劑放在外觀一樣的膠囊裡，命名為甲藥和乙藥，兩種藥放在兩個儲存庫，研究者隨機分派一組服用甲藥，一組服用乙藥，並提供實驗期間的分量。無論是病人，抑或觀察病人衝動行為成效的研究助理，甚至研究者都不知道誰服用真藥，如此才能避免研究者的效應。研究者只有在所有資料都蒐集及分析完成之後，才會知道甲藥或乙藥是真藥，以及哪一組人屬於實驗組，服用的是真藥，即**解盲**（unblind）。行政院衛生福利部（2007）指出讓研究參與者知道雙盲的作法如下：

> 本實驗為隨機雙盲研究，就是為確保研究結果不被人為扭曲，有一半的病人吃實驗用藥，而另外一半的病人則吃「安慰劑」。所謂「安慰劑」是外形和實驗用藥相同，但卻不含有效成分的藥。至於誰吃實驗用藥或誰吃「安慰劑」，則像丟銅板一樣由機率決定，不管是你或是研究醫師都不知道你吃了那一種。（第 97 頁）

解盲失敗或未過關是指研究結果無法支持對立假設——研究者預期實驗組用的真藥相較於比較組，在衝動行為的成效來得佳，且達到統計上的顯著水準；相反地，解盲成功是指研究結果支持對立假設。

二、因應研究者個人特徵的干擾

研究者個人特徵對研究的影響經常間接而廣泛，它包括**生理特徵**（例如：性別、年齡、種族、語言）、**社會特徵**（例如：身分、地位、婚姻狀況）、**心理特徵**（例如：親和力），以及**專業背景和經驗**等；而如果這些特徵剛好與研究的主題有關聯，則可能影響研究者蒐集和解釋資料（Fraenkel & Wallen, 2006; Neuman, 2006）。即使研究者表現一致的行為，但由於個人特徵之差異，也可能引起研究參與者不同的反應。

研究者可以藉由以下兩種方法，因應研究者個人特徵的干擾：首先，注意研究者個人特徵會對研究帶來的負面影響，例如研究者的身分是研究參與者的老師，研究參與者在接受評量可能容易產生社會喜愛效應，因應方式為尋求和他們毫無關係的第三者實施評量或調查，見問題討論 5-2。

問題討論 5-2 研究參與者接受評量的態度

一份研究結合單一個案研究，旨在探討學習策略課程對大學身心障礙學生學習表現之成效，研究者為這些學生的任課教師，其中一項工具為「學習策略使用現況問卷」，欲比較課程實施前後問卷的得分，以評鑑課程之成效；另一項工具為「學習策略課程觀感問卷」，欲了解學生對課程內容的觀感。研究者親自施測這些問卷，並且為了能做前後配對比較，要學生填上名字。此安排是否適切？

☛ 由於研究者為這些學生的任課教師，加上未匿名，學生可能會因擔心填答不佳影響成績，進而出現「社會喜愛效應」的現象。為避免此問題，研究者可安排與學生毫無關係的第三者實施問卷，並且要學生自己設定一個假名，以此假名填答所有的問卷，以及告訴學生問卷填答結果不會影響其成績，而且是在送交成績之後才會分析問卷結果，請他們放心據實回答。

再者，比較兩種以上自變項（例如：直接教學和建構教學）的成效差異，宜由同一位研究者擔任不同自變項的介入者；如果必須由兩位以上介入者分別實施不同的自變項，則兩位以上介入者宜輪流實施不同自變項，以抵銷介入者個人特徵對自變項和依變項因果推論的干擾。

三、因應研究者（或觀察者、評量者）評量偏差的干擾

研究者的評量偏差包括兩方面（陳英豪、吳裕益，1998；Fraenkel & Wallen, 2006; Kazdin, 2011），一是**研究者的主觀**，像是在評分上的不客觀，例如有的研究者慷慨、嚴苛，有的偏向給予中間分數，如此會產生評量標準不一致的現象；有的研究者會因為對研究參與者的喜惡而產生評分偏見，這就是**月暈效應**；還有研究者誤解評分標準，而產生**評分謬誤**的情形。二是**研究者處於疲累的狀態**，這

可能會發生在長時間觀察或評量、觀察或評量的項目難度高和較為主觀（例如：成就測驗中的論文題），如此會造成 Fraenkel 和 Wallen（2006）所稱**工具的耗損**（instrumental decay），或是 Kazdin（2011）所謂**觀察者漂移**（observer drift），也就是觀察（評分）者的觀察或評量標準已產生變化、不一致的情形。

研究者可藉由以下三個方法，因應研究者（或觀察者、評量者）在評量上的偏差：（1）研究者**設定標準化的評量程序**，以及**客觀的評分標準**，並且確實依循之，避免評量的主觀；（2）在長時間的觀察或評量中，**實施者宜有適度休息的機會，並接受再訓練**，以避免因倦怠產生的誤差；（3）**取得觀察信度或評分信度資料**，以確保研究者（或觀察者、評量者）在評量上沒有偏差。

參、介入方案方面的威脅來源及因應方法

在介入方案上，會威脅內在效度之來源包括：**介入方案的內容和實施不適當的干擾**、**未在相同條件下比較不同介入方案的干擾**、**多重介入干擾的負面影響**，以及**介入方案運用效果不一致產生的問題**四方面，以下詳述威脅來源及因應方法。

一、因應介入方案內容和實施不適當的干擾

介入方案的內容和實施不適當包括：**介入方案的內容和社會效度低**、**介入方案的實施不適當**〔包含介入方案的實施方式不適當、不適用於所有的依變項（行為）和條件〕，以及**介入方案新奇效應**，這些會對自變項和依變項的因果推論帶來負面影響。

可採取以下四種方法，以因應介入方案內容和實施不適當的干擾：第一，**確保介入方案的「內容效度」，以及「目標和程序社會效度」**，第參章第二節討論過確保方法。第二，**注意介入方案實施時間、次數和長度，以及情境的適切性**，第參章第三節討論過注意的要點。第三，**研究者宜完整而適切地實施介入方案**，如果實施者不同於設計者，或是實施者不只研究者，還包括其他人員，宜確保實施內容和方式是一致的，並檢核**介入完整性**，第參章第三節討論過檢核方

法。Odom 等人（2004），以及 Cook、Tankersley 和 Landrum（2009）即指出，介入完整性評鑑是確保研究品質的指標之一。第四，**給研究參與者一段時間習慣介入方案，以避免新奇效應**，例如在 Schilling、Washington、Billingsley 和 Deitz（2003）的研究中，比較以治療球為上課座椅和一般座椅間，對於三位注意力不足／過動症學生上課靜坐時間，以及可辨讀的寫字量之成效；他們為避免坐治療球產生的新奇效應，在蒐集介入期的評量資料之前，讓學生坐治療球一個星期。

二、因應未在相同條件下比較不同介入方案的干擾

未在相同條件下比較不同介入方案的干擾是指，對比兩種方案之成效差異時，其內容和實施除了在特定向度有差異外，若有其他變項（例如：實施者、實施時間、實施地點、增強物等）不相同，將干擾二者間成效差異之比較（Kazdin, 2002b）。

對比不同介入方案之成效差異時，欲比較之介入方案的內容和實施，**除了在特定向度有差異外，其他變項都必須相同**（Kazdin, 2002b）。例如在比較建構教學和直接教學的差異時，研究者界定二者間是教法上的差異，其他變項（例如：教材、教學者、教學時間、教學地點、增強制度等）均保持相同。

三、因應多重介入干擾的負面影響

多重介入的干擾出現在以下三種狀況（Fraenkel & Wallen, 2006; Gay et al., 2009; Kazdin, 2011）：第一，**研究參與者在參加研究之前接受的介入經驗**，若他們在參加該研究之前，即已接受過類似的介入方案，則會干擾目前正接受之介入方案的效果。第二，若研究參與者在研究過程中，其**周遭的非研究人員亦同時用其他方案介入依變項**，則會干擾研究中介入方案的效果，無法釐清依變項的效果究竟是來自於該研究的介入效果，或其他方案。第三，**同一群研究參與者接受兩種以上的介入方案**，可能會造成第貳章所云的**序列效應**，不易區辨不同介入方案的效果。

研究者可以藉由以下三種方法，以因應多重介入的干擾：第一，**取樣時排除過去曾接受類似本研究介入方案的對象**（Fraenkel & Wallen, 2006）；此外，即

使已排除過去曾接受類似本研究介入方案的對象，但仍須蒐集研究參與者之前的其他學習經驗，以監測這些經驗對研究可能產生的影響。第二，**提醒研究參與者周遭的非研究人員，不要實施其他介入依變項的方案**。第三，若同一群研究參與者接受兩種以上介入方案時，則宜採取**對抗平衡法**，以控制「序列效應」（Kazdin, 2011）。

四、因應介入方案運用效果不一致產生的問題

介入方案運用效果不一致產生的問題是指，在單一個案研究跨條件或行為的多基線或多探測設計中，介入方案應用在不同條件或依變項上的效果不一致時，如此會讓人懷疑自變項和依變項的因果關係（Richards et al., 2013）。

為因應此問題，在跨條件和跨行為的多基線或多探測設計中，宜**將介入方案應用於相似的條件下**，以及**尋求相似的依變項（行為）**，以促進介入方案適用於所有設定的條件或依變項，避免「不一致介入效果」。

肆、依變項的評量方面的威脅來源及因應方法

依變項的界定不夠明確、評量工具品質不佳和實施不當、測驗（testing）和統計迴歸（statistical regression）等四項，是威脅研究內在效度之主要來源，其中評量工具品質不佳和實施不適當，是造成**測量誤差**（measurement error）的主要因素，以下探討這些威脅來源及因應方法。

一、因應依變項界定不明確的干擾

依變項界定不夠明確會影響評量工具的設計。因應此干擾，研究者宜明確界定依變項，界定的方法在第肆章已詳述。

二、因應評量工具品質不佳和實施不當的干擾

第肆章已提及評量工具的品質是指效度、信度和正確性，三者不高的研究工具會威脅研究的內在效度。而在評量工具的實施上，第肆章已論述，評量性

質和情境，以及實施者和資料提供者會影響研究變項的評量，評量的性質是間接評量；評量的情境是在抽離、模擬和控制的情境；實施者在評量上沒有能力和經驗，產生評量偏差；資料提供者不能提供第一手和正確的資料；實施者和資料提供者間的關係不適當（因為關係太好或太差而提供不客觀的資料），或完全密不可分，導致評量的主觀，這些狀況會威脅研究的內在效度。

在評量工具的實施上，有下列五項因素會影響依變項的評量，進而威脅單一個案研究的內在效度，包括：（1）評量工具的實施者和資料提供者，實施時間、地點和情境，以及程序不適切，無法真正測得研究參與者在依變項上的表現和進步；（2）重複評量以及比較之組別間，在評量的實施者，實施時間、地點和情境，以及程序未標準化且不一致；（3）實施兩種以上評量時，採固定順序施測導致的序列效應問題；（4）評量的次數和時間不充分，不足以顯示依變項隨時間而產生的變化，以及評量的間隔時間不一致；（5）每次介入不同的研究參與者、行為（或依變項）抑或條件，或是進行類化成效評量時，未進行基線期評量，以致無法比較。

為了因應研究工具品質不佳和實施不當產生的負面影響，研究者可以採取以下七項方法因應之：

1. **設計或採取適當且具有良好品質**（效度、信度和正確性高）的研究工具，**直接評量研究變項**，已在第肆章第二節中詳述。
2. **安排有評量該變項能力和經驗的人員，在真實、自然和非控制情境中評量**，他們**不會產生評量偏差**，能覺察他們和資料提供者間的關係會對評量產生之影響，並盡量排除之，這可以透過取得信度資料來確保。若評量者不具備能力和經驗，則須接受訓練。除此，宜**安排能提供第一手和正確評量資料的人作為資料提供者**。
3. **適當地安排評量工具的實施時間及程序**，達到能真正測得研究參與者在依變項上表現和進步的目的，第肆章第二節已詳述。
4. 前後測或重複評量，比較之組別間評量的實施者、實施時間和情境，以及程序都需**標準化且一致**（Reichow, Volkmar, & Cicchetti, 2008）。
5. 單一個案研究中**評量的次數需充分**（至少蒐集三個資料點），足以顯示依變項隨時間變化而產生的進步情形，而且**評量的間隔時間需一致**（Horner et al., 2005）。

6. 單一個案研究中每次介入不同的研究參與者、依變項或條件，或是進行介入方案類化成效的評量時，都須**進行基線期評量**（Horner et al., 2005）。
7. 如果施測多種評量，宜採取**對抗平衡**的方式控制序列效應，例如若有三種評量施測於三位研究參與者或三個小組，採完全對抗平衡的方式，便有三種次序安排，即評量$_1$—評量$_2$—評量$_3$、評量$_2$—評量$_3$—評量$_1$，以及評量$_3$—評量$_1$—評量$_2$。

三、因應測驗的干擾

測驗的兩項因素會負面影響依變項的評量，進而威脅研究的內在效度：第一，**研究參與者對前測的敏感度**（pretest sensitization），或稱為**測量成為改變的媒介**（measurement as change agent）、**前測的反作用力**（pretest reactivity），也就是介入前的評量，可能促進研究參與者從評量中獲得學習經驗，進而增加他們對接下來的自變項，或其他與前測內容有關的介入產生敏感度，成為研究參與者產生改變的「反作用力」，它最容易發生在前測與後測評量內容相同之情況下（Krathwohl, 2009; Kumar, 2014）。Kazdin（2011）表示，因為單一個案研究重複評量的特徵，基線期$_1$至少評量三次；如果出現前測的反作用力，研究者較容易從折線變化趨勢偵測出，之後可採取因應措施。第二，**重複評量可能會造成練習效應**，以及導致**沉悶**、**疲倦**、**補償性競爭反應**（例如：研究參與者心生厭煩而導致分數降低；或是為引起研究者注意而致使分數提高），尤其出現在單一個案研究中（Fraenkel & Wallen, 2006; Kazdin, 2011）。

為因應測驗的干擾，若依變項需前後測或重複評量時，宜**設計複本**，以避免前測的反作用力和練習效應（Fraenkel & Wallen, 2006），設計方式已在第肆章第二節詳述。另外，以**多探測設計或延遲多基線設計**，因應重複評量導致的沉悶、疲倦、補償性競爭反應。

四、因應統計迴歸的干擾

統計迴歸是由生物學家 Francis Galton 提出，他指出：高個子父母生出的孩子傾向於比父母矮，矮個子父母生出的孩子傾向比父母高，中等身高父母的孩子與其父母相較則無明顯差異（Bulmer, 2003）。若研究者宣稱給矮個子的懷孕母親吃「無敵增高丸」，可以生出比自己還高的孩子，則即使此藥丸事實上沒有增高效果，研究者還是很容易得出它確實有效的結果，這是統計迴歸造成的假象。統計迴歸是指，第一次測驗分數較高（大於平均數）或較低（小於平均數），第二次測驗時，分數有向平均數迴歸的趨勢，因此造成比第一次測驗成績降低或提高，此現象在第一次測驗分數呈現極端高分或低分者上尤其明顯（Kumar, 2014），見圖 5-6。造成統計迴歸的原因是，對極端高分的研究參與者而言，測驗工具已到達**天花板的層級**，而對極端低分的研究參與者來說，測驗工具已到達**地板的層級**（Sattler, 2014），這是「物極必反」、「否極泰來」的現象。

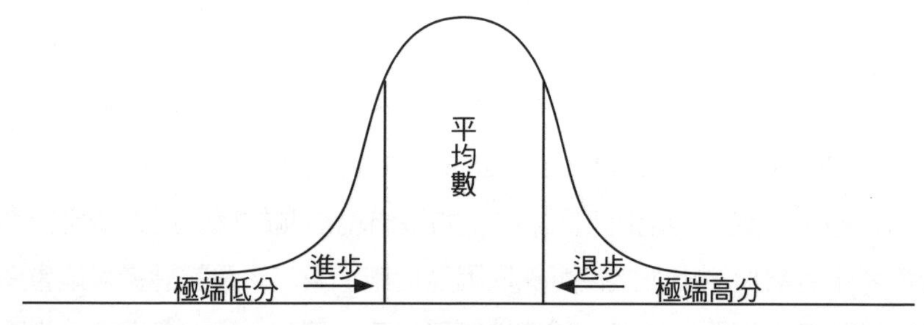

圖 5-6：統計迴歸的現象。

上述是針對學業問題的介入，在行為問題的介入上，亦會出現統計迴歸的現象；Tawney 和 Gast（1984）稱之為**介入適逢行為正要改變之際**，可能研究參與者已適應環境，正要改變之際，自變項剛好被引進，此時不易推論是該自變項造成的改變。

統計迴歸通常發生在無比較組的研究上。單一個案研究雖然多數設計沒有比較組，但是它將「研究參與者作為自身的對照」，藉由自變項的引進和撤除或倒返的技術，以排除「統計迴歸」此項威脅因素，確認自變項和依變項的因果關係。然而，某些自變項不易撤除，或是撤除後依變項不可逆，就無法排除統計迴歸的威脅（第貳章已詳述）。此外，單一個案研究「重複評量」的特徵，可以幫助研究者偵測出研究參與者接受介入後的細微變化，這是實驗研究僅蒐集各一次前後測資料無法察覺的（Kazdin, 2011）。如果引進自變項後，依變項有明顯的進步趨勢，則較易排除統計迴歸的影響。

為因應統計迴歸的干擾，研究者宜**避免選取在依變項上已有極佳表現的研究參與者**，一方面他們無介入需求；另一方面可以排除統計迴歸的影響。而在依變項上表現極有限的研究參與者，他們確實有介入需求，不宜排除他們；筆者建議**設計敏感的評量工具**，或是**蒐集質性資料**，能細微地偵測出研究參與者在依變項上的進步表現。舉例言之，一份研究在探討圖示表徵策略對數學加減法文字題解題能力之成效，依變項評量工具為數學加減法文字題測驗。研究參與者基線期平均水準是零分，為避免統計迴歸的負面影響，研究者不只評量加減法文字題解題的正確率，亦評量研究參與者使用圖示表徵策略的情形，如此可分析出圖示表徵策略和數學加減法文字題解題能力間的因果關係。這反映出 Voeltz 和 Evans（1983）所提**教育效度**的一項指標：**研究參與者行為的改變是否與實驗處理（介入方案）有關**。

伍、研究過程方面的威脅來源及因應方法

在研究過程方面，威脅研究內在效度之來源包含：**環境外在變項的干擾**、**歷史因素的干擾**、**對自變項未做嚴密控制的干擾**，以及**選擇不適合分析方法的干擾**四方面，以下詳述這四方面的威脅來源及因應方法。

一、因應環境外在變項的干擾

環境外在變項是指，外在環境的人、事、時、地、物等會干擾自變項和依變項間因果推論的因素，例如研究參與者就讀之班級形態和大小、生長於何種社經地位的家庭等。

為因應環境外在變項的干擾，如同前述因應研究參與者特徵的干擾般，**限制取樣的範圍，使得研究參與者所處的環境特徵較為同質**，例如取樣安置在特教班的中度智能障礙學生。如果無法排除某個環境外在變項，則可以**保持固定**，讓此外在變項保持相同（De Vaus, 2001）。例如研究參與者的班級教師在研究前即已使用特定的增強策略，考慮它是一個環境外在變項，且又不易撤除，於是讓它保持相同，從基線期、介入期至追蹤期皆採用相同的增強策略，包括增強的規則和增強物都一致。除此，對於一些無法完全掌控的環境外在變項（例如：家庭社經地位），研究者可以取得更多資訊，監測它們對研究的影響。

二、因應歷史因素的干擾

歷史是指在研究期間發生的非預期事件，這在任何研究中都可能出現，尤其是長時間的研究中（McMillan & Schumacher, 2009）。例如研究者比較直接教學和建構教學，對學生數學之學習成效的差異；在建構教學後研究者正要評量學生時，有一位訪客突然進來，說了一些讓學生洩氣的話，結果影響學生的評量表現。

研究者宜**注意研究期間發生的非預期事件，並監測它對研究帶來的可能影響**（Fraenkel & Wallen, 2006）。例如研究者可以了解研究參與者在研究期間，是否發生一些特殊事件，以檢視此特殊事件對其表現的影響。

三、因應對自變項未做嚴密控制的干擾

對自變項未做嚴密控制出現在以下兩種狀況（吳明清，1995；Gay et al., 2009; Tawney & Gast, 1984）：第一，**介入之補償性均等**（compensatory equalization of treatments），在結合組間設計中，若實驗組有較好的學習機會，研究者可能會因為覺得對比較組不公平，因此也提供他們有益於學習的活動或資源作為補償，以示均等，而此補償若與依變項有極大的關聯，則可能造成比較組也有良好的學習表現，因而混淆實驗效果。同樣地，在跨參與者多基線或多探測設計中，對尚未介入之研究參與者，研究者亦可能出現介入之補償性均等的現象。第二，介入之擴散，包括在結合組間設計中，自變項擴散至比較組，造成比較組行為的改

變；在多基線或多探測設計中，自變項擴散至尚未介入的研究參與者、行為（或依變項），抑或條件，導致基線行為共變現象；在撤回設計中，研究者和其他實施者未依原先計畫撤除自變項，自變項擴散至撤回期。除此，在單一個案研究比較介入設計中，有可能出現一項自變項擴散至另一項自變項中，造成混淆的情形；例如比較隔離和增強策略對干擾行為的成效，研究者在實施增強策略時，不慎加入了隔離策略，即是一種擴散。

研究者可以採取以下兩種方法，以因應對自變項未做嚴密控制的干擾：第一，**提供比較組與研究無關的安排**，以避免「介入之補償性均等」。第二，**對實驗組實施的自變項做嚴密的控制**，避免它擴散至比較組，造成比較組依變項的改變。除此，於單一個案研究中，為因應多基線或多探測設計可能出現基線行為共變的問題，研究者宜確保不同研究參與者、依變項或條件的獨立性，並且嚴密控制自變項，避免擴散至尚未介入者；在撤回設計中，確保研究者和其他實施者依原先計畫撤除自變項，未擴散至撤回期；在比較介入設計中，進行**介入完整性的評鑑**，以確保研究者依照既定程序實施欲比較之自變項，沒有彼此混淆的情形（Kazdin, 2011; Tawney & Gast, 1984）。

四、因應選擇不適合分析方法的干擾

單一個案研究亦會採用統計方法分析資料，因此**統計結論效度**就變得很重要。統計結論效度是指，選用適合的統計方法分析資料，以獲致正確的結果（Goodwin, 2010）。選擇不適合的資料分析方法，將危害統計結論效度，導致資料解釋的不正確。

在資料分析方面，研究者宜**選擇適合的分析方法**，以達到良好的統計結論效度；單一個案研究資料分析方法的選用見第陸章。

最後，整合「因應單一個案研究內在效度之威脅來源的作法」，見附錄35。

第六節 單一個案研究外在效度之威脅來源和提升方法

腳步不能達到的地方，眼光可以到達。（Hugo, n.d.）

第一節已論述外在效度有母群效度、生態效度、時間效度、介入變異效度和成果效度五種，以下先探討生態效度的威脅來源和提升方法，而後再討論其他外在效度的提升方法。

壹、生態效度之威脅來源和提升方法

以下探討威脅生態效度的來源，以及提升方法。

一、生態效度的威脅來源

威脅實驗和單一個案研究生態效度的來源有以下兩方面：

（一）介入方案的內容與實施不被接受

介入方案的內容與實施不被接受會影響研究之生態效度，包括以下兩方面（Johnson & Christensen, 2017）：

1. **介入方案的內容與實施不被應用情境的人員接受**，即目標和程序的社會效度低，會影響其生態效度。
2. **介入方案的內容與實施太過特殊化**，而此特殊性如果在應用情境中沒有出現，則生態效度亦會受影響。例如介入方案太過特殊或昂貴，以及實施者、實施時間和情境的安排太過特殊化等，像是實施者必須具備某種能力和條件，實施時間和情境另外安排；而在應用情境中，無法負擔昂貴的介入方案，以及無法複製特殊化的實施者、實施時間和情境，則將限制此介入方案在應用情境的推廣或長期應用，該研究的效果也就無法在應用情境中展現。

（二）依變項的評量與應用情境差異大

依變項的評量與應用情境差異大，會影響研究之生態效度，包括以下兩方面（Johnson & Christensen, 2017）：

1. **依變項之評量實施者、方式、工具和程序太過特殊化**，例如實施者必須具備某種能力和條件，實施方式和程序較為複雜，且需要用到特殊的設備和工具，如果應用情境中無此能力和條件的實施者，有困難執行複雜的實施方式和程序，且沒有此特殊設備和工具，則無法進行評量。
2. **依變項之評量時間和次數與應用情境差異大**，例如依變項的評量時間無法融入應用情境的時間表中實施，像是安排在放學後，且評量次數過多；而應用情境無法做此安排，則無法進行評量。

二、生態效度的提升方法

針對介入方案的內容與實施不被接受，以及依變項的評量與應用情境差異大兩方面問題，提出因應方法，以提高生態效度。最後，整合「因應單一個案研究生態效度之威脅來源的作法」，見附錄 36。

（一）因應介入方案的內容與實施不被接受的問題

為因應介入方案的內容與實施不被接受的問題，研究者宜**確保介入方案的內容與實施可被接受**，包括以下作法：

1. **確保介入方案目標和程序的社會效度**。
2. **介入方案採用的教學材料和工具（或處理策略）不會太特殊化，在應用情境中易於複製**，例如採用的設備和教具不會太特殊或昂貴，容易取得，且不會產生新奇效應。
3. **介入方案實施者的特徵**（例如：人數、來源、能力與條件）**與應用情境相似性高**，例如實施者數量不會太多，不需要具備太多能力與條件，而且來自應用情境。
4. **介入方案實施時間的特徵**（例如：實施多長的時間，在外加或融入應用情境的時間表中實施），**與應用情境之相似性高**，例如介入方案能融入應用情境的時間表中實施，時間長度能配合應用情境的課程或作息。

5. **介入方案實施情境的特徵與應用情境之相似性高**，介入方案若能直接在應用情境中實施，則較能提高生態效度。Sigafoos、Arthur 和 O'Reilly（2003, p. 66）即表示：「在有自然支持的真實生活情境中介入行為問題，較容易達到具社會效度和持續的行為改變。」
6. 研究者與實務工作者分享研究，以促進研究成果在實務工作的落實與運用。

（二）因應依變項的評量與應用情境差異大的問題

為因應依變項的評量與應用情境差異大的問題，研究者宜**確保依變項的評量內容與實施，與應用情境的相似度高**，包括以下作法：

1. **依變項評量人員的特徵**（例如：人數、來源、能力與條件）**在應用情境中易於複製**，例如評量人員數量不用太多，不需要具備太多的能力與條件，而且來自應用情境，則較能提高生態效度。
2. **依變項的評量方式、工具和程序在應用情境中易於複製**，例如評量方式、工具和程序不會太複雜，而且評量工具有相同形式和難度的複本可供選擇，以減少測驗的影響，則較能提高生態效度。
3. **依變項的評量時間和次數在應用情境中易於複製**，評量時間若能融入應用情境的時間表中實施，能在減少介入新奇效應後再評量；評量次數能配合應用情境的課程或作息，則較能提高生態效度。

應用行為分析的研究方法強調實驗與直接觀察，並且著重提高研究的「內在效度」，由研究者在單一、實驗室或隔離情境中實施一種介入策略，介入的時間短暫，每次僅為時 10 至 15 分鐘，聚焦在介入策略對行為效果的**微觀分析取向**（microanalytic approach）（Carr et al., 2002; Dunlap, Fox, Vaughn, Bucy, & Clarke, 1997）。相反地，Carr 等人（2002）指出正向行為支持強調在自然、真實和多元的生活情境中，由個體的重要他人，採取多元素介入，長時間且融入於個體生活作息中的方式處理行為問題，以提升個體的生活品質為目標；換言之，它較重視「生態效度」，兼採**微觀和鉅觀分析取向**的方法，評鑑行為介入研究的效果。由此可知，在提高研究的「內在效度」之餘，也要注意生態效度，提升研究在生態環境中的可應用性，而鉅觀分析取向的方法則強調研究結果社會效度的分析。

貳、其他外在效度之提升方法

除了生態效度，其他外在效度有母群、時間、介入變異和成果效度四種。第壹章已論述，單一個案研究的外在效度是透過**重複研究**被建立。重複研究包括**直接的重複研究**（direct replication）、**臨床的重複研究**（clinical replication）和**系統的重複研究**（systematic replication）三種（Gast, 2014b），詳述如下。

一、直接的重複研究

直接的重複研究是指，採取同樣的自變項、依變項和實驗程序，對類似的研究參與者進行重複研究，以提高研究結果在不同參與者的應用（Gast, 2014b），這可以建立研究的「母群效度」。

二、臨床的重複研究

臨床的重複研究是指先在模擬情境中介入，有效後再於應用情境中重複研究（Gast, 2014b），這可以建立研究的「生態效度」。

三、系統的重複研究

系統的重複研究包含引進自變項於以下三種狀況：

1. **對同一位研究參與者的相同依變項（或行為），在不同條件（例如：人員、時間、地點）下進行重複研究**，以建立研究結果在相同研究參與者和依變項（或行為），但不同條件中的應用（Gast, 2014b）。筆者發現對不同條件（例如：地點、時間）的重複研究，可以建立研究的「生態效度」和「時間效度」。此種重複研究亦可以運用於不同的研究參與者，例如 Hamlet、Axelrod 和 Kuerschner（1984）研究「要求式的眼神接觸」對兩位 11 歲學生順從行為的成效，他們還對九位 2 至 21 歲的研究參與者，在不同條件下做了六個重複研究。

2. **在相同條件下，對同一位研究參與者的不同依變項（或行為）進行重複研究**，以提高研究結果在相同參與者和條件，但不同依變項（或行為）中的應用（Gast, 2014b），這可以建立研究的「成果效度」。此種重複研究亦可以運用於不同的研究參與者。
3. **在介入方案的內容或實施程序做少許變化，對不同的研究參與者（包括與原先參與者的特徵類似或不類似）進行系統的重複研究**（Richards et al., 2013）。例如社會故事原先以文字形式呈現，針對高功能自閉症者做介入，而之後有研究考慮其研究參與者閱讀能力有限，故將社會故事改變成以「歌曲」形式，介入另一位低功能自閉症者（與原先參與者的特徵類似）和智能障礙者（與原先參與者的特徵不類似），這可以建立研究的「介入變異效度」。

除了重複研究，研究者可以透過**追蹤評量介入方案的維持和類化成效**，以檢視外在效度，例如追蹤介入方案的**維持成效**，若能維持介入成效，顯示**時間效度**佳。評量介入方案對研究參與者的**反應類化成效**，若呈現效果，表示有**成果效度**。評量介入方案對研究參與者**不同時間和地點或情境的刺激類化成效**，若呈現效果，表示有**時間效度**和**生態效度**。

研究品質主要反映在研究過程和成品上，包括落實研究倫理和考量文化因素，確保研究設計和實施的品質，以及依循研究專業守則三大部分。倫理和文化的考量宜融入於研究中，成為研究者的一種生活方式。研究倫理係指，進行研究時必須遵守對人和實驗動物的行為規範，其中對「研究參與者」的倫理原則是研究最直接要面對的，包含進行研究時宜注意：以誠實且尊重的態度對待研究參與者、取得其知情同意、尊重其隱私及注意匿名與保密原則、讓研究參與者受惠並避免他們受到傷害，以及確保他們擁有和處理資料及得知研究結果的權利。對實驗動物要注意的是確保動物福祉，是指改善實驗室環境，以及降低實驗動物的使用量。此外，做研究還須有文化覺知，單一個案研究會採用「對文化敏感的寫作語言」撰寫論文，包括：採取具體的「臨床術語」說明研究參與者的症狀，使用種族、性別角色和身心狀況地位平等的措辭，無障礙和以人為先、中性情緒和描述性的語言。而對研究的專業守則包含：採取適當的研究實務、確實呈現和應用研究結果，以及注意論文寫作的原則三方面。內在效度關注的是，依變項的效果是否可歸因於自變項的引進；威脅內在效度的來源包含研究參與者、研究者、介入方案、依變項的評量，以及研究過程五方面，可控制或監測之，以提升內在效度。外在效度有母群效度、生態效度、時間效度、介入變異效度和成果效度五種，單一個案研究重視後四種外在效度；研究者可藉由直接和系統的重複研究、追蹤介入方案的維持和類化成效、讓介入方案的內容被接受並減少其特殊化，以及增加依變項評量和應用情境的相似性，來提升外在效度。

附錄

- 附錄 25　人體及人類研究的類型、意涵和可參考的倫理規範
- 附錄 26　研究倫理審查的委員會、規範與資源
- 附錄 27　研究倫理審查委員會的作業程序和文件
- 附錄 28　臺灣倫理審查的類型和符合條件
- 附錄 29　兒童參與研究說明書
- 附錄 30　把關者協助研究說明書
- 附錄 31　邀請函和同意書之示例
- 附錄 32　具有和不具性別歧視之語言的對照
- 附錄 33　有和無障礙之語言的對照
- 附錄 34　評價性和描述性之語言的對照
- 附錄 35　因應單一個案研究內在效度之威脅來源的作法
- 附錄 36　因應單一個案研究生態效度之威脅來源的作法

思考問題

運用「思考問題 5：單一個案研究中研究品質之提升方法」，檢視自己對「單一個案研究中研究品質之提升方法的了解情形」，並且評鑑一篇單一個案研究論文在「研究品質之提升方法」上的表現情形。

作業單

- 作業單 5-1　單一個案研究倫理之考量
- 作業單 5-2　單一個案研究品質指標的辨識
- 作業單 5-3　提升單一個案研究品質的方法

單一個案研究資料之分析

導讀問題

1. 單一個案資料的圖示分析，最常使用的圖形是什麼？
2. 折線圖和條形圖的適用性為何？
3. 折線圖資料的呈現宜注意哪些原則？
4. 在呈現條形圖時宜注意哪些原則？
5. 目視分析的目的和內涵是什麼？
6. 目視分析和統計分析各有哪些優勢及弱勢？
7. 簡化時間系列 C 統計的意義與特徵是什麼？
8. 效果量的分析方法有哪些？
9. 如何在單一個案研究中結合蒐集質性資料，以及運用質性方法分析資料？

本章探討單一個案研究資料之分析方法，包括描述分析、統計分析和質性分析三種。於光碟中，筆者設計 SPSS 程式語言執行描述和統計分析，說明 EXCEL 在繪圖上的運用，並在「單一個案研究法程式語言資料夾二」中，呈現「單一個案研究法描述和統計分析程式語言使用總說明」，而於之後的「單一個案研究法程式語言資料夾三至十」中，還會描述各分析方法的使用。

第一節 描述分析

取得不正確的資料，以及選擇不合理、不適當的方法都會導致錯誤的結果，造成垃圾進、垃圾出的現象，如此做出來的研究結果是沒有意義的。

單一個案研究的描述分析主要採取**圖示法**，以及**目視分析**（visual analysis）兩種方式，以下說明圖示法的類型與選擇，以及目視分析之內容與解釋兩大部分。

壹、圖示法的類型與選擇

在單一個案研究裡，對單一個案資料的圖示法，常使用的有**折線圖**（line chart，或譯成「曲線圖」）和**條形圖**（bar chart）（Tawney & Gast, 1984），以及**結合折線圖和條形圖**、**散布圖**（scatter plot）（Cooper et al., 2007），以下詳述這四種圖的意涵，最後說明統計圖的選擇。

一、折線圖的意涵

以下討論折線圖的意義、類型、呈現內容和原則。

（一）折線圖的意義

折線圖用以呈現**系列資料**，適合顯示研究參與者隨著時間進展，依變項產生變化的情形，不適用於分立的或非系列資料（Tawney & Gast, 1984），見問題討論 6-1。

問題討論 6-1 折線圖和條形圖之選擇

一份研究以折線圖呈現並比較，五位研究參與者介入期 10 次評量平均後的溝通技能表現，橫軸名稱是研究參與者，縱軸名稱是 10 次評量平均後的溝通技能表現百分比。以折線圖呈現是否適當？

☛ 五位研究參與者溝通技能表現百分比是分立的資料，而不是系列資料，不適合使用折線圖，宜採取條形圖。

（二）折線圖的類型

以下從是否累計依變項的量數，以及縱軸尺度的類型兩方面，探討折線圖的類型。

1. 從是否累計依變項的量數來看

從是否累計依變項的量數來看，包含**非累計紀錄和累計紀錄的折線圖**。第肆章第一節已說明累計紀錄，若使用非累計紀錄呈現折線圖，則較難偵測研究參與者在依變項上的改變。例如圖 6-1a 呈現研究參與者準時到校的非累計紀錄圖，圖 6-1b 則呈現他準時到校的累計紀錄圖，圖 6-1b 較能偵測研究參與者在準時到校上的改變。

累計紀錄不但能幫助研究者分析特定時段內的依變項反應總數，也能檢視**整體和局部反應比率**，整體反應比率是將設定整體期間的依變項反應總數，除以設定期間的觀察次數；而局部反應比率是指，比整體期間短的一小段期間之依變項反應總數，除以該小段期間的觀察次數（Cooper et al., 2007）。例如圖 6-1b 第 30 天準時到校的累計次數是 19 次；介入期$_2$ 的整體反應比率是 19 除以 30，等於 0.63；介入期$_1$ 截至第 10 天的局部反應比率是 4 除以 5，等於 0.80。資料路徑的坡度愈陡，反應比率就愈高；當比較階段間的變化時，可分析反應比率的變化（Cooper et al., 2007）。例如圖 6-1b 介入期$_2$ 的整體反應比率是 0.63，而基線期$_2$ 的整體比率是 13（第 24 天的反應總次數）除以 24（觀察次數），等於 0.54，顯示介入期$_2$ 的資料路徑坡度較基線期$_2$ 陡峭，整體比率高於基線期$_2$。

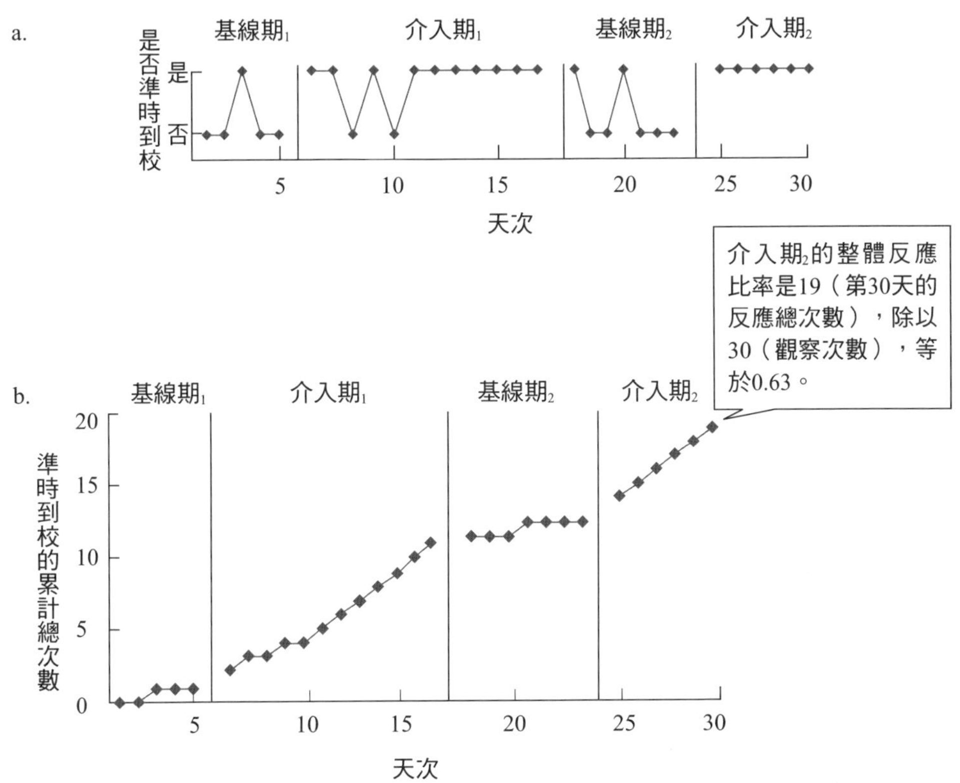

圖 6-1：非累計紀錄和累計紀錄之準時到校行為折線圖。修改自 Cooper 等人（2007, p. 138），修改處為加入說明和更動部分數據。

2. 從縱軸尺度的類型來看

從縱軸尺度的類型來看，一種是**算術尺度**（arithmetic scale），另一種是**對數尺度**（logarithmic scale）（Cooper et al., 2007）。算術尺度採取等距的方式呈現資料點的絕對值，又稱作**增減圖**（add-subtract chart）；而對數尺度不管資料點的絕對值，呈現改變的比例，又稱作**比例**或**乘除圖**（ratio or multiply-divide chart）（Cooper et al., 2007）。運用算術尺度呈現的折線圖，稱作**普通折線圖**，這是最常見的圖示方式；運用對數尺度呈現的折線圖，稱作**對數圖**（logarithmic chart），而橫軸一般以等距方式來標記，只有縱軸採用對數尺度者，稱作**半對數**

圖（semi-logarithmic chart）（Cooper et al., 2007）。

舉例來說，從每分鐘 4 個反應增加到 8 個，與從每分鐘 50 個反應增加到 100 個，就對數尺度而言，其反應比例的改變量是一樣的，都是兩倍的反應比例（Cooper et al., 2007）；但就算術尺度而言，二者間的改變量是不同的，4 到 8 增加 4 個，50 到 100 增加 95 個。同樣地，從每分鐘 75 次下降至 50，與從每分鐘 12 次下降至 8，就對數尺度而言，其反應比例的改變量是一樣的，都是降低了三分之一（Cooper et al., 2007）；但就算術尺度而言，二者間的改變量是不同的，75 到 50 下降 25 次，12 到 8 下降 4 次。圖 6-2 以算術尺度和對數尺度呈現相同資料，比較後可發現，以算術尺度呈現行為改變的幅度是弧線，而以對數尺度則為一條直線。

普通折線圖用來呈現，依變項的**變化形態**或**絕對數值的改變量**；而半對數圖用來呈現，依變項的**變化速率**或**相對比例的改變量**（賈豔、薛允蓮、張晉昕，2007；Cooper et al., 2007）。依據賈豔等人（2007），半對數圖適用於以下三種情況：

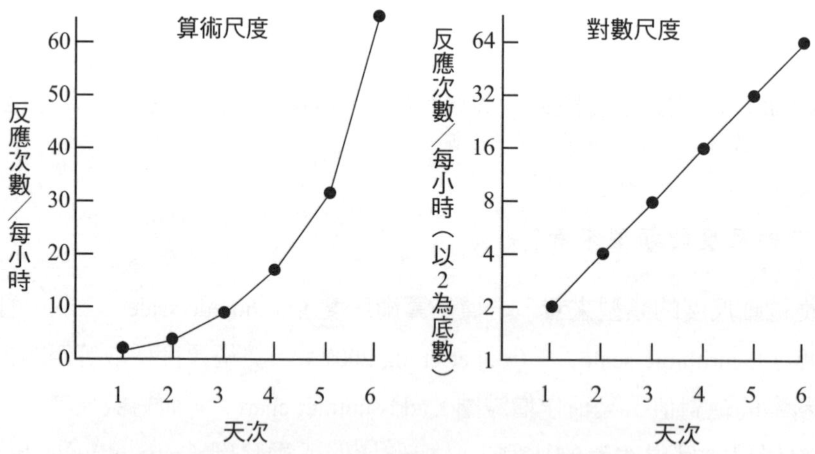

圖 6-2：以算術尺度和對數尺度呈現相同資料。對數尺度是以 2 為底數，即 $\log_2 b$（真數）= X（對數），0、1、2、3、4 為對數，以 2 為底數的真數是 1（即 2^0）、2（即 2^1）、4（即 2^2）、8（即 2^3）、16（即 2^4），以此類推，也就是乘以 2 的兩倍逐步增加，呈現於縱軸值。修改自 Cooper 等人（2007, p. 139），修改處為加入橫軸刻度、圖說明，以及改變橫軸和縱軸名稱。

（1）**比較兩個以上依變項，或同一個依變項不同指標的變化速率**：欲比較兩個以上依變項，或同一個依變項不同指標的變化速率時，例如比較指標 A 和 B 的變化速率，在某個時段指標 A 發生 1 到 100 的變化，指標 B 發生 100 到 10,000 的變化時，絕對數值的改變量分別是 90 和 9,990，相差較遠，但相對比例的改變量都是 10 的 2 倍增加；換言之，指標 A 變化量（Δ_A）$= \log 100 - \log 1 = \log 10^2 - \log 10^0 = 2$，指標 B 變化量（$\Delta_B$）$= \log 10{,}000 - \log 100 = \log 10^4 - \log 10^2 = 2$，其中以 10 為底數時，會省略底數的呈現。

（2）**縱軸尺度範圍過大，不同時間點的資料點相差懸殊**：例如比較不同年代疾病發生人次的變化，由於縱軸尺度範圍從 0 至 100,000，不同年代的資料點相差懸殊，算術尺度難以完整、確切地呈現其數量的變化趨勢，此時雖無意呈現疾病的變化速率，但可借助半對數圖完整、確切地反映疾病出現率隨時間的變化情況。

（3）**比較兩個以上不同量數依變項，或同一個依變項不同指標的變化情況**：欲比較兩個以上不同量數依變項，或同一個依變項不同指標的變化情況時，例如介入之後，比較專注參與時間（秒數）和寫字正確率（百分比），由於兩個依變項的量數不同，且數量範圍相差懸殊，此時雖無意呈現兩個依變項的變化速率，但可借助半對數圖，化成相等的單位（即對數）以做公平的比較，結果發現兩個依變項的變化速率非常接近，見圖 6-3。

（三）折線圖的呈現內容

折線圖資料的呈現需完整、清晰且精簡；在完整性上，Tawney 和 Gast（1984）指出，折線圖內容大致包括**橫軸尺度**、**縱軸尺度**、**原點**、**標記**、**刻度**、**橫軸名稱**、**縱軸名稱**、**階段名稱**、**階段變化線**、**條件變化線**和**條件名稱**（是指同一個階段內有不同條件）、**資料路徑**、**尺度中斷**（即雙斜線）、**主調**（key），以及**圖序號和圖的簡短說明**（figure caption，包括圖標題和註解）等。APA（2010b）指出這些在圖內做的說明，如主調、橫軸、縱軸和階段名稱等都統稱

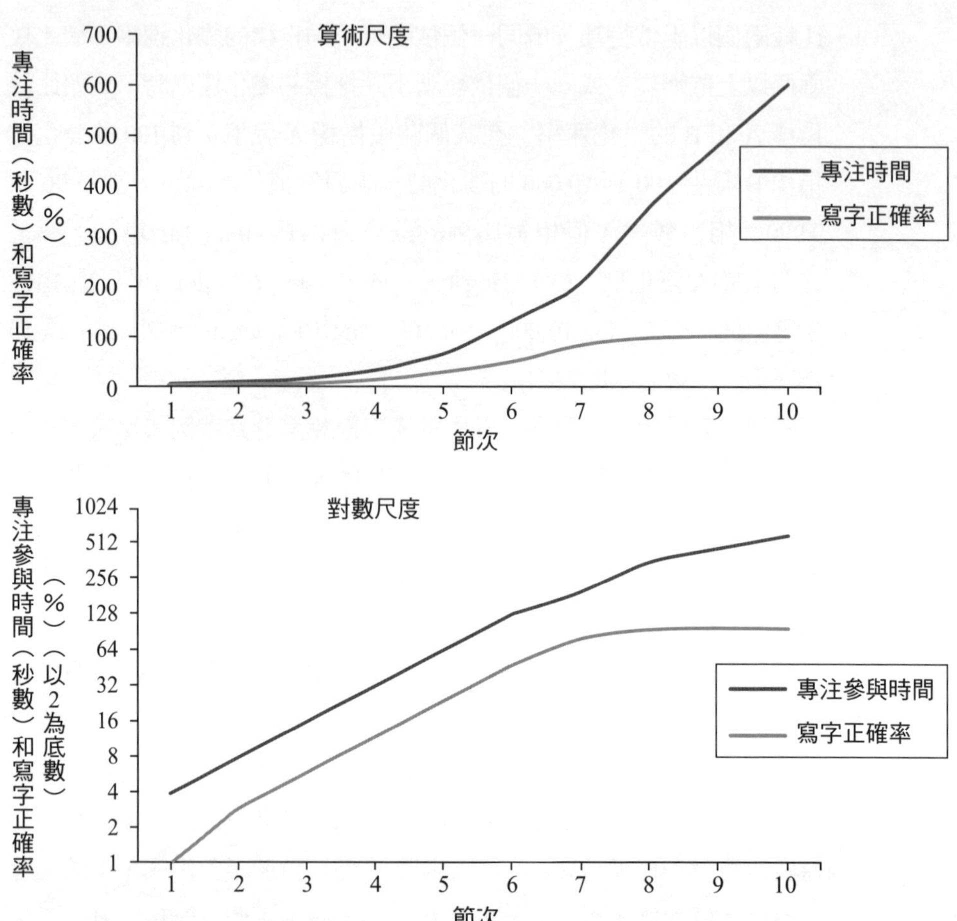

圖 6-3：以算術尺度和對數尺度比較不同量數兩個依變項的變化速率。

為圖內說明（figure legend），見示例 6-1。

（四）折線圖的呈現原則

而在折線圖的清晰和精簡性上，綜合文獻，整理出以下 15 點宜注意的原則：

1. **清楚描述橫軸和縱軸的名稱，若有必要，還須註明其單位**（Cooper et al., 2007; Tufte, 1983）。舉例來說，橫軸可能包括較明確的「天次、節次、週

示例 6-1 折線圖之圖例

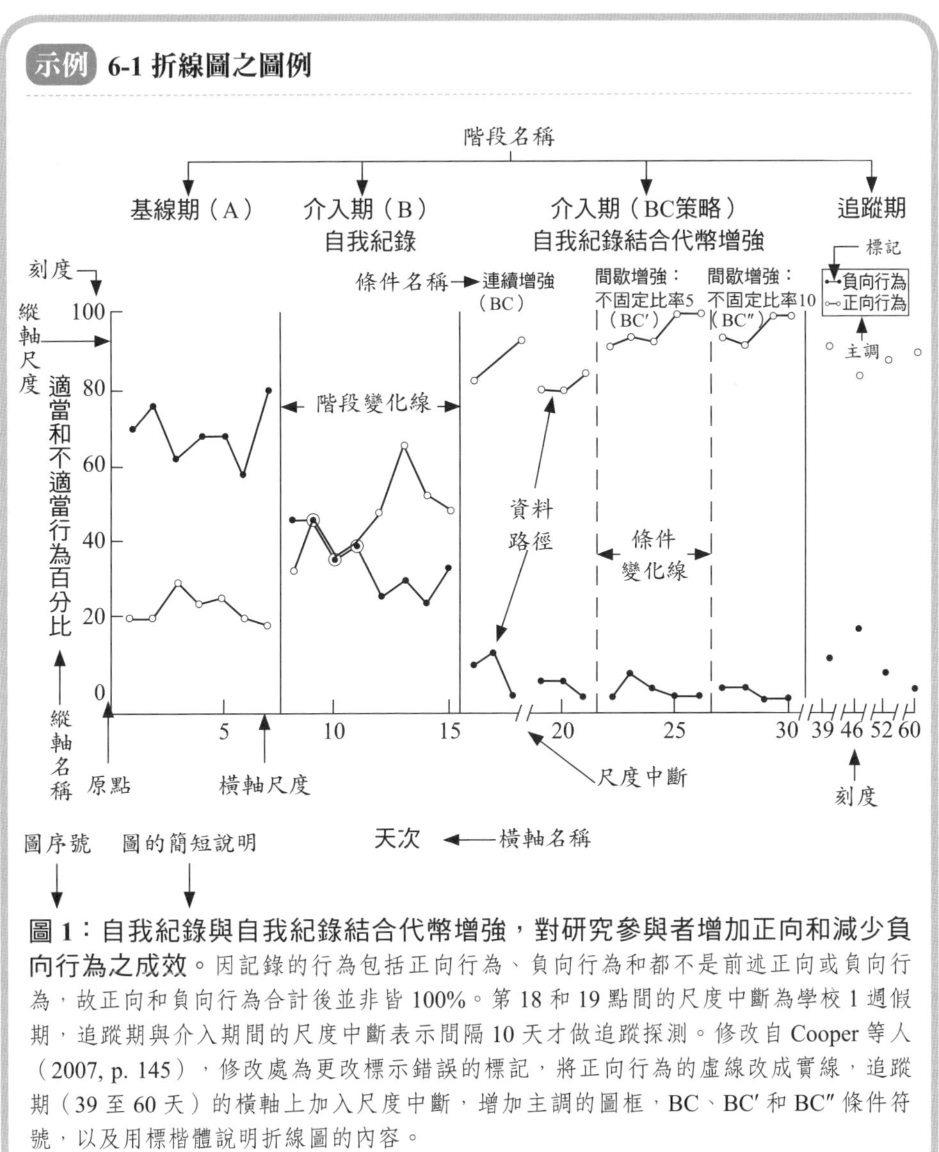

圖 1：自我紀錄與自我紀錄結合代幣增強，對研究參與者增加正向和減少負向行為之成效。因記錄的行為包括正向行為、負向行為和都不是前述正向或負向行為，故正向和負向行為合計後並非皆 100%。第 18 和 19 點間的尺度中斷為學校 1 週假期，追蹤期與介入期間的尺度中斷表示間隔 10 天才做追蹤探測。修改自 Cooper 等人（2007, p. 145），修改處為更改標示錯誤的標記，將正向行為的虛線改成實線，追蹤期（39 至 60 天）的橫軸上加入尺度中斷，增加主調的圖框，BC、BC′ 和 BC″ 條件符號，以及用標楷體說明折線圖的內容。

次」……等，若為節次，宜說明一節的觀察時間長度，例如 40 分鐘；或是較不明確的「評量（或觀察）次數」，但須說明一次是多長的時間，例如 20 分鐘或兩天。如果縱軸的名稱是「有多種單位」的數量，還須說明其

「單位」，例如時間的單位是「分」、「秒」或「時」；咖啡因攝取量的單位是「毫克」或「公克」等。若研究者已將依變項的數量資料換算成比率，則須於縱軸註明「平均次數」或「平均持續時間」（每分鐘、每小時或每節……等）。橫軸若有兩種單位，例如示例 2-9（第 73 頁）部分撤回設計中橫軸有天次和週次兩個單位，基線、介入和撤回期皆是依天次進行觀察，而追蹤期是以週次進行觀察，則須標示出來。

2. **使用適當比例的尺度**，而不致有欺騙讀者之嫌，至於何謂縱軸與橫軸的適當比例，不同文獻說法有異，有 3 比 4（Katzenberg, 1975；引自 Cooper et al., 2007, p. 145）、1 比 1.6（Tufte, 1983）、2 比 3（Tawney & Gast, 1984），以及 5 比 8（Johnston & Pennypacker, 1993），皆是**縱軸長度小於橫軸**，介於 **1 比 1.33 至 1 比 1.6 之間**。圖 6-4 中 A 圖橫軸的長度過長，縱軸過於緊縮，則折線將會拉平；而 B 圖剛好相反，橫軸過於緊縮，縱軸過長，則折線將會戲劇性地上升，二者的比例都不適當，會造成視覺蒙蔽的效果。

3. **清楚地標示階段和條件名稱，以及用實線隔開不同的階段；同一階段的條件變化線以虛線表示，不宜將兩個屬於不同階段或條件的資料點連接起來**（Cooper et al., 2007; Tawney & Gast, 1984），如示例 6-1 所示。

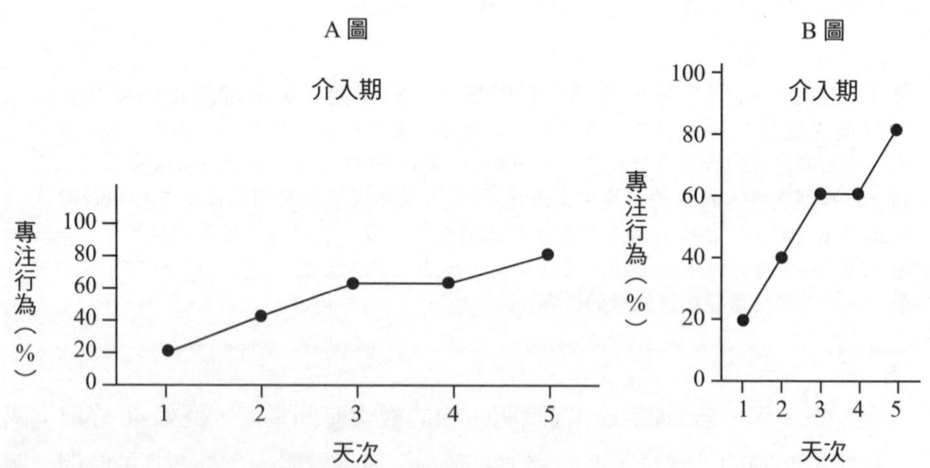

圖 6-4：不適當比例之尺度造成視覺蒙蔽的結果。

4. 若有數個資料點是 0，則**標在縱軸上的原點宜稍高於橫軸**，以避免將刻度 0 誤視為資料的缺乏（Cooper et al., 2007），如示例 6-1 所示原點所在位置。
5. **橫軸和縱軸的刻度應等距**，橫軸標號等距顯示評量的間隔時間是相等的；縱軸標號等距才不致在視覺上有欺矇讀者之嫌（Franklin, Gorman, Beasley, & Allison, 1996）。
6. 若評量依變項的工具有分數範圍，則**縱軸的刻度範圍須與該評量工具的分數範圍一致**，例如評量依變項的工具最低分為 0 分，最高分為 10 分，此即成為刻度範圍。又例如圖中百分比的範圍為 0 至 100%，若出現 120%，或是最大值少於 100% 就不對了。以圖 6-5 為例，A 圖縱軸的刻度範圍為 0 至 25%，比較基線期和介入期的趨勢，會給讀者介入很有效的錯覺，這是因為未呈現縱軸的最大刻度（100%）所致；而 B 圖縱軸的刻度範圍為 0 至 100%，如此呈現才正確，不致蒙蔽讀者的視覺（O'Neill et al., 2011）。
7. **橫軸和縱軸的尺度未完全呈現或不等距時，使用尺度中斷表示**，以避免讀者的誤解（Cooper et al., 2007）。示例 6-1 中橫軸的刻度是間隔 5 等距呈現，但是 30 和 39 天之間未間隔 5、不等距，且追蹤期的評量與介入期間隔 10 天，故橫軸上標示尺度中斷。示例 6-2 中縱軸的刻度是間隔 10 等距呈現，但是由於研究參與者在依變項上的表現都高於 40，呈現全部縱軸刻度範圍會顯得縱軸過長，故省略 40 以下的刻度，以尺度中斷表示。同樣地，圖 6-5 中研究參與者的分數都低於 40%，亦可以省略 40% 以上的刻度，以尺度中斷表示，如 C 圖。
8. **資料路徑出現縱軸刻度範圍外的數值（即極端值）時，使用尺度中斷**表示，以避免讀者的誤解（Cooper et al., 2007）。如示例 6-3 中有極端值（148），以尺度中斷表示。除此，該例還呈現縱軸尺度未完全呈現（20 至 100 之間）的尺度中斷；橫軸上以尺度中斷表示追蹤期的評量與介入期間隔 1 個月。
9. **評量的時間點必須連續、等距才能連接成線，否則不能相連**（Cooper et al., 2007）。示例 6-1 中追蹤期評量的時間（第 39 至 60 天），並不像基線期和介入期每天評量，且不等距，故未相連；第 18 和 19 點間未相連，是因學

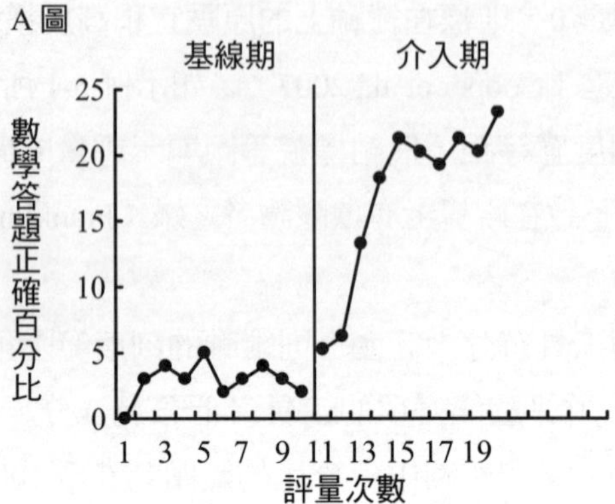

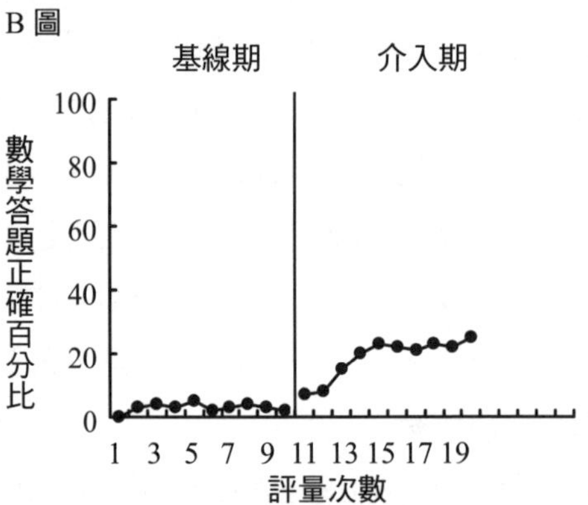

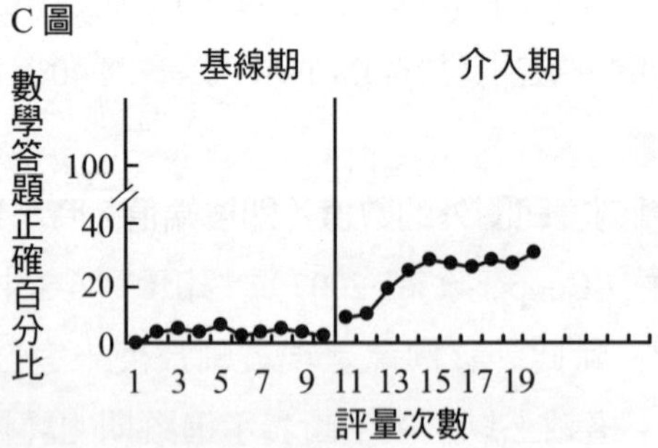

圖 6-5：適當和不適當呈現折線圖縱軸刻度範圍之比較。修改自 O'Neill 等人（2011, p. 53），修改處為加入 C 圖。

示例 6-2 尺度中斷的例子（一）——縱軸尺度未完全呈現時

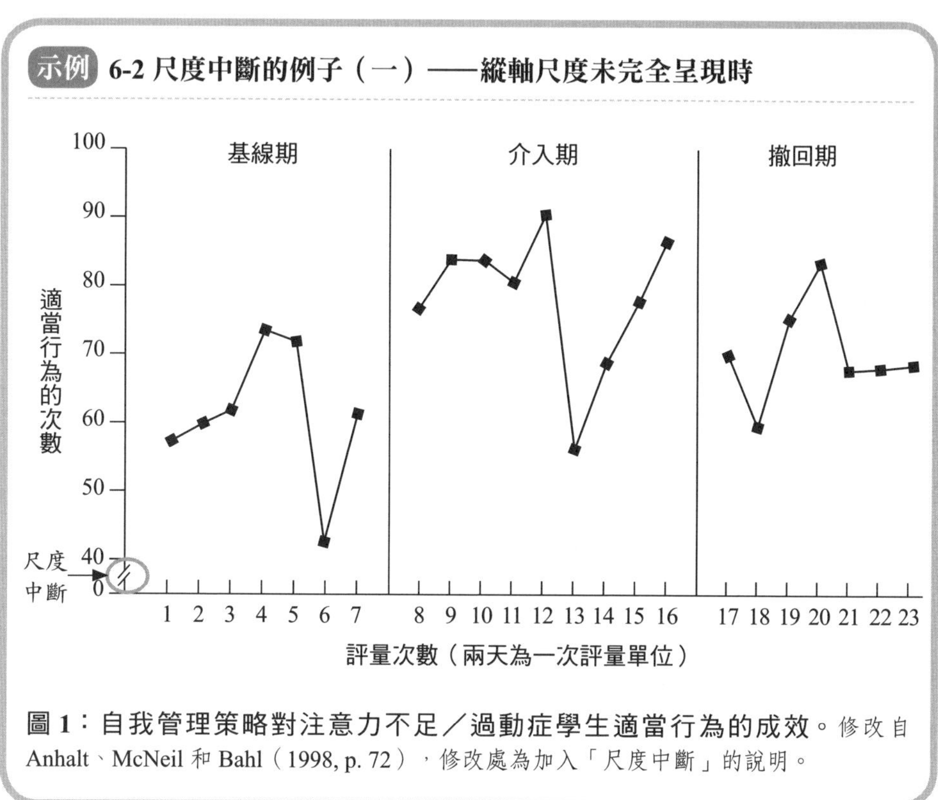

圖 1：自我管理策略對注意力不足／過動症學生適當行為的成效。修改自 Anhalt、McNeil 和 Bahl（1998, p. 72），修改處為加入「尺度中斷」的說明。

校 1 週假期，故在橫軸上標示尺度中斷。若**欲連接不連續、不等距的點成為線**，以便於分析趨向時，**則相連的線段中間要以尺度中斷標示，或是以虛線表示**（Spriggs, Lane, & Gast, 2014; Wolery, Dunlap, & Ledford, 2011）。如果只是少數的資料點因研究參與者缺席或放假未蒐集到，則以尺度中斷標示，如示例 6-4 查理的介入期中，第 7 和 9 點間的尺度中斷。而假使所有點都不是連續和等距的，例如進行間斷的類化探測，則可以用虛線表示，如示例 2-9（第 73 頁）中以虛線呈現間斷的類化探測。如果在階段的初次或末次評量即遺漏，無法在相連的資料點間標示尺度中斷，則可以如示例 2-13（第 80 頁）在橫軸上以「○」表示，並且在圖的簡短說明中註解。

示例 6-3 尺度中斷的例子（二）——橫軸和縱軸尺度未完全呈現及出現極端值時

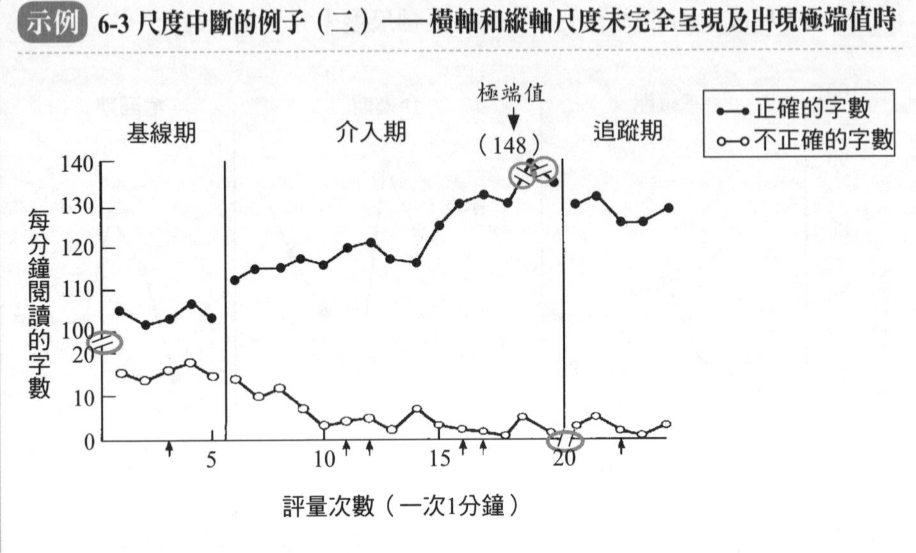

圖 1：同儕教導策略對增進學生讀字正確率之成效。橫軸上的↑是指學生從家裡帶來的閱讀材料；追蹤期與介入期間的 // 表示間隔 1 個月。擷取並修改自 Cooper 等人（2007, p. 146）跨參與者多基線設計中一位學生的折線圖，修改處為加入「尺度中斷」的說明。

10. 兩條資料路徑的縱軸尺度不同時，像示例 6-4 中，一條是問題行為的次數，另一條是普通教育參與時間，則須用雙軸呈現兩條不同的縱軸尺度。
11. 若蒐集的資料點數太多，全部呈現會不易閱讀時，可採取兩種作法，一種是**以一致的方式合併資料點**，例如每週一至五每節課評量的資料，可以合併以週次取代天次，取得平均一天的比率來呈現。Kazdin（2011）指出，愈大的時間區段（例如：5 天）會比愈小的時間區段（例如：2 天）產生較小的變異，如圖 6-6。**合併後宜注意是否蒙蔽了資料的變異性**，例如一位注意力不足／過動症學生的不適當行為出現百分比變異極大，非常不穩定，而行為介入的重點就在減少此種不穩定的現象，若以愈大的時間區段呈現行為資料，則無法偵測出介入前後行為的真實樣貌。另一種是**刪除部分資料**，宜注意的是**刪除之資料點不會影響依變項的趨勢**，例如連續 10 個資料點皆相同，故

示例 6-4 尺度中斷的例子（三）——橫軸尺度未完全呈現及評量的時間點未連續時

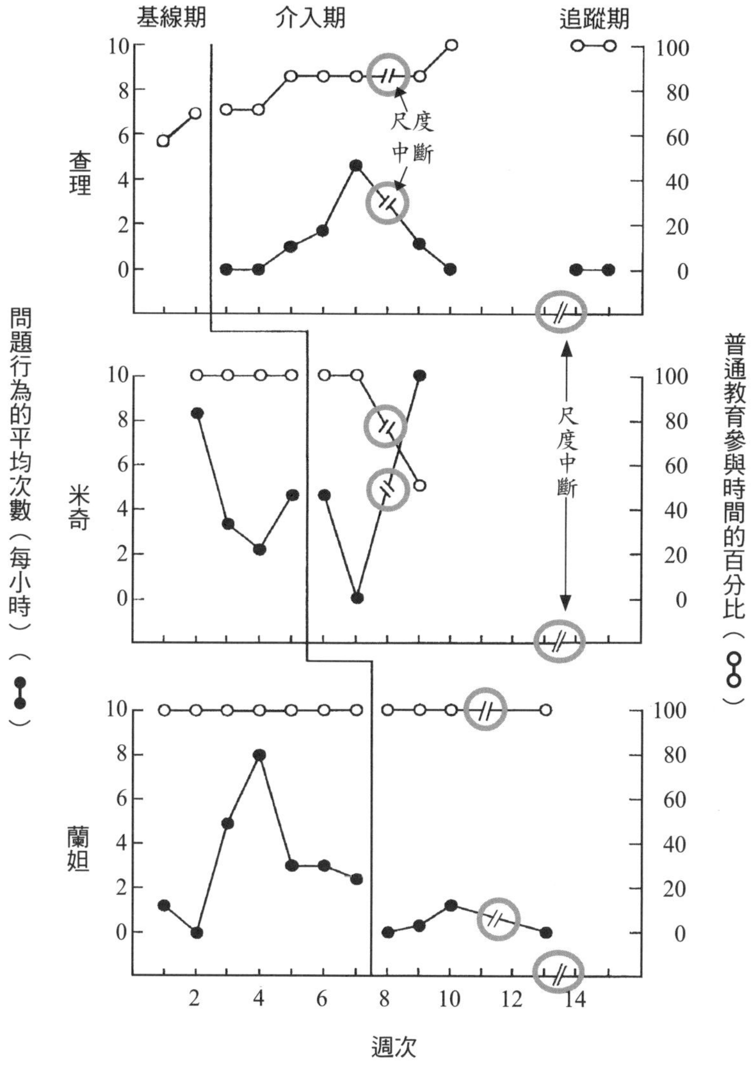

基線期　介入期　追蹤期

查理　米奇　蘭妲

問題行為的平均次數（每小時）（●）

普通教育參與時間的百分比（○）

尺度中斷

週次

圖 1：正向行為支持和個人中心計畫，對研究參與者問題行為減少和普通教育參與時間增加的成效。追蹤期與介入期間的 // 表示間隔 1 個月。米奇和蘭妲的追蹤期資料缺失。修改自 Artesani 和 Mallar（1998, p. 35），修改處為加入「尺度中斷」的說明。

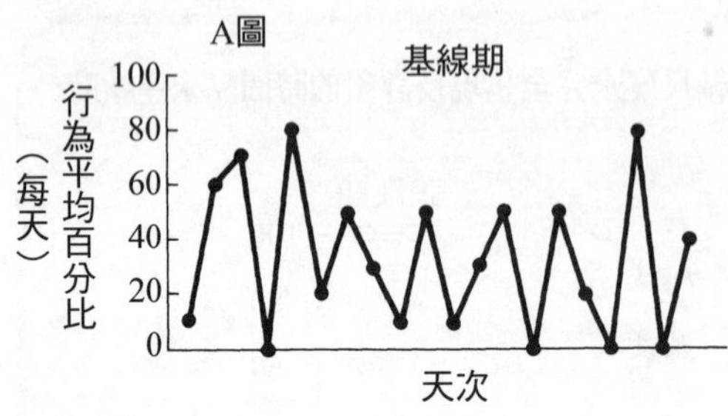

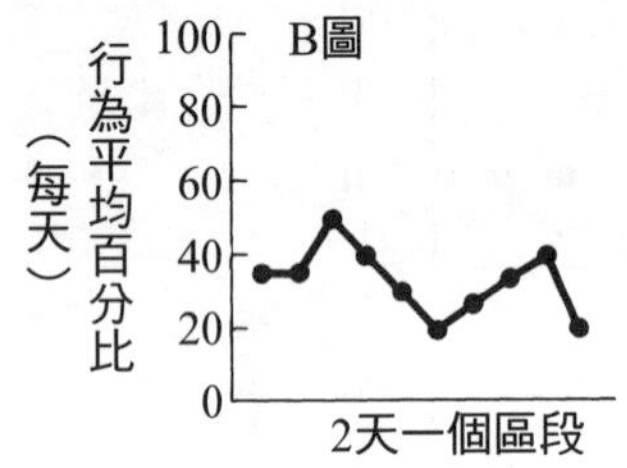

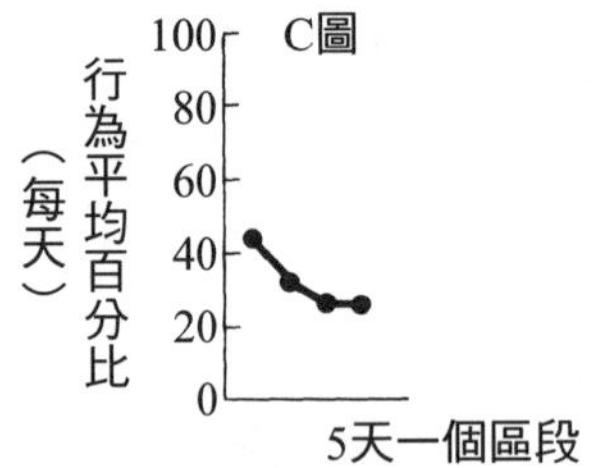

圖 6-6：橫軸使用不同尺度（每天、2 天和 5 天一個區段）產生之視覺效果。圖中呈現愈大的時間區段（5 天），比愈小的時間區段（2 天和 1 天）產生較小的變異。修改自 Kazdin（2011, p. 344），修改處為加入縱軸說明。

維持前後兩個資料點，刪除中間 8 個資料點，而且須以尺度中斷標示，並且說明刪除之資料點的數量、性質和理由。

12. **將圖示的折線減至最低**，Tawney 和 Gast（1984）以及 O'Neill 等人（2011）主張，**最多不超過三條**，而 APA（2010b）則主張最多不超過四條，以避免雜亂。
13. **使用相同的標記顯示同一個依變項或條件**，在不同階段（基線期、介入期）隨時間的進展情形，切忌採用不同的標記。**以超過兩條以上的資料路徑顯示兩個以上依變項**（例如：攻擊、替代溝通行為）或**條件**（例如：不同自變項的介入、立即和類化成效）時，**宜使用不同且易於分辨的標記**（例如：圓形、正方形），**並以「主調」標示不同資料路徑代表的意義**（Cooper et al.,

2007; Tawney & Gast, 1984），如示例 6-1 中的 [●─● 負向行為 ○─○ 正向行為]，它亦可以用 [─●─ 負向行為 ─○─ 正向行為] 表示。如果未連接成線的資料路徑，則主調中的標記不要有線，如示例 2-45（第 157 頁）中 [○類化情境中的拼圖表現]。

14. **當兩條資料路徑重疊時，它們重疊的點應該大包小，使之易於區分，重疊的線應該畫得接近且互相平行，讓讀者能辨識**（Cooper et al., 2007），如示例 6-1 中第 9 至 11 點之間兩條資料路徑重疊，且資料點重疊。
15. **若圖上有特別的符號**（例如：箭頭、尺度中斷），放在圖內說明會干擾讀者閱讀時，**可以置於圖的簡短說明中註解**，如示例 6-1 所示。
16. 多基線或多探測設計中呈現數個研究參與者（或小組）、行為（或依變項），抑或條件的資料時，宜**放在同一張圖**，不應分開，如此才能顯示有無出現「基線行為共變」，以及「不一致介入效果」的現象。交替介入設計中比較不同自變項對依變項的成效差異，宜**放在同一張圖**，不應分開，並繪製**不同自變項的交替時間點**。

總之，折線圖的呈現需**完整**、**清晰且精簡**，注意上述的呈現原則，見問題討論 6-2。

問題討論　6-2 折線圖繪製的問題討論

一份研究採用 A-B-A 系列撤回設計，旨在探討正向行為支持計畫對一位注意力不足／過動症學生干擾行為的成效，研究者每天在上課時間觀察，除週三僅半天，觀察四節課外，其他時間都觀察七節課，以記錄干擾行為的出現百分比和替代性溝通行為的等級（分為 0 至 5 六個等級，等級愈高表示溝通行為愈佳）。基線期共蒐集 13 個點，其中該生有兩天缺席，有一天干擾行為非常嚴重，平均每節出現了 60%，研究者介入了危機處理策略。介入期共蒐集 12 個點。撤回期$_1$在撤除正向行為支持計畫，隔一週五天上學日後進行，一週蒐集五節課，在第 1、2、4、7、9 和 12 週，共蒐集六個點；撤回期$_2$再隔一週五天上學日後進行，一週亦蒐集五節課，在第 14、17 和 20 週，共蒐集三個點，畫出折線圖如下。此折線圖是否適當？有哪些可以改進之處？

（續）

問題討論 6-2（續）

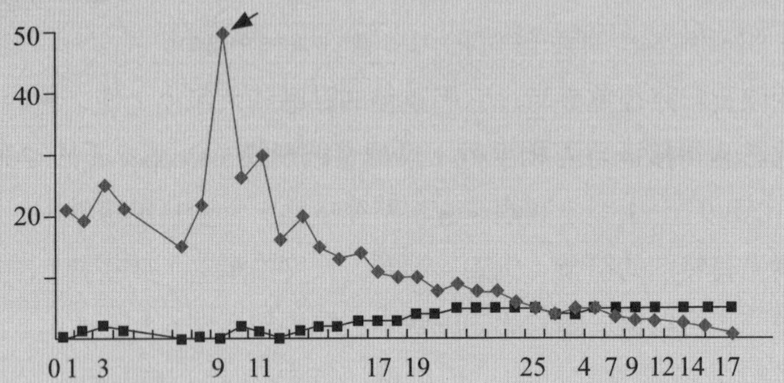

☛此折線圖有以下問題：（1）未描述橫軸和縱軸的名稱；（2）未標示階段和條件名稱；（3）沒有用實線隔開不同的階段，及以虛線隔開不同的條件變化；（4）兩條資料路徑的縱軸尺度不同，一條是干擾行為的出現百分比，另一條是替代性溝通行為的等級，研究者未使用雙軸呈現；（5）未以「主調」標示不同資料路徑代表的意義；（6）橫軸和縱軸的刻度未等距呈現；（7）原點出現在橫軸，而不是縱軸，且未稍高於橫軸；（8）干擾行為縱軸尺度未完全呈現（最高值只到 50%），研究者卻沒有使用尺度中斷表示；（9）資料路徑上有極端值（60%），研究者卻沒有使用尺度中斷標示；（10）該生有兩天缺席，研究者卻將資料點相連在一起；（11）撤回期的評量不等距，研究者卻將資料點相連在一起；（12）未呈現圖序號和圖的簡短說明；（13）未說明箭頭的意義。建議修改此圖為：

問題討論 6-2（續）

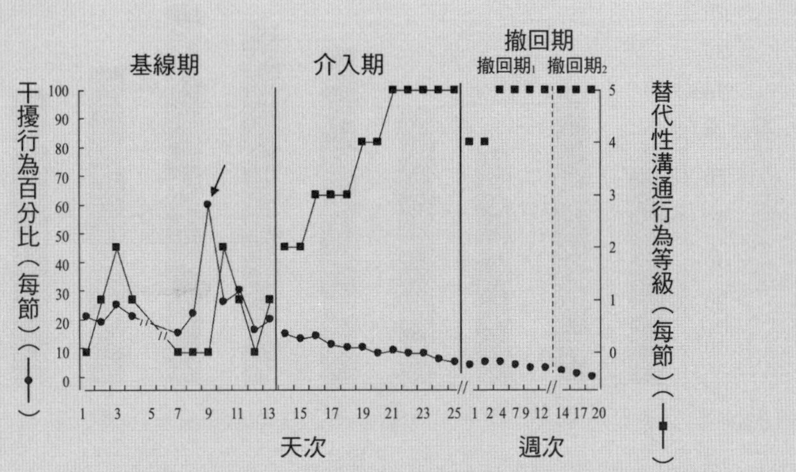

圖 1：正向行為支持對注意力不足／過動症學生干擾行為和替代性溝通行為的成效。➔代表介入危機處理策略。第 4 和第 7 點間資料路徑的尺度中斷為學生缺席；而橫軸上撤回期1 與介入期，以及撤回期2 與撤回期1 間的尺度中斷皆表示間隔 1 週 5 天上學日。撤回期評量的時間（第 1 至 20 週），並不是每週評量，且不等距，故未相連。

二、條形圖的意涵

以下討論條形圖的意義、呈現內容和原則。

（一）條形圖的意義

條形圖是使用長條狀圖形的高度代表資料量的統計圖，它可用以呈現**分立的類別資料**（Scott, 2004），像是比較介入前後的行為表現（例如：字形—字音及字形—字義錯誤形態和數量的改變）時，可用條形圖。例如圖 6-7 呈現 10 位學生介入後溝通技能表現的條形圖。又例如一份研究在探討，圖象化基本字帶字教材對兩位智能障礙學生識字的成效，研究者比較介入前後，兩位學生字形—字音及字形—字義錯誤形態和數量的改變如圖 6-8。

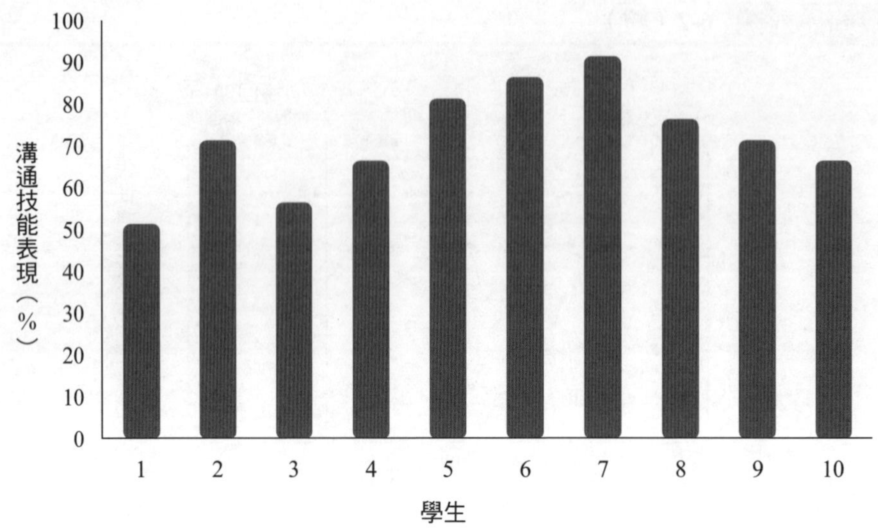

圖 **6-7**：**10** 位學生介入後溝通技能表現的比較。

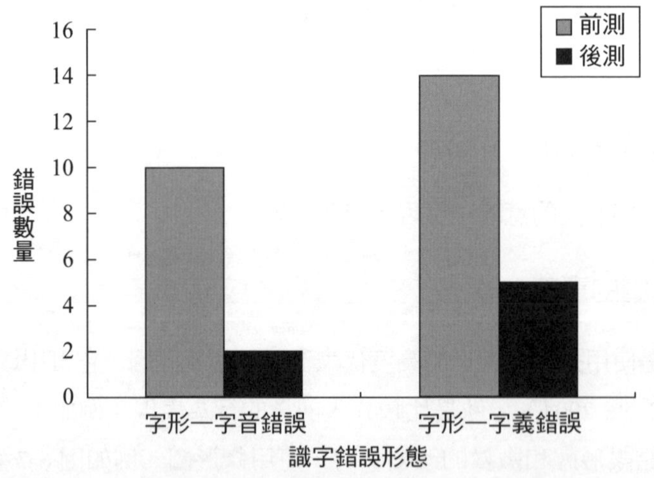

圖 **6-8**：圖象化基本字帶字教材對減少智能障礙學生識字錯誤形態和數量的成效。

（二）條形圖的呈現內容

Tawney 和 Gast（1984）指出，條形圖內容大致包括**橫軸和縱軸尺度**、**原點**、**刻度**、**橫軸名稱**、**縱軸名稱**、**階段名稱**、**階段變化線**、**條件變化線和條件名稱**、**主調**，以及**圖序號和圖的簡短說明**等，見示例 6-5。

示例 6-5 條形圖之圖例

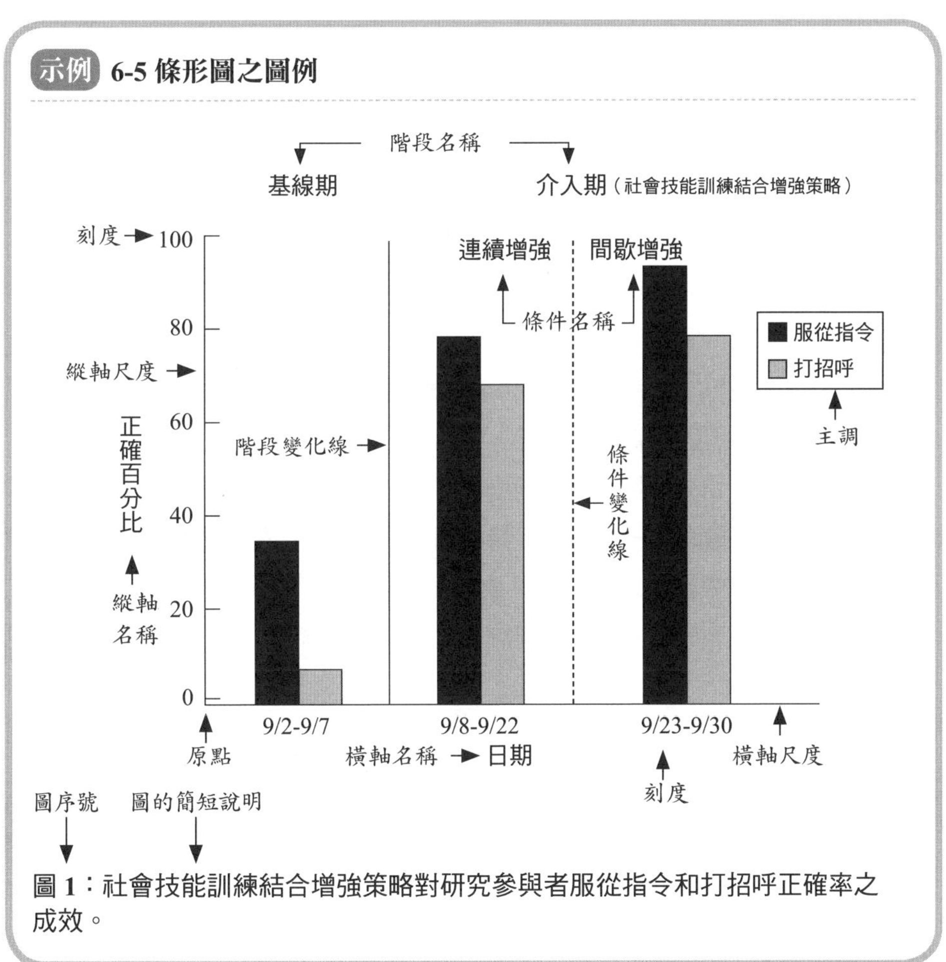

圖 1：社會技能訓練結合增強策略對研究參與者服從指令和打招呼正確率之成效。

（三）條形圖的呈現原則

在呈現條形圖時，宜注意以下六個原則：

1. 條形圖多數以**直條狀圖形**呈現，但如果要比較的類別過多，例如比較 20 位學生的依變項表現，不易在有限的版面呈現，則可以改採**橫條狀圖形**呈現。
2. **每一個條形圖的寬度須相同**，且**標示不同條形**（例如：不同依變項）**代表的意義**（Scott, 2004）。
3. **不同長條狀圖形最好分開**，如圖 6-7；若要接在一起，則以不同圖樣或顏色呈現長條狀圖形以茲區分，如圖 6-8。
4. 由於是比較不同類別的資料，所以這些類別的安排無一定的順序（Scott, 2004），像是圖 6-7 中不一定是哪位學生必排第一或採固定排序。然而，在不同時間比較不同依變項的表現，如示例 6-5 服從指令和打招呼行為的排序則宜一致。
5. 如示例 6-5，若有數個資料點是 0，則標在縱軸上的原點須稍高於橫軸，以避免將刻度 0 誤視為資料的缺乏。
6. 如同折線圖，如果評量依變項的工具有分數範圍，則**縱軸的刻度範圍須與該評量工具的分數範圍一致，且保持相同間距**。另外，**縱軸的尺度未完全呈現時，使用尺度中斷**（即雙斜線）表示，以避免讀者的誤解（Tawney & Gast, 1984），如圖 6-5 中 A 圖是錯誤的，B 圖才是正確的。條形圖繪製的問題見問題討論 6-3。

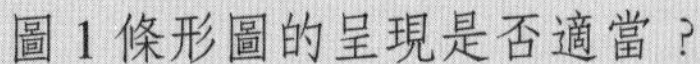

問題討論　6-3 條形圖繪製的問題討論

圖 1 條形圖的呈現是否適當？

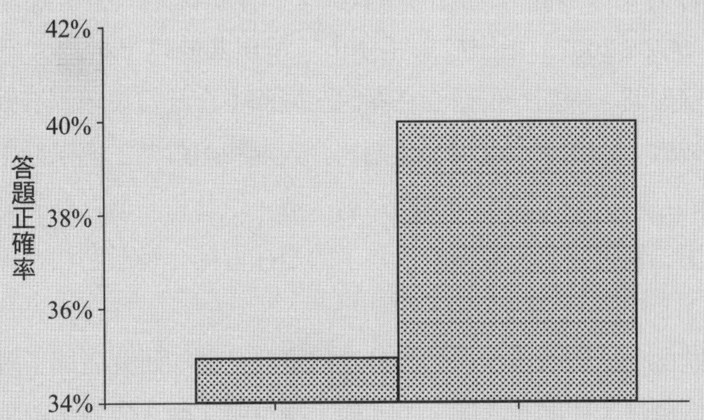

圖 1：修改前的條形圖。

☛ 此條形圖的呈現有以下三點不適當處：（1）縱軸的尺度未完全呈現，縱軸範圍不是 0 至 100%，且以小的刻度間距（間隔 2%）不適當地凸顯兩個長條狀圖形的差異；（2）未說明兩個長條狀圖形代表的意義；（3）兩個長條狀圖形寬度不同，且研究者將之接在一起，但未以不同圖樣或顏色呈現。筆者建議修改如下，若研究者欲將兩個長條狀圖形接在一起，則宜以不同圖樣或顏色呈現：

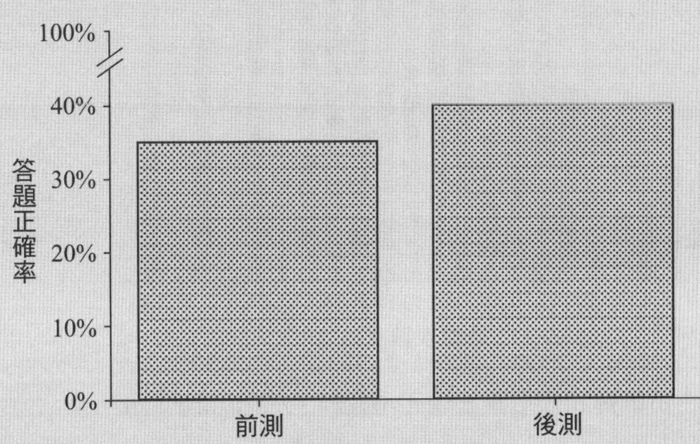

圖 2：修改後的條形圖。

三、結合折線圖和條形圖的意涵

結合折線圖和條形圖適用於兩種狀況：一種狀況是**太多折線呈現於一張圖上**，Cooper 等人（2007）指出於一張圖上，呈現四條以上折線太過複雜，可結合折線圖和條形圖。例如一份研究在探討，同儕中介社交技巧訓練對泛自閉症者同儕互動之成效。研究者欲呈現基線期、介入期和追蹤期三個階段中，泛自閉症者和男同儕的互動次數、和女同儕的互動次數，以及和同儕互動的總次數三項資料。如果使用三條折線呈現會過於複雜，於是採取結合條形圖與折線圖的方式，見圖 6-9。

另一種狀況是欲**同時呈現系列和分立的資料**，例如研究者欲了解正向行為支持在兩種不同條件（甲師和乙師）下，對干擾行為次數之成效，以折線圖呈現干擾行為總次數，以條形圖呈現於甲師和乙師課堂中干擾行為的次數，見圖 6-10。

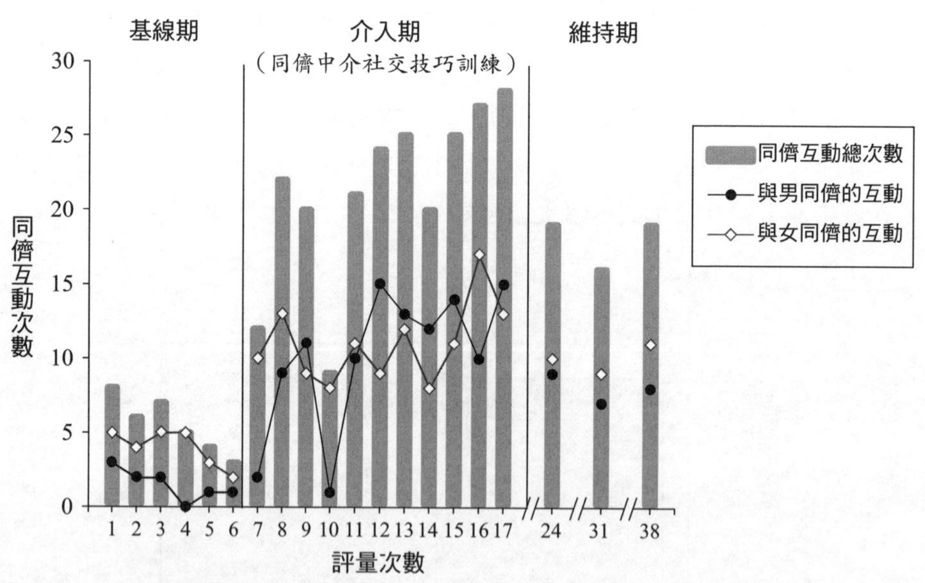

圖 6-9：以結合折線圖和條形圖呈現三項資料。// 表示間隔 1 週。

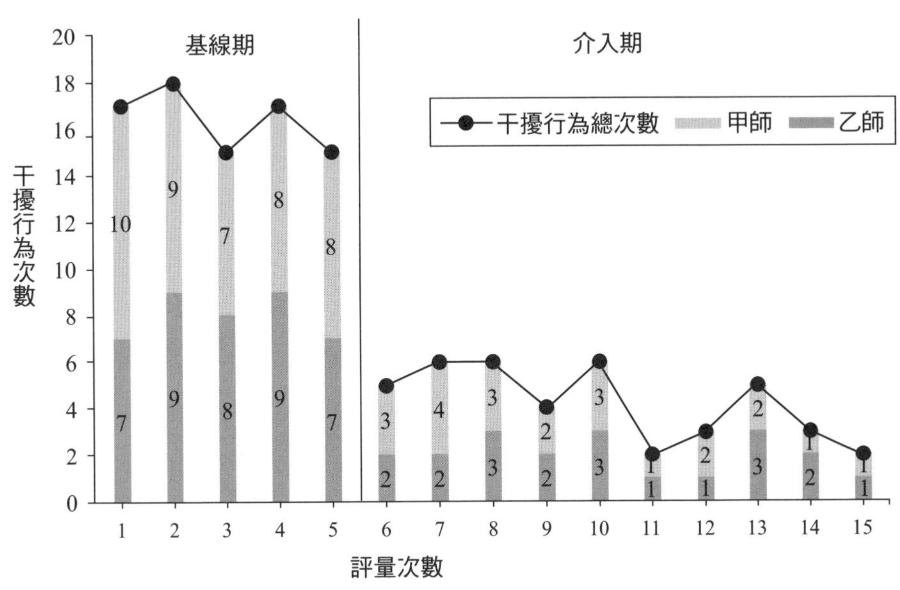

圖 6-10：以結合折線圖和條形圖同時呈現系列和分立的資料。

四、散布圖的意涵

散布圖是藉由 X 和 Y 軸顯示兩個變項量數的相對分布情形，散布圖的每一個資料點代表兩個變項的交點，它們彼此不相連，可分析當一個軸的數值改變，另一個軸的數值會產生什麼樣的變化，資料點散布在一條線上、一個平面上，或是成為一個群集，都代表某種關係存在（Cooper et al., 2007）。在行為介入的研究中，藉由散布圖可以了解，**全天不同時間點行為的散布情形，以分析行為和環境因素間的關係**（Cooper et al., 2007）。例如 Touchette、MacDonald 和 Langer（1985）以散布圖呈現攻擊行為從早上 8 點至晚上 9 點間的散布情形，圖 6-11 的結果發現於介入前，攻擊行為主要集中在下午 1 點至 3 點間；調整作息的介入後則減少許多，1 年後的追蹤亦維持了介入效果。

散布圖亦可以**比較不同類別量數間的關係**（Cooper et al., 2007）。例如 Boyce 和 Geller（2001）以散布圖呈現，61 位有駕照車主（29 位男性、32 位女性）的駕駛行為，圖 6-12 呈現不同性別和年齡層駕駛人車速和車距的行為，結

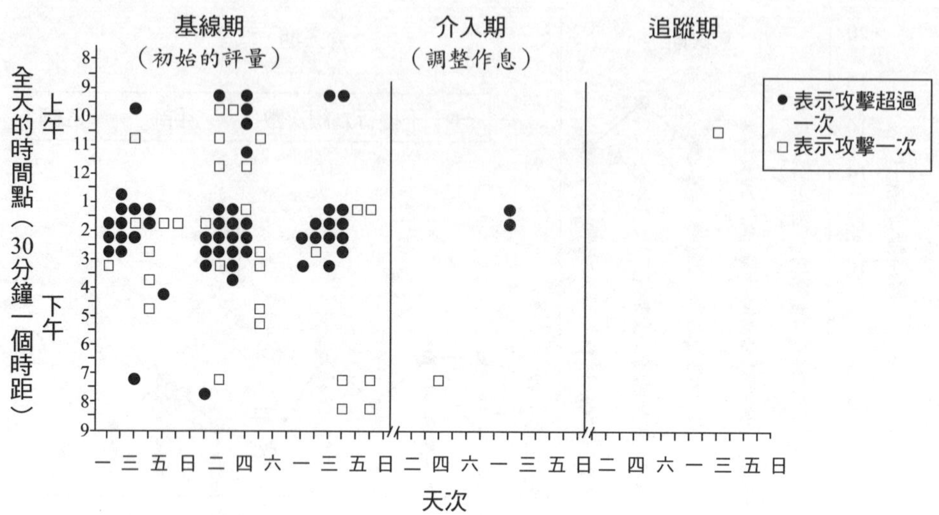

圖 6-11：以散布圖呈現攻擊行為介入前後的改變情形。橫軸呈現的是週一至週日的刻度，基線期觀察 21 天，介入期和追蹤期各觀察 14 天。橫軸上的介入期和基線期間的 // 表示間隔 3 個月；橫軸上的追蹤期和介入期間的 // 表示間隔 1 年。修改自 Touchette 等人（1985, p. 347），修改處為加入主調說明實心圓和空心矩形代表的意義，以及說明 // 的意義。

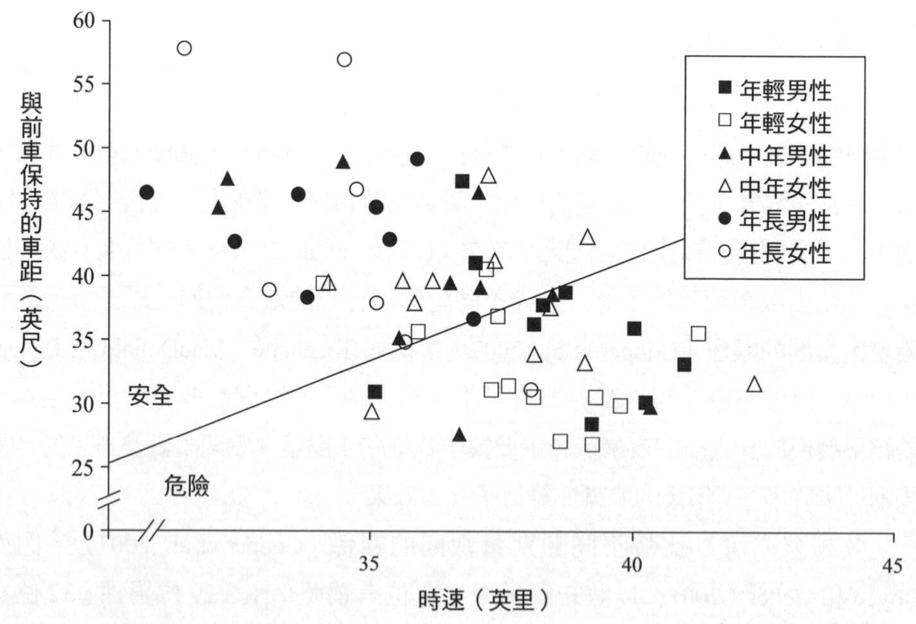

圖 6-12：車速和車距落在危險範圍的駕駛人。修改自 Boyce 和 Geller（2001, p. 49），修改處為加入原點，以及橫軸的雙斜線。

果發現年輕的車主落在對角線以下（即危險區域）的比例（61%, 23 位中有 14 位），高於中年的車主（32%, 22 位中有 7 位）和年長的車主（6%, 16 位中有 1 位）。繪製散布圖時宜注意，**清楚標示橫軸和縱軸的變項名稱及量數**（Norusis, 1992）。

於「程式語言資料夾三：使用 EXCEL 進行單一個案研究的圖示分析」中，筆者參考一些文獻（Carr & Burkholder, 1998; Dixon et al., 2009），說明如何使用 EXCEL 繪製折線圖、區域圖、半對數圖、條形圖、散布圖、結合折線圖和條形圖，以及其他統計圖的繪製方法。除此，於「程式語言資料夾四：繪製折線圖及水準和趨向的 SPSS 程式語言」，呈現如何以 SPSS 繪製折線圖，以及之後將討論的水準和趨向。

五、統計圖的選擇

研究者宜注意折線圖和條形圖的功能，選擇適合的統計圖，選擇不同類型統計圖之結果如圖 6-13 所示。圖 6-13A 圖的條形圖顯示基線期和介入期之間有極大的差異，但折線圖卻顯示在基線期即已產生上升的趨勢，無法明確斷定是介入方案產生的改變；而 B 圖條形圖顯示基線期和介入期之間沒有差異，但折線圖卻顯示趨向變化非常明顯，以折線圖比較能反映行為隨時間轉變的真實樣貌。正如 Johnston 和 Pennypacker（1993）所云：「在解釋圖形資料而不被圖形本身的各種特徵所影響，這實在是不可能的。」（p. 320）除了選擇適合的統計圖外，還須讓圖的特徵清晰、精簡且完整，並且注意上述原則。

貳、目視分析之內容與解釋

以下探討目視分析之內容與解釋兩大部分。

一、目視分析之內容

Parsonson 與 Baer（1978）曾建議以 10 種方法檢視單一個案研究資料，這些方法大致可歸為三類，即**平均數改變量**（mean shifts）、**變異性改變量**（change

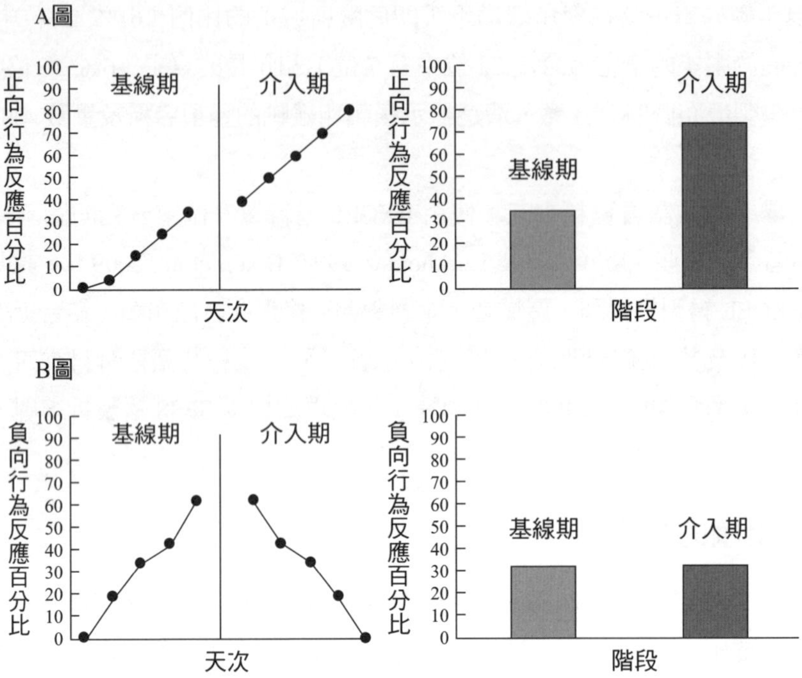

圖 6-13：選擇不同類型統計圖之結果。修改自 Kazdin（2011, p. 334），修改縱軸的名稱和刻度。

in variability）和**趨勢改變量**（changes in trends）。平均數改變量須考慮基線資料之穩定性，如果基線資料是穩定的，就可以檢視相鄰兩個階段的分數重疊率，以及決定階段間平均水準變化（Parsonson & Baer, 1978）。變異性改變量主要在了解階段內及階段間之變異性；趨勢改變量旨在分析階段內及相鄰階段間趨勢之改變量（Parsonson & Baer, 1978）。目視分析總括了這三種分析。

Gast 和 Ledford（2014）指出，目視分析旨在分析**資料大小和速率的變化**，包括階段內和階段間的資料。在分析資料大小和速率的變化上，Tawney 和 Gast（1984）原先採用**平均水準**（mean level）；後來 Lane 和 Gast（2014）指出平均數容易受極端值的影響，中數比較不會受影響，故建議使用**中數水準**（medium level）。為了讓讀者了解兩種分析作法的差異，筆者呈現以平均水準和中數水準為基礎的分析內涵，並且分成**階段內的資料**和**階段間的資料**兩大部分做說明，讓讀者可以擇一採用。

（一）階段內的資料

綜合文獻（Gast & Ledford, 2014; Lane & Gast, 2014; Tawney & Gast, 1984），目視分析階段內資料的分析內涵摘要如表 6-1，詳述如下。**階段內資料**主要在分析下列三項：（1）**階段長度**（condition length）；（2）**水準**（level），意指縱軸的資料量，可以獲得**水準全距**（level range，或譯成水準範圍）、**水準集中量數**、**水準穩定度**（level stability）和**階段內水準變化**（level change）四種資料；（3）**趨勢**，可以獲得**趨向和趨勢內的資料路徑**（data paths within trend），以及**趨勢穩定度**（trend stability）兩種資料。

表 6-1

目視分析中階段內資料之內涵

分析向度	以平均水準為基礎的分析內涵（Tawney & Gast, 1984）	以中數水準為基礎的分析內涵（Gast & Ledford, 2014; Lane & Gast, 2014）
階段名稱	階段名稱可能包括基線期、介入期、撤回期（或追蹤期、維持期）等。	階段名稱可能包括基線期、介入期、撤回期（或追蹤期、維持期）等。
階段長度	階段內的資料點數目。	階段內的資料點數目。
水準全距	階段內資料點的最小和最大縱軸值。	階段內資料點的最小和最大縱軸值。
水準集中量數	採用**平均水準**表示縱軸資料量的集中情形：階段內所有資料點縱軸值的總和，除以總資料點數。	採用**中數水準**表示縱軸資料量的集中情形：將資料點依小至大排序，資料點數是奇數，則中數是中間的數值；資料點數是偶數，則中數是中間的兩個數值平均。
階段內水準變化	採用**階段內絕對水準變化**：階段內最後一個資料點減去第一個資料點的縱軸值。最後一個資料點的縱軸值若小於第一個資料點，則大數減小數後冠上負號。	採用**階段內相對水準變化**：階段內後半段的中數減去前半段的中數。最後一個資料點的縱軸值若小於第一個資料點，則大數減小數後冠上負號。

（續）

表 6-1（續）

分析向度	以平均水準為基礎的分析內涵（Tawney & Gast, 1984）	以中數水準為基礎的分析內涵（Gast & Ledford, 2014; Lane & Gast, 2014）
水準穩定度	1. 最高值 × 穩定標準（例如：5、10、12、15、20%）＝可接受穩定範圍；（落在平均數水準線穩定範圍內的資料點數 ÷ 總資料點數）×100（%）＝水準穩定度。 2. 若最高點超過 80，則取 5% 為穩定標準；介於 61 至 80 之間，則取 10% 為穩定標準；而若最高點介於 41 至 60 之間，則取 12% 為穩定標準；若最高點介於 21 至 40 之間，則取 15% 為穩定標準；低於 20，則取 20% 為穩定標準。	1. 最高值 × 穩定標準（例如：10、15、20、25%）＝可接受穩定範圍；（落在中數水準線穩定範圍內的資料點數 ÷ 總資料點數）×100（%）＝水準穩定度。 2. 若最高點超過 75，則取 10% 為穩定標準；介於 51 至 75 之間，則取 15% 為穩定標準；而若最高點介於 26 至 50 之間，則取 20% 穩定標準；若低於 25，則取 25% 為穩定標準。
趨向和趨勢內的資料路徑	1. 趨向是指資料路徑的斜度，有上升（／）、下降（＼）、水平（—）三種資料路徑，其意義為進步（＋）、退步（－），等速或沒進步也沒退步（＝），須視依變項為正向行為或負向行為。若為正向行為，上升（／）就記為進步（＋），下降就記為退步（－）；若為負向行為，上升（／）就記為退步（－），下降就記為進步（＋）；而水平（—）都是記為等速（＝），或沒進步也沒退步（＝）。 2. 趨勢內的資料路徑是指，該階段內如果有兩個以上、不同的資料路徑，則標示出來。	1. 趨向是指資料路徑的斜度，有上升（／）、下降（＼）、水平（—）三種資料路徑，其意義為進步（＋）、退步（－），等速或沒進步也沒退步（＝），須視依變項為正向行為或負向行為。若為正向行為，上升（／）就記為進步（＋），下降就記為退步（－）；若為負向行為，上升（／）就記為退步（－），下降就記為進步（＋）；而水平（—）都是記為等速（＝），或沒進步也沒退步（＝）。 2. 趨勢內的資料路徑是指，該階段內如果有兩個以上、不同的資料路徑，則標示出來。
趨勢穩定度	1. 最高值 × 穩定標準（例如：5、10、12、15、20%）＝可接受穩定範圍；（落在趨勢線穩定範圍	1. 最高值 × 穩定標準（例如：10、15、20、25%）＝可接受穩定範圍；（落在趨勢線穩定

表 6-1（續）

分析向度	以平均水準為基礎的分析內涵（Tawney & Gast, 1984）	以中數水準為基礎的分析內涵（Gast & Ledford, 2014; Lane & Gast, 2014）
趨勢穩定度	內的資料點數 ÷ 總資料點數）×100（%）＝趨勢穩定度。 2. 穩定標準的設定原則如同水準穩定度。	範圍內的資料點數 ÷ 總資料點數）×100（%）＝趨勢穩定度。 2. 穩定標準的設定原則如同水準穩定度。

註：此處指的階段不只是不同的階段，亦可以階段內的不同條件，例如撤回期1、撤回期2。

1. 階段長度

階段長度是指階段內的資料點數目（Gast & Ledford, 2014），見示例 6-6。

示例 6-6 階段長度之呈現

以圖 1 社會技能方案對研究參與者適當社會互動行為之成效為例，它是採撤回設計，舉基線期和介入期來說明目視分析。基線期的階段長度是 8，介入期是 15。

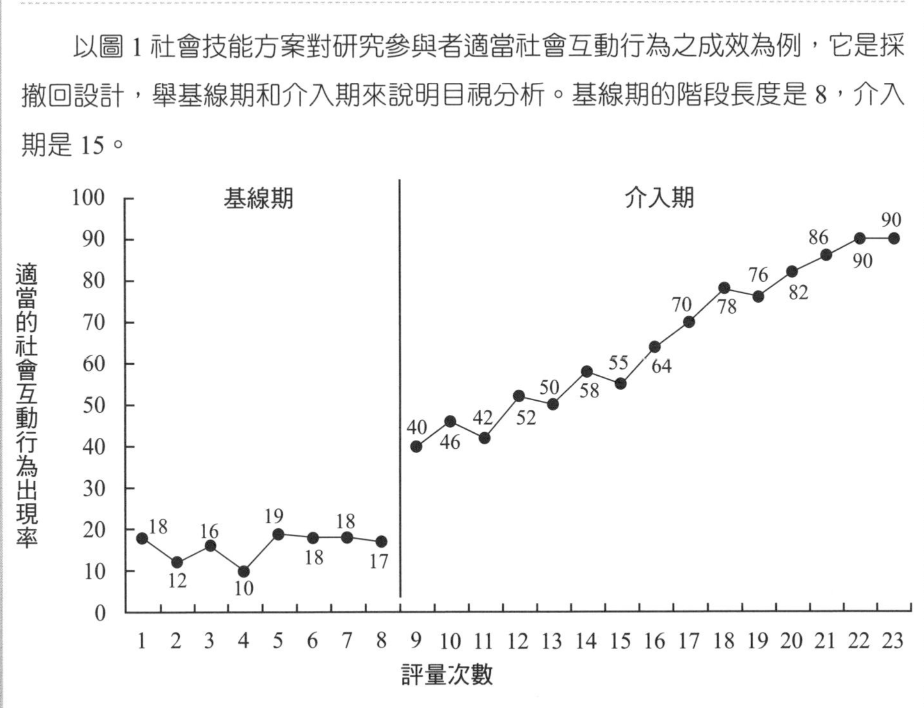

圖 1：社會技能方案對研究參與者適當社會互動行為之成效。

2. 水準全距

水準全距是指，階段或條件內資料點的最小和最大縱軸值（Lane & Gast, 2014），見示例 6-7。

示例 6-7 水準全距之呈現

延續示例 6-6，水準全距之呈現如下：

1. 基線期水準全距是，最小（10）和最大（19）縱軸值，即 10 ～ 19。
2. 介入期水準全距是，最小（40）和最大（90）縱軸值，即 40 ～ 90。

3. 水準集中量數

Tawney 和 Gast（1984）原先採用**平均水準**表示縱軸資料量的集中量數，是指階段內所有資料點縱軸值的總和，除以總資料點數。後來 Lane 和 Gast（2014）指出平均數容易受極端值的影響，中數比較不會，故建議使用**中數水準**。中數的求得方式為，將資料點依小至大排序，資料點數是奇數，則中數是中間的數值；資料點數是偶數，則中數是中間的兩個數值平均（Lane & Gast, 2014）。中數水準和平均水準之計算見示例 6-8。

示例 6-8 階段內中數水準和平均水準之計算

一、中數水準

以示例 6-6 圖 1 為例，階段內中數水準的計算如下：

1. 將資料點依小至大排序：10,12,16,17,18,18,18,19（基線期）；40, 42, 46, 50, 52, 55, 58, 64, 70, 76, 78, 82, 86, 90, 90（介入期）
2. 基線期有八個點，中數是第 4 和第 5 個點的平均值，即 17 和 18 的平均值是 17.5。介入期有 15 個點，則中數是中間的數值（第 8 個點），即 64。

示例 6-8（續）

二、平均水準

以示例 6-6 圖 1 為例，階段內平均水準的計算如下：

1. 基線期的平均水準為，（18 ＋ 12 ＋……＋ 17）÷ 8 ＝ 16。

2. 介入期的平均水準為，（40 ＋ 46 ＋……＋ 90）÷ 15 ＝ 65.27。

4. 階段內水準變化

以同一個階段內或相鄰階段間資料點縱軸值的變化量來看，同一個階段內的水準變化量是**階段內水準變化**，相鄰階段間的水準變化量是**階段間水準變化**（Gast & Ledford, 2014）。水準變化包括**絕對水準變化**及**相對水準變化**（Gast & Ledford, 2014）。**階段內絕對水準變化**是指，階段內最後與第一個資料點的縱軸值相減（Gast & Ledford, 2014）。Tawney 和 Gast（1984）採用它來表示階段內水準變化；而 Gast 和 Ledford（2014）則建議使用相對水準變化，先計算該階段前半段及後半段的中數，再將後半段的中數減去前半段的中數，因為絕對水準變化只有考慮階段內最後與第一個資料點，未考量其他資料點；而相對水準變化考量更多資料點，可以偵測出，階段內後半段相較於前半段資料中數水準的比例變化，見示例 6-9。

階段內水準變化數值正或負代表的意義，會視依變項是正向或負向行為而有不同的解讀，如為正向行為，水準變化正值表示有正向的變化，負值表示有負向的變化；相反地，如為負向行為，水準變化正值表示有負向的變化，負值表示有正向的變化，而水準變化是 0 則表示依變項無變化。於基線期，依變項最好呈現未改善的無變化或負向變化；於介入期，依變項最好呈現有改善的正向變化。

示例 6-9 階段內水準變化之計算

延續示例 6-6，基線期與介入期之絕對和相對水準變化如表 1，基線期的絕對水準變化是 -1，似乎變化很小，且呈現下降的趨向；但是相對水準變化是 4，變化較大，且呈現上升的趨向。介入期的絕對水準變化是 50，似乎變化很大，但相對水準變化是 30.5，變化沒有這麼大，皆呈現上升的趨向。相較於相對水準變化，基線期絕對水準變化小，而介入期絕對水準變化大是因為，只有考慮階段內最後與第一個資料點，事實上中間的資料有很大的變化；而相對水準變化考量其他資料點，故可偵測出介入期後半段相較於前半段資料中數水準的比例變化。

表 1

基線期與介入期之絕對和相對水準變化

階段內水準變化	基線期	介入期
階段內絕對水準變化	階段內最後一個資料點是 17，第一個資料點是 18，相減後是 -1。	階段內最後一個資料點是 90，第一個資料點是 40，相減後是 50。
階段內相對水準變化	階段長度是 8（偶數），故剛好可均分成兩半。後半段的資料點是 19, 18, 18, 17，依小至大排序是 17, 18, 18, 19，中數是 18；前半段的資料點是 18, 12, 16, 10，依小至大排序是 10, 12, 16, 18，中數是 12 和 16 的平均值，是 14。將後半段的中數減去前半段的中數，相減後是 4。	階段長度是 15（奇數），無法均分成兩半，Gast 和 Ledford（2014）提出的作法是，刪除中間的數值。以本例而言，中間的數值是介入期的第八個點，故後半段的資料點是 70, 78, 76, 82, 86, 90, 90，依小至大排序是 70, 76, 78, 82, 86, 90, 90，中數是 82；前半段的資料點是 40, 46, 42, 52, 50, 58, 55，依小至大排序是 40, 42, 46, 50, 52, 55, 58，中數是 50。將後半段的中數減去前半段的中數，相減後是 32。筆者認為此作法刪除了中間數值，較不合理，建議各在後半段和前半段的資料點中，公平地

示例 6-9（續）

表 1（續）

階段內水準變化	基線期	介入期
階段內相對水準變化		加入中間數值（64），而後求取平均值。以本例言之，先將 64 納入後半段的資料點，依小至大排序是 64, 70, 76, 78, 82, 86, 90, 90，中數是 80；前半段的資料點依小至大排序是 40, 42, 46, 50, 52, 55, 58，中數是 50，求得之相對水準變化是 30。接著，將 64 納入前半段的資料點，依小至大排序是 40, 42, 46, 50, 52, 55, 58, 64，中數是 51，後半段的資料點依小至大排序是 70, 76, 78, 82, 86, 90, 90，中數是 82，求得之相對水準變化是 31。最後將 30 和 31 平均，得到的階段內相對水準變化是 30.5。

5. 水準穩定度

水準穩定度是指，資料路徑中代表各個資料點數值的變化或範圍，當資料點的數值之範圍很小（低變化）時，該資料即呈現穩定（Gast & Ledford, 2014）。Tawney 和 Gast（1984）原先使用平均水準來計算水準穩定度，如果某一個階段**（含）80% 至 90% 的資料點落在該平均水準的 15% 之範圍內，則可視其為穩定的資料**。Gast 和 Ledford（2014）則指出中數比較不會受極端值的影響，故建議使用中數水準來計算水準穩定度。一般而言，如果某一階段 80% **以上資料點落在中數水準至多 25% 的範圍內，則被視為穩定的資料**（Lane & Gast, 2014）。

Tawney 和 Gast（1984）原先使用的水準穩定標準為 **5**、**10**、**12** 或 **15%**，研究參與者反應的機會愈少，應使用愈大的百分比來計算穩定度，例如若研究參與者有 20 個反應機會，一般會使用 10% 的穩定標準；而如果研究參與者只有

5 個反應機會，設定 20% 為穩定標準也屬合理。另外，當資料點集中在縱軸最高點附近時，使用較小的百分比（10%）計算水準穩定度；而當資料落在縱軸中等或中低值時，使用較大的百分比（15%）計算水準穩定度（Tawney & Gast, 1984）。

而 Gast 和 Ledford（2014）採用 **10**、**15**、**20** 或 **25%** 的水準穩定標準。Gast 和 Ledford 表示採用何種標準端賴於，研究參與者擁有的反應機會與依變項的頻率而定；一般來說，研究參與者反應的機會愈少，應使用愈大的百分比來計算穩定度，例如若研究參與者有 20 個反應機會，一般會使用 10% 的穩定標準；而如果研究參與者只有 5 個反應機會，設定 25% 為穩定標準也屬合理。舉例來說，成就測驗題數有 20 題以上，則以 10% 為穩定標準；11 至 19 題則以 15% 為穩定標準；6 至 10 題則以 20% 為穩定標準；5 題以下則以 25% 為穩定標準。另外，當資料點集中在縱軸最高點附近時，使用較小的百分比（10%）計算水準穩定度；而當資料落在縱軸中等或中低值時，使用較大的百分比（15%）計算水準穩定度（Gast & Ledford, 2014）。若最高點超過 75，則取 10% 為穩定標準；介於 51 至 75 之間，則取 15% 為穩定標準；而若最高點介於 26 至 50 之間，則取 20% 為穩定標準；若低於 25，則取 25% 為穩定標準。舉例說明以中數水準和平均水準為基礎的水準穩定度計算如示例 6-10。

示例 6-10 以中數水準和平均水準為基礎的水準穩定度之計算

一、以中數水準為基礎的水準穩定度

以中數水準為基礎的水準穩定度包括兩個步驟，計算基線期與介入期之水準穩定度如表 1：

1. 該階段最高值 × 穩定標準（例如：10、15、20、25%）＝可接受穩定範圍。
2. （落在中數水準線穩定範圍內的資料點數 ÷ 總資料點數）×100% ＝水準穩定度。

示例 6-10（續）

表 1

以中數水準為基礎的水準穩定度

穩定度項目	基線期	介入期
水準穩定度	1. 該階段最高值（19）× 穩定標準（25%）＝可接受穩定範圍（4.75）。其中因最高值低於 25，故取 25% 為穩定標準。 2. 落在中數水準線（17.50）穩定範圍〔17.50±（4.75÷2），即 15.125 和 19.875〕內的資料點數（即第 1、3、6、7、8 共六個資料點）÷ 總資料點數（8）再乘上 100（%）＝水準穩定度（75%）。	1. 該階段最高值（90）× 穩定標準（10%）＝可接受穩定範圍（9）。其中因最高值超過 75，故取 10% 為穩定標準。 2. 落在中數水準線（64）穩定範圍〔64 ±（9÷2），即 59.50 和 68.50〕內的資料點數（即第 16 個這一個資料點）÷ 總資料點數（15）再乘上 100（%）＝水準穩定度（6.70%）。
折線圖上的水準穩定範圍	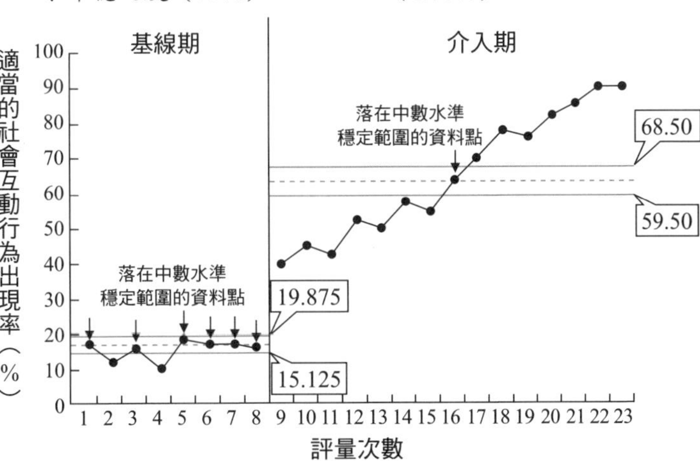	

註：資料路徑上的→表示落在中數水準穩定範圍的資料點（基線期數值是 18、16、19、18、18 和 17，介入期數值是 64）。

（續）

示例 6-10（續）

二、以平均水準為基礎的水準穩定度

以平均水準為基礎的水準穩定度包括兩個步驟，計算基線期與介入期之水準穩定度如表 2：

1. 該階段最高值 × 穩定標準（例如：5、10、12、15、20%）＝可接受穩定範圍。
2. （落在平均水準線穩定範圍內的資料點數 ÷ 總資料點數）×100（%）＝水準穩定度。

表 2

以平均水準為基礎的水準穩定度

穩定度項目	基線期	介入期
水準穩定度	1. 該階段最高值（19）× 穩定標準（20%）＝可接受穩定範圍（3.80）。其中因最高值低於 20，故取 20% 為穩定標準。 2. 落在平均水準線（16）穩定範圍〔16 ±（3.80÷2），即 14.10 和 17.90〕內的資料點數（即第 3 和第 8 個共兩個資料點）÷ 總資料點數（8）再乘上 100% ＝水準穩定度（25%）。	1. 該階段最高值（90）× 穩定標準（5%）＝可接受穩定範圍（4.50）。其中因最高值超過 80，故取 5% 為穩定標準。 2. 落在平均水準線（65.27）穩定範圍〔65.27 ±（4.5÷2），即 63.02 和 67.52〕內的資料點數（即第 16 個這一個資料點）÷ 總資料點數（15）再乘上 100% ＝水準穩定度（6.70%）。

示例 6-10（續）

表 2（續）

穩定度項目	基線期	介入期
折線圖上的水準穩定範圍	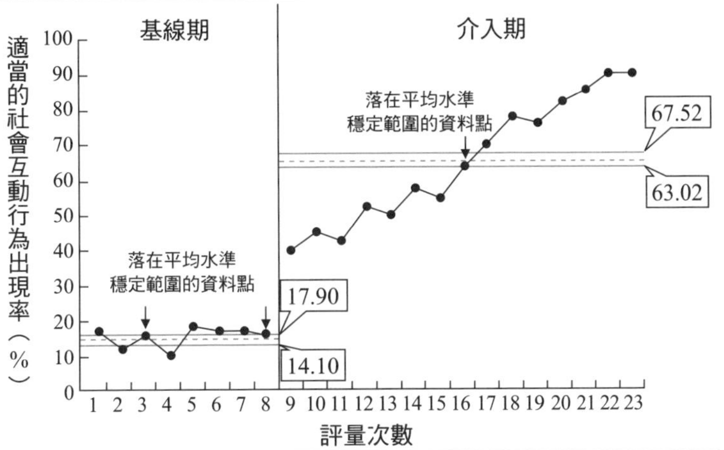	

基線期
介入期
適當的社會互動行為出現率（%）
100
90
80
70
60
50
40
30
20
10
0
落在平均水準穩定範圍的資料點
67.52
63.02
17.90
14.10
1 2 3 4 5 6 7 8 9 10 11 12 13 14 15 16 17 18 19 20 21 22 23
評量次數

註：資料路徑上的→表示落在平均水準穩定範圍的資料點（基線期數值是 16 和 17；介入期數值是 64）。

穩定和不穩定的水準如圖 6-14。在維持期，一般會期待正向行為維持在高的中數水準，且水準穩定度高；而負向行為維持在低的中數水準，且水準穩定度高。

（穩定的水準，中數：20，25% 的穩定範圍：5，水準穩定度：100%）
基線期
負向行為的次數
35
30
25
20
15
10
5
0
2
4
6
天次
（穩定的水準，中數：20，20% 的穩定範圍：4，水準穩定度：42.9%）
基線期
負向行為的次數
天次

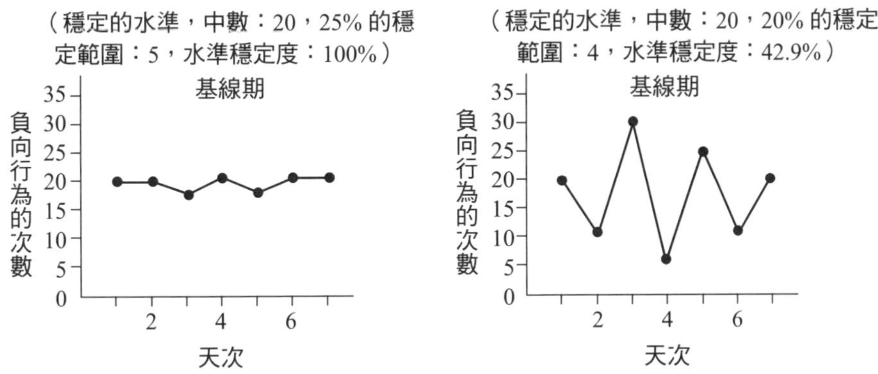

圖 6-14：穩定和不穩定的水準。左圖最高值是 20，因低於 25，則取 25% 的穩定標準；而右圖最高值是 30，因介於 26 至 50 之間，則取 20% 的穩定標準。

6. 趨向和趨勢內的資料路徑

(1) 趨向

評量資料必須連續才適合畫趨向，縱軸上若有尺度中斷的情況，就不適合畫趨向。趨向是指**資料路徑的斜度**，有**上升**（／）、**下降**（＼）、**水平**（—）三種趨向，其意義為**進步**（＋）、**退步**（－）、**等速或沒進步也沒退步**（＝），須視依變項為正向行為或負向行為來決定，見圖 6-15。若為正向行為，上升（／）就記為進步（＋），下降就記為退步（－）；若為負向行為，上升（／）就記為退步（－），下降就記為進步（＋）；而水平（—）都是記為等速或沒進步也沒退步（＝）。在基線期，研究者期望的是「退步或不佳之等速」趨勢；而在介入期，研究者期望的是「進步或優佳之等速」趨勢。

估計趨向的常用方法有二：**手繪法**與**中分法**（Schloss & Smith, 1998）。手繪法是畫一條線將階段內的資料點一分為二，雖然省時，但缺乏信度；而中分法依據中數以及縱軸值來估計趨向，較具可信度，但較費時（Schloss & Smith, 1998），見圖 6-16 的說明。Kennedy（2005）還提出**最小平方迴歸法**（least square regression）找出趨向。最小平方迴歸法是最具可信度的方法，但須進行統計較複雜，見示例 6-11。於◉「程式語言資料夾四：繪製折線圖及水準和趨向的 SPSS 程式語言」中，筆者設計單一個案研究折線圖，以及以「最小平方迴歸法」畫出趨向的 SPSS 程式語言，並說明如何編輯和修改 SPSS 繪製的折線圖，之後輸出至 WORD 檔。

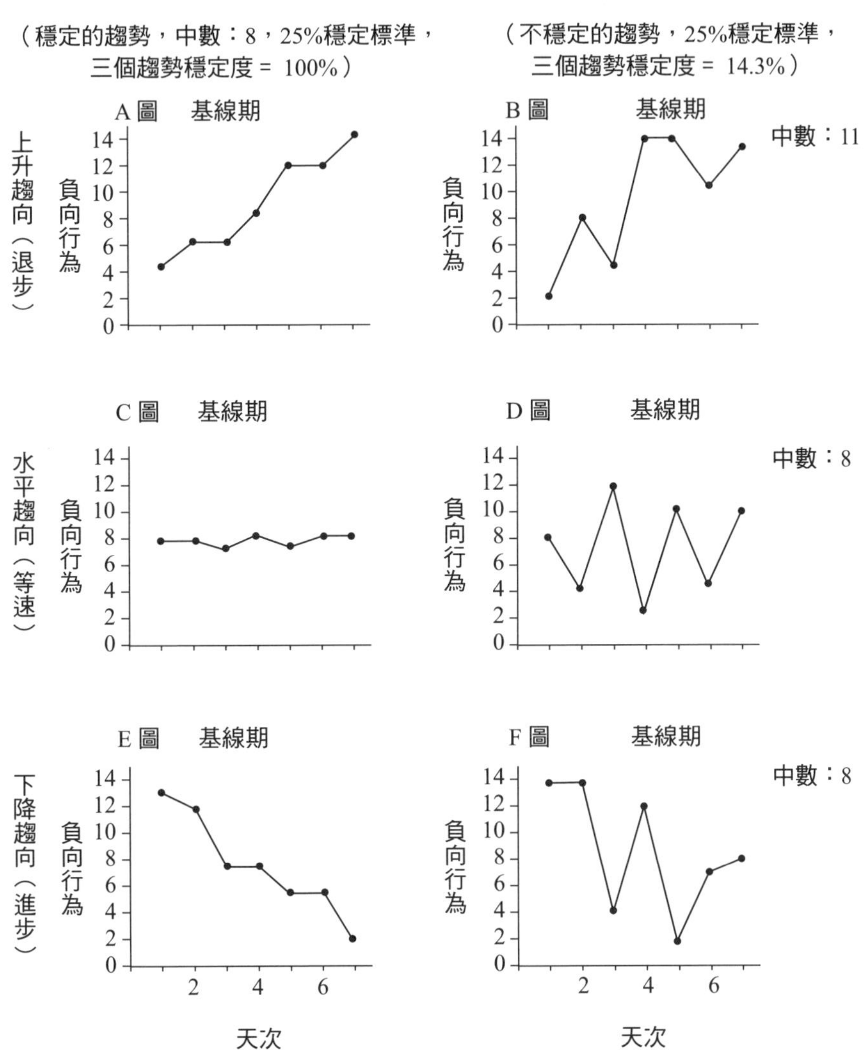

圖 6-15：穩定和不穩定的上升、水平與下降趨向。由於最高值皆低於 25，所以皆設定 25% 為穩定標準。修改自 Schloss 和 Smith（1998, p. 249），修改處為加入橫軸和縱軸名稱，以及計算趨勢穩定度。

（2）趨勢內的資料路徑

趨勢內的資料路徑是指，該階段內是否存在一條以上的資料路徑；如果有，則把這些資料路徑呈現出來；如果沒有，則不須標示（Tawney & Gast, 1984）。

1. 將資料點分為二等分畫出垂直線（如果出現雙數資料點，分割線將落在二資料點之間，如本例所示。如果是單數，分割線將落在其中一個資料點上）。

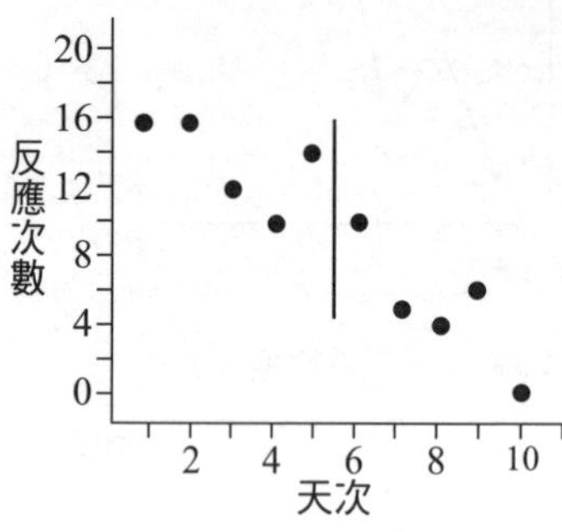

2. 從垂直的角度找出各半的中間線。

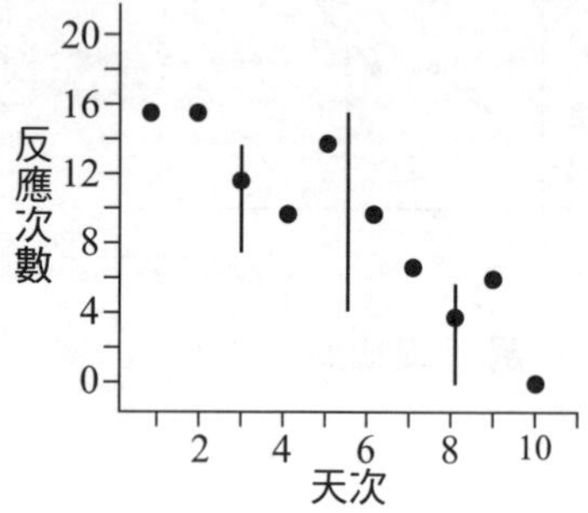

3. 從水平的角度找出各中間點。

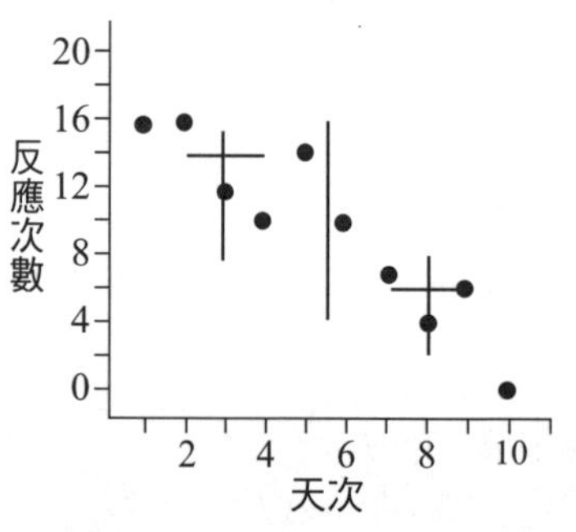

4. 在步驟3所找到的兩個交叉點之間畫一條線。

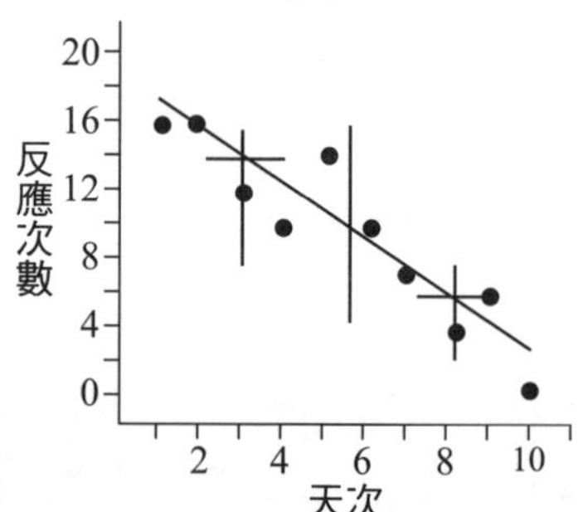

5. 在步驟4所畫的直線兩邊，分別數出資料點，資料點數應為相等，如果不等，將該線做上或下與原線平行移動，直到達數目相等為止。

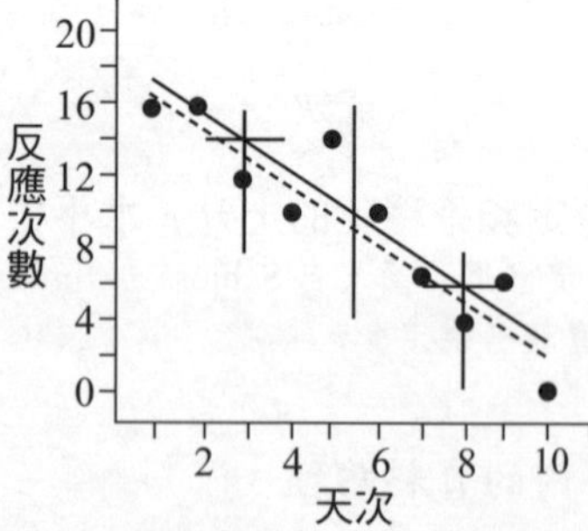

圖 6-16：使用中分法畫趨向的步驟。修改自 Schloss 和 Smith（1998, p. 252），修改處為加入橫軸和縱軸名稱。

示例 6-11 使用「最小平方迴歸法」畫出趨向

延續示例 6-6，以「最小平方迴歸法」求得趨向線如圖 1 的標記和數值所示。

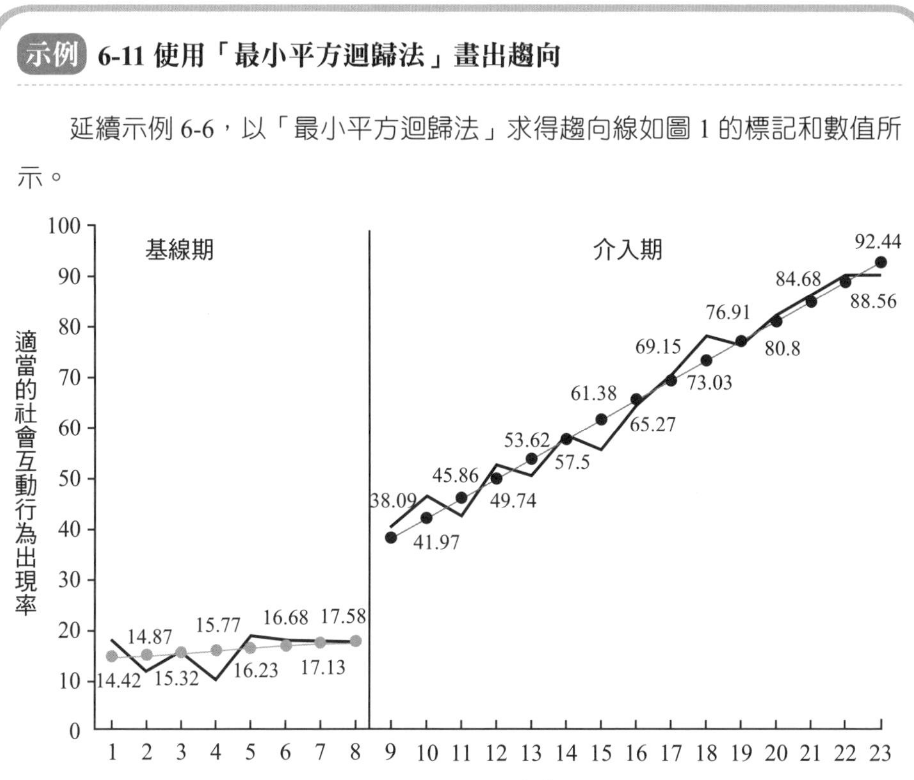

圖 1：使用「最小平方迴歸法」畫出趨向圖。資料路徑上的數值是以「程式語言資料夾四：繪製折線圖及水準和趨向的 SPSS 程式語言」求得，求得方式可參見其中的「請先讀我——繪製六個階段以內一折線圖及水準和趨向的 SPSS 程式語言使用說明」。

例如圖 6-17 中 A 圖的基線期呈現等速的趨勢，且只有一條資料路徑；而介入期若以中分法畫趨向，是上升的趨向，但資料路徑則明顯有三條，分別為—、／和—。B 圖的介入期自變項引進後直線上升，之後又直線下降；C 圖則與 B 圖相反；D 圖的介入期呈現上升、下降的週期變化。

以示例 6-6 中的基線期和介入期為例，呈現趨向和其資料路徑見示例 6-12。

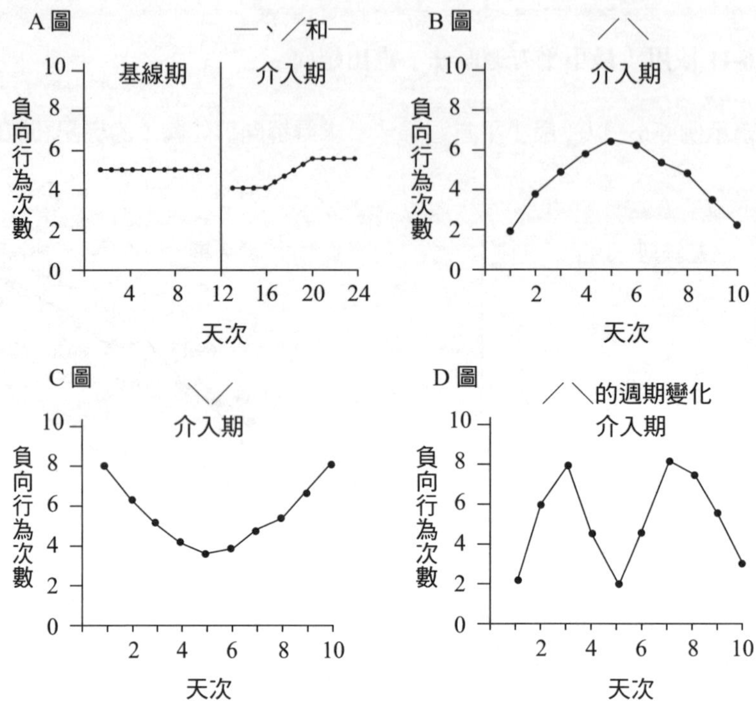

圖 6-17：趨勢內的資料路徑。

示例 6-12 趨向和趨勢內的資料路徑

延續示例 6-6，基線期和介入期的趨向和趨勢內的資料路徑如表 1。

表 1

基線期和介入期的趨向和趨勢內的資料路徑

趨向和其資料路徑	基線期	介入期
趨向	╱（+）	╱（+）
趨勢內的資料路徑	╲╱╲	╱╲╱—

7. 趨勢穩定度

趨勢穩定度是指，資料點落在趨向範圍的程度，當資料點的數值之範圍很小（低變化）時，該資料即呈現穩定；一般而言，如果某一階段的 80% 資料點落在趨向至多 25% 的範圍內，則被視為穩定的資料（Gast & Ledford, 2014）。趨勢穩定標準如同前述水準穩定標準，可以用不同的百分比，Tawney 和 Gast（1984）原先使用的穩定標準為 **5**、**10**、**12**、**15**，乃至於 **20%**；而 Gast 和 Ledford（2014）採用 **10**、**15**、**20** 或 **25%**，端視參與者擁有的反應機會與依變項的頻率而定。趨勢穩定標準如同前述水準穩定標準的取法，通常會取相同的穩定標準。延續示例 6-11 畫出的趨向；筆者舉例說明如何求得趨勢穩定度如示例 6-13。若最高值太低，會造成穩定範圍非常狹窄，穩定度相對較低，尤其是正向行為的基線期，例如打招呼行為的基線期資料為 0、2、2、0，25% 的水準範圍是 0.75 和 1.25，其水準和趨勢穩定度皆為 0%。即使穩定度低，研究者可以說明，因為最高值太低，導致可接受穩定範圍狹窄；而資料點都很低，且呈現未改善的趨勢，故可以進入介入期。

示例 6-13 趨勢穩定度之計算

一、依據 Gast 和 Ledford（2014）的穩定標準求得的趨勢穩定度

依據 Gast 和 Ledford（2014），趨勢穩定度之計算包括兩個步驟，計算基線期與介入期之趨勢穩定度如表 1：

1. 該階段最高值 × 穩定標準（例如：10、15、20、25%）＝可接受穩定範圍。
2. （落在趨向線穩定範圍內的資料點數 ÷ 總資料點數）×100（%）＝趨勢穩定度。

（續）

示例 6-13（續）

表 1

基線期與介入期之趨勢穩定度

穩定度項目	基線期	介入期
趨勢穩定度	1. 該階段最高值（19）× 穩定標準（25%）＝可接受穩定範圍（4.75）。其中因最高值低於 25，故取 25% 為穩定標準。 2. 落在趨向穩定範圍（見本表第二列圖示呈現的穩定範圍數值）內的資料點數（即第 3、6、7、8 共四個資料點）÷ 總資料點數（8）再乘上 100（%）＝趨勢穩定度（50%）。	1. 該階段最高值（90）× 穩定標準（10%）＝可接受穩定範圍（9）。其中因最高值超過 75，故取 10% 為穩定標準。 2. 落在趨向穩定範圍（見本表第二列圖示呈現的穩定範圍數值）內的資料點數（即除第 15 和第 18 個資料點外的 13 個資料點）÷ 總資料點數（15）再乘上 100（%）＝趨勢穩定度（86.7%）。
折線圖上的趨向穩定範圍	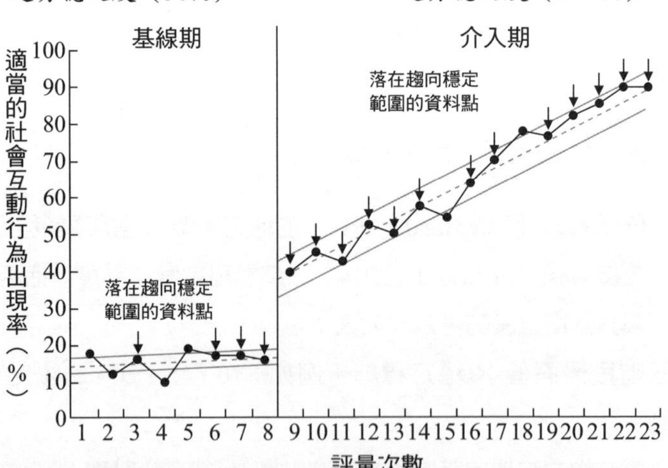	

註：基線期趨向穩定範圍下限的資料點是 12.04、12.49、12.95、13.40、13.85、14.30、14.76 和 15.2，基線期趨向穩定範圍上限的資料點是 16.79、17.24、17.70、18.15、18.60、19.05、19.51 和 19.96；介入期趨向穩定範圍下限的資料點是 33.59、37.47、41.36、45.24、49.12、53.00、56.88、60.77、64.65、68.53、72.41、76.30、80.18、84.06、87.94，介入期趨向穩定範圍上限的資料點是 42.59、46.47、

示例 6-13（續）

50.36、54.24、58.12、62.00、65.88、69.77、73.65、77.53、81.41、85.30、89.18、93.06 和 96.94，這些數值是以「程式語言資料夾五：單一個案研究以中數為基礎之目視分析（水準和趨勢）的 SPSS 程式語言」求得，求得方式可參見其中的「請先讀我——單一個案研究以中數為基礎之目視分析（水準和趨勢）的 SPSS 程式語言使用說明」。資料路徑上的➞表示落在趨向穩定範圍的資料點（基線期數值是 16、18、18 和 17，介入期數值是 40、46、42、52、50、58、64、70、76、82、86、90 和 90）。

二、依據 Tawney 和 Gast（1984）的穩定標準求得的趨勢穩定度

依據 Tawney 和 Gast（1984），趨勢穩定度之計算包括兩個步驟，計算基線期與介入期之趨勢穩定度如表 2：

1. 該階段最高值 × 穩定標準（如：5、10、12、15、20%）＝可接受穩定範圍。
2. （落在趨向線穩定範圍內的資料點數 ÷ 總資料點數）×100（%）＝趨勢穩定度。

表 2

基線期與介入期之趨勢穩定度

穩定度項目	基線期	介入期
趨勢穩定度	1. 該階段最高值（19）× 穩定標準（20%）＝可接受穩定範圍（3.80）。其中因最高值低於 20，故取 20% 為穩定標準。 2. 落在趨向穩定範圍（見本表第二列圖示呈現的穩定範圍數值）內的資料點數（即第 3、6、7、8 共四個資料點）÷ 總資料點數（8）再乘上 100（%）＝趨勢穩定度（50%）。	1. 該階段最高值（90）× 穩定標準（5%）＝可接受穩定範圍（4.50）。其中因最高值超過 80，故取 5% 為穩定標準。 2. 落在趨向穩定範圍（見本表第二列圖示呈現的穩定範圍數值）內的資料點數（即第 9、14、16、17、19、20、21、22 共八個資料點）÷ 總資料點數（15）再乘上 100（%）＝趨勢穩定度（53.33%）。

（續）

示例 6-13（續）

表 2（續）

穩定度項目	基線期	介入期
折線圖上的趨向穩定範圍	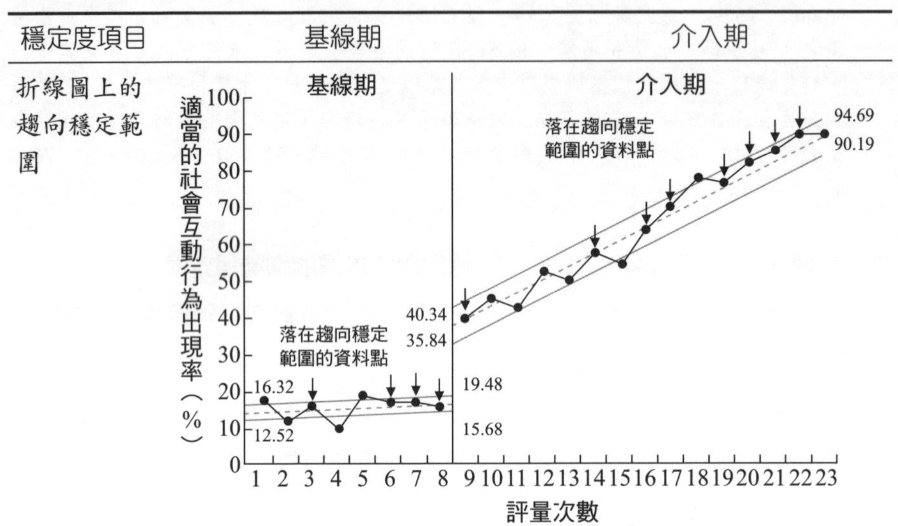	

註：基線期趨向穩定範圍下限的資料點是 12.52、12.97、13.42、13.87、14.33、14.378、15.23 和 15.68，基線期趨向穩定範圍上限的資料點是 16.32、16.77、17.22、17.67、18.13、18.58、19.03 和 19.48；介入期趨向穩定範圍下限的資料點 是 35.84、39.72、43.61、47.49、51.37、55.25、59.13、63.02、66.90、70.78、74.66、78.55、82.43、86.31、90.19，介入期趨向穩定範圍上限的資料點是 40.34、44.22、48.16、51.99、55.87、59.75、63.63、67.52、71.40、75.28、79.16、83.05、86.93、90.81 和 94.69，這些數值是以「程式語言資料夾六：單一個案研究以平均數為基礎之目視分析（水準和趨勢）的 SPSS 程式語言」求得，求得方式可參見其中的「請先讀我——單一個案研究以平均數為基礎之目視分析（水準和趨勢）的 SPSS 程式語言使用說明」。資料路徑上的→表示落在趨向穩定範圍的資料點（基線期數值是 16、18、18 和 17，介入期數值是 40、58、64、70、76、82、86 和 90）。

（二）階段間的資料

綜合文獻（Gast & Ledford, 2014; Lane & Gast, 2014; Tawney & Gast, 1984），階段間資料主要在分析相鄰階段（本階段和前一階段比較，例如：介入期／基線期、撤回期／介入期）間的比較資料，包括階段間水準變化、水準集中量數的變化、趨向變化與效果、趨勢穩定度的變化和重疊率（percentage of overlapping data，簡稱 PO）或不重疊率（percentage of non-overlapping data，簡稱 PND）五種資料，這些目視分析階段間資料的分析內涵摘要如表 6-2。除了上述重疊率和不重疊率，還有其他不重疊指標。以下詳述比較的階段、階段間水準變化、水準集中量數的變化、趨向變化與效果、趨勢穩定度的變化、重疊率和不重疊率，以及其他不重疊指標七大部分。

表 6-2

目視分析中階段間資料的分析

分析向度	以平均水準為基礎的分析內涵（Tawney & Gast, 1984）	以中數水準為基礎的分析內涵（Gast & Ledford, 2014; Lane & Gast, 2014）
比較的階段	介入期／基線期、撤回期（或追蹤期、維持期）／介入期。	
階段間水準變化	採用**階段間絕對水準變化**：本階段（例如：介入期）的第一個資料點，減去前一階段（例如：基線期）最後一個資料點的縱軸值。本階段第一個資料點的縱軸值若小於前一階段最後一個資料點，則大數減小數後冠上負號。	採用**階段間相對水準變化**：本階段（例如：介入期）前半段水準的中數，減去前一階段（例如：基線期）後半段水準的中數。本階段第一個資料點的縱軸值若小於前一階段最後一個資料點，則大數減小數後冠上負號。
水準集中量數的變化	採用**平均水準的變化**：本階段（例如：介入期）的平均數水準減去前一階段（例如：基線期）者。	採用**中數水準的變化**：本階段（例如：介入期）的中數水準減去前一階段（例如：基線期）者。

（續）

表 6-2（續）

分析向度	以平均水準為基礎的分析內涵（Tawney & Gast, 1984）	以中數水準為基礎的分析內涵（Gast & Ledford, 2014; Lane & Gast, 2014）
趨向變化與效果	1. 以介入負向行為而言，比較兩階段間趨向的變化效果是正向、負向，或無變化，包括：（1）階段 1（例如：基線期）和階段 2（例如：介入期）的趨向是／＼、── ＼、／ ──，或＼ ──（／──和＼ ──階段 2 中數或平均水準優於，即負向行為低於階段 1，則變化效果為正向；（2）階段 1（例如：基線期）和階段 2（例如：介入期）的趨向是＼／、── ／、＼ ──，或／──（＼──和／ ──階段 2 中數或平均水準劣於，即負向行為高於或等於階段 1），則變化效果為負向；（3）階段 1 和階段 2 的趨向皆為＼、／或──，則變化效果為無變化。 2. 以介入正向行為而言，比較之兩階段間的趨向變化效果包括：（1）階段 1（例如：基線期）和階段 2（例如：介入期）的趨向是＼／、──／、＼──，或／──（＼──和／──階段 2 中數或平均水準優於，即正向行為高於階段 1，則變化效果為正向；（2）（例如：基線期）和階段 2（例如：介入期）的趨向是／＼、──＼、／──，或＼──（／──和＼──階段 2 中數或平均水準劣於，即正向行為低於或等於階段 1），則變化效果為負向；（3）階段 1 和階段 2 的趨向皆為＼、／或──，則變化效果為無變化。	
趨勢穩定度的變化	比較兩階段間趨勢穩定度的變化情形，穩定度以（含）80% 以上為「穩定」，80% 以下為「不穩定」，於是有「穩定到穩定」、「穩定到不穩定」、「不穩定到穩定」，或「不穩定到不穩定」四種變化。	
重疊率或不重疊率	1.〔本階段（例如：介入期）落在前一階段（例如：基線期）最佳表現範圍內的資料點數 ÷ 本階段（例如：介入期）的總資料點數〕×100（%）＝重疊率。 2. 100（%）－重疊率＝不重疊率。	

註：綜合整理自 Gast 和 Ledford（2014），以及 Lane 和 Gast（2014）的文獻。
此處指的階段不只是不同的階段，亦可以階段內的不同條件，例如撤回期$_1$、撤回期$_2$。

1. 比較的階段

比較的階段是相鄰階段，也就是本階段和前一階段比較，例如介入期／基線期、撤回期（或追蹤期、維持期）／介入期間資料的比較。

2. 階段間水準變化

如同前述，水準變化包括絕對及相對水準變化（Gast & Ledford, 2014），階段間水準變化亦包括二者。階段間絕對水準變化是指，本階段（例如：介入期）的第一個資料點，減去前一階段（例如：基線期）最後一個資料點的縱軸值（Gast & Ledford, 2014）。本階段第一個資料點的縱軸值若小於前一階段最後一個資料點，則大數減小數後冠上負號。Tawney 和 Gast（1984）採用它來表示階段間水準變化；而 Gast 和 Ledford（2014）則建議使用相對水準變化，算法為本階段（例如：介入期）前半段的中數，減去前一階段（例如：基線期）後半段的中數，其理由與階段內水準變化相同。圖 6-18 中 A 和 B 圖的階段間絕對水準變化皆是「0」；但是 A 圖的階段間相對水準變化是「20」，B 圖的階段間相對水準變化是「0」，階段間相對水準變化較能反映出階段間水準變化的幅度。

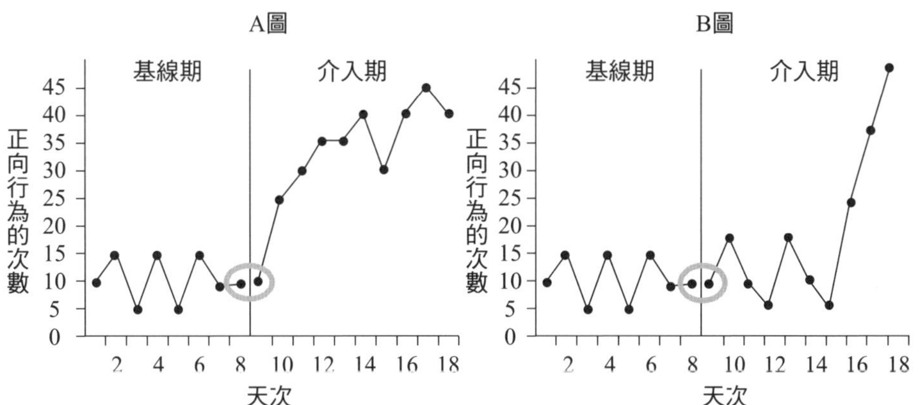

圖 6-18：階段間水準變化情形。修改自 Kazdin（2011, p. 291），修改處為加入橫軸和縱軸的刻度，以及圈出水準變化。

以示例 6-9 中的介入期／基線期的比較為例，計算階段間的水準變化見示例 6-14。階段間水準變化數值正或負代表的意義，會視依變項是正向或負向行為而有不同的解讀，如為正向行為，水準變化正值表示有正向的變化，負值表示有負向的變化；相反地，如為負向行為，水準變化正值表示有負向的變化，負值表示有正向的變化，而水準變化是 0 則表示依變項無變化。

示例 6-14 階段間水準變化之計算

延續示例 6-9，介入期／基線期階段間之絕對和相對水準變化如表 1，介入期／基線期階段間的絕對水準變化是 23；但是相對水準變化是 32.5，改變幅度較絕對水準變化大，這是因為，階段間的絕對水準變化只有考慮介入期的第一個資料點與基線期最後一個資料點；而相對水準變化考量更多資料點，本例介入期前半段水準有正向的變化，故可以偵測出，介入期前半段相較於基線期後半段資料中數水準的比例變化。

表 1

介入期／基線期階段間之絕對和相對水準間變化

階段間水準變化	介入期／基線期
階段間絕對水準變化	介入期的第一個資料點（40），與基線期最後一個資料點（17）的縱軸值相減，即 23。
階段間相對水準變化	延續示例 6-9 階段內相對水準變化之計算，由於介入期階段長度是 15（奇數），無法均分成兩半，Gast 和 Ledford（2014）提出的作法是，刪除中間的數值後計算前後半段資料點的中數，即介入期前半段的中數（50），減去基線期後半段的中數（18），等於 32。筆者認為此作法刪除了中間數值，較不合理，建議各在介入期前半段的資料點中，公平地加入中間數值（64），而後求取平均值。以本例言之，介入期前半段資料點未納入 64 的中數是 50，納入 64 的中數是 51，求取平均值是 50.5。最後，以 50.5 減去基線期後半段水準的中數（18），階段間相對水準變化等於 32.5。

3. 集中量數的水準變化

正如前述，Tawney 和 Gast（1984）原先採用平均水準表示縱軸資料量的集中情形，而在階段間縱軸資料量的改變情形則採取**平均水準的變化**，是指本階段與前一階段的平均水準相減。後來 Lane 和 Gast（2014）建議使用中數水準表示縱軸資料量的集中情形，而在階段間縱軸資料量的改變情形則採取**中數水準的變化**，是指本階段與前一階段的中數水準相減，以示例 6-8 中的介入期／基線期的比較為例，計算中數和平均水準變化見示例 6-15。

示例 6-15 中數和平均水準變化之計算

延續示例 6-8，

1. 中數水準變化是指，介入期與基線期的中數水準相減，即 64 減去 17.5，等於 46.5。
2. 平均水準變化是指，介入期與基線期的平均水準相減，即 65.27 減去 16，等於 49.27。

4. 趨向變化與效果

比較階段間趨向變化與效果，是正向、負向，或無變化（Lane & Gast, 2014）。以介入負向行為而言，比較之兩階段間的趨向變化與效果包括：（1）階段 1（例如：基線期）的趨向是＼、／或—，階段 2（例如：介入期）的趨向是＼，或是—（且平均水準優於，即負向行為低於階段 1），則變化效果為正向；（2）階段 1 的趨向是＼、／或—，階段 2 的趨向是／，或是—（而平均水準劣於，即負向行為高於階段 1），則變化效果為負向；（3）階段 1 和階段 2 的趨向皆為＼、／或—，則變化效果為無變化。

相反地，以介入正向行為而言，比較之兩階段間的趨向變化與效果包括：（1）階段 1（例如：基線期）的趨向是＼、／或—，階段 2（例如：介入期）的趨向是／，或是—（且平均水準優於，即正向行為高於階段 1），則變化效果為正向；（2）階段 1 的趨向是＼、／或—，階段 2 的趨向是＼，或是—（而平均水準劣於，即正向行為低於階段 1），則變化效果為負向；（3）階段 1 和階段 2 的趨向皆為＼、／或—，則變化效果為無變化，參見圖 6-19、6-20 和 6-21。以示例 6-6 中的介入期／基線期的比較為例，呈現趨向變化與效果見示例 6-16。

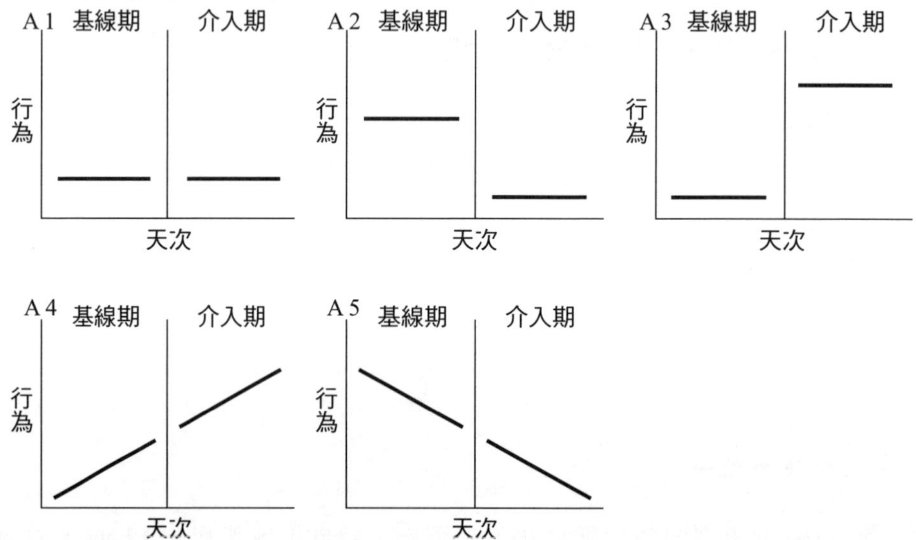

圖 6-19：趨向變化與效果（無變化）。這些圖不只可看出趨向變化與效果，亦可看到階段間平均水準的變化，其中圖 A1 階段間平均水準無變化，其他皆有變化。

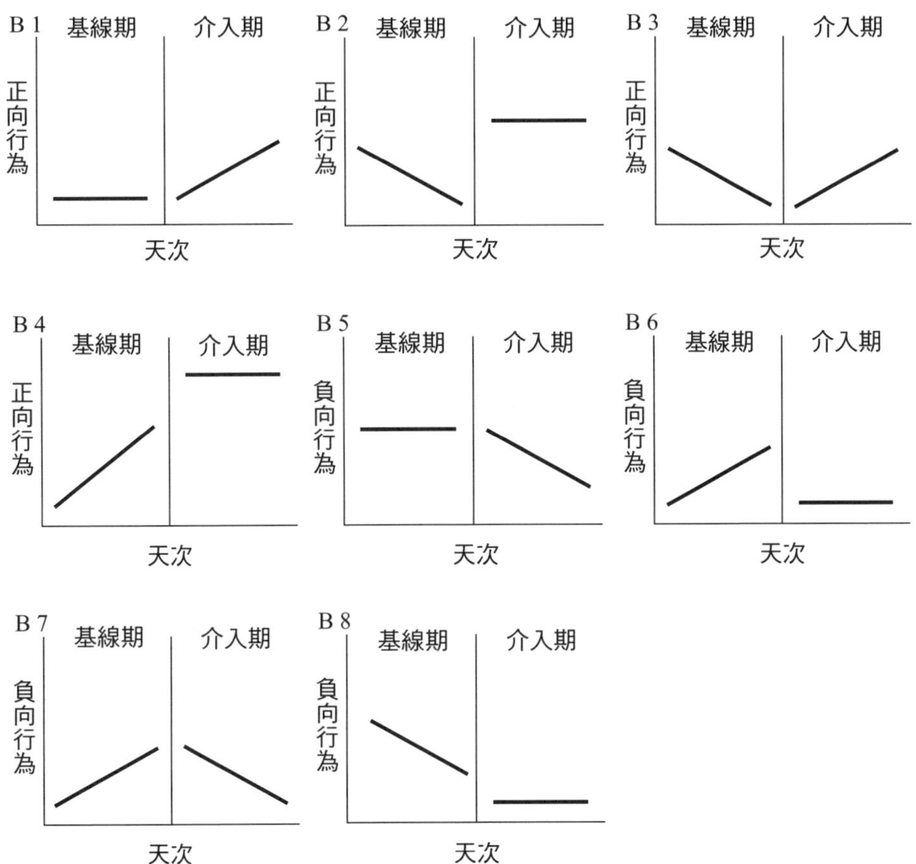

圖 6-20：趨向變化與效果（正向）。這些圖不只可看出趨向變化與效果，亦可看到階段間平均水準的變化，其中 B3 和 B7 階段間平均水準無變化，其他皆有變化。

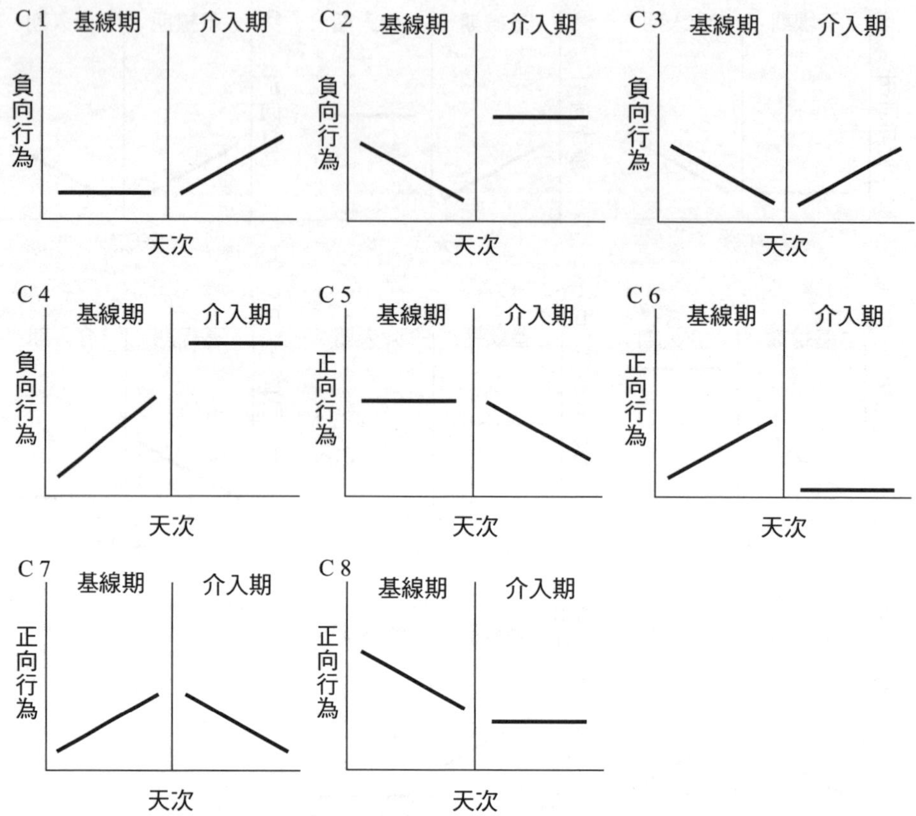

圖 6-21：趨向變化與效果（負向）。這些圖不只可看出趨向變化與效果，亦可看到階段間平均水準的變化，其中 C3 和 C7 階段間平均水準無變化，其他皆有變化。

示例 6-16 趨向變化與效果

介入期／基線期趨向變化與效果是無變化。

圖 6-19、6-20 和 6-21 中舉例的趨向都只有一條資料路徑，實際上亦有可能不只一條資料路徑，Kelley 和 McGrath（1988）提出圖 6-22 五種變化的類型：（1）增加、線性的過程；（2）介入後馬上改變，而且維持一段很長的時間；

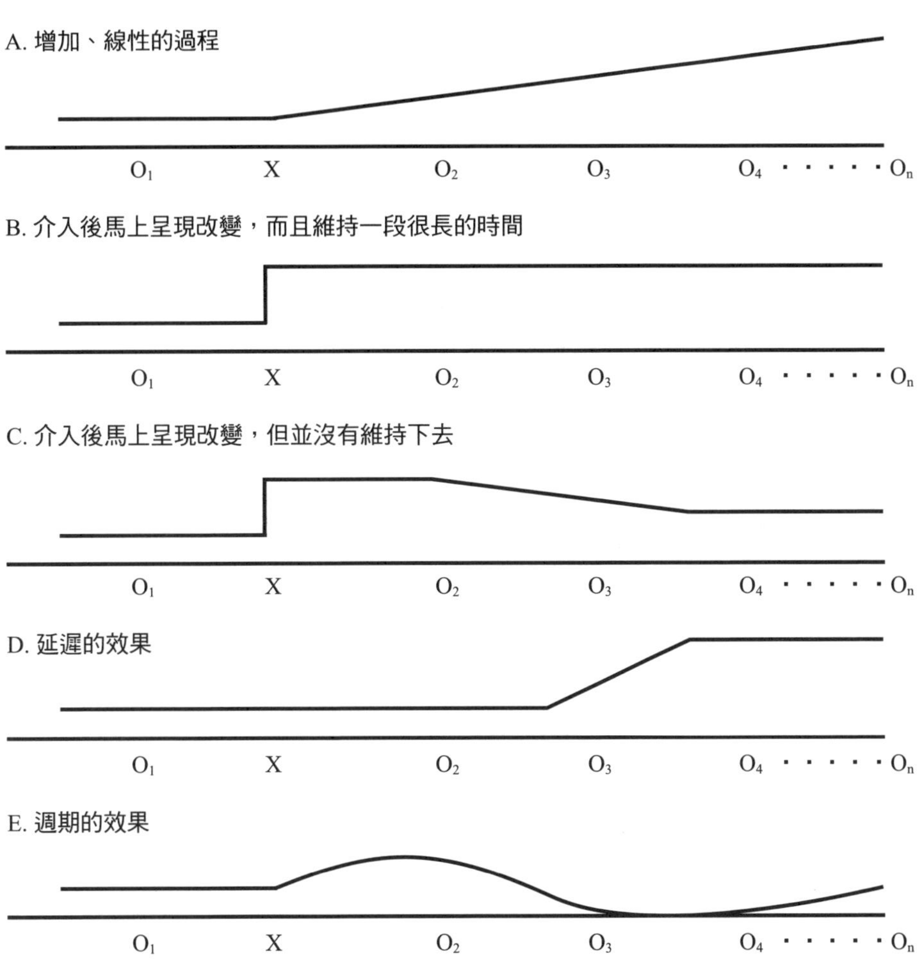

圖 6-22：隨著時間進展自變項對依變項產生的效果形態。X 代表實驗處理或介入方案；O 代表觀察，下標的數字是觀察的次第。修改自 Kelley 和 McGrath（1988, p. 27），修改處為加入圖的說明。

（3）介入後馬上改變，但並沒有維持下去；（4）延遲的效果；（5）週期的效果。其中前兩條變化類型只有一條資料路徑，是較好的趨向變化與效果；後三條變化類型都有一條以上的資料路徑，而且穩定度不佳，其中第三條折線的趨向是下降（或退步），趨向變化與效果為負向，其成效較無法被接受；第四條折線的趨向是上升（或進步），趨向變化與效果為正向，尚可接受；第五條折線的趨向雖然畫出的是等速，但事實上是／＼週期性的資料路徑，趨向變化與效果為無變化，其成效較無法被接受。

5. 趨勢穩定度的變化

趨勢穩定度的變化是比較兩階段間趨勢穩定度的變化情形，穩定度以（含）80% 以上為「穩定」，80% 以下為「不穩定」，於是有穩定到穩定、穩定到不穩定、不穩定到穩定，或不穩定到不穩定四種變化（Gast & Ledford, 2014）。以示例 6-13 中的基線期／介入期的趨勢穩定度為例，呈現趨勢穩定度的變化見示例 6-17。

示例 6-17 趨勢穩定度的變化分析

延續示例 6-13，本例趨勢穩定度的變化是不穩定到穩定【是指介入期和基線期相較下的趨勢穩定度變化，基線期的趨勢穩定度是 50%，介入期是 86.7%，所以是不穩定到穩定】。

於「程式語言資料夾五：單一個案研究以中數為基礎之目視分析（水準和趨勢）的 SPSS 程式語言」中，筆者設計依據 Gast 和 Ledford（2014）及 Lane 和 Gast（2014），能算出「階段長度、以中數為基礎之水準和趨勢」的目視分析（水準和趨勢）程式語言。於「程式語言資料夾六：單一個案研究以平均數為基礎之目視分析（水準和趨勢）的 SPSS 程式語言」中，筆者保留依據 Tawney 和 Gast（1984）所設計，能算出「階段長度、以平均數為基礎之水準和趨勢」的目視分析程式語言，讀者可以擇一使用。

6. 重疊率和不重疊率

當比較兩個相鄰階段的資料時，必須決定資料點的重疊率（PO）；計算方式為，本階段落在前一階段最佳表現範圍內的資料點數，除以本階段的總資料點數，再乘上 100%（Lane & Gast, 2014）。而所謂前一階段最佳表現以內的範圍，若為正向行為，則為（含）最高值以下的範圍；若為負向行為，則為（含）最低值以上的範圍（Gast & Spriggs, 2014），而不是前一階段最小值和最大值的範圍，見問題討論 6-4。

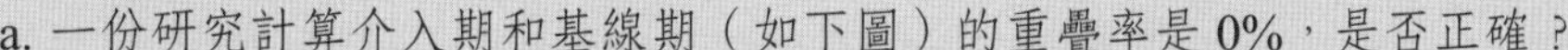

問題討論　6-4 重疊率之計算

a. 一份研究計算介入期和基線期（如下圖）的重疊率是 0%，是否正確？

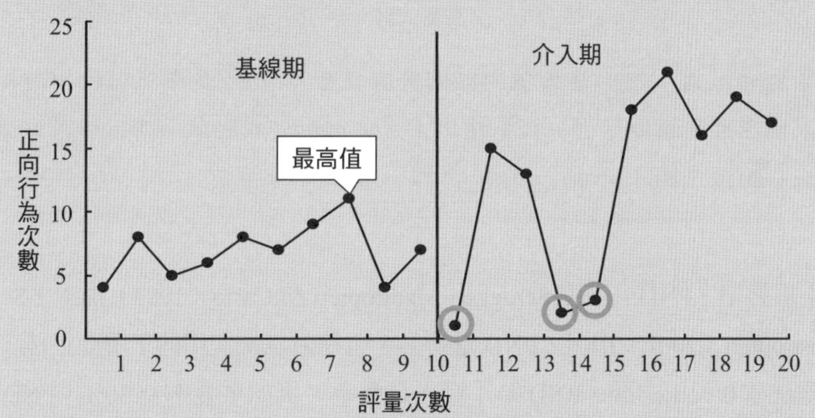

☛ 研究者以最小值和最大值的範圍計算重疊率 0% 是不正確的，應為介入期落在基線期（含）最高值以下之範圍的資料點數，除以介入期的總資料點數（即 3÷10）×100（%），是 30%。

（續）

問題討論 6-4（續）

b. 一份研究計算介入期和基線期（如下圖）的重疊率是 20%，是否正確？

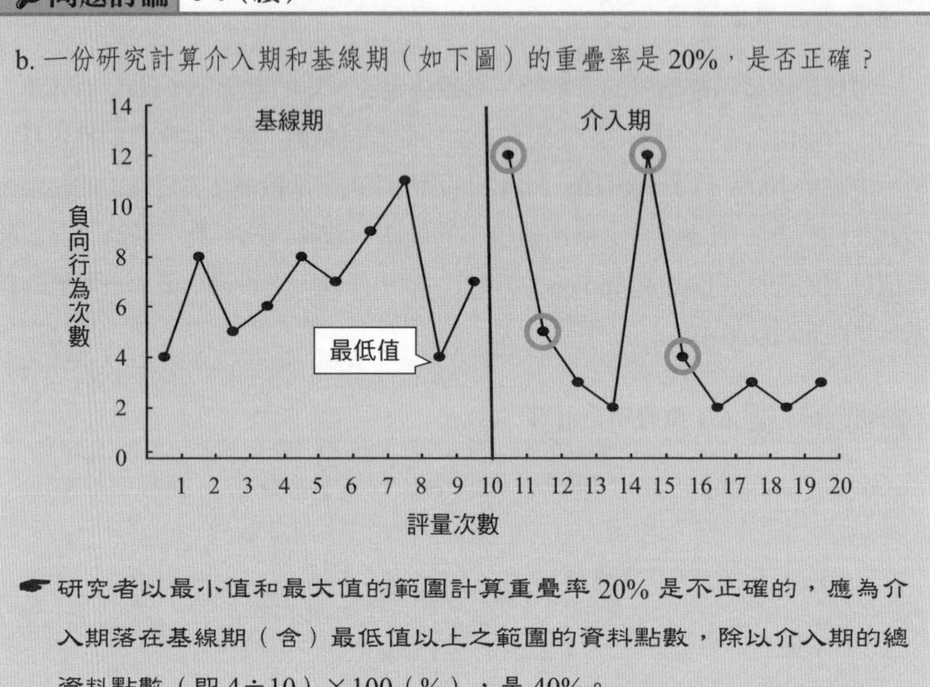

☛ 研究者以最小值和最大值的範圍計算重疊率 20% 是不正確的，應為介入期落在基線期（含）最低值以上之範圍的資料點數，除以介入期的總資料點數（即 4÷10）×100（%），是 40%。

不重疊率（PND）是由 Scruggs、Madtropieri 和 Casto（1987）提出，Scruggs 和 Mastropieri（2001）指出，PND 是最早，也是最常被使用的不重疊指標，PND 的範圍是在 0 與 1 之間，PND 為 1 減去重疊率。例如重疊率為 30%，PND 則為 70%，它表示有 70% 的介入期資料沒有和基線期者重疊。一般來說，介入期和基線期重疊率愈低，PND 愈高，表示自變項對依變項的立即效果愈大（Lane & Gast, 2014）。在介入期呈現「進步或優佳之等速」趨向的前提下，維持期和介入期重疊率高，PND 低，表示自變項對依變項具有維持效果；不過在解釋時還宜注意趨向變化與效果，以及階段間中數水準的變化，參見示例 6-18 和 6-19 的討論。

示例 6-18 具有維持成效的折線圖和目視分析資料

A 和 B 圖介入期已呈現「進步」趨勢，進入撤回期後，不重疊率皆為 0%，趨向變化與效果皆為正向，且 A 圖撤回期的中數水準高於介入期，B 圖撤回期的中數水準低於介入期，顯示撤除自變項後，依變項具有維持成效。

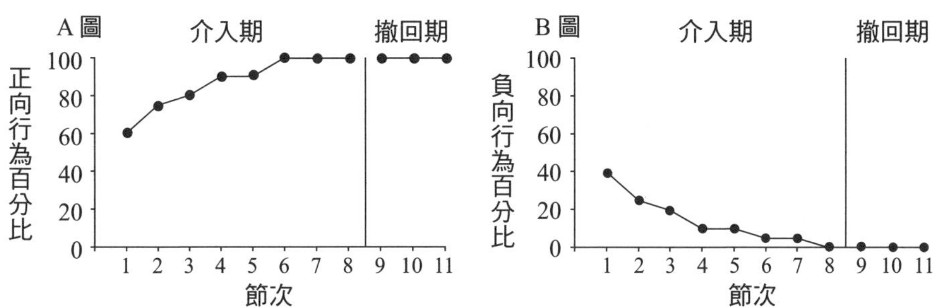

C 和 D 圖介入期已呈現「進步」趨勢，進入撤回期後，不重疊率皆為 100%，趨向變化與效果皆為正向，且 C 圖撤回期的中數水準高於介入期，D 圖撤回期的中數水準低於介入期，顯示撤除自變項後，依變項具有維持成效，甚至有更好的表現。

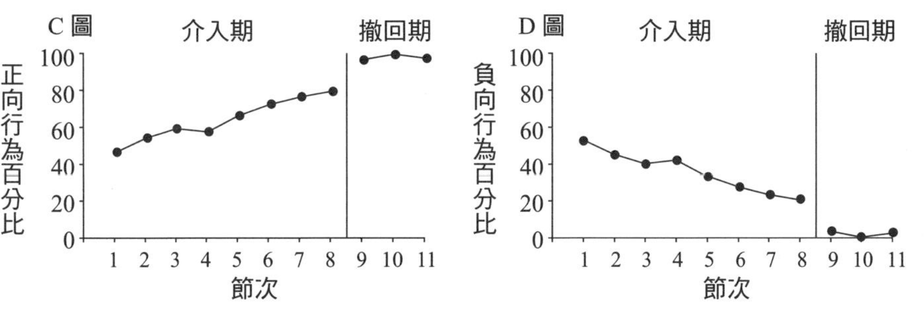

示例 6-19 不具維持成效的折線圖和目視分析資料

A 和 B 圖介入期已呈現「進步」趨勢，進入撤回期後，不重疊率皆為 0%，趨向變化與效果皆為負向，且 A 圖撤回期的中數水準低於介入期，B 圖撤回期的中數水準高於介入期，顯示撤除自變項後，依變項不具有維持成效。

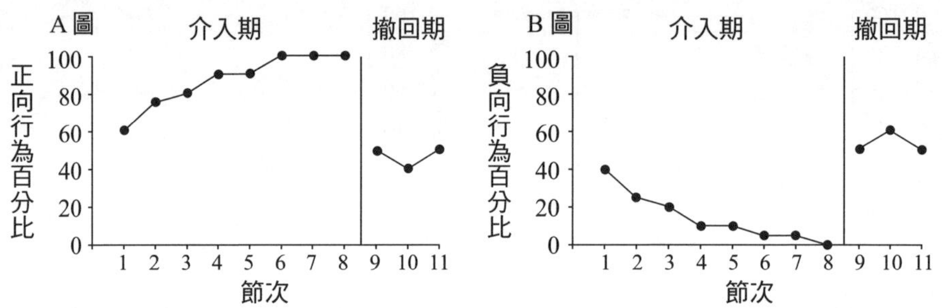

C 和 D 圖介入期已呈現「進步」趨勢，進入撤回期後，不重疊率皆為 100%，C 圖雖然撤回期的中數水準低於介入期，D 圖撤回期的中數水準高於介入期，但是趨向變化與效果皆為負向，它顯示撤除自變項後，依變項剛開始有維持介入效果，但是之後介入效果未繼續維持。

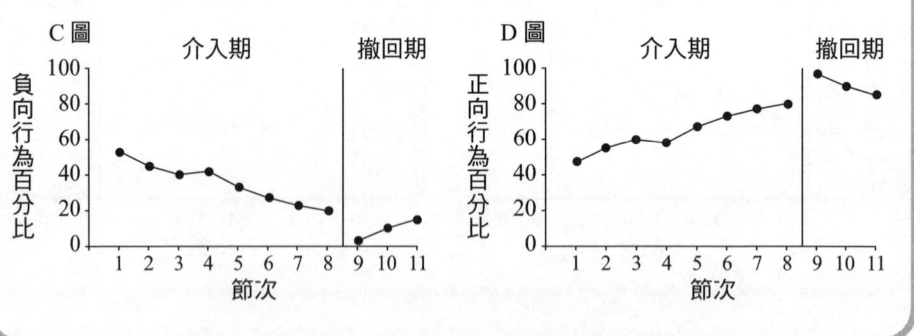

Scruggs 和 Mastropieri（1998）表示，不重疊率的範圍是在 0 與 100% 之間，大於 70% 代表介入有效果，在 50% 以下代表介入無效；50% 至 70% 之間代表

輕微效果，70% 至 90% 之間代表中等效果，90% 以上代表極佳效果。PND 在 50% 以下被視為介入無效，似乎有過於嚴格之傾向。Parker、Vannest 和 Davis（2011）取得單一個案研究 200 組基線期與介入期對比的資料，計算不重疊率的百分等級（percentile rank, PR）10、25、50、75、90 之數值，並且分別稱這五個點為「輕微」、「低度」、「中等」、「高度」與「極高」效果之門檻，低於 PR10 的數值為無效，筆者整理於表 6-3。延續前例，呈現重疊率和不重疊率之計算如示例 6-20。

表 6-3

解釋 PND 之標準

PND 分數範圍	介入效果之解釋
100%	極高效果
94～99%	高度效果
67～93%	中等效果
25～66%	低度效果
10～24%	輕微效果
9% 以下	無效

註：整理自 Parker、Vannest 和 Davis（2011, p. 315）。

示例 6-20 重疊率和不重疊率之計算

延續示例 6-6 的介入期／基線期，呈現重疊率和不重疊率見表 1。

表 1

介入期／基線期重疊率和不重疊率

指標	介入期／基線期
重疊率	落在基線期最高值（19）以下的資料點數（0），除以介入期的總資料點數（15），再乘上 100（%），等於 0%。
不重疊率	1 減去重疊率（0%），等於 100%。

要注意的是，如果基線期本來就有趨勢存在，或是有極端值，則重疊率無法正確評鑑介入效果，解釋上要特別小心，宜加入其他目視分析的資料補充解釋（Kennedy, 2005, p. 105）。例如圖 6-23 中 A 圖的重疊率為 0%，效果最好。B 圖的重疊率為 100%，效果不佳。C 圖的重疊率為 0%，若解釋為效果很好是錯誤的，因為基線期已呈現進步的趨勢，讀者會質疑不介入可能也會持續上升，無法確認自變項和依變項間的因果關係。D 圖的重疊率為 100%，若解釋為沒有效果是錯誤的，因為基線期呈現退步的趨勢，而介入期呈現進步的趨勢，負向行為持續下降，趨向變化與效果是正向，實際上介入是有效果的。由此可知 C 圖和 D 圖的重疊率，受到基線期趨勢的影響。E 圖的重疊率為 100%，若解釋為沒有效果是錯誤的，因為介入期呈現進步的趨勢，負向行為下降且維持在很低的水準，實際上介入是有效果的，只是因為基線期有極端值，故影響其重疊率。

於「程式語言資料夾七：單一個案研究不重疊指標的 SPSS 程式語言」中，筆者設計能算出「重疊率和不重疊率」的 SPSS 程式語言。

7. 其他不重疊指標

以下說明其他不重疊指標的種類，並且加入前述的不重疊率，以分析所有不重疊指標的優勢和弱勢。

（1）不重疊指標的種類

Parker、Vannest 和 Davis（2011）指出可使用不重疊指標，來分析單一個案研究自變項對依變項的介入效果。依提出的年代先後，總共有九種不重疊指標，包括：（1）擴展的上升線（extended celeration line，簡稱 ECL）或中分線（“split middle” line）（White & Haring, 1980）；（2）不重疊率（PND）（Scruggs et al., 1987）；（3）超越中數的比率（percentage of data points exceeding the median of preceding baseline phase，簡稱 PEM）（Ma, 2006）；（4）所有不重疊率（percentage of all non-overlapping data，簡稱 PAND）（Parker, Hagan-Burke, & Vannest, 2007）；（5）改善率差異量（improvement rate difference，簡稱 IRD）（Parker, Vannest, & Brown, 2009）；（6）Pearson 的 Phi 相關係

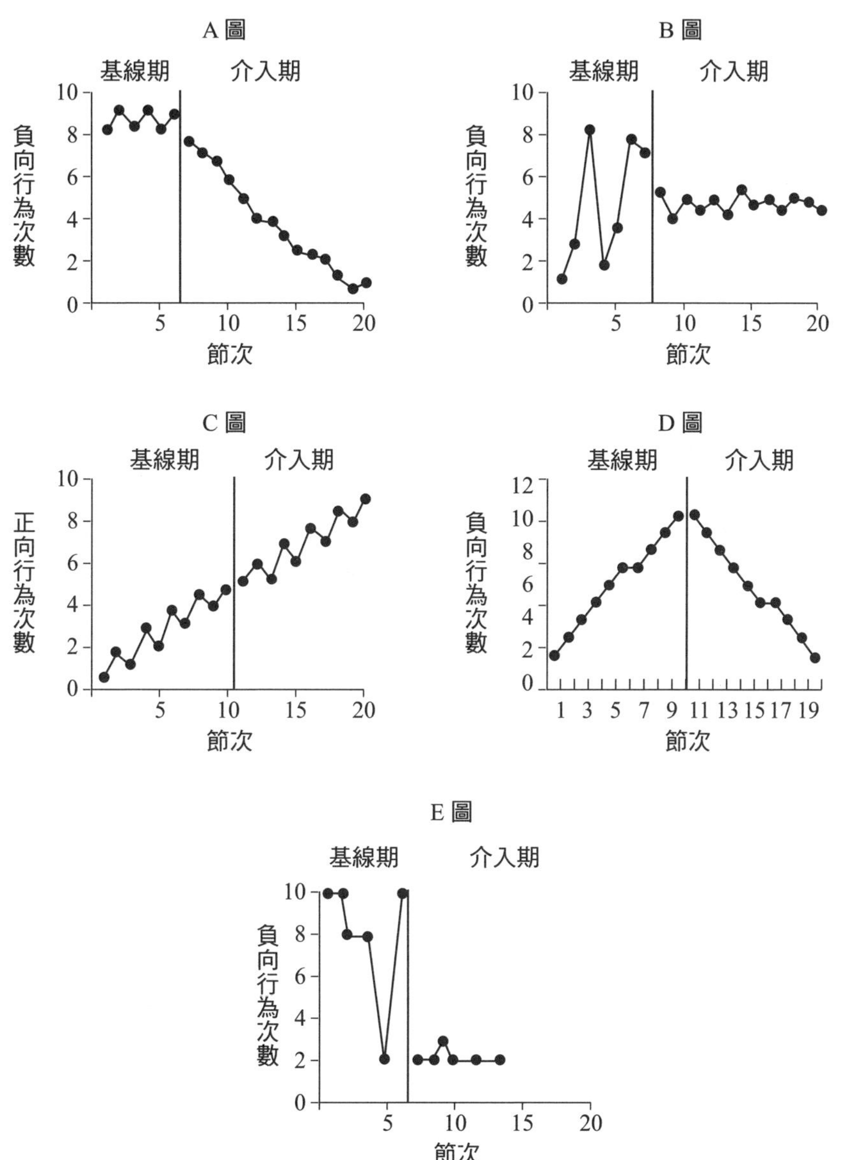

圖 6-23：解釋重疊率的五個例子。A、B、C 三個圖修改自 Kennedy（2005, p. 105），修改處為加入橫軸和縱軸的名稱。

數（Phi correlation，簡稱 Phi）（Parker et al., 2007）；（7）所有配對的不重疊率（nonoverlap of all pairs，簡稱 NAP）（Parker & Vannest, 2009）；（8）Kendall 組間不重疊的 Tau 係數（Kendall's Tau for nonoverlap between groups，簡稱 Taunovlap）（Parker, Vannest, Davis, & Sauber, 2011）；（9）不重疊 Tau-*U* 係數（Parker, Vannest, Davis, & Sauber, 2011）。臺灣單一個案研究後設分析最常使用的是 PND，PEM 次之。其中 Pearson Phi 並非不重疊指標，只是 Parker 等人（2007）配合 IRD 所提出，它是無母數統計中，用來分析 2×2 類別變項之間的相關。在基線期與介入期資料點數相同的情況下，Phi 就等於 IRD（Parker, Vannest, & Davis, 2011），因此刪除它。另外，前文已說明 PND，以下僅介紹其他七種方法。

①擴展的上升線

擴展的上升線（ECL）或中分線考慮基線期的直線趨勢（White & Haring, 1980），其算法包含以下三個步驟，參見示例 6-21（Parker et al., 2007）：

a. 畫擴展的上升線或中分線：先找到基線期最前及最後兩個資料點之中數，然後連接這兩個中數點，畫一條中分線，而後延伸至介入期。

b. 計算 ECL：計算介入期優於擴展上升線之資料點數，而後除以介入期總資料點數。示例 6-21 呈現 6 除以 7，得到 .86。

c. 將 ECL 值轉化成以 0 至 100% 為量尺的數值（即 $ECL_{0\text{-}100\%}$）：當介入沒有任何效果時（例如：兩階段的數據完全相同，都是 0、0、3、2、1、0），其 ECL 值是 .50，而非 0，也就是 ECL 是以 50 至 100% 為量尺，因此， ECL 值 .50 表示介入完全無效。為了轉化成以 0 至 100% 為量尺，也就是以 $ECL_{0\text{-}100\%}$ 表示，故將 ECL 除以 .50 後再減 1，接著乘上 100（%）。示例 6-21 顯示 .86 除以 .50 再減 1，得到 .72，乘上 100（%）後是 72%。

②超越中數的比率

Ma（2006）提出「超越中數的比率」（PEM），他發現如果以原研究者對介入效果的判斷作為效標，則 PEM 的預測效度高於不重疊率（PND）。Gao

示例 6-21 ECL 之計算

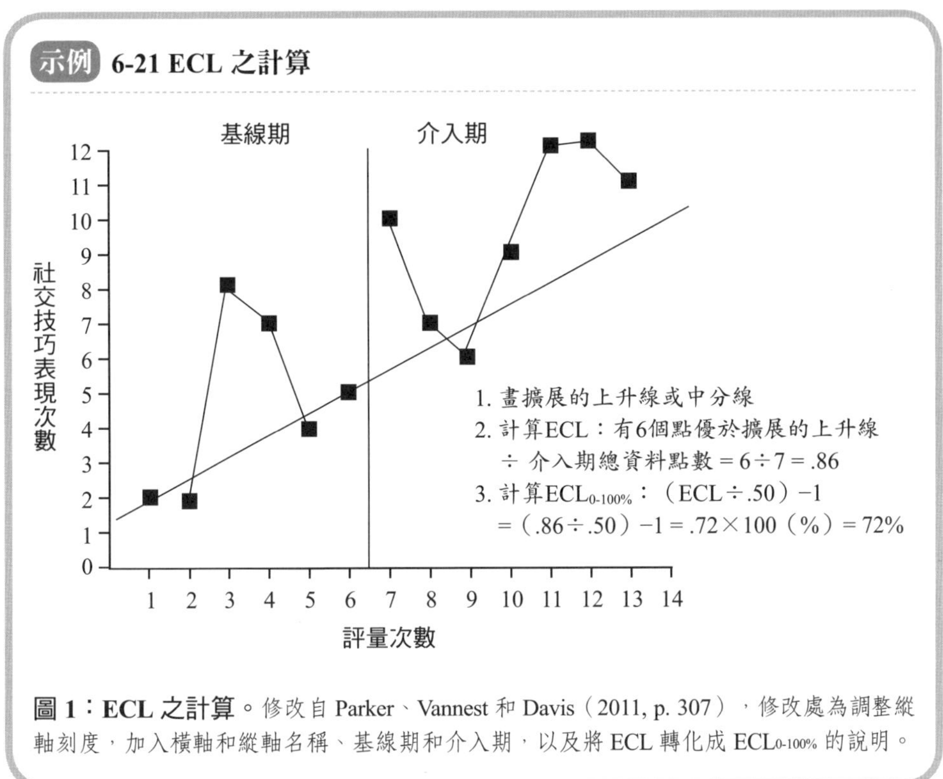

圖 1：ECL 之計算。修改自 Parker、Vannest 和 Davis（2011, p. 307），修改處為調整縱軸刻度，加入橫軸和縱軸名稱、基線期和介入期，以及將 ECL 轉化成 $ECL_{0\text{-}100\%}$ 的說明。

和 Ma（2006）亦發現 PEM 的預測效度高於 PND，因為它是將研究參與者介入期的表現，和其基線期的最一般而非最佳表現比較。PEM 是指，研究參與者在介入期各時間點之表現優於基線期中數之比率，PEM 等於 .70 表示：介入期有 70% 的資料優於基線期的最一般（即中數）表現（Ma, 2006）。

超越中數的比率之公式為：介入期優於基線期中數的資料點數，除以介入期的總資料點數。介入目標若為增加正向行為，則是介入期高於基線期中數的資料點數；介入目標若為減少負向行為，則是介入期低於基線期中數的資料點數（Gao & Ma, 2006）。前述 Scruggs 和 Mastropieri（1998）建議 PND 在 .50 以下被視為介入無效，筆者認為似乎有過於嚴格之傾向，此標準如果用來解釋 PEM 似乎較為適切。因為當介入沒有任何效果時（例如：兩階段的數據完全相同，都是 3、7、5、4，基線期的中數是 4.5），其 PEM 值是 .50，而非 0，也就是 PEM

是以 50 至 100% 為量尺，因此，PEM 值 .50 表示介入完全無效。為了轉化成以 0 至 100% 為量尺，也就是以 $PEM_{0\text{-}100\%}$ 表示，故將 PEM 除以 .50 後再減 1。以示例 6-22 為例，$PEM_{0\text{-}100\%}$ 仍舊為 1，乘上 100（%）後得到 100%。若是計算 PND，如示例 6-23，PND 是 71%，低於 PEM。

Parker、Vannest 和 Davis（2011）建議以 Siegel 和 Castellan（1988）所提 Mood **中數檢定**（Mood's median test），對 PEM 進行統計顯著性檢定。正向和負向行為之 PEM 和 Mood 中數檢定的程式語言見「程式語言資料夾七：單一個案研究不重疊指標的 SPSS 程式語言」。以前述示例 6-22 為例，Mood 中數檢定結果 x^2（chi-square）為 4.55，達到 .05 之顯著水準。

Parker、Vannest 和 Davis（2011）取得單一個案研究 200 組基線期與介入期對比的資料，計算 $PEM_{0\text{-}100\%}$ 的 PR10、25、50、75、90 之數值，並且分別稱這五

示例 6-22 PEM 之計算

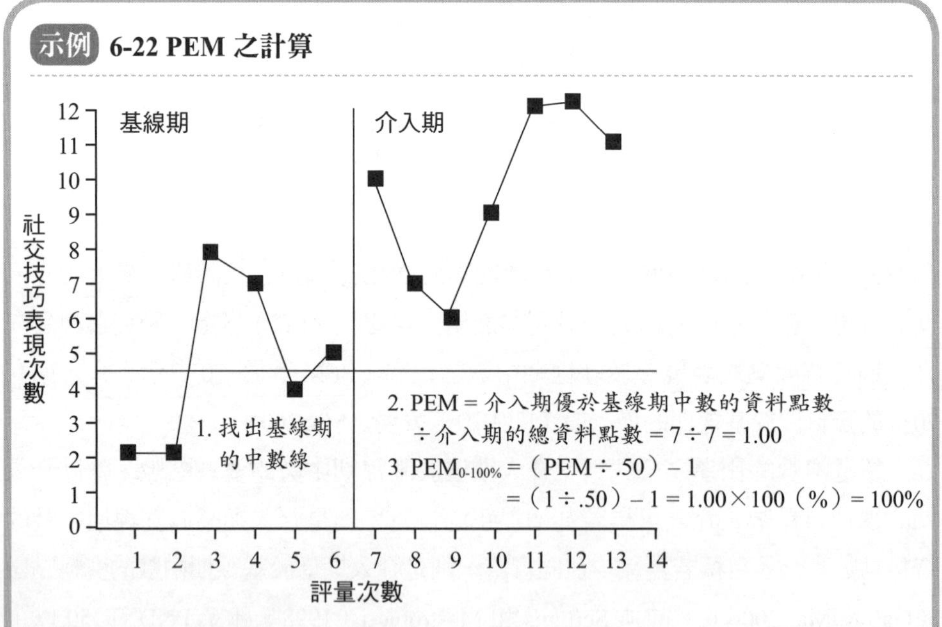

圖 1：PEM 之計算。修改自 Parker、Vannest 和 Davis（2011, p. 307），修改處為調整縱軸刻度，加入橫軸和縱軸名稱、基線期和介入期，以及將 PEM 值轉化成 $PEM_{0\text{-}100\%}$ 的說明。

示例 6-23 PND 之計算

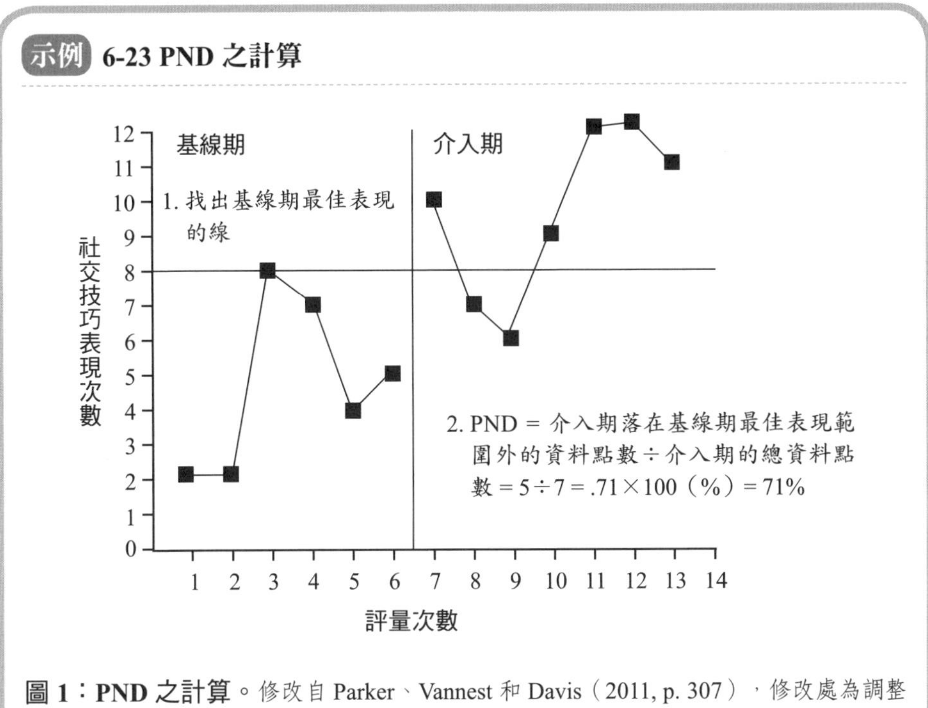

圖 1：PND 之計算。修改自 Parker、Vannest 和 Davis（2011, p. 307），修改處為調整縱軸刻度，加入橫軸和縱軸名稱、基線期和介入期。

個點為「無效」、「輕微」、「中等」、「高度」與「極高」效果之門檻，筆者整理於表 6-4。

表 6-4

解釋 $PEM_{0\text{-}100\%}$ 之標準

$PEM_{0\text{-}100\%}$ 分數範圍	介入效果之解釋
100%	極高效果
90～99%	高度效果
70～89%	中等效果
51～69%	輕微效果
50% 以下	無效

註：整理自 Parker、Vannest 和 Davis（2011, p. 315）。

③所有不重疊率

所有不重疊率（PAND）運用了 PND 的算法，只是它計算的是比較之兩階段間的所有不重疊比率（Parker et al., 2007），其算法包含以下三個步驟（Parker, Vannest, & Davis, 2011）：

a. 刪除最少量重疊的資料點：首先畫一條兩階段不重疊的線，接著刪除最少量重疊的資料點，刪除的方式可以從兩階段中的任一階段刪除，或是兩階段各刪除部分的資料點，以達到刪除最少量重疊資料點的原則。示例 6-24 中基線期的 6 個點，和介入期第 8 和第 9 個點重疊，只要從介入期刪除第 8 和 9 兩個資料點後，兩個階段就完全沒有重疊的資料。但是如果選擇從基線期刪除重疊資料，則須刪除 6 個資料點。兩相比較，選擇從介入期刪除第 8 和 9 兩個資料點，才能符合「刪除最少資料」之要求。

示例 6-24 PAND 之計算

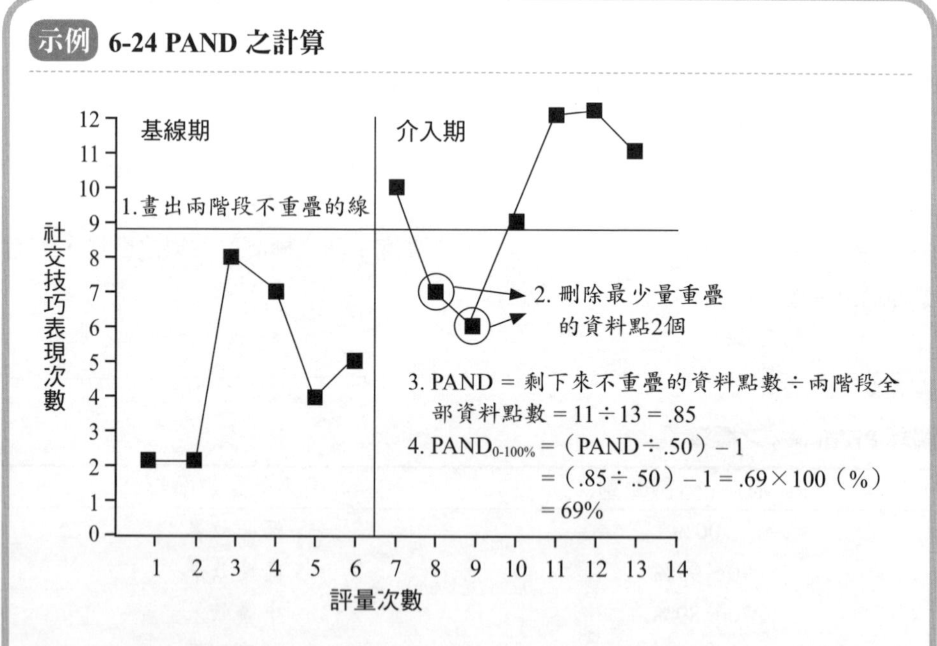

圖 1：PAND 之計算。修改自 Parker、Vannest 和 Davis（2011, p. 307），修改處為調整縱軸刻度，加入橫軸和縱軸名稱、基線期和介入期，以及將 PAND 值轉化成 $PAND_{0\text{-}100\%}$ 的說明。

b. 計算 PAND：將剩下來不重疊的資料點數，除以兩階段全部資料點數。示例 6-24 呈現 11 除以 13，得到 .85。

c. 將 PAND 值轉化成以 0 至 100% 為量尺的數值（即 $PAND_{0\text{-}100\%}$）：所得的 PAND 是以 50 至 100% 為量尺，50% 是機遇造成的結果。為了轉化成以 0 至 100% 為量尺，故將 PAND（.85）除以 .50 再減 1 後，乘上 100（%），得到 69%。

Parker、Vannest 和 Davis（2011）取得單一個案研究 200 組基線期與介入期對比的資料，計算 $PAND_{0\text{-}100\%}$ 的 PR10、25、50、75、90 之數值，並且分別稱這五個點為「輕微」、「低度」、「中等」、「高度」與「極高」效果之門檻，筆者整理於表 6-5。

表 6-5

解釋 $PAND_{0\text{-}100\%}$ 之標準

$PAND_{0\text{-}100\%}$ 分數範圍	介入效果之解釋
100%	極高效果
86～99%	高度效果
64～85%	中等效果
38～63%	低度效果
20～37%	輕微效果
19% 以下	無效

註：整理自 Parker、Vannest 和 Davis（2011, p. 315）。

④改善率差異量

改善率差異量（IRD）起源於實證醫學的「風險降低量或差異量」（risk reduction or difference），是指實驗組和比較組在治療結果（例如：再住院）比率的差異，「風險差異量」愈大表示，介入效果在臨床上的意義愈大（Parker et al., 2009）。醫學研究普遍使用「風險降低量」指標是因為易於解釋，以及分析的資料不須符合特定的母數統計假設，而且很容易求得其信心區間（Altman, 1999; Cochrane Collaboration, 2006; Sackett, Richardson, Rosenberg, & Haynes, 2005）。在單一個案研究中所以稱之為 IRD，是因為此類研究的著眼點是在依變項的改善狀況，而不是在疾病或死亡風險之減低；只要稍加調整風險差異量就可以用在單一個案研究，原本的比較組與實驗組分別變成基線期與介入期（Parker et al., 2009）。

在單一個案研究，IRD 界定為「介入期改善率」（IRT）與「基線期改善率」（IRB）之差距，其算法包含以下三個步驟（Parker et al., 2009）：

a. 刪除最少量重疊的資料點：與上述 PAND 的步驟 1 作法相同，刪除的方式可以從兩階段中的任一階段刪除，或是兩階段各刪除部分的資料點，只不過特別強調，以達到均衡地刪除最少量重疊資料點，且不致讓任一階段完全無資料點的原則（Parker et al., 2009）。基線期刪除的是「有改善」的資料點，而介入期刪除的是「未改善」的資料點。示例 6-25 中有兩種刪除方式，一為刪除基線期第 3 和第 4 個資料點，二為刪除介入期

示例 6-25 IRD 之計算（一）

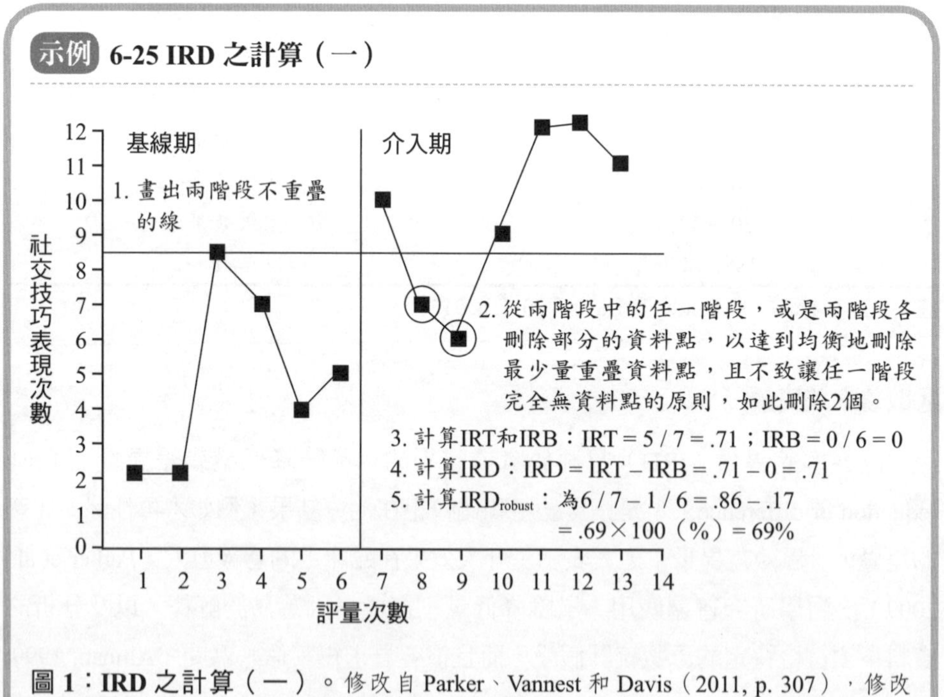

圖 1：IRD 之計算（一）。修改自 Parker、Vannest 和 Davis（2011, p. 307），修改處為調整縱軸刻度，加入橫軸和縱軸名稱、基線期和介入期，以及 IRD 的計算步驟。

第 8 和第 9 個資料點，此例以第二種方式刪除資料點。再舉示例 6-26，如果刪除基線期$_2$ 的所有四個點，兩個階段就完全沒有重疊的資料，但如此基線期$_2$ 就沒有資料點；因此，為達到均衡地刪除最少量重疊資料點的原則，刪除介入期$_1$ 數值為 0 的三個資料點，以及基線期$_2$ 最高的兩個資料點（Parker et al., 2009）。假如刪除基線期$_2$ 數值為 0 的兩個資料點，則要刪除介入期$_1$ 與基線期$_2$ 重疊的五個資料點，如此會刪除七個資料點，不符合「刪除最少量重疊資料點」的原則。

b. 計算比較之階段的改善率（IR）：以介入期和基線期兩階段的改善率為例，基線期的改善率（IRB）為，「基線期有改善的資料點數」除以「該階段的資料點總數」，而「基線期有改善的資料點數」界定為，基線期資料（包含刪除的資料）「優於」介入期任一資料點之數量；介入期的改善率（IRT）為，「介入期有改善的資料點數」除以「該階段的資料點總數」，而「介入期有改善的資料點數」界定為，介入期資料（包含刪除

示例 6-26 IRD 之計算（二）

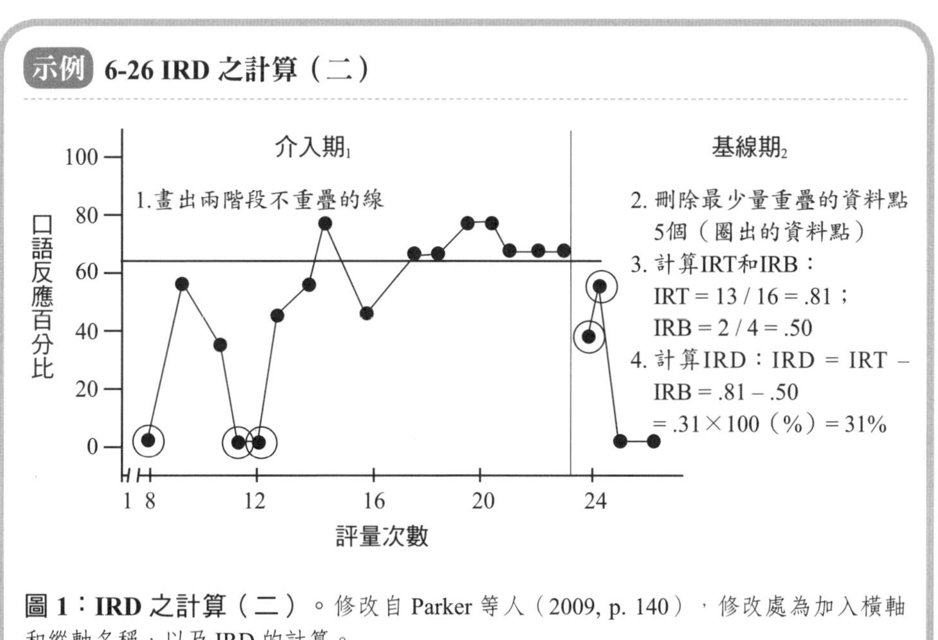

圖 1：IRD 之計算（二）。修改自 Parker 等人（2009, p. 140），修改處為加入橫軸和縱軸名稱，以及 IRD 的計算。

的資料）「優於」基線期所有資料點之數量（Parker et al., 2009）。而所謂「優於」在正向行為是指「高於」，負向行為是指「低於」（Parker et al., 2009）。示例 6-25 中介入期（包含刪除的資料）「優於」基線期所有資料點之數量為 5，故 IRT 為 5÷7，等於 .71；在刪除介入期第 8 和第 9 個資料點之後，基線期「優於」介入期任一資料點之數量為 0，故 IRB 為 0÷6，等於 0。如果刪除基線期第 3 和第 4 個資料點，則介入期「優於」基線期所有資料點之數量為 7，故 IRT 為 7÷7，等於 1.00；基線期（包含刪除的資料）「優於」介入期任一資料點之數量為 2，故 IRB 為 2÷6，等於 .33。

c. 計算改善率差異量（IRD）：IRD 是 IRT 與 IRB 之差距（Parker et al., 2009）。示例 6-25 中 IRD 為 .71 減 0，等於 .71。如果刪除基線期第 3 和第 4 個資料點，則 IRD 為 1.00 減 .33，等於 .67。

d. 若有必要，計算堅固的（robust）改善率差異量（IRD）：若有不只一種刪除資料點的方式，且所得結果不同，則須調整 IRD 的計算方式。要讓不同重疊資料的刪除方式能得到相同的結果，須將刪除的資料點數平均分配至兩個階段，此種調整後的 IRD 稱為堅固的 IRD，以 IRD_{robust} 表示。上述示例 6-25 中重疊資料點刪除的方式不同，所得到的 IRD 有差異，因此，須計算 IRD_{robust}。此例兩種方式都是刪除兩個資料點，將刪除的兩個資料點平均分配至兩個階段，則為各刪除 1 個資料點，通常基線期刪除的是「有改善」的資料點，而介入期刪除的是「未改善」的資料點。計算 IRD_{robust} 時，如果比較之階段有資料點完全相同（例如示例 6-25 中介入期第 8 個資料點，和基線期的第 4 個資料點完全相同），則將「有改善的資料點數」界定為「優於」或「等於」，如此有改善的資料點數基線期是 1 個，故 IRB 為 1÷6，等於 .17；介入期是 6 個，故 IRT 為 6÷7，等於 .86。IRD_{robust} 為 .86 減 .17，等於 .69，再乘上 100（%）後是 69%。

另外，示例 6-27 的 A-B-A-B 設計，比較相鄰階段的改善率和未改善率，整理於表 6-6 中比較的相鄰階段組 A、B 和 C。除此，可合併兩個情境計算（基線期$_1$、基線期$_2$）與（介入期$_1$、介入期$_2$）對比之 IRD，結果只要刪除第 8、11、

示例 6-27 IRD 之計算（三）

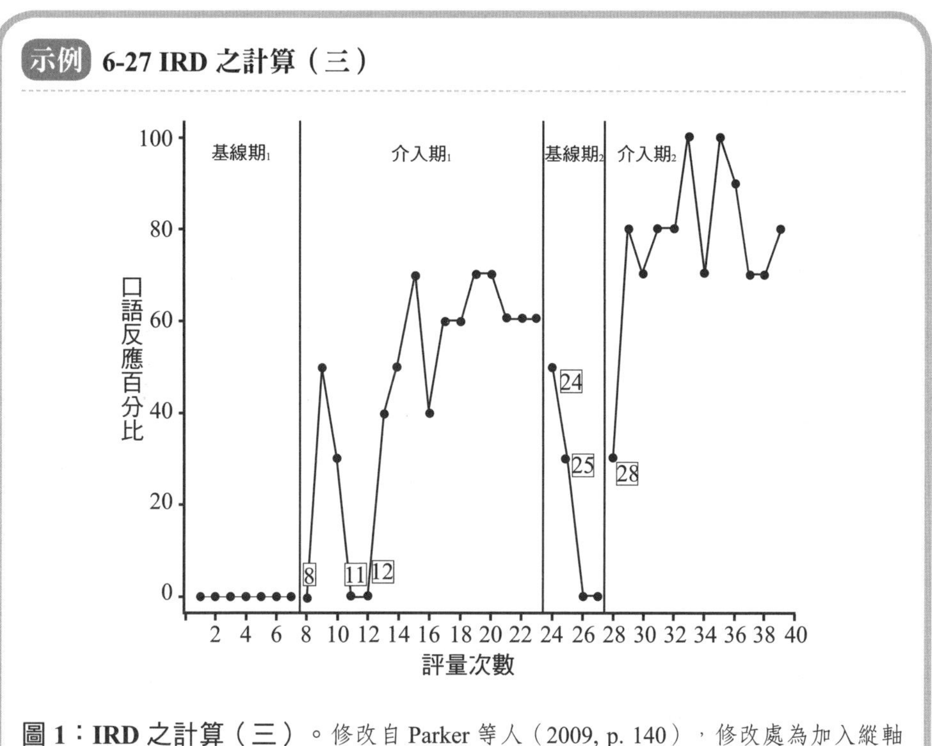

圖 1：IRD 之計算（三）。修改自 Parker 等人（2009, p. 140），修改處為加入縱軸名稱。圖正方形中標示的數字是刪除的資料點次第。

12、24、25 這五個時間點的資料，則兩個介入期與基線期之資料就完全沒有重疊，其改善率和未改善率，整理於表 6-6 中比較的相鄰階段組 D（Parker et al., 2009）。

Parker 等人（2009）表示已知 IRD 的抽樣分布，因此可以計算其信心區間，他們建議 IRD 信心區間之信心水準採用 85%，示例 6-27 中四個改善率信心水準的結果如表 6-7；其中（基線期1、基線期2）與（介入期1、介入期2）之 IRD 為 .71，稍高於分開計算的 IRD 平均數。為了讓讀者可以根據所需決定採取的信心水準，「程式語言資料夾七：單一個案研究不重疊指標的 SPSS 程式語言」可計算 IRD，以及 85%、90% 和 95% 三種信心水準之信心區間。

表 6-6

比較 ABAB 設計中相鄰階段改善率和未改善率

階段	未改善		有改善	
	次數	百分比	次數	百分比
比較的相鄰階段組 A				
基線期$_1$	7	100%	0	0%
介入期$_1$	3	19%	13	81%
比較的相鄰階段組 B				
介入期$_1$	3	19%	13	81%
基線期$_2$	2	50%	2	50%
比較的相鄰階段組 C				
基線期$_2$	4	0%	0	0%
介入期$_2$	1	8%	11	92%
比較的相鄰階段組 D				
基線期$_1$和基線期$_2$	9	82%	2	18%
介入期$_1$和介入期$_2$	3	11%	25	89%

註：整理自 Parker 等人（2009, p. 141）。

表 6-7

ABAB 設計的改善率和 85% 信心區間

階段	改善率	85% 信心區間
基線期$_1$—介入期$_1$	81%	69～94%
介入期$_1$—基線期$_2$	31%	0～69%[a]
基線期$_2$—介入期$_2$	92%	83～100%
基線期$_1$和基線期$_2$—介入期$_1$和介入期$_2$	71%	53～91%

註：整理自 Parker 等人（2009, p. 142）。

[a] 信心區間的下限原為 –.06，小於 0，筆者認為不合理，故改為接近 0，換算成百分比後為 0%。

示例 6-28 跨參與者多基線設計，比較相鄰階段的改善率和未改善率，整理於表 6-8 中比較的相鄰階段組 A 和 B。除此，可合併兩個條件計算（基線期$_1$、基線期$_2$）與（介入期$_1$、介入期$_2$）對比之 IRD，其改善率和未改善率，整理於表 6-8 中比較的相鄰階段組 C。基線期$_1$ 和介入期$_1$ 之 IRD 為 .93 減 .12，等於 .81；基線期$_2$ 和介入期$_2$ 之 IRD 為 .88 減 .06，等於 .82；（基線期$_1$、基線期$_2$）與（介入期$_1$、介入期$_2$）之 IRD 為 .91 減 .08，等於 .83，稍高於分開計算的 IRD 平均數。

Parker 等人（2009）取得單一個案研究的 166 組基線期與介入期對比的資料，計算 IRD 的 PR10、25、50、75、90 之數值，並且分別稱這五個點為「輕微」、「低度」、「中等」、「高度」與「極高」效果之門檻，筆者整理於表 6-9。如果某研究之 IRD 為 .90，則其效果已經超過四分之三的研究，屬於高度

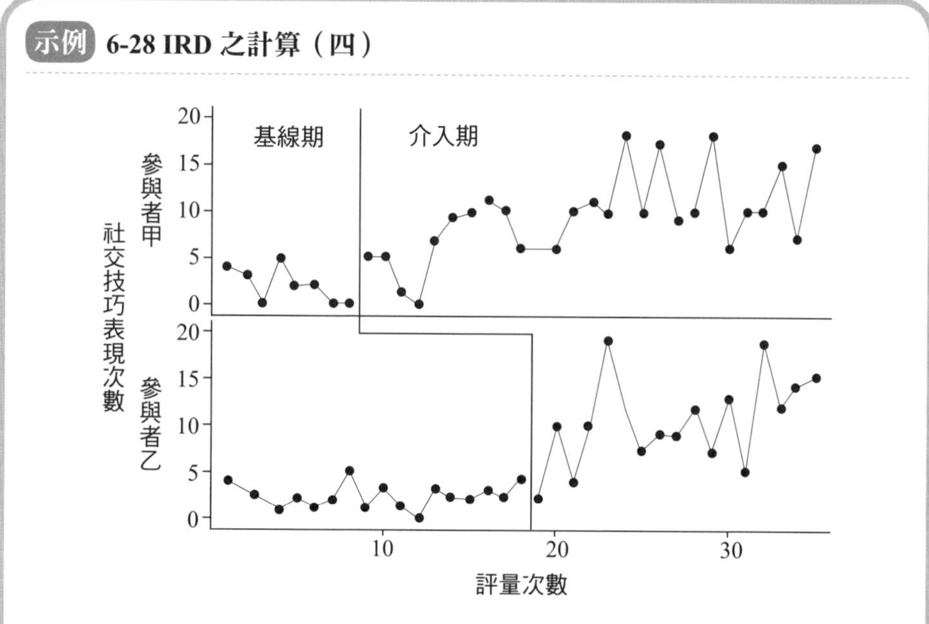

圖 1：IRD 之計算（四）。修改自 Parker 等人（2009, p. 142），修改橫軸和縱軸尺度及名稱。

效果。如果 IRD 為 .48，則該效果僅超過四分之一的研究，屬於低度效果。如果 IRD 未達 PR10 之門檻（.37），則是無效。

表 6-8

比較跨參與者多基線設計中相鄰階段改善率和未改善率

比較的相鄰階段組合	未改善		有改善	
	次數	百分比	次數	百分比
比較的相鄰階段組 A				
基線期1	7	88%	1	12%
介入期1	2	7%	25	93%
比較的相鄰階段組 B				
基線期2	17	94%	1	6%
介入期2	2	12%	15	88%
比較的相鄰階段組 C				
基線期1 和基線期2	24	92%	2	8%
介入期1 和介入期2	4	9%	40	91%

註：整理自 Parker 等人（2009, p. 143）。

表 6-9

解釋 IRD 之標準

IRD 分數範圍	介入效果之解釋
100%	極高效果
90～99%	高度效果
72～89%	中等效果
48～71%	低度效果
37～47%	輕微效果
36% 以下	無效

註：整理自 Parker 等人（2009, p. 145）。

⑤所有配對的不重疊率

所有配對的不重疊率（NAP）運用了 PND 的算法，只是它將兩階段間所有資料點兩兩配對比較，是一種完全不重疊比率的指標（Parker, Vannest, & Davis, 2011）。NAP 的算法包含以下六個步驟（Parker, Vannest, & Davis, 2011），見示例 6-29：

a. 計算配對比較總數：配對比較總數為兩階段之資料點數相乘，示例 6-29 配對比較數為 42。

b. 畫出重疊區域：首先確認重疊區域，之後畫出區隔兩階段重疊和不重疊的兩條線，以形成兩階段重疊區域。

c. 計算重疊區域中負向效果和相同的資料點數：若比較基線期和介入期，負向效果（negative effects，簡稱 Neg.）和相同效果（tied effects，簡稱 Tie）的資料點是指，重疊區域中基線期優於或等於所有配對的介入期資

示例 6-29 NAP 之計算

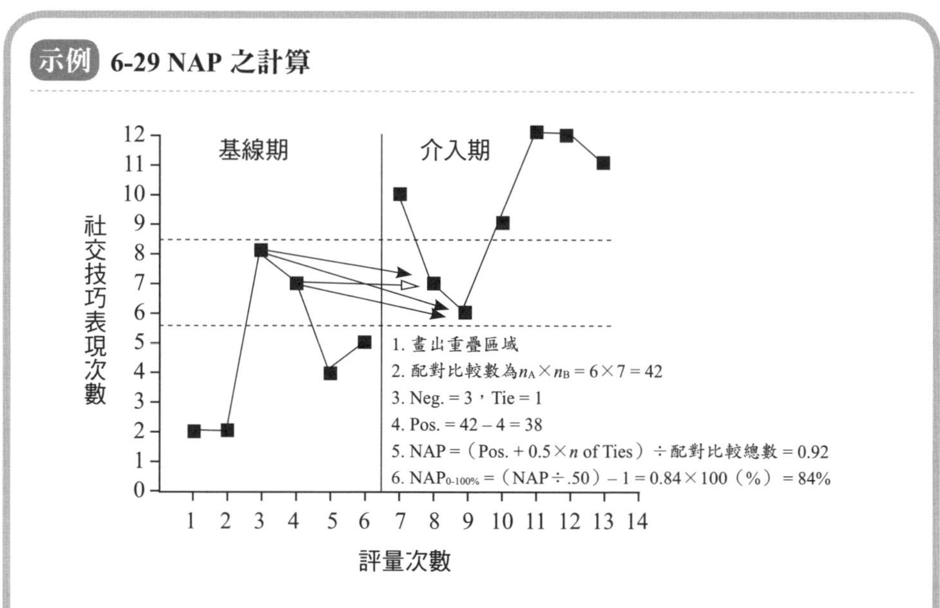

圖 1：NAP 之計算。修改自 Parker、Vannest 和 Davis（2011, p. 307），修改處為調整縱軸刻度，加入橫軸和縱軸名稱、基線期和介入期，以及 NAP 的計算步驟。

料點，示例 6-29 中有 3 個負向效果和 1 個相同的資料點。

d. 計算正向效果（positive effects，簡稱 Pos.）的資料點數：是指配對比較總數減去負向效果和相同的資料點數，示例 6-29 中有 42 減 4，即 38 個。

e. 計算 NAP：它等於（Pos. + 0.5×*n* of Tie）除以配對比較總數，示例 6-29 中的 NAP 等於（38＋0.5×1）÷42，是 0.92。

f. 將 NAP 值轉化成以 0 至 100% 為量尺的數值（即 $NAP_{0\text{-}100\%}$）：所得的 NAP 是以 50 至 100% 為量尺，50% 是機遇造成的結果。為了轉化成以 0 至 100% 為量尺，故以（NAP ÷ .50）– 1×100（%）。

Parker、Vannest 和 Davis（2011）取得單一個案研究 200 組基線期與介入期對比的資料，計算 NAP0-100% 的 PR10、25、50、75、90 之數值，並且分別稱這五個點為「輕微」、「低度」、「中等」、「高度」與「極高」效果之門檻，筆者整理於表 6-10。

表 6-10

解釋 $NAP_{0\text{-}100\%}$ 之標準

$NAP_{0\text{-}100\%}$ 分數範圍	介入效果之解釋
100%	極高效果
96～99%	高度效果
68～95%	中等效果
38～67%	低度效果
10～37%	輕微效果
9% 以下	無效

註：整理自 Parker、Vannest 和 Davis（2011, p. 315）。

Vannest、Parker、Gonen 和 Adiguzel（2016）提供 NAP 計算器，其使用說明見「單一個案研究法程式語言資料夾七」中，「Vannest 等人（2016）設計的不重疊指標計算器」。

⑥ Kendall 組間不重疊的 Tau 係數

Kendall 組間不重疊的 Tau 係數（Tau_{novlap}）類似於 NAP 的計算方式，差異處在於，NAP 是指正向效果與相同效果配對比較數的總和，占所有配對比較總數的比率；而 Tau_{novlap} 是指正向效果與負向效果配對比較數的差距，占所有配對比較總數的比率，其算法包含以下五個步驟（Parker, Vannest, & Davis, 2011）：

a. 畫出重疊區域：畫出區隔兩階段重疊和不重疊的兩條線，以形成兩階段重疊區域。

b. 計算配對比較總數：配對比較總數為兩階段之資料點數相乘，示例 6-30 配對比較總數為 42。

c. 計算重疊區域中負向效果和相同的資料點數：若比較基線期和介入期，負向效果（Neg.）和相同（Tie）的資料點是指，重疊區域中基線期優於或等於所有配對的介入期資料點，示例 6-30 中有 3 個負向效果和 1 個相

示例 6-30 Tau_{novlap} 之計算（一）

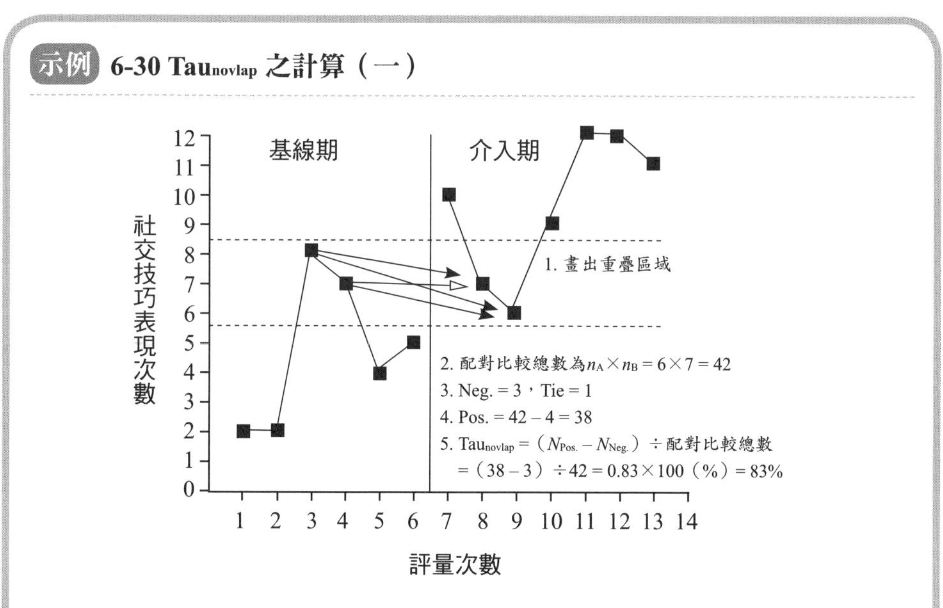

圖 1：Tau_{novlap} 之計算。修改自 Parker、Vannest 和 Davis（2011, p. 307），修改處為調整縱軸刻度，加入橫軸和縱軸名稱、基線期和介入期，以及 Tau 的計算步驟。

同的資料點。

d. 計算正向效果的資料點數（Pos.）：是指配對比較總數減去負向效果和相同的資料點數，示例 6-29 中有 42 減 4，即 38 個。

e. 計算 Tau_{novlap}：是指正向效果與負向效果資料點數的差距，占配對比較總數的比率。

Parker、Vannest 和 Davis（2011）認為所得的 Tau_{novlap} 是以 50 至 100% 為量尺，50% 是機遇造成的結果；為了轉化成以 0 至 100% 為量尺，故將 Tau_{novlap} 除以 .50 後減 1。然而，筆者認為 Tau_{novlap} 量尺範圍本來就在 0 至 1 之間，不用再調整。真正需要調整的是 PEM、NAP 與 PAND 三個指標。筆者假定介入期與基線期所有配對比較，正向與負向比較的資料點數相同，而且沒有相同者，則 NAP 為 .50，調整後 $NAP_{0\text{-}100\%}$ 為 0，與 Tau_{novlap} 原始量尺的 0 相同。如果正向比較數之比率為 .70，負向比較數之比率為 .30，而且沒有相同之比較，則 NAP 原始量尺為 .70，$NAP_{0\text{-}100\%}$ 為 .40，與 Tau_{novlap} 原始量尺的 .40 相同。如果正向、負向、相同比較數之比率分別為 .70，.10，.20，則 NAP 原始量尺為 .80，$NAP_{0\text{-}100\%}$ 為 .60，會高於 Tau_{novlap} 的 .50。只要有相同之比較，則 $NAP_{0\text{-}100\%}$ 會高於 Tau_{novlap}。

Parker、Vannest 和 Davis（2011）取得單一個案研究 200 組基線期與介入期對比的資料，計算 $Tau_{0\text{-}100\%}$ 的 PR10、25、50、75、90 之數值，並且分別稱這五個點為「輕微」、「低度」、「中等」、「高度」與「極高」效果之門檻，筆者整理於表 6-11。

表 6-11

解釋 Tau_{novlap} 之標準

Tau_{novlap} 分數範圍	介入效果之解釋
100%	極高效果
93～99%	高度效果
63～92%	中等效果
36～62%	低度效果
10～35%	輕微效果
9% 以下	無效

註：整理自 Parker、Vannest 和 Davis（2011, p. 315）。

Vannest 等人（2016）提供 Tau-*U* 計算器，Tau-*U* 計算器中可同時算出 Tau_{novlap}，其使用說明見「單一個案研究法程式語言資料夾七」中，「Vannest 等人（2016）設計的不重疊指標計算器」。

⑦不重疊 Tau-*U* 係數

絕大部分單一個案研究介入效果之檢定，都要求基線期沒有趨勢；如果基線期有趨勢存在，則須採用能控制趨勢的不重疊 Tau-*U* 係數（Tau-*U*），包含兩種，一為控制基線期趨勢的不重疊 Tau-*U* 係數，另一為控制基線期趨勢和包含介入期趨勢的不重疊 Tau-*U* 係數，詳述如下。

a. 控制基線期趨勢的不重疊 Tau-*U* 係數

控制基線期趨勢的不重疊 Tau-*U* 係數之算法包含以下五個步驟（Parker, Vannest, & Davis, 2011）：第一，計算配對比較總數。配對比較總數為，兩階段之資料點數相乘。示例 6-29 配對比較總數為 6 和 7 相乘，等於 42。第二，依基線期的資料點數細分為數個小階段，並以倒序方式呈現資料點。Tau-*U* 本質上與 Tau_{novlap} 相同，唯一的差別在於，計算正向及負向效果的配對比較數時，基線期有多少資料點數，就細分為多少個小階段。例如有 6 個資料點，就分為 6 個階段，名為基線期$_1$ 至基線期$_6$，每個階段只有一個資料點，其順序須與實際順序顛倒，例如以示例 6-30 言之，基線期實際資料點依序為 2、2、8、7、4 和 5，則顛倒順序後為 5、4、7、8、2 和 2，見示例 6-31。

第三，計算正向效果資料點數。然後，進行 *N* 個基線期小階段與介入期的所有配對比較。後面階段的資料點高於前面階段者屬於正向效果；反之，後面階段的資料點低於前面階段者則屬於負向效果。在正向效果資料點數方面，示例 6-32 中介入期 7 個資料中有 5 個高於基線期$_1$ 至基線期$_6$ 的 6 個資料，這 30 個（即 5×6）比較屬於正向效果。介入期第 8 及 9 兩個資料點均高於基線期$_1$、基線期$_2$、基線期$_5$ 和基線期$_6$ 的資料，這 8 個（即 2×4）比較屬於正向效果。基線期 6 個資料點中，基線期$_3$ 及基線期$_4$ 均高於基線期$_1$ 及基線期$_2$，而基線期$_4$ 又高於基線期$_3$，這 5 個（即 2×2＋1）比較也屬於正向效果。因此，總共有 43 個比較屬於正向效果資料點數。

示例 6-31 Tau_{novlap} 之計算（二）

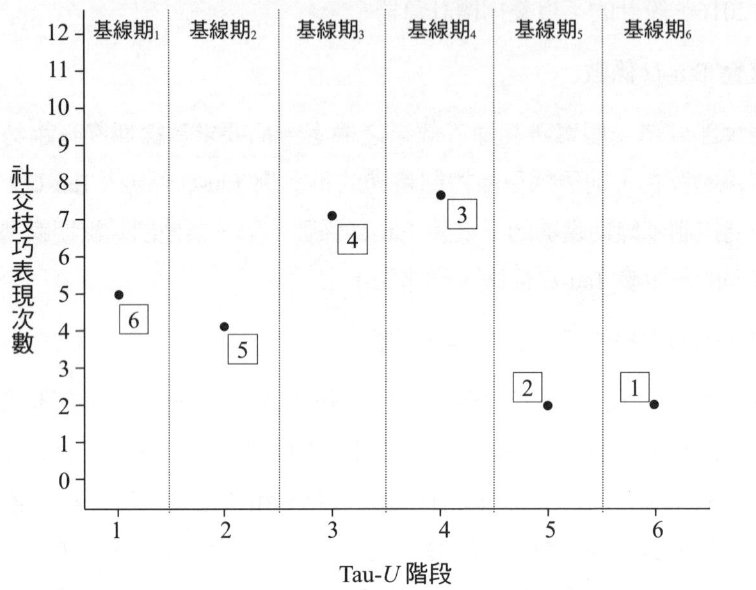

圖 1：以倒序方式呈現基線期的資料點。圖正方形中標示的數字是基線期資料點的實際順序。

第四，計算負向效果資料點數。在負向效果資料點數方面，示例 6-32 中介入期第 8 個資料點低於基線期$_4$，第 9 個資料點低於基線期$_4$ 及基線期$_3$，總共有 3 個（即 1 + 1×2）比較屬於負向效果。基線期$_5$ 和基線期$_6$ 均低於基線期$_1$、基線期$_2$、基線期$_3$ 及基線期$_4$；另外，基期$_2$ 低於基線期$_1$，這 9 個（即 2×4 + 1）比較也是負向效果。因此，總共有 12 個比較屬於負向效果資料點數。

第五，計算 Tau-*U*，是指正向與負向效果資料點數的差距，占配對比較總數的比率，也就是 Tau-*U* =（$N_{Pos.} - N_{Neg.}$）配對比較數，為（43 – 12）÷ 42，等於 .74。Tau-*U* 的分子是正向與負向效果資料點數的差距，隨機資料理論上正負向比較各占一半，也就是介入無效時 Tau-*U* 的期望值是 0，其量尺範圍本來就在 0 與 1 之間，不用再調整。Tau-*U* 因控制基線期趨勢之影響，故本例的值會小於 Tau_{novlap}。

示例 6-32 進行六個基線期小階段與介入期的所有配對比較

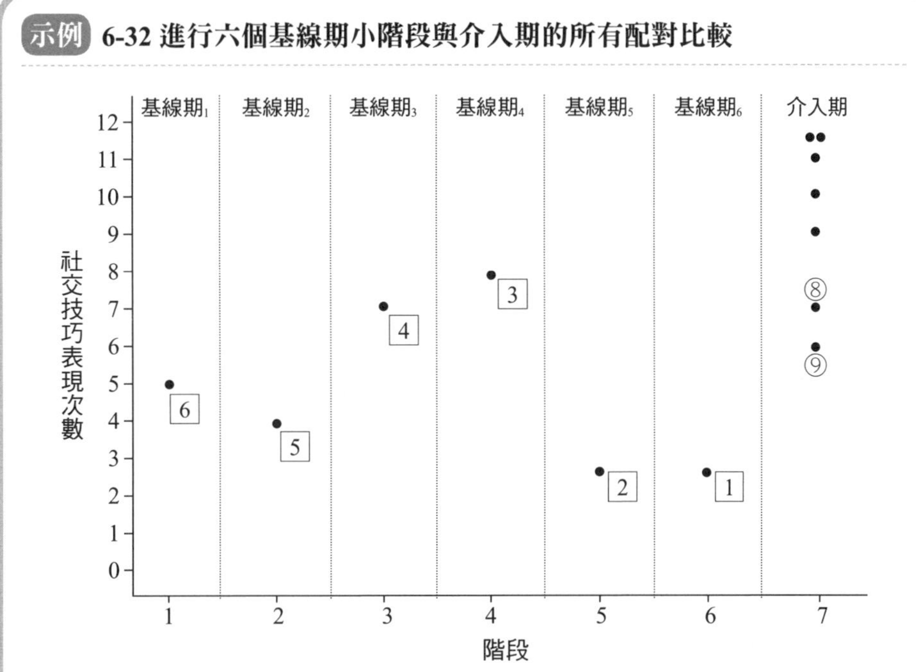

圖 1：進行六個基線期小階段與介入期的所有配對比較。圖正方形中標示的數字是基線期資料點的實際順序；介入期中的⑧和⑨是指第 8 和第 9 個資料點。

Vannest 等人（2016）提供 Tau-*U* 計算器，其使用說明見「單一個案研究法程式語言資料夾七」中，「Vannest 等人（2016）設計的不重疊指標計算器」。

b. 控制基線期趨勢和包含介入期趨勢的不重疊 Tau-*U* 係數

控制基線期趨勢和包含介入期趨勢的不重疊 Tau-*U* 係數，不僅控制基線期趨勢對介入效果之影響，還包含介入期趨勢產生的效果，其算法包含以下四個步驟（Parker, Vannest, Davis, & Sauber, 2011）：

第一，**計算介入期趨勢效果的 Tau**：介入期資料依時間順序為「10、7、6、9、12、12、11」，其中個別資料屬於正向比較（後面資料高於前面資料）的次數依序為「0（10之前無資料點，故為0）、0〔7比前一個資料點（10）小，故為0〕、0〔6比前兩個資料點（10、7）都小，故為0〕、2〔9與前三個資料點（10、7、6）相較，大於7和6，故為2〕、4〔12比前四個資料點（10、7、6、9）都大，故為4〕、4（12大於前五個資料點中的四個，故為4）、4（11大於前六個資料點中的10、7、6、9，故為4）」，正向效果資料點數為14。個別資料屬於負向比較（前面資料高於後面資料）的次數依序為「3〔10比後面三個資料點（7、6、9）大，故為3〕、1〔7比後面一個資料點（6）大，故為1〕、0〔6沒有比後面的資料點（9、12、12、11）大，故為0〕、0〔9沒有比後面的資料點（12、12、11）大，故為0〕、1、1〔兩個12皆比後面一個資料點（11）大，故為1、1〕、0（11之後無資料點，故為0）」，負向效果資料點數為6。另外，前後資料相同的資料點數有1個。介入期7個資料配對比較總數為N（$N-1$）除以2，即7（7－1）除以2，等於21。介入期Tau是正向和負向效果資料點數的差距（S＝14－6＝8），除以配對比較數（21），即0.38。

第二，**計算包含介入期趨勢的**A-B**比較**Tau-U：它須合併「基線期（A）與介入期（B）比較的S」，及「介入期的S」，然後除以「『A與B』及『B』的配對比較數總和」。本例題中步驟1已求得介入期（B）的S為8，以及B的配對比較數為21。至於A與B比較的S，正向和負向效果資料點數的差距（S＝38－3），為35，詳細計算過程如示例6-33。合併的A與B比較的S和B的S是43。A與B配對比較數為42（6×7），B的配對比較數為21，總和為63。包含介入期趨勢效果的A-B比較Tau-U為43除以63，等於.68。

第三，**計算基線期趨勢效果之**Tau：要控制基線期趨勢之影響，須先計算基線期趨勢效果之Tau。基線期資料依時間順序為「2、2、8、7、4、5」，其中個別資料屬於正向比較（後面資料高於前面資料）的次數依序為「0、0、2、2、2、3」，正向效果資料點數為9。個別資料屬於負向比較（前面資料高於後面資料）的次數依序為「0、0、3、2、0、0」，負向效果資料點數為5。另外，前後相同的資料點數有1個。基線期6個資料配對比較總數為6（6－1）除以2，等於15。基線期Tau是，正向和負向效果資料點數的差距（S＝9－5＝4），除以配對比較總數（15），即0.27。

示例 6-33 計算包含介入期趨勢的 A-B 比較 Tau-*U*

基線期 2　2　8　7　4　5

介入期 10　7　6　9　12　12　11

正向效果資料點數 6　4　4　6　6　6　6〔以介入期資料點（7）為例，相較於基線期，僅大於四個資料點（2、2、4、5），故正向效果資料點數為 4。〕

負向效果資料點數 0　1　2　0　0　0　0〔以介入期資料點（7）為例，相較於基線期，僅小於一個資料點（8），故負向效果資料點數為 1。〕

第四，**計算控制基線期趨勢和包含介入期趨勢的** Tau-*U*：它須合併「基線期（A）與介入期（B）比較的 *S*」（35），及「介入期的 *S*」（8）；然後減去「基線期的 *S*」（4），得到合併的 *S* 為 39。接著，除以「『A 與 B』（42）、『A』（15）及『B』（21）的配對比較數總和」，即 78，也可透過兩階段資料合併的資料點數（$N = 13$），乘上 $N - 1$（12），再除以 2 求得。控制基線期趨勢和包含介入期趨勢的 Tau-*U* 為 39 除以 78，等於 0.50。若 B 趨勢更明顯，例如七個資料點是 10、7、6、9、12、13、14，則僅控制 A 趨勢的 Tau-*U* 相同（0.74），但控制 A 趨勢和包含 B 趨勢的 Tau-*U* 為 0.56，大於 0.50。另外，如果 B 的趨勢屬於延遲的介入效果，例如七個資料點是 4、5、6、13、15、17、19，控制 A 趨勢和包含 B 趨勢的 Tau-*U* 值（0.55），則大於僅控制 A 趨勢者（0.52）。表 6-12 是 A-B 設計階段內及階段間 Tau 之計算。

Parker、Vannest、Davis 和 Sauber（2011）從特殊教育、學校心理學與行為心理學等重要期刊，取得 382 個比較基線期與介入期的研究資料，計算控制基線期趨勢和包含介入期趨勢 Tau-*U* 的 PR10、25、50、75、90 之數值，並且分別稱這五個點為「輕微」、「低度」、「中等」、「高度」與「極高」效果之門檻，筆者整理於表 6-13。

表 6-12

A-B 設計階段內及階段間 Tau 之計算

項目	A	B	A-B 比較	控制 A 趨勢的 A-B 比較	包含 B 趨勢的 A-B 比較	控制 A 趨勢和包含 B 趨勢的 A-B 比較
配對比較數	15	21	42	42	63	78
正向效果的資料點數	9	14	38	43	52	43
負向效果的資料點數	5	6	3	12	9	4
S	4	8	35	31	43	39
Tau（%）	27%	38%	83%（即 Tau_{novlap}）	74%	68%	50%

表 6-13

解釋控制基線期趨勢和包含介入期趨勢 Tau-*U* 之標準

控制基線期趨勢和包含介入期趨勢 Tau-*U* 分數範圍	介入效果之解釋
93% 以上	極高效果
82～92%	高度效果
66～81%	中等效果
48～65%	低度效果
30～47%	輕微效果
29% 以下	無效

註：整理自 Parker、Vannest、Davis 和 Sauber（2011, p. 11）。

Vannest 等人（2016）提供 Tau-*U* 計算器，能呈現 A、B 和 A-B 比較 Tau 的正向與負向效果的資料點數，以及 *S*，而後再據以計算出「控制 A 趨勢和包含 B 趨勢的 A-B 比較 Tau-*U*」，其使用說明見「單一個案研究法程式語言資料夾七」中，「使用 Vannest 等人（2016）設計的不重疊指標計算器」使用說明。在 Tau-*U* 計算器中，筆者還比較 $\text{Tau}_{\text{novlap}}$、控制基線期趨勢之 Tau-*U*，以及控制基線期趨勢和包含介入期趨勢之 Tau-*U* 三者的適用性。總括言之，若所有資料基線期和介入期都呈現水平的趨勢時，則計算「$\text{Tau}_{\text{novlap}}$」即可。若所有資料基線期呈現上升或下降趨勢，但介入期呈現水平的趨勢時，則計算「控制基線期趨勢的 Tau-*U*」。若所有資料基線期呈現水平、上升或下降趨勢，而介入期呈現上升或下降趨勢時，則計算「控制基線期趨勢和包含介入期趨勢的 Tau-*U*」會比較正確，尤其當**介入期和基線期的平均水準無差異，但介入期有趨勢變化；介入期的效果有延遲的現象；基線期和介入期呈現直交斜率的趨勢變化**時，此 Tau-*U* 較僅控制基線期趨勢者，更能偵測介入效果的差異，詳見下一部分的討論。

（2）不重疊指標的優勢

不重疊指標具有四項共同的優勢：①易於理解和解釋；②容易計算；③多數研究會提供階段間平均水準變化和一項不重疊指標（例如：PND），即使部分研究未提供原始資料，只要有折線圖亦可做分析；④只要由受過訓練之專業人員來分析改變率和不重疊指標，其一致性頗高，例如 Parker、Vannest 和 Davis（2011）找兩人以 166 組基線期與介入期對比資料分析 IRD 後發現，一致性係數 Pearson *r* 為 .96，在兩人所評定的 IRD 中有 72% 完全相同，而差距超過 .10 者僅 13%。

（3）不重疊指標的弱勢

不重疊指標包含以下五項弱勢：

① ECL 未考慮資料路徑的「變異或穩定」狀況

$\text{ECL}_{0\text{-}100\%}$ 未留意資料路徑的變異或穩定狀況，例如圖 6-24 中兩個圖，A 圖非常穩定，B 圖的資料路徑則相當變異，但 A 圖和 B 圖的 $\text{ECL}_{0\text{-}100\%}$ 皆為 1.00。計算其他不重疊指標則可區分 A 圖和 B 圖的差異，A 圖的所有不重疊指標皆為 1.00；而 B 圖的其他不重疊指標皆低於 A 圖者，包括 PND、$\text{PAND}_{0\text{-}100\%}$、$\text{PEM}_{0\text{-}100\%}$、$\text{NAP}_{0\text{-}100\%}$、IRD、Tau 和 Tau *U* 等指標分別為 .68、.66、.36、.78、.68、.78 和 .78。

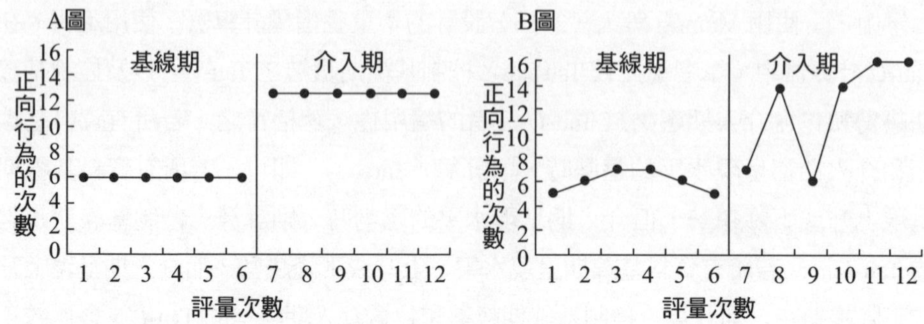

圖 6-24：ECL 未考慮資料路徑變異狀況的弱勢。

② PND 容易受到極端值之影響

不重疊指標中的 PND 容易受到極端值之影響而低估介入效果，會產生「天花板效應」，其中 PND 又特別明顯。PND 是以基線期的最佳表現、單一的資料點為依據，因此很容易受到極端值之影響而低估介入效果，甚至會出現效果為 0 的情況（Parker, Vannest, & Davis, 2011）。例如圖 6-25 中 PND 為 0，其他不重疊指標介於 .34 至 1.00 之間。由此可知，在基線期有極端值的情況下，宜選擇除 PND 外的其他不重疊指標，它們比 PND 更能偵測出較小的效果。

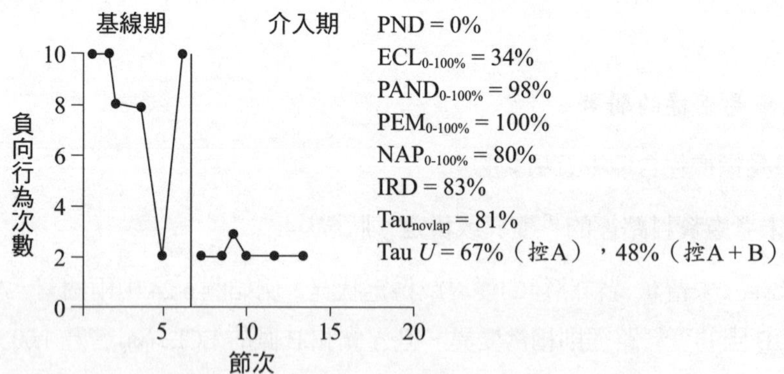

圖 6-25：PND 受極端值影響低估介入效果的弱勢。Tau *U*（控 A）是指控制基線期趨勢的 Tau-*U*，Tau *U*（控 A + B）是指控制基線期趨勢和包含介入期趨勢 Tau-*U*。

③多數不重疊指標未考慮資料路徑「趨勢」的變化

除了 ECL 和 Tau-*U* 外，其他不重疊指標未考慮資料路徑「趨勢」的變化，只檢視「水準」的變化；如果基線期本來就有趨勢存在，則無法正確評鑑介入效果。例如圖 6-26 雖然 PND、$PAND_{0\text{-}100\%}$、$PEM_{0\text{-}100\%}$ 等指標很高，介於 80 至 100% 之間，但基線期呈現進步趨勢，會讓人質疑介入是否真的有效。當資料路徑有某種趨勢存在時，計算 $ECL_{0\text{-}100\%}$ 和 Tau-*U* 這兩種不重疊指標會較適合，它的值會縮減至 20、56 和 61%，其中控制基線期趨勢與包含介入期趨勢的 Tau-*U*（即 56%）最能正確地反映介入成效。

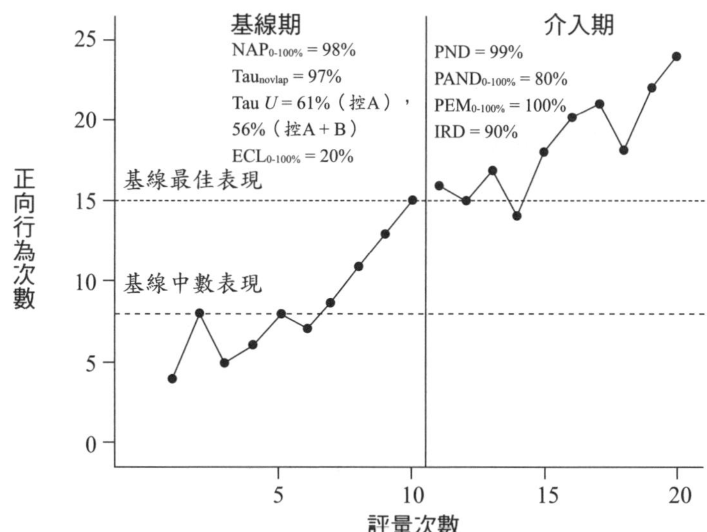

圖 6-26：基線期有趨勢時不重疊指標的弱勢。Tau *U*（控 A）是指控制基線期趨勢的 Tau-*U*，Tau *U*（控 A＋B）是指控制基線期趨勢和包含介入期趨勢 Tau-*U*。

④部分不重疊指標會低估「直交斜率」形態的介入效果

部分不重疊指標會低估「直交斜率」形態的介入效果，例如圖 6-27 中 PND、$PAND_{0\text{-}100\%}$ 和 $PEM_{0\text{-}100\%}$ 雖然是 0%，但是檢視圖卻發現介入有效果，基線期負向行為呈上升趨向，介入後負向行為呈下降趨向。$ECL_{0\text{-}100\%}$ 為 100%；

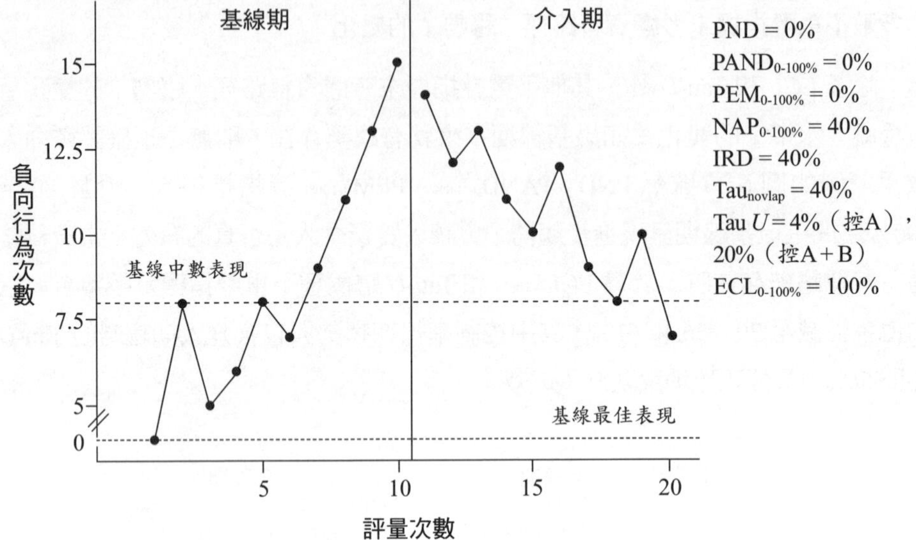

圖 6-27：不重疊指標低估直交斜率形態介入效果的限制。 Tau U（控 A）是指控制基線期趨勢的 Tau-U，Tau U（控 A + B）是指控制基線期趨勢和包含介入期趨勢 Tau-U。

IRD、NAP$_{0-100\%}$ 和 Tau$_{novlap}$ 皆為 40%；控制基線期趨勢的 Tau-U 為 4%，控制基線期趨勢與包含介入期趨勢的 Tau-U 為 20%，這些指標較能呈現介入效果，其中控制基線期趨勢與包含介入期趨勢的 Tau-U，相較於僅控制基線期趨勢的 Tau-U，最能正確地反映介入成效，因為僅控制基線期趨勢的 Tau-U 未包含介入期的下降趨向，亦會低估介入效果。由此可知，出現「直交斜率」形態的介入效果時，宜採取控制基線期趨勢與包含介入期趨勢的 Tau-U，或是 IRD、NAP$_{0-100\%}$ 和 Tau$_{novlap}$。

⑤不重疊指標無法有效區分「不同水準介入效果」的差異

不重疊指標無法有效區分不同水準介入效果的差異（Parker, Vannest, & Davis, 2011）。例如圖 6-28 中介入期的兩條折線，與基線期相較後的所有不重疊指標皆為 1.00，但兩條折線的平均水準有差異，它們無法偵測出二者效果的差異。因應此問題，筆者認為如果比較之不重疊指標相同，可再呈現平均或中數水準，例如圖 6-28 介入期中兩條折線的平均水準分別為 8.4 和 12.25，中數水準分別為 8.5 和 12.25，即可區分兩條折線介入效果的差異。

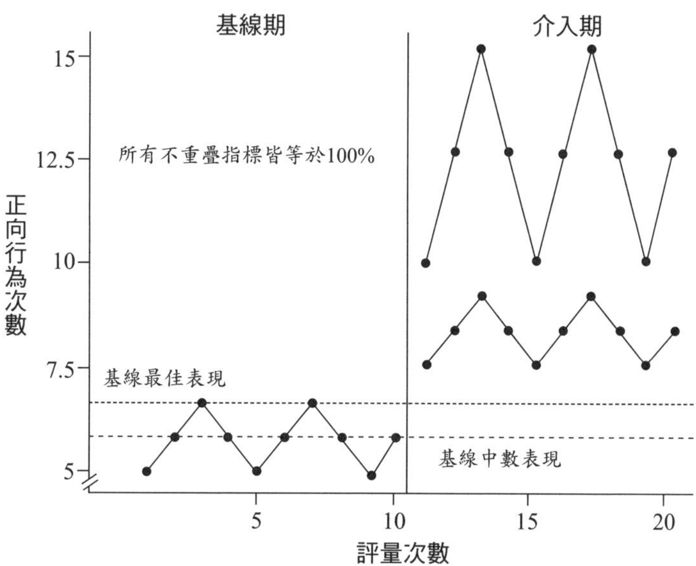

圖 6-28：不重疊指標無法有效區分「不同形態介入效果」的弱勢。

茲將不重疊指標的弱勢整理於表 6-14。

表 6-14

不重疊指標的弱勢

不重疊指標的種類	未考慮資料路徑「趨勢」的變化	會低估「直交斜率」形態的介入效果	無法有效區分「不同形態的介入效果」	易受「極端值」之影響	未考慮資料路徑的「變異」狀況
ECL			✓		✓
PND	✓	✓	✓	✓	
PAND	✓	✓	✓		
PEM	✓	✓	✓		
IRD	✓		✓		

（續）

表 6-14（續）

不重疊指標的種類	未考慮資料路徑「趨勢」的變化	會低估「直交斜率」形態的介入效果	無法有效區分「不同形態的介入效果」	易受「極端值」之影響	未考慮資料路徑的「變異」狀況
NAP	✓		✓		
$\text{Tau}_{\text{novlap}}$	✓		✓		
Tau-*U*（控 A）		✓	✓		
Tau-*U*（控 A+B）			✓		

註：「✓」表示該不重疊指標具有此項弱勢。Tau-*U*（控 A）是指控制基線期趨勢的 Tau-*U*，Tau（控 A+B）是指控制基線期趨勢和包含介入期趨勢的 Tau-*U*。

二、目視分析結果的解釋

以下從統整解釋階段內和階段間的資料，以及進行相鄰階段間的再比較兩方面，解釋目視分析的結果。

（一）統整解釋階段內和階段間的資料

目視分析獲得的資料，要統整起來做綜合研判，不能只仰賴某種資料。例如圖 6-29 中，以水準來看，A 圖介入期的平均水準高於基線期，正向行為的表現提升；B 圖介入期負向行為平均水準反而高於基線期，會誤以為 A 圖的介入效果較佳。然而，若從趨勢觀之，會發現 A 圖雖然階段間水準變化明顯，但是介入期呈現等速的趨勢，且不穩定，趨向變化與效果為無變化，重疊率為 50%；B 圖介入期呈現下降且進步的趨勢，雖然階段間水準變化不明顯，但到後期負向行為急速下降，趨向變化與效果為正向，重疊率雖然為 100%，但這是受到基線期水準全距過大，行為不穩定的影響。

（二）進行相鄰階段間的再比較

Tawney 和 Gast（1984）進一步表示，如果已做多個相鄰階段的比較，可針對這些相鄰階段進行第二層的再比較，稱作「相鄰階段間再比較」，其排序原則

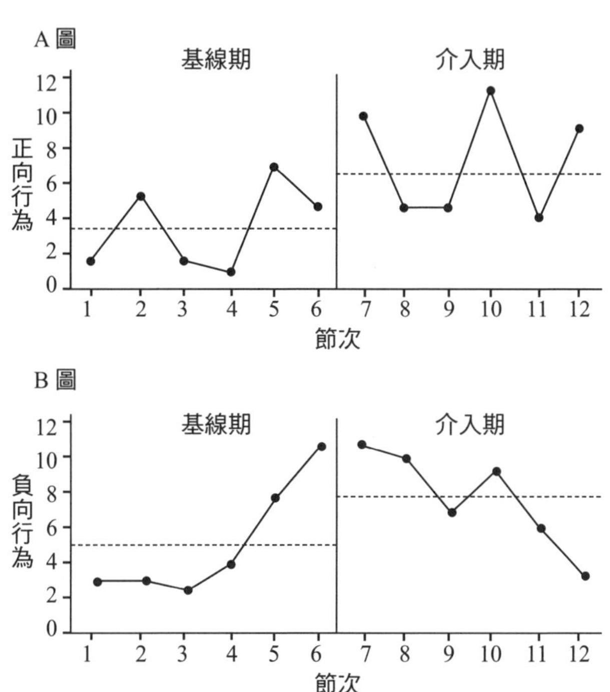

圖 6-29：不適當使用平均水準解釋單一個案資料帶來的影響。------- 表示階段平均水準。修改自 Cooper 等人（2007, p. 154），修改處為加入縱軸和階段名稱。

為：先做**相同條件的再比較**，接著是**相似條件的再比較**，以對照、比較相鄰階段間之相同或相似條件的複製；若沒有上述兩種條件的再比較，才尋求**不同條件的再比較**。這三種是依據**引進之自變項內容和次序的相同程度**來界定，見表 6-15。就自變項的內容言之，意指比較之自變項的內容是相同、相似或不同，舉例言之，內容相同的是：比較的皆是 B（例如：非後效增強——10 分鐘）；相似的是：比較的一個是 B，另一個是 B′（例如：非後效增強——5 分鐘）；不同的是：比較的一個是 B，另一個是 C（例如：反應代價）。就自變項的次序來說，是指欲比較之自變項的次序安排在相同或不同的條件之後，例如 A_1-B_1-BC_1-B_2-A_2-B_3 多重介入設計，B_2 之前有 BC_1 的介入，B_1 則沒有，表示引進的次序不同；而如果是 A_1-B_1-BC_1-A_2-B_2-BC_2 多重介入設計，B_1 和 B_2 之前都是 A，BC_1 和 BC_2 之前都是 B，表示引進的次序相同。

表 6-15

相鄰階段間再比較的順序與界定

相鄰階段間再比較的順序	引進之自變項內容	引進之自變項次序
相同條件的再比較	相同	相同
相似條件的再比較	相似 相同	相同或不同 不同
不同條件的再比較	不同	相同或不同

相鄰階段間再比較要配合研究問題，做有意義的比較，且只會放在相同、相似或不同條件其中之一，不會重複。舉例來說，在 A_1-B_1-A_2-B_2 撤回設計中，共有 B_1/A_1、A_2/B_1、B_2/A_2 三種相鄰階段的比較，B_1/A_1 和 B_2/A_2 是相同條件的再比較，因為 B_1 和 B_2、A_1 和 A_2 條件相同，引進的次序也相同，只是引進時間不同；最後只剩下 A_2/B_1，因為沒有其他相同或相似條件的複製，所以只能放入不同條件的再比較中。又因 B_1/A_1 和 B_2/A_2 已被納入相同條件的再比較，就不會進行其他狀況的再比較，例如不會將 A_2/B_1 和 B_1/A_1 做相似條件的再比較。其他設計的舉例如表 6-16。

表 6-16

相鄰階段間再比較的示例

設計類型	相同條件的再比較	相似條件的再比較	不同條件的再比較
A-B-A-B 撤回設計	B_1/A_1 和 B_2/A_2 比較【B_1 和 B_2、A_1 和 A_2 的內容和次序相同。】[a]	無	A_2/B_1【因沒有其他相同或相似條件的複製。】
A-B 多基線／多探測設計	B_1/A_1、B_2/A_2 和 B_3/A_3 比較【自變項內容和次序相同，在不同參與者（小組）、行為或條件上複製。】[a]	無	無

表 6-16（續）

設計類型	相同條件的再比較	相似條件的再比較	不同條件的再比較
A-B-A'-B 倒返設計	無	B_1/A 和 B_2/A' 比較【A 和 A' 的次序相同，但內容相似。】[b]	A'/B_1【因沒有其他相同或相似條件的複製。】
A-B-A 逐變標準設計（若有三個預定標準）[c]	無	1. $B\text{-}CR_1/A_1$ 和 $A_2/B\text{-}CR_3$ 比較 2. $B\text{-}CR_2/CR_1$ 和 $B\text{-}CR_3/CR_2$ 比較【CR_1、CR_2 和 CR_3 引進的自變項相同，只是預定標準不相同，故內容相似，且次序不同。】[c]	無
A-B-BC-B-A-B 多重介入設計	B_1/A_1 和 B_3/A_2 比較【B_1 和 B_3、A_1 和 A_2 的內容和次序相同。】[a]	BC_1/B_1 和 B_2/BC_1【雖然自變項內容相同，但次序不同，B_1 和 B_2 條件不完全相同，因為 B_2 之前有 BC_1 的介入，B_1 則沒有。】[d]	A_2/B_2【因沒有其他相同或相似條件的複製。】
A-B-BC-A-BC-B 多重介入設計	無	1. BC_1/B_1 和 B_2/BC_2 比較 2. A_2/BC_1 和 BC_2/A_2 比較【B_1 和 B_2、BC_1 和 BC_2 雖然內容相同，但次序不同，因為 B_2 之前有 BC_2 的介入，B_1 則沒有；BC_1 之前有 B_1 的介入，BC_2 則沒有。】[d]	B_1/A_1【因沒有其他相同或相似條件的複製。】

（續）

表 6-16（續）

設計類型	相同條件的再比較	相似條件的再比較	不同條件的再比較
包含基線期與最佳介入期的三階段交替介入設計（若 C 介入是最佳介入）	無	無	1. AT-B 介入 /A 和 AT-C 介入 /A 比較【AT-B 和 AT-C 的比較次序相同，但內容不同。】[e] 2. AT-C 介入 /A 和 BT-C 介入 /AT-C 介入比較【AT-C 和 A，與 AT-C 和 BT-C 比較的內容和次序皆不同。】[f]

註：$B\text{-}CR_2/CR_1$ 是指介入期中預定標準 $_2$ 和預定標準 $_1$ 相比較。AT-B 介入和 AT-C 介入是於交替介入期實施 B 介入和 C 介入；BT-C 介入是於最佳介入期實施 C 介入。
根據表 6-15，有以下六種相鄰階段間再比較：[a] 相同條件的再比較；[b] 相似條件的再比較（內容相似，次序相同）；[c] 相似條件的再比較（內容相似，次序不同）；[d] 相似條件的再比較（內容相同，次序不同）；[e] 不同條件的再比較（內容不同，次序相同）；[f] 不同條件的再比較（內容不同，次序不同）。

最後，筆者延續前文示例 6-6 加上維持期，說明以中數水準為基礎目視分析的結果摘要和解釋如示例 6-34；以及以平均水準為基礎目視分析的結果摘要和解釋如示例 6-35。「目視和統計分析之空白表格」見附錄 37。

示例 6-34 以中數水準為基礎的目視分析結果摘要和解釋

在實施「社會技能方案」前後，研究參與者適當社會互動行為之折線圖見圖 1，目視分析摘要表整理如表 1。

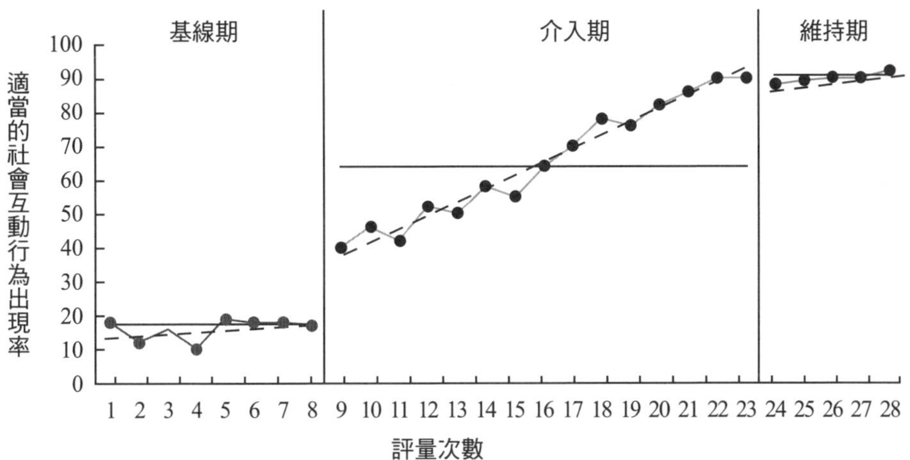

圖 1：社會技能方案對研究參與者適當社會互動行為成效折線圖。—— 表示中數水準，------- 表示趨向。

表 1

社會技能方案對研究參與者適當社會互動行為成效之目視分析

分析向度	分析結果		
	階段內資料		
階段名稱	基線期	介入期	維持期
階段長度	8	15	5
水準全距	10～19	40～90	88～92
階段內相對水準變化	4	30.5	1.75

（續）

示例 **6-34（續）**

表 1（續）

分析向度	分析結果		
中數水準	17.50	64	90
水準穩定度 （穩定程度）	75%[a] （不穩定）	6.70%[b] （不穩定）	100%[b] （穩定）
趨向和趨勢內的 資料路徑	／（＋） ＼／＼	／（＋） ／＼／－	／（＋） ／－／
趨勢穩定度 （穩定程度）	50%[a] （不穩定）	86.70%[b] （穩定）	100%[b] （穩定）
階段間資料			
比較的階段	介入期／基線期		維持期／介入期
階段間相對水準變化	32.50		7.75
中數水準變化	46.50		26
趨向變化與效果	／（＋）／（＋） 無變化		／（＋）／（＋） 無變化
趨勢穩定度的變化	不穩定到穩定		穩定到穩定
不重疊率（效果程度[c]）	100%（極高效果）		20%（具維持效果）

註：[a] 基線期的水準和趨勢穩定度是採用 25% 作為穩定標準求得，[b] 介入期及追蹤期的水準和趨勢穩定度是採用 10% 作為穩定標準求得。[c] 不重疊率的效果程度是依據鈕文英和吳裕益（2019）引註 Parker、Vannest 和 Davis 的說法，他們取得單一個案研究 200 組介入期／基線期對比的資料，計算不重疊率的百分等級 10、25、50、75、90 之數值，並且分別稱這五個點為「輕微」（10～24%）、「低度」（25～66%）、「中等」（67～93%）、「高度」（94～99%）與「極高」（100%）效果之門檻，而 9% 以下則被視為無效。

從圖 1 和表 1 可以看出：研究參與者適當社會互動行為基線期的水準全距是 10 至 19，中數水準為 17.5，階段內相對水準變化為 4，呈現不穩定微幅上升、進步趨勢（水準和趨勢穩定度分別為 75 和 50%）【**基線期的目視分析階**

示例 6-34（續）

段內資料】。基線期研究參與者適當社會互動行為不穩定，這可能是因為研究參與者易受個人情緒和環境因素的影響；雖然微幅進步，但是最後三個點呈現未改善趨勢，故進入介入期【進入介入期的原因】。

進入介入期之後，研究參與者適當社會互動行為的水準全距是 40 至 90，中數水準為 64，階段內相對水準變化為 30.5，呈現穩定的上升、進步趨勢（水準和趨勢穩定度分別為 6.70 和 86.70%），顯示適當社會互動行為已增加【介入期的目視分析階段內資料】。從基線期至介入期，不重疊率為 100%，根據鈕文英和吳裕益（2019）引註 Parker、Vannest 和 Davis 的標準，屬於極高效果。除此，階段間相對水準變化為 32.50，中數水準變化為 46.50，趨向變化與效果為無變化【介入期／基線期的目視分析階段間資料】。由此可知，社會技能方案對增進研究參與者適當社會互動行為具有立即成效【總結對研究問題的答案】。由於介入期最後三個資料點已達到預定標準（80%），於是進入維持期【進入維持期的原因】。

進入維持期後，研究參與者適當社會互動行為的水準全距是 88 至 92，中數水準為 90，階段內相對水準變化為 1.75，呈現穩定的上升、進步趨勢（水準和趨勢穩定度皆為 100%），顯示適當社會互動行為仍持續增加【維持期的目視分析階段內資料】。從介入期至維持期，不重疊率為 20%。雖然不重疊率低，這是因為介入期最高值 90；但是階段間相對水準變化為 7.75，中數水準變化為 26，趨向變化與效果為無變化，顯示撤除社會技能方案後，依變項仍維持住介入成效【維持期／介入期的目視分析階段間資料】。由此可知，社會技能方案對增進研究參與者適當社會互動行為具有維持成效【總結對研究問題的答案】。

示例 6-35 以平均水準為基礎的目視分析結果摘要和解釋

在實施「社會技能方案」前後，研究參與者適當社會互動行為之折線圖見圖 1，以平均水準為基礎的目視分析摘要表整理如表 1。

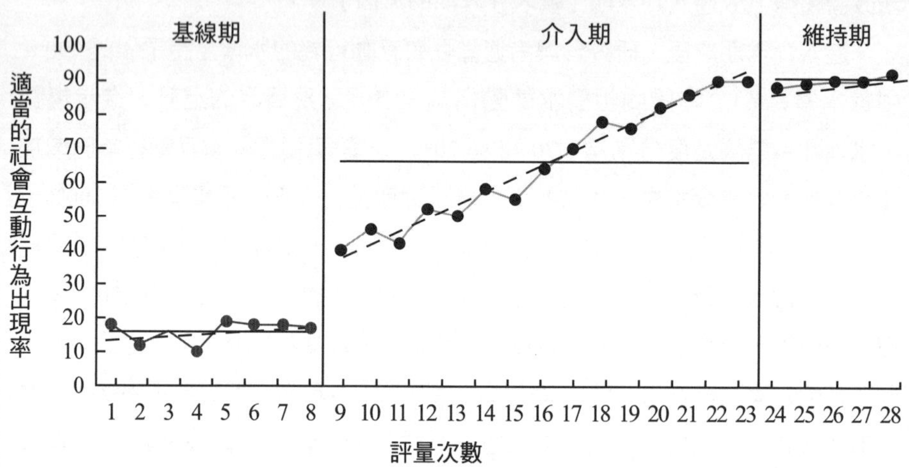

圖 1：社會技能方案對研究參與者適當社會互動行為成效折線圖。—— 表示平均水準，------- 表示趨向。

表 1

社會技能方案對研究參與者適當社會互動行為成效之目視分析

分析向度	分析結果		
	階段內資料		
階段名稱	基線期	介入期	維持期
階段長度	8	15	5
水準全距	10～19	40～90	88～92
階段內絕對水準變化	-1	50	4

示例 6-35（續）

表 1（續）

分析向度	分析結果		
平均水準	16	65.27	89.80
水準穩定度（穩定程度）	25%（不穩定）[a]	6.70%（不穩定）[b]	100%（穩定）[b]
趨向和趨勢內的資料路徑	／（＋）＼／＼	／（＋）／＼／—	／（＋）／—／
趨勢穩定度（穩定程度）	50%（不穩定）[a]	53.33%（不穩定）[b]	100%（穩定）[b]
階段間資料			
比較的階段	介入期／基線期		維持期／介入期
階段間絕對水準變化	23		-2
平均水準變化	49.27		24.53
趨向變化與效果	／（＋）／（＋）無變化		／（＋）／（＋）無變化
趨勢穩定度的變化	不穩定到不穩定		不穩定到穩定
不重疊率（效果程度[c]）	100%（極高效果）		20%（具維持效果）

註：[a]基線期的水準和趨勢穩定度是採用 20% 作為穩定標準求得。[b]介入期及維持期的水準和趨勢穩定度是採用 5% 作為穩定標準求得。[c]不重疊率的效果程度是依據鈕文英和吳裕益（2019）引註 Parker、Vannest 和 Davis 的說法，他們取得單一個案研究 200 組介入期／基線期對比的資料，計算不重疊率的百分等級 10、25、50、75、90 之數值，並且分別稱這五個點為「輕微」（10～24%）、「低度」（25～66%）、「中等」（67～93%）、「高度」（94～99%）與「極高」（100%）效果之門檻，而 9% 以下則被視為無效。

從示例 6-35 圖 1 和本示例表 1 可以看出：研究參與者適當社會互動行為基線期的水準全距是 10 至 19，平均水準為 16，階段內絕對水準變化為 -1，

（續）

示例 6-35（續）

呈現不穩定微幅上升、進步趨勢（水準和趨勢穩定度分別為 25 和 50%）【基線期的目視分析階段內資料】。基線期研究參與者適當社會互動行為不穩定，這可能是因為研究參與者易受個人情緒和環境因素的影響；雖然微幅進步，但是最後三個點呈現未改善趨勢，故進入介入期【進入介入期的原因】。

進入介入期之後，研究參與者適當社會互動行為的水準全距是 40 至 90，平均水準為 65.27，階段內絕對水準變化為 50，呈現不穩定的上升、進步趨勢（水準和趨勢穩定度分別為 6.70 和 53.33%），顯示適當社會互動行為已增加【介入期的目視分析階段內資料】。從基線期至介入期，不重疊率為 100%，根據 Parker、Vannest 和 Davis（2011）的標準，屬於極高效果。除此，階段間絕對水準變化為 23，平均水準變化為 49.27，趨向變化與效果為無變化【介入期／基線期的目視分析階段間資料】。由此可知，社會技能方案對增進研究參與者適當社會互動行為具有立即成效【總結對研究問題的答案】。由於介入期最後三個資料點已達到預定標準（80%），於是進入維持期【進入維持期的原因】。

進入維持期後，研究參與者適當社會互動行為的水準全距是 88 至 92，平均水準為 89.80，階段內絕對水準變化為 4，呈現穩定的上升、進步趨勢（水準和趨勢穩定度皆為 100%），顯示適當社會互動行為仍持續增加【維持期的目視分析階段內資料】。從介入期至維持期，不重疊率為 20%，階段間絕對水準變化為 -2，雖然不重疊率低，這是因為介入期最高值 90，階段間水準變化是負值，此乃由於撤除社會技能方案後，研究參與者適當社會互動行為微幅下降；但是平均水準變化為 24.53，維持期仍保持正向趨勢，趨向變化與效果為無變化，顯示撤除社會技能方案後，適當社會互動行為具有維持成效【維持期／介入期的目視分析階段間資料】。由此可知，社會技能方案對增進研究參與者適當社會互動行為具有維持成效【總結對研究問題的答案】。

第二節 統計分析

水能載舟，亦能覆舟；量化分析方法的使用就如刀之兩刃，端看研究者如何選用。（修改自張芳全，2010，第109頁）

本節討論單一個案研究統計分析和目視分析之比較，以及統計分析之方法。

壹、單一個案研究統計分析和目視分析之比較

目視分析有其優勢亦有其限制，優勢包含：（1）能確認強大及可靠之自變項和依變項的因果關係（Cooper et al., 2007）；以及（2）分析簡易，不需要統計程式和技巧，研究者從圖便可分析出研究結果，而且讀者有能力閱讀和解釋資料的視覺表徵（Kazdin, 2011; Parsonson & Baer, 1992）。相關文獻（Furlong & Wampold, 1982; Jones, Weinrott, & Vaught, 1978; Matyas & Greenwood, 1990; Wampold & Furlong, 1981）進一步指出，目視分析的限制包括：（1）較主觀，不同研究者對相同研究結果之分析結果常有不一致現象，不一致的原因是沒有明確的「決策規則」可依循；（2）較不敏銳，介入效果若不明顯，不易從目視分析的結果偵測出來。

統計分析的優勢為，提供客觀可信的標準，可偵測出不明顯的介入效果（Kazdin, 2011）。Ottenbacher（1992）指出，目視分析發現介入效果微弱或不明確時，有時以統計分析卻是具顯著性的。舉例來說，前文圖 6-29 中的 B 圖介入期負向行為平均水準高於基線期，且重疊率為 100%，會以為介入效果不佳；但事實上，介入期呈現下降且進步的趨勢，到後期負向行為急速下降，趨向變化與效果為正向，使用目視分析解釋資料卻呈現不一致的結果。而如果採用統計分析會發現，基線期和介入期間的 C 值為 .79，z 值為 2.99，達 .01 的顯著水準；**迴歸效果量**（regression effect size）f^2 為 3.90，屬大效果量（見下一部分）。

然而，統計分析亦有其限制，Cooper 等人（2007）指出，有**統計檢定力**（statistical power）的**虛無假設統計顯著性檢定**（簡稱統計顯著性檢定，null hypothesis statistical significance testing, NHST），可以偵測到自變項與依變項很細微的因果關係，然而卻可能在技術上引導出微弱、不可靠的變項。Baer（1977）即表示，目視分析比較不會犯第一類型誤差（即「拒絕虛無假設」而裁決錯誤的概率），但是比較容易犯第二類型誤差（即「無法支持對立假設」而它裁決錯誤的概率）；相反地，統計分析較容易犯第一類型誤差，而比較少會犯第二類型誤差。另外，介入效果若不明顯，採取目視分析會促發研究者再進行額外研究，找出效果不明顯的原因，以達到更系統化的實驗控制；而使用統計方法的研究者則比較不會再進行額外研究，如此就無法發現更重要的變項（Cooper et al., 2007）。Johnston 和 Pennypacker（1993）顯示，假如學術社群高度重視統計方法，則研究者可能會為了能做統計而設計實驗，因此造成實驗失去彈性，這對行為分析的發展將產生不良的後果。

貳、單一個案研究統計分析之方法

單一個案研究資料的性質不同於其他量化研究資料，一般常用的統計方法不太適用；例如欲使用傳統的 t 和 F 檢定，只有在單一個案研究資料符合 t 和 F 檢定的基本假設（包含獨立性、變異數同質性和可加性），以及資料沒有出現**系列依賴性**（serial dependency）時才能使用（Richards et al., 2013）。Kazdin（2011）指出，系列依賴性可藉由計算**自我相關**（autocorrelation）確認，它是指配對鄰近的點，如第一點和第二點、第二點和第三點等，以求得積差相關；若相關達顯著水準，表示有自我相關。對單一個案研究資料的分析，目前使用最多的統計方法是 Tryon（1982）建議的**簡化時間系列分析 *C* 統計**（simplified time-series analysis *C* statistic）。即使資料符合 t 和 F 檢定的基本假設，但如果比較的兩個階段不是呈現水平趨向，則 t 和 F 檢定都不適用，因為它們分析的是平均數差異的顯著性檢定，而 C 統計可以看出介入期相較於基線期的趨勢變化，是否達到統計的顯著性。有時平均數無顯著差異，但是趨勢有明顯的變化，以前文圖 6-29 中 B 圖的折線圖為例，此圖具有系列依賴性，Pearson 積差相關 r 是 .97，達 .01 顯著性水準，且具有明顯上升和下降趨向。若計算 t 值，則它等於 0；若計算 C 值，則

它等於 .77，z 值等於 2.17，達 .01 的顯著水準，C 統計較能偵測出介入期相較於基線期的趨勢變化。

然而，C 統計有其限制，於是 Forster-Johnson（1995）提出**效果量**（effect size）的分析。除此，亦可以使用**無母數統計**（nonparametric statistics），以下詳細討論三種統計分析方法。

一、簡化時間系列分析 *C* 統計

以下探討簡化時間系列分析 C 統計的意義和計算、特徵、解釋與限制。

（一）*C* 統計的意義和計算

C 統計可以用來檢定階段內和階段間的趨向變化是否達到統計顯著性，以驗證介入效果（Tryon, 1982）。C 統計的計算公式如下（Tryon, 1982），於「程式語言資料夾八：單一個案研究簡化時間系列 C 統計的 SPSS 程式語言」中，筆者設計能算出「C 值」的 SPSS 程式語言，見示例 6-36。

$$C=1-\{[\sum_{i=1}^{N-1}(X_i-X_{i+1})^2]/[2\sum_{i=1}^{N}(X_i-\overline{X})^2]\}，SE_c=\sqrt{(N-2)/(N^2-1)}$$

z 是 C 與 SE_c 之比值，$z=C/SE_c$，SE_c 是 C 之標準誤。

示例 6-36 *C* 統計的結果

延續前文示例 6-6，該研究基線期和介入期的 C 統計的 SPSS 報表如下：

階段內 C 統計

階段 i	N	C	SE_C	Z	sig_C	
1.0000	8.0000	-.1554	.3086	-.5036	.6779	基線期 C（z, p）

階段 i	N	C	SE_C	Z	sig_C	
2.0000	15.0000	.9446	.2409	3.9212	.0000	介入期 C（z, p）

（續）

示例 **6-36（續）**

階段間 *C* 統計

階段 i	階段 j	N	C	SE_C	Z	sig_C	介入期／基線期
1.0000	2.0000	23.0000	.9654	.1994	4.8409	.0000	*C*（*z*, *p*）

在資料點數大於或等於 25 時，*z* 符合常態分配；資料點數在 8 至 24 時，*z* 近似常態分配；即使是只有 8 個資料點，也不會明顯偏離常態分配（Tryon, 1982）。由此可知，*C* 統計必須至少有 8 個資料點。階段內資料點數不到 8 個，不適合計算 *C* 值；而兩階段間合併的資料點數在 8 個以上，例如兩階段分別有 4 個點，則可以計算兩階段間的 *C* 值。*C* 統計 .05 顯著水準之 z 臨界值，不論資料點數多少，一律為 1.64（Tryon, 1982）。附錄 38 呈現筆者經多次測試後，整理的「單一個案研究 3 至 100 資料點數之間 *C* 統計的 *z* 值和 *p* 值對照表」。

若研究者希望知道效果是否在某一標準以上（例如：每天主動與人溝通的行為至少增加三次），則可將介入期的得分全部先減去 3，然後再進行 *C* 統計值的 *z* 檢定，如果仍達顯著水準，就表示溝通行為至少增加三次。

假使基線期和介入期依變項資料路徑剛開始不穩定，後面的資料點才漸趨穩定，研究者亦可以採用兩個階段最後的數個資料點進行階段間的 *C* 統計。Tryon（1982）即指出，可以將介入期最後 10 個資料點，和基線期後面的資料點相較，如果趨向變化與效果為正向，階段間的 *C* 值達顯著水準，則介入效果正向，排除因機遇或誤差造成的結果。如果介入期資料點數沒有 10 個那麼多時，亦可以計算最後 8 個資料點的 *C* 值。

（二）*C* 統計的特徵

C 統計具備以下三項特徵：

1. 上升或下降趨向的 *C* 值大於等速趨向者

若所有資料點均相同，當然就沒有任何趨勢存在，不用計算 *C* 值；例如表 6-17 第 1 列所有資料點均相同，不用計算 *C* 值，以「NA」表示「不適用」。上升或下降趨向的 *C* 值較大，水平趨向的 *C* 值較小，甚至有可能是負值或 0；例如表 6-17 第 5 列水平趨向的資料之 *C* 值為 -.75；第 6 列水平趨向的資料之 *C* 值為 0；第 2 至 4 列上升或下降趨向之 *C* 值介於 .48 至 .92 之間。穩定上升或下降趨向的 *C* 值大於不穩定者，甚至會達到顯著水準；例如表 6-17 第 2 和第 4 列（穩定的上升和下降趨向）之 *C* 值為 .92，大於第 3 列（不穩定的上升趨向，*C* 值為 .48）。階段內的 *C* 值為「負」或「零」表示，階段內的趨向變化為 0，意指無趨勢。

表 6-17

不同趨向之 *C* 值比較

資料	趨向	*C*	*z*
1 1 1 1 1 1 1 1 或 0 0 0 0 0 0 0 0	水平趨向	NA	NA
1 2 3 4 5 6 7 8	穩定的上升趨向	.92	2.97**
1 3 2 5 6 8 4 7	不穩定的上升趨向	.48	1.54
8 7 6 5 4 3 2 1	穩定的下降趨向	.92	2.97**
3 4 3 4 3 4 3 4 或 4 3 4 3 4 3 4 3	水平趨向	-.75	-2.43
1 2 3 1 2 3 1 2 3 或 3 2 1 3 2 1 3 2 1	水平趨向	0	0

註：NA 表示「不適用」，因為所有資料點均相同，不用計算 *C* 統計。
$^{**}p < .01$。

2. 階段內 C 值無法區分趨勢是「進步」或「退步」

階段內趨勢是「進步」或「退步」，C 值無法區分，趨勢之「進步」或「退步」，須依據依變項是正向行為或負向行為來判定。例如表 6-17 第 2 和第 4 列資料的 C 值均為 .92，z 值均為 2.97，達 .01 的顯著水準，一屬上升趨向，一屬下降趨向，至於是「進步」或「退步」趨勢，則須根據依變項是正向行為或負向行為來判定。依變項若是負向行為，第 2 列資料為明顯的退步趨勢；相反地，依變項若是正向行為，則為明顯的進步趨勢。

3. 階段間 C 值無法區分介入效果是「正向」或「負向」

要注意的是，介入效果是「正向」或「負向」，階段間 C 值無法區分，介入效果之正負向須根據依變項是正向行為或負向行為，以及兩階段的平均水準來判定。例如表 6-18 介入「正向行為」的兩個資料中，無論是正或負效果，C 值均為 .77，其中第 1、2 列資料為達顯著水準的正向效果，第 3、4 列資料為達顯著水準的負向效果。兩階段的趨向變化或水準集中量數差異愈大，且資料路徑愈穩定，則 C 統計值愈大，愈容易達到顯著水準。例如示例 6-18 達顯著水準的正向和負向效果中，第 2 和第 4 列的 C 值分別為 .86 和 .89，皆大於第 1 和第 3

表 6-18

零、正與負效果之 C 值的比較

效果	基線期	介入期	C	z
達顯著水準的正向效果	1 2 1 2 1	8 9 8 9 8	.77	2.72**
	1 2 1 2 1	16 18 20 22 24	.86	3.04**
達顯著水準的負向效果	8 9 8 9 8	1 2 1 2 1	.77	2.72**
	8 9 8 9 8	5 4 3 2 1	.89	3.16**
未達顯著水準的正向效果	1 2 1 2 1	3 4 3 4 3	.08	0.29
零效果	3 4 3 4 3	3 4 3 4 3	-.83	-2.46

$^{**}p < .01$。

列的 C 值（.77）；第 5 列的資料雖有正向效果，但因兩階段的趨向變化是無變化，且水準集中量數差異小，故 C 值（.08）未達顯著水準。階段間的 C 值若為「負」表示，階段間的趨向變化為無變化，表示階段間無趨勢變化，如第 6 列 C 值為 -.83。

（三）C 值的解釋

以下探討 C 值之解釋需注意事項，以及階段內和階段間 C 值的解釋。

1. C 值之解釋需注意事項

C 統計屬於統計顯著性檢定，許多研究在進行此檢定，以及之後在解釋結果時有一些迷思，筆者將之整理於表 6-19，並且呈現正思。

表 6-19

統計顯著性檢定之分析和解釋的迷思與正思

迷思	正思
1. 原本設定 α（第一類型誤差）為 .01，但研究結果發現 p 值等於 .03，而後將 α 從 .01 改為 .05，以便拒絕虛無假設；或是研究結果發現 p 值等於 .009，而後將 α 從 .05 改為 .01，以使研究假設達到更顯著的水準。	1. 在蒐集資料前設定 α 為 .05 或 .01，而且不能隨著 p 值之大小任意更動。更動 α 不僅違反研究倫理，且顯著及更顯著的區分是不合邏輯和無意義的。
2. 將 p 值視為效果量的代名詞而有不當之解釋，例如：$p < .01$ 比 $p < .05$ 更顯著；p 值小於 .05，研究者宣稱達到「顯著水準」；小於 .01 為達到「非常顯著水準」；p 值等於 .054，則解釋為「接近顯著水準」。	2. α 是第一類型誤差，它不能顯示效果量的大小；而實際求得的 p 值只能用來判斷結果在驗證研究假設的信心程度。

（續）

表 6-19（續）

迷思	正思
3. 將未達統計上顯著水準解釋為接受虛無假設，自變項對依變項無效；或是自變項對實驗組依變項之效果和控制組沒有差異。	3. 接受虛無假設會讓人誤以為該虛無假設為真，事實上，尚有其他的虛無假設亦可能為真，研究者不能武斷地表示該虛無假設為真。正確的說法應為，研究結果提議（或意味）〔英文裡用 suggest，而不用 indicate（顯示）〕無法拒絕虛無假設，自變項對依變項之效果，或是自變項對實驗組依變項效果和控制組之差異係因機遇或誤差造成的。
4. 將統計顯著性和實務顯著性畫上等號，視統計顯著性為研究價值的指標。將達統計上顯著水準解釋為，自變項對依變項在臨床或應用上具有「顯著」的效果。	4. 顯著差異是指，有經過統計的假設檢定，它排除了機遇或誤差造成的結果，統計顯著性不等於實務顯著性；而且除非檢定的資料來自於母群，否則不管拒絕或無法拒絕虛無假設，都可能犯錯，亦即假設檢定具有「不確定」的特質。將達統計上顯著水準解釋為有顯著效果是不正確的，正確的說法應為，研究結果意味自變項對依變項有效，或是自變項對實驗組依變項之效果和控制組有差異，$p = .03 < .05$，它排除因機遇或誤差造成的結果，此誤差小於 5%。即使有達到統計顯著差異的資料，研究者也須計算效果量和做區間估計。

註：綜合整理李茂能（2002）、Cohen（1988）、Bezeau 和 Grave（2001）、Daniel（1998）、Huck（2011），Keppel 和 Wickens（2004）的文獻。

2. 階段內 *C* 值的解釋

階段內的 *C* 值若達顯著水準，表示該資料路徑的趨勢有顯著變化；相反地，若未達顯著水準，則意味該資料路徑的趨勢沒有顯著變化（Jones, 2003）。基線期的資料路徑最好是退步或不佳之等速趨勢；相反地，如果呈現進步的趨勢，且 *C* 值達到顯著水準，顯示尚未引進自變項，依變項已產生明顯的進步。

如果基線期依變項的資料路徑呈現退步或不佳的等速趨勢，不管 *C* 值有無達到顯著水準，則表示尚未引進自變項，依變項未改善，適合介入。示例 6-37 中基線期趨勢穩定度為 75%，*C* 值為 .26，*z* 值為 0.85，呈現不穩定的上升、退步趨勢，未達 .05 的顯著水準，表示趨勢沒有明顯變化，適合介入。若基線期依變項的資料路徑剛開始有明顯的上升或下降趨勢，最後三個資料點才呈現水平趨向，另一個解決方法是，以最後三個資料點計算 *C* 值。示例 6-37 中，若檢視基線期最後三點，水準和趨勢穩定度皆為 100%，呈現穩定不佳之等速趨勢，*C* 值為 -.50，*z* 值為 -0.35，未達 .05 的顯著水準。

介入期和撤回期（或維持期、追蹤期）的資料路徑最好是進步或優佳之等速趨勢，示例 6-37 中介入期趨勢穩定度為 92%，*C* 值為 .79，*z* 值為 2.99，撤回期趨勢穩定度為 100%，*C* 值為 .75，*z* 值為 2.65，皆呈現明顯穩定的下降、進步趨勢，達 .05 的顯著水準，此結果提議干擾行為有下降的趨勢，它排除因機遇或誤差造成的結果，此誤差小於 5%。

3. 階段間 *C* 值的解釋

階段間（例如：介入期／基線期）的 *C* 值若達顯著水準，表示階段間資料路徑的趨勢有顯著變化，如果趨向變化與效果是正向，則有明顯的正向介入效果；而如果趨向變化與效果是負向，則有明顯的負向介入效果，它排除因機遇或誤差造成的結果，此誤差小於 5% 或 1%（視研究者設定犯第一類型誤差的概率是 .05 或 .01）。示例 6-37 中從基線期至介入期，*C* 值為 .83，*z* 值為 3.90，達 .05 的顯著水準，此結果提議干擾行為有減少的趨勢，呈現明顯的正向效果，它排除因機遇或誤差造成的結果，此誤差小於 5%。相反地，若未達顯著水準，則意味介入效果不明顯，無法拒絕虛無假設，呈現的效果係因機遇或誤差造成的。前面表 6-18 中第 5 列從基線期至介入期的資料，中數水準變化為 2，趨向變化和效果為無變化，*C* 值為 .08，*z* 值為 0.29，未達 .05 的顯著水準，此結果提議正向社會行為雖有增加，但無法拒絕虛無假設，呈現的正向效果係因機遇或誤差造成的。

而撤回期（或維持期、追蹤期）／介入期之間的 *C* 值若達顯著水準，表示撤回期的依變項趨勢與介入期明顯不同。假如撤回期／介入期之間的趨向變化與

示例 6-37 階段內和階段間 C 值的解釋

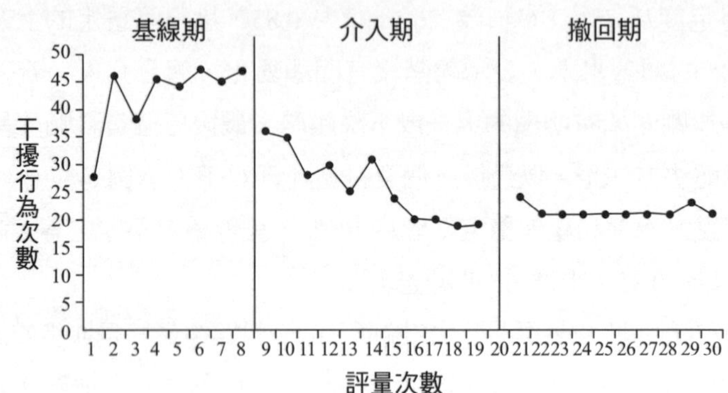

1. 基線期趨勢穩定度為 75%，$C = .26$，$z = 0.85$，$p = .213$，呈現不穩定上升、退步趨勢，未達 .05 的顯著水準；若檢視最後三點，水準和趨勢穩定度皆為 100%，呈現穩定的不佳等速趨勢，$C = -.50$，$z = -1.41$，$p = 1.000$，未達 .05 的顯著水準，表示趨勢沒有明顯變化，適合介入。
2. 介入期趨勢穩定度為 92%，$C = .79$，$z = 2.99$，$p < .001$，撤回期趨勢穩定度為 100%，$C = .75$，$z = 2.65$，$p = .001$，皆呈現明顯穩定的下降、進步趨勢，達 .05 的顯著水準，此結果提議干擾行為有減少的趨勢，它排除因機遇或誤差造成的結果，此誤差小於 5%。
3. 從基線期至介入期，$C = .83$，$z = 3.90$，$p < .001$，達 .05 的顯著水準，此結果提議干擾行為有減少的趨勢，呈現明顯正向的變化，它排除因機遇或誤差造成的結果，此誤差小於 5%。
4. 從介入期至撤回期，$C = .82$，$z = 4.05$，$p < .001$，達 .05 的顯著水準，此結果提議干擾行為持續減少，呈現明顯正向的變化，它排除因機遇或誤差造成的結果，此誤差小於 5%。進一步做撤回期／基線期之間的 C 統計，$C = .79$，$z = 3.56$，$p < .001$，呼應了上述的結果，表示撤除自變項後，干擾行為的減少效果仍舊維持，呈現明顯正向的變化。

效果為負向（例如：介入期是進步或等速趨勢，而撤回期呈退步或等速趨勢），撤回期有較不佳的中數或平均水準，則顯示進入撤回期後，依變項維持效果不佳。例如前文示例 6-19 中的 A 和 B 圖，*C* 等於 .69 和 .66，達 .01 的顯著水準，表示維持效果明顯不佳，它排除因機遇或誤差造成的結果，此誤差小於 1%。此時尚可進一步做撤回期／基線期之間的 *C* 統計，若 *C* 值未達顯著水準，則表示進入撤回期後，依變項已回到基線狀態。相反地，若 *C* 值達顯著水準，且趨向變化與效果是正向，即使是無變化，但是產生正向的中數或平均水準變化，則表示進入撤回期後，依變項仍有正向變化，只是維持效果不佳。

如果撤回期／介入期之間的趨向變化與效果為正向或無變化（例如：介入期是進步或等速趨勢，而撤回期亦呈現進步或等速趨勢），兩階段的中數或平均水準接近，甚至撤回期相較於介入期，有較佳的水準，則具有達統計顯著水準的維持效果。示例 6-37 中撤回期／介入期之間的 *C* 值為 .82，*z* 值為 4.05，達 .05 的顯著水準，此結果提議干擾行為持續減少，它排除因機遇或誤差造成的結果，此誤差小於 5%。進一步做撤回期／基線期之間的 *C* 統計，*C* 值為 .79，*z* 值為 3.56，呼應了上述的結果，表示撤除自變項後，干擾行為的減少效果仍舊維持。

相反地，撤回期／介入期之間的 *C* 值若未達顯著水準（例如：示例 6-38 中 $C = .48$ 和 -.33），其趨向變化與效果為正向或無變化（例如：介入期是進步或等速趨勢，而撤回期亦呈現進步或等速趨勢），兩階段的中數或平均水準接近，抑或撤回期有較佳的階段中數或平均水準（若是正向行為，階段中數或平均水準高於介入期；若是負向行為，則低於介入期），則表示撤回期的依變項趨勢與介入期無明顯不同，仍具有維持效果；而假若撤回期有進步趨勢，且階段內 *C* 值達顯著水準（例如：$C = .79$，$z = 3.56$），則表示撤回期有明顯的進步趨勢。階段間 *C* 值未達統計顯著水準的可能原因是，介入期已有非常好的表現，撤回期無法再更好。

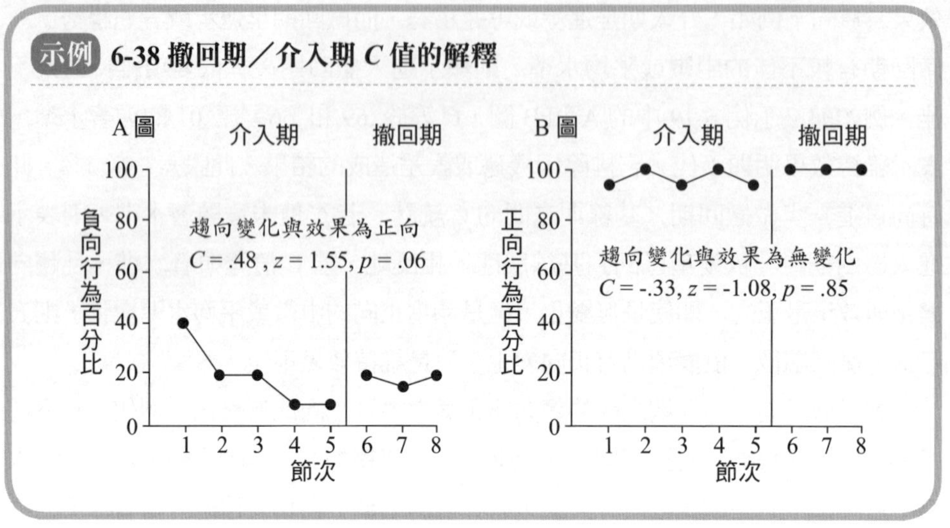

總之，階段內和階段間 C 值可以搭配目視分析（包括：階段內的趨向和趨勢穩定度，以及階段間的趨勢變化與效果）一起解釋。

（四）C 統計的限制

C 統計有以下三點限制：

1. C 統計會受資料點數的影響

C 值是否達顯著水準，須視 C 值是其標準誤（SE_c）之多少倍（即 z）而定（參見前面 C 統計的公式）。SE_c 完全是資料點數之函數，資料點數愈多，SE_c 就會愈小，例如 N 等於 8 時，SE_c 等於 0.31；N 等於 80 時，SE_c 等於 0.11；N 等於 800 時，SE_c 等於 0.04。由此可知，C 統計與傳統的統計顯著性檢定一樣，均會受研究參與者人數或資料點數之影響，只要研究參與者人數或資料點數夠多，則幾乎都會達顯著水準（Blumberg, 1984）。

當兩階段（例如：基線期和介入期）之階段內 C 值相同時，表示趨向變化相同，此時宜使用基線期的 SE_c 為分母。因為基線期之資料點數少於基線期和介入期合併者，資料點數愈多，SE_c 就會愈小，即使趨向變化一樣，基線期和介入

期合併的 *C* 值會較容易達顯著水準，所以採用「基線期」之 SE_c 作為「基線期和介入期」*z* 檢定之分母，見示例 6-39。

示例 6-39 因應 *C* 統計會受資料點數的影響

例如：基線期的資料為 0、1、0，介入期的資料為 4、5、4。筆者運用「單一個案研究法程式語言資料夾八」簡化時間系列 *C* 統計的程式語言，執行結果如下：

■第一階段之 *C* 統計

SS_ab	*SS_D*	*C*	SE_c	*z*
0.67	2.00	-.50	0.35	-1.41

■第二階段之 *C* 統計

SS_ab	*SS_D*	*C*	SE_c	*z*
0.67	2.00	-.50	0.35	-1.41

■第一及第二階段之 *C* 統計

SS_ab	*SS_D*	*C*	SE_c	*z*
25.33	20.00	.61	0.34	1.79

由上可知，第一和第二階段的 *C* 值相同（皆為 -.50），表示兩階段的趨勢一樣。第 1 及第 2 階段（即基線期和介入期）之間的 SE_c 為 0.34，小於第 1 或第 2 階段的 0.35；由此可知，資料點數愈多，SE_c 就會愈小。筆者建議使用基線期的 SE_c 為分母計算 *z* 值，為 .61 除以 0.35，等於 1.72，雖然小於第 1 及第 2 階段合併的 *z* 值（1.79），但仍達 .05 的顯著水準。

2. *C* 統計會受資料路徑趨勢的影響

C 統計會受到資料路徑趨勢之影響，只要有明顯上升或下降趨勢，則統計

顯著性檢定實際上犯第一類型誤差，大於宣稱之誤差概率。換言之，基線期的 *C* 統計最好沒有達到顯著水準，這樣對介入效果之評鑑才正確。如果基線期有趨勢存在，可採用示例 6-40 的方法評鑑介入效果。

示例 6-40 因應 *C* 統計會受資料路徑趨勢的影響

例如：基線期的資料為 1、2、3、4、5，介入期的資料為 11、12、13、14、15，基線期具有直線上升趨向。因應基線期有趨勢存在時，*C* 統計的算法調整如下：

1. 根據基線期之趨勢預測介入期的資料，因基線期具有直線上升趨向，斜率為 1，根據此趨向預測介入期的資料（如表 1 系列 2 的介入期）。

表 1

基線期有趨勢存在時統計的調整算法舉例

系列資料	基線期	介入期
系列 1（介入期的實際資料）	1 2 3 4 5	11 12 13 14 15
系列 2（介入期的預測資料）	1 2 3 4 5	6 7 8 9 10
系列 3（系列 1 減系列 2 的資料）	0 0 0 0 0	5 5 5 5 5

2. 將實際資料（即系列 1）減去預測資料（即系列 2），得到差值資料（即系列 3）。由此看出，基線期的起始效果為 0，介入期表示，依變項比自然發展的趨勢高出 5 分。接下來做系列 3 的 *C* 統計，結果 *C* 值為 .80，*z* 值為 2.82，達 .01 的顯著水準。如果未使用此調整方法計算 *C* 統計，則 *C* 值為 .92，*z* 值為 3.23。

除了上述調整作法外，亦可以採用**階層迴歸法**（hierarchical regression），計算排除趨勢之影響後的效果是否仍達顯著，即迴歸效果量，見下一部分。

3. *C* 統計會受到資料路徑自我相關之影響

C 統計會受到時間系列資料自我相關之影響，只要資料有自我相關，則統計顯著性檢定實際上犯第一類型誤差，大於宣稱之錯誤概率，如原先設定 .05，實際上可能高達 .30（Crosbie, 1989）。以示例 6-40 的資料為例，它具有系列依賴性，Pearson 積差相關 *r* 是 .95，達 .01 顯著性水準。因此，須採用能排除自我相關之影響的時間系列分析法，例如「自我迴歸移動平均整合模式」（autoregressive integrated moving average, ARIMA）（見附錄 39「以自我迴歸移動平均整合模式進行時間系列分析」）；或是以階層迴歸（或一般線性模式）計算迴歸效果量時，將**自我迴歸**（autoregression）納入預測變項，可以降低犯第一類型誤差的概率（見下文的迴歸效果量）。不過這兩種方法都需要至少 50 個資料點數才能使用；而一般研究很少蒐集這麼多的資料點數，故有困難採用，因此整合許多研究做後設分析有其必要性。

二、效果量的分析

以下討論效果量的意義與優勢、分析方法，以及選用和解釋。

（一）效果量的意義與優勢

計算效果量可用以因應上述 *C* 統計的限制，它能指出實際效果之大小，較具實用性及臨床應用價值。Forster-Johnson（1995）發現，在 1995 年之前的 20 年，《應用行為分析期刊》的研究報告主要採用目視分析法，約有 91% 的論文曾使用此種分析法；這段期間統計分析法之使用率較低，在已出版的文章中，使用者不超過 30%；另外，約有 20% 的文章同時使用目視及統計分析法，幾乎沒有任何文章使用效果量來解釋研究結果。臺灣特殊教育領域的單一個案研究，也是部分兼用目視分析及統計分析（以 *C* 統計最多）。

效果量代表兩個變項之關係強度；效果量愈大，代表自變項與依變項之因果關係程度愈大（Cohen, 1992）。以往大多數研究者只重視統計顯著性檢定結果，近年來則逐漸轉而重視效果量之大小。以效果量描述介入效果，不但具有統計顯著性檢定的優點，而且可避免統計顯著性檢定的多項問題。Faith、Allison 和 Gorman（1996）表示還可以將各篇研究的效果量做後設分析，以綜合不同研究中自變項對依變項的效果。

（二）效果量的分析方法

Kromrey 和 Foster-Johnson（1996）提出效果量的分析，它能排除研究參與者人數或資料點數對統計顯著性檢定的影響，包括**標準化的平均數差異量**（standardized mean differences, SMD, *d*）、**變異數差異量**（variability differences）和**迴歸效果量**三種分析方式。於「程式語言資料夾九：單一個案研究效果量分析的 SPSS 程式語言」中，筆者設計能算出「單一個案研究三種效果量」的 SPSS 程式語言。

1. 標準化的平均數差異量

標準化的平均數差異量 *d* 值有兩種算法：一種是基線期和介入期最後三點的平均值相減後得到的數字，除以基線期最後三點的標準差；另一種是基線期和介入期所有點的平均值相減後得到的數字，除以基線期所有點的標準差（Marquis et al., 2000）。

某些研究基線期的數據全部相同，標準差等於 0，例如某泛自閉症學生在基線期每天主動和同學談話之次數可能都是 0，則無法使用上述的公式計算 *d*。碰到此種情況時，可以使用「合併的組內標準差」代替基線期的標準差，它相當於兩個階段組內標準差估計值之加權平均，其計算公式如下：

$$\hat{\sigma}_{pooled} = \sqrt{\frac{\hat{\sigma}_A^2\,(n_A-1) + \hat{\sigma}_B^2\,(n_B-1)}{n_A + n_B - 2}}$$

標準化的平均數差異量適用於比較之兩階段（例如：基線期和介入期）均沒有明顯趨勢時，如果有趨勢就不適用（Kromrey & Forster-Johnson, 1996）。例如正向行為基線期五次之觀察得到 3、4、5、6、7，介入期五次之觀察得到 8、9、10、11、12。此資料有明顯之直線趨勢，隨時間從 1 遞升至 10，自變項顯然對依變項沒有什麼影響，只是依循原來基線期之趨勢直線上升而已，而計算基線期和介入期之 *d* 值可得到 3.16，效果量相當大，若因此下結論「自變項對依變項的效果很大」，就大錯特錯了。又例如負向行為基線期六次之觀察得到 3、4、5、6、7、8，介入期六次之觀察得到 8、7、6、4、3、2。此資料基線期呈現明顯的退步趨勢，且基線期和介入期間呈現「直交斜率」的情形，其實自變項對依變項的介入效果非常明顯，但計算基線期和介入期之 *d* 值得到 0.36，為小效果量，如此不適當地縮減了實際的效果。基線期或介入期有明顯趨勢時，則宜採用迴歸效果量。

基線期如果相當穩定，標準差就會很小，只要介入有些效果，*d* 值就會很大。例如正向行為基線期四次之觀察皆為 3、4、3、4，介入期六次之觀察得到 8、9、8、9、8 和 9，求得 *d* 值為 8.66，屬大效果量。解釋 *d* 值時要考慮能否接受依變項實質改變的程度。若依變項的最高分為答對 20 題，介入期的平均水準為 8.50，它實質改變的程度就不算什麼了。除此，可計算標準化平均數差異量之 95% 信心區間，使用「任何階段數量配對比較之標準化平均數差異量的 SPSS 程式語言」（見◉「程式語言資料夾九：單一個案研究效果量分析的 SPSS 程式語言」），求得它介於 4.83 至 13.06 之間，它顯示 *d* 都在大效果的範圍。又例如 *d* 值為 0.51，屬中效果量，計算兩個階段標準化平均數差異量之 95% 信心區間，求得信心區間介於 -0.86 至 1.88 之間，它顯示 *d* 涵蓋 0，意味包含零效果。

標準化的平均數差異量可以顯示改變的方向，大於 0 代表介入期高於基線期，小於 0 代表介入期低於基線期。標準化平均數差異量 *d* 為 1.0，代表實驗組的表現相較於控制或對照組，或是研究參與者在介入期依變項上的表現相較於基線期，高於平均數之上一個標準差，即 84 百分位數，也就是 84% 的實驗組對象在依變項的得分上，優於比較組；或是研究參與者在介入期依變項上的表現，有 84% 的資料優於基線期。Cohen（1988）將標準化平均數差異量的大小界定為小、中、大，它們的 *d* 值分別是：0.20、0.50 和 0.80。「中效果量」是指，觀察者不必做統計顯著性檢定，只憑肉眼就可察覺效果存在；「小效果量」比「中效果量」不易被察覺，但還不至於微不足道；「大效果量」與「中效果量」之差距，就如同「中效果量」與「小效果量」之差距般。求得的 *d* 絕對值與此標準比較，若 d 等於 1.94，則表示介入期低於基線期，且其絕對值超過「大效果量」之標準。Kavale、Mathur、Forness、Rutherford 和 Quinn（1997）指出，效果量 0.30 以上表示該介入有希望展現成效，0.60 以上表示該介入有效。

2. 變異數差異量

就某些依變項而言，太高與太低都有問題；例如心律不整者心跳不是太快就是太慢，睡眠異常者睡眠時間不是太多就是太少，若連續評量一段時間，則變異數一定大於一般人；同樣地，思覺失調症者情緒起伏之幅度（變異數）超過一般人。對於研究參與者這些問題之介入目標在降低變異數，使其接近一般人之標準，此時可能平均數並無明顯變化，但變異數卻有相當大的改變，研究者宜採用「變異數差異量」分析此種資料。f^2 為 0.02、0.15 及 0.35 分別代表小、中和大的效果量（Cohen, 1988）。若 f^2 等於 0.07，屬於小效果量；若 f^2 等於 0.01，表示效果量非常微弱。

例如依變項為情緒穩定度，以 1 至 13 個等級呈現研究參與者情緒狀態，1 代表情緒是極度低迷的，13 代表情緒是極度興奮的。一位研究參與者基線期八次之觀察為 1、10、2、12、1、11、2 和 13，介入期八次之觀察得到 6、6、6、5、5、5、5 和 5。雖然進入介入期後，依變項平均水準無明顯的改變，但穩定度增進許多，若計算標準化平均數差異量（得到 -0.21），屬小效果量，偵測不出穩定度的變化；而使用變異數差異量（得到 48.07），屬大效果量，就能偵測出進入介入期後，依變項穩定度的變化。示例 6-41 呈現變異數差異量的計算方式。

3. 迴歸效果量

當比較之兩階段任一階段有趨勢或自我相關存在時，宜計算迴歸效果量，係採用階層迴歸法，分析階段間水準及趨勢之改變量，包含斜率相同的效果量，以及斜率不同的效果量（Kromrey & Foster-Johnson, 1996），f^2 是階層迴歸分析的效果量指標，它不會得到負值。

示例 6-41 變異數差異量的計算

圖 1 和表 1 呈現接受自我管理教學方案前後，一位睡眠時間異常個案的折線圖，以及基線期與介入期之資料和描述統計。

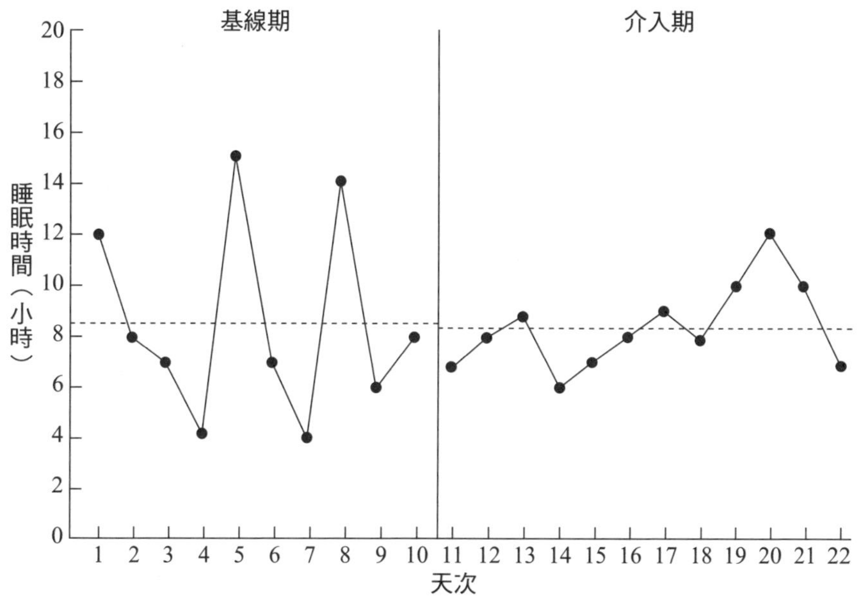

圖 1：自我管理教學方案對一位睡眠異常個案睡眠時間穩定度之成效。

表 1

一位睡眠時間異常個案在基線期與介入期之資料及描述統計

時間點	基線期（A）	介入期（B）
1	12	7
2	8	8
3	7	9
4	4	6
5	15	7
6	7	8

（續）

示例 **6-41（續）**

表 1（續）

時間點	基線期（A）	介入期（B）
7	4	9
8	14	8
9	6	10
10	8	12
11	.	10
12	.	7
N	10	12
平均數	8.500	8.417
變異數	15.167	2.811

變異數差異量的計算步驟如下：

1. 先以公式 1 計算代表兩個階段變異數估計值之比的 F' 統計數，計算時以較大的變異數除以較小的變異數，其中 $\hat{\sigma}_L^2$ 及 $\hat{\sigma}_S^2$ 分別代表兩階段母群變異數估計值中較大及較小者。

   $F' = \hat{\sigma}_L^2 / \hat{\sigma}_S^2$（公式 1）

   由表 1 可見基線期與介入期之平均數很接近，但是變異數似乎有很大的不同，

   $\hat{\sigma}_L^2 = 15.167$，$\hat{\sigma}_S^2 = 2.811$，故 $F' = 15.167 / 2.811 = 5.396$

2. 以公式 2 計算代表效果值的 f^2，其中 N_L 及 N_S 分別代表較大的變異數及較小的變異數的資料點數。

   $f^2 = (N_L - 1) F' / (N_L + N_S)$（公式 2）

   表 1 中基線期與介入期分別觀察 10 及 12 天，變異數大的是在基線期，故 $N_L = 10$；變異數小的是在介入期，故 $N_S = 12$。因此，$f^2 = (10 - 1)(5.396) / (10 + 12) = 2.21$，大於 0.35，屬大效果。

(1) 斜率相同的效果量——截距改變之迴歸效果量

斜率相同的效果量是指，假定兩階段迴歸線的斜率相同下，求得迴歸線斜率之截距差異量，即截距改變量。例如圖 6-30 為假定基線期與介入期迴歸線的斜率相同下，求得兩階段迴歸線斜率之截距無差異；而圖 6-31 則顯示有差異。

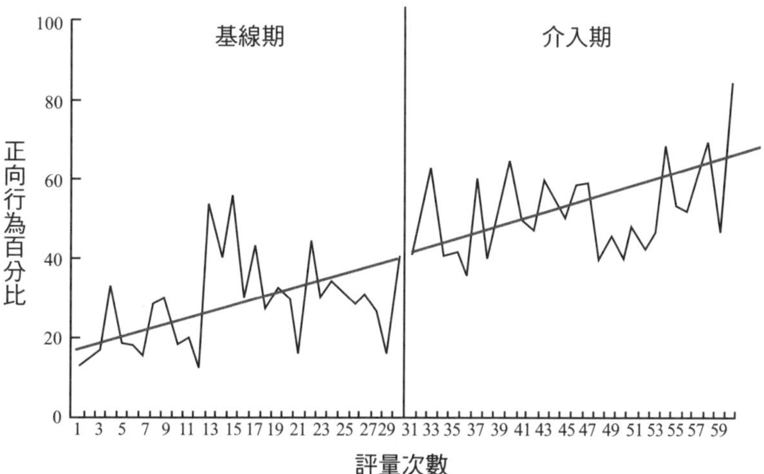

圖 6-30：兩階段迴歸線斜率及截距均相同。

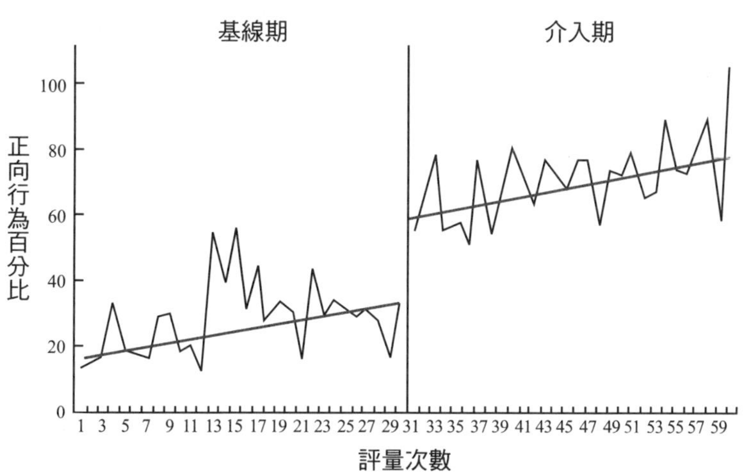

圖 6-31：兩階段迴歸線斜率相同而截距不同。

截距改變之迴歸效果量的算法為，先依據基線期的資料，求得迴歸線，而後延伸此迴歸線至介入期，其計算公式是：

$$f^2 = \frac{R_{AB}^2 - R_A^2}{1 - R_{AB}^2}$$

其中分子是依變項總變異量中可被新增加之自變項正確預測的比率，分母是依變項總變異量中無法被自變項正確預測之比率，也就是殘差變異所占的比率，f^2 代表這兩個比率之比值。它會受到兩階段水準間變化，以及階段內水準變化的影響。舉報表上資料為例，說明截距改變之迴歸效果量的計算如示例 6-42。

示例 6-42 截距改變之迴歸效果量的計算

以下是折線圖和截距改變之迴歸效果量報表：

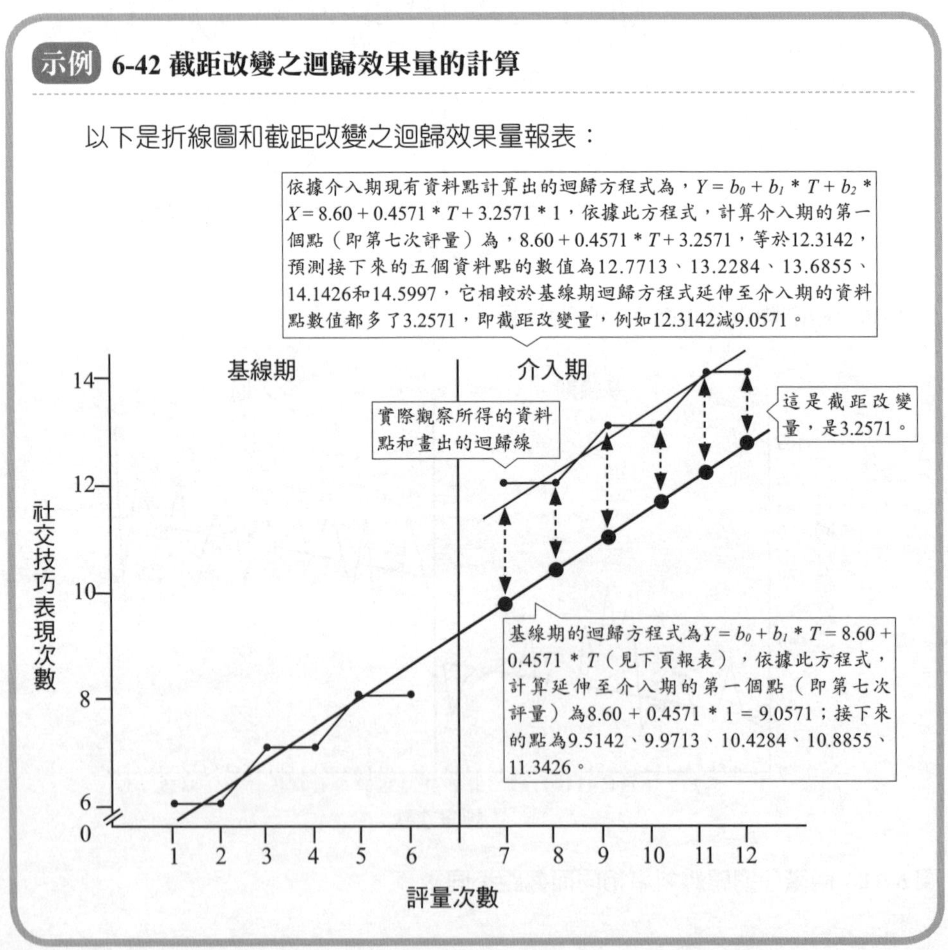

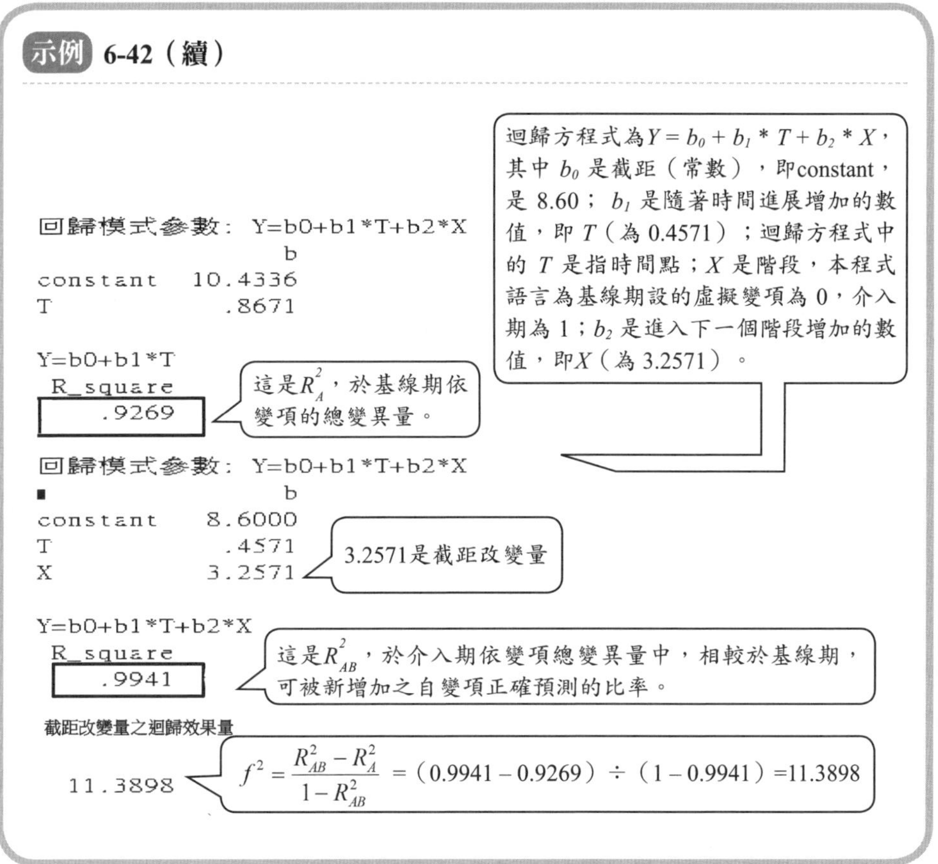

正如前述，當基線期或介入期有趨勢存在時，不宜計算標準化平均數差異量，前例基線期和介入期各五次的資料為 3、4、5、6、7、8、9、10、11 和 12，若計算標準化平均數差異量，得到 3.16；而應計算迴歸效果量，計算截距和斜率改變量之迴歸效果量，則皆得到 0，是無效果的。

示例 6-42 中基線與介入期之迴歸線的斜率相同，例如基線期六次觀察資料為 6、6、7、7、8 和 8，介入期六次觀察得到 12、12、13、13、14 和 14，若計算斜率改變之迴歸效果量（得到 0），會誤以為無效果。事實上，介入期較基線期的平均水準提高，且兩個階段間的截距產生改變，計算截距改變之迴歸效果量（得到 11.39），為大效果；但是由於基線期有進步趨勢，在推論自變項和依變項間的因果關係上要審慎，宜了解研究參與者基線期表現會進步的原因。截距改變之迴歸效果量會受到兩階段水準間變化和資料路徑變異大小所影響，水準間變化愈大，則截距改變之迴歸效果量愈大；反之，則效果量愈小。資料路徑變異愈大，則效果量愈小；反之，則效果量愈大。

截距改變之迴歸效果量只能告知自變項和依變項關係的強度，無法判斷效果是正向或負向，它需要根據依變項是正向或負向行為來判斷。例如基線期六次觀察資料為 6、6、7、7、8 和 8，介入期六次觀察得到 2、2、3、3、4 和 4，截距改變量為 -6.74，負值是因為介入期的水準低於基線期。此例截距改變之迴歸效果量 f^2 為 48.87，它無法判斷效果是正向或負向，需要根據依變項是正向或負向行為來判斷，如果是正向行為，則是大的負向效果。相反地，如果是負向行為，則是大的正向效果，可以解釋為，介入期相較於基線期，依變項截距改變之迴歸效果量 f^2 為 48.87，大於 0.35，表示自變項對依變項具有大的正向效果；不過，由於介入期初始降至 2，而後呈現退步趨勢，所以須進一步了解研究參與者退步的原因。

（2）斜率不同的效果量——斜率改變之迴歸效果量

斜率不同的效果量是指，假定兩階段迴歸線的斜率不同下，計算個別迴歸線斜率與共同斜率之差異，即斜率改變量，例如圖 6-32。只要兩階段的斜率不同，就會計算斜率改變量。迴歸效果量以 f^2 為 0.02、0.15 及 0.35 分別代表小、中和大的效果量（Cohen, 1988）。若 f^2 等於 2.21，屬於大效果量。

斜率改變之迴歸效果量的算法同於截距改變之迴歸效果量，舉報表上資料為例，說明斜率改變之迴歸效果量的計算如示例 6-43。

基線期
介入期
正向行為百分比
100
80
60
40
20
0
1 4 7 10 13 16 19 22 25 28 31 34 37 40 43 46 49 52 55 58
評量次數

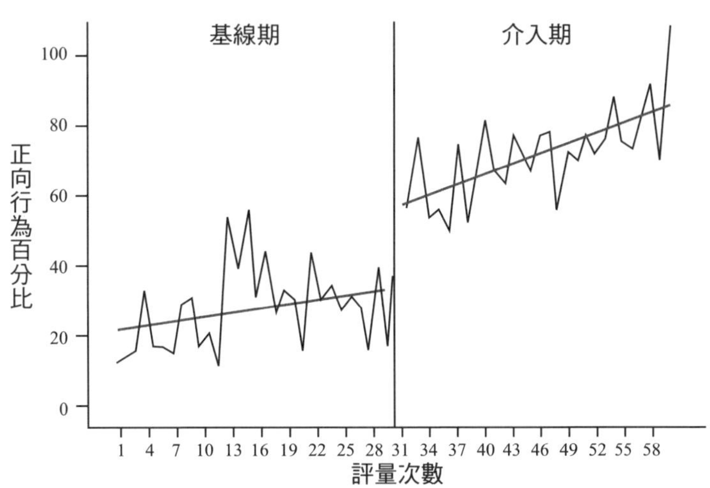

圖 6-32：兩階段迴歸線斜率及截距均不同。

示例 6-43 斜率改變之迴歸效果量的計算

以下是折線圖和斜率改變之迴歸效果量報表：

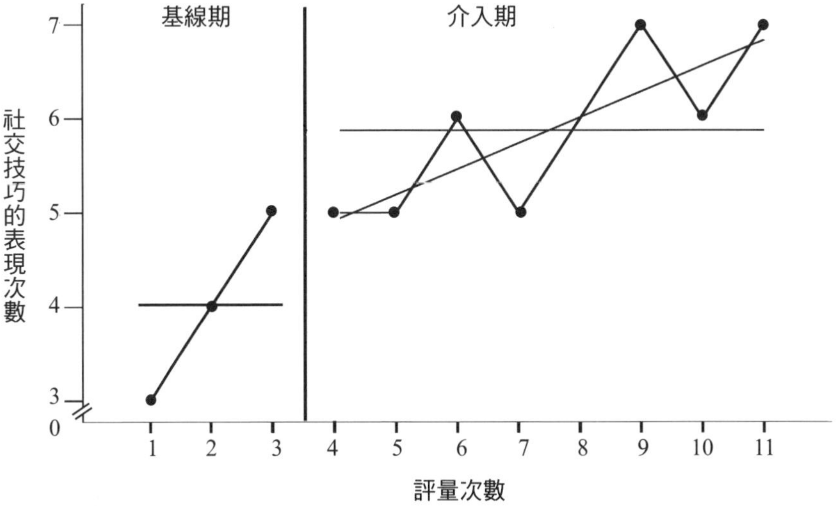
基線期
介入期
社交技巧的表現次數
7
6
5
4
3
0
1 2 3 4 5 6 7 8 9 10 11
評量次數

（續）

示例 6-43（續）

```
回歸模式參數:  Y=b0+b1*T+b2*X
                       b
constant         4.6136
T                 .3068
X                 .1875

Y=b0+b1*T+b2*X
 R_square
   .8121
```

這是R_A^2，於基線期依變項的總變異量。

```
回歸模式參數:  Y=b0+b1*T+b2*X+b3*XT
                       b
constant         6.0000
T                1.0000
X               -1.0833
XT               -.7262
```

-0.7262是斜率改變量

```
Y=b0+b1*T+b2*X+b3*XT
 R_square
   .8813
```

這是R_{AB}^2，於介入期依變項總變異量中，相較於基線期，可被新增加之自變項正確預測的比率。

```
斜率改變之效果量指數
 f_square

   .5830
```

$f^2 = \frac{R_{AB}^2 - R_A^2}{1 - R_{AB}^2} = (0.8813 - 0.8121) \div (1 - 0.8813) = 0.5830$

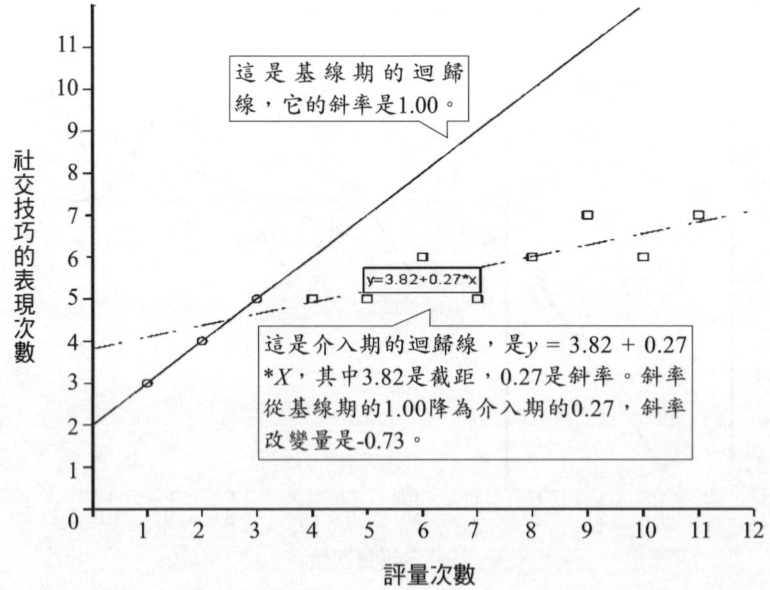

又例如基線期六次之觀察為 3、4、5、6、7 和 8，介入期六次之觀察得到 8、7、5、4、3 和 2，顯示兩個階段迴歸線的斜率不同。若計算截距改變量（得到 0），會誤以為無效果。事實上介入期和基線期之間的斜率產生極大的改變，計算斜率改變量（得到 103.70），為大效果。

斜率改變之迴歸效果量如同截距改變之迴歸效果量，只能告知自變項和依變項關係的強度，無法判斷效果是正向或負向，它需要根據依變項是正向或負向行為，以及兩階段的趨向變化與效果來判斷。例如若基線期呈現進步趨勢，介入期反而呈現退步趨勢，兩階段的趨向變化與效果是負向，斜率改變之迴歸效果量 f^2 為 0.03（小效果），要解釋成，介入期相較於基線期，趨向變化與效果為負向，斜率改變之迴歸效果量 f^2 為 0.03，表示自變項對依變項具有小的負向效果。示例 6-43 顯示：介入期的斜率改變量是 -0.73，如果是正向行為，兩階段的趨向變化與效果是無變化，負的斜率改變量表示介入效果為負向，斜率改變之迴歸效果量為 0.58，為大的負向效果，意味基線期依變項已呈現進步趨勢，雖然介入期也呈現進步趨勢，但是進步的幅度反而趨緩。如果是負向行為，兩階段的趨向變化與效果是無變化，負的斜率改變量表示介入效果為正向，斜率改變之迴歸效果量為 0.58，為大的正向效果，意味基線期依變項呈現退步趨勢，雖然介入期也呈現退步趨勢，但是退步的幅度趨緩。斜率改變之迴歸效果量的值除了取決於兩階段間斜率變化幅度外，還會受到資料路徑變異大小的影響，資料路徑變異愈大，則效果量愈小；反之，則效果量愈大。

其中在迴歸效果量之選擇方面，如果不確定兩階段間的斜率是否不同，可執行「程式語言資料夾九：單一個案研究效果量分析的 SPSS 程式語言」任何一個迴歸效果量的 SPSS 程式語言，於報表中檢視 *XT*（如果其中一個程式語言未呈現 *XT*，則執行另一個）。如示例 6-44a 中對介入期和基線期間之 *XT* 進行 *t* 檢定，得到 3.39，*p* 值等於 .012，達到顯著差異，顯示斜率不同，故運用「斜率改變之迴歸效果量」程式語言。示例 6-44b 中對介入期和基線期間之 *XT* 進行 *t* 檢定，得到 1.38，*p* 值等於 .211，未達顯著差異，顯示斜率相同。然而，目視分析發現介入期和基線期間的斜率似乎不同，進行斜率的 *t* 檢定卻未達顯著水準，這可能是資料點數太少的緣故。要計算截距改變之迴歸效果量，兩階段的斜率必須

示例 6-44 迴歸效果量程式語言之選擇

a. 基線期和介入期斜率不同

模式	未標準化係數		標準化係數	t	顯著性
	B 之估計值	標準誤差	Beta 分配		
（常數）	3.000	.253		11.879	.000
時間順序	1.036	.388	.374	2.671	.032
階段	1.000	.196	2.564	5.112	.001
XT	-.679	.200	-1.922	-3.389	.012

b. 基線期和介入期斜率相同（以下是折線圖和斜率的 *t* 檢定報表）

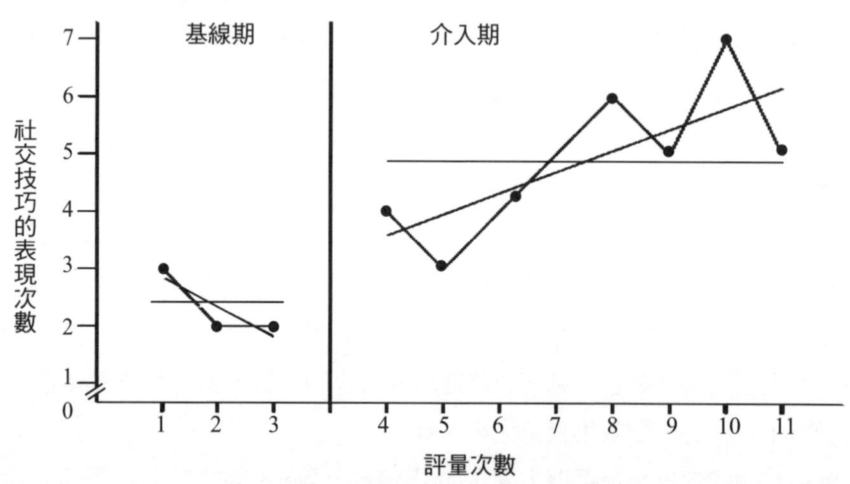

模式	未標準化係數		標準化係數	t	顯著性
	B 之估計值	標準誤差	Beta 分配		
（常數）	2.833	.796		3.560	.009
時間順序	-.357	1.222	-.104	-.292	.779
階段	-.500	.617	-1.036	-.811	.444
XT	.869	.631	1.988	1.377	.211

相同才有意義；而兩階段的斜率不一樣，即使未達顯著差異，還是可以計算斜率改變之迴歸效果量。計算斜率改變之迴歸效果量 f^2 為 0.27，屬中效果；而截距改變之迴歸效果量 f^2 是 0.07，屬小效果，斜率改變之迴歸效果量較能呈現介入期和基線期之間斜率的轉變情形。

如果自變項是分成好幾個單元或步驟，逐步地被引進至依變項，例如自變項是自我教導策略，依變項是整數乘除法文字題解題能力，研究者直至介入期最後三點，才執行完全部自變項並做統整；而如果研究參與者在依變項上的初始表現不穩定，此時以介入期所有資料點計算效果量，可能數據不佳。為因應此問題，研究者可以使用執行完介入方案後的最後三點計算效果量。

計算介入期和基線期之間的效果量，呈現的是習得（或立即）成效的效果量。若欲分析維持成效的效果量，則可以計算維持期和介入期之間的效果量，如同前文維持期和介入期 *C* 統計的解釋方式。而如果維持期和介入期皆有非常正向的效果，效果量低時，亦可以補充計算維持期和基線期間的效果量。習得（或立即）成效的效果量若是大效果，維持成效的效果量亦是大效果，表示維持了介入期的效果。除非基線期呈現明顯的進步趨勢，而維持期呈現明顯的退步趨勢，斜率改變量為大效果，此時就不能解釋為維持了介入期的效果，而要分析為不具維持效果，甚至是退步的。如果習得（或立即）成效的效果量是大效果，維持成效的效果量是無效果，表示沒有維持效果。如果習得（或立即）成效的效果量是大效果，維持成效的效果量是小或中效果，表示有維持效果，但是未保持像介入期的水準。總之，前述 Cohen（1988）效果量大小的規準是針對介入期／基線期的比較，至於維持成效，則要依據目視和統計分析的結果做綜合研判，說明是否具有維持效果。

再者，統計報表上出現 1.573 – 2E 和 0.4825 ＋ 2E，不適合如此呈現，宜將之轉換為讀者理解的形式：E 意味指數（exponent），– 2E 即科學記號 10^{-2}，1.573 – 2E 是指 0.01573。同理，＋ 2E 即科學記號 10^{2}，0.4825 ＋ 2E 是指 48.25。

（三）效果量的選用和解釋

比較之兩階段（例如：基線期和介入期）皆沒有明顯趨勢時，才適用標準化的平均數差異量。當比較之兩階段任一階段有趨勢或自我相關存在時，宜計算迴歸效果量，假定兩階段迴歸線的斜率相同下，採用截距改變之迴歸效果量；假定兩階段迴歸線的斜率不同下，採用斜率改變之迴歸效果量。介入目標在降低變異數，則適用「變異數差異量」。同一份研究中，若比較之兩階段（例如：基線期和介入期）的研究資料適用不一樣的效果量指標，則可以求得不同的效果量，並說明理由。至於解釋上，宜注意介入的依變項是正向或負向行為，趨向變化與效果是正向或負向，以及截距、斜率或變異數改變量是正值或負值，於示例 6-45 中舉例說明。

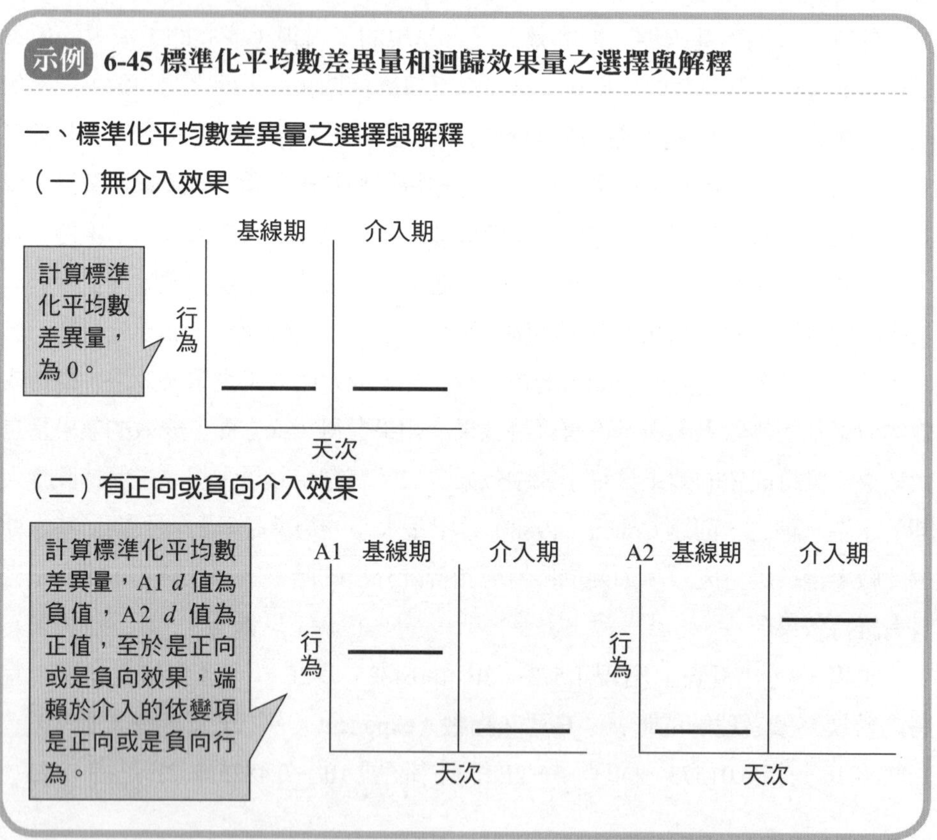

示例 6-45（續）

二、迴歸效果量之選擇與解釋

（一）截距改變迴歸效果量之選擇與解釋

1. 無介入效果

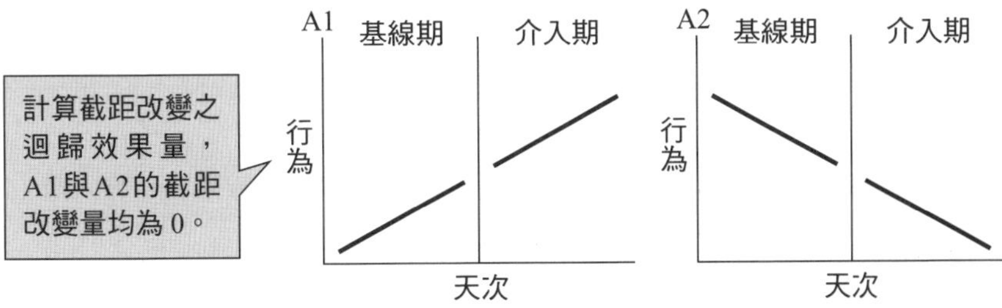

2. 有正向或負向介入效果

計算截距改變之迴歸效果量，B1 的截距改變量為正值；B2 截距改變量為負值，至於是正向或是負向效果，端賴於介入依變項的是正向或是負向行為。

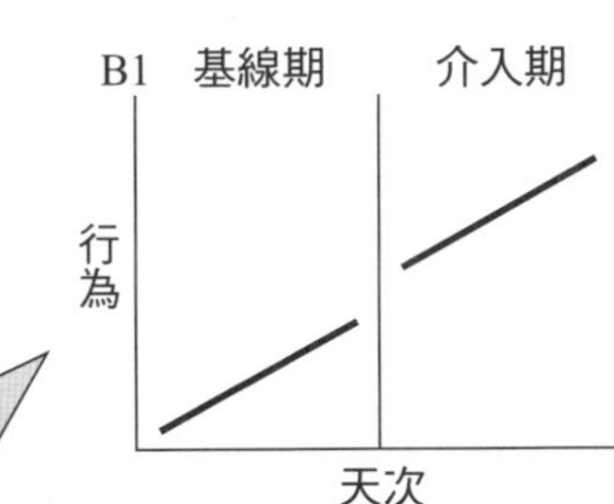

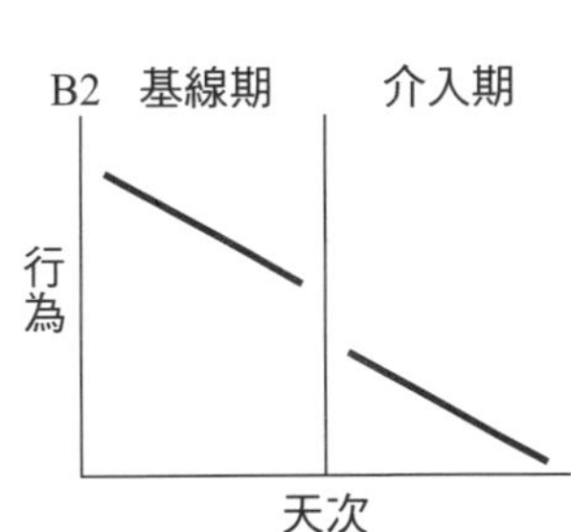

（二）斜率改變迴歸效果量之選擇與解釋

1. 有正向介入效果

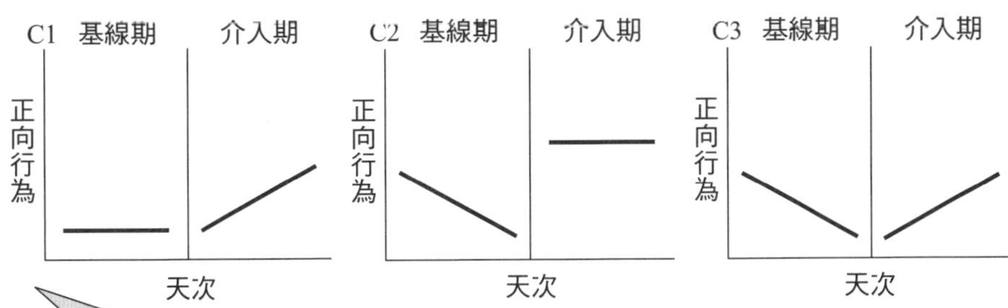

計算斜率改變之迴歸效果量，C1、C2 和 C3 的斜率改變量皆為正值，都顯示有正向的介入效果。

（續）

示例 6-45（續）

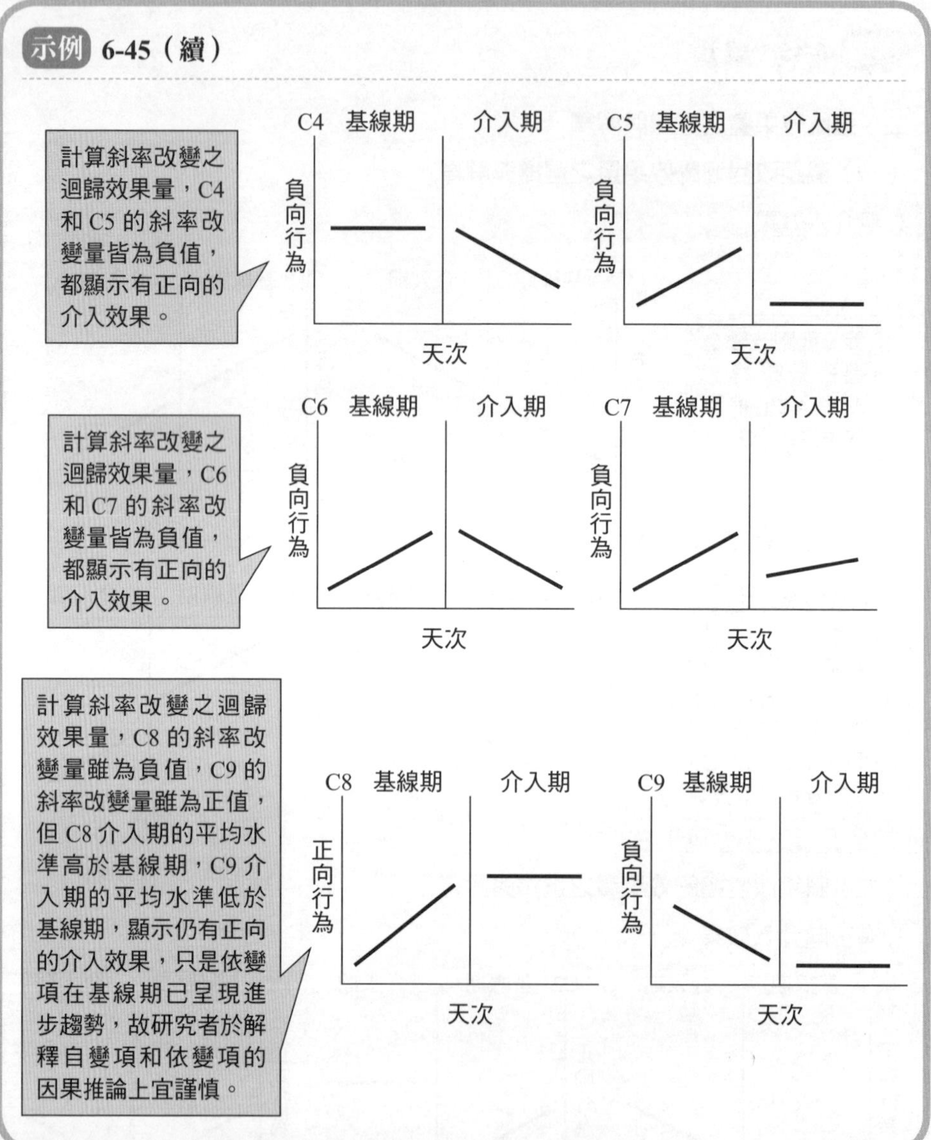
計算斜率改變之迴歸效果量，C4和C5的斜率改變量皆為負值，都顯示有正向的介入效果。
C4 基線期 介入期
負向行為
天次
C5 基線期 介入期
負向行為
天次
計算斜率改變之迴歸效果量，C6和C7的斜率改變量皆為負值，都顯示有正向的介入效果。
C6 基線期 介入期
負向行為
天次
C7 基線期 介入期
負向行為
天次
計算斜率改變之迴歸效果量，C8的斜率改變量雖為負值，C9的斜率改變量雖為正值，但C8介入期的平均水準高於基線期，C9介入期的平均水準低於基線期，顯示仍有正向的介入效果，只是依變項在基線期已呈現進步趨勢，故研究者於解釋自變項和依變項的因果推論上宜謹慎。
C8 基線期 介入期
正向行為
天次
C9 基線期 介入期
負向行為
天次

示例 6-45（續）

2. 有負向介入效果

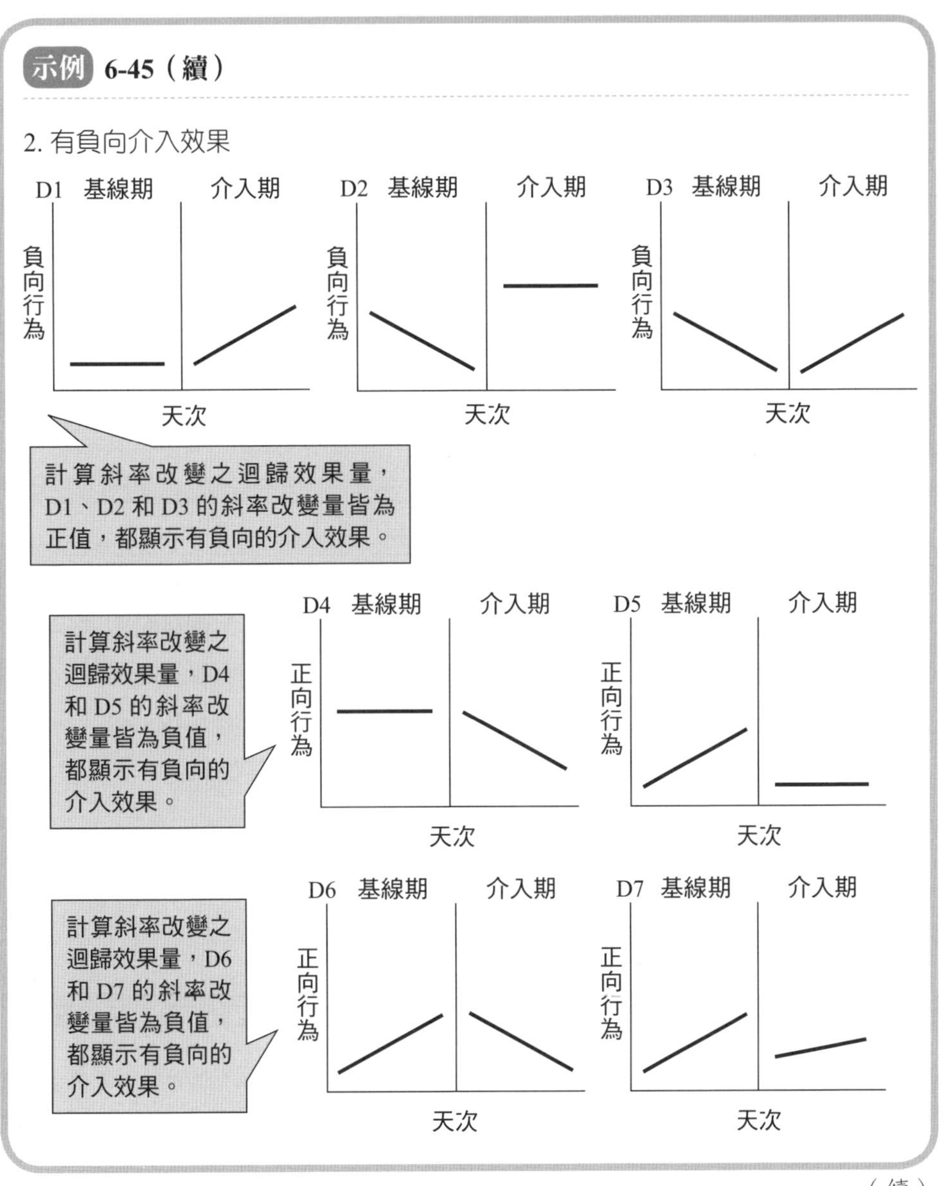

（續）

示例 6-45（續）

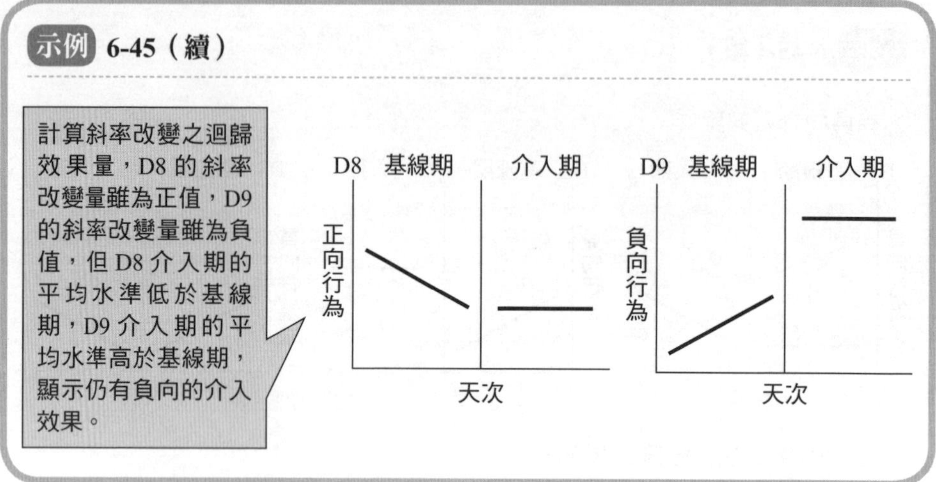

另外，使用效果量宜注意以下兩點：第一，若基線期和介入期的標準差皆為 0，則不適合計算效果量，只須呈現目視分析的結果。第二，資料點數太少時，資料易受誤差或機率因素之影響，得到的效果量就比較不可靠，50 個以上資料點數獲致的效果量會比較可靠。前文示例 6-6 的效果量見示例 6-46。

筆者延續示例 6-34，加入統計分析的資料和研究結果如示例 6-46，並以隸書體說明敘述重點。

示例 6-46 統計分析的結果摘要和解釋

在實施「社會技能方案」前後，研究參與者適當社會互動行為之折線圖見圖 1，目視和統計分析摘要表整理如表 1。

……【省略圖 1，請參見示例 6-34 中的圖 1】。

示例 6-46（續）

表 1

社會技能方案對研究參與者適當社會互動行為成效之目視和統計分析

分析向度	分析結果		
	階段內資料		
階段名稱	基線期	介入期	維持期
……			
C（Z, p）	-.16（-.50, .678）	.94（3.92, < .001）	NA
	階段間資料		
比較的階段	介入期／基線期		維持期／介入期
……			
C（Z, p）	.97（4.84, < .001）		-.96（4.53, < .001）
斜率改變量／迴歸效果量（效果程度[a]）	3.39/2.47（大的正向立即效果）		-2.98/0.64（具維持效果）

註：NA 表示不適用，是指維持期的資料點數不足 8 點，不適合計算 C 值。

[a] 迴歸效果量的效果程度是依據鈕文英和吳裕益（2019）引註 Cohen 的說法，他將迴歸效果量的大小界定為小、中、大，它們的 f^2 值分別是 0.02、0.15 及 0.35。

從圖 1 和表 1 可以看出，……【基線期的目視分析階段內資料】。C 值為 -.16，z 值為 -.50，p 值為 .678，未達 .05 顯著水準，表示雖然研究參與者適當社會互動行為的趨向小幅上升，但不明顯【基線期 C 統計的資料】。……雖然研究參與者適當社會互動行為微幅進步，但是不明顯，且最後三個點呈現未改善趨勢，C 值未達顯著水準，故進入介入期【進入介入期的原因】。

……【介入期的目視分析階段內資料】。C 值為 .94，z 值為 3.92，p 值 < .001，達 .05 顯著水準，此結果提議適當社會互動行為在介入期已有增加趨勢，它排除因機遇或誤差造成的結果，拒絕虛無假設而它為「真」時的誤差

（續）

示例 6-46（續）

小於 5%【介入期 C 統計的資料】。

……【介入期／基線期目視分析階段間資料】。C 值為 .97，z 值為 4.84，p 值為 < .001，達 .05 顯著水準，此結果提議適當社會互動行為由基線期進入介入期已有增加趨勢，它排除因機遇或誤差造成的結果，拒絕虛無假設而它為「真」時的誤差小於 5%【介入期／基線期 C 統計的資料】。另計算效果量，由於介入期有明顯的趨勢，所以採用迴歸效果量；而使用 t 檢定分析介入期和基線期間的斜率是否不同，得到 2.58，p 值等於 .018，達到顯著差異，顯示斜率明顯不同，故採用「斜率改變之迴歸效果量」，檢定社會技能方案與適當社會互動行為間的關係強度後發現，斜率改變量為 3.39，正值再加上正向的趨向變化和效果，表示介入期相較於基線期，產生正向的斜率變化；而效果量指標 f^2 為 2.47，依據鈕文英和吳裕益（2019）引註 Cohen 的標準，超過 0.35 大效果量的值，呈現社會技能方案對增加適當社會互動行為具有大的正向效果【介入期／基線期效果量的資料】。由此可知，社會技能方案對增進研究參與者適當社會互動行為具有立即成效【總結對研究問題的答案】。由於介入期最後三個資料點已達到預定標準（80%），於是進入維持期【進入維持期的原因】。

……【維持期的目視分析階段內資料】。……【維持期／介入期的目視分析階段間資料】。C 值為 .96，z 值為 4.53，p 值為 < .001，達 .05 顯著水準，此結果提議適當社會互動行為由介入期進入維持期已有增加趨勢，它排除因機遇或誤差造成的結果，拒絕虛無假設而它為「真」時的誤差小於 5%【維持期／介入期 C 統計的資料】。另計算維持期／介入期的效果量，由於介入期有明顯的趨勢，所以採用迴歸效果量；而使用 t 檢定分析維持期和介入期間的斜率是否不同，得到 -3.21，p 值等於 .006，達到顯著差異，顯示斜率明顯不同，故採用「斜率改變之迴歸效果量」，檢定社會技能方案與適當社會互動行為間的關係強度後發現，斜率改變量為 -2.98，效果量指標 f^2 為

示例 6-46（續）

0.64，依據鈕文英和吳裕益（2019）引註 Cohen 的標準，超過 0.35 大效果量的值。斜率改變量雖為負值，這是因為介入期有明顯的進步趨勢，而維持期的進步趨勢趨緩，但是維持期／介入期呈現正向的趨向變化和效果，維持期的中數水準高於介入期，表示社會技能方案對增加適當社會互動行為具有維持效果【維持期／介入期效果量的資料】。補充計算維持期／基線期的效果量，由於維持期和基線期皆有些微上升趨向，所以採用迴歸效果量；而使用 t 檢定分析維持期和基線期間的斜率是否不同，得到 0.469，p 值等於 .065，未達顯著差異，顯示斜率沒有明顯不同，故採用「截距改變之迴歸效果量」，檢定社會技能方案與適當社會互動行為間的關係強度後發現，截距改變量為 70.30，正值再加上正向的趨向變化和效果，表示維持期相較於基線期，產生正向的截距變化；而效果量指標 f^2 為 64.50，依據鈕文英和吳裕益引註 Cohen 的標準，超過 0.35 大效果量的值，呈現社會技能方案對增加適當社會互動行為具有大的維持效果【維持期／基線期效果量的資料】。由此可知，社會技能方案對增進研究參與者適當社會互動行為具有維持成效，它排除因機遇或誤差造成的結果，拒絕虛無假設，而它為「真」時的誤差小於 5%，且達大效果量【總結對研究問題的答案】。

三、無母數統計

無母數統計是不受母群分配所限制的統計方法，它對母群的假設較少，而且其計算過程和在結果的解釋上，均比母數統計簡易（Corder & Foreman, 2014）。無母數統計適用於以下三個時機：（1）研究參與者的資料**不是常態分配**，或不知其是否為常態分配時；（2）**研究參與者人數較少**時；（3）統計**類別與次序變項**的資料（Corder & Foreman, 2014; Siegel & Castellan, 1988）。

然而，無母數統計在使用上也有一些限制：（1）**無法深入地分析所獲得**

的資料，故能獲知的訊息有限；（2）**無法檢定研究變項間是否有顯著的互動效果**；（3）雖然它亦可以分析連續變項的資料，但是它乃將連續變項當成次序變項來處理，故其**統計檢定力通常較母數統計低**（Corder & Foreman, 2014; Siegel & Castellan, 1988）。而由於單一個案研究之研究參與者人數較少、資料通常不是常態分配，以及某些資料可能是類別與次序變項，所以某些分析適用無母數統計。筆者依樣本的數量是一個、兩個或三個以上；依變項的屬性是類別、次序或連續變項；以及分析的項目是變項間的相關、多重介入設計中比較不同種類自變項的差異（視作獨立樣本）、同時或交替介入設計中比較不同種類自變項的差異（視作相依樣本），抑或結合組間設計中比較實驗組和比較組間在依變項上的差異（根據比較組是隨機或與實驗組做配對的安排而被視作獨立樣本或相依樣本），整理其適用性如資料夾十「請先讀我——單一個案研究無母數統計分析 SPSS 程式語言的使用說明」表中，以下探討 6 類 11 種分析單一個案研究資料的無母數統計方法。

（一）Wilcoxon-Mann-Whitney *U* 檢定和 Kruskal-Wallis 單因子等級變異數分析

Wilcoxon-Mann-Whitney *U* 檢定（Wilcoxon-Mann-Whitney *U* test）適用於分析**兩個獨立樣本，次序變項或連續變項的資料**，其中連續變項的資料會被轉為次序變項（Siegel & Castellan, 1988）。多重介入設計中，比較兩種自變項對依變項之成效差異，除了檢視何種自變項下依變項最快達到預定標準，也就是達到標準的嘗試數最少外，亦可以採取 Wilcoxon-Mann-Whitney *U* 檢定，特別是當比較的自變項對依變項效果達到標準嘗試數一樣多的情況下。而**比較三種以上自變項對依變項（次序或連續變項）之成效差異**，則可採用 Kruskal-Wallis 單因子等級變異數分析（Kruskal-Wallis one-way analysis of variance by ranks）。例如研究者欲比較反應代價、非後效增強，以及結合反應代價和非後效增強策略，對泛自閉症者不適當發出聲音之成效差異。於「程式語言資料夾十：單一個案研究無母數統計的 SPSS 程式語言」中，筆者舉例說明如何操作 SPSS，求得 Wilcoxon-Mann-Whitney *U* 檢定和 Kruskal-Wallis 單因子等級變異數分析值，結果參見示例 6-47。

示例 6-47 Wilcoxon-Mann-Whitney *U* 檢定和 Kruskal-Wallis 單因子等級變異數分析

結果顯示：反應代價和非後效增強策略對泛自閉症者不適當發出聲音之成效有無顯著差異，Wilcoxon-Mann-Whitney *U* 檢定的 $p = .089$，採用非後效增強之不適當發出聲音的中數是 43.75%；而使用反應代價策略，泛自閉症者不適當發出聲音的中數是 61%，這意味無法拒絕虛無假設，兩種策略對泛自閉症者不適當發出聲音之成效差異係因機遇或誤差造成的。加上結合反應代價和非後效增強的策略，比較三種策略對泛自閉症者不適當發出聲音之成效，結果發現：Kruskal-Wallis 單因子等級變異數分析的 $p = .007$，結合反應代價和非後效增強策略的中數是 8.33%，這意味結合兩種策略較使用單一策略，更能有效降低泛自閉症者不適當發出聲音百分比，且達 .05 的顯著水準，此結果排除因機遇或誤差造成的結果，拒絕虛無假設而它為「真」時的誤差小於 5%。

（二）符號檢定和 Wilcoxon 配對符號等級檢定

符號檢定（sign test）和 Wilcoxon 配對符號等級檢定（Wilcoxon matched-pair signed ranks test）適用於分析**兩個相依樣本，次序變項的資料**，二者的差異處在於，符號檢定僅在比較兩個資料差異的方向，以正和負號來表示；而 Wilcoxon 配對符號等級檢定不僅比較兩個資料差異的方向，還將差異數值的絕對值依大小排序，比較差異的大小，因此它較符號檢定更具統計檢定力（林清山，1992）。同時和交替介入設計中，比較兩種自變項對依變項之成效差異，除了檢視何種自變項下依變項最快達到預定標準，也就是達到標準的嘗試數最少外，亦可以採取符號檢定和 Wilcoxon 符號等級檢定，特別是當比較的自變項對依變項效果達到標準嘗試數一樣多的情況下。例如研究者欲比較口語斥責和勞動懲罰對一位學生辱罵行為的成效差異，於◉「程式語言資料夾十：單一個案研究無母數統計的 SPSS 程式語言」中，筆者舉例說明如何操作 SPSS，求得符號檢定和 Wilcoxon

配對符號等級檢定值，結果參見示例 6-48。

示例 6-48 符號檢定和 Wilcoxon 配對符號等級檢定

結果顯示：口語斥責和勞動懲罰對一位學生辱罵行為之成效有顯著差異，Wilcoxon 配對符號等級檢定的 $p = .046$，採用口語斥責之辱罵行為百分比中數是 35%；而使用勞動懲罰之辱罵行為百分比中數是 20%，這意味勞動懲罰較口語斥責，更能有效降低該位學生辱罵行為百分比，且達 .05 的顯著水準，此結果排除因機遇或誤差造成的結果，拒絕虛無假設而它為「真」時的誤差小於 5%。而如果採用符號檢定，其 p 值是 .219，未達 .05 的顯著水準，由此可知，符號檢定的統計檢定力較低。

（三）Cochran Q 檢定和 Friedman 等級變異數雙向分析

Cochran Q 檢定（Cochran Q test）適用於分析**三個以上關聯樣本，類別變項或二分次序變項的資料**；而 Friedman 等級變異數雙向分析（Friedman two-way analysis of variance by ranks）適用於分析**三個以上關聯樣本，次序或連續變項的資料**，其中連續變項的資料會被轉為次序變項（Siegel & Castellan, 1988）。同時或交替介入設計中，比較三種以上自變項對類別或二分次序變項之依變項的成效差異，即可以採取 Cochran Q 檢定；比較三種以上自變項對次序或連續變項之依變項的成效差異，即可以採取 Friedman 等級變異數雙向分析。例如研究者欲比較正增強、反應代價和負增強策略對一位就業者上班準時行為和工作效率的成效差異，由於上班準時行為是類別變項，分成準時和遲到兩個類別，故採用 Cochran Q 檢定；工作效率是百分比資料，故採取 Friedman 等級變異數雙向分析。於「程式語言資料夾十：單一個案研究無母數統計的 SPSS 程式語言」中，筆者舉例說明如何操作 SPSS，求得 Cochran Q 檢定和 Friedman 等級變異數雙向分析值，結果參見示例 6-49。

示例 6-49 Cochran *Q* 檢定和 Friedman 等級變異數雙向分析

結果顯示：正增強、反應代價和負增強策略對一位就業者上班準時行為之成效有顯著差異，Cochran *Q* 檢定的 *Q* 值是 7.14，$p = .028$，採用正增強策略之上班準時行為的出現率是 100%；而使用反應代價和負增強策略之上班準時行為的出現率皆是 29%。另外，正增強、反應代價和負增強策略對該位就業者工作效率之成效亦有顯著差異，Friedman 等級變異數雙向分析的 χ^2 值是 11.19，$p = .004$，採用正增強策略之工作效率的中數是 85%；而使用反應代價和負增強策略之工作效率的中數是 30 和 32%。兩項結果意味正增強策略較反應代價和負增強，更能有效提升該就業者上班準時行為和工作效率，且達 .05 的顯著水準，此結果排除因機遇或誤差造成的結果，拒絕虛無假設而它為「真」時的誤差小於 5%。

若要使用無母數統計分析結合組間設計中比較實驗組和比較組間在依變項上的差異，根據比較組是隨機或與實驗組做配對的安排而被視作獨立樣本或相依樣本，以及比較的組數，可從上述六種統計方法中，選擇適用者分析資料。

（四）Pearson phi 相關 *Φ* 和 Cramér *V* 相關

Pearson phi 相關（phi coefficient）*Φ* 用在計算**二分類別（或名義）變項的相關**（Siegel & Castellan, 1988），例如一份研究欲分析，研究參與者在解答加減法文字題時，正確列出算式和解題正確性之相關，二者皆為二分類別變項，都分成兩個類別，即正確和不正確，適合採用 phi 相關。Cramér *V* 相關則用在計算**二分以上類別變項的相關**（林清山，1992），例如一份研究欲分析，研究參與者在解答加減法文字題時，自我教導策略正確使用與否（分成沒使用、有使用但不正確和正確使用）和解題正確性（分成獨立正確表現、提示下正確表現和提示下錯誤表現）之相關，二者皆為二分類別變項，都分成三個類別，故適用 Cramér *V* 相關。於「程式語言資料夾十：單一個案研究無母數統計的 SPSS 程式語言」

中，筆者設計能算出 Pearson phi 相關和 Cramér *V* 相關的 SPSS 程式語言，並舉例說明如何操作，結果參見示例 6-50。

示例 6-50 Pearson phi 相關 Φ 和 Cramér *V* 相關

a. Pearson phi 相關 Φ

從基線期至介入期，研究參與者列算式之正確率提高，從 0% 提升到 88.9%；錯誤率降低，從 100% 減少至 11.1%，Pearson phi 相關 Φ 為 -.89，$p < .001$。

b. Cramér *V* 相關

從基線期至追蹤期，研究參與者溝通技能之獨立正確表現提高，從 0% 提升到介入期的 80%，再至追蹤期的 90%；提示後錯誤率降低，從 90% 減少至介入期和追蹤期的 0%，Cramér *V* 相關 V_c 為 .67，$p < .001$。

（五）Spearman 等級一次序相關

Spearman 等級一次序相關（Spearman rank-order correlation）適用於分析**兩個變項（至少一個變項為次序變項）的相關**（Siegel & Castellan, 1988），例如一份研究在探討功能性溝通訓練對重度智能障礙者尖叫行為的成效，研究者蒐集兩個依變項，一為尖叫行為的次數，另一為溝通技能的等級，他欲分析溝通技能等級和尖叫行為的相關，是不是呈現負相關，也就是研究參與者溝通技能等級提高，相對地，他的尖叫行為就減少，此時可採用 Spearman 等級一次序相關。於「程式語言資料夾十：單一個案研究無母數統計的 SPSS 程式語言」中，筆者舉例說明如何操作 SPSS 求得 Spearman 等級一次序相關值，結果參見示例 6-51。

示例 6-51 Spearman 等級一次序相關 ρ

自基線期至介入期，研究參與者溝通技能等級從基線期的 0 至 1 之間，中數是 0.33，提高到介入期的 3 至 5 之間，中數是 4.44；相對地，他的尖叫行為次數就從基線期的 28 至 32 次之間，中數是 30 次，減少到介入期的 1 至 10 次之間，中數是 3.5 次，Spearman 等級一次序相關 ρ 為 -.96，$p < .001$。

（六）改變的顯著性檢定

改變的顯著性檢定旨在分析同一群研究參與者於同一個依變項上，前後兩次的反應是否達到統計的顯著差異（林清山，1992），它可應用在單一個案研究結果社會效度資料的分析。有兩種改變的顯著性檢定，一為 **McNemar 改變顯著性檢定**（McNemar's significance test of change），另一為 **Bowker 對稱性檢定**（Bowker's test of symmetry）；McNemar 檢定適用於 **2 乘 2 交叉表**，Bowker 對稱性檢定適用於 **3 乘 3 以上交叉表**（林清山，1992）。舉例來說，研究者欲分析，自我監控策略對普通班情緒行為障礙學生課堂參與度的效果，於基線期和介入期，蒐集任課教師和同學對該位情緒行為障礙學生課堂參與度的觀感，課堂參與度的評量包括半數以上時間有專注參與課堂活動，以及半數以上時間沒有專注參與課堂活動，則可形成 2 乘 2 交叉表，適用 McNemar 改變顯著性檢定。而研究者若分析，人際互動課程能對普通班情緒行為障礙學生人際互動技能的效果，於基線期和介入期，採用「同學喜好度問卷」，蒐集同學對該位情緒行為障礙學生的喜好程度，喜好的評量包括喜歡、沒有特別喜歡和不喜歡，以及不喜歡，則可形成 3 乘 3 交叉表，適用 Bowker 對稱性檢定。兩種檢定皆可分析結果社會效度的資料。於「程式語言資料夾十：單一個案研究無母數統計的 SPSS 程式語言」中，筆者設計能算出 McNemar 改變顯著性和 Bowker 對稱性檢定值的 SPSS 程式語言，並舉例說明如何操作，結果參見示例 6-52。

示例 6-52 McNemar 改變顯著性和 Bowker 對稱性檢定

研究結果發現：10 位任課教師和 10 位同學對該位情緒行為障礙學生課堂參與度的觀感，在基線期，有 85% 認為他半數以上時間沒有專注參與課堂活動；至介入期，有 75% 的人轉變成認為他半數以上時間有專注參與課堂活動，另有 10% 的人本來就認為他有專注參與仍維持他們的觀點，總計有 85% 的教師和同學認為他半數以上時間有專注參與課堂活動，僅 5% 的人表示他從有專注參與轉變成沒有專注參與，10% 的人自始至終都認為他沒有專注參與，McNemar 改變顯著性檢定的 p = .001，達 .01 的顯著水準，此結果排除因機遇或誤差造成的結果，拒絕虛無假設而它為「真」時的誤差小於 5%。而同學對該位情緒行為障礙學生的喜好度上，在基線期，有 66.70% 的同學不喜歡他，20% 的同學沒有特別喜歡和不喜歡，13.30% 的同學喜歡他；至介入期，總計有 63.33% 的同學喜歡他，26.70% 的同學沒有特別喜歡和不喜歡他，10% 的同學不喜歡他。在基線期 66.70% 不喜歡他的同學中，有 46.70% 的同學轉變成喜歡，13.30% 轉變成沒有特別喜歡和不喜歡他，僅有 6.7% 沒有改變；20% 沒有特別喜歡和不喜歡的同學中，有 10% 的同學轉變成喜歡，有 10% 沒有改變；13.30% 喜歡他的同學中，有 6.7% 仍然保持喜歡，僅各 3.3% 轉變成不喜歡及沒有特別喜歡和不喜歡他。Bowker 對稱性檢定的 p = .001，達 .05 的顯著水準，此結果排除因機遇或誤差造成的結果，拒絕虛無假設而它為「真」時的誤差小於 5%。

第三節 質性分析

質性分析的思考就像每天日常生活的思考。（Richards & Morse, 2007, p. 156）

單一個案研究的資料分析除了採取描述分析（圖示法、目視分析）和統計分析外，還可以運用蒐集質性資料和進行質性分析。本節討論質性資料在單一個案研究中扮演的角色，以及對質性資料進行質性分析兩部分。

壹、質性資料在單一個案研究中扮演的角色

Richards 等人（2013）指出，單一個案研究由於研究參與者人數較少，加上重複評量的特徵，可以運用質性方法蒐集更深入的資料，以豐富引進自變項於依變項過程和結果的內涵。McWilliam（1991）指出「調查和單一個案研究」是量化研究中，最常與質性研究方法混合的兩種方法。

鈕文英（2015a）指出混合量化和質性方法時，須留意：（1）混合的目的，混合必須是有意義的，而不是為了趕流行、為了混合而混合；（2）兩種方法被使用來回答相同或不同的研究問題；（3）兩種方法之間的地位相不相等；（4）是在研究設計、蒐集資料方法或分析資料方法中哪些層面做混合；（5）研究方法被實施的時間是同時或系列。此處呈現以單一個案研究為主，在蒐集和分析資料方法層面混合質性方法，兩種方法之間的地位不相等，以量化研究為主、質性研究為輔，用「大小寫」表示研究方法間的地位不相等，大寫表示主要的研究方法，小寫表示次要的研究方法，即 Creswell（2009）所謂**主—輔設計**，在回答同一個目的中相同或不同的研究問題。研究方法被實施的時間可以是同時或系列，用「＋」表示量化和質性研究方法同時被實施；用「－」表示量化和質性研究方法系列地被實施。

以單一個案研究為主之「主—輔設計」，其混合的主要目的有三：一為使用質性方法**查證**量化研究的發現，是指利用質性方法以尋求單一個案研究發現的聚斂，以進一步認可或推翻已建立的結果，其目的不在尋求新的觀點或豐富資料，而是在找尋相同的觀點，並加以整合。二為使用質性方法**詳述或補充**單一個案研究發現，是指利用質性方法來詳細解釋單一個案研究的發現，以使研究結果豐富且詳盡。三為使用質性方法**發展**單一個案研究的介入方案和研究工具。

第壹章已陳述 Kavale 和 Forness（1999）的說法，探討有效教學的研究設計派典開始從「過程—結果派典」，轉變到「詳盡的過程—結果派典」，包含了「中介過程派典」和「教室生態派典」。筆者認為中介的過程和教室生態即自變項和依變項之間詳盡的介入歷程，在過去的單一個案研究中，此歷程宛如一個黑盒子，現在由於質性研究的提醒：不只研究表面的因果關係，更要整體和深入地探究歷程之變化，研究者開始打開黑盒子，讓黑盒子的內容昭然若揭。質性資料可以提供單一個案研究中介過程和教室生態的資料，讓因果推論的解釋更豐富；而此中介過程和教室生態的資料可以提供讀者在應用此研究結果時，注意介入方案的擬訂必須由觀察真實情境而獲得，以及在何種情境脈絡下自變項才能產生效果。以單一個案研究為主之「主—輔設計」包含以下四種：

一、大量＋小質（蒐集資料方法混合）之設計

在蒐集資料方法層面混合的大量＋小質（QUAN + qual）設計，其作法為：量化研究設計（單一個案研究），蒐集量化資料進行量化分析，同時混合（＋）蒐集質性資料進行質性分析，見圖 6-33 和示例 6-53。

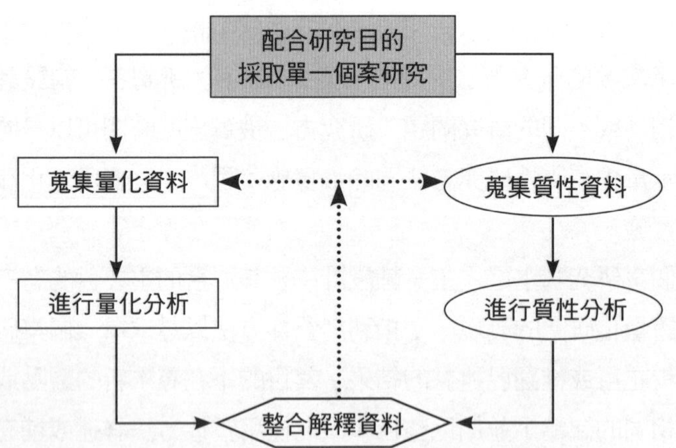

圖 6-33：蒐集資料方法混合的大量＋小質設計。◀⋯▶ 表示產生互動；⋯⋯▶ 表示回饋機制。依據 Tashakkori 和 Teddlie（2003）的概念繪製。

示例 6-53 大量＋小質設計（蒐集資料方法混合）之研究

林怡君和鈕文英（2001）採單一個案研究【量化研究設計】，探究建構教學對智能障礙學生數概念的成效。他們以「數概念應用成效測驗」，蒐集數概念應用問題中題意理解、計算、算式紀錄和整體解題正確率【蒐集量化資料】，而後進行目視分析【進行量化分析】；同時混合（＋）藉由「半結構觀察」蒐集智能障礙學生在接受建構教學之學習過程表現資料【蒐集質性資料】，而後進行質性分析【進行質性分析】，以探究相同研究目的——建構教學對增進智能障礙學生數概念的成效，為達到「補充或詳述」的混合目的，參考圖 6-33 畫出如本例圖 1。

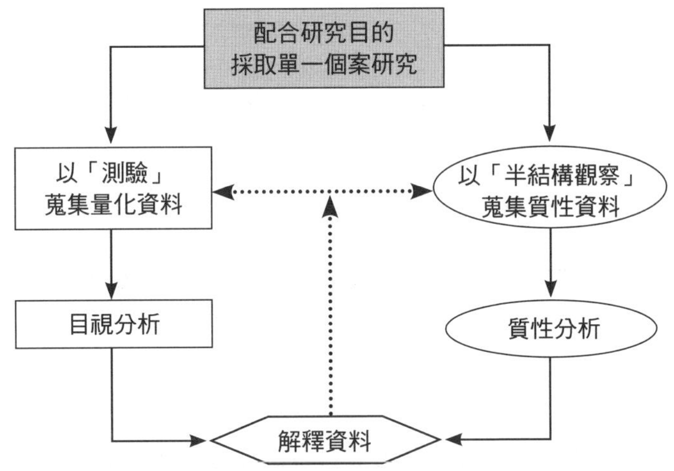

圖 1：大量＋小質設計（蒐集資料方法的混合）。──► 表示「研究的進程」；◄···► 表示「互動」；······► 表示「回饋機制」。

二、大量＋小質（分析資料方法混合）之設計

在分析資料方法層面混合的大量＋小質設計，其作法為：量化研究設計（單一個案研究），蒐集量化資料，同時進行量化和質性分析，此時對量化

資料除了進行量化分析外，亦將之轉化（conversion）成質性資料再做質性分析（Tashakkori & Teddlie, 1998），見圖 6-34 和示例 6-54。舉例而言，翁子媛（2010）採單一個案研究，分析字母拼讀法對國中學習障礙學生英文拼讀字能力之成效，蒐集量化資料（以「英文拼字和讀字能力測驗」了解拼讀字能力），同時進行量化分析（拼讀字正確率的分析）和質性分析（拼讀字錯誤形態的分析）；其中質性分析用以「證實」量化分析的結果。

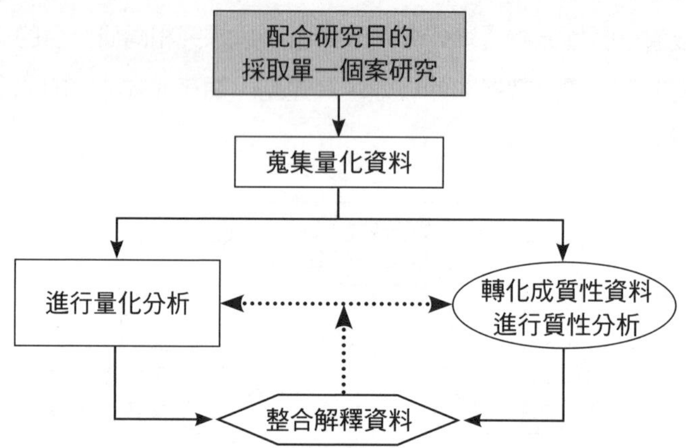

圖 6-34：在分析資料方法層面混合的大量＋小質設計。◀···▶ 表示產生互動；······▶ 表示回饋機制。依據 Tashakkori 和 Teddlie（2003）的概念繪製。

示例 6-54 大量＋小質設計（分析資料方法混合）之研究

翁子媛（2010）採單一個案研究【量化研究設計】，分析字母拼讀法對國中學習障礙學生英文拼讀字能力之成效，以「英文拼字和讀字能力測驗」，蒐集學生拼讀字能力【蒐集量化資料】，進行拼讀字正確率的目視和統計分析【進行量化分析】。接著，整理拼讀字錯誤形態【轉化成質性資料】，進行介入前後拼讀字錯誤類型的改變分析【進行質性分析】，以探究相同研究目

示例 6-54（續）

的——字母拼讀法對提升國中學習障礙學生英文拼讀字能力之成效，為達到「查證」的混合目的，參考圖 6-34 畫出如本例圖 1。舉例言之，在英文拼字能力測驗上，研究者出了一些假字，要學生注意聽老師念音，然後填寫「在英文字前面、中或後面」的字母，答案可能是一個或兩個字母，例如：研究者念 chap，學生要寫出 ch，之後將學生所寫的做錯誤類型分析。而在英文讀字能力測驗，研究者出了一些假字（例如：targ），要學生唸讀，錄下學生的讀音，接著謄寫學生的讀音，進行錯誤類型分析。

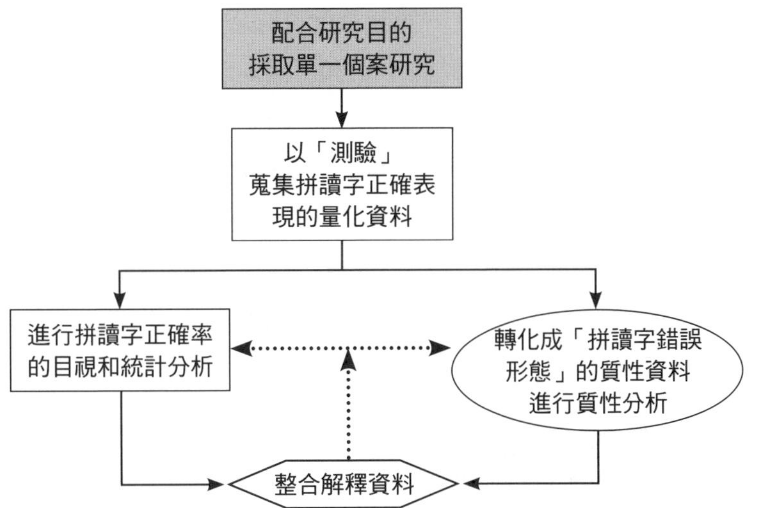

圖 1：大量＋小質設計（分析資料方法的混合）。⟶ 表示「研究的進程」；◀⋯▶ 表示「互動」；⋯⋯▶ 表示「回饋機制」。

又例如許嘉芳（2000）的研究中，採交替介入設計，比較「基本字帶字加部首表義教材」及「一般識字教材」，對國中輕度智能障礙學生識字成效之差異，她以「識字學習成效評量」（包含認讀、造詞、部首表義知識），蒐集智能障礙學生正確率的資料外，還記錄和分析介入前後「字形—字音」及「字

（續）

示例 6-54（續）

形－字義」錯誤形態的改變情形，此時將量化資料轉化成質性資料再做質性分析。許嘉芳的研究發現，基本字帶字加部首表義教材較一般識字教材，能減少學生在認讀和造詞上發相似音，以及與其他國字產生混淆的錯誤。

三、大量－小質（蒐集資料方法混合）之設計

在蒐集資料方法層面混合的大量－小質（QUAN – qual）設計，其作法為，量化研究設計（單一個案研究），蒐集量化資料進行量化分析，系列混合（－）蒐集質性資料進行質性分析，見圖 6-35 和示例 6-55。舉例而言，假設研究者欲探究社會技能教學方案對泛自閉症學生之成效，採單一個案研究，蒐集量化資料進行量化分析（以「社會技能觀察紀錄表」蒐集社會技能表現資料，而後進行目視和統計分析），並系列混合（－）蒐集質性資料進行質性分析（於教學結束和分析完量化資料兩週後，藉由三次焦點團體訪談，訪問一般同儕，蒐集他們對研究參與者社會技能表現的觀感，而後進行質性分析）；此質性資料用以「證實」量化分析的結果。

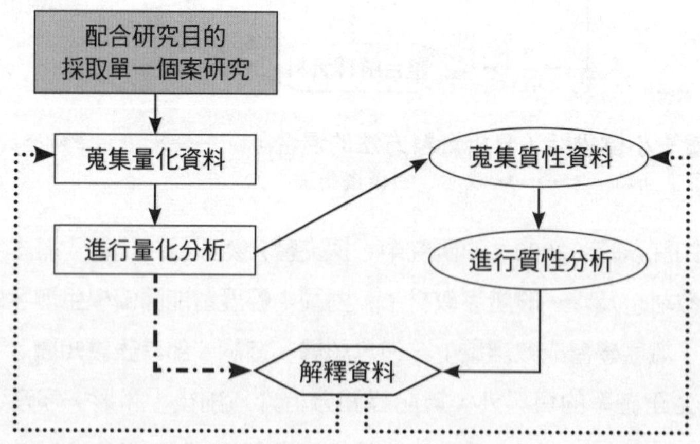

圖 6-35：在蒐集資料方法層面混合的大量－小質設計。⋯⋯▶ 表示回饋機制；－·－·▶ 表示分析資料後接著初步地解釋資料。依據 Tashakkori 和 Teddlie（2003）的概念繪製。

示例 6-55 大量一小質設計（蒐集資料方法混合）之研究

研究者欲探究社會技能教學方案對普通班泛自閉症學生人際互動行為之成效，採單一個案研究【量化研究設計】，以「人際互動行為觀察紀錄工具」蒐集泛自閉症學生社會技能表現資料【蒐集量化資料】，而後進行目視和統計分析【進行量化分析】；接著系列混合（－）於教學結束和分析完量化資料兩週後，藉由三次半結構的焦點團體訪談，訪問一般同儕，蒐集他們對泛自閉症學生人際互動行為的觀感【蒐集質性資料】，而後進行質性分析【進行質性分析】，以探究相同研究目的——社會技能教學方案對促進普通班泛自閉症學生人際互動行為之成效，以達到「查證」的混合目的，參考圖 6-35 畫出如本例圖 1。

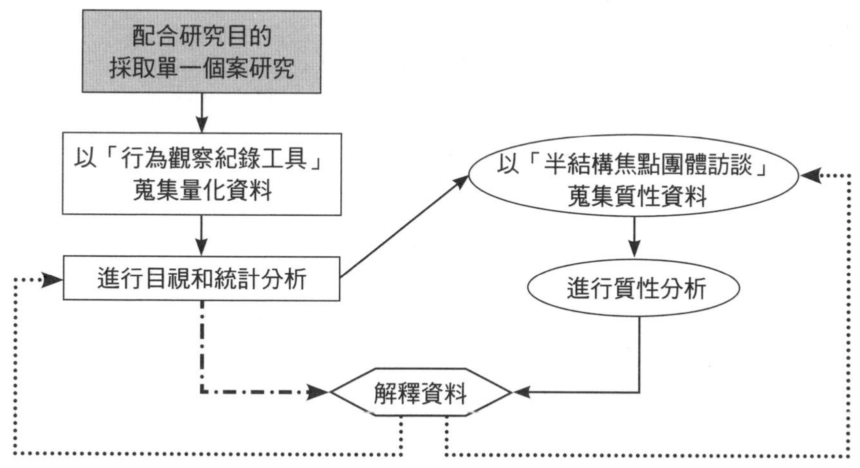

圖 1：大量一小質設計（蒐集資料方法的混合）。——▶ 表示「研究的進程」；-·-·▶ 表示分析資料後接著初步地解釋資料；······▶ 表示「回饋機制」。

四、小質－大量（蒐集資料方法混合）之設計

蒐集資料方法混合之小質－大量（qual – QUAN）設計的作法為，蒐集質性資料進行質性分析，系列混合（－）量化研究設計（單一個案研究），蒐集量化資料進行量化分析，見圖 6-36 和示例 6-56。

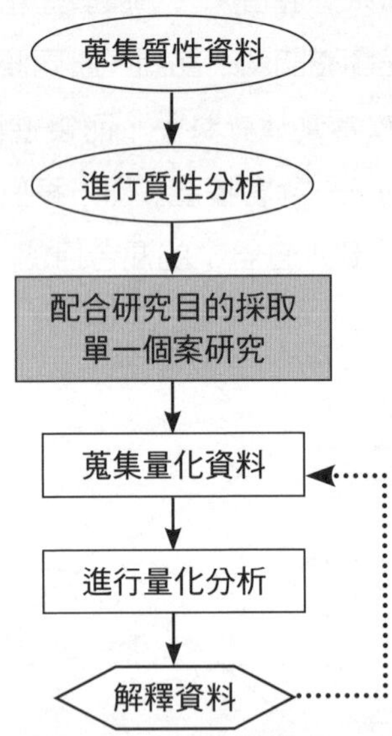

圖 6-36：小質－大量設計。……► 表示回饋機制。依據 Tashakkori 和 Teddlie（2003）的概念繪製。

示例 6-56 小質－大量設計（蒐集資料方法混合）之研究

一份研究者欲探討心智解讀教學方案對亞斯伯格症學生人際互動行為的成效，研究者先使用半結構的觀察，蒐集亞斯伯格症學生在人際互動情境中困難解讀的社會情境線索資料【**蒐集質性資料**】，而後進行質性分析【**進行質性分析**】，據以發展心智解讀教學方案。接著系列混合（－）採取單一個案研究

示例 6-56（續）

【量化研究設計】，進行心智解讀教學方案的介入；最後以「人際互動行為觀察紀錄工具」蒐集亞斯伯格症學生人際互動行為資料【蒐集量化資料】，進行目視和統計分析【進行量化分析】，其混合目的為使用質性的蒐集資料方法「發展」介入方案，參考圖 6-36 畫出如本例圖 1。

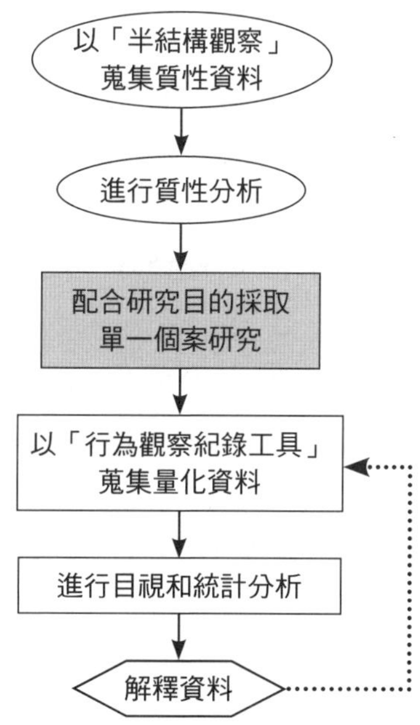

圖 1：小質—大量設計（蒐集資料方法混合）。——► 表示「研究的進程」；……► 表示「回饋機制」。

貳、對質性資料進行質性分析

在單一個案研究中，亦可運用質性方法，包括**訪談**、**觀察**和**非干擾性測量**（unobtrusive measures），以蒐集質性資料。質性研究中的觀察較傾向於自然、公開、長期和動態的觀察，採直接或間接觀察、參與或非參與觀察的方式，即使是參與觀察，參與的程度和方式也可能隨著研究的發展而有所不同；剛開始採非結構或半結構，之後隨著研究焦點的浮現，才愈來愈結構（鈕文英，2015a），見示例6-57。質性研究中的訪談較傾向於公開、半結構或非結構性、深度的訪談，訪談次數不只一次，採個別或焦點團體訪談（鈕文英，2018）。

示例 6-57 質性觀察資料

在教學情境中製造問題的情境，讓學生設法解決，才能製造出合用的工具；例如當數量變大時，研究參與者甲原本用逐一畫圈的計算方法受到挑戰，於是丁就想出畫代幣的方式來解決。

【題目：……老闆今天賣了 12 支冰淇淋和 35 支玉米……一共賣了幾支？】

甲：〈畫了 12 個圈及 35 個圈，並寫了算式 12 + 35 = 〉

甲：1、2、3、4……。【後來發現畫的圈數有誤，點數起來答案不對。】

師：甲這樣要畫好多圈圈，要畫很久，又容易算錯，我們一起來想想辦法好不好？

丁：我知道一個方法，也可以這樣畫。〈畫了……代表 10 和……代表 1〉

師：哇！丁發明了一個好方法，這樣是不是比較快一點，甲你來畫畫看！

甲：〈畫出相同的圖形〉10、20、30、40、41、42、43、44、45、46、47。〈先點數完代表 10 的圖形再點數代表 1 的圖形〉（OB-1410）

註：〈〉描述簡易觀察的資料，例如說話者的動作、表情和其他非語言線索；【】描述觀察的情境脈絡；……表示刪除部分內容。修改自鈕文英指導之碩士生——林怡君（2001，第 117 頁）的研究資料。

以單一個案研究為主混合質性方法之設計要注意的是，採取的質性方法要符合質性方法的特徵，例如半結構或非結構訪談或觀察；若研究者採用結構訪談或觀察，就不是混合研究了。

McMillan 和 Schumacher（2009）表示，非干擾性測量是指研究者扮演被動、不干擾的角色，不和研究參與者互動，採取間接觀察的方式蒐集資料，是一種**非互動的策略**（noninteractive strategies）。非干擾性測量有**蒐集檔案資料**（archival data）、**蒐集物理線索資料**（physical traces）和**簡易觀察**（simple observation）三種方法（Webb, Campbell, Schwartz, & Sechrest, 2000）。蒐集檔案資料也就是分析文件與紀錄資料，以了解特定個人、團體或社會現象等（Lincoln & Guba, 1985）。Webb、Campbell、Schwartz、Sechrest 和 Grove（1981）指出，有兩種物理線索：一為**累積測量**（accretion measures），一為**損壞測量**（erosion measures）。Berg（2008）界定累積測量是指測量人們在環境中製造殘留物的情形，例如從酒瓶數可看出一個人的酗酒程度，從菸灰缸中菸蒂的數量可看出一個人的緊張程度等；損壞測量是指測量人們在環境中選擇性地對某些物品使用和損壞的情形，例如從圖書館中書籍的損壞情形可看出其使用率。Webb 等人指出有四種類型的簡易觀察，即**外觀和身體符號的觀察**、**表達動作的分析**、**身體一位置的分析**和**語言行為的觀察**。

對質性資料進行質性分析的過程包括：設定資料編號的原則、謄寫和整理研究資料，以及分析謄寫好的研究資料三個步驟（鈕文英，2015a）。其中分析謄寫好的研究資料，Bogdan 和 Biklen（2007）指出有兩種方法，一為**持續比較法**（constant comparison method），另一為**分析歸納法**（analytic induction method）。另外還有**內容分析**（content analysis），這三種方法的詳細步驟，請參見鈕文英（2018）《質性研究方法與論文寫作》。

總結

單一個案研究資料之分析方法包括「描述分析」、「統計分析」和「質性分析」三種。描述分析主要採取圖示法，包含折線圖和條形圖等；以及目視分析，旨在分析資料大小和速率的變化，含括階段內和階段間的變化分析。統計分析中最常使用的是簡化時間系列 C 統計和效果量。最後，亦可使用以單一個案研究為主之「主—輔設計」，蒐集質性資料進行質性分析，以及將量化資料轉化成質性資料進行質性分析。

附錄

- 附錄 37　目視和統計分析之空白表格
- 附錄 38　單一個案研究 3 至 100 資料點數之間 C 統計的 z 值和 p 值對照表
- 附錄 39　以自我迴歸移動平均整合模式進行時間系列分析

思考問題

運用「思考問題 6：單一個案研究資料之分析」，檢視自己對「單一個案研究資料之分析的了解情形」，並且評鑑一篇單一個案研究論文在「單一個案研究資料之分析」上的表現情形。

作業單

- 作業單 6-1　單一個案研究圖示資料之問題討論
- 作業單 6-2　單一個案研究資料之分析與整理

單一個案研究法程式語言

請先讀我——單一個案研究法程式語言使用總說明

請先讀我——單一個案研究法程式語言使用總說明（PPT 檔）

貳、資料夾二　單一個案研究法描述和統計分析程式語言使用總說明

參、資料夾三　使用 EXCEL 進行單一個案研究的圖示分析

肆、資料夾四　繪製折線圖及水準和趨向的 SPSS 程式語言

伍、資料夾五　單一個案研究以中數為基礎之目視分析（水準和趨勢）的 SPSS 程式語言

陸、資料夾六　單一個案研究以平均數為基礎之目視分析（水準和趨勢）的 SPSS 程式語言

柒、資料夾七　單一個案研究不重疊指標的 SPSS 程式語言

捌、資料夾八　單一個案研究簡化時間系列 *C* 統計的 SPSS 程式語言

玖、資料夾九　單一個案研究效果量分析的 SPSS 程式語言

拾、資料夾十　單一個案研究無母數統計的 SPSS 程式語言

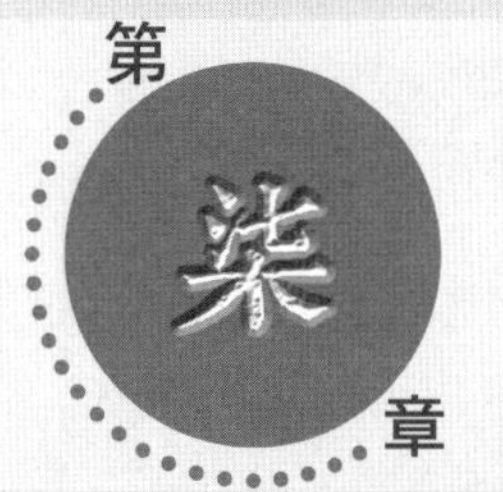

單一個案研究論文之寫作

導讀問題

1. 單一個案研究論文題目之擬訂宜注意哪些原則？
2. 單一個案研究背景與動機之敘寫宜注意哪些原則？
3. 單一個案研究目的和問題之敘寫宜注意哪些原則？
4. 單一個案研究名詞釋義之敘寫內容包括哪些？
5. 單一個案研究中研究方法宜敘寫哪些內容？
6. 單一個案研究中敘寫研究參與者時，宜包含哪些內容？
7. 單一個案敘寫介入方案時，宜包含哪些內容？
8. 單一個案研究中研究工具宜敘寫哪些內容？
9. 單一個案研究中敘寫資料分析時宜包含哪些內容？
10. 單一個案研究過程宜敘寫哪些內容？
11. 單一個案研究結果與討論之敘寫內容和原則是什麼？
12. 單一個案研究結論之敘寫內容和原則是什麼？
13. 單一個案研究建議之敘寫內容和原則是什麼？
14. 單一個案研究摘要之敘寫內容和原則是什麼？

碩博士研究生已不再只是「接收知識」，而是要進入「創造知識」的階段，這個階段要帶著一顆「開放而存疑的心靈」發現和探究問題，學習如何學習，以及如何做研究，最終的目標就是要完成一篇論文，而這篇論文是個人所有知能的總集合。

學位論文主要包括**篇首**（包含封面、論文題目頁、授權書頁、論文審查簽名頁、謝辭、中文摘要、英文摘要和目錄）、**正文**、**參考文獻**和**附錄**四個部分。其中正文包含**緒論**、**文獻探討**、**研究設計與實施**、**研究結果與討論**，以及**研究結論與建議**五個部分。而研究計畫是研究過程的一部分，是指研究正式實施前，研究者提出的構想或規畫，它可以指引研究者本身未來實施研究的方向，包括研究題目、學位論文內容中的前三章，即緒論、文獻探討和研究設計與實施；以及相關的材料，例如研究工具、同意函等（列在附錄中）。除此，研究者還可以採用**研究進度甘梯圖**，計畫預定的研究時間表。碩博士學生在做研究的過程中，通常會經歷論文計畫和論文兩個階段的口試。

本章採取 APA（2010b）第 6 版的格式，探討單一個案研究論文之敘寫，包括：單一個案研究論文題目之擬訂，緒論、研究設計與實施、研究結果與討論，以及研究結論與建議和摘要之敘寫。至於文獻探討之敘寫，可參見鈕文英（2019）所著《論文夢田耕耘實務》第伍章。參考文獻、篇首和附錄等資料之整理，可參見該書第拾章。另外，一份論文宜注意專業術語、數量和測量單位、統計符號、語言使用、文字編排、版面安排，以及圖表等方面的編輯或使用原則，此部分可參見該書第拾壹章。

第一節　單一個案研究論文題目之擬訂

以能適當描述主題的極少數文字擬訂論文題目。

在決定論文題目前，要設想別人透過網路查詢論文題目時，可不可能在你的題目裡找到關鍵詞（Hays, 2010）。論文題目可包含**研究參與者**、**研究主題和其相互之間的關係**，並且最好不要使用縮寫字，用語清楚明確，能讓讀者掌握研究目的。題目除了能清楚描述論文主題外，還要在文字上力求簡潔，通常用一句話來呈現，題目中可以不用顯示「研究方法」，也不用呈現「研究結果」和「研究」這些文字，但文獻或後設分析的研究則須於題目中顯示「research synthesis」或「meta-analysis」（APA, 2010）。Day 曾表示：「能夠適當描述論文的極少數文字。」〔引自丘志威、吳定峰、楊鈞雍、陳炳輝（編譯），1999，第 13 頁〕換言之，簡短得恰到好處，第 6 版 APA 格式提及英文題目應在 12 個字以內（APA, 2010）；例如：「Effects of.....」，不要寫成「A Study of Effects of......」。中文則宜以一句話呈現，在 20 個字左右。

擬訂研究題目時，要配合研究目的和問題。單一個案研究適合探究解釋、因果和差異性的研究問題，示例 7-1 呈現搭配研究問題之中文及英文題目的結構和示例。題目宜清楚呈現**研究參與者、研究變項和其相互之間的關係**，不須以副標題呈現研究參與者和方法，見問題討論 7-1。至於題目中描述的研究參與者，是否要呈現人數，筆者認為可以不用；而研究參與者的特徵（例如：障礙類別、障礙程度、就學階段和年級等）要呈現多少，則取決於以下三方面：該特徵對於本研究主題的重要程度；它是否攸關本研究推論的範圍；它的呈現是否能凸顯本研究和其他研究不同之處。

示例 7-1 單一個案研究論文題目之結構和示例

研究問題	論文題目之結構	論文題目之示例
因果性問題	1. 中文題目：____【自變項】對____【成效方向】____【研究參與者】____【依變項】（之）成效【若題目過長，則可刪除「成效方向」（例如：減少、增進）的用語。】	1-1. 正向行為支持【自變項】對減少【成效方向】泛自閉症者【研究參與者】攻擊行為【依變項】成效。 1-2. 親職教育方案【自變項】對智能障礙者家長【研究參與者】教養方法【直接依變項】之成效。【研究者也會蒐集間接依變項——智能障礙學生之自我照顧技能的資料】

示例 7-1（續）

研究問題	論文題目之結構	論文題目之示例
	若有直接和間接依變項，則題目只要呈現直接依變項。若有兩個以上的直接依變項，則以一個名稱統整這些依變項。 2. 英文題目：The Effect of____【自變項】on____【依變項】for____【研究參與者】	1-3. 社會技能方案【自變項】對泛自閉症和一般學生【研究參與者】社交技巧【依變項】成效【其中對泛自閉症學生的依變項是社交對話能力，對一般學生的依變項是啟始對話能力。】 2. The Effect of Peer Tutoring【自變項】on Reading Achievement【依變項】for Students with Intellectual Disabilities【研究參與者，智能障礙的用語已不用 mental retardation，使用以人為先的語言書寫智能障礙學生。】
差異性問題	1. 中文題目：____【自變項的兩個以上類別】對（之）____【研究參與者】____【依變項】（成效）比較（或差異）。 2. 英文題目：Comparison of____【自變項的兩個以上類別】on____【依變項】for____【研究參與者】	1. 兩種識字教材【自變項的兩個以上類別】對智能障礙學生【研究參與者】識字成效【依變項】之差異。 2. Comparison of Two Word Recognition Instructions【自變項的兩個以上類別】on Word Recognition【依變項】for Students with Learning Disabilities【研究參與者】
解釋性問題	1. 中文題目：____【研究參與者】之____【研究主題或變項】。 2. 英文題目：____【研究主題或變項】in____【研究參與者】。	1. 泛自閉症學生【研究參與者】之攻擊行為功能【研究主題或變項】。 2. The Function of Aggression【研究主題或變項】in Students with Autism Spectrum Disorders【研究參與者】

問題討論 7-1 單一個案研究論文題目之擬訂

a. 一個研究題目為「單一個案研究介入泛自閉症者問題行為之研究」，是否恰當？

☛ 此研究的研究問題屬因果性問題，宜在題目中明確指出自變項和依變項。此題目未明確呈現自變項，單一個案研究是研究方法，並非自變項，題目中不用顯示研究方法。此外，題目未清楚界定依變項是什麼樣的問題行為。筆者建議修改為：功能本位介入對泛自閉症者干擾行為之成效。

b. 一個研究題目是「自我教導對加減法文字題之成效——以一位學習障礙學生為例」，是否恰當？

☛ 此題目有兩點不適當處：一為依變項不清楚，是加減法文字題哪方面之成效，二為以副標題呈現研究參與者，會讓讀者以為要以一位學習障礙學生的研究結果，推論至所有學習障礙學生，且增加題目字數，不夠簡潔。筆者建議改成：自我教導對學習障礙學生加減法文字題解題能力之成效。

讀者可以運用「思考問題 7　單一個案研究論文題目之擬訂」來撰述。

第二節 單一個案研究緒論之敘寫

緒論是引領讀者進入研究殿堂之導覽圖。

緒論一般包含研究背景與動機，研究目的與問題，以及名詞釋義三個部分，以引領讀者概觀整個研究，有著初步的圖象，以下詳述這三個部分的敘寫。

壹、單一個案研究背景與動機之敘寫

研究背景與動機就是對於「為什麼」問題的描述，為什麼要做此研究，做此研究有什麼意義和貢獻。綜合文獻（Bolker, 1998; Zerubavel, 1999），研究背景與動機可以來自於，**研究者個人對特定問題的好奇，個人的生活或工作經驗、廣被討論的社會現象或事件、學術理論或過往研究的啟發、社會趨勢的引領，某個領域權威人士或實務工作者的建議**等。敘寫時要能從論文題目的關鍵詞（keyword）去破題，清楚地呈現研究的緣起、研究問題的重要性、可能的結果和預期貢獻。Weissberg 和 Buker（1990）指出研究背景與動機的闡述包括五個步驟，猶如倒梯形般（見圖 7-1），將它從廣泛的一面引導到最後一點，此點就是研究目的所在，筆者加入其他文獻詳述如下。

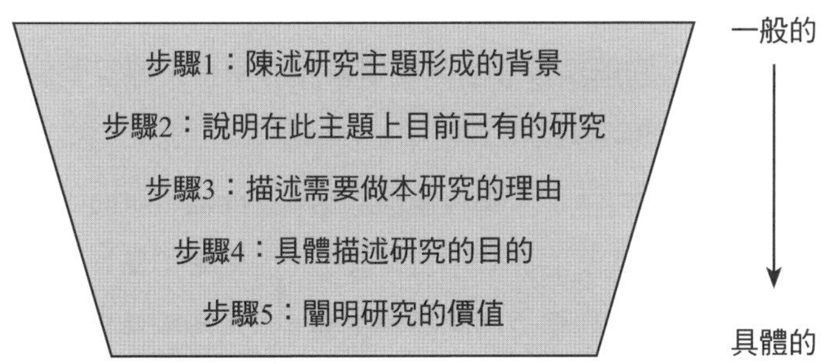

圖 7-1：撰寫緒論的五個步驟。修改自 Weissberg 和 Buker（1990, p. 22），修改處為加入一般的→具體的。

1. 步驟 1 乃陳述研究主題形成的背景，敘寫方式為，針對題目中的關鍵字去破題（Weissberg & Buker, 1990）。
2. 步驟 2 說明在此主題上目前已有的研究，或是已知道的內容（Weissberg & Buker, 1990）。宜注意的是，不用詳述這些研究的內容（詳細內容的闡述放在「文獻探討」中），此處論述的重點在於串連至步驟 3。
3. 步驟 3 描述需要做研究的理由（Weissberg & Buker, 1990）。研究者可描述目前已知的內容；或是已有的研究存在著什麼樣的缺口，或不足、矛盾之處，所以需要做此研究（Ogden, 2002）。研究者可以問自己：「如果此研究主題前人還沒做過，我的研究可以如何填補這一個空白？」「如果此研究主題前人已經討論過，我的研究可以如何提供新的角度和看法？」「如果前人的研究中存在著某些矛盾和疏漏，我的研究可以如何解決和彌補它們？」

4. 步驟 4 具體描述研究的目的（Weissberg & Buker, 1990）。
5. 步驟 5 闡明研究的價值（Weissberg & Buker, 1990）。研究價值可能包括對個人的意義；對他人、理論、實務或方法發展的貢獻，例如提供新的或進一步的證據、方法論、分析方法、概念或理論，以協助了解某個議題或現象（Davis & Parker, 2012）；為特定對象發展介入方案，以提升其能力或解決其問題，單一個案研究背景與動機的敘寫見示例 7-2。

示例 7-2 單一個案研究背景與動機的敘寫

假如研究主題為「心智解讀教學對高職泛自閉症學生人際互動能力的成效」，說明研究背景與動機之敘寫如下。

步驟	內容	說明
步驟 1：	從「人際關係的建立」、「學校適應的促進」，以及「職業適應的提升」三方面，說明人際互動能力對高職泛自閉症學生的重要性；描述高職泛自閉症學生人際互動能力不足之處；以及選擇心智解讀教學以增進泛自閉症學生人際互動能力的緣由。	陳述本研究主題形成的背景（題目中的關鍵字是高職泛自閉症學生、人際互動能力和心智解讀教學，因此針對這三個關鍵字破題）
步驟 2：	說明目前已有的心智解讀教學對增進泛自閉症學生人際互動能力的研究；而臺灣心智解讀教學介入的對象多在國小階段，僅一篇研究針對高職泛自閉症學生。	說明在此主題上目前已有的研究

示例 7-2（續）

步驟 3：說明任教的高職泛自閉症學生亟需增進其人際互動能力，以及可彌補過去研究應用心智解讀教學在高職泛自閉症學生的不足處。	描述需要執行本研究的理由
步驟 4：闡述本研究目的在分析心智解讀教學對高職泛自閉症學生人際互動能力的成效。	具體描述本研究的目的
步驟 5：敘述本研究的價值在提升高職泛自閉症學生的人際互動能力，並且為心智解讀教學應用在高職泛自閉症學生人際互動能力上，增加進一步的證據。	闡明研究的價值

要注意的是，研究背景與動機的敘寫要能扣住研究題目，以及研究目的，不超越研究題目和目的欲探討的範圍，而且要讓讀者了解所有研究目的被探究的緣由（Lester & Lester, 2012），見問題討論 7-2。

問題討論　7-2 研究背景與動機之敘寫

一份單一個案研究主題為：正向行為支持對減少多重障礙學生自傷行為之成效，研究目的包括正向行為支持對增加多重障礙學生替代技能，以及對減少其自傷行為之成效。在研究背景與動機中提及，介入自傷行為對多重障礙學生的重要性，選擇正向行為支持以減少多重障礙學生自傷行為的緣由，並且說明和評論相關研究。此敘寫是否適切？

☛ 此研究背景與動機的敘寫未引導出所有的研究目的，「正向行為支持對增加多重障礙學生替代技能之成效」此目的未在研究背景與動機中闡

（續）

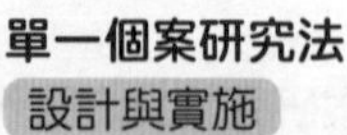

問題討論 7-2（續）

述，而後在研究目的出現此目的會令讀者感到錯愕。筆者建議說明：由於正向行為支持強調了解行為問題的功能，教導替代技能取代行為問題的功能，故須分析正向行為支持對增加替代技能之成效。

貳、單一個案研究目的與問題之敘寫

研究目的是承接研究背景與動機而來，因此其敘寫要能扣住研究背景與動機，以「直述句」呈現，其語法可以是：「**了解**（或**分析**、**檢視**、**論述**、**比較**、**解釋**、**發展**）……」，而且兩個以上研究目的之間彼此相關但不會重疊，其排列具邏輯性。例如研究目的為，分析正向行為支持【自變項】對減少【成效方向】國小泛自閉症學生【研究參與者】干擾行為【依變項】的成效。研究目的為整個研究探討的核心，往後的研究問題和方法都要依照此目的來擬訂，研究結果與討論和結論均根據此目的來呈現。研究目的之敘寫不能超出研究題目欲探討的範圍，而且它不同於研究動機、步驟或貢獻，見問題討論 7-3。

問題討論 7-3 研究目的之敘寫

a. 一份單一個案研究的題目為「重複閱讀對國小學習障礙學生閱讀理解的成效」，其研究目的有二：（1）分析重複閱讀對國小學習障礙學生閱讀理解的成效；（2）分析重複閱讀對國小學習障礙學生閱讀流暢度的成效。此敘寫是否適切？

☛ 研究目的包含「閱讀理解」和「閱讀流暢度」兩個部分，超出了研究題目欲探討的範圍，建議修改題目包含閱讀流暢度，抑或刪除閱讀流暢度此項研究目的，保持二者的一致性。

問題討論 7-3（續）

b. 一份單一個案研究的主題為「心智解讀教學對國小泛自閉症學生人際互動能力的成效」，研究目的如下，此敘寫是否適切？

1. 發展心智解讀教學方案。（該目的未呈現於「研究結果與討論」中，而是在論文的第參章「研究設計與實施」中提及。）
2. 透過心智解讀教學，希望能增進國小泛自閉症學生人際互動的能力。
3. 探討心智解讀教學前後，國小泛自閉症學生初階和高階心智理論測驗之表現。
4. 分析心智解讀教學前後，國小泛自閉症學生人際互動的能力之變化情形。
5. 根據研究結果，提出對國小泛自閉症學生人際互動教學的建議。（該研究並未針對此目的，擬訂出相對應的研究問題，而且是在論文的第伍章「研究建議」中呈現。）

☛ 筆者的評論如下：（1）基本上，陳述的研究目的必須在研究結果與討論中回答，既然研究者於第參章已提及發展出的心智解讀教學方案，則目的 1 之寫法為研究採取的步驟，建議刪除；（2）目的 2 之寫法為研究動機，未將研究動機化為實證研究的目的；建議修改為：「分析心智解讀教學對增進國小泛自閉症學生人際互動能力的成效」；（3）目的 3 和目的 2 重疊，且以「研究參與者在研究工具上之表現」的寫法敘述，和目的 2 的寫法不一致，讀者想知道的是心智理論測驗欲測得的是何種能力，筆者認為應該是「心智解讀能力」，而此能力應包含於人際互動能力之中；建議修改成：探討心智解讀教學對增進國小泛自閉症學生人際互動能力的成效；（4）目的 4 與目的 2 重疊，建議刪除；（5）目的 5 之寫法為研究的貢獻，而不是研究目的，除非此項確實是該研究欲探究的目的，而且有相對應的研究問題，並在「研究結果與討論」中回答此問題，否則建議刪除。一言以蔽之，本研究只有一個目的，如（2）所建議的。

而研究問題的敘寫須扣住研究目的，以「疑問句」呈現；若有兩個以上的研究目的，則宜清楚呈現哪些研究問題是對應哪一個研究目的。研究問題之敘寫宜注意以下三項原則：

1. **研究問題扣住研究主題呈現，內容要完整、清楚**，包括具體陳述**變項的內涵**（例如：介入哪些人際互動能力、探討家長參與家長團體的哪些經驗內涵、調查之普通教育教師融合教育知識和態度的現況範圍）。研究者若欲分析自變項對依變項的成效，還可包含**成效的方向**（例如：減少國小泛自閉症學生干擾行為和增加替代性溝通行為，其中「減少」和「增加」即成效方向）、**類型**（例如：立即、維持、類化成效）和**指標或量數**（例如：次數、強度），讓讀者對研究者欲達到的結果了然於胸。例如研究目的為，分析正向行為支持對減少國小泛自閉症學生干擾行為的成效；研究問題為，正向行為支持【自變項】對減少【成效方向】國小泛自閉症學生【研究參與者】口語及動作干擾行為【依變項內涵】次數【依變項指標或量數】是否具立即、維持和類化成效【成效類型】？單一個案研究欲回答的研究問題包含解釋、因果和差異性問題，見示例 7-3 的說明。

示例 7-3 研究目的和問題之敘寫

一、解釋性目的和問題

1. 分析國小泛自閉症學生干擾行為的功能。
   - 1-1. 國小泛自閉症學生干擾行為發生在什麼情境？
   - 1-2. 國小泛自閉症學生干擾行為欲達到什麼目的？

二、因果性目的和問題

1. 分析正向行為支持對減少國小泛自閉症學生干擾行為的成效。
   - 1-1. 正向行為支持對減少國小泛自閉症學生言語和動作干擾行為次數是否具立即成效？

示例 7-3（續）

1-2. 正向行為支持對減少國小泛自閉症學生言語和動作干擾行為次數是否具維持成效？

2. 分析正向行為支持對增加國小泛自閉症學生替代性溝通行為的成效。

2-1. 正向行為支持對增加國小泛自閉症學生，表達「逃避外在刺激功能」之溝通行為次數是否具立即成效？

2-2. 正向行為支持對增加國小泛自閉症學生，表達「取得外在刺激功能」之溝通行為次數是否具立即成效？

2.3. 正向行為支持對增加國小泛自閉症學生，表達「逃避外在刺激功能」之溝通行為次數是否具類化成效？

2-4. 正向行為支持對增加國小泛自閉症學生，表達「取得外在刺激功能」之溝通行為次數是否具類化成效？

三、差異性目的和問題

1. 比較增強和隔離策略在減少泛自閉症學生干擾行為成效上的差異。

1-1. 增強和隔離策略在減少泛自閉症學生言語干擾行為次數上是否有差異？

1-2. 增強和隔離策略在減少泛自閉症學生動作干擾行為次數上是否有差異？

2. **不同問題之間彼此關聯但不重疊**，能夠形成一個整體，**且其排列宜具邏輯性**。

3. **不需要寫出研究方法和工具**，見問題討論 7-4。

問題討論 7-4 研究問題之敘寫

a. 一份單一個案研究的目的為：探討心智解讀教學對增進國小泛自閉症學生人際互動能力，以及減少口語攻擊行為的成效，研究者在名詞釋義中敘述人際互動能力包含了「解讀他人拒絕的行為」和「開啟與他人適當的話題」，研究問題如下，此敘寫是否適切？

1. 以單一個案研究法，檢視心智解讀教學對國小泛自閉症學生人際互動能力表現的成效如何？
2. 以單一個案研究法，探討心智解讀教學對國小泛自閉症學生人際互動能力的類化成效如何？
3. 以單一個案研究法，分析心智解讀教學對國小泛自閉症學生人際互動能力的維持成效如何？
4. 以單一個案研究法，檢視心智解讀教學對國小泛自閉症學生口語攻擊行為的成效如何？
5. 以單一個案研究法，探討心智解讀教學對國小泛自閉症學生口語攻擊行為的類化成效如何？
6. 以單一個案研究法，分析心智解讀教學對國小泛自閉症學生口語攻擊行為的維持成效如何？
7. 訪談了解教師和家長對心智解讀教學的成效有什麼觀感？

☛ 筆者的評論如下：（1）此處的寫作重點為研究問題，而不是研究和蒐集資料的方法，因此不須寫出單一個案研究法和訪談，亦不須加上「檢視、探討」等動詞；（2）研究問題宜比研究目的更具體，人際互動能力的內涵和指標，口語攻擊行為的指標是什麼，可以詳細陳述之；（3）未具體陳述「成效方向」，是增加或減少人際互動能力和口語攻擊行為；（4）研究問題 1 和研究問題 2、3 重疊，同樣地，研究問題 4 和研究問題 5、6 重疊，應屬「立即成效」；（5）研究問題 2 和 3、5 和 6 宜對調，因為按學習的階段，邏輯的順序應為先達到維持成效，才會尋求類化成效；（6）研究問題 7 內容不完整、不清楚，是指教師和

問題討論 7-4（續）

家長關於心智解讀教學對誰和哪方面成效的觀感；（7）研究問題對應哪一項研究目的不是很清楚。若有兩個以上的研究目的，研究問題則可以寫成 1-1……以對應目的 1；2-1……以對應目的 2。建議修改為：

1-1. 心智解讀教學對增加國小泛自閉症學生「解讀他人拒絕行為」，以及「開啟與他人適當話題」品質是否具立即成效？

1-2. 心智解讀教學對增加國小泛自閉症學生「解讀他人拒絕行為」，以及「開啟與他人適當話題」品質是否具維持成效？

1-3. 心智解讀教學對增加國小泛自閉症學生「解讀他人拒絕行為」，以及「開啟與他人適當話題」品質是否具類化成效？

1-4. 教師和家長對心智解讀教學在增加國小泛自閉症學生「解讀他人拒絕行為」，以及「開啟與他人適當話題」成效上有什麼觀感？

2-1. 心智解讀教學對減少國小泛自閉症學生口語攻擊行為次數是否具立即成效？

2-2. 心智解讀教學對減少國小泛自閉症學生口語攻擊行為次數是否具維持成效？

2-3. 心智解讀教學對減少國小泛自閉症學生口語攻擊行為次數是否具類化成效？

2-4. 教師和家長對心智解讀教學在減少國小泛自閉症學生口語攻擊行為成效上有什麼觀感？

b. 一份單一個案研究的目的為：分析故事結構教學對國中學習障礙學生閱讀理解能力的成效，研究問題如下，此敘寫是否適切？

1. 故事結構教學前，國中學習障礙學生在「故事閱讀理解測驗」上的表現為何？
2. 故事結構教學後，國中學習障礙學生在「故事閱讀理解測驗」上的表現為何？

（續）

問題討論 7-4（續）

3. 故事結構教學前後，國中學習障礙學生在「故事閱讀理解測驗」上的表現有何變化？
4. 故事結構教學前，國中學習障礙學生在「自由回憶測驗」上的表現為何？
5. 故事結構教學後，國中學習障礙學生在「自由回憶測驗」上的表現為何？
6. 故事結構教學前後，國中學習障礙學生在「自由回憶測驗」上的表現有何變化？

☛筆者的評論如下：（1）研究問題 3 和研究問題 6 皆分別與研究問題 1、2 及 4、5 重疊；（2）「故事閱讀理解測驗」和「自由回憶測驗」欲評量的是何種閱讀理解能力，在研究問題中僅須具體界定依變項（閱讀理解能力）的內涵和指標，至於該依變項用什麼工具去評量，則在名詞釋義中再做操作性定義，建議修改為：

1. 故事結構教學對增進國中學習障礙學生字面文義閱讀理解，以及推論閱讀理解表現的正確率是否具立即成效？
2. 故事結構教學對增進國中學習障礙學生界定故事結構要素的正確率是否具立即成效？

Wolery 和 Lane（2014）主張在單一個案研究中，只要敘寫研究目的和問題即可，不需要寫研究假設，因為不需從樣本推論至母群。

參、單一個案研究名詞釋義之敘寫

研究中的名詞釋義說明論文題目，以及研究目的和問題中重要關鍵字的意涵或範圍。舉例言之，研究目的為，心智解讀教學對增進國小泛自閉症學生人際互動能力的成效；名詞釋義可包括國小泛自閉症學生、人際互動能力成效和心智解讀教學這三項名詞，見問題討論 7-5。

問題討論　7-5 名詞釋義界定的名詞和排列

一份單一個案研究目的包括分析：正向行為支持對增加多重障礙學生替代技能之成效，正向行為支持對減少多重障礙學生自傷行為之成效；研究問題包括：正向行為支持對增加多重障礙學生替代技能是否具立即成效？正向行為支持對減少多重障礙學生自傷行為是否具立即成效？……等。在名詞釋義中依序定義正向行為支持、多重障礙學生和自傷行為成效。此名詞釋義是否適切？

☛ 第一，研究目的提到替代技能成效，建議還須增加「替代技能成效」之名詞釋義。第二，關鍵字的排列宜為多重障礙學生、自傷行為成效、正向行為支持、替代技能成效。因為先界定「多重障礙學生」；而後敘述該位學生的「自傷行為」和其成效；接著提及以「正向行為支持」介入該位學生的自傷行為；再來定義該正向行為支持教導的「替代技能成效」，如此較具邏輯性。

名詞釋義通常涵蓋**概念性定義**和**操作性定義**（Patten, 2012）。概念性定義是指，學理上給這個名詞下的一般定義，通常範圍會較寬廣，其敘寫會根據文獻。參見問題討論 7-6。

問題討論　7-6 名詞釋義中概念性定義之敘寫

一個研究中關於「同儕教導」的概念性定義為：「同儕教導是指運用跨年齡的同儕擔任小老師，……。」此名詞釋義是否適切？

☛ 此研究對「同儕教導」的概念性定義縮小了同儕教導的範圍，同儕教導不只是運用跨年齡的同儕擔任小老師，還有運用同年齡的同儕來擔任小老師。

而操作性定義是指，將抽象的概念具體化，並且設定其範圍，即**研究範圍**（study scope），它界定了研究涵蓋的時間、地點、研究參與者、研究內容等（Hedrick, Bickman, & Rog, 1993）。此研究範圍能提示研究者往後的研究焦點和界限，以及提供讀者在解釋和應用本研究結果上須注意之處，如圖 7-2。

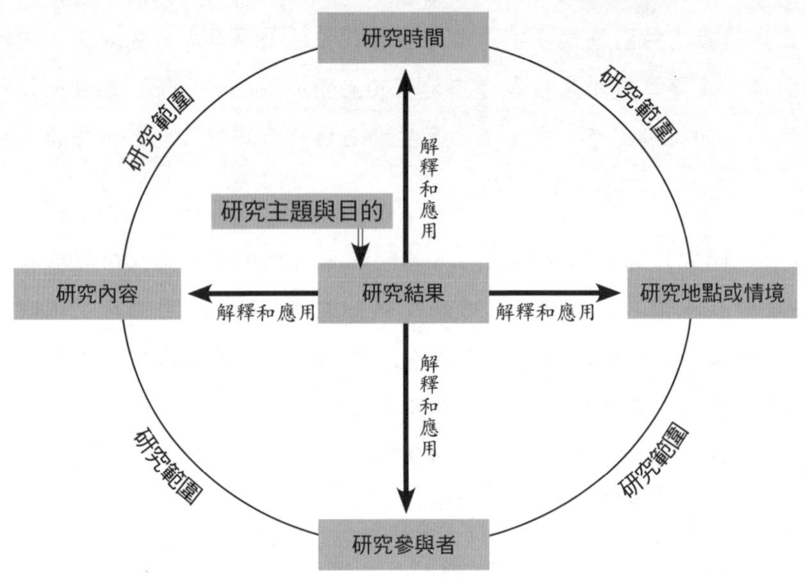

圖 7-2：研究範圍之意涵。

舉例言之，在說明「人際互動能力的成效」時，研究者可先呈現概念性定義（先說明何謂人際互動能力，而後說明成效的定義）；接著敘述操作性定義，具體界定本研究欲介入的人際互動能力（例如：解讀他人拒絕的行為和開啟與他人適當的話題）；再來說明上述人際互動能力的成效是在什麼樣的研究工具上，或是透過什麼樣的資料蒐集方法和來源呈現出的效果，例如在「人際互動能力表現觀察紀錄工具」，以及「重要他人（包含教師和家長）心智解讀教學成效訪談問卷」兩項研究工具上呈現出的效果。在操作性定義重要名詞的內涵上，必須和研究問題一致，前後連貫，參見問題討論 7-7。

問題討論　7-7 名詞釋義中操作性定義之敘寫

一份單一個案研究目的包括分析：功能本位介入對減少情緒行為障礙學生攻擊行為之成效；研究問題包括：功能本位介入對減少情緒行為障礙學生攻擊行為的強度是否具立即成效？……等。在名詞釋義中對攻擊行為成效的操作性定義是減少攻擊行為的次數。此名詞釋義是否適切？

☛ 攻擊行為成效的操作性定義不夠具體，宜明確界定攻擊行為的形態，例如對人做出身體的攻擊，是指用頭撞教師或同學的任何部位。再者，研究者描述攻擊行為的量數是次數，而研究問題是減少攻擊行為的強度，二者不一致。另外，宜說明上述攻擊行為的成效是在什麼樣的研究工具上，或是透過什麼樣的資料蒐集方法和來源呈現出的效果，例如在「攻擊行為觀察紀錄工具」上呈現出的效果。

讀者可以運用「思考問題 8　單一個案研究緒論之敘寫」來撰述。

第三節 單一個案研究設計與實施之敘寫

當心智在進行思考時，同時也在做自我對話。（Plato, n.d.）

本節討論研究方法和架構、研究品質、研究參與者、介入方案、研究工具、資料分析，以及研究過程之敘寫。

壹、研究方法和架構的敘寫

研究者首先須說明採取的研究方法和實驗設計，接著呈現研究架構。

一、研究方法和實驗設計

首先，研究者說明採取的研究方法和實驗設計，包含描述以下四方面：

（一）研究方法和理由

一般來說，研究者根據研究目的選擇適合的方法，而不是因為運用該方法在此目的之研究比較少。因此宜清楚說明本研究的目的、選擇之研究方法的優勢，進而鋪陳出本研究目的適合用此方法來達成。

（二）實驗設計類型和理由

第壹和第貳章已詳述單一個案研究和其中各實驗設計的適用性與優勢，這些都可以陳述為「採取單一個案研究和其中各實驗設計的理由」，筆者整理如附錄 40。研究方法和實驗設計的採取理由宜適當，見問題討論 7-8。

問題討論　7-8 研究方法和實驗設計的採取理由

一份研究在研究方法中寫道：本研究採用單一個案研究中的 A-B-A 撤回設計，探討直接教學法對兩位國小三年級數學學習障礙學生加減法運算的成效。使用單一個案研究的理由有二：（1）研究參與者是數學的學習障礙學生，不易取得合適的大樣本；（2）由於數學學習障礙學生間的個別差異大，較適合小組或個別的補救教學，且為了深入觀察直接教學法在個別學生加減法運算上產生的過程變化。而採用 A-B-A 撤回設計的理由包含，為防止長時間基線評量帶來的練習效應，且避免冗長的評量過程會造成對研究參與者的負面效果（疲倦、挫折、減低學習意願），因此以有系統且依序的方式，將直接教學法應用在研究參與者上，對尚未接受教學的研究參與者不做任何處置，直到教學前才連續蒐集基線資料。

☛ 採用單一個案研究的第一項理由不恰當，所提及之合適的大樣本中的「合適」未清楚界定，是指有加減法運算問題的學習障礙學生嗎？如果

問題討論 7-8（續）

是，讀者可能質疑：這類學生應該滿多的，端賴於研究者是否願意找出來。筆者認為，採用單一個案研究的主要理由應為第二項。採用 A-B-A 撤回設計的理由也不適當，它不能防止長時間基線評量帶來的練習效應，或避免冗長評量造成的負面效果，這是多探測設計的功能。而研究者表示，以有系統且依序的方式，將直接教學法應用在研究參與者上，對尚未接受教學的研究參與者不做任何處置，直到教學前才連續蒐集基線資料，這是多探測設計的作法；事實上，研究者採用同時對兩位學生進行基線期、介入期和維持期的評量。筆者建議理由應改為，兩位國小數學學習障礙學生是資源班中的同一組學生，他們不適合在不同時間進行教學；如果硬要將他們拆開成不同組，有違倫理，故同時對兩位學生進行 A-B-A 撤回設計。

（三）實驗設計的內涵

綜合文獻（Kazdin, 2011; Richards et al., 2013; Tawney & Gast, 1984），各單一個案研究實驗設計皆須說明，**包含哪些階段和階段的研究安排**（在基線期接受評量、等待介入的研究參與者，研究者須說明，在與介入期相同的時間中做了什麼安排）；於介入期說明介入方案的安排；至倒返期說明倒返設計之作法（例如：區別性增強不相容行為的倒返設計、於不同條件引進自變項的倒返設計，如何「倒置或互換」自變項於目標依變項和非目標依變項等）；以及**從基線期進入介入期的階段跨越標準**。另外，尚須描述的內容如下：

1. **倒返或撤回設計**：從介入期至倒返期或基線期$_2$（或撤回期、追蹤期）的**階段跨越標準及其依據**，介入期依變項通常要達到預定標準，才會進入下一個階段，標準的設定宜考慮依變項的重要性、研究參與者在依變項上的基線水準、依變項對研究參與者的難度，以及目標社會效度資料，可以訂定絕對或相對標準，研究者宜說明決定依據，見示例 7-4 和示例 7-5。若採系列撤回設計，還須說明依據什麼原則決定幾個系列撤回期，如何系列撤回介入，達到什麼標準進入下一個系列撤回期，見示例 7-6。

示例 7-4 倒返設計圖

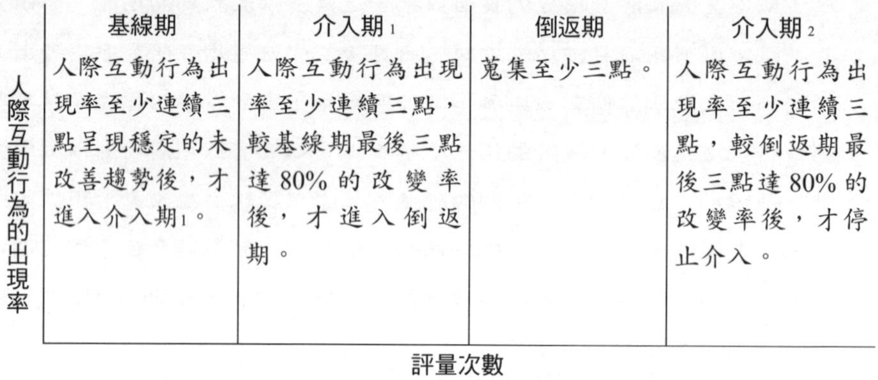

縱軸：人際互動行為的出現率

基線期	介入期1	倒返期	介入期2
人際互動行為出現率至少連續三點呈現穩定的未改善趨勢後，才進入介入期1。	人際互動行為出現率至少連續三點，較基線期最後三點達 80% 的改變率後，才進入倒返期。	蒐集至少三點。	人際互動行為出現率至少連續三點，較倒返期最後三點達 80% 的改變率後，才停止介入。

橫軸：評量次數

圖 1：後效注意對泛自閉症學生人際互動行為成效之倒返設計圖。【本圖呈現了包含哪些階段、階段跨越標準；至於階段的研究安排於內文敘述。】

示例 7-5 撤回設計圖

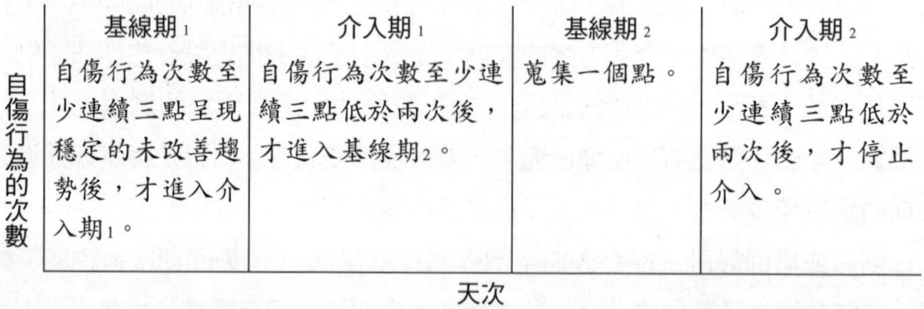

縱軸：自傷行為的次數

基線期1	介入期1	基線期2	介入期2
自傷行為次數至少連續三點呈現穩定的未改善趨勢後，才進入介入期1。	自傷行為次數至少連續三點低於兩次後，才進入基線期2。	蒐集一個點。	自傷行為次數至少連續三點低於兩次後，才停止介入。

橫軸：天次

圖 1：正向行為支持對情緒行為障礙學生自傷行為成效之撤回設計圖。【本圖呈現了包含哪些階段、階段跨越標準；至於階段的研究安排於內文敘述。】

示例 7-6 系列撤回設計圖（以三期撤回為例）

自傷行為的強度	基線期	介入期	撤回期		
			撤回期$_1$	撤回期$_2$	撤回期$_3$
	自傷行為強度至少連續三點呈現穩定的未改善趨勢後，進入介入期。	自傷行為強度至少連續三點，較基線期最後三點平均值改變率達80%後，才進入撤回期$_1$。	（撤回介入方案中的5個策略） 自傷行為強度至少連續三點維持介入期最後三個點的平均水準，才進入撤回期$_2$。	（撤回介入方案中的9個策略） 自傷行為強度至少連續三點維持撤回期$_1$最後三點的平均水準，才進入撤回期$_3$。	（撤回介入方案中的12個策略） 蒐集至少三個點。

觀察次數（3 次／週）（一次 50 分鐘）

圖 1：正向行為支持對極重度自閉症學生自傷行為成效之系列撤回設計圖。修改自鈕文英指導之碩士生——黃琬清（2010）的論文。【本圖呈現了包含哪些階段、階段跨越標準、有幾個系列撤回期，以及達到什麼標準才進入下一個系列撤回期。至於階段的研究安排，依據什麼原則決定幾個系列撤回期，則於內文敘述。】

2. **多基線設計：**（1）**跨幾個參與者（或小組）、行為（或依變項）抑或條件，和選擇時的考量；**（2）研究參與者（或小組）、行為（或依變項）抑或條件之**介入順序的決定依據；**（3）**介入第二或第三個研究參與者（或小組）、行為（或依變項）抑或條件的標準及其決定依據**，見示例 7-7。
3. **多探測設計：**除了須說明上述多基線設計宜包含的要項外，尚須描述**如何安排依變項資料的探測**，見示例 7-8。

示例 7-7 跨參與者多基線設計圖

自傷行為的次數		基線期	介入期
	研究參與者甲	自傷行為次數至少連續三點呈現穩定的未改善趨勢後，才進入介入期。	自傷行為次數至少連續三點低於兩次，才介入研究參與者乙，且至少連續三點低於零次後才停止介入。
	研究參與者乙	自傷行為次數至少連續三點呈現穩定的未改善趨勢，且參與者甲已達預定標準後，才進入介入期。	自傷行為次數至少連續三點低於兩次，才介入研究參與者丙，且至少連續三點低於零次後才停止介入。
	研究參與者丙	自傷行為次數至少連續三點呈現穩定的未改善趨勢，且研究參與者乙已達預定標準後，才進入介入期。	自傷行為次數至少連續三點低於零次後才停止介入。

天次

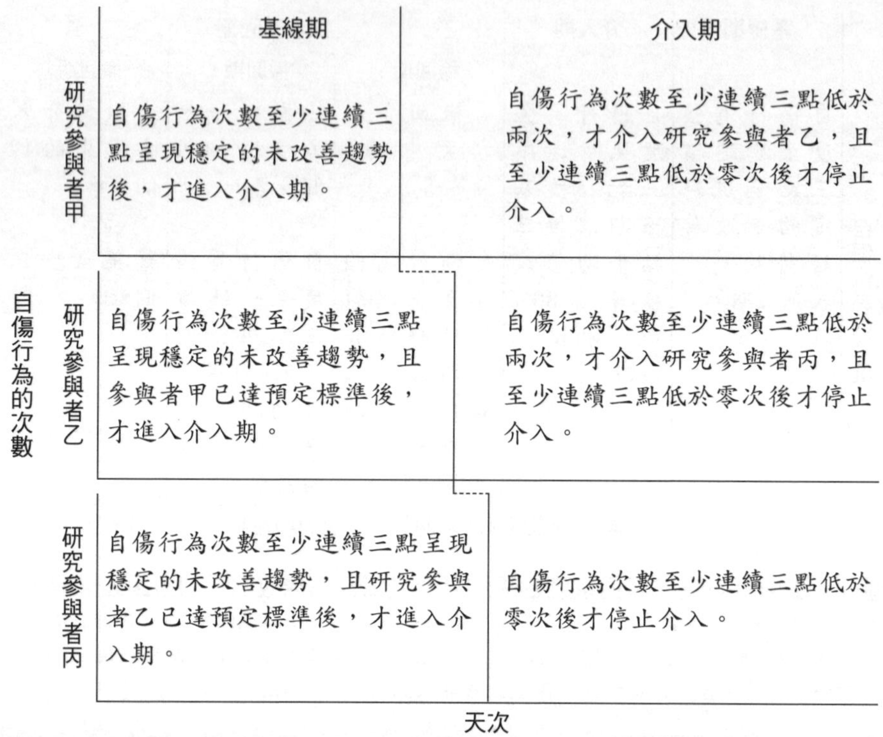

圖 1：正向行為支持對重度障礙學生自傷行為成效之跨參與者多基線設計圖。
決定哪一位研究參與者先介入，是看哪一位研究參與者的自傷行為較為嚴重，影響層面較大，其自傷行為的介入較為重要。**【本圖呈現了包含哪些階段，基線期進入介入期的跨越標準，跨幾位研究參與者，介入順序的決定依據，以及介入第二或第三位研究參與者的標準。至於階段的研究安排，以及依據什麼原則決定幾位研究參與者，則於內文敘述。】**

示例 7-8 跨參與者多探測設計圖

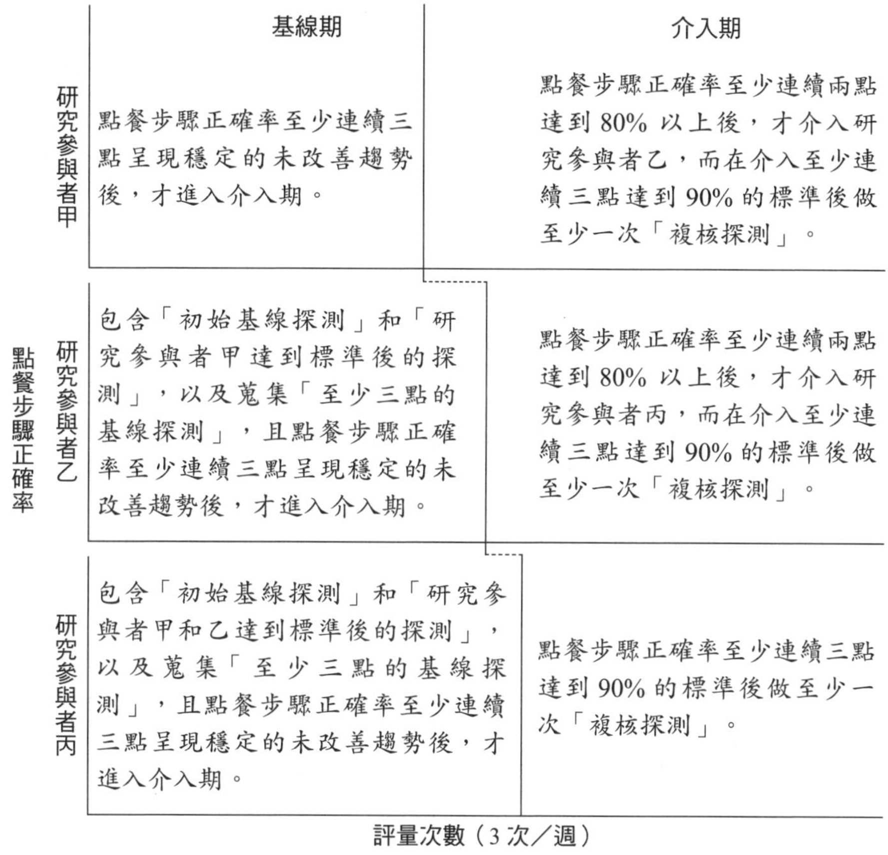

點餐步驟正確率		基線期	介入期
	研究參與者甲	點餐步驟正確率至少連續三點呈現穩定的未改善趨勢後，才進入介入期。	點餐步驟正確率至少連續兩點達到 80% 以上後，才介入研究參與者乙，而在介入至少連續三點達到 90% 的標準後做至少一次「複核探測」。
	研究參與者乙	包含「初始基線探測」和「研究參與者甲達到標準後的探測」，以及蒐集「至少三點的基線探測」，且點餐步驟正確率至少連續三點呈現穩定的未改善趨勢後，才進入介入期。	點餐步驟正確率至少連續兩點達到 80% 以上後，才介入研究參與者丙，而在介入至少連續三點達到 90% 的標準後做至少一次「複核探測」。
	研究參與者丙	包含「初始基線探測」和「研究參與者甲和乙達到標準後的探測」，以及蒐集「至少三點的基線探測」，且點餐步驟正確率至少連續三點呈現穩定的未改善趨勢後，才進入介入期。	點餐步驟正確率至少連續三點達到 90% 的標準後做至少一次「複核探測」。

評量次數（3 次／週）

圖 1：通例課程方案對三位智能障礙學生點餐技能成效之多探測設計。決定哪一位研究參與者先介入，是以初始基線探測資料最不佳者優先；若都一樣，則看哪一位研究參與者用餐技能的良窳影響層面較大，它的介入較為重要。【本圖呈現了包含哪些階段，基線期進入介入期的跨越標準，跨幾位研究參與者，介入順序的決定依據，介入第二或第三位研究參與者的標準，以及如何安排依變項資料的探測。至於階段的研究安排，以及依據什麼原則決定幾位研究參與者，則於內文敘述。】

4. 逐變標準設計：（1）預定標準變化數目；（2）預定標準變化幅度或決定策略，與設定時考慮的原則；以及（3）次階段的長度，也就是不同預定標準間的跨越標準，見示例 7-9。
5. 交替介入設計：（1）比較的自變項形態（是單一介入，或是單一介入和介入包裹）和彼此間的差異處（例如：教材、教法等差異）；（2）兩種以上的自變項如何被交替呈現；（3）帶進不同自變項後，依變項蒐集的資料點數；（4）如何決定哪一種自變項較有效，見示例 7-10。

示例 7-9 逐變標準設計圖（以四個標準變化數目為例）

國語抄寫作業完成百分比	基線期	介入期（視研究參與者的表現決定是否須調整預定標準和標準變化數目）			
		CR_1 = 基線期 + 15%	CR_2 = CR_1 + 15%	CR_3 = CR_2 + 15%	CR_4 = CR_3 + 15%
	作業完成百分比至少連續三點呈現穩定的未改善趨勢後，才進入介入期。	國語抄寫作業完成百分比至少連續三點較基線期中數水準增加 15% 後，才進入 CR_2。	國語抄寫作業完成百分比至少連續三點較 CR_1 中數水準增加 15% 後，才進入 CR_3。	國語抄寫作業完成百分比至少連續三點較 CR_2 中數水準增加 15% 後，才進入 CR_4。	國語抄寫作業完成百分比至少連續三點較 CR_1 中數水準增加 15% 後，才停止介入。

評量次數

圖 1：自我監控策略對注意力不足／過動症學生國語抄寫作業完成度之成效。CR 是指預定標準。【本圖呈現了包含哪些階段，基線期進入介入期的跨越標準，預定標準和標準變化數目、標準變化幅度或決定策略，以及次階段的長度（亦即不同預定標準間的跨越標準）。至於階段的研究安排，以及依據什麼原則設定標準變化數目、預定標準和標準變化幅度則於內文敘述。】

示例 7-10 調整的交替介入設計圖（包含基線期與最佳介入期的三階段交替介入設計）

	基線期	交替介入期	最佳介入期
識字正確率	識字正確率至少連續三點呈現穩定的未改善趨勢後，才進入介入期。	採取對抗平衡的方式，以固定的規則，對兩組難度相似且獨立的國字，交替實施兩種識字教材（即第一週的週一實施一般識字教材，週三實施基本字帶字加部首表義識字教材；第二週的週一實施基本字帶字加部首表義識字教材，週三實施一般識字教材，以此類推）。實施後，各蒐集至少六個資料點，且檢視哪一種識字教材最快達到預定標準（即識字正確率達 80%），亦即「達到標準的嘗試數」最少後，才進入最佳介入期。如果兩種識字教材「達到標準的嘗試數」一樣多，則分別求得兩種識字教材的中數水準，比較何者較高。	對兩組字實施最佳介入，各蒐集六個資料點。

評量次數（2 次／週）

圖 1：比較兩種教材對智能障礙學生識字成效之交替介入設計圖。【本圖呈現了包含哪些階段；基線期進入介入期的跨越標準；比較幾種自變項，它們如何被交替呈現；決定哪一種自變項較為有效的策略是什麼。至於階段的研究安排，以及比較之自變項形態和彼此間的差異處則於內文敘述。】

6. **多重介入設計：**（1）**比較的自變項形態**（是單一介入，或是單一介入和介入包裹）**和彼此間的差異處**（例如：教材、教法等差異）；（2）**不同自變項的安排次序和其依據**；（3）帶進不同自變項後，**依變項蒐集的資料點數**；（4）**如何決定哪一種自變項較有效**，見示例 7-11。

示例 7-11 多重介入設計圖（以 A-B-C-A-C-B 設計為例）

	基線期	介入期1		倒返期	介入期2	
	A_1	B_1 固定時距間歇增強	C_1 不固定時距間歇增強	A′ 區別性增強其他行為	C_2 不固定時距間歇增強	B_2 固定時距間歇增強
課堂參與率	課堂參與率至少連續三點呈現穩定的未改善趨勢後，才進入介入期。	蒐集五個資料點。	蒐集五個資料點。	蒐集三個資料點。	蒐集五個資料點。	蒐集五個資料點。

節次

圖 1：比較兩種增強時間表對注意力不足／過動症學生課堂參與成效之多重介入設計圖。決定哪一種增強時間表較為有效的策略是，檢視哪一種最快達到預定標準（即課堂參與率達 80%），亦即「達到標準的嘗試數」最少；如果兩種增強時間表「達到標準的嘗試數」一樣多，則分別求得 B_1 和 B_2、C_1 和 C_2 的中數水準，比較何者較高。【本圖呈現了包含哪些階段；基線期進入介入期的跨越標準；比較幾種自變項，不同自變項的安排次序；帶進不同自變項後，依變項資料的蒐集點數；決定哪一種自變項較為有效的策略是什麼。至於階段的研究安排、比較之自變項形態和彼此間的差異處，以及不同自變項次序的安排依據，則於內文敘述。】

7. **結合組間設計：比較組在實驗處理期間接受什麼樣的安排；**假如比較組接受不同的自變項，宜清楚說明實驗組和比較組接受的兩種不同自變項，是屬於教材、教法或其他方面的差異。除此，宜敘述另一種設計的內容。舉跨參與者多基線設計結合組間設計為例，如示例 7-12。

示例 7-12 跨參與者多基線設計結合組間設計

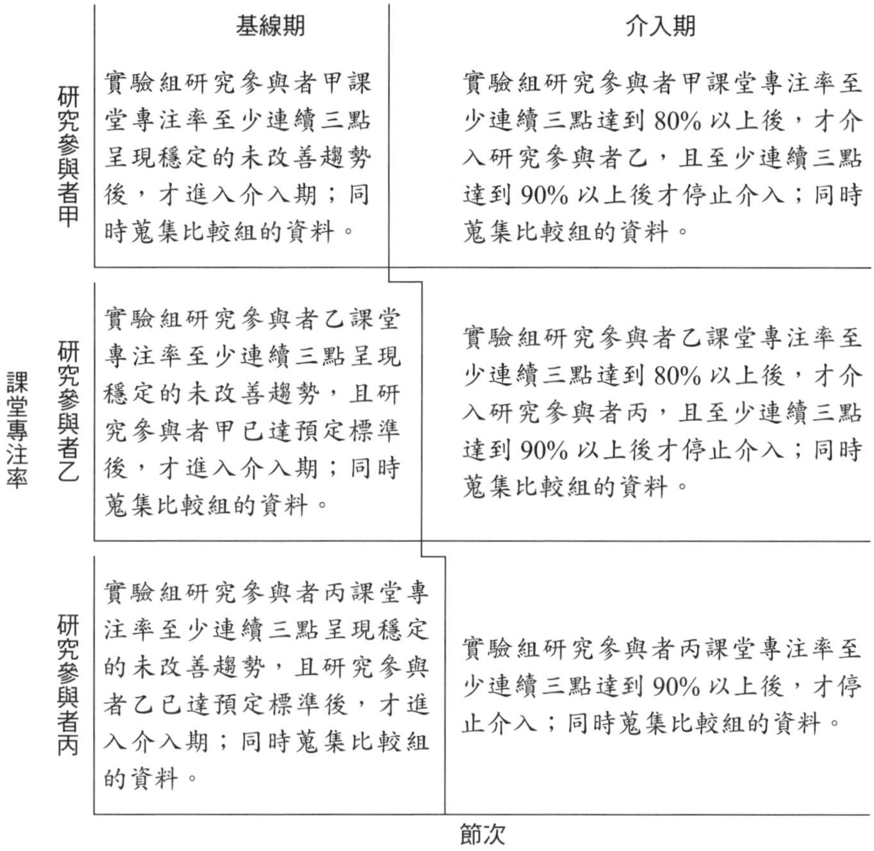

課堂專注率		基線期	介入期
	研究參與者甲	實驗組研究參與者甲課堂專注率至少連續三點呈現穩定的未改善趨勢後，才進入介入期；同時蒐集比較組的資料。	實驗組研究參與者甲課堂專注率至少連續三點達到 80% 以上後，才介入研究參與者乙，且至少連續三點達到 90% 以上後才停止介入；同時蒐集比較組的資料。
	研究參與者乙	實驗組研究參與者乙課堂專注率至少連續三點呈現穩定的未改善趨勢，且研究參與者甲已達預定標準後，才進入介入期；同時蒐集比較組的資料。	實驗組研究參與者乙課堂專注率至少連續三點達到 80% 以上後，才介入研究參與者丙，且至少連續三點達到 90% 以上後才停止介入；同時蒐集比較組的資料。
	研究參與者丙	實驗組研究參與者丙課堂專注率至少連續三點呈現穩定的未改善趨勢，且研究參與者乙已達預定標準後，才進入介入期；同時蒐集比較組的資料。	實驗組研究參與者丙課堂專注率至少連續三點達到 90% 以上後，才停止介入；同時蒐集比較組的資料。

節次

圖 1：自我管理方案對注意力不足／過動症學生課堂專注之成效。實驗組包含研究參與者甲、乙和丙，決定哪一位研究參與者先介入，是看哪一位的課堂專注行為較嚴重，影響層面較大，其課堂專注行為的介入較為重要。比較組為三位實驗組研究參與者的同班同學，每節課隨機選取一名做觀察，以與實驗組做比較。**【本圖呈現了包含哪些階段，基線期進入介入期的跨越標準，跨幾位研究參與者，介入順序的決定依據，以及介入第二或第三位研究參與者的標準。至於階段的研究安排，依據什麼原則決定幾位研究參與者，以及比較組在實驗介入期間接受什麼樣的安排，則於內文敘述。】**

(四)實驗設計遭遇問題的因應方法

針對該實驗設計會遭遇的問題，說明因應方法(若有的話)。第貳章已詳述單一個案研究設計可能遭遇的問題和因應策略，筆者摘要整理於附錄 41，研究者可以說明問題和他能執行的因應策略。筆者舉示例 7-13 呈現採取的方法和實驗設計之撰寫。

二、研究架構

研究架構中包含了自變項和依變項，須描述的內容如下：

(一)自變項

自變項即實驗處理(介入方案)，像是教學方案、處理方案，研究者可以將它放在研究方法和架構中敘寫，也可以另立一節(例如：實驗處理、介入方案、教學方案、處理方案)描述，見後文「肆、介入方案之敘寫」。

除此，在基線期接受評量、等待介入的研究參與者，研究者須說明，在與介入期相同的時間中做了什麼安排。如果有比較組，則須說明其在實驗介入期間接受什麼樣的安排；假如是對照組，接受不同的介入方案，欲比較實驗組和比較組接受不同介入方案的差異，還須清楚說明這兩種介入方案間是哪方面的差異(Rumrill et al., 2011)。同樣地，單一個案研究中的比較介入設計，在比較同一位研究參與者接受不同介入的差異，亦須說明不同介入方案間的差異處。此差異包含了教材，教學(或學習)方法、策略，教具、科技輔具，教學人員，教學或學習時間，教學(或學習)地點、情境，教學或學習的數量，或其他等方面，已在第貳章討論過。

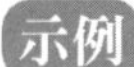 7-13 單一個案研究方法和實驗設計之敘寫

第一節　研究方法

一、研究方法和實驗設計

本研究在探討社會故事教學方案，對減少國小注意力不足／過動症學生攻擊行為，和增加正向社會行為的成效。此目的在推論自變項和依變項間的因果關係，加上注意力不足／過動症學生的攻擊行為形態和功能具有極大的個別差異，採個別方式介入較易收到成效；除此，為了對個別參與者做深入的觀察，偵測自變項在研究參與者依變項上產生的過程變化，所以使用單一個案研究【採取的方法和理由】。

至於實驗設計，由於本研究的注意力不足／過動症學生有兩種形態的攻擊行為需介入，故採取「跨行為多基線設計」【實驗設計】，為了避免多基線設計「不一致介入效果」和「基線行為共變」的問題，研究者參考 Tawney 和 Gast（1984）的說法，找出形態近似且功能獨立的兩項需介入的攻擊行為，即推人和拉人頭髮；正向社會行為則是配合上述兩項攻擊行為，界定出的具有相同功能之正向社會行為，包括……【針對實驗設計遭遇的問題說明克服的方法，並陳述跨幾個行為和選擇時的考量】。

另外，依據 Tawney 和 Gast（1984）的說法，多基線設計最好能有三條基線，而介入對象僅有這兩項行為需介入；為因應此限制，參考 Tawney 和 Gast 的建議，最好能針對其中一條基線進行撤回，於是除了基線期、介入期外，研究者加入撤回期，撤回社會故事教學方案的介入，評量推人和拉人頭髮兩項行為的表現【針對實驗設計遭遇的問題說明克服的方法】。兩項攻擊行為中，研究者先介入「推人」行為，原因為研究者觀察和訪談介入對象之班級導師，認定推人行為發生次數較多，而且影響範圍較廣，需要優先介入【行為之介入順序的決定依據】。

本研究共包含基線期、介入期和撤回期三個階段，研究者在基線期，為確保其公平性，在與介入期相同的時間（即早自習）中，提供「注意的安慰

（續）

示例 7-13（續）

劑」，但未做介入，並做觀察【包含哪些階段和階段的研究安排】，蒐集至少八個資料點，且推人和拉人頭髮至少連續三點呈現穩定的未改善（即退步或不佳之等速）趨勢後，才進入介入期，此乃依據 Tryon（1982）的說法，要計算 *C* 統計，每個階段至少須蒐集八個點【從基線期進入介入期的階段跨越標準】。進入介入期後，開始實施社會故事教學方案【階段的研究安排】，待推人行為次數至少連續三點在兩次以下，才介入拉人頭髮行為【介入第二個行為的標準】；而在推人和拉人頭髮兩項行為，至少連續三點在 0 次以下，並且至少蒐集八個點才進入撤回期【從介入期至撤回期的階段跨越標準】，撤除社會故事教學方案【階段的研究安排】，撤回期至少蒐集八個點，整個實驗設計如圖 1。

	基線期	介入期	撤回期
推人（次數和強度） 正向社會行為 1（次數）	蒐集至少八個點，且推人行為至少連續三點呈現穩定的未改善趨勢後，才進入介入期。	蒐集至少八個點，推人行為至少連續三點減少至兩次以下才介入拉人頭髮行為，且達到 0 次後，才進入撤回期。	蒐集至少八個點
拉人頭髮（次數和強度） 正向社會行為 2（次數）	蒐集至少八個點，拉人頭髮行為至少連續三點呈現穩定的未改善趨勢，且推人行為達到預定標準後，才進入介入期。	蒐集至少八個點，且拉人頭髮行為至少連續三點減少到 0 次後，才進入撤回期。	蒐集至少八個點

觀察次數（週一至週五第二節下課的 15 分鐘）

圖 1：本研究設計圖〔整理和增修自鈕文英指導之碩士生——林宛儒（2005，60-61 頁）的論文〕。

（二）依變項

依變項須說明：（1）依變項是什麼和其操作性的定義，若有直接和間接依變項，則須釐清；（2）依變項之成效類型，是屬於立即、維持或類化成效評量，而維持成效是多長時間的維持成效，類化成效是何種刺激或（和）反應類化成效；（3）如何評量依變項，包含評量方法、工具、設計者、每一個階段評量的實施方式（含括實施者，實施時間、次數和長度，實施情境），若有類化成效的評量，亦須說明評量的實施方式。前兩項可在研究架構中敘寫，至於第三項詳細的評量說明，可以在「研究工具」中呈現。延續示例 7-13，舉例說明研究架構如示例 7-14。

示例 7-14 單一個案研究架構之敘寫

二、研究架構

本研究之自變項為社會故事教學方案【自變項】，詳細的內容見第三節介入方案。介入對象為一位國小注意力不足／過動症學生，依變項為攻擊行為次數和強度減少，與正向社會行為次數增加的立即和維持成效，維持成效是撤除自變項後的短期維持成效。而攻擊行為的定義是……；正向社會行為是……【依變項和其操作性定義，以及成效類型】。評量方法為觀察和訪談，分別表現在「攻擊行為觀察紀錄工具」、「正向社會行為觀察紀錄工具」，以及「攻擊行為成效導師訪談問卷」三份研究工具上，其詳細的內容見第四節研究工具【如何評量依變項】。整個研究架構如圖 2【研究架構】。

（續）

示例 7-14（續）

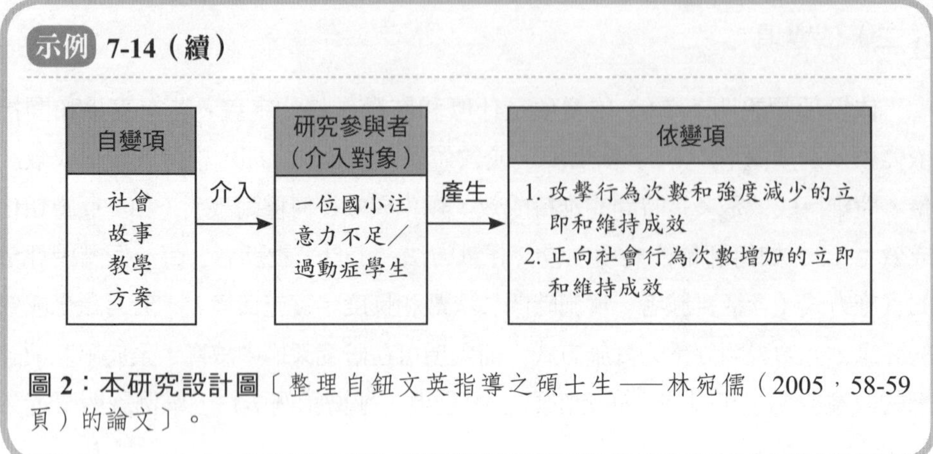

圖 2：本研究設計圖〔整理自鈕文英指導之碩士生——林宛儒（2005，58-59 頁）的論文〕。

上述研究架構是針對因果性研究問題，如屬差異性研究問題，須做一些修改，參見問題討論 7-9。

問題討論 7-9 單一個案差異性問題的研究架構

一份研究在比較字族文識字教材和一般識字教材，對國小智能障礙學生識字成效之差異，研究架構如圖 1。此研究架構圖是否適當？

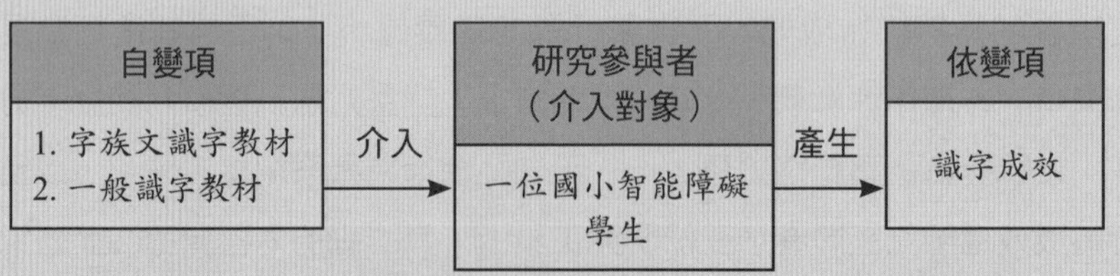

圖 1：比較字族文和一般識字教材對國小智能障礙學生識字成效之差異（修改前的架構圖）。

☛ 此研究架構圖會讓人誤以為結合兩種識字教材，介入國小智能障礙學生。除此，未操作性定義依變項，筆者建議修改為圖 2。

問題討論 7-9（續）

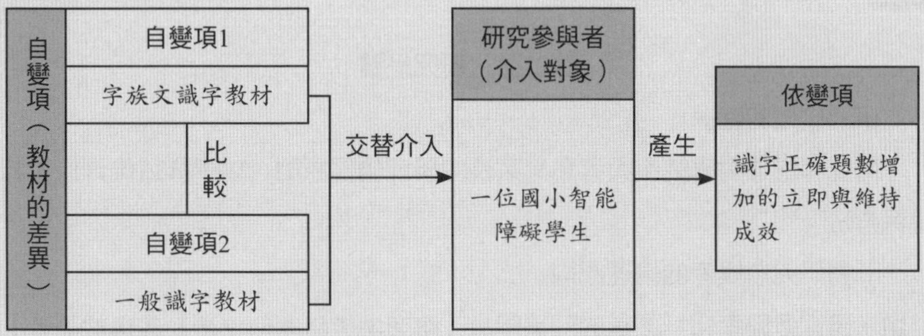

圖 2：比較字族文和一般識字教材對國小智能障礙學生識字成效之差異（修改後的架構圖）。

讀者可以運用「思考問題 9　單一個案研究設計與實施之敘寫（一）：研究方法」來撰述。

貳、研究品質之敘寫

研究品質之敘寫包含研究倫理的確保，以及內在效度的提升和外在效度的增進三方面，詳述如下。

一、研究倫理的確保

在擬訂研究計畫時，研究者首先須說明，會注意哪些對「人」的倫理原則和考量文化議題（可參考第伍章），並在論文中述明具體作法，見示例 7-15 和問題討論 7-10。

示例 7-15 確保研究倫理之敘寫

第二節　研究品質

一、研究倫理的確保

研究者恪遵對研究參與者和其家長的研究倫理原則，以下詳述倫理原則和確保方法。

（一）對研究參與者的倫理原則

1. 徵求研究參與者和其家長的知情同意【說明知情同意的作法和掌握的要素】

因研究參與者為未成年之國中智能障礙學生，故除了徵求他的同意外，還尋求其家長的知情同意【確保知情同意「能力」此要素】。由於研究參與者能閱讀，研究者先以書面文字呈現邀請函（如附錄……），再加上口頭告知家長【確保知情同意「理解」此要素】自己的身分和目的、研究活動規畫和對其孩子的助益、……研究者在研究過程中會採取的倫理原則等【確保知情同意「知識」此要素】，邀請他讓孩子參與研究。在徵求同意的過程中，由於研究者和研究參與者是師生關係，為確保參與的「自主性」，研究者告知家長有選擇讓其孩子參加和隨時想退出的自由；若他不同意孩子參與研究，他的孩子仍在原班級學習，不會影響他在校成績或任何學習權益。即使家長同意孩子參加，您和您孩子也有權利隨時退出，不用擔心會對孩子和研究者有任何不良影響。待家長確實了解研究內容，同意孩子參加研究後，才給予同意書簽署【確保知情同意「自主」此要素】。

2. 尊重研究參與者的隱私權及注意匿名和保密原則

為保障研究參與者的隱私，於資料呈現時會遵守匿名原則，以不易讓人辨認、不易聯想之化名呈現研究參與者資料。此外，有關研究參與者相關資訊亦會加以保密，除作為研究用途外，未徵得研究參與者和其家長同意下，不會給予和研究無關之他人，並於研究結束後，進行資料銷毀【說明尊重隱私、匿名和保密的作法】。

示例 7-15（續）

（二）對研究參與者之家長的研究倫理原則【說明對家長的研究倫理原則，這些會呈現在邀請函或同意書中讓家長獲知。】

研究者確保研究參與者之家長有取得研究資料，得知資料將做何用途、做什麼處理和保存、如何呈現，以及提供意見的權利。假使孩子中途與事後退出，研究者會刪除所有關於孩子的資料，不會納入分析。除此，在研究結束後，研究者向家長解釋研究結果，並持續提供諮詢服務。

問題討論 7-10 研究倫理的敘寫

一份論文寫道，本研究會注意鈕文英（2018）所提六項倫理原則：（1）以誠實且尊重的態度對待研究參與者；（2）取得研究參與者的知情同意；（3）尊重研究參與者的隱私，以及注意匿名與保密原則；（4）讓研究參與者受惠並避免他們受到傷害；（5）讓研究參與者得知研究結果；（6）注意研究寫作和審核的倫理。而在同意函中並未敘明研究參與者有得知研究結果的權利，以及研究者會注意匿名與保密這兩項倫理原則。此寫法是否適切？

☛ 此寫法不適切，筆者的評論如下：（1）研究者敘述會注意審核的倫理，不合理，建議刪除之；（2）此處只須明列對「人」的倫理原則，不用列出研究寫作的倫理，建議刪除之；（3）同意函中未敘明研究參與者的權利，以及研究者會注意的倫理原則，建議加入；（4）此原則抄自教科書，未呈現確保倫理原則的具體作法，像是如何讓研究參與者受惠並避免其受到傷害，建議具體化，例如讓研究參與者閱讀和檢核蒐集的資料，並決定公開哪些資料在論文中。

二、內在效度的提升

接著，思考有哪些可能威脅內在效度的來源，如何排除或控制它們的影響；如果無法完全控制，研究者將如何監測它們（可參考第伍章第五節和附錄34）。部分單一個案研究論文不是沒寫如何提升內在效度，就是在控制變項上的敘寫不完整，僅包含教學者、教學時間和地點；筆者認為研究者僅控制了介入方案這個威脅來源，事實上，還有一些威脅來源未加以控制，見問題討論 7-11。

問題討論 7-11 提升內在效度之作法

一份研究以跨小組的多探測設計，分析故事文法教學對增進國小智能障礙學生閱讀理解能力的成效，呈現的研究架構圖如下，其中控制變項的敘寫是否適切？

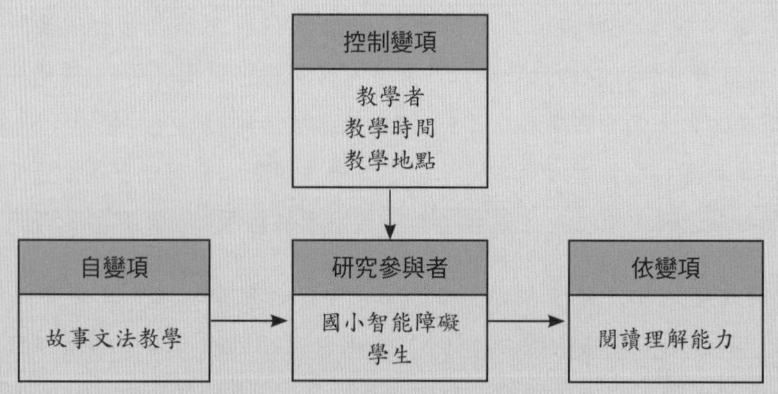

☛ 筆者認為研究者僅控制了「介入方案」方面的威脅來源；事實上，還有一些威脅來源，例如研究者、研究參與者、依變項的評量、研究過程等方面未加以控制。而介入方案中，還有「介入方案的實施程序」需控制。除此，研究者未說明控制的具體作法。

延續示例 7-13 單一個案研究方法之敘寫，示例 7-16 說明提升內在效度的方法，包括可能威脅內在效度的來源和因應方法。研究者亦可以只敘寫提升內在效度的方法，省略內在效度的威脅來源，因為它只是協助研究者撰寫因應方法的媒介，並且放在研究架構中一起呈現，見示例 7-17，而後再詳述。

示例 7-16 單一個案研究論文中提升內在效度的敘寫

二、內在效度的提升

研究者從研究參與者、研究者、介入方案、研究變項評量和研究過程五方面，將可能威脅本研究內在效度的來源和因應方法整理於表 1，以這些方法提升本研究的內在效度。

表 1

本研究可能威脅內在效度的來源和因應方法

可能威脅研究內在效度的來源	因應研究內在效度威脅來源的方法（針對的威脅來源）
1. 研究參與者方面 1-1. 介入對象特徵（閱讀能力、服藥）產生的負面影響 1-2. 介入對象流失產生的負面影響 2. 研究者方面 2-1. 研究者的反作用力 2-2. 研究者在評量上的偏差 3. 介入方案方面 3-1. 社會故事教學方案的內容和社會效度低	1. 介入對象目前有服藥控制過動行為，服藥是外在變項。因為讓他停止服藥有違倫理，於是「保持固定」控制之，也就是從基線期、介入期至撤回期皆讓他服藥。（針對 1-1） 2. 取樣時考慮介入對象是否具備基本的閱讀能力，以控制它對研究的干擾，詳見論文第二節研究參與者。（針對 1-1） 3. 安排另一位對象為備案。（針對 1-2） 4. 研究者保持客觀中立的態度，採取雙盲法，不讓研究參與者和協同觀察者知道研究假設，以及不讓協同觀察者知道錄影資料屬於哪個階段。（針對 2-1） 5. 研究者客觀且確實地評量，取得「攻擊行為觀察紀錄工具」和「正向社會行為觀察紀錄工具」觀察信度的資料，詳見論文第四節研究工具。（針對 2-2 和 4-1）

（續）

示例 7-16（續）

表 1（續）

可能威脅研究內在效度的來源	因應研究內在效度威脅來源的方法（針對的威脅來源）
3-2. 社會故事教學方案的實施不適當 3-3. 多重介入的干擾 3-4. 社會故事教學方案應用在不相似的攻擊行為上，且效果又不一致 4. 研究變項評量方面 4-1. 評量攻擊和正向社會行為介入成效的工具品質不佳 4-2. 評量攻擊和正向社會行為成效的工具實施不適當 5. 研究過程方面 5-1. 影響介入對象情緒行為之非預期事件帶來的干擾 5-2. 基線行為共變產生的負面影響 5-3. 對介入方案未做嚴密控制的干擾	6. 請專家檢核社會故事教學方案的內容，與進行前導研究，以確保它的「內容效度」，以及請導師檢視其「目標和程序社會效度」，詳見論文第三節介入方案。（針對 3-1） 7. 研究者完整且適切地實施社會故事教學方案，並且檢核「介入的完整性」，詳見論文第三節介入方案。（針對 3-2） 8. 取樣時排除過去曾接受類似社會故事教學方案的對象；並且提醒其他未參與本研究的教師和家長，不要實施任何介入攻擊行為的策略。（針對 3-3） 9. 找出形態近似、功能獨立的兩項攻擊行為（即推人和拉人頭髮）做介入。（針對 3-4 和 5-2） 10. 請專家檢核「攻擊行為觀察紀錄工具」和「正向社會行為觀察紀錄工具」的內容效度，詳見論文第四節研究工具。（針對 4-1） 11. 由研究者評量，並且設定標準化的評量方法、時間、地點、情境和程序，以及每階段安排至少三次的評量，詳見論文第四節研究工具。（針對 4-2） 12. 監測研究期間干擾介入對象情緒行為的非預期事件。（針對 5-1） 13. 確保依原先計畫撤除社會故事教學方案，未擴散它至撤回期。（針對 5-3）

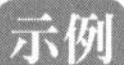

示例 7-17 單一個案研究架構和提升內在效度作法之敘寫

二、內在效度的提升

關於內在效度的提升方法，如圖 1，研究者從研究參與者、研究者、介入方案、依變項評量和研究過程五方面詳述如下。

方法

1. 研究參與者方面：（1）保持固定服藥；（2）選取具備基本閱讀能力的介入對象；（3）安排另一位對象為備案。
2. 研究者方面：研究者採用雙盲法以保持客觀中立的態度。
3. 介入方案方面：（1）確保社會故事教學方案的內容和社會效度；（2）由研究者實施並檢核「介入完整性」；（3）避免多重介入的干擾；（4）介入形態近似、功能獨立的攻擊行為。
4. 依變項評量方面：（1）確保攻擊和正向社會行為評量工具的內容效度；（2）研究者採標準化情境和程序評量並取得觀察信度。
5. 研究過程方面：監測非預期事件。

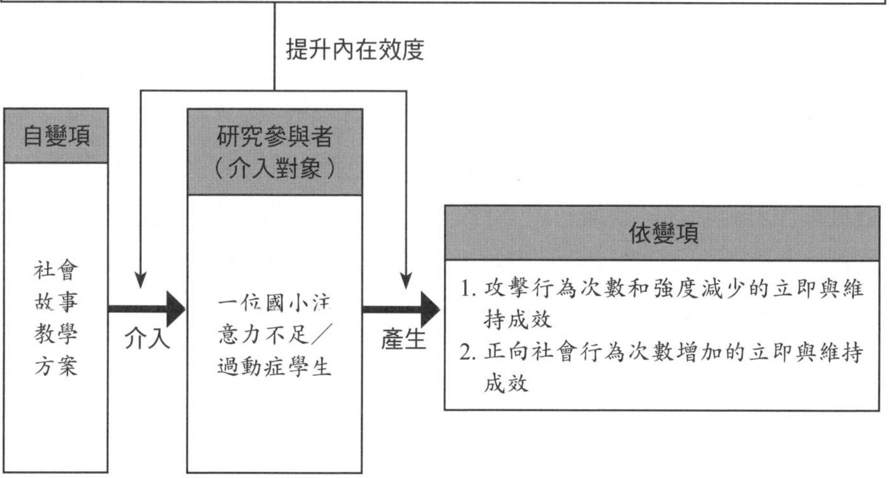

圖 1：研究架構與提升內在效度的方法。

（續）

示例 **7-17（續）**

（一）研究參與者方面

1. 保持固定服藥

介入對象目前有服藥控制過動行為，服藥是外在變項。因為讓他停止服藥有違倫理，於是「保持固定」控制之，也就是從基線期、介入期至撤回期皆讓他服藥。

2. 選取具備基本閱讀能力的介入對象

……（省略後面的內容）

三、外在效度的增進

在外在效度方面，擬訂研究計畫時，研究者宜思考有哪些可能威脅研究外在效度的來源，如何因應之。單一個案研究重視生態效度，在擬訂研究計畫時，宜思考要注意哪些可能威脅研究外在生態效度的來源，如何因應這些威脅來源，提升生態效度（這個部分可參考第伍章和附錄 35 的內容）。除此，外在效度還有時間、成果、介入變異效度，研究者若有採取特定作法，以增加這些層面的外在效度，亦可說明之。延續示例 7-17，以示例 7-18 說明提升外在效度的方法，包括可能威脅生態效度的來源和因應方法，研究者可以只敘寫生態效度威脅來源的因應方法，省略可能威脅生態效度的來源，因為它只是協助研究者撰寫因應方法的媒介。

示例 **7-18 單一個案研究論文中提升外在效度之敘寫**

三、外在效度的增進

研究者將可能威脅本研究生態效度的來源和因應方法，整理於表 1，以此因應方法來提升本研究的生態效度。

 **7-18（續）**

表 1

本研究可能威脅生態效度的來源和因應方法

可能威脅研究生態效度的來源	因應研究生態效度威脅來源的方法（針對的威脅來源）
1. 社會故事方案的內容不被接受和太過特殊化。 2. 攻擊和正向社會行為的評量與應用情境差異太大。	1. 載明社會故事教學方案的內容，而此方案的目標和程序具社會效度。（針對 1） 2. 社會故事教學方案採用的教材不會太特殊，且依據介入對象遭遇的人際問題情境編寫，在欲推論應用的情境中易於複製。（針對 1） 3. 社會故事教學方案的實施者為研究者，而研究者是介入對象的資源教師，未來可在應用情境中繼續實施。（針對 1） 4. 社會故事教學方案的實施時間在介入對象容易出現攻擊行為的下課時間，且介入情境是在自然情境。（針對 1） 5. 攻擊和正向社會行為成效的評量者為研究者，而研究者是介入對象的資源教師，未來可在應用情境中繼續評量。（針對 2） 6. 攻擊和正向社會行為成效的評量方式為觀察，其實施程序不會太複雜，在欲推論應用的情境中易於複製。（針對 2） 7. 攻擊和正向社會行為成效的評量地點就在介入對象的班級，評量時間就在介入對象容易出現攻擊行為的下課時間。（針對 2）

除此，為提升「成果效度」，研究者找出形態近似的兩項行為，即攻擊行為中的推人和拉人頭髮進行介入；以及為增進「時間效度」，研究者追蹤撤除介入方案後兩項行為的維持成效。

研究品質可以獨立一節敘寫，亦可以放在「研究方法」中，整體說明如何確保研究倫理、提升內在和外在效度，而有些細節可放在研究參與者、研究工具、介入方案和資料分析……中，例如依變項評量工具信度的確保方法，可以在「研究工具」中說明。在實際執行研究時，須按照計畫所擬確實施行；如果執行過程中遇到無法掌控的問題，須在「研究限制」中陳述這些問題，及其帶來的可能影響。讀者可以運用「思考問題 10　單一個案研究設計與實施之敘寫（二）：研究品質」來撰述。

參、研究參與者之敘寫

研究參與者是**參與研究的個體或群體**（例如：學校、家庭），**透過他們的參與，研究者得以回答研究問題**，包括：（1）**介入對象**；（2）透過**標的對象**蒐集回答研究問題的資料（若有的話，例如：訪談介入對象之重要他人，以了解介入方案的效果）；以及（3）**供作比較之比較組對象**（若有的話），見問題討論 7-12。

問題討論　7-12 研究參與者之釐清

一份研究在文獻探討中列表整理，普通班教師針對班級中的身心障礙學生所做課程與教學調整策略的調查研究，其中有一欄為研究參與者，於此欄中研究者整理了八篇研究的參與者有國小智能障礙、學習障礙、情緒行為障礙學生等。此敘寫是否適切？

☛ 研究參與者是指參與研究的個體或群體，透過他們的參與，研究者得以回答研究問題，包括介入對象和透過標的對象蒐集回答研究問題的資料。八篇調查研究的參與者應為「普通班教師」，而國小身心障礙學生是教師實施課程與教學調整策略的對象，若要列出，則須另立一欄寫「實施課程與教學調整的對象」。

問題討論 7-12（續）

臺灣有些研究將研究者或介入方案的實施者、協同觀察者或評分者、評鑑工具內容效度的專家、預試或前導研究對象納入研究參與者，筆者認為這是不適當的，因為他們在研究中扮演的角色都不是介入或蒐集資料之對象。研究者或介入方案實施者扮演的角色是計畫和執行研究，或實施介入方案；協同觀察者或評分者、預試對象和評鑑工具內容效度的專家，其角色是檢視研究工具（例如：觀察或評分系統）的信度和效度；前導研究對象的角色則是確保介入方案的品質，這些人員都不應納入「研究參與者」這一個標題下敘寫，而是應在他們扮演之角色的位置中敘寫，例如在「觀察或評量工具」中說明協同觀察者或評分者的背景、扮演的角色和如何參與等；在「介入方案」中說明介入方案實施者的背景、扮演的角色和如何參與等。

敘寫研究參與者時，須包含研究參與者（主要是介入對象）之選取過程，以及研究參與者的特徵兩大要項，詳述如下。

一、研究參與者之選取過程

研究參與者之選取過程敘寫的內容包含：第一，**選取標準和理由**，主要在陳述何種特徵的研究參與者會被納入，以及設定此標準的理由，一般來說，選擇能回答研究問題，又能參與的人為研究參與者。第二，**研究參與者選取的範圍、方法和潛在研究參與者的人數**，例如以研究者服務學校符合選取標準的注意力不足／過動症學生為選取範圍，採取便利取樣（convenience sampling），Gravetter和 Forzano（2012）指出多數行為科學的研究採取便利取樣，是指依據研究者地位、人脈的便利性，選取便於會面，抑或熟識的研究參與者，優點是在蒐集行為資料上省時、省錢和省力；但限制是研究參與者的選取範圍較局限。結果可能共有五位潛在研究參與者，潛在研究參與者是指，符合選取標準，但還不確定他們是否有意願參與的一群人。第三，**預計選取的研究參與者人數**（例如：三位）。

第四，**最後同意加入研究的參與者人數**（例如：兩位）。第五，**若有選取預備的研究參與者，亦須說明**。第六，**如果有研究參與者流失，流失的人數有多少**。若採取結合組間設計，還須說明**如何選取比較組和其人數**。在研究計畫中，研究者須計畫前面五項；研究完成後，再描述最後一項。舉例說明如示例 7-19。

示例 7-19 單一個案研究論文中研究參與者的撰寫

本研究在探討，同儕教導方案對一般學生教導行為和智能障礙學生數學的學習成效，研究參與者包含介入對象和其普通班導師，詳述如下：

一、介入對象

介入對象包含直接的介入對象，即三位一般學生；以及三位間接的介入對象，即三位智能障礙學生，詳述他們的選取過程和特徵如下：

……（省略以下內容）

二、普通班導師

介入對象的普通班導師……（省略以下內容）

二、研究參與者的特徵

在描述研究參與者的特徵時，研究者須說明研究參與者本身和其所處研究場域的特徵，前者可能包含障礙類別和程度、性別、年齡、智力等；後者可能包含研究參與者就讀的班級形態和大小等，說明時宜注意以下五點：

1. **描述的研究參與者特徵須與整個研究有關聯**，不要只為了報導這些特徵而報導（Wolery & Ezell, 1993）。例如在設計介入方案時，宜考慮研究參與者的特徵（例如：研究參與者在該介入方案所需先備能力的優勢和需求），以及在依變項上的起點狀況，像在設計「社會故事方案」時，宜考慮研究參與者的「文字閱讀」能力。如果研究參與者在介入方案所需先備能力有困難，研究者宜設計因應策略。另外，描述研究參與者在「社會故事方案」介入之依變項（例如：社會技能）上的起點狀況，見問題討論 7-13。

問題討論　7-13 研究參與者特徵之敘寫（一）

一位研究者欲探究，圖片提示褪除策略對中度智能障礙學生詞彙認讀的成效，也就是在代表的圖形內同時呈現詞彙，藉由圖形提示的逐漸褪除，讓學生的注意力逐漸由圖形轉移到目標詞彙上。而在研究參與者的描述上，研究者呈現了研究參與者的智力和生活自理能力。這樣的呈現是否適切？

☛ 圖片提示褪除策略乃運用圖形提示詞彙，而後再逐漸褪除，因此研究參與者須能閱讀半具體的圖形，所以需要描述他們在研究者欲教導的目標詞彙上，相搭配之圖形的辨識情形，因為這項能力會影響圖片提示褪除策略的成效；如果研究參與者此能力有困難，研究者須思考因應策略。另外，研究參與者的生活自理能力似乎和本研究主題關聯性不大，其詞彙認讀能力才是與本研究主題有關聯的特徵，研究者宜加以描述，還須描述研究參與者過去是否曾接受類似的介入策略。

2. 在描述研究參與者的特徵（例如：智力、障礙類別和程度、閱讀能力等特徵）時，宜說明資料蒐集的方法、來源和時間。舉例來說，蒐集的方法為識字測驗；蒐集的來源為學生，研究者直接對學生施測；蒐集的時間為正式蒐集基線資料前兩週。Smith 等人（2007）強調**正確地診斷**研究參與者的特徵。如果研究參與者的特徵資料取自間接評量，而且評量的時間已非常久遠，則其正確性有待商榷。
3. 若採取結合組間設計，尚須描述**比較組的特徵**。
4. 若所有研究參與者皆來自某個特定場域（例如：學校、機構或班級），尚須描述此**場域的特徵**。
5. 在描述研究參與者時，宜注意使用**正確、清楚及免於語言偏見的言辭**，關於語言的使用請參見本書第伍章，見問題討論 7-14。

問題討論 7-14 研究參與者特徵之敘寫（二）

一份研究運用鷹架教學，改善一位輕度智能障礙兒童之口語敘事能力，研究者在「研究參與者」中，除了呈現研究參與者的口語敘事能力外，還敘述其健康狀況、家庭背景與適應行為。其中在家庭背景上，研究者描述：研究參與者生長於正常的核心家庭，為家中獨子，父親開計程車為業，母親為醫院看護，收入較不穩定。由於家庭功能不彰，父母對研究參與者的教養能力薄弱，所以研究參與者學業表現甚差。而在適應行為上，因研究參與者行為「魯莽」，故班級同學很少跟他互動。此敘寫是否適切？

☛ 此敘寫有三點不適當處：首先，研究參與者的健康狀況、家庭背景與適應行為似乎和本研究主題無關，不需敘述。除了研究參與者的口語敘事能力才是與主題有關的特徵外，其「口語和閱讀理解能力」與口語敘事有關，研究者亦須描述。再者，研究者在敘述家庭背景上，描述研究參與者生長於正常的核心家庭，會給人「核心家庭才是正常」的意象；並做了沒有資料來源的因果推論：研究參與者學業表現甚差是因為，父母教養能力薄弱；不止於此，其他能力的敘述亦無具體的資料來源（例如：訪談、觀察、測驗等）。最後，研究者使用價值評斷和不具體的語言（例如：魯莽、甚差、薄弱），描述研究參與者和其家庭。

讀者可以運用「思考問題 11　單一個案研究設計與實施之敘寫（三）：研究參與者」來撰述。

肆、介入方案之敘寫

介入方案須呈現，介入方案的發展和實施兩大部分。在介入方案的發展方面，包括**發展介入方案之初案**、**檢視介入方案初案之適切性**，以及**確認介入方案的內容**三個步驟。於「發展介入方案之初案」此步驟，首先說明「**選擇此介入**

方案的理由」，可以在「研究背景與動機」中闡述。接著描述「**介入方案的特徵**」，包含設計者、介入目標，是單一變項或介入包裹，依據什麼理論和概念、運用哪些要素或原則設計。再來敘述**透過什麼樣的過程發展介入方案之初案**，例如參考哪些文獻和現有教材、運用什麼評量方法（像是功能評量）、考慮研究參與者的哪些特徵（像是他們的興趣和優勢能力）、蒐集社會效度資料。之後，述說**藉由什麼過程檢視介入方案初案之適切性**，例如請專家針對介入方案做內容效度評鑑、蒐集程序社會效度資料、進行前導研究等，以及其結果。最後「確認介入方案的內容」，包含教材或教具，教學方法、策略或流程（或行為處理策略）。而在介入方案的實施方面，含括**實施者**、**實施時間**、**次數和長度**，以及**實施情境**的陳述。示例 7-20 呈現介入方案之敘寫。

示例 7-20 單一個案研究論文中介入方案的敘寫

第三節　介入方案

本研究的介入方案是「社會故事方案」，以下說明社會故事方案的發展和實施。

一、社會故事方案的發展

（一）發展社會故事方案的初案

本研究的介入方案是「社會故事方案」，選擇此介入方案的理由已於第壹章「研究背景與動機」中闡述【選擇此介入方案的理由】。社會故事方案乃單一變項，由研究者以一位注意力不足／過動症學生為介入對象所設計。研究者在發展社會故事方案的過程中，首先考慮「目標的社會效度」，以「普通班導師訪談問卷」（附錄……），調查普通班導師認為介入對象優先須處理之行為問題，而後確認是攻擊行為（包含推人和拉人頭髮兩項）。接著以「攻擊行為功能觀察紀錄表」（附錄……）進行「功能評量」，了解攻擊行為的功能，進而界定出介入目標在「教導替代的正向社會行為」，結果發現……。

（續）

示例 7-20（續）

再者，研究者以介入目標為圭臬，依據 Gray（2000）的社會故事教學理論，並考慮介入對象的需求和特質，整理出編寫社會故事的原則，包括：（1）每一頁只撰寫一個社會情境，並且用照片呈現真實情境；（2）使用具體且正面的語彙來描述故事的內容；（3）以第一人稱的方式敘寫；（4）利用生動活潑的故事書名來引起介入對象的興趣；（5）使用的語彙稍微低於介入對象的理解能力，並且加註注音；（6）使用描述句、觀點句和指示句來編寫社會故事，不過在三種句型的分配比例上，研究者配合介入對象的特徵，稍微修改了 Gray 的觀點，……【介入方案的特徵和初案的發展過程】。

（二）檢視社會故事方案初案的適切性

社會故事方案初案編寫完成後，研究者請五位專精於社會故事的師範院校特教系教授，以「社會故事方案內容效度專家評鑑問卷」（附錄……），審核社會故事方案的「內容效度」；並且為了檢核其「程序的社會效度」，以「社會故事方案適切性評鑑問卷」（附錄……），訪問介入對象的普通班導師，了解社會故事內容和實施程序的適切性，最後整理出他們的意見包含：插畫和花邊太過花俏，恐容易讓介入對象分心……。依據他們的意見做了如下的修正：……。

除此，研究者針對一位疑似注意力不足／過動症學生，進行「前導研究」，他的行為問題為……。而後提出對往後社會故事的編寫、教學情境和流程的啟發如下：……【介入方案初案適切性的檢視過程】。

（三）確認社會故事方案的內容

最後，修正完成的社會故事，其編號、故事名稱、句型數、相對應的攻擊行為功能，以及正向社會行為的介入目標呈現於表 3-7，詳細的社會故事則置於附錄……，並且在社會故事中說明每一個完整句子的句型。

……（省略表 3-7）

示例 7-20（續）

社會故事方案的教學流程包含以下步驟：（1）實施者逐頁唸讀社會故事；（2）實施者引導介入對象跟著逐頁唸讀社會故事；（3）介入對象唸完每一頁後，實施者詢問有無不懂的詞彙或語句；（4）如果有不懂的詞彙或語句，實施者講解；（5）如果沒有不懂的詞彙或語句（或經實施者講解後，已沒有不懂的詞彙或語句），實施者詢問故事內容的相關問題，請介入對象回答，詳細的社會故事方案見附錄……**【介入方案的內容】**。

二、社會故事方案的實施

（一）設計社會故事方案的實施方式

社會故事方案由研究者實施，實施時間安排在故事內容發生情境（即下課）之前的晨光時間（8:00-8:40），每週 5 天，教學到推人和拉人頭髮連續三點達到預定標準（即 0 次）才停止，……。實施的地點在資源教室……**【介入方案的實施者，實施時間、次數和長度，以及實施情境】**。

（二）評鑑社會故事方案的實施狀況

為了確保社會故事方案的「介入的完整性」，研究者請任教資源班的一位同事擔任檢核者，他已取得特殊教育碩士學位，也採用單一個案研究完成碩士論文。研究者請他以「社會故事方案介入完整性評鑑問卷」（附錄……），隨機抽取 20%（即 4 次）的教學錄影資料，並且在過程中檢核和回饋研究者所做的結果，如發現有不佳的狀況，讓研究者得以有校準的機會。介入完整性的評鑑結果見本論文第肆章第二節**【介入完整性的評鑑，包括說明評鑑者的人數、背景資料、評鑑方式、使用的評鑑工具，以及抽樣多少百分比的實施次數進行評鑑】**〔整理和修改自鈕文英指導之碩士生——林宛儒（2005）的論文〕。

讀者可以運用「思考問題 12　單一個案研究設計與實施之敘寫（四）：介入方案」來撰述。

伍、研究工具之敘寫

研究工具是指**蒐集和記錄研究資料，以回答研究問題的工具**。臺灣有些研究將介入方案、篩選研究參與者的工具、研究工具內容效度的專家評鑑問卷等放在研究工具中，筆者認為這是不適當的，因為它們的目的不在蒐集和記錄研究資料，以回答研究問題。介入方案是自變項，宜放在「自變項」或另立「介入方案」一節敘寫；篩選研究參與者的工具旨在篩選符合標準的參與者，宜放在「研究參與者」中說明；研究工具內容效度的專家評鑑問卷旨在檢核研究工具的內容效度，宜放在該項「研究工具」中敘寫。

研究者可以搭配研究問題，呈現回答研究問題採用的工具，其敘寫宜包含以下內容：

1. **研究工具的名稱**，其擬訂宜清楚明確，讓讀者一看到名稱，大致就能知道它在評量什麼，並且能與其他研究工具區辨出來，見問題討論 7-15。
2. **研究工具的來源，是自編、改編自他人的工具，或引用他人編製的工具**。若引用他人者，須清楚說明來源，並且使用「研究工具同意書」（見附錄 42）徵求同意。若改編自他人編製的工具，須陳述改編來源。若為自編，須說明研究工具的編製依據和過程。一份嚴謹的研究工具，在編製過程中會做**評鑑**和**預試**，以修改工具初稿；因此，須說明評鑑和預試的內容，包括**內容效度**的檢核、**項目分析**，或**難度**、**鑑別度**和**選項**分析，其敘寫的內容已於第肆章第二節詳述。
3. **研究工具的目的、內容和實施**。第肆章已呈現行為觀察紀錄工具、成就測驗和李克特量表的意涵與設計，如為「行為觀察紀錄工具」，會說明觀察目的、目標行為的定義、觀察者與觀察對象的接觸方式、觀察之目標行為的類型、觀察紀錄的時間、觀察者、觀察的地點與情境，以及觀察紀錄的方式。若是「成就測驗」，會描述測驗目的、反應類型、測驗說明，測驗的評量向度、範圍和題數（雙向細目表），呈現形式、順序安排、計分方式，以及實施方式。如為「李克特量表」，會陳述目的、填答說明、向度、內涵和題數，選項、題目排序、計分方式，以及實施方式。研究工具的詳細計畫內容

問題討論　7-15 研究工具之命名

一個研究中包括以下四項研究工具，它們是否適切？

1. 訪談
2. 教師教學行為觀察紀錄工具
3. 教師專業成長團體活動紀錄表
4. 觀察者檢核表

☛ 這四個研究工具中，「訪談」不是工具，而是蒐集資料的方法；「觀察者檢核表」和另外兩項工具不是在同一個向度被命名，它是從「實施者」，而另外兩項工具是從「紀錄的內容」來命名，如此會造成讀者的混淆。研究工具宜從同一個向度來命名，使其概念和語法平行，清楚明確。因此，建議修改成：

1. 教師教學行為訪談題綱
2. 教師教學行為觀察紀錄工具
3. 教師專業成長團體活動紀錄表
4. 教師專業成長團體實施過程檢核表

見「思考問題 13　單一個案研究設計與實施之敘寫（五）：研究工具」的 10-2 至 10-6。

4. **研究工具的品質資料**。當引用他人編製的工具時，呈現該工具已有的品質資料。當自編或改編自他人的工具時，其中行為觀察紀錄工具、成就測驗和李克特量表都須說明內容效度；除此，行為觀察紀錄工具須建立觀察信度。成就測驗須呈現複本信度，除此，可建立效標效度、內部一致性信度和重測信度；無明確標準答案之論文題和簡答題，須陳述評分信度；若為選擇型的成就測驗，還須做難度和鑑別度分析，而選擇題尚需選項分析。李克特量表須建立內部一致性信度，還可確認重測信度。品質資料撰寫的內容大致包括：（1）效度、信度、難度和鑑別度的指標；（2）採取什麼樣的方法取得效度、信度、難度和鑑別度資料，以及計算方式；（3）效度、信度、難度和鑑別度的結果資料（詳細內容可參見本書第肆章）。

在研究計畫部分，最好已發展出所有的研究工具，並且已經蒐集了工具的品質資料，以增加口試委員對於研究者執行此研究的信心。讀者可以運用「思考問題 13　單一個案研究設計與實施之敘寫（五）：研究工具」來撰述。

陸、資料分析之敘寫

資料分析是指分析研究資料的方法，以回答研究問題。臺灣有些研究將觀察信度、項目分析的方法等放在資料分析中，筆者認為這是不適當的，因為它們扮演的角色在分析研究工具的信度資料，宜放在該項「研究工具」中陳述。

敘寫資料分析時，須針對每一項研究問題說明如何分析資料。正如前述，單一個案研究裡，主要採取描述分析和統計分析兩種方式。採取圖示法時，須描述以何種圖（例如：折線圖）呈現依變項資料。使用目視分析時，可參考前一章表 6-1 和 6-2，並且視實際的研究資料，說明目視分析的內涵，包括設定之水準和趨勢穩定標準（例如：20%），不同趨向之意義，例如由於本研究旨在減少干擾行為，階段內上升（／）趨向就記為退步（－），下降（＼）就記為進步（＋），水平（—）就記為等速（＝）。另外，目視分析中除了重疊率外，亦可以採用其他不重疊指標（例如：PEM、IRD），附錄 43 呈現「單一個案研究資料分析的敘寫示例」。若採用簡化時間系列分析 *C* 統計，須陳述達到顯著水準的概率。

而在效果量分析上，則須呈現採用何種效果量分析方式和理由。在提計畫時，尚無研究資料，可以說明效果量選擇的原則如下：當比較之兩階段（例如：介入期／基線期）均沒有明顯趨勢時，採用標準化的平均數差異量。當比較之兩階段其中之一有明顯趨勢時，使用迴歸效果量，至於要計算截距改變量或斜率改變量，取決於比較之兩階段間斜率是否相同，斜率明顯不同，則採取斜率改變量；斜率無明顯不同，則採取截距改變量。而在論文完成後，則說明實際採用的效果量指標，例如由於基線期和介入期皆有明顯趨勢，且斜率明顯不同，所以使用迴歸效果量中的斜率改變量。而因基線期和維持期均沒有明顯趨勢，故採用標準化的平均數差異量。在上述分析中，研究者若有使用統計軟體或程式語言，宜說明；例如採用鈕文英和吳裕益（2019）發展的目視分析、*C* 統計和效果量的程式語言進行分析。

若有質性資料，須說明質性分析的過程，包括設定資料編號的原則、謄寫和整理研究資料，以及分析謄寫好的研究資料三個步驟。若有將量化資料轉化成質性資料，進行質性分析，則須說明如何轉化和分析。讀者可以運用「思考問題 14　單一個案研究設計與實施之敘寫（六）：資料分析」來撰述。

柒、研究過程之敘寫

研究者通常用兩種方式呈現研究過程，一為**用標題和文字簡要敘述**；另一為**用圖示（例如：甘梯圖、流程圖等）呈現**。在敘寫研究過程時，須清楚地說明整個研究從規畫至完成所經歷的各種階段與步驟，讓讀者看了就知道如何複製這樣的研究。研究過程不同於研究架構，研究過程包含研究從頭至尾經歷的各步驟；而研究架構僅呈現自變項和依變項（還可加上研究參與者，如前所述），見問題討論 7-16。讀者可以運用「思考問題 15　單一個案研究設計與實施之敘寫（七）：研究過程」來撰述。

問題討論　7-16 單一個案研究過程之敘寫

一份研究在「研究架構」一節中寫道：本研究架構主要分為準備、正式實驗、資料分析及撰寫報告四個階段，每個階段包含若干步驟。此敘寫是否適切？

☛ 這些內容不是研究架構，而是研究過程，應敘寫在「研究過程」一節中。

第四節 單一個案研究結果與討論之敘寫

當我們沉溺於本身的想法而不再自我批判，混淆事實和期望時，我們便會掉入假科學及迷信的陷阱中。（Sagan, 1996；引自 Kline, 2004, p. 143）

本節呈現單一個案研究結果和討論之敘寫兩大部分。

壹、單一個案研究結果之敘寫

敘寫單一個案研究結果時，宜注意以下三項原則：

一、針對研究目的與問題敘寫

單一個案研究結果之呈現須針對所有的研究目的和問題，配合圖示資料、目視和統計分析的結果，正確地報導統計資料。即使沒有顯著的結果，研究者也不要忽略它（Tuckman & Harper, 2012）；Moore 就表示：「失敗的結果不公開，會讓別人一直重複去做。」〔鄭惟厚（譯），2009，第 362 頁〕世界醫師會議中的〈赫爾辛基宣言〉提到：「就算得到負面的結果也必須公布，或是用其他方式供他人自由參閱。」〔引自蘇源慈（譯），2009，第 89 頁〕

描述研究結果時，可說明階段內和階段間依變項的變化；以及進入下一階段的原因，例如是否達到預定的階段跨越標準，如果有改變預定的標準，則須說明理由（Wolery & Dunlap, 2001）。除此，在多基線或多探測設計中，說明第二個以上研究參與者、行為或條件的基線期資料時，須描述它們是否受第一個研究參與者、行為或條件的影響，而產生「基線行為共變」的現象。不同方法分析之結果若有不一致之處，可說明原因。最後彙整所有的分析資料，說明對研究問題的答案是肯定或否定，說明時宜注意該成效的類型是什麼（立即、維持或類化成效）。若發現其他非目標依變項亦產生改變，研究者也可以呈現。見問題討論 7-17。筆者已舉僅有目視分析，以及包含目視和統計分析的兩個研究結果例子如示例 6-34、6-35 和 6-46，「單一個案研究結果的敘寫結構」見附錄 44。

問題討論 7-17 單一個案研究結果之敘寫（一）

一份研究在探討，圖示表徵策略對智能障礙學生加減法文字題解題能力之成效，研究者一週教學和評量兩次，一次評量大約 20 分鐘；而維持期是撤除介入兩週後進行評量。結果如下：第一，基線期與介入期間之 C 值為 .74，z 值為 2.38，達 .01 顯著水準，表示圖示表徵策略對加減法文字題解題能力具有極顯著效果；平均數差異量 d 為 18.38（> 0.80），具大效果量；迴歸效果量 f^2 為 7.49（> 0.35），具大效果量，顯示維持良好。第二，介入期與維持期間的 C 值為 -.04，z 值為 -0.13，未達 .01 顯著水準，表示不具維持效果；平均數差異量 d 為 -0.76（< 0.20），屬小效果量；迴歸效果量 f^2 為 0.85（> 0.35），具大效果，顯示具有良好的維持效果。整個研究結果呈現是否適當？

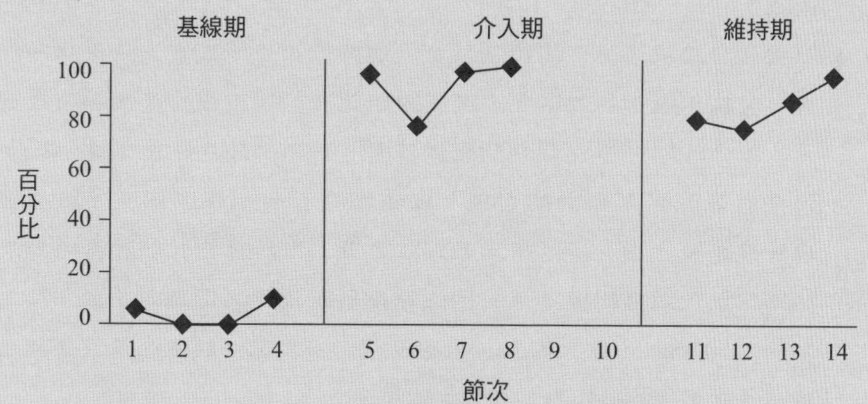

圖 1：圖示表徵策略對智能障礙學生加減法文字題解題能力之成效折線圖。

☛ 本研究結果有以下問題，筆者評論和建議如下：

1. 縱軸只呈現百分比，看不出依變項是什麼，筆者建議改成加減法文字題解題正確率。橫軸不是節次，應為評量次數。介入期和維持期兩階段間隔了第 9 和第 10 點，如此會讓人誤以為撤除介入一週後進行評量，因為研究者表示一週評量兩次。筆者建議維持期的資料點

（續）

問題討論 7-17（續）

可從第 9 點開始，只要在第 8 和第 9 點之間的橫軸尺度上畫上尺度中斷，並在圖簡短說明中表示尺度中斷意指撤除介入後兩週即可。

2. 顯著差異是指，有經過統計的假設檢定，它排除了機遇或誤差造成的結果，統計顯著性不等於實務顯著性；故不能將達統計上顯著水準解釋為，圖示表徵策略對加減法文字題解題能力具有「極顯著效果」。正確的說法應為，基線期與介入期之 C 值為 .74，z 值為 2.38，達 .01 顯著水準，它意味圖示表徵策略能增進研究參與者加減法文字題解題的正確率，它排除因機遇或誤差造成的結果，此誤差小於 1%。
3. 維持良好會讓人誤以為維持成效良好，事實上應為立即（或習得）成效良好。
4. 研究者計算標準化平均數差異量和迴歸效果量，事實上只需擇一計算。若採用迴歸的效果量，還須說明是計算截距改變量或斜率改變量。就介入期／基線期間的比較而言，雖然階段內點數未達八點，但是試著計算階段內的 C 值，以確認是否有明顯的趨勢，筆者發現皆達顯著水準，所以採用迴歸效果量；而計算介入期和基線期間的斜率發現並無明顯不同，因此選擇截距改變之迴歸效果量，f^2 為 7.49（> 0.35），屬大效果，它表示圖示表徵策略能增進研究參與者加減法文字題解題能力，具有大效果。
5. 就維持期／介入期間的比較而言，本研究 C 值、標準化平均數差異量和迴歸效果量三者結果不一致。d 為 -0.76 表示追蹤期的平均水準低於介入期，研究者指出具有良好的維持成效，不妥當。筆者建議分析維持成效可以計算維持期／基線期間的 C 值和效果量。結果 C 值為 .76，z 值為 2.39，達 .01 顯著水準，它意味撤除圖示表徵策略後，研究參與者加減法文字題解題的正確率仍舊高於基線期，它排除因機遇或誤差造成的結果，此誤差小於 1%。雖然兩階段內的點

問題討論　7-17（續）

數未達八點，但是試著計算階段內的 C 值，以確認是否有明顯的趨勢，筆者發現皆達顯著水準，所以採用迴歸效果量；而計算維持期和基線期間的斜率發現並無明顯不同，因此選擇截距改變之迴歸效果量，f^2 為 6.38（> 0.35），屬大效果，它表示撤除圖示表徵策略後，研究參與者的加減法文字題解題正確率雖然初始兩點下降，階段平均水準低於介入期，但是最後兩點呈現進步趨勢，表示仍具有維持效果。

二、以資料為基礎做合理的解釋或推論

呈現研究結果時，宜抱持科學和審慎的態度，以資料為基礎做合理的解釋或推論，不呈現研究資料不允許的部分（McMillan & Schumacher, 2009; Pyrczak & Bruce, 2011），見問題討論 7-18。

問題討論　7-18 單一個案研究結果之敘寫（二）

一份研究結果呈現：本課程深受學生的喜愛，故能獲致良好的學習成效。此敘寫是否適切？

☛ 研究者在推論本課程深受學生的喜愛時，未說明此推論的具體資料來源。

在分析結果資料時，除了整體的數量資料之外，還可以進一步分析研究參與者部分和細微的變化資料；例如研究者採用單一個案研究，教導三位智能障礙學生日常生活技能，他使用工作分析紀錄表呈現技能達成百分比資料，結果在介入期刷牙整體技能的達成百分比沒有很明顯地增加；然而進一步分析刷牙每一個步驟的表現後發現：他們已經會使用正確的方式刷牙，這是在基線期所不會的。做

細部分析後，研究者會發現研究參與者改變的實質內涵。

三、避免錯誤推理

Carey（2012）比較真科學和假科學之後指出，假科學者使用錯誤推理的方法，對結果沒有抱持懷疑的態度，不做自我更正。研究者宜避免以下七種錯誤推理的狀況。

（一）僅報導選擇性的事例

選擇性的事例是指，研究者選擇性地報導符合自己觀點的資料或事例，而刪除不支持自己觀點的資料或事例（Berger, 2011）。Berger（2011）進一步表示：研究者宜誠實而公正地呈現所有資料，不論是支持或不支持自己觀點。

（二）訴諸錯誤的權威

研究者未將論點奠基於實證資料，而是訴諸於某個領域權威人物的說法，但事實上這位人物專長的領域和研究主題不搭配，或是其說法並沒有實證資料為依據時，就是訴諸錯誤的權威（Berger, 2011）。例如一份研究寫道：科學大師 Mercer 指出，感覺統合訓練可以增進發展遲緩幼兒的基本學業能力，故本研究的感覺統合訓練能增進發展遲緩幼兒的數概念。此說法訴諸錯誤的權威，宜避免。

（三）運用錯誤的邏輯推理闡釋研究結果

第壹章已提及，運用邏輯推理了解事物現象，可能會出現事後、模糊推理、偽兩面、簡化推論、從眾、循環推理、滑坡等邏輯的謬誤，這些亦是解釋研究結果須避免的，見問題討論 7-19。

問題討論　7-19 單一個案研究結果之敘寫（三）

一份研究寫道：因為五位學生中只有一位抗拒來上此課程，而另外四位學生沒有抗拒來上此課程，則表示他們喜歡此課程。此敘寫是否適切？

☛ 研究者推理四位學生沒有抗拒來上此課程，表示他們喜歡此課程，這是偽兩面的謬誤，這不足以表示他們喜歡此課程，除非研究者有實際訪談這些學生的觀感。

（四）產生非等值的謬誤

非等值的謬誤是指，蒐集到的實證資料不足以做這樣的推論，有**化約主義**和**過度推論**兩種（Berger, 2011; Neuman, 2006）。化約主義意味將某一個結果化約在某項實證資料上，例如整個國家進入經濟蕭條時期的推論，是因為王先生失業，無法買新車（Neuman, 2006）。過度推論意指，超過某項實證資料可以解釋的範圍（Neuman, 2006）；Babbie（2010）稱此現象是**生態謬誤**，它是指取得實證資料的情境大過於要推論的情境，它們彼此間並不適配。舉例來說，因為紐約的犯罪率很高，而汀娜住在紐約，就推論她可能偷我的錶（Neuman, 2006）。此推論的生態謬誤是，紐約的犯罪率很高是樣本調查的結果，樣本無法代表所有母群；另外，犯罪率並不等同於偷竊率，見問題討論 7-20。

問題討論　7-20 單一個案研究結果之敘寫（四）

一份研究採用撤回設計，探討正向行為支持（包括：前事控制、後果處理和行為教導三項策略）對減少一位重度障礙學生自傷行為的成效。研究者陳述：正向行為支持能有效減少研究參與者的自傷行為，其中教導正向行為相較於其他策略，對於改善自傷行為的效果最為顯著。此說法是否適切？

（續）

問題討論 7-20（續）

☛ 該研究者探討的是介入包裹對自傷行為的成效，而其採用的撤回設計，無法分析介入包裹中三項個別策略的效果差異；所以不宜推論教導正向行為相較於其他策略效果最為顯著。

（五）未解釋外在變項對研究結果產生的影響

第伍章第五節已提及，如果未嚴密控制外在變項，可能會對研究結果產生影響，這是研究者在解釋研究結果時須注意之處。

（六）過度簡化研究結果

過度簡化研究結果意味在單一、局限的脈絡中解釋複雜的現象（Berger, 2011）。文獻（Berliner, 2002; Maruyama & Deno, 1992）即主張，研究者宜從情境脈絡中解釋資料，如此才能獲致全面而正確的研究發現，見問題討論 7-21。

問題討論 7-21 單一個案研究結果之敘寫（五）

一份研究寫道：研究參與者的攻擊行為沒有改善，研究者推論是因為同儕排擠他的緣故。然而研究者未提供此推論的實證資料基礎。

☛ 此推論太過武斷，無實證資料為基礎，研究者可能僅在「同儕接納度不夠」此單一脈絡下解釋複雜的現象，未考慮「研究參與者本身的問題」，有可能研究參與者的某些其他行為造成同儕的排擠，這需要蒐集更多實證資料。

（七）錯誤報導統計數值

錯誤報導統計數值存在於以下三方面：一是**超乎該研究方法或實驗設計所能**

探討之研究問題範圍，例如撤回設計只能回答因果性問題，不能回答研究採用的自變項（例如：基本字帶字識字教材），相較於其他自變項（例如：一般識字教材），對依變項（例如：識字）更有效的這種差異性問題。二是**誤解統計數值的屬性**，是指錯誤地解讀統計值的屬性，因而造成不當的分析解釋，第陸章第二節已探討顯著水準的意義，宜避免錯誤解讀之。三是**超乎數值所能解釋的範圍**，例如將有差異的資料錯誤報導成有顯著差異（Mertens & McLaughlin, 2003）。顯著差異是指，有經過統計的假設檢定，它排除了機遇或誤差造成的結果（林清山，1992）；因此，僅經過統計顯著性檢定（例如：*C* 統計）獲得的數據，才能報導差異是否達到統計的顯著性，見問題討論 7-22。即使有達到統計顯著差異的研究資料，研究者也須注意平均數差距多大和效果量，也就是留意**實務顯著性**；如果效果量很小，則要審慎解釋資料，避免誇大統計結果（McMillan & Schumacher, 2009; Stevens, 2009）。

問題討論　7-22 單一個案研究結果之敘寫（六）

一份單一個案研究於「研究結果」中敘述：個案甲介入期與基線期之重疊率 80%，表示學習動機方案對增進國小資源班學生準時上課的表現有顯著的立即成效；而且他的數學段考成績增加 10 分，有顯著的進步。此寫法是否適切？

☛ 當推論有顯著的成效或進步時，需統計顯著性檢定資料的支持；但本研究呈現的是目視分析（重疊率）和描述統計（增加 10 分）資料，無統計顯著性檢定資料，不適合報導差異的顯著性，只能說有立即成效和成績有進步。

總之，在報導和解釋研究資料時，研究者宜把握**審慎**、**正確**、**合理**，以及**合乎邏輯性**等原則；Dunlap（1990）即表示，一篇專業或學術性的好文章包含分析的成分，其價值在整合許多思想、辨認新的概念，以及將資料轉變成充分的證據來支持其論點，如此論點才會具說服力。

貳、單一個案研究討論之敘寫

詹志禹（1993）即表示，只有數字，沒有分析解釋，是個貧血的研究。因此，不能只呈現研究結果，而沒有討論。研究討論之撰寫，係承接緒論、文獻探討、研究設計與實施，以及研究結果四個部分而來，宜討論列在研究結果中的資料。敘寫方式為先摘述研究結果，而後可以從研究結果和研究過程兩大部分做深入討論。

一、研究結果的討論

在研究結果方面，須討論研究結果的深層含意，可從以下六方面切入。

（一）討論不同資料發現的異同處

在統整不同研究參與者、方法（例如：觀察和訪談）或來源（例如：訪談普通班教師和同儕）的資料做總結後，可以討論其結果的相似和相異處，並說明研究結果（例如：自變項與依變項改變之間的因果關係）符合研究者的預期或假設的狀況，見示例 7-21。

示例 7-21 討論不同資料發現的異同處

人際互動課程能提升六名介入對象人際互動技能，但是部分介入對象的成效尚不穩定、不明顯：統整六名介入對象、不同方法（觀察和調查）及來源（例如：訪談介入對象本人、家長、普通班教師和同儕）蒐集所得評量資料，研究者將之摘要在表 1。整體來說，在同儕評的「社交計量問卷」方面，六名介入對象中有兩名（A 和 D）社會喜好指數有提升，且社會地位從「受忽視和被拒絕」轉變成「普通」。有三名介入對象（B、C 和 F）社會喜好指數有些許提升，但社會地位沒有改變；有一名（E）介入對象社會喜好指數下降，社會地位仍然是被拒絕。在同儕評的「同儕偏好量表」方面，有兩名介入對象的

示例 7-21（續）

表現有進步，其餘四名則沒有進步。人際互動課程前後除介入對象 B 在教師評「兒童社交技巧量表」上的總分下降外，其餘五位均有提升。在人際互動能力方面，六名介入對象於「人際互動行為觀察紀錄表」上的表現均有進步，只是部分介入對象和行為表現尚不穩定。六名介入對象分開來看，介入對象 A 的人際互動訓練成效最為明顯而一致，使用 Bowker's 對稱性考驗，他在「同儕偏好量表」上的前後測甚至達到顯著差異。介入對象 A 的老師指出，他的朋友變多了，且能在圖片提示下用口語表達自己的喜好。……本研究結果大致符合研究者的預期，人際互動課程能提升六名介入對象人際互動技能，但是部分介入對象的成效尚不穩定、不明顯，於下一部分將討論與人際互動課程介入成效有關的因素。

表 1

六名介入對象人際互動技能介入成效摘要

介入對象	社交計量問卷		同儕偏好量表	兒童社交技巧量表	人際互動行為觀察紀錄工具	訪　談			
	社會喜好指數	社會地位				家長	普通班老師	普通班同儕	介入對象本人
A	Y	Y	Y[a]	Y	Y	Y	Y	Y	Y
B	Y	N	Y	N	Y	Y	Y（NS）	N	Y
C	Y	N	N	Y	Y	NA	Y	Y	N
D	Y	Y	N	Y	Y	Y	Y	Y	Y
E	N	N	N	Y	Y	Y	Y	Y（NS）	Y
F	Y	N	N	Y	Y	Y	Y	Y	Y

註：Y 表示就社交計量問卷而言，社會喜好指數有提升，社會地位有改變；就其他研究工具而言，為有進步。N 表示就社交計量問卷而言，社會喜好指數沒有提升，社會地位沒有改變；就其他研究工具而言，為沒有進步。NA 表示資料無法取得；NS 表示不穩定，Y（NS）是指表現有進步但不穩定。

[a] 就同儕偏好量表而言，是指經統計顯著性檢定（設定 $\alpha = .05$）後有達顯著差異。修改自鈕文英（2001，131-132 頁）。

（二）討論與研究結果相關的因素

研究者還可以進一步討論與研究結果相關的因素，例如量化研究與自變項對依變項成效有關的因素（像是自變項對依變項有效、無效，或效果不一致的因素，研究結果符合或不符合預期或假設的可能因素），或是造成不同自變項對依變項成效差異的相關因素，見示例 7-22。

示例 7-22 討論與研究結果相關的因素

a. 一、與結合圖解和部首識字教材對識字成效的相關因素

（一）……（省略）

（二）圖象能提升智障學生字形辨識能力

教學前，研究參與者視目標字為抽象的符號，且對於字形相似的字有辨識上的困難，例如研究參與者難以分辨「日與目」、「木與禾」的相異之處。教學後，研究參與者除了學會目標字外，還會辨析相似目標字間的差異，如教到「利」時，參與者看到「禾」後，向研究者提及這個字和「木」很像，但是和它不同。此結果驗證了文獻（周碧香，2009a；……）的論點，圖象能增進智障學生對字形的感知能力，進而辨識相似字形的不同處。此外，研究者亦發現，目標字的圖象愈具體，研究參與者愈容易習得該字，例如休、好、基等。相反地，圖象若較抽象，則會影響參與者的識字表現，例如評量「刀部」目標字時，參與者在辨識「利」字沒有困難，但對於「別、列」二字，則會搞混。由此可見，圖象能提升智障學生的字形辨識能力，且運用愈具體的圖象愈能增進識字效果。**【於「研究建議」一節「對識字教學的建議」中提及，「運用具體的圖象協助智障學生辨識字形」。】**

〔修改自鈕文英指導之碩士生——郭玨伶（2014，98-99 頁）的論文。〕

b. 學障學生字母拼讀技巧是否穩定及有無出現不當遷移，與拼字成效能否維持有關：從三位介入對象在英文拼字錯誤的改變情形可發現，字母拼讀法對減

示例 7-22（續）

少不符合組字規則的字，以及減少「混淆子音、母音、形似字母」和「插入字」等拼字錯誤有正向的成效【符合研究者預期的發現】，而對減少「ar」組型拼字錯誤的成效則有不一致的情形【不符合研究者預期的發現】。介入對象中的小圓在單元 11 之教學後，即不再出現「ar」組型的拼字錯誤；而小如和小玉雖然在立即成效的評量上，能正確拼寫「ar」組型，但在維持成效的評量上，皆出現對「ar」組型的拼字錯誤。研究者推測可能原因是，小如和小玉在上單元 11 時，對「ar」組型的習得尚不夠穩定，研究者便撤除教學，並於兩週後進行維持成效的評量，期間未再複習「ar」組型，加上小如和小玉將先前所學之「o」的讀音 /a/，遷移至「ar」的拼字上，以致其在尚未穩定習得「ar」組型的情況下，無法呈現維持成效【討論不一致發現的原因】。由此可知，學障學生字母拼讀技巧是否穩定，以及有無出現將之前所學內容不當遷移至新學者，與拼字成效能否維持有關【於「研究建議」一節「對字母拼讀教學的建議」中提及，「待學障學生字母拼讀技巧穩定，且未出現不當學習遷移情形後才撤除教學」。】〔修改自鈕文英指導之碩士生——翁子媛（2010，第 97-98 頁）的論文。〕

（三）討論研究結果可解釋或應用的範圍

討論研究結果可解釋或應用的範圍，例如說明單一個案研究可解釋或應用之參與者、依變項、自變項之介入程序和情境等方面的範圍，見示例 7-23。未來研究可以本研究為基礎，擴展至其他範圍繼續做研究。

示例 7-23 討論研究成果可解釋或應用的範圍

a. 研究者從研究地區與對象、教學時間、教學與評量內容，以及教學程序和情境四方面，提出在解釋與應用字母拼讀法研究成效的範圍如下：

……（省略第一、二點）

（三）教學與評量內容

本研究之教學內容以 11 個單元中的規則形音對應關係為主，其教學順序經過事先編排；而自編之「英文拼讀字成效測驗」所評量的形音對應關係，以分布於各教學單元的七組子音（d、t、g、b、p、v、ch）和九組母音（a、e、i、o、u、a_e、ee、oo、ar）為主，故本研究結果能否推論至其他形音對應關係，或形音對應不規則字，有待驗證。**【於「未來研究建議」中提出，「將字母拼讀法應用至本研究以外之其他子音和母音的形音對應關係，以及形音對應不規則字」這項建議。】**〔修改自鈕文英指導之碩士生——翁子媛（2010）的論文。〕

b. 本研究設計之正向行為支持計畫內容，僅能參考應用於特教班智能障礙兼注意力不足／過動症學生，其攻擊行為的功能為逃避工作或作業要求者，因此，本研究結果無法應用至其他安置形態、其他障礙類別的學生、其他功能的攻擊行為，以及其他行為；在介入對象特徵、條件和行為功能不同的情況下，須做功能評量，再設計功能本位，以及符合介入對象特徵和需求之正向行為支持計畫。**【於「未來研究建議」中提出，「將正向行為支持計畫應用至其他安置形態、其他障礙類別的學生、其他功能的攻擊行為，以及其他行為」這項建議。】**

（四）討論研究結果的理論意涵或實務應用

討論研究結果的理論意涵或實務應用，若有相關文獻，討論時可扣住文獻，呈現概念和理論解釋研究結果（Hartley, 2008; Piantanida & Garman, 1999），此討論可以為「研究建議」埋下伏筆（McBurney & White, 2009; Thomas, 1998）。討論時宜注意以下兩點：第一，這些文獻須在文獻探討中已陳述過，而且不需要再詳述這些文獻。第二，討論的主體是該研究的成果，而不是文獻，所以敘寫方式為先寫「本研究發現了什麼」，之後呈現此成果的深層含意；而不宜先寫過往文獻，再寫本研究的成果，見示例 7-24。

示例 7-24 討論研究成果的理論意涵或實務應用

a. 邀請個案相關教師共同參與能提高行為介入之生態效度和成效

本研究邀請個案之所有相關教師共同參與，於自然情境中進行全面時間的介入，所產生的成效確實能提高行為處理方案的生態效度，並且在個案全天的學校生活中展現成效，這呼應了 Carr 等人（1999）對正向行為支持文獻分析的結果：由實務工作者共同做行為介入的成功率較僅由研究者介入者高。【於「研究建議」對「處理行為問題的建議」中提及，「邀請個案相關教師參與擬訂與實施正向行為支持計畫」這項建議。】〔修改自陳郁菁和鈕文英（2004，第 201 頁）。〕

b. 選擇與目標行為功能等值且有效的替代溝通方式能取代目標行為

本研究發現，選擇與目標行為功能等值且有效的替代溝通方式能取代目標行為，包括：如果學生的行為問題具有多種功能，則須教導他們達到不同功能的替代溝通方式，替代溝通方式的選擇應與目標行為功能等值且有效，所謂有效須考慮以下四個原則；（1）符合個體的能力，是易學的；（2）符合個體的生理年齡；（3）易實施，且適用於大部分目標行為發生的情境；（4）易於被外人所接受、察覺和理解，且不會造成對他人的干擾。實務工作者在以功能性溝通訓練介入學生行為問題時，須注意針對行為問題的功能，選擇功能等值且有效的替代溝通方式。【於「研究建議」對「處理行為問題的建議」中提出，「選擇與目標行為功能等值且有效的替代溝通方式」這項建議。】

（五）將研究結果與文獻做相互比較

研究者可以將研究結果與文獻（包含一般文獻和實證研究）做相互比較，做比較時，研究者可以分析本研究與文獻的相似和相異處，像是本研究與過去研究在內容（例如：介入方案的內涵和作法）、方法（例如：研究參與者的特徵、研究情境、研究時間、研究工具、分析方法）和結果上的異同點（Tuckman, 1990; Wilkinson, 1991）。接著闡述本研究支持、推翻或是修改了哪些理論或研究，對現存文獻有何獨特貢獻等（Wargo, 2011），見示例 7-25。

示例 7-25 將研究成果與文獻做相互比較

本研究發現字母拼讀法對增進三位研究參與者的英文拼字能力皆有良好的成效，此結果與國內外以學習障礙或學習障礙高危險群學生為研究參與者的相關研究之結果一致（許毓玓，2007；Vadasy, Jenkins, & Pool, 2000）。而和以英語科表現低成就學生為研究參與者之相關研究（張寶娟，2007）相較，此結果與它不一致。張寶娟的研究結果顯示，其研究中之字母拼讀教學對英語學習困難學生在拼寫能力的成效較不顯著。研究者認為，這可能是因為本研究強調提升學生看字讀音、聽音拼字的能力，因此在教學活動設計中，均提供讀字與拼字充分練習機會，並就其讀字與拼字表現，立即回饋和修正，檢討其聽音拼字上的錯誤，並就其錯誤再教導，力求立刻釐清學生對形音對應關係的錯誤連結……而在張寶娟研究中的字母拼讀教學活動，似乎較偏重音素覺識能力及讀字訓練，在拼字練習的部分則較少在其研究中提到……〔修改自鈕文英指導之碩士生——翁子媛（2010，第 96 頁）的論文〕。

在與文獻做比較討論時，也宜注意前文第四點所提，這些研究須在文獻探討中已陳述過；敘寫方式為先寫「本研究發現了什麼」，之後呈現此成果與文獻的異同處，見問題討論 7-23a。除此，宜選取與本研究在主題、研究參與者等方面類似的研究做比較，避免出現「不正確比較」的狀況，討論時還須具體說明兩項研究相似或相異處在哪裡，見問題討論 7-23b 和 7-23c。

問題討論　7-23 研究討論之敘寫

a. 一份研究在研究討論中寫道：Voltz、Elliot 和 Harris（1995）的研究指出，設定明確的時間讓資源教師與普通班教師討論實施調整方案上的問題，能促進他們之間的合作效能。本研究發現，資源教師與普通班導師保持密切的溝通與討論是非常重要的，包括有固定的討論時間；針對學生的困難，以及調整方案實施上的問題進行立即的補救。

☛ 研究者先呈現文獻，再說明該研究的發現，會讓人感覺寫作的主體是文獻，而不是本研究發現。筆者建議修改為，本研究發現，資源教師與普通班導師……；這與 Voltz、Elliot 和 Harris（1995）的研究相似，他們指出設定明確的時間……。

b. 一份單一個案研究探討「直接教學法對輕度智能障礙學生分數學習之成效」，研究討論中寫道：本研究顯示直接教學法能增進輕度智能障礙學生在分數學習的成效，此結果與林○○（2007）的研究相似，接受直接教學法的輕度智能障礙學生，比接受建構教學法的學生，更能提升分數學習表現。此寫法是否適切？

☛ 將此研究的成效與林○○（2007）比較不妥當，因為該研究採取的是準實驗研究，比較直接教學法和建構教學法對分數學習成效之差異，而本研究並沒有做兩種教學法之比較，不適合描述接受直接教學法的輕度智能障礙學生，比接受建構教學法的學生，更能提升分數學習的表現。

c. 一份研究在研究討論中寫道：本研究發現在協助發展遲緩幼兒轉銜至小學過程中的要素，和 Summers 等人（2005）的研究類似。此寫法是否適切？

（續）

問題討論 7-23（續）

☛ 本研究未具體說明和 Summers 等人（2005）的研究相似處在哪裡，建議修改為：……這和 Summers 等人（2005）早期介入整合性方案的研究類似，提供學前教師轉銜知能的訓練，是攸關方案成效的助力因素之一。

（六）討論其他值得深入探究的議題

如果研究者發現其他值得深入探究的議題，亦可呈現出來，此說明可以為後面「未來研究的建議」埋下伏筆，見示例 7-26。

示例 7-26 討論其他值得深入探究的議題

a. 有無加入其他策略之社會故事教學成效是否有差異

本研究之社會故事教學加入了示範和行為演練，無法區分社會故事的單獨效果，因此未來可探究有無加入其他策略之社會故事教學成效是否有差異。【於「對未來研究的建議」中提及，比較有無加入其他策略之社會故事教學，對泛自閉症學生人際互動的成效是否有差異。】

b. 同儕的參與是否會影響正向行為支持計畫的介入效果

本研究的正向行為支持計畫僅針對個案實施，並未教導同儕舉手發言或問問題，S 老師在接受訪談時即表示，是否會讓同儕覺得個案接受特殊待遇，甚至個案也可能會覺得自己很特殊；而且由於同儕沒有參與，個案因此缺乏模仿的機會，這是否為初期介入效果不穩定的原因，值得進一步探究。因此未來可考慮將同儕納入正向行為支持計畫中，檢視介入的效果是否會更快速而穩定〔修改自陳郁菁和鈕文英（2004，第 201 頁）〕。

單一個案研究主要在回答因果、差異和解釋性研究問題，茲舉三種研究問題之研究結果討論的敘寫架構如示例 7-27。

示例 7-27 單一個案研究成果討論的敘寫架構

一、因果性研究問題（例如：分析字母拼讀法對國中學習障礙學生英文拼讀字能力之成效）的研究成果討論

（一）字母拼讀法對英文拼讀字能力之成效

【統整三位研究參與者和不同評量來源（拼讀字之正確性及錯誤數量和類型）的資料，討論不同資料發現的異同處與符合預期的狀況，並將研究發現與文獻做相互比較，以及討論字母拼讀法對英文拼讀字能力成效之應用範圍。】

（二）影響字母拼讀法對英文拼讀字能力成效之因素

【討論研究發現的理論意涵或實務應用，亦即討論影響字母拼讀法成效之因素的理論意涵或實務應用。】

（三）其他值得深入探究的議題

二、差異性研究問題（例如：分析增強和隔離策略對國小泛自閉症學生干擾行為成效之差異）的研究成果討論

（一）增強和隔離策略對干擾行為之成效比較

（二）影響增強和隔離策略對干擾行為成效差異的因素

（三）其他值得深入探究的議題

三、解釋性研究問題（例如：分析國小泛自閉症學生干擾行為之功能）的研究成果討論

（一）泛自閉症學生干擾行為功能之討論

（二）泛自閉症學生干擾行為功能之分析方法的討論

（三）其他值得深入探究的議題

二、研究過程的討論

在研究過程方面，可以討論以下三個部分：（1）**研究過程的實際執行狀況**，包括招募研究參與者、蒐集研究資料等方面之執行狀況；（2）**研究品質的確保情形**，例如研究倫理的遵守狀況，使用一些技術提升研究內在和外在效度之狀況；（3）有什麼**優點**，可以作為未來研究採取的作法，筆者參考相關文獻（Horner et al., 2005; Lundahl, Risser, & Lovejoy, 2006; Smith, 2012; Smith et al., 2007; Wang & Parrila, 2008），形成「單一個案研究之研究品質評鑑表」，包含**研究參與者的特徵和選取**、**自變項的設計與實施**、**依變項的界定和評量**、**依變項的成效**，以及**外在效度**五個向度，如附錄 45，可作為研究過程討論的依據。

除此，研究者可以描述**研究過程遭遇什麼問題，以致帶來的研究限制**（limitation）。研究限制是指，未處理或未完全因應威脅研究品質的因素，造成對解釋和應用此研究結果的限制。

從「在計畫研究時是否已注意威脅研究品質的因素且擬訂策略因應之」，以及「在執行研究過程中是否完整、妥善實施因應策略」兩個向度，可將研究限制分成四種狀況：（1）**已事先注意威脅研究品質的因素，並實施預擬之因應策略**；（2）**已事先注意威脅研究品質的因素，但未完整或未妥善地實施預擬之因應策略**；（3）**未事先注意威脅研究品質的因素，但已實施臨場產生的因應策略**；（4）**未事先注意或超乎研究者預料之威脅研究品質的因素，且未實施任何因應策略**。其中前三項造成的結果是，未完全因應威脅研究品質的因素；最後一項造成的結果是，未實施任何因應策略，參見圖 7-3 的說明和示例。

研究限制的討論一方面可以引導讀者思考，**在解釋和應用此研究結果上宜注意的事項**；另一方面可以提示研究者本身或其他人，**未來在探究類似主題，於研究設計和實施上，宜考慮哪些要素或原則**。例如圖 7-3 中提及一個示例，研究者在計畫研究時已預期不易招募同志參與研究，於是透過多元的方式和管道招募，但是成效不彰，僅招募到兩位男同志，沒有女同志，詢問這兩位男同志得知，可能是因為同志不願意他們的身分被曝光所致；於是研究者可以在「未來研究建議」中，提出「採用匿名登錄招募同志參與研究」的建議。

		在計畫研究時是否已注意威脅研究品質的因素且擬訂策略因應之	
		是	否
在執行研究過程中是否完整、妥善實施因應策略	是	A.**已事先注意威脅研究品質的因素，並實施預擬之因應策略**（例如：研究者在計畫研究時已預期不易招募同志參與研究，於是透過多元的方式和管道招募，但是成效不彰，僅招募到兩位男同志，沒有女同志，詢問這兩位男同志得知，可能是因為同志不願意他們的身分被曝光所致）[a]。	C.**未事先注意威脅研究品質的因素，但已實施臨場產生的因應策略**（例如：介入研究參與者目標行為的教師突然請長假，雖已訓練代課教師實施介入方案，但是他對研究參與者和介入方案的熟悉度仍不足）[a]。
	否	B.**已事先注意威脅研究品質的因素，但未完整或未妥善地實施預擬之因應策略**（例如：雖有進行介入完整性的評鑑，但發現一位教師未按照預定計畫執行策略時，未能立即與之討論和調整，因而造成研究參與者表現相同行為卻獲得不同後果的疑惑感，進一步影響介入方案的成效）[a]。	D.**未事先注意或超乎研究者預料之威脅研究品質的因素，且未實施任何因應策略**〔例如：（1）未在正式觀察前蒐集觀察信度資料；（2）未注意和預防觀察者效應的問題；（3）未注意到介入方案的社會效度；（4）未安排充分的教學時間，導致研究參與者對圖卡的運用還不穩定；（5）研究參與者突然生病請假或意外流失〕[b]。

圖 7-3：造成研究限制的四種狀況。[a] 這三種狀況造成的結果是，未完全因應威脅研究品質的因素；[b] 這種狀況造成的結果是，未處理威脅研究品質的因素。

圖 7-4 中呈現，威脅研究品質的因素若能在計畫研究時，事先注意且擬訂策略因應之，許多因素可獲得處理，如此較不會造成研究限制；但是即使實施了事先擬訂之策略，仍然會出現無法完全因應威脅因素的情況。反之，在計畫研究時，若未注意且擬訂策略因應威脅研究品質的因素，而在未來研究過程中一一浮現，則較容易造成研究限制。

McMillan 和 Schumacher（2001）指出從事教育研究，可能因為法律和倫理的考慮、組織的改變、方法上的困難，以及研究問題的複雜性等四項因素，而造成實施過程的限制，見圖 7-5。研究者須敏覺於這些研究過程的限制，和它可能對研究產生的影響，進一步誠實告知讀者，讓讀者謹慎地解釋資料和應用研究結果。

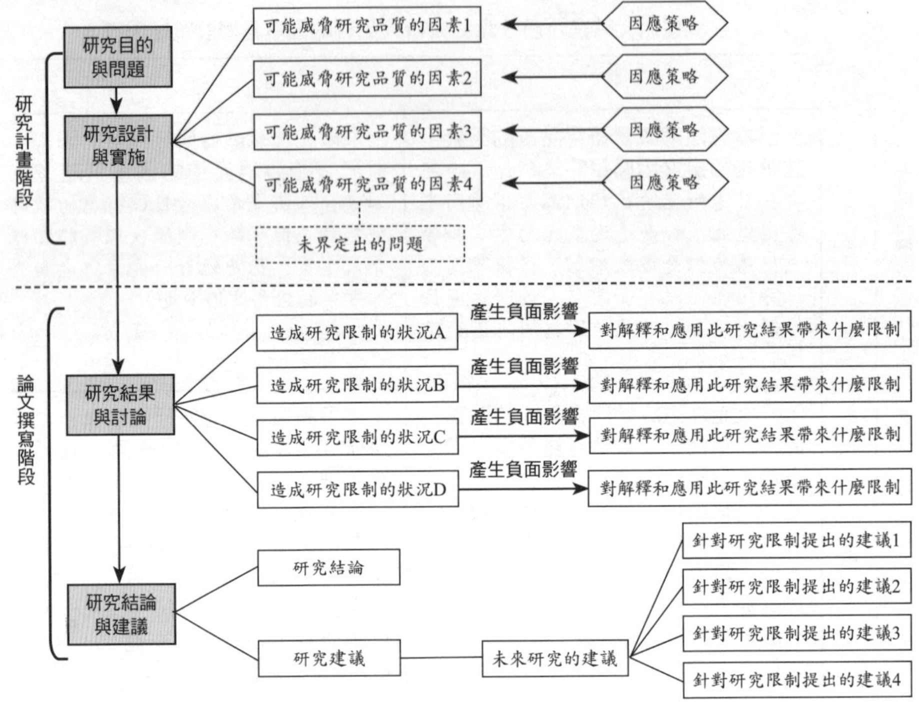

圖 7-4：研究限制的意涵。造成研究限制的狀況 A：已事先注意威脅研究品質的因素，並實施預擬之因應策略；狀況 B：已事先注意威脅研究品質的因素，但未完整或未妥善地實施預擬之因應策略；狀況 C：未事先注意威脅研究品質的因素，但已實施臨場產生的因應策略；狀況 D：未事先注意或超乎研究者預料之威脅研究品質的因素，且未實施任何因應策略。

在敘寫研究限制時，要注意的是，不宜把研究者設定的研究範圍和方法列入研究限制內。研究範圍是研究者考慮研究目的和興趣，以及衡量自己的能力與資源之後所設定的範圍，它的呈現提醒讀者在解釋和應用此研究結果的範圍；而研究方法的選擇乃考慮研究主題，選擇最適合回答研究問題的方法。因此，研究範圍和方法二者都不能被視為研究限制，見問題討論 7-24。另外，研究限制也不是研究之前即已存在之環境的限制，而是執行該研究的過程中才出現的問題，見問題討論 7-25。

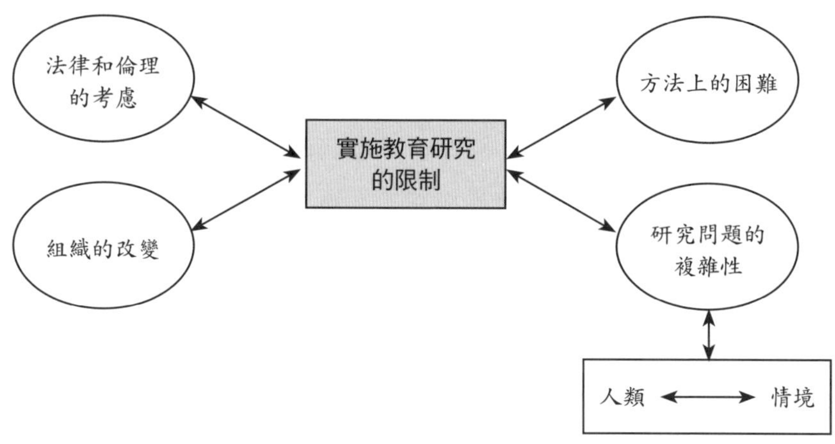

圖 7-5：實施教育研究的限制。取自 McMillan 和 Schumacher（2001, p. 23），經過 Longman 出版社同意授權使用。

問題討論　7-24 研究限制之敘寫（一）

一份單一個案研究在「研究建議」（其中一項建議為「比較依據認知和行為理論設計之社交技巧教學方案的差異」）之後，另起標題提出研究範圍和研究限制如下，此敘寫是否適切？

一、研究範圍

1. 本研究採取單一個案研究，研究參與者只有三位。
2. 本研究採取的社交技巧教學方案是依據認知理論設計的。
3. 本研究選取班級中社會地位受拒絕和受爭議的學生為研究參與者。

二、研究限制

1. 由於本研究採取單一個案研究，研究參與者只有三位，所得結果無法推論到其他人際關係不佳的學生上，此乃「研究方法的限制」。
2. 本研究採取的社交技巧教學方案是依據認知理論設計的，所得結果無法推論到依據行為理論設計者，此乃「介入方案的限制」。
3. 本研究選取班級中社會地位受拒絕和受爭議的學生為研究參與者，此乃「研究參與者的限制」。

（續）

問題討論 7-24（續）

☛研究者敘寫的三點既放在研究範圍，又放在研究限制，似乎混淆了二者，認為設定了研究範圍，就意味這是研究解釋和應用的限制。筆者認為任何研究不可能面面俱到，全部都做，一定會考慮研究目的和興趣，以及衡量能力與資源之後設定範圍，這些是「研究解釋和應用的範圍」，而不是「研究解釋和應用的限制」。另外，這三點都不是研究限制，研究者描述此乃「研究方法、介入方案和研究參與者」的限制，這會給讀者一種「否定自己研究」的感覺。會使用單一個案研究，是考慮研究主題適合用它來探究，雖然它有外在母群效度受限的弱勢，但研究者當初決定採用單一個案研究，是因為考量其優勢適合本研究主題，如今又表示這個研究方法有限制，讀者會很疑惑為什麼當初決定採用單一個案研究。再者，會使用依據認知理論設計的社交技巧教學方案，以及選取班級中社會地位受拒絕和受爭議的學生為研究參與者，都是考慮研究目的和興趣才設定的，現在又指出「介入方案和研究參與者」有限制，會讓讀者質疑為何研究者當初不採用依據行為理論設計的社交技巧教學方案，不選取班級中其他社會地位的學生作為研究參與者，現在才表明這是研究限制。除此，在「研究建議」之後提出研究範圍和限制，會給人「文意脈絡顛倒」之感；例如研究者先提出「比較依據認知和行為理論設計之社交技巧教學方案的差異」的建議，才說明是因為「介入方案的限制」，並不適切。

問題討論 7-25 研究限制之敘寫（二）

一份單一個案研究在「研究限制」中有如下的寫法，此敘寫是否適切？

3. 研究參與者原有之休閒活動的選擇受到限制

☛研究參與者的學校與家庭中雖具備休閒活動資源，但研究參與者在未接受自我決策教學方案介入前卻不常有機會從事某些休閒活動，例如聽音

問題討論 7-25（續）

樂、玩球、看書等，休閒活動種類的選擇受到局限。本研究將平時研究參與者較不容易從事的活動納入休閒活動選項中，在研究過程中發現研究參與者對於上述活動的選擇頻率偏高，經常選擇平時不容易有機會從事的休閒活動，可知自我決策教學方案讓研究參與者可從事的休閒活動類型變得更豐富。休閒活動種類是研究之前即已存在之環境的限制，而不是執行該研究的過程中才出現的問題。本研究的自我決策教學方案，讓研究參與者可從事的休閒活動類型變得更豐富，它反而是優點而非限制。

至於研究限制宜放在論文中的哪個位置，筆者發現臺灣論文除了未放在「文獻探討」外，其他部分都放過。筆者主張放在「研究討論」中，因為做完研究之後，才會發現哪些威脅內在和外在效度的因素未事先注意，或是有注意但掌控得不佳，以及出現超乎研究者預料的問題。討論之後，可為「研究建議」埋下伏筆，提供未來在探究類似主題，於研究方法和實施上的建議。APA（2010b, pp. 35-36）亦主張在討論中敘寫研究限制。

部分論文將研究限制納入「緒論」和「研究設計與實施」兩章中，在提研究計畫時即寫出；筆者認為不妥，因為尚未執行研究，怎麼知道會遭遇到什麼問題呢？而且筆者發現許多論文寫的事實上是「研究範圍」，它們混淆了「研究範圍」和「研究限制」二者。亦有部分論文將研究限制納入「研究結論與建議」中，有些放在「研究建議」之前，有些放在其後；筆者認為不妥，因為在研究結論後提出研究限制會給人「突兀」之感，而且研究結論與建議的敘寫宜簡潔，不宜再大篇幅討論研究限制。而在研究建議後提出研究限制，會給人「文意脈絡顛倒」之感，也就是提出建議之後才告訴讀者出現了什麼限制，見前文問題討論 7-24。

綜合上述研究結果與討論的敘寫，其敘寫架構有兩種：一種是**先寫研究結果最後再做綜合討論**，適用於不同的研究結果彼此有關聯，合起來討論更能統整研究結果的意涵；另一種是**將討論分散在每一個研究結果之後敘寫，最後再做研究過程之討論**，適用於不同的研究結果彼此無關聯，研究結果意涵的討論不會有重疊的現象。茲舉鈕文英指導之碩士生翁子媛（2010）的論文第肆章「研究結果與討論」為例，呈現兩種研究結果與討論之敘寫架構如示例 7-28。

示例 7-28 研究結果與討論之敘寫架構

1. 架構一：先寫研究結果最後再做綜合討論

第一節　字母拼讀法對國中學習障礙學生英文拼字成效之分析

一、字母拼讀法對小圓英文拼字能力之成效

二、字母拼讀法對小如英文拼字能力之成效

三、字母拼讀法對小玉英文拼字能力之成效

第二節　字母拼讀法對國中學習障礙學生英文讀字成效之分析

一、字母拼讀法對小圓英文讀字能力之成效

二、字母拼讀法對小如英文讀字能力之成效

三、字母拼讀法對小玉英文讀字能力之成效

第三節　字母拼讀法對國中學習障礙學生英文拼讀字成效之綜合討論

一、研究成果的討論

（一）字母拼讀法對英文拼讀字能力之成效

【統整三位研究參與者和不同評量來源（拼讀字之正確性及錯誤數量和類型）的資料，討論不同資料發現的異同處與符合預期的狀況，並將研究發現與文獻做相互比較，以及討論字母拼讀法對英文拼讀字能力成效之應用範圍。】

（二）影響字母拼讀法對英文拼讀字能力成效之因素

【討論研究發現的理論意涵或實務應用，亦即討論影響字母拼讀法成效之因素的理論意涵或實務應用。】

示例 7-28（續）

（三）其他值得深入探究的議題

二、研究過程的討論

【討論研究實際執行的狀況和研究限制】

2. 架構二：將討論分散在每一個研究結果之後敘寫，最後再做研究過程之討論

第一節　字母拼讀法對國中學習障礙學生英文拼字能力成效之分析與討論

一、字母拼讀法對小圓英文拼字能力成效之分析

二、字母拼讀法對小如英文拼字能力成效之分析

三、字母拼讀法對小玉英文拼字能力成效之分析

四、字母拼讀法對國中學習障礙學生英文拼字能力成效之討論

第二節　字母拼讀法對國中學習障礙學生英文讀字能力成效之分析與討論

一、字母拼讀法對小圓英文讀字能力成效之分析

二、字母拼讀法對小如英文讀字能力成效之分析

三、字母拼讀法對小玉英文讀字能力成效之分析

四、字母拼讀法對國中學習障礙學生英文讀字能力成效之討論

第三節　字母拼讀法對英文拼讀字能力成效研究過程之討論

【討論研究實際執行的狀況和研究限制】

讀者可以運用「思考問題 16　單一個案研究結果與討論之敘寫」來撰述。

第五節 單一個案研究結論與建議之敘寫

我們所有探索的終點，都將抵達我們出發的地方；並且第一次，我們將真正認識這個出發之地。（Eliot, n.d.）

在完成結果與討論之後，研究者總結整份研究的過程與結果，在總結的同時，提出如何應用該研究的成果，包括學術和實務性的建議。

壹、單一個案研究結論之敘寫

敘寫研究結論時，須簡要說明**研究目的**、**研究參與者**、**研究方法**，依研究目的呈現**研究結果**，以及**此結果的意涵**。研究結果的意涵是指，**研究結果對理論、政策抑或實務的含意、蘊涵或應用**。意涵來自於「研究討論」中**對研究結果理論意涵或實務應用**、**與研究結果相關因素**，以及**將研究結果與文獻做相互比較的討論**，見示例 7-29。

示例 7-29 研究結論之敘寫

本研究採單一個案研究法中的撤回設計，以三位國中學習障礙學生為研究參與者，目的在探討字母拼讀法對增進學習障礙學生英文拼字與讀字能力的成效【簡要說明研究的目的、研究參與者和採取的方法】，研究結論如下：

1. **字母拼讀法對增加國中學習障礙學生英文拼讀字能力具有立即和維持成效**【呈現研究結果的簡短標題】：本研究發現，字母拼讀法對增加國中學習障礙學生英文拼字和讀字之正確率有立即及維持成效【依研究目的呈現研究結果】。字母拼讀法強調經由系統且明確的方式，提升學生看字讀音、聽音拼字的能力，而非隨機地將字母拼讀法帶入英語教學活動；除此，在教學活動設計中，均提供讀字與拼字的充分練習機會，就其讀字與拼字表現，立即給予回饋和修正，檢討其聽音拼字上的錯誤，並就其錯誤再次進行教導，力求即刻釐清學生對形音對應關係的錯誤連結，故能增加國中學習障礙學生英文拼字和讀字之正確率【呈現此研究結果的意涵】。
2. **字母拼讀法對減少國中學習障礙學生英文拼讀字之錯誤形態具有立即和維持成效**【呈現研究結果的簡短標題】：本研究發現，拼讀法對減少國中學習障

示例 7-29（續）

礙學生英文拼字和讀字錯誤形態之比率有立即及維持成效，其中研究參與者小圓從教學介入末期到維持期即不再出現拼字錯誤；小如到了維持期階段，僅出現「ar」組型的拼字錯誤；而小玉至維持期則誤拼「ar」和「ch」組型。另外，小圓在教學介入末期和維持期第二、三次測驗即不再出現讀字錯誤；小如到維持期仍有混淆母音和混淆形似字母讀音的錯誤；小玉到了維持期則僅出現混淆母音的讀字錯誤類型【依研究目的呈現研究結果】。研究者發現系統且明確的字母拼讀法，確實能減少國中學習障礙學生英文拼字和讀字錯誤形態之比率；但面對部分學習障礙學生類化能力有限，以及母音讀法的多變性，尚須探究如何讓字母拼讀法教學更能因應其困難【呈現此研究結果的意涵】。

在敘寫研究結論上，宜掌握以下原則：

1. **研究結論必須與結果資料相呼應**（Joyner, Rouse, & Glatthorn, 2013）。蕭新煌和張苙雲（1982）回顧國內的研究論文後指出：在研究發現和結論的整理與闡釋方面，部分研究呈現出以下三方面不一致的情形：（1）結論超出結果資料呈現的；（2）結果資料比結論多；（3）結論與結果資料之間相互矛盾。這種現象在 30 多年後的今天仍能見到。
2. 研究結論的呈現宜具**邏輯和系統性**，且**簡明扼要**，避免和「研究結果與討論」重複，也不宜再有統計資料、訪談或觀察紀錄和引註文獻，而宜做整合。

貳、單一個案研究建議之敘寫

綜合文獻（Glanz, 2005; Roberts, 2004），研究建議之敘寫須注意以下三點：

1. 建議宜包含**學術建議**（含括對理論的建議，例如建議如何解釋和應用某項理論、調整某項理論的運作實務、發展運用此理論的工具等；與未來研究的建議），以及**實務建議**（例如：針對研究參與者，或是和其有關的人員、單位或團體提出建議；也可以提出策略、計畫或方案之設計與實施等實務建議）。提出建議時，宜讓讀者了解該項建議所訴諸的對象是誰。

2. **理論和實務建議須建立在自己的研究發現上**，也就是不要說沒有證據支持的建議。研究者可明確敘述提出此建議的理由，此理由來自於「研究討論」中對**研究結果理論意涵或實務應用、與研究結果相關的因素、研究結果與文獻做相互比較、研究結果可解釋或應用範圍**之闡述。而未來研究的建議也須建立在該研究基礎上，研究者可明確敘述提出此建議的理由，此理由來自於「研究討論」中**其他值得深入探究的議題、研究結果可解釋或應用的範圍**，以及**研究過程的討論**。換言之，在完成該研究後，研究者以過來人的身分，站在自己研究的肩膀上，啟發新的研究議題，以及針對研究過程提出未來的研究建議。敘寫未來研究建議時，不宜只將該研究範圍以外的研究時間、地點或情境、研究參與者（特徵和人數）、研究內容，以及採用另一種研究方法納入建議，而未具體說明理由。敘寫建議時宜先說明本研究發現什麼，所以提出該項建議。
3. **理論和實務建議的敘寫不要過於空泛，宜具體**，切勿讓讀者有「即使不做此研究，亦可以寫出此建議」的感受。而未來研究建議的敘寫宜具體可行，避免不切實際，切勿讓讀者有「研究者做不到，卻要求別人執行」的感受。

最後，筆者呈現問題討論 7-26 和 7-27，探討實務性建議和未來研究建議之敘寫。

問題討論 7-26 實務建議之敘寫

a. 一份單一個案研究探討「刺激塑造策略對智能障礙學童功能性詞彙認讀的成效」，該研究的介入者為研究參與者的老師，研究結果與討論中未敘述到家長參與的議題；而研究者在教學上的建議提及「邀請家長參與，和教師合作教導智能障礙學童功能性詞彙」。此建議是否適切？

問題討論 7-26（續）

☛ 該研究僅由教師介入，未邀請家長參與，而且研究結果與討論中未敘述到家長參與的必要性，提出該項建議未建立在研究發現上，不適切。

b. 一份單一個案研究在建議中寫道：如鈕文英（2016）的建議，在教導正向行為時，應注意……

☛ 不適合寫別人的建議，而應以自己的研究發現為基礎，敘寫出本研究的建議。

c. 一份研究探討「正向行為支持對多重障礙學生自傷行為之成效」，在研究討論中提及「如何逐步褪除行為介入策略」；而在研究建議中敘述：「建議教師在行為介入成效穩定後，可以褪除行為介入策略。」此建議是否適切？

☛ 此研究建議不夠具體，即使不做此研究，亦可以寫出此建議。既然研究討論中提及如何逐步褪除行為介入策略，宜將此討論化成具體的建議，告訴讀者可以如何逐步褪除行為介入策略、褪除時宜注意的事項等。

d. 一份單一個案研究在研究建議中列出以下標題：

一、功能評量有助於發現造成智能障礙學生不專注行為的因素。此建議是否適切？

☛ 此寫法是「研究結果與討論」，而非研究建議的寫法，宜改成：運用功能評量發現造成智能障礙學生不專注行為的因素。

e. 一份研究在研究建議中列出以下標題：

一、學校舉辦正向行為支持的研習，能增進教師處理身心障礙學生行為問題的知能。此建議是否適切？

☛ 只須敘寫建議的事項，不須敘寫此建議的結果，因為結果只是猜測，無法證實；因此建議修改成：學校為教師舉辦正向行為支持的研習。

問題討論 7-27 未來研究建議之敘寫

a. 一份單一個案研究探討部件識字策略對學障學生的識字成效。在未來研究建議中，研究者提及：未來可比較不同識字策略教學的效果差異，例如部件識字與字族文識字策略。此建議是否適切？

☛ 研究者未具體說明比較不同識字策略教學效果差異的理由，建議研究者可以具體說明欲將部件識字教學策略和哪種識字教學策略做比較，為何選擇比較此二者，比較的焦點在哪裡，如此提出的建議會較具體明確。

b. 一份單一個案研究在未來建議寫道：

一、對研究方法的建議

本研究以社會技能教學方案介入本校特殊幼兒的社會行為，無法得知其他幼兒園對特殊幼兒實施社會技能教學的現況，建議未來採取量化研究方法探究此問題。此建議是否適切？

☛ 此建議並非對研究方法的建議，而是對研究主題的建議，因為若要探究其他幼兒園對特殊幼兒實施社會技能教學方案的現況，不一定要使用量化研究，亦可使用質性研究，做深入的探究。另外，研究者未具體說明提出此建議的理由。還有，此標題之下僅有這一項建議，宜修改標題成這項建議的重點摘述，例如：了解幼兒園對特殊幼兒實施社會技能教學方案之現況，讓讀者一看標題即能掌握該建議的重點。

真正的研究是沒有結束的時候，它仍然會有一些研究者不知道的祕密，它指出另一條研究的道路。讀者可以運用「思考問題 17　單一個案研究結論與建議之敘寫」來撰述。

第六節 單一個案研究摘要之敘寫

學習寶貴知識的首務就是，學會思考知識，將它轉化成生活中可應用的知識，而後分享給周遭人，如此知識才會產生力量。

摘要是論文的精華濃縮。實證性論文是指採實證方法（即「研究」）做的論文，其摘要宜包括**研究目的或問題**、**方法**、**研究參與者**（包括性別、年齡等特徵）、**結果**和其**意涵或應用（建議）**（APA, 2010b）。Hartley（2012）指出，近來一些期刊要求結構性的摘要，列出研究目的或問題、方法、研究參與者、結果和其意涵或應用等標題。除此，摘要中還須各包括**三至五個中、英文關鍵字**，可包含**研究主題**、**研究參與者**和**研究方法**等（APA, 2010b）。

摘要的敘述宜簡潔明確，使用縮寫字時須於第一次出現時定義之；只呈現四或五個重要的概念、發現或意涵（APA, 2010b）。中文學位論文通常以 **500 至 1,000 字**為原則；期刊論文由於有字數限制，通常以 **300 至 600 字**為原則。而英文摘要的字數，依照 APA 第 6 版格式，不同期刊的規定有些微差異，介於 **150 至 250 個字**，不分段落呈現（APA, 2010b）。另外，勿使用無實質資訊的樣板式句子，例如「本文討論了政策的意涵」；或是「本研究提供學術和實務的建議」，而且不要浪費篇幅重複題目和相同資訊（APA, 2001, 2010b）。

摘要是報導而不是評論或增補論文，宜力求忠實反映論文內容，不可以出現論文沒有的內容；若論文是延伸或複製先前的研究，要引註先前研究的作者和年代（APA, 2010b）。摘要可從研究結論獲致，研究者可精簡其前言和擷取結論中的標題，中文摘要如示例 7-30。

示例 7-30 研究摘要之敘寫

本研究採單一個案研究法中的撤回設計，以三位國中學習障礙學生為研究參與者，目的在探討字母拼讀法對增進學習障礙學生英文拼字與讀字能力的成效【研究目的、方法和參與者】，本研究結論如下：（1）字母拼讀法對增加國中學習障礙學生英文拼讀字能力具有立即和維持成效；（2）字母拼讀法對減少國中學習障礙學生英文拼讀字之錯誤形態具有立即和維持成效；……【研究結論】。本研究結果對英文拼讀字教學實務具有以下意涵：字母拼讀法經由系統且明確的方式，提升學生看字讀音、聽音拼字的能力，……故能增加國中學習障礙學生英文拼字和讀字之正確率【研究意涵】。

關鍵字：字母拼讀法、學習障礙、英文拼讀字【呈現三個關鍵字，其中本研究的研究參與者是學習障礙學生，關鍵詞只須標示學習障礙，省略學生。】〔整理自鈕文英指導之碩士生——翁子媛（2010）之碩士論文。〕

英文摘要宜使用「**動詞**」，而不是「同義的名詞」，例如以「investigated」取代「an investigation of」，如此可節省字數；採取「**主動**」而不是「被動」的語氣，例如以「The author presented the results」取代「The results were presented」（APA, 2010b），為了展現研究者的主動語氣。然而，APA（2010b）表示在內文說明事件，強調行動的對象或接受者，而非行動者時，被動口吻是可接受的；例如「演說者被安排在座位的另一邊（The speakers were attached to either side of the chair）」，此句強調的是被安排的「演說者」，而非誰做的安排，故可用被動語氣。另外，在語法上，以「**現在式**」描述可持續應用的結果或結論，例如本研究提議（suggests）……；「**過去式**」描述研究目的、方法和不可持續應用的結果或結論，例如本研究採用（adopted）……，旨在分析（analyzed）……，研究發現（found）……（APA, 2010b），見示例 7-31。

示例 7-31 英文摘要之敘寫

This study was to develop and implement a curricular and instructional adaptation program based on learning needs of 11 elementary students with cognitive disabilities. The investigator collaborated with general and special education teachers to execute action research. . . . The investigator presented the results as follows: (a) . . .; (b) . . . .【使用「第三人稱」、「動詞」、「主動」的語氣、「過去式」的時態，呈現研究目的、方法、參與者和研究結果。】These findings suggest that. . . .【使用「現在式」的時態，呈現研究結果的意涵。】

Keywords: cognitive disabilities, curricular and instructional adaptation, action research, inclusive education

註：修改自鈕文英（2005，iii-iv 頁）。

讀者可以運用「思考問題 18　單一個案研究摘要之敘寫」來撰述。

總結

單一個案研究論文題目可包含研究參與者、研究主題，或研究變項和其相互之間的關係，並且最好不要使用縮寫字，用語清楚明確。緒論一般包含研究背景與動機、研究目的與問題，以及名詞釋義三個部分。研究設計與實施包含研究方法、研究參與者、介入方案、研究工具、資料分析，以及研究過程之敘寫。研究結果之呈現須針對所有的研究目的和問題，配合圖示資料、目視或（和）統計分析的結果，說明對研究問題的答案是肯定或否定，而後從研究結果和研究過程兩大部分做深入討論。在研究結論與建議中，總結整份研究的過程與結果，並提出如何應用該研究的成果，包括學術和實務的建議。接著呈現摘要，它是論文的精華濃縮，宜包括研究目的或問題、方法、研究參與者（包括性別、年齡等特徵）、結果和其意涵或應用（建議），以及關鍵詞。

附錄

- 附錄 40　採取單一個案研究和其中各實驗設計的理由
- 附錄 41　單一個案研究各實驗設計可能遭遇的問題和因應策略
- 附錄 42　研究工具同意書
- 附錄 43　單一個案研究資料分析之敘寫示例
- 附錄 44　單一個案研究結果的敘寫結構
- 附錄 45　單一個案研究之研究品質評鑑表

思考問題

- 思考問題 7　單一個案研究論文題目之擬訂
- 思考問題 8　單一個案研究緒論之敘寫
- 思考問題 9　單一個案研究設計與實施之敘寫（一）：研究方法
- 思考問題 10　單一個案研究設計與實施之敘寫（二）：研究品質
- 思考問題 11　單一個案研究設計與實施之敘寫（三）：研究參與者
- 思考問題 12　單一個案研究設計與實施之敘寫（四）：介入方案
- 思考問題 13　單一個案研究設計與實施之敘寫（五）：研究工具
- 思考問題 14　單一個案研究設計與實施之敘寫（六）：資料分析
- 思考問題 15　單一個案研究設計與實施之敘寫（七）：研究過程
- 思考問題 16　單一個案研究結果與討論之敘寫
- 思考問題 17　單一個案研究結論與建議之敘寫
- 思考問題 18　單一個案研究摘要之敘寫

作業單

- 作業單 7-1　單一個案研究論文計畫之撰寫
- 作業單 7-2　單一個案研究資料分析結果之敘寫

中英索引

中文部分

【一畫】

一致性（consistency） 283

【二畫】

二分變項（dichotomous variable） 20
人類研究（human research） 320
人體研究（human body research） 319

【三畫】

大量＋小質（蒐集資料方法混合）之設計（QUAN + qual mixed measurement design） 526
大量＋小質（分析資料方法混合）之設計（QUAN + qual mixed analysis design） 527
大量－小質（蒐集資料方法混合）之設計（QUAN — qual mixed measurement design） 530
大量的試做（massed trial） 198
小質－大量（蒐集資料方法混合）之設計（qual — QUAN mixed measurement design） 532
工作分析（task analysis） 228
工作分析紀錄（task analysis recording） 214, 229, 286, 288
工具的耗損（instrumental decay） 361
干擾變項（confounding variable） 25

【四畫】

不一致介入效果（inconsistent effects of interventions） 87, 88, 93, 112, 352
不可逆（irreversibility）36, 64
不重疊 Tau-*U* 係數（non-overlapping Tau-*U* coefficient） 442, 459
不重疊指標（non-overlapping indices） 440, 465, 469-470
不重疊率（percentage of non-overlapping data, PND） 425, 435, 436, 440
不連續變項（discontinuous variable） 19
中介過程派典（mediating-process paradigm） 24
中介變項（intervening or mediator variable） 20, 22, 23, 28-29
中分法（split middle method） 416, 418
中數（median, *Mdn*） 15
中數水準（medium level） 404, 408
中數水準的變化（medium level change） 425, 429
中斷時間系列設計（interrupted time series design） 19
介入／介入方案（intervention） 7, 19, 20, 586, 587
介入之補償性均等（compensatory equalization of treatments） 368
介入包裹（treatment package） 32
介入完整性（treatment integrity） 203, 204, 205, 369

介入的完整性或忠實度（treatment integrity or intervention fidelity） 201
介入的擴散（diffusion of treatment） 95
介入漂移（treatment drift） 202
介入變異效度（treatment variation validity） 317, 318
元素分析（component analysis） 48, 50, 145
內在信度（internal reliability） 283
內在效度（internal validity） 36, 316, 576-579
內省（introspection） 3
內容分析（content analysis） 535
內容效度（content validity） 194, 204, 205, 272, 300, 302, 304, 590
內部一致性分析法（internal consistency analysis） 295
內部一致性信度（internal consistency reliability） 282, 293, 302, 306
分析歸納法（analytic induction method） 535
分歧效度（divergent validity） 277
分散的試做（distributed trial） 198
分類變項（classification variable） 20
化約主義（reductionism） 599
反應（response） 21
反應心向（response set） 356
反應內行為塑造（behavioral shaping within response） 109, 118
反應制約（respondent conditioning） 4
反應時距（interresponse time, IRT）（interresponse time, IRT） 214
反應時距紀錄（interresponse time recording, IRT recording） 214, 223-224
反應類化（response generalization） 179, 374
反應類別（response class） 179
天竺鼠效應（guinea pig effect） 353
天花板的層級（ceiling level） 366
尺度中斷（scale break） 247, 383, 387, 389, 398
心理物理學方法（psychophysical methods） 3
心智能力（mental capacity） 327
文化差異（cultural differences） 315
月暈效應（halo effect） 9, 360
比例或乘除圖（ratio or multiply-divide charts） 381
比馬龍效應（Pygmalion effect） 358
比率（rate） 214
比率紀錄（rate recording） 214, 220
比較介入設計（comparative intervention designs） 31, 57, 127
比較組（contrast group） 26
水準（level） 20, 405
水準全距（level range） 405, 408
水準集中量數（level measures of central location） 405, 408, 425
水準穩定度（level stability） 405, 411, 412-414
水準變化（level change） 405, 409, 410
片刻時間取樣紀錄（momentary time sampling） 237

【五畫】

主─輔設計（dominant-less dominant design） 525
主動變項（active variable） 20
主調（key） 383, 392, 397
代幣（token） 48
功能本位的定義（function-based definition） 241, 242

半對數圖（semi-logarithmic chart） 381
外在母群效度（external population validity） 43
外在信度（external reliability） 283
外在效度（external validity） 38, 316, 580
外在效標分析法（external criterion analysis） 295
外在變項（extraneous variable） 20, 28-29, 36
平行介入設計（parallel treatment design） 164
平行多基線設計（parallel multiple baseline designs） 98, 99
平行多探測設計（parallel multiple probe designs） 111
平行的跨行為多基線設計（parallel multiple baseline design across behaviors） 87, 99, 101
平行的跨行為多探測設計（parallel multiple probe design across behaviors）111
平行的跨參與者多基線設計（parallel multiple baseline design across subjects） 87, 99, 100
平行的跨參與者多探測設計（parallel multiple probe design across subjects）111
平行的跨條件多基線設計（parallel multiple baseline design across conditions） 87, 102, 103
平行的跨條件多探測設計（parallel multiple probe design across conditions）111
平均水準（mean level） 404, 408
平均水準的變化（change in mean level） 425, 429
平均數改變量（mean shifts） 403
正向行為支持（positive behavior support） 34
正確性分析（accuracy analysis） 271, 303
母群（population） 26
母群效度（population validity） 51, 317
永久性結果的紀錄（permanent product recording） 238
永久性結果的測量（measurement by permanent product） 238
生態效度（ecological validity） 317, 372, 374
生態謬誤（ecological fallacy） 599
目視分析（visual analysis） 403
目標行為（target behavior） 212
目標社會效度（social validity of goal） 69, 187

【六畫】

交互抑制（reciprocal inhibition） 4
交替介入設計（alternating treatments design, ATD） 31, 127, 138, 564
交替介入期（alternating treatment） 32
共變數分析（analysis of covariance, ANCOVA） 30
同時介入設計（simultaneous treatment design, STD） 127, 138, 139, 140
同時的時間表設計（concurrent schedule design） 138, 139
同時效度（concurrent validity） 279
同時操作設計（concurrent operant design） 139
同語反覆（tautology） 12
同質性（homogeneity） 283
因子（factor） 20
因素分析（factor analysis） 263, 277, 281
因素負荷量（factor loading） 277
多元相關法（multiple correlation） 281, 282

多元素基線設計（multielement baseline design） 138, 141
多元素設計（multielement design） 138, 141
多分變項（polytomous variable） 20
多重介入的干擾（multiple-treatment interference） 148, 362
多重介入設計（multitreatment designs, MTD） 31, 127, 128, 565, 566
多重時間表設計（multiple schedule design） 138
多重機會法（multiple opportunity method） 228, 231
多特質—多方法分析（multitrait-multi-method analysis） 277, 278
多基線設計（multiple baseline design） 31, 36, 39, 57, 76, 84, 561
多探測設計（multiple probe design） 3, 57, 86, 102, 107, 112, 561
安慰劑效應（placebo effect） 355
成果效度（outcome validity） 317, 318, 374, 581
成長曲線（growth curve） 46
成就測驗（achievement test） 212, 248, 270, 302
成熟（maturation） 36
有比較組的時間系列設計（a time-series contrast group design） 161
有實證研究支持的治療（empirically supported therapies, EST） 7
次序效應（order effect） 133
次數比率（frequency ratio） 285
百分比（percentage） 214
百分比紀錄（percentage recording） 214, 224, 286, 289
自我相關（autocorrelation） 482
自我迴歸（autoregression） 495
自我迴歸移動平均整合模式（autoregressive integrated moving average, ARIMA） 495
自然情境的觀察（in-vivo observation or natural observation） 212, 243
自變項（independent variable） 19, 20, 175, 568
行為塑造（behavioral shaping，又譯為「逐步養成」） 108, 109
行為學派（behaviorism） 4
行為觀察紀錄工具（behavioral observation recording） 212, 270, 302

【七畫】

亨利效應（John Henry effect） 354
序列效應（sequence effect） 133, 134, 140, 362
形態（topography） 214, 233
形態本位的定義（topography-based definition） 241, 242
技術漂移（technical drift） 49
抄襲（plagiarism） 350
把關者（gatekeeper） 334
折半信度（split-half reliability） 291, 302, 305
折線圖（line chart） 379, 403
改善率差異量（improvement rate difference, IRD） 440, 447
改變的顯著性檢定（significance test of change） 523
改變條件設計（changing conditions designs） 75
改變率（percentage of change） 69, 70
李克特量表（Likert scale） 212, 259, 270, 302

決斷分數（cutoff score） 293
決斷值（critical ratio, CR，或譯成「臨界比」）分析 281, 282
系列依賴性（serial dependency） 482
系列撤回設計（sequential-withdrawal design） 67, 71, 72, 561
系統的重複研究（systematic replication） 373
系統減敏感法（systematic desensitization） 4
系統誤差（systematic error） 351

【八畫】
事件紀錄（event recording） 215
事後謬誤（post hoc fallacy） 11
使用者的效度驗證（consumer validation） 193
使用者滿意度（consumer satisfaction） 193
依變項（dependent variable） 19, 20, 571
具文化能力的研究（culturally competent research） 315
具觸覺的概念（sensitizing concepts） 8
刺激（stimulus） 21
刺激類化（stimulus generalization） 178
取樣偏差（selection bias） 26
固定誤差（constant error） 351
延宕時間（latency） 214
延宕時間紀錄（latency recording） 214, 219
延長基線（prolonged baseline） 86, 97, 104
延遲多基線設計（delayed multiple baseline design） 86, 104, 106
所有不重疊率（percentage of all non-overlapping data, PAND） 440, 446
所有配對的不重疊率（nonoverlap of all pairs, NAP） 442, 455
拉丁方格（Latin square） 151
於不同條件引進自變項的倒返設計（reverse independent variable under different conditions） 59, 61, 62
法定倫理（mandatory ethics） 313
注意的安慰劑（attention placebo） 355
物理線索資料（physical traces） 535
直交斜率（orthogonal slope） 465, 467-468
直接的重複研究（direct replication） 373
直接評量（direct assessment） 297
直接觀察（direct observation） 213, 235, 243
知情同意（informed consent） 326
社會效度（social validity） 185
社會效度的驗證（social validation） 186
社會喜愛效應（social desirability effect） 261, 357, 359
表面效度（face validity） 276
非干擾性測量（unobtrusive measures） 533
非互動的策略（noninteractive strategies） 535
非同時的多基線設計（noncurrent multiple baseline design） 104
非後效地執行後果策略（administer consequences noncontingently） 59, 61
非後效增強（noncontingent reinforcement） 59, 128
非科學方法（nonscientific method） 10
非等值的謬誤（fallacy of nonequivalence） 599
非實證方法（nonempirical method） 9

【九畫】
保持固定（keep constant） 25-27, 368
信度（reliability） 39, 302, 316
前測的反作用力（pretest reactivity） 365

前導研究（pilot study，或譯為「試探性研究」）16, 195
品質（quality）214, 233
客觀（objectivity）316
後效增強（contingent reinforcement）164, 165
怨恨性怠工（resentful demoralization）354
持續比較法（constant comparison method）535
持續時間（duration）214
持續時間紀錄（duration recording）218, 243
指數（exponent）509
指標（indicator）211, 550
活動分析（activity analysis）228
活動分析紀錄（activity analysis recording）214
流暢階段（fluency）176
相對水準變化（relative level change）409
相關誤差（correlated error）351
研究（research）7
研究工具（instrument）590
研究方法論（research methodology）13
研究者或實驗者效應（researcher or experimenter effects）357
研究者的反作用力（researcher's reactivity）357-359
研究限制（limitation）613-617
研究倫理（research ethics）14, 313, 573, 574, 575
研究效應（research effects）353
研究參與者（participant）541, 582, 584, 586
研究參與者流失（subject mortality or attrition）86, 105, 353, 583
研究參與者對前測的敏感度（pretest sensitization）365
研究對象內的複製設計（intrasubject replication designs）19
研究誤差（research error）350-351
研究範圍（study scope）556
研究驗證的實務（research-validated practices）7
科學研究為基礎（scientifically-based research, SBR）7
衍生分數（derived scores）224
要求的特徵（demand characteristics）353
重測信度（test-retest reliability）283, 303, 305
重複研究（direct replication）373
重疊率（percentage of overlapping data）425, 435, 441

【十畫】

個別差異變項（individual difference variable）20
個案本位時間系列設計（case-based time series design）18
個體變項（organismic variable，或譯為背景變項、機體變項）20
倒返設計（reversal design）57, 58, 59, 63, 559, 560
倒返期（reversal）32
捏造（fabrication）349
效果量（effect size）483, 509
效度（validity）39
效標效度（criterion validity）272, 302, 305
效標參照測驗（criterion-referenced achievement test）248, 250
時距紀錄（interval recording）233, 235, 286
時間系列內的單一個案設計（within-series

single-case designs） 30
時間系列設計（time series design） 19
時間系列間的單一個案設計（between-series single-case designs） 30
時間取樣紀錄（time sampling recording） 233, 237, 286
時間軌跡（temporal locus） 223
時間效度（temporal validity） 317, 374, 581
真科學（true science） 9, 16,
校準（calibration） 203
紐倫堡規章（*Nuremberg Code*） 313-314
迴歸效果量（regression effect size） 481, 496, 498
追蹤期（follow-up） 31, 64
配對（matching） 25, 27
馬術治療（hippotherapy） 339

【十一畫】

假科學（pseudoscience） 9
偽兩面的謬誤（false dilemma fallacy） 12
動物福祉（animal welfare） 339
動物輔助治療（animal assisted therapy, AAT） 339
區別性增強不相容行為（differential reinforcement of incompatible behavior, DRI） 59
區別性增強不相容行為的倒返設計（differential reinforcement of incompatible behavior reversal design, DRI reversal design） 60
區別性增強另類行為（differential reinforcement of alternative behaviors, DRA） 59
區別性增強另類行為的倒返設計（differential reinforcement of alternative behaviors reversal design, DRA reversal design） 60
區別性增強其他行為（differential reinforcement of other behaviors, DRO） 59
區別性增強其他行為的倒返設計（differential reinforcement of other behaviors reversal design, DRO reversal design） 60
區辨效度（discriminative validity） 277
參數分析（parametric analysis） 48, 50
問卷調查（questionnaire survey） 188
基線行為共變（interdependence of baselines） 87, 88, 95, 105, 112
基線期（baseline） 30
基線邏輯（baseline logic） 5, 30, 34, 36, 38
常數（constant） 19
常模參照的成就測驗（norm-referenced achievement test） 248, 250
強度（intensity） 214, 233
強迫選擇量表（forced-choice scale） 259
從眾的謬誤（bandwagon fallacy） 12
排除（elimination） 25, 26
控制基線期趨勢的不重疊 Tau-*U* 係數（Tau for nonoverlap with baseline trend control，簡稱 Tau-*U*） 461, 463
控制組（control group） 26
控制變項（controlled variables） 25
教育效度（educational validity） 193
教育顯著性（educational significance） 193
教室生態派典（classroom-ecology paradigm） 24
教學變項（instructional variable） 20, 175
斜率改變之迴歸效果量（regression effects of slope change） 504, 505
條形圖（bar chart） 379, 395, 403
淨相關（partial correlation） 29

深入的設計（intensive designs）19
混淆變項（confounding variable）25
現場觀察紀錄（in-vivo observation recording）213, 214, 243
理想倫理（aspirational ethics）313
理論（theory）8
符號檢定（sign test）519
第一類型誤差（type I error） 482, 487, 493, 495
第二類型誤差（type II error）482
累計紀錄（cumulative records） 216, 380
累積測量（accretion measures） 535
組間設計（between-group designs） 161
統計迴歸（statistical regression） 363, 366
統計控制（statistical control） 25, 29
統計結論效度（statistical conclusion validity） 36
統計圖（statistical graph） 403
統計檢定力（statistical power） 481, 518
統計顯著水準（significant level） 14
統計顯著性檢定　487
習得成效或立即成效（acquisition effect） 47, 176
習得階段（acquisition） 176
處理期或介入期（treatment or intervention phase） 30
訪談（interviewing） 188
設定範圍的逐變標準設計（range-bound changing criterion design） 125
逐變標準設計（changing criterion design） 30, 57, 115, 120, 564
連鎖（chaining） 108, 109
連續紀錄（continuous recording） 233, 235
連續變項（continuous variable） 19
部分時距紀錄（partial-interval recording） 235
部分撤回設計（partial-withdrawal design） 72, 73

【十二畫】

單一個案研究（single-case research） 3, 18
單一個案準實驗設計（single-case quasi-experimental designs） 44
單一個案實驗設計（single-case experimental designs） 45
單一參與者研究設計（single participant research design） 19
單一對象時間系列實驗設計（single-subject time series experimental designs） 18
單一機會法（single opportunity method） 228, 231
單盲法（single-blind） 353
幅度（magnitude） 71, 120, 123-125
循環推理的謬誤（circular reasoning fallacy） 12
散布圖（scatter plot） 379, 401
替代增強（vicarious reinforcement） 180
最小平方迴歸法（least square regression） 416, 419
最佳介入期（best treatment phase） 32, 148
減少比率（percentage of decreasing） 69
測量成為改變的媒介（measurement as change agent） 365
測量效度（measurement validity） 271, 302
測量誤差（measurement error） 363
測驗（test） 248, 363
無母數統計（nonparametric statistics） 483, 517
程序忠實度（procedural fidelity） 201
程序的社會效度（social validity of

procedure） 186, 187, 195, 204, 205
程序信度（procedural reliability） 201
等待組（a waiting-list control group） 26
等值性（equivalence） 283
等級量表（rating scale） 214, 233, 286, 289
等組（equivalent groups） 26
等距變項（interval variable） 267
結合交替和多重介入設計（combined alternating and multiple treatment designs） 145
結合折線圖和條形圖（combined line and bar charts） 379
結合系列和部分撤回的設計（combined sequential and partial-withdrawal design） 72, 74
結合時間系列內和系列間的單一個案設計（combined-series single-case designs） 31
結合組間設計（combined between groups design） 566
結合設計（combined designs） 57
結果的社會效度（social validity of outcome） 186, 187
結果的測量（product measures） 233
絕對水準變化（absolute level change） 409
虛無假設統計顯著性檢定（簡稱統計顯著性檢定）（null hypothesis statistical significance testing, NHST） 481
裁剪平均數（truncated or trimmed mean） 15
評分信度（scorer or inter-rater reliability） 283, 291, 303, 305
評量（或觀察）次第（sessions） 247
評量的理解（evaluation apprehension） 356-357
超越中數的比率（percentage of data points exceeding the median of preceding baseline phase, PEM） 440, 442
週期變異性（cyclical variability） 68
量化的個案研究（quantitative case study research） 44
量表（scale） 188
量數（measures） 211, 550
間接評量（indirect assessment） 297
間接觀察（indirect observation） 213, 235, 243
間斷的試做（spaced trial） 198
間斷變項（discrete variable） 20
階段長度（condition length） 405, 407
階層迴歸法（hierarchical regression） 494
項目分析（item analysis） 279, 280, 590

【十三畫】

塞斯通量表（Thurstone scale） 259
微觀分析取向（microanalytic approach） 372
感官閾（sensory thresholds） 3
損壞測量（erosion measures） 535
新奇效應（novelty effect） 195, 361, 362
極端值（outliers） 15, 387
概念性定義（conceptual definition） 211, 555
概率（probability） 26
滑坡謬誤（slippery slope fallacy） 12
腳本（script） 202
葛特曼量表（Guttman scale） 259
補償性競爭（compensatory rivalry） 354, 365
解盲（unblind） 359
詳盡的過程—結果派典（elaborated process-product paradigm） 24

資訊素養（infoliteracy） 15
跨小組多基線設計（multiple baseline design across groups） 79, 80, 87
跨反應形態的行為塑造（behavioral shaping across response） 109
跨行為多基線設計（multiple baseline design across behaviors） 36, 81, 84, 92
跨行為多探測設計（multiple probe design across behaviors） 111
跨研究參與者的類化（generalization across subjects） 180
跨參與者多基線設計（multiple baseline design across subjects） 77, 78, 84, 91, 562
跨參與者多探測設計（multiple probe design across subjects） 111, 563
跨條件多基線設計（multiple baseline design across conditions） 79, 83, 84, 92
跨條件多探測設計（multiple probe design across conditions） 111
過早結束（premature closure） 10
過度推論（overgeneralization） 10, 599
過度簡化（oversimplification） 600
過程—結果派典（process-product paradigm） 24
過程變項（process variable） 22
達到標準的嘗試數（trials-to-criterion）138, 154, 214, 217
達到標準的嘗試數紀錄（trials-to-criterion recording） 214, 217
鉅觀分析取向（macroanalytic approach） 372
零推論的策略（zero-degree inference strategy） 200
預定標準（criterion, CR） 30, 32, 116
預測（prediction） 34, 36
預測效度（predictive validity） 279
預試（field test） 271, 279, 280, 300, 590

【十四畫】

圖片兌換溝通系統（picture exchange communication system, PECS） 121
圖內說明（figure legend） 384
圖的簡短說明（figure caption） 383, 397
實地實驗（field experiments） 16, 199
實務顯著性　601
實證方法（empirical method） 7, 14, 16
實驗室研究（laboratory research） 3
實驗室實驗（laboratory experiments） 16, 199
實驗效應（experimentation effects） 353
實驗動物（laboratory animal） 319, 338, 339
實驗組（experimental group） 26
實驗處理（treatment） 19, 20
實驗處理的可接受度（treatment acceptability） 193
對抗平衡（counterbalancing） 151, 365
對照組（comparison group） 26
對數尺度（logarithmic scale） 381
對數圖（logarithmic chart） 381
截距改變之迴歸效果量（regression effects of intercept change） 501
撤回和倒返設計（withdrawal and reversal design） 30, 57
撤回設計（withdrawal reversal design） 34, 35, 62, 63, 65, 559, 560
撤回期（withdrawal phase） 31, 64
構念效度（construct validity） 272, 277, 302, 304
滿溢效應（spillover effect） 180
漣漪效應（ripple effect） 180

種族和語言差異（ethnic and linguistic diversity） 315
算術尺度（arithmetic scale） 381
精熟階段（proficiency） 176
維持成效（maintenance effects） 47, 176,178, 374
聚斂效度（convergent validity） 277
認知過程取向（cognitive process approach） 185
語意區分法（semantic differential technique） 259

【十五畫】

增加比率（percentage of increasing） 69
增強理論（reinforcement theory） 4
增減圖（add-subtract charts） 381
標準化平均數差異量（standardized mean differences, SMD, d） 496
標準化的工具（standardized instrument） 211
標準變化幅度（magnitude of criterion shifts） 123
標準變化數目（number of criterion shifts） 123
模式（model） 8
模糊推理的謬誤（vague reasoning fallacy） 11
模擬情境的觀察（analogue or contrived observation） 212, 243
練習效應（practice effects） 147, 365
複本信度（equivalence or alternate-form reliability） 291, 303, 306
複合測量（composite measurement） 211
複製（replication） 34, 36, 37
調節變項（moderator variable，又稱為次級自變項，secondary independent variable） 25, 27, 28-29
調整的交替介入設計（adapted alternating treatment design, AATD） 148, 565
調整階段（adaptation stage） 176
質性的個案研究（qualitative case study research） 44

【十六畫】

學習高原期（learning plateau） 4
學習遷移（transfer of learning） 181, 182
操作制約（operant conditioning） 4
操作性定義（operational definition） 211, 555
整個時距紀錄（whole-interval recording） 235
機會誤差（chance error） 350
機構審核委員會（institutional review board, IRB） 314
歷史（history） 36
融入式的教學（embedded instruction，或譯為「嵌入式教學」） 198
選項分析（option analysis） 294, 296, 303, 590
錄影觀察紀錄（videotaped observation recording） 213, 214, 243
隨機化設計（randomization design） 138
隨機化程序（randomization） 25, 26, 42
隨機分派（random assignment） 26
隨機取樣（random selection） 26
隨機誤差（random error） 350
霍桑效應（Hawthorne effect） 353
頻率（frequency） 214
頻率紀錄（frequency recording） 214, 215, 243

【十七畫】

應用情境（applied settings） 3
檔案資料（archival data） 535
檢核表（checklist）212, 270, 302
環境或情境變項（environmental or situational variable）175
臨床的重複研究（clinical replication）373
臨床顯著性（clinical significance） 193
趨向變化與效果（change and effect in trend direction） 425, 429-432
趨勢（trend） 19, 42
趨勢內的資料路徑（data paths within trend） 417
趨勢改變量（changes in trends） 404
趨勢走向（trend direction） 41
趨勢穩定度（trend stability） 421-423
趨勢穩定度的變化（change in trend stability） 425, 434
點二系列相關（point biserial correlation *rpb*） 295
點對點一致性比率（point-by-point agreement ratio） 285, 286

【十八畫】

擴展的上升線（extended celeration line，簡稱 ECL）或中分線（“split middle” line） 440, 442
歸納效應（induction effect） 147, 148
竄改（falsification） 349
簡化時間系列分析 *C* 統計（simplified time-series analysis *C* statistic）482, 483
簡化推論的謬誤（simplified generalization fallacy）12
簡易觀察（simple observation）535
簡單時間系列設計（simple time series design） 44
轉化（conversion） 528
轉嫁效應（carry-over effect，或譯為「延續效應」、「遺留效應」）133
雙向細目表（two-way specification）251, 273
雙盲法（double-blind）358
題目—總分相關法（item-scale correlation） 281, 282

【十九畫】

寵物治療（pet therapy） 339
穩定度（stability） 42, 283
證據本位實務（evidence-based practices）3, 7, 17, 18
關鍵字（keyword） 545
難度（difficulty） 294, 303, 590
類化成效（generalization effects） 47, 176
類化探測（generalization probe） 38, 39
類別變項（categorical variable） 20
類推性（generality） 51

【二十三畫】

鑑別度（discrimination） 282, 294, 303, 590
鑑別指數法（discrimination index）295
變異性改變量（change in variability）403
變異數差異量（variability differences）496, 498, 499
變項（variable） 19
邏輯的謬誤（logical fallacy）11
邏輯效度（logical validity）272
顯著水準（significance level） 14, 15, 487-494
驗證（verification） 34, 35, 37

【二十五畫】
觀察者內信度（intra-observer reliability） 284, 285
觀察者效應（observer effects） 299, 357
觀察者間一致性（inter-observer agreement, IOA） 284
觀察者間信度（inter-observer reliability） 284, 285
觀察者漂移（observer drift） 361
觀察信度（observer reliability） 283, 291, 303, 305

英文部分

A-B 設計（A-B design） 44
B-A-B 設計（B-A-B design） 74, 75
Bowker 對稱性檢定（Bowker's test of symmetry） 523, 524
Cochran *Q* 檢定（Cochran *Q* test） 520
Cramér *V* 相關（Cramér *V* correlation） 521
Cronbach 的 alpha 係數（Cronbach's alpha coefficient, α ） 282, 293
Friedman 等級變異數雙向分析（Friedman two-way analysis of variance by ranks） 520
Kappa 一致性係數（*K* coefficient of agreement） 285, 290
Kendall 組間不重疊的 Tau 係數（Kendall's Tau for nonoverlap between groups，簡稱 Tau 不重疊係數） 442, 457
Kruskal-Wallis 單因子等級變異數分析（Kruskal-Wallis one-way analysis of variance by ranks） 518
McNemar 改變顯著性檢定（McNemar's significance test of change） 523, 524
Mood 中數檢定（Mood's median test） 444
Pearson 的 Phi 相關係數（Pearson's phi correlation，簡稱 Phi） 440, 521
Pearson 積差相關（Pearson product-moment correlation） 295
Spearman 等級一次序相關（Spearman rank-order correlation） 522
Wilcoxon-Mann-Whitney *U* 檢定（Wilcoxon-Mann-Whitney *U* test） 518
Wilcoxon 配對符號等級檢定（Wilcoxon matched-pair signed ranks test） 519

國家圖書館出版品預行編目（CIP）資料

單一個案研究法：設計與實施／鈕文英，吳裕益
著. -- 初版. -- 新北市：心理, 2019. 09
面； 公分. --（社會科學研究系列；81236）
ISBN 978-986-191-872-3（平裝附光碟片）

1. 個案研究 2. 論文寫作法

501.21 108009714

社會科學研究系列 81236

單一個案研究法——設計與實施

作　　者：鈕文英、吳裕益
執行編輯：林汝穎
總 編 輯：林敬堯
發 行 人：洪有義
出 版 者：心理出版社股份有限公司
地　　址：231 新北市新店區光明街 288 號 7 樓
電　　話：(02) 29150566
傳　　真：(02) 29152928
郵撥帳號：19293172 心理出版社股份有限公司
網　　址：http://www.psy.com.tw
電子信箱：psychoco@ms15.hinet.net
駐美代表：Lisa Wu（lisawu99@optonline.net）
排 版 者：龍虎電腦排版股份有限公司
印 刷 者：龍虎電腦排版股份有限公司
初版一刷：2019 年 9 月
I S B N：978-986-191-872-3
定　　價：新台幣 750 元（含光碟）

■有著作權．侵害必究■